财富与精神

Wealth and Spirit

关于经济学基本问题的哲学思考

博伦　著

暨南大學出版社
JINAN UNIVERSITY PRESS

中国·广州

图书在版编目（CIP）数据

财富与精神：关于经济学基本问题的哲学思考/博伦著．—广州：暨南大学出版社，2016. 3
ISBN 978-7-5668-1739-6

Ⅰ. ①财…　Ⅱ. ①博…　Ⅲ. ①经济哲学—研究　Ⅳ. ①F0

中国版本图书馆 CIP 数据核字（2016）第 007999 号

出版发行：暨南大学出版社

地　址：中国广州暨南大学
电　话：总编室（8620）85221601
营销部（8620）85225284　85228291　85228292（邮购）
传　真：（8620）85221583（办公室）　85223774（营销部）
邮　编：510630
网　址：http：//www. jnupress. com　http：//press. jnu. edu. cn

排　版：广州市天河星辰文化发展部照排中心
印　刷：广州市新怡印务有限公司

开　本：787mm×1092mm　1/16
印　张：29. 25
字　数：573 千
版　次：2016 年 3 月第 1 版
印　次：2016 年 3 月第 1 次

定　价：59. 80 元

序　言

十多年前，博伦先生曾托友人把新出版的《财富与精神》一书转赠给我，读后对博伦先生的治学精神甚感钦佩。此次该书修改再版请我作序，也倍觉荣幸。《财富与精神》是一部独辟之作、超凡之作与大气之作。全书处处浸透着博伦先生的呕心构思、沥血雕琢和求真精神，有很多值得国内外学术界关注的亮点。

本书的最大学术亮点，是采用了与主流“对垒”的阵法，而不是“打擂”的阵法。作者试图建立起另外一座独立的经济学“堡垒”——一个独一无二的经济学分析体系。作者不仅没有盲从西方流派，没有固守传统说教，也没有追逐时兴理论，而是独辟蹊径，探索出一个全新的分析结构。作者提出了一系列新的经济学概念，设立了一系列新的分析构架，从这个独特的分析体系出发，以独特的学术语言自圆其说，表达了对经济学重大问题的独特观点。为此，作者历经数十载，其目标之宏大，探索之艰辛，毅力之强韧，利欲之清寡，值得所有的研究者们尊敬与学习。

书中展现了一个自律的经济学体系的基础结构，用“人类生活”（又称“精神”）、“劳动”和“产品”这三个要素，构成了最基础的“人类生活循环体”，并将其视为包含社会活动和经济活动全部信息的“细胞形态”。从这个经济社会的“细胞”开始，作者首先启动了对三个基本元素的精密解析工程。例如，对“人类生活”（精神）的本质、目的、性质、内容、构成、实现、时间等，施以层面划分和详尽规范。在此基础上，作者又搭建起连接三个元素的三种关系，即“支配关系”“创造关系”和“应用关系”。其中每一种关系的内在对称结构，都与相连两个元素的层面解析结构有机相连，并由此形成层与面的循环体系和跃升体系。例如，连接“人类生活”与“劳动”两个要素的“支配关系”，被分解为“目的支配关系”和“知识支配关系”等。作者在本书中，试图通过这种循环体系由抽象到具体、由简单到复杂进行概念延伸与逻辑推演，解决经济学中最为艰难的价值理论问题。

恪守辩证逻辑方法、专门挖掘经济学的深层辩证结构，是本书的另一大亮点。读者不难发现，黑格尔辩证法的基本规律和主要范畴贯穿了全书，对所有的关键概念、相互作用和循环过程，都运用了对立统一、质量互变、否定之否定规律。例如，对"三个要素"和"三种关系"的解析与联系，都运用了辩证法的基本规律和范畴。特别值得一提的是，本书的基本内容，就是对"人类生活循环体"这个经济"细胞"进行微观解析和逻辑演绎。在经济学研究中，运用辩证逻辑方法，对微观结构进行如此庞大的系统设计、系统构造和系统分析，是一个史无前例的学术尝试。

然而，在坚持辩证逻辑方法的同时，作者还全面地扬弃了马克思《资本论》的关键节点、关键概念及关键结论。例如，本书分析从"人类生活循环体"开始，而不是从"商品"开始；本书向下穿透了"使用价值"概念，并几度分解，达到更深的层面；作者对"人类本质""劳动力商品""劳动二重性""劳动价值论"等一系列重要概念和分析框架，甚至对马克思关于精神与物质、经济基础与上层建筑、资本主义经济基本矛盾等重大结论，都有全新的解说。读后让人耳目一新。

本书所采用的研究方法及其研究体系，极端而另类，或许会有学者不屑一顾，但按照笔者的看法，本书的科学价值却不容小视。因为，迄今为止的经济学，都是建立在"原子论"基础上的。虽然自然科学从 20 世纪初开始，逐步进入"粒子时代"和"DNA 时代"，但由于微观经济学的骨架在 19 世纪末已经固化，难于吸收自然科学的"新钙"，所以迄今没有建立经济学"亚原子"的科学结构，这才导致当代"经济学危机"频出，却完全不知其所以然（笔者称之为"经济学早熟后遗症"）。而《财富与精神》一书在本质上，恰恰是尝试建立经济学的"亚原子结构"和"DNA 结构"。该书尽管在目前很难被多数人所理解，在笔者看来却是一个科学壮举！只要看一看"粒子"与"DNA"对自然科学发展的意义，就知道本书的研究方向具有远大的开发前景！

至于辩证逻辑的方法，也曾止步于"原子论"的视野。连辩证法大师黑格尔，最后也在科学与宗教之间寻求妥协，辩证法不得不披上神秘外衣！《资本论》同样受到"原子论"的制约，在当时不但马克思本人不可能彻底解放辩证法，即使在《资本论》发表之后的近一个半世纪中，整个国际学术界竟然也没有一个人能够发现《资本论》的"基因缺陷"！科学视野对人类认识的限制到了何等严重的地步！当辩证法止步于认识的极限，就会走向形而上学，而作者所构建的逻辑体系，是沿时间轴线进行双向无限延伸的，辩证法在其中就有伸展和复活的可能。因此，本书所启用的研究方法，具有更高的科学价值，也具有更加广阔的发展空间。

博伦先生决定再版此书，也体现了一个学者谦诚的学术风范。因为辩证逻辑是一把双刃剑，一旦“基因”层面的概念解析与规定出现微小偏差或缺损，由于逻辑演绎具有“基因复制”的功能，可能将缺损的“基因”复制扩大为一个缺损的整体，并最终导致理论与实际的背离，甚至导致错误结果的发生。正因为如此，学术讨论或学术批判就变得尤为重要。读者可以用严苛的态度和批判的眼光来研读博伦先生的这部用心之作。科学需要创新，科学需要尝试，科学需要批判，真理永无止境！

我们期待博伦先生后续几部著作尽早与读者见面，期待有一个简图帮助读者概览这个全新的概念体系和演绎流程，期待这个平台与其他平台之间有更多的比较、借鉴与“对话”（而不仅仅是“对垒”）。我们也期待更多的中国学者在经济学的创新发展中扮演更加积极的角色！

陶　江[①]

2015 年 10 月 29 日

---

① 陶江，南开大学中国经济协同创新中心教授、研究员、博士生导师。主要研究领域：货币经济学，货币银行学，政治经济学，国际金融学，国际金融管理。1987 年毕业于南开大学经济学院，获得经济学硕士学位；1990 年 10 月至 1991 年 5 月，香港中文大学访问学者；1993 年 8 月至 1994 年 9 月，美国伊利诺伊州立大学富布赖特高级访问学者；1994 年 5 月，美国杨百汉大学交流访问学者；1996 年 11 月至 1997 年 5 月，美国堪萨斯大学和恩波里亚大学访问学者；1999 年 1—5 月，美国伊利诺伊州立大学交流访问学者；2000 年 6—8 月，澳大利亚悉尼大学交流访问学者；2004 年 3 月，澳大利亚新南威尔士大学和麦哲里大学交流访问学者。

目录
Contents

第三篇
支配关系和创造关系

第四篇
效应关系和效用关系

导　论

从字面上看，《财富与精神》是专门研究财富与精神之间的关系问题的，很像一个哲学命题，然而，其本身却是一部关于政治经济学说的论著。不同的只是，这里的经济学原理，是通过对财富与精神关系的剖析而揭示出来的，是建立在对财富与精神关系问题的科学分析基础之上的，把本书书名定为“财富与精神”就是依据于此。之所以把精神引入政治经济学，最直接的原因在于，人类创造物质财富的全部活动都是在精神的支配下进行的，而被创造的财富又都是为人类自身的生存和发展服务的——本质上都是为人类精神的存在和发展服务的。精神在创造和消费财富的过程中所处的极其重要的地位，使之在经济分析中成为一个不可回避的，并且必须纳入研究的重大要素，甚至是第一要素。实际上，将在本书中论述的一系列经济学理论，正是从财富与精神的关系中演化出来的。关于这一点，可以从后面的研究讨论中得到认识。

一般说来，对于政治经济学的研究往往从价值理论开始。作为《财富与精神》的第一卷，这里所要讨论的就是“劳动价值原理”。但是，同以往的劳动价值原理相区别，它是一种寓于财富与精神关系之中，并由这种关系所规定的劳动价值原理。

一　价值理论在政治经济学中的重要意义

正如我们已经知道的那样，价值理论从来就是政治经济学领域激烈争论的一个课题。它作为政治经济学的灵魂，不仅成为无产阶级政治经济学和资产阶级政治经济学生死论战的焦点，而且成为社会主义各经济学派之间，乃至资本主义各经济学派之间的分水岭。例如，马克思创立的剩余价值理论，在揭示资本主义剥削制度的同时，不仅批判了亚当·斯密和大卫·李嘉图片面的劳动价值理论，而且批判了西方资产阶级的主观效用价值理论，从而建立了无产阶级的政治经济学说。

价值理论之所以在政治经济学中具有如此重要的作用，是由价值理论在规定政治经济学体系之科学性上所具有的关键地位决定的。恩格斯在《反杜林论》

中明确指出："价值理论是经济学体系的纯洁性的试金石。"这就是说，价值理论的正确性与否，必然决定着整个政治经济学体系的正确性与否和科学性与否。不仅无产阶级的经济学家认识到价值理论在整个经济学体系中的重要性，就连资产阶级经济学家对此亦有极为深刻的认识。例如，约翰·斯·穆勒就曾在其《政治经济学原理》一书中写道："在产业体系完全以买卖为基础的社会状态中，价值问题是根本问题。社会组织如此。所以关于这种社会的经济利害关系，几乎每一种理论，都以某种价值理论为前提。价值理论上极小的谬论，都会以相应的谬误，传染到一切其他理论。价值概念中，任何一种模糊的或朦胧的事物，都会在一切其他的概念上引起混乱与暧昧。"正是依据经济学前辈关于价值理论重要意义的见解，本书关于政治经济学的研究，也就从对价值理论的讨论开始。

作为现代无产阶级政治经济学，本书中所要阐述的价值理论，必定是以"劳动创造价值"这一基本规定为理论依据的。但这是不是说，我们就因此拘泥于马克思本人的劳动价值理论而照搬照抄呢？如果这样的话，这里的讨论也就毫无意义了。本书将通过一系列的分析和研究，以财富与精神的客观关系为依据，通过系统的分析归纳，提出一种区别于以往的劳动价值理论，并试图在此基础上，建立起一个更为适合我国当前社会主义建设和共产主义运动的全新经济学体系。

那么，对于价值理论的研究，究竟应该从何处入手呢？这是我们研究过程的首要问题。对于这个问题，马克思是从分析商品开始的。他承接亚当·斯密和大卫·李嘉图的理论，首先分析了商品的使用价值和价值，又在此基础上揭示了生产商品的劳动二重性——具体劳动和抽象劳动，从而提出了具体劳动创造使用价值，抽象劳动创造价值的商品价值理论；进而提出和创立了剩余价值学说，以其特有的方式，揭示了资本主义社会内在的政治经济关系及其发展规律。马克思的理论，在哲学和政治经济学上都划出了一个新的时代，并以其理论的博大精深而成为无产阶级革命和共产主义运动的思想武器，无论是过去还是现在，都发挥着极其伟大的指导作用。

那么是不是说，劳动价值理论因此就不存在其他分析方法和分析途径呢？当然不是。显然，商品仅仅是人类全部产品物质的一种特殊形式，因而使得在体现商品之上的经济关系时，很难表达出人类社会最一般、最普遍的经济关系。在这种情况下，如果拘泥于以商品为细胞的分析研究，就可能忽视对整个人类社会最一般、最普遍的经济关系的认识，从而在研究价值理论的时候，可能失去某些必不可少的理论依据或要素，并因此形成关于价值理论的片面见解。

实际上，要系统地认识整个人类社会的各种经济关系产生、发展和消亡的历史过程及规律，或者要科学地认识某一特定社会历史阶段的具体经济关系产生、发展和消亡的过程及规律，首先都必须从复杂多样的社会经济关系中，抽象出整个人类社会各个历史阶段都普遍存在的、永恒的经济形式，并以此作为分析研究的出发点。否则，就不可能由浅入深地、科学地理解和认识人类社会全部的经济关系。可以肯定地说，就像生物有其最基本的生命形式细胞一样，人类社会也必然会有其最基本的经济细胞形式。这种最基本的经济细胞形式，不仅构成了人类社会经济关系存在和发展的一般基础，而且还包含着人类社会经济关系产生、发展和消亡之运动变化的全部秘密，其中自然不可缺少地包含着价值理论的秘密。

那么，究竟什么东西才是整个人类社会最基本、最普遍的经济细胞形式呢？这个经济细胞形式，既不是作为产品物质中的一种特殊形式商品，也不是产品一般本身，而是充满着生机和内部矛盾的“人类生活循环体”。

二 人类生活循环体的概念及其分析方法

自从有了人类，就有了人类生活，就有了人类为自身的生存和发展而进行的活动。如果把人类的全部活动高度地抽象为一种最一般、最基本的形式，那么在整个人类社会的各个时期和各个角落，都无一例外地存在着这样一种循环运动，即人类依据自身的生活需要，支配和运用自己的劳动去创造产品物质，并通过对自己所创造的产品物质的使用和消费，去满足自身的生活需要，从而推动人类生活的存在和发展；人类生活的存在和发展，进而形成了新的需要和劳动，创造和消费新的产品物质，并在此基础上产生及推动下一个循环。在这种抽象的基础上，很容易把这种循环看作一个由人类生活、劳动、产品三个元素相互连接而成的、具有内在矛盾关系的、封闭的圈，见图导－1。这种循环结构称为“人类生活循环体”。

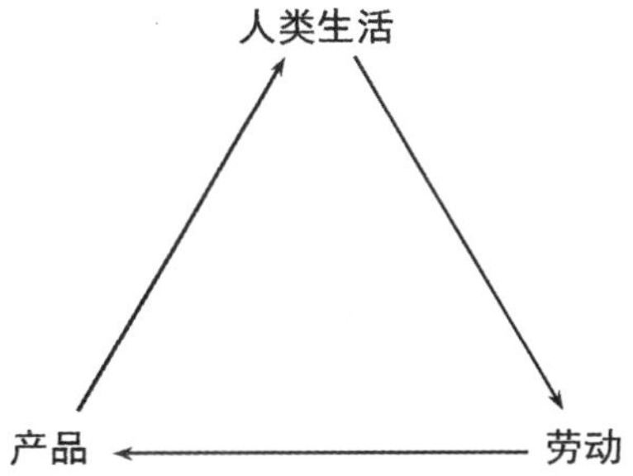

图 1

显而易见，在人类生活循环体中，人类生活、劳动、产品这三个要素之间存在着某些关系，寓于这个循环体之中的最基本的关系共有三种：第一，在人类生活与劳动这两个元素之间，劳动是依据人类生活对产品物资的特定需要而进行的，从而是受人类生活支配的，因此，人类生活对劳动具有一种“支配关系”；第二，在劳动与产品这两个元素之间，产品是劳动改造自然物或外部对象的成果，是劳动创造的，因此，劳动对产品具有一种“创造关系”；第三，在产品与人类生活之间，人们通过对产品的应用，使产品满足人类生活的物质需要或者实现人类生活的某种目的，并在这一过程中使产品发挥其效应性及表现出其自身的有用性，因此，产品对人类生活具有一种“应用关系”。这三种基本关系使人类生活、劳动和产品这三个基本元素相互连接、对立统一地构成一个完整的循环体，其中每一个元素都直接地决定着循环方向的前一个元素，又都在循环过程中间接地被其他两个元素所决定。由此可见，一个较为完整的人类生活循环体，是由三个基本元素和三种基本关系相互构成的，见图导－2。

图2

无论在最古老的原始部落之中，还是在未来高度文明的共产主义社会之中，这种人类生活循环体都是普遍存在的。显然，人类生活、劳动和产品这三个基本元素，以及它们之间互相制约、互相促进的循环关系，都是同人类社会的存在和发展共存的，都是永恒的历史范畴。实际上，就像细胞核（DNA）包含着生命的全部复杂信息一样，在人类生活循环体中，亦包含着极为丰富的政治经济内容。现实社会中的大量政治经济关系，不过是人类生活循环体内基本关系的具体表现形式。只要由浅入深地解剖人类生活循环体，就能为研究现实政治经济问题，在逻辑上铺设一条合理、科学、便利的道路。

基于上述认识，可以肯定地说，人类生活循环体不仅是人类全部社会活动的基本细胞形式——“社会细胞”，而且也是人类社会全部经济活动的基本细胞形式——“经济细胞”。依据从抽象到具体的认识逻辑，有理由认为，详细深入地分析研究人类生活循环体，是讨论和研究劳动价值理论的必经过程，从而是理解和认识其他一系列复杂政治经济理论的出发点。

当确定从人类生活循环体开始政治经济学研究之后，为了对整个研究过程有一个总体的构思，有必要在这里讨论一下研究方法和步骤。总的说来，就是要在辩证唯物主义和历史唯物主义哲学的基础上，对人类生活循环体进行适当地、层层深入地静态分析和动态分析。

一个完整的人类生活循环体是由三个基本元素和三种基本关系构成的。显然，要认识人类生活循环体，首先就必须弄清楚其中的三个基本元素和三种基本关系。这就好像要认识生物细胞，必须首先弄清楚其中的细胞膜、细胞质和细胞核那样。由于人们在思维上能把人类生活循环体看作一个相对静止的实体，因此可以把它分解开来，分别研究每一个元素以及每一种关系，从而对人类生活循环体所包含的一系列基本范畴形成一个较为深刻的认识。这就是对人类生活循环体的静态分析。

在后面的正式讨论中，对人类生活循环体的静态分析，在构思上主要分为三个层次。第一，分别研究人类生活循环体中的三个基本元素——人类生活、劳动和产品。首先研究这三个问题，不仅因为它们是人类生活循环体内的基本元素，而且还是政治经济学的三个最基本的理论范畴。如果不首先弄清楚这三个理论范畴，就不可能深入到复杂的社会经济关系中去，也就不可能理解任何政治经济问题。第二，分别研究人类生活循环体中的三种基本关系——支配关系、创造关系和应用关系，特别是要研究应用关系中所包含的产品对于人类生活的“效应关系”和“效用关系”。在认识上述三个基本元素的基础上，进一步认识各个元素之间的关系是十分重要的，因为，任何复杂的社会经济关系都是由这三种基本关系构成的。如果能够很好地认识这三种基本关系，那么在讨论复杂理论问题的时候就有了扎实的理论依据。第三，专门研究劳动通过产品与人类生活建立起来的特殊关系——“劳动价值关系”。劳动耗费与效用的关系问题，是经济学研究的一个基本问题。如果把创造关系同应用关系连接起来，或者说把人类生活循环体中的支配关系割裂开来，那么，就会形成一个关系链：“劳动—产品—人类生活（生活需要）”，这样，劳动耗费与产品效应及产品效用的关系就明显地寓于其中了。显然，创造产品所耗费的劳动与使用产品所实现的效应和效用之间，可以构成某些必然联系。实际上，只有到了这一层次，研究才真正进入到一系列深刻的经济学问题中，其中最重要的就是关于“劳动价值关系”的概念。

当人们不是分解地而是统一地看待人类生活循环体，它就变成一个形式上处于运动状态的、有机的、活生生的实体。因为，在统一的人类生活循环体内部，任何一个元素的运动变化，都会引起或推动其他两个元素的运动变化，都会使各个元素之间的关系处于相互作用的运动变化状态之中。特别值得强调的是，人类生活循环体内部的运动变化，客观上而言并不像之前所描述的那样，是一个封闭式的循环过程，而是一种在循环中不断发展、不断由低级向高级进化、波浪式前进、螺旋式上升的辩证运动过程，见图导 - 3。由此可见，人类生活循环体是一个充满内在矛盾和内在规律的、活生生的客观实体。所以说，关于人类生活循环体内在矛盾和内在规律的研究，就是对人类生活循环体的动态分析。

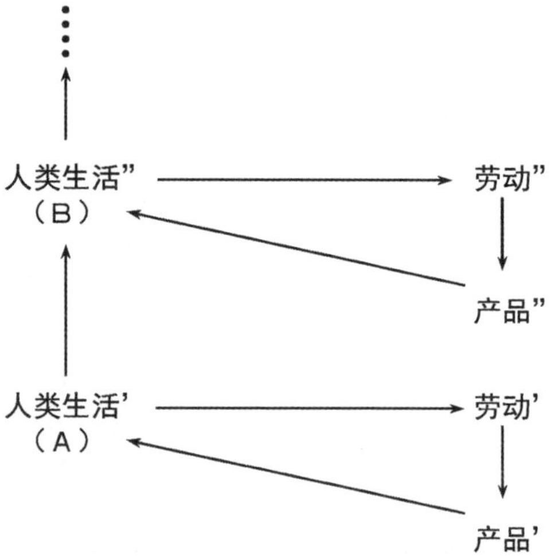

图 3

在对人类生活循环体进行静态分析的基础上，进一步深入地对其进行动态分析是非常重要的。因为只有系统地分析研究人类生活循环体所包含的内在矛盾和内在规律，才可能真正认识社会经济关系运动变化的实质，才可能全面地理解和把握政治经济学的核心内容。在后面的论述中，将具体讨论和研究一系列经济规律，其中最主要的是供求矛盾、劳动价值规律和精神发展规律。

总之，通过对“人类生活循环体”的静态分析和动态分析，可以弄清楚经济学的一系列基本范畴和规律，为进一步研究现实的政治经济问题奠定系统、科学的理论基础。特别值得说明的是，在对“人类生活循环体”进行静态分析和动态分析时，所得出的任何结论的正确性与否，并非以是否与经典的经济学论著完全一致为依据，而是以是否符合辩证唯物主义和历史唯物主义的普遍真理为准则。充分运用马克思主义哲学原理去解释一系列带有根本性的经济概念和经济规律，并从中得出符合哲学逻辑的经济学结论。因此，笔者又把本书关于政治经济理论的分析，称为“政治经济学的哲学分析”，这也是笔者把本书的副标题定为“关于经济学基本问题的哲学思考”的原因之一。

第一篇　人类生活

政治经济学是一门社会科学，是专门研究人类社会政治经济关系的科学。社会的政治经济关系并不是空洞无物或看不见、摸不着的，而是由人类社会中每一个成员的社会行为构成的，是一种客观实在。这就是说，人与人的社会关系只能由人与人的社会行为来构造；社会成员的政治经济行为构成了人们之间的政治经济关系，同时又成为人们之间政治经济关系的客观实体；社会成员之间不同的政治经济行为，必然在他们之间构成或确立不同的政治经济关系。这就使得政治经济学的研究对象，直接地、不可避免地与人们的社会行为产生了联系。因此，研究人类社会的政治经济关系，不首先弄清楚构成政治经济关系的政治经济行为，以及决定这些政治经济行为的本质因素，是不可行的。

那么，人们的政治经济行为究竟是由什么决定、由什么支配的呢？为什么在各种不同的历史条件下，人们愿意采用这种政治经济行为而避免那种政治经济行为呢？

伟大的生物学家达尔文曾经对动物行为做了极为深刻的研究。他在分析动物趋利避害的行为时，把动物行为同动物物种自身的存在和发展，以及同动物之间的生死竞争联系在一起，从中得出的一个简单而又客观的结论：动物行为本质上是为其自身的存在和发展服务的。人类作为一种高度发达的动物种类，尽管与普通动物有着本质的区别，但就人类行为而言，亦摆脱不了同样的事实，即人类行为也是为人类自身的存在和发展服务的，是为人类自身的生活利益服务的。由此可知，人们之间的任何政治经济行为都是为其各自的政治经济利益服务的，归根到底都是为其各自的存在和发展及生活利益服务的。从总的方面来看，人类行为本质上是为人类物种的存在和发展，为人类共同的生活利益服务的。这样，就把政治经济学的研究对象——人与人的政治经济关系，通过人类行为同“人类生活”这个带有本质性意义的问题联系起来了。

既然人们的政治经济行为是为人类生活服务的，那么它就必然地受人类生活内在本质的支配和规定。这样看来，假如不首先弄清楚人类生活这个问题，就根本不可能在实际上弄清楚人们的政治经济行为，更不可能弄清楚人们之间的政治经济关系。所以，研究首先从讨论“人类生活”这个问题开始。

第一章
人类生活的本质

从本书的“导论”可知，“人类生活”是人类生活循环体中的三个基本元素之一。实际上，在人类生活、劳动、产品这三个元素中间，人类生活所处的位置是至关重要的，它是人类生活循环体循环过程的起始点和归结点。因此，正确地认识人类生活的概念，是展开研究的关键环节。在本章中，首先要弄清楚的是“人类生活”这个概念及其本质特征。

一 人类生活与动物生活的本质区别

在通常的概念中，“生活”一词指的是人或动物为了生存和发展而进行的各种活动。实际上，把生活解释为活动的概念，仅仅表达了生活的外在形式，或者说生活的外在表现形式。就“生活”这一概念的内在含义而言，更多指的是人或动物的生存和发展本身。发展生产的目的是满足人们生活的需要，实际上也就是说，以生产这种活动为手段，去满足人们自身生存和发展的需要。因此，“生活”一词是描述人或动物生存和发展这一现象的最直接的一个概念。至于说到“活动”，无论是人类还是动物，其寻找食物和住所等行为都是以满足自身生活需要为目的的外在方式，而不是人或动物生活的内在实质本身。所以，从最一般的意义上说，人类生活就是人类肌体乃至人类物种的生存和发展。

但是，如果对人类生活的解释仅仅停留在最一般的意义上，显然是不够的。因为，人类生活虽然同动物生活有着一定的内在联系，但又是区别于普通的动物生活的。了解它们之间的内在联系和区别，对于较好地理解人类生活的概念是很有帮助的。

那么，人类生活同动物生活究竟有什么本质联系呢？达尔文在《物种起源》中提出了生物物种在自然选择、适者生存的自然进化规律中不断地变化发展，从简单到复杂，从低级到高级的进化论学说，从而揭示了生物物种变化发展的规律，解释了不同生物物种的起源。达尔文亦在《人类起源及性选择》中，应用进化论的原理，依据大量的考古事实，论证了人类和高等动物之间的血缘关系，得出了一个科学结论："人类起源于动物。"显然，人类是从古猿进化而来的，时至今日，这一事实已经成为一个极为普通的科学常识。这就从根本上说明，人类生活起源于动物生活，是动物生活高度进化了的特殊形式。正如达尔文所论述的："人类同其他动物一样，在身体结构、生理特点以及精神和心理特征方面都有变异性，各种变异性都有遗传性；支配动物进化的各种规律，同样支配着人类。"①

尽管人类生活起源于动物生活，并且因为这种关系同动物生活，特别是同高等动物生活之间存在着多方面的共同性，但是，人类生活作为一种高度进化了的动物生活，又在某些重要方面明显地区别于普通动物生活，具有自身的特殊性。正是这种特殊性构成了人类生活与动物生活的本质区别。

依据之前为人类生活和动物生活所下的定义，即"人类生活和动物生活，就是人类肌体和动物肌体的存在和发展，就是人类物种和动物物种的存在和发展"，人类生活与动物生活的区别，首先应该表现为人类肌体与动物肌体在组织构造及其生理活动上的区别。把人体解剖生理学同动物解剖生理学作一个比较，就能一目了然地分辨出人类肌体和动物肌体在构造上及生理活动上的多方面的显著区别，比如在肢体构造上的区别及其活动方式上的区别等。具体举例说，人类的肢体是直立的，不仅具有发达、灵活的四肢，而且内脏的位置也较为适应人体复杂运动的需要。普通动物则不具备这些优越的肌体构造。人类肌体同动物肌体的区别是多方面的，不过，其中只有一个最为本质的区别，就是人类同普通动物在神经系统上的巨大区别。

在数百万年乃至数千万年的漫长进化过程中，人类的神经系统发达到了如此地步，以致使人的大脑能够系统地记忆和分析外部信息，并在抽象思维的基础上产生了人类精神。许多脊髓动物虽然也有大脑，也能接受和记忆外部信息，并能相应地做出如条件反射等神经反应，但是，动物大脑尚未达到这样的高度，因此还不能进行抽象思维，更谈不上形成人类独有的高级神经反应——精神。正是由于产生了人类精神，人类才真正从动物界中分离出来，才使人类生活从动物生活中分离出来，成为主宰自身命运、至高无上的生灵。这样，就在生物的神经系统上，找到了人类生活同动物生活的本质区别，即人类生活是以"精神"这种生命的高级发展形式的存在和发展为标志的，而动物生活则是以"低级神经反应"这种生命的低级发展形式的存在和发展为标志的。

人类生活和动物生活的这种寓于神经系统之中的内在区别，当表现为外在的

---

① 参见陶大镛：《社会发展史》，北京：人民出版社 1982 年版，第 6 页。

生活行为时，两者之间的本质区别就更为清晰了。动物的生活行为受低级神经反应的支配，因而只可以本能地适应大自然赋予的生活条件。尽管动物也能使自然界发生某些为己所用的变化，比如蚂蚁建造的蚁穴和鸟类构筑的鸟巢等，但这种对自然界的改造在根本上是机械的、本能的、毫无创造性的。举一个有趣的例子，蜜蜂在进行繁殖活动时，总是把昆虫拖入蜂巢中，续而把蜂卵植入昆虫体内，然后把蜂巢封闭起来，由其自然孵化。在整个过程中，每一个步骤都是按严格程序进行的，丝毫不能随意改动。当人为地把蜂巢中已植入蜂卵的昆虫取走，蜜蜂不会重新放入带卵昆虫，而是按照机械的程序照样把蜂巢封闭起来。由此可见，普通动物的生活行为往往是本能的活动，是消极地适应外界环境的。

动物的生活行为之所以具有这样的特征，从根本上说，是由动物肌体，特别是动物神经系统还不发达的本质特性决定的。正是由于这种特性的存在，动物的生存和发展，就在本质上直接地表现为动物肌体或动物物种的简单繁衍和发展。而且，这种动物的繁衍和发展，在自然环境的严格制约下，往往总是自发的、被动的和毫无目的性的，不是在大自然适者生存的竞争中缓慢地进化，就是在大自然弱肉强食的过程中渐渐地消亡；低等动物的生存和发展就更是如此。

人类的生活行为和动物的生活行为根本不同。人类的生活行为是受高度发达的大脑神经反应即精神支配的，因而能够主观能动地适应自然界的变化，并以自身特有的精神力量，去创造各种自然界所没有的生活资料和生活条件，用以满足自身发展的需要，实现自己的生活目的，为自己的生活目的服务。当人类制造出第一个劳动工具的时候，就已显示出了人类精神的伟大力量，并预示着人类征服自然的巨大潜力。在改造世界和创造世界的实践过程中，随着人类精神的日益发展和扩大，人类获得了更为伟大的精神力量，并在创造性的生产活动中，为自身的生存和发展提供了越来越丰富、越来越优良的外部物质条件。总之，人类的生活行为是有目的的、主观能动的、自动自觉的行为。正如恩格斯指出的：“动物仅仅利用外部自然界，单纯地以自己来使自然改变，而人则通过他所做出的改变，来使自然为自己的目的服务，来支配世界。”①

人类的生活行为之所以具有这种特性，从根本上说，是由人类肌体，特别是由人类高度发达的神经系统的本质特性所决定的。正是由于这种本质特性的存在，即人类的生活行为表现为直接地为人类生活目的服务的存在，才使得人类生活得以存在和发展，在本质上集中地体现为人类精神的存在和发展；也正是当人类生活从动物简单的肌体繁衍中分离出来，并升华到高级的精神生活的时候，人类生活才在根本的意义上从普通动物生活中分离出来，才真正成为生物世界中至

① 中共中央马克思恩格斯列宁斯大林著作编译局编：《马克思恩格斯选集》（第三卷），北京：人民出版社 1972 年版，第 512 页。

高无上、充满生机和绚丽色彩的生命形式。

二　精神的存在和发展是人类生活的一般本质

实际上，当开始分析人类生活同动物生活的本质区别的时候，就已经涉及了“人类生活的本质”这个问题。显然，精神的存在和发展作为人类生活区别于动物生活的基本特征，其本身就已经概括了人类生活的本质。正是从这种意义上说，精神的存在和发展，不仅是人类生活区别于动物生活的基本特征，而且是人类生活区别于其他任何事物的最一般、最普遍的本质属性。

为什么说精神的存在和发展是人类生活的一般本质呢？首先是因为精神的存在和发展是人类生活区别于其他事物之多种本质属性中最主要、最根本的一个属性。人类生活作为一种物质的特殊存在形式，与其他任何物质一样，具有共同的一般物质属性，但作为一种生物存在形式，就同物质世界中的非生物区分开来。人类生活作为一种特殊的生命形式，与其他任何生物一样，具有共同的一般生物属性，但作为一种动物形式，就同生命世界中的植物区分开来。人类生活作为一种特殊的动物形式，与其他任何动物一样，具有共同的一般动物属性，但作为一种高等动物形式，就同动物世界中的低等动物区分开来。人类生活作为一种特殊的高等动物形式，与其他任何高等动物一样，具有共同的一般高等动物属性，但作为一种神经系统高度发达到形成精神，并以精神力量支配自身行为的人的形式，就同普通的高等动物区分开来。特别对高等动物而言，人类的直立行走、语言交流、使用工具、具有情感等特点，在现代动物学中已不能简单、绝对地把人类同其他高等动物区分开来；只有人类精神才是唯一能够最一般、最普遍和最彻底地使人类区别于万物而独立出来的一个本质要素。事实上，没有精神的存在，就没有精神支配下的人类劳动，就没有劳动创造的工具和财富，也就没有人类物种本身。而没有精神的发展，人类的生存就丧失了源动力，人类自身也就只能走向灭亡。

人类文明的历史充分证明，人类精神的存在和发展，是人类文明存在和发展的根本动力。历史上，无论是从原始社会早期出现的旧石器到奴隶社会末期出现的铁制农具，或是从封建社会出现的手工作坊到资本主义社会出现的大工业生产，无不是人类精神存在和发展的结果，无不是人类认识能力和创造能力存在和发展的结果。人们常说科学技术是构成社会生产力的第一要素，而科学技术[①]本身却是以精神的形式存在于人们大脑之中的，是精神的特殊存在形式。因此，又

① 在这里，科学技术只作为人的要素而提出，与技术设备等物的要素是完全不同的概念。比如，有了汽车这个设备，没有开车的知识和技能也无济于事。

可以一般地说，人类精神是构成社会生产力的第一要素，人类精神的存在和发展是社会生产力存在和发展的源动力。马克思在《共产党宣言》中说道："资产阶级在它的不到一百年的阶级统治中所创造的生产力，比过去一切世代创造的全部生产力还要多、还要大。"这正是人类精神力量在西方资本主义工业革命得到迅猛发展的结果。在今天，科学技术作为一种精神力量，更加突出地表现为提高社会劳动生产率和推动社会生产力大踏步前进的根本动力。就一个国家而言，其在世界竞争中的综合实力，越来越取决于形成和应用科学技术成果的速度、规模、范围和效果。这一切都深刻说明，人类社会的发展，归根到底是由人类精神的发展决定的。

精神的存在和发展对于人类社会的推动作用，实际上是通过每一个社会成员自身精神的存在和发展及其共同的社会活动而实现的。由于精神是大脑独有的特殊机能，及其在大脑生理上所具有的个体性或相对独立性，就使得每一个社会成员都作为相对独立的精神主体而存在，都毫无例外地体现着精神的存在和发展是人类生活一般本质的客观性。假如设身处地地反思一下自身生活的一般特点，就不难体会到，任何一种自觉行为，无不是在一定的自我精神支配下所使然的，亦无不是为实现自我精神中一定的生活目的而服务的。在认识世界的过程中发展精神，并通过能动地改造世界去实现生活目的，是人生中得以获取无限而又丰富多彩的生活乐趣的必由之路。人的肌体一旦失去精神，那么就会同时失去对世界万物乃至对自我存在的认知，就会如同植物人一样，失去人类生活的全部意义。正是从上述意义中，才更加肯定，精神的存在和发展是人类生活的一般本质，是建立人类生活的根本支柱。

人类精神的存在和发展，实际上就是人类肌体之最具本质机能的属性的存在和发展，就是人类精神之认识能力和创造能力的存在和发展。一方面，人类精神以自身的发展，无限地扩大着改造世界和创造世界的能力，从而无限地扩大着为自身提供日益丰富多彩的生活资料的能力；另一方面，又在改造世界和创造世界的过程中，无限广阔、深刻地认识外部世界及其人类社会本身，从而无限地发展人类精神本身，并在此无限循环的过程中，使人类物种永恒地生存和繁衍下去。从某种意义上说，作为人类的一分子，每一个人亦正是在这一过程中，实现日益丰富、日益完美、绚丽多姿的人生的。正是从这种逻辑出发，才使得人类精神的存在和发展，不仅表现为人类一切活动的起点和根据，而且表现为人类一切活动的归宿和结晶①。

值得说明的是，从人类生活与动物生活的本质区别中抽象出人类生活的本质——精神，目的并不在于解释人类生活与动物生活的区别所在，而在于把关于人类生活本质的认识，运用到对人们政治经济行为的分析中去，从而运用到对人们政治经济关系的分析中去。认识人类生活的本质对于政治经济学的研究具有极为重要的意义。因为，只有理解人类生活的精神本质，才能从根本上揭示人类社会运动发展的总方向，才能从根本上解释人们生产活动和消费活动的经济规律，才能从根本上理解人类社会各种政治经济关系产生、发展、消亡的因果关系……总之，精神作为人类生活的一般本质，对于深刻全面地认识人类社会的政治经济关系来说，是全部逻辑的关键所在。

既然把人类精神的存在和发展确定为人类生活的一般本质，那么，在这种高度抽象的基础上，我们对于人类生活循环体就有了更深一层的认识。此时可以把人类生活循环体中的"人类生活"这个要素，更为确切地表达为"人类精神"，或者简称为"精神"。这样，人类生活循环体中的三个要素——精神、劳动、产品的关系就更为清晰了。这种以本质取代现象的方法，便于从精神本质因素出发，去研究人类生活循环体的全部内在关系，见图1－1。

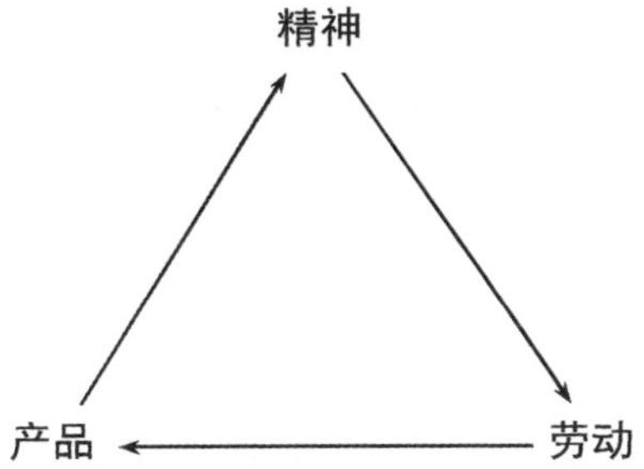

图1－1

① 要补充说明的是，把精神作为人类生活的一般本质而把人类与动物区分开来，只是从最一般、最普遍的意义上规定的。就是说，并不绝对地排除人类以外的某些特殊动物，亦具有高度发达的神经系统及其精神的可能性。不少生物科学家正在研究大猩猩、鲸鱼、海豚等动物较为发达的神经反应能力，似乎说明某些高等动物也有精神。例如，科学家们已经证明，受过训练的大猩猩具有简单的抽象思维能力，并能用肢体语言表达一定的思想意识。此外，关于宇宙生物的研究，特别是关于飞碟（UFO）和外星人的研究，似乎亦能表明，精神并非人类独有。不过，在此主要研究的是地球人类的政治经济关系，因此，抛开其他生物具有精神的可能性，并不会影响关于人类生活的本质是精神存在和发展的客观规定；相反，更加便于应用这一规定去集中地分析人类社会运动发展的内在动力和根本规律。

三 人类生活的内在形式和外在形式

有人或许会提出这样一种疑问，依据通常的或以往的哲学原理，一般认为，“劳动”既是人类的内在本质，又是这一本质的现实表现，是人类的一种本质活动，或者认为，人类的本质是实践的、一切社会关系的总和。那么，本书前面把人类生活的本质规定为人类精神的存在和发展，会不会因此而存在某些错误呢？这的确是必须给予解释的问题，否则，关于人类生活一般本质的认识，就会处于混淆不清的状态之中。为了较好地弄清这个问题，有必要讨论一下两个概念，即人类生活的内在形式和外在形式。

一方面，人类生活即人类物种的生存和发展，作为一个哲学范畴，可以被认为是一种客观的物质实在。它区别于无机界的存在和发展，又由于其具有的精神反应特性，而区别于有机界中一般生物的生存和发展，是一个关于人类这一特有物种存在和发展的总的规定和概括。既然人类生活是一种客观物质实在，那么就有其自身的存在本质和存在形式。正如前面讨论所得出的结论那样，人类生活的本质就是一种以精神为核心的生命肌体的生存和发展，也是人类精神的存在和发展。另一方面，由于人类的生存和发展是受外界环境严格制约的，特别是对于人类无限扩大的生活需要而言就更是如此，必须以自身特有的精神力量去改造世界和创造世界，为自己的生存和发展提供日益丰富的外部物质条件。这就使得人类生活在现实生存和发展的过程中，表现为两种既不相同又互相关联、对立统一的生活形式，即“人类生活的内在形式”和“人类生活的外在形式”。

就人类生活的内在形式而言，它是由人类肌体的全部生理器官及其生理机能的构造和运动形式构成的。例如，人的肌体是由神经系统、循环系统、消化系统、呼吸系统、运动系统和生殖系统等人体系统的综合生理形式及生理过程所构成的。当然，其中最具有人类本质特性的生理系统和生理机能，是人类的大脑神经系统，特别是存在于大脑神经系统之中的人类精神。因此，人类生活的一般本质在肌体内的存在形式，实际上就是人类大脑神经系统的构造及其活动的生理存在形式，就是人类精神存在和发展的生理存在形式。这种生理存在形式，被称为“人类生活的内在形式”①。

就人类生活的外在形式而言，它是由人类依据自身的生活需要，所采取的趋

---

① 令人遗憾的是，人类的大脑神经系统及其特有的精神属性，就其具体的生理存在形式而言，在学术上是极为复杂的，甚至其生理过程的许多方面目前在人体解剖学上仍是谜，以致往往只能用思辨、假想、推测的方式去描述它们。但是，这并不影响关于人类生活本质的认定。事实上，人类大脑科学目前已经取得了极大的进展，并有望在不远的将来取得重大突破。

利避害、改造生活环境和创造生活资料的一切外部行为构成的。人类肌体作为一种生物体，必须从外部世界摄取自身所需的营养物质和寻求必要的生活环境，特别是人类作为一种精神动物，更是要求外部世界按照自己的意志发生变化，才能实现自我生存和发展的目的。而要做到这一切，人类就必须通过自己的外部活动行为，特别是劳动行为，去改造世界和创造世界，以自己创造的物质财富去满足自身在肌体上，特别是在精神上生存和发展的需要。更为重要的是，人类的劳动行为是在精神的支配下进行的，它受制于精神，又反过来为精神的存在和发展服务。这就是说，人类的全部实践活动——无论是社会行为或是技术行为，都是由人类生活的一般本质规定的，都是为人类生活的一般本质服务的，都是人类生活的一般本质赖以生存和发展的外部手段，都是人类生活一般本质的外在表现形式。因此，人类为自身的存在和发展而从事的谋生活动的形式，被称为“人类生活的外在形式”。

其中，人类生活的内在形式的本质内容，就是人类精神的存在和发展的形式；人类生活的外在形式的本质内容，就是在人类精神支配下的实践活动的存在和发展的形式。把人类生活的实践性及其社会性规定为人类生活本质——精神的存在和发展——的外在表现形式的同时，并不否定人类的实践行为和社会行为对于人类生活本质的矛盾作用。相反，可以肯定，人类生活的内在形式和外在形式，是以对立统一、互相限制、互相推动、互为存在为前提的。没有一定的人类精神，就没有相应的人类实践，从而就没有人类精神改造世界和创造世界的相应的外部物质成果；反过来，没有一定的人类实践，就没有人类精神赖以存在和发展的相应的外部物质条件，从而就没有人类精神相应的存在和发展本身。但就主次而论，精神作为人类生活的内在形式是能动的、主要的矛盾方面，规定着人类生活的外在形式；实践或劳动作为人类生活的外在形式，则是被动的、次要的矛盾方面，是人类生活内在形式得以存在和发展的外部条件，反映着人类生活内在形式的存在特性和发展规律。

对人类生活的内在形式和外在形式有了一个基本的认识之后，再回过头来讨论本节开头所提的问题，就较为容易理解了。显然，当把人类生活的内在形式规定为人类生活的内在本质——精神——的存在和发展形式时，也就同时排除了“劳动”“实践”或者“一切社会关系的总和”等作为人类生活本质的合理性。那么，究竟凭什么说明“劳动”“实践”和“一切社会关系的总和”不是人类生活的本质呢？笔者认为，“劳动”“实践”和“一切社会关系的总和”等，无疑是人类区别于普通动物的显著特征，但归根结底都是受精神支配的，都是为精神的存在和发展服务的，都是精神存在和发展的客观作用和要求的外在表现形式。下面分别讨论这三个问题。

著名的哲学家黑格尔很早就把劳动看作人的本质，他甚至还把劳动看成抽象精神的活动。实际上，黑格尔已经感觉到了精神与劳动之间的本质联系，但受当时大脑科学尚不发达及他本人所谓超物质的“绝对精神”的限制，使他没能把人类精神作为人类特有的内在本质抽象出来，而只能把劳动这一人类本质的外在活动形式，视作为人的本质本身。我认为，人类劳动之所以能与动物活动显著区分开来，并成为人类区别于动物的外在表现特征，无非是由于人类劳动所具有的任何动物活动都无法比拟的物资（财富）创造能力，但这只是一种非本质的表面现象而已。人类劳动所具有的伟大创造能力，并非取决于人类四肢肌肉有多么大的力量、有多么大的灵活性，而是在根本上取决于人类精神对人类活动的支配作用。失去了人类精神的支配作用，人类的劳动就必然失去特有的创造能力而沦为动物活动。特别具有意义的是，劳动不仅是受精神支配的，而且是为实现一定的精神目的服务的。如果把劳动当成人类的本质，不仅无从理解劳动的动力源泉何在，而且亦无从理解劳动结果的归宿何在，甚至无从理解人类改造世界和创造世界的目的何在。事实上，劳动并不能作为人类的本质而能动地为劳动服务，而只能作为人类本质的外在活动形式，在精神的支配下被动地为精神的存在和发展、为实现人类的生活目的服务。这就从基本原理上说明，劳动不是人类生活的本质本身，而只能是人类生活本质的外在表现形式。

实践作为人类精神支配下能动地改造自然和社会的全部活动，实际上指的就是劳动本身。所不同的只是，实践除了把劳动具体化为生产斗争、阶级斗争、科学实验三大内容外，更为突出地强调了实践与精神的关系，即强调实践是认识的基础，是检验真理的标准。在这种意义上的实践，并没有超出劳动作为人类精神本质外在形式的客观规定，相反，更加体现出自身作为人类精神本质的外在形式的特点。因为，它不仅强调了自身受精神能动支配的源动力，而且强调了自身为精神存在和发展服务的归结点。这就是说，没有人类精神的存在和发展，就没有实践的存在和发展，而没有实践的存在和发展，也就没有人类精神之认识的存在和发展。无疑，任何具体的实践活动都必须在一定的具体精神支配下形成，而任何具体的认识也都必须在一定的具体实践条件下产生，即所谓“具体精神决定具体实践，具体实践决定具体精神”。在精神与实践的内外矛盾关系中，精神始终是能动的、内在的矛盾方面，在支配实践上或从实践中获取认识材料亦是如此。实践则始终是被动的、外在的矛盾方面，它为精神所支配，并为精神的存在和发展提供认识材料在内的一切必要的物质条件。由此可见，实践亦不能成为人类生活的本质，而只能成为人类生活本质的外部表现形式。

把人的本质看成“一切社会关系的总和”的观点，是以往很普遍的一种观点。马克思就曾说：“人的本质并不是单个人所固有的抽象物。在其现实性上，它是一切社会关系的总和。”① 那么，究竟应怎样看人类生活的本质与人类生活的社会关系之间的相互联系呢？这是一个值得商榷的问题。人类的社会关系本身并非是人类生活的本质，而只能是人类生活本质的特殊属性，是人类精神存在和发展之社会性的外在的特殊表现形式。因此，至少可以从以下几个方面去认识这个问题。

第一，任何社会关系都是由人们的社会行为构成的，没有人们的社会行为就没有社会关系本身，而任何社会行为却又是在人类精神支配下进行的，没有人类精神就没有社会行为本身。这就从动力学的意义上说明，社会关系的存在和发展，是由社会行为的存在和发展决定的，归根结底是由人类精神的存在和发展决定的。显然，只有形成了社会主义革命的理论，才能产生社会主义革命的行动，才能在成功的社会主义革命行动中建筑起社会主义的社会关系。同样，只有形成了一定的社会生产目的，才能产生一定的社会生产行为，才能在这一行为过程中现实地构成一定的社会生产关系。因此，社会关系不应是凌驾在人类精神之上的人的本质，相反，则应是归属于人类精神支配之下的人的本质的外在表现形式。

第二，任何社会关系都是人类本质所具有的社会属性的外在表现形式，是人类精神存在和发展的本质要求所自发衍生出来的、必不可缺的外在活动方式和条件。人与人之间的社会关系之所以区别于动物之间的群体关系，从表面形式上看，好像是人类的社会关系具有从简单而迅速复杂化、从狭窄而迅速广泛化的显著特点，而动物的群体关系则表现为永无尽头、千篇一律地简单下去、狭窄下去。然而，在本质上，却是人类精神在人类的社会关系与动物的群体关系之间，画上了不可逾越的鸿沟。实际上，正是人类精神的存在和发展，才使得人类的社会行为乃至由此衍生出来的社会关系，从无到有、从简单到复杂、从狭窄到广泛地迅猛地发展起来。而人类精神则反过来从日趋发达的社会关系之中，获得了由人们之间日趋完善的分工协作形式所构成的无限拓展的财富创造能力，以及获得了由人们之间日益发达的思想传播方式所形成的无限加速的科学文化知识相互交流的能力，从而为自身的永恒存在和无限发展造就了必要的外部条件。无论如何，人类绝不是为了社会关系的存在而存在，相反，社会关系则只是为了人类的存在而存在；换句话说就是，人类生活的存在和发展，绝不以社会关系的存在和发展为目的，而社会关系的存在和发展，则反过来为人类生活的存在和发展服务，为人类精神的存在和发展服务。

第三，“人的本质”同“人的社会本质”两个既相互联系又相互区别的命题，不能混淆而论。在以往的阶级分析理论中，往往出于阶级分析的需要而忽视

① 中共中央马克思恩格斯列宁斯大林著作编译局编：《马克思恩格斯选集》（第一卷），北京：人民出版社 1972 年版，第 18 页。

或否定人类所具有的一般本质，认为只有把社会关系作为人的本质，才能从本质上划分人们之间社会关系的性质，才能把具有不同社会性质的人们划分为不同的阶级或阶层，例如奴隶和奴隶主、农民和地主、工人和资本家等。这实际上混淆了人的本质和人的社会本质的关系问题。显然，人的本质是人类区别于其他任何事物，特别是区别于其他任何动物的最根本的物质特性，这一最根本的物质特性正是人类特有的大脑神经系统及其特有的精神属性。而人的社会本质则是区别人们之间各自不同社会性质的根本特点，它由人们之间不同的社会关系所具有的不同特点来体现。人与物的本质区别同人与人的本质区别毕竟是两个完全不同的命题。尽管如此，人的本质和人的社会本质又是密切相关、互相联系的。人类的社会精神支配着人类的社会行为，从而决定着人类的社会关系，反过来，人类的社会关系又通过人类的社会行为，主要是社会的政治经济行为，去推进人类的社会精神。不同的社会关系必然由不同的社会行为所构成，而不同的社会行为又必然由不同的社会意识所支配。一切社会关系，都可以具体地、历史地从人们社会意识的存在和发展中，找到自己存在和发展的根据，同样，任何阶级关系，亦都可以具体地、历史地从人们阶级意识的存在和发展中，找到自己存在和发展的根据。由此可见，人们之间社会关系的质的区别，是由人们之间各自社会精神内容的质的区别决定的。人的社会本质，归根结底是从属于人的精神本质的。

以上分析说明，无论劳动、实践还是社会关系，都不是人类生活的本质，而只能是人类生活的外在形式，人类生活的内在本质，正是万物之灵的人类精神。

第二章
精神的起源和精神的升华

从上一章可以知道，精神生活是人类生活的本质，那么，精神何以对人类生活起如此重要的作用，又何以从生理学和哲学的意义上成为人类生活的本质？要弄清楚这些问题，必须较为深入地讨论一下“精神的起源”和“精神的升华”两个问题。精神的起源和精神的升华，看起来像是两个纯粹的哲学问题，但是，把精神生活确定为人类生活的本质，并依据这一结论去研究政治经济学的时候，它们就现实地成为两个不可忽视的政治经济学问题了。对此类问题稍作讨论，对于进一步认识精神生活的实质，更全面地把握精神生活是人类生活的本质这一基本原理，从而更好地把这一基本原理运用到政治经济学的研究中去，有着十分重要的理论意义。

一 精神的起源

按照哲学或生理学的通常说法，精神是人类大脑的特殊属性或特殊生理机能。然而，要确切地、系统地回答精神起源这个问题，即使在大脑科学已经高度发达的今天，仍然是十分棘手的。往往不得不抽象地说，精神是在生物自然进化的漫长过程中，特别是在动物神经系统自然进化的漫长过程中形成的。不过，仍然可以依据科学上的某些基本事实，从哲学和生理学的角度，粗略地描述一下精神起源的生物进化过程。

精神作为人类大脑的特殊生理机能，表现为大脑对外部事物所具有的以抽象思维为主要形式的反映特性。就最一般的反映特性而言，它并不是人类大脑特有的，而是一切物质都具有的普遍性质。正如列宁所说：“假定一切物质都具有在本质上跟感觉相近的特性、反映的特性，这是合乎逻辑的。”[①]。所以，精神作为人类大脑的反映特性，从根本上说，是起源于一般物质所共同具有的反映特性

① 中共中央马克思恩格斯列宁斯大林著作编译局编：《列宁选集》（第二卷），北京：人民出版社1972年版，第89页。

的。当然，精神又同一般物质的反映特性相区别，是一般物质反映特性高度发展到人类大脑神经反映的特殊存在形式。

就整个物质世界的反映特性而言，最简单的物质反映形式是非生物反应，表现为非生物在其他物质外力的作用下，所形成的机械的、物理的和化学的变化。例如，冰块受热而溶解，反映了冰块受热而产生热效应的事实；照片受光而成像，反映了照片受光而产生光效应的事实。一般而言，非生物的反映形式是完全被动的、死寂的，它们在接受其他物质外力作用时，绝对不存在自身一丝一毫的能动选择性。不过，在地球自然环境的漫长演变过程中，地球上的某些特殊物质，在一定的环境条件下，却从化学运动形式突变到生命运动形式，从而，某些特殊物质的反映特性，就从非生物反映升华为生物反映，成为物质世界中活生生的、能动的反映形式。总的来说，生物反映在最终转化为人类精神之前，起码经历了以下三个由低级到高级的生物进化过程。

第一，低等生物的刺激感应性。刺激感应性是生物最原始的反映形式，是植物和原生动物都具有的反映特性。例如，植物因其内在生命对阳光、水分、肥料的需求，在受到阳光、水分、肥料的刺激后，就会把枝叶朝向太阳，并把根系扎向水分充足、营养丰富的地层。原生动物亦能因其内在生命对食物养分的需求，在受到食物的刺激后，就会接近和摄取食物。刺激感应性作为生物的反映形式，同非生物的反映形式之间具有本质区别，它不是完全被动地接受外界物质作用，而是有选择地对外界物质作用做出反应。低等动物的这种选择性，以最原始的方式表现为生物趋利避害的能动性或有机性，正是因为具有这种刺激感应性，才使低等生物得以适应环境，不断地生存、繁衍和发展下去。

第二，动物感觉。在自然选择、优胜劣汰的生物进化规律制约之下的进化发展过程中，低等生物逐代地保留下有利于物种生存和发展的变异，淘汰掉不利于物种生存和发展的变异，从而最终进化出具有极高环境适应能力的崭新的生物物种——动物，并在适应日益复杂的生存环境的进化过程中，使生物的反映形式超脱出刺激反应性而成为动物感觉。从刺激感应进化到动物感觉的生理基础，是生物由单细胞进化为多细胞，进而出现细胞分工的生物细胞进化过程。这种细胞分工的突出形式，表现为低等生物的细胞组织，在不断适应外部环境，向高等生物进化的过程中，分离出一种专门用于反映外部信息的神经细胞和神经组织。正是由于生物进化最终产生了神经细胞和神经组织，才使得动物具有了感觉反应的生理器官，才最终形成了动物感觉。

就动物感觉的发展过程而言，动物感觉的这种神经细胞反映形式，有一个从腔肠动物到环节动物，再从环节动物到节肢动物，最后从节肢动物到脊椎动物的进化过程。腔肠动物（例如水螅）的神经细胞比较原始，其神经细胞的分布比较分散，各神经细胞之间只能以网状相接。因此，腔肠动物的感觉反应能力是十分低下的。环节动物（例如蚯蚓）的神经细胞开始集中起来，并形成了神经节，神经节的相接进而组成了神经链。这样，就使得环节动物的感觉反应能力大大超过了腔肠动物。节肢动物（例如蜜蜂）的神经链进一步集结化，从而形成了较大的脑神经节、足神经节和腹神经节，并在此基础上进而形成了中枢神经系统和周围神经系统。这样，节肢动物的感觉反应能力又被极大地强化了。脊椎动物（例如猫、狗）的神经组织，已经完成向眼、耳、鼻、舌等各重要感觉器官和脊椎的高度集结，并由此形成了发达的中枢神经系统——大脑和脊髓。特别是神经细胞的进一步分工，出现了专门用于感觉的"感觉神经细胞"和专门用于记忆的"记忆神经细胞"——这种感觉神经细胞和记忆神经细胞的分工，或许在节肢动物甚至在环节动物出现时就已开始。这种神经细胞的集结和分工，构成了动物得以形成"条件反射"这种高级神经反映的生理基础。只是进化到了这里，动物的感觉反应才达到了能力的顶峰。

动物的感觉反应，特别是脊椎动物的感觉反应，极大地优于低等生物的刺激感应性。它不像低等生物那样，以整个身体直接地反应外界刺激，而是以专门的神经组织间接地反应外界刺激。动物感觉的这种间接反应，开始具有了"映像"的意义，并以神经反射为基本形式。由于动物神经组织的完善程度有所不同，因而，动物的神经反射形式亦存在低级与高级的显著区别。例如，腔肠动物的肌体受到某种刺激时，这种刺激就立即通过神经网络而扩散，从而引起全身反应。这种反射活动就是较低级的"泛化反射"。环节动物的肌体在受到某种刺激的时候，这种刺激首先传入神经节，再由神经节传到某部分相应的运动器官，然后完成相应的动作。这种反射活动就是较高级的"定向反射"。节肢动物的肌体受到某种刺激时，可以产生一系列相互联系的反射活动。比如蜜蜂，当它捉到昆虫后，就能按照一定的神经反应程序，一步一步地完成植卵、封巢等连锁活动。这种反射就是更高级的"连锁反射"。上述三种神经反射形式，都属于动物先天固有的、天然遗传的反射形式，在生理学上被称为"无条件反射"。

第三，脊椎动物的心理。在动物优胜劣汰、自然选择的进化过程中，动物的神经系统达到了如此高度，以至形成了动物大脑。从此，动物的感觉反映形式就由低级动物的无条件反射进化到高级动物（脊椎动物）的条件反射，从而构成了脊椎动物特殊的感觉反应形式——动物心理。动物心理的条件反射形式明显地区别于无条件反射，它是脊椎动物后天获得的。条件反射的反射弧不固定，因而使脊椎动物对生活环境具有更大的变异性和适应性。例如，苏联著名的生理学家巴浦洛夫，就曾做过这样一个实验，设定一定条件，然后用灯光或铃声引起狗的胃液分泌，从而完成了他著名的条件反射理论。其实验结论说明，脊椎动物能通过条件反射学习到后天的经验。正是发达的大脑和脊髓，为复杂的条件反射奠定了生理基础，从而使脊椎动物具有了综合分析外界不同刺激的能力。它们能把同时起作用的各种刺激信息分解开来，形成各种感觉，又能把各种感觉综合起来，形成知觉和表象，构成各种联想，产生一些简单的动机和情绪。这些现象就是动物心理。

当脊椎动物的神经反应形式达到动物心理的高度时，人类精神的诞生也就为时不远了。大约在一两千万年以前，从脊椎动物中进化出更为高级的一支——古代类人猿。在不断适应大自然并与大自然抗争的进化过程中，古代类人猿的神经中枢，朝着更高级的方向发生剧变，其大脑皮层的面积大为扩展，大脑沟回也大为增多。这样，古代类人猿对外界信息的综合处理能力和记忆能力就得以迅速发展起来，并最终在古代类人猿的大脑里，由高度发达的条件反射过程进化为对外界信息的抽象思维过程。于是，精神就在抽象思维的基础上诞生了。与此同时，古代类人猿的大脑就进化成现在人的大脑，古代类人猿也就从动物变成了人。

由于人类大脑具有了抽象思维能力，就使得人类不仅能够通过对外部信息进行“思维分解”，把来自外部世界各种凌乱信息的类同部分分解出来，从而形成对外部世界的各种抽象概念，得以认识外部事物的共性和本质。而且能够通过对各种抽象概念进行“思维组合”，去塑造适于自身生存和发展需要的合理想象物，从而形成了支配人类行为的“生活目的”。这种生活目的作为一种精神力量，能动地支配着人类改造世界和创造世界的活动，使自然界按照自身的生活需要发生变化，从而构成维系人类生存和发展的文明和财富。正是因为人类大脑具有了精神这种高级的动物反应形式，才使得人类获得了巨大的、可以无限发展的适应性和创造性，才使得人类的生存和发展在生理上掌握了征服自然的万能武器。

从以上讨论中可以得出结论：人类精神是在生物进化的过程中，特别是在动物进化的过程中产生的，它在根本上起源于物质世界所具有的普遍的反应性，在生理上起源于动物感觉和动物心理，乃至起源于低等动物的刺激感应性。精神无论是作为最高级的生物反应形式，还是作为最高级的物质反应形式，与它的本源形式之间并不存在着不可逾越的鸿沟，无论从何种角度看，精神都不外是高度发达了的物质反应形式而已。

二　精神的生理效应

任何事物的产生和发展，都有其必然的根据。那么，精神为什么会在漫长的生物进化过程中最终诞生呢？这个问题也是得以深刻认识精神本质的一个基本问题。实际上，从上一节关于精神起源的讨论中，可以得出一个非常重要的论点：精神的诞生，作为生物生理进化的结果，首先是为生物物种的存在和发展服务的。因此，精神存在和发展的必然性，首先在于精神有利于人类存在和发展在生理上绝对不可取代的生理效应性。

生物的反应性有一个从低级向高级进化发展的必然过程。生物反应能力的每一次进化，都是以生物不断适应生活环境的生理要求为客观根据的，而且都在生理上极大地提高了生物物种生存和发展的应变能力。精神作为生物反应性的最高级形式，亦摆脱不了这种内在的规定性。精神之所以会诞生，绝不是以精神自身独立的生存要求为依据，更不是上帝的造化，而是依据脊椎动物更好地适应生活环境的内在生理要求，在动物心理的基础上产生的。精神诞生的一个显著后果就是，它使人类从200万年前仅能制造简单石器的人猿，迅速地进化发展成今天具有高度文明的人类，这仅仅只占地球生命出现后约50亿年历史中很小的一段历程。特别是在近百年的人类历史中，人类精神凭借比以往全部历史发展速度的总和还要快的速度，爆炸式地迅猛发展，使人类在很短的时间内，就从手工劳动时代和简单机器时代，大踏步地进入大机器时代、核能时代、太空时代和以微电子技术为基础的信息时代。的确，精神的诞生，给人类带来了能动地、创造性地适应环境和改造环境的生理机能，从而使人类作为生物中最高级的一族，获得了无比巨大的生存和发展能力。这种能力表现为精神对于人类生存和发展所具有的生理效应性，被称为“精神的生理效应”。

所谓精神的生理效应，就是精神能动地认识外部环境，并能动地支配人类行为去改造外部环境，创造出有利于人类物种生存和发展的物质条件，从而最有效地维护每一人类个体乃至整个人类物种存在和发展的效应性。

在日常生活中，精神的生理效应是广泛存在的。关于这一点，可以从精神的种种具体生理效应中直观地看到。例如，在生理学上，人体血压通常按照肌体活动的需要，相应地保持在一定的合适范围内，血压过高或过低，都会影响和损害肌体的生存和发展。在正常情况下，人体血压适应肌体活动需要的相应有机变化，是由肌体内在的体液调节机能和神经调节机能自动调节的。就体液调节而言，当人体运动加强，要求血压相应升高时，人体就会自动地向血液中分泌甲肾上腺素、血管紧张素等激素，使全身各器官的血管收缩，增加心脏的血液输出量，从而导致血压升高；当人体运动减缓，要求血压相应降低时，人体就会自动抑制甲肾上腺素和血管紧张素的分泌，使全身各器官的血管放松，从而导致血压降低。就神经调节而言，当人体运动加强，要求血压相应升高时，人体就会自动引起心脏交感神经的兴奋，加快心率和增加心脏血液输出量，从而使血压升高；当人体运动减缓，要求血压相应降低时，人体就会自动引起迷走神经的兴奋，减慢心率和减弱心房肌收缩力，从而使血压降低。但是，当人的肌体处于不正常或病态的情况时，肌体对血压的自动调节，就可能达不到肌体得以继续生存和发展的要求。比如一个严重的高血压病患者，如不施加人为的治疗，就可能因血压过高而丧生。在这种情况下，精神的生理效应就显示出自己的特殊力量。由于精神具有对客观事物的抽象认识能力，当人类精神包含了血液循环系统的原理时，就能指导人们能动地给高血压病患者注入人工制造的迷走神经兴奋剂，达到减慢心率降低血压的目的。同样，当低血压病患者体内的自动调节机能不足时，也可以能动地给患者注射人工制造的甲肾上腺素，达到加强心率、提高血压的目的。这样，精神就作为一种能动的生理调节手段，补充了肌体自动调节的不足。

关于精神对人类物种之生存和发展的生理效应，这只是一个很普通的例子。如果仔细地观察医学、优生学、营养学等与人类肌体生存和发展直接相关的科学，就能从中看到精神伟大生理效应的大量丰富多彩的事实。诸如人造心脏、人造血管的应用，人体器官的移植，不良遗传基因的改良和各种疾病的防治，色、香、味俱全且营养丰富的食品，设备优良的居所，功能齐备的服装等。实际上，不仅在与人类肌体直接相关的科学领域中，而且在其他一切自然科学和社会科学中，无不深刻广泛地体现着人类精神伟大的生理效应。

显然，人类物种的存在和发展，不仅取决于每一人类个体内部完美优良的器官组织，而且取决于每一人类个体外部高度和谐的生存环境。这种生存环境，不仅包括一个人类物种得以永恒生存和发展的丰富多彩的生活物资系统，而且包括一个人类物种得以分工协作、共同创造这一生活物资系统的合理优良的社会关系系统。这就使得人类的全部生产活动和社会活动，都与人类本身的永恒生存和发展联系起来。否则，尽管人类物种已经发展到了今天的高度，一旦生存环境发生剧变，人类仍会失去赖以生存和发展的基本条件，仍可能逃避不了灭亡的命运。当然，人类之所以为人类，正是在于能够能动地改造外部世界，创造出高度适应自身生存和发展的和谐的生活环境。人类完全可以凭借自己特有的精神反应能力，无限深刻、广泛地认识地球和宇宙的全部自然奥秘，并以自己无限发展的精神力量，创造出适应自身永恒生存和发展的生活物资系统，包括能把人类生活带向外空星系的伟大工具，从而为自己的永恒生存和发展奠定物质基础。人类还可以凭借自己特有的精神反应能力，无限深刻广泛地认识人类社会本身，并以自己无限发展的精神力量，创造出适应自身永恒生存和发展的社会关系系统，不断地改良旧的政治经济关系而创立新的政治经济关系，以此最大限度地发挥分工协作的集体创造力量，最大限度地提高社会生产力，最大限度地满足人类现实生活和未来发展的物质需要。在某种意义上，政治经济学亦是一种研究社会关系如何最好地适应和推动社会生产力的发展，从而实现人类物种永恒生存和发展的科学。

由此可见，人类的一切精神活动，以及与此相关的一切政治经济行为，都包含着深刻的生理效应，都是为人类的生存和发展服务的。从生理学的意义上说，精神的生理效应，正是精神之所以存在和发展的根本原因，正是精神作为一种特殊的物质力量，在生理学上的高度体现。如果不首先懂得精神的生理效应，那实际上就不可能真正理解精神的起源及其存在和发展的意义，也不可能全面地认识精神本身。从政治经济学的意义上说，如果不首先懂得精神的生理效应，那实际上就不可能真正明白精神与人类政治经济行为的内在关系，也不可能全面地认识人类社会政治经济关系变化发展的内在原因。因此，研究和讨论精神的生理效应，是把精神作为一个关键要素引入政治经济学的重要理论环节。

三　精神的升华

在大量的事实面前，不得不承认精神生理效应现实存在的客观性，同时不得不承认精神对人类肌体，特别是对人类大脑的依附性。但是，在事实的另一方面，又有着几乎完全相反的结论，非但不把精神的存在和发展看成人类肌体或人类物种生存和发展的卫士，反而把人类肌体或人类物种的生存和发展看成自身生存和发展的奴仆，把精神放到了主宰全部人类生活的至高无上的统治地位。精神完全因为生物物种生存和发展的需要而产生，却被作为生物物种所以存在的意义，似乎失去了精神，一切都将毫无意义。例如，许多伟大的科学家和思想家，为了研究和开拓新的科学领域，为了证明自己的思想理论，艰苦奋斗，不惜损害自己的身体，甚至不惜牺牲自己的生命。布鲁略为了坚持自己的太阳中心说，不惜让无知的宗教信徒烧死；无数共产党人为了共产主义的伟大信仰，不惜抛头颅洒热血与反动势力作斗争……这些事实的确在反证，似乎要证明人类精神生活的独立性以及人类精神是人类生活中最神圣的核心和本质。精神作为生物进化所产生并为人类物种生存和发展服务而发挥其生理效应的一种机能，转化为把人类肌体的生存和发展作为自身存在和发展的生理条件，并以自身的存在和发展为目的而成为主宰和支配全部人类活动的本质力量，这就是“精神的升华”。

那么，精神的这种升华究竟是不是客观事实呢？如果是客观事实，它又怎样与精神的生理效应达到统一呢？研究表明，精神的升华，不仅是生物反应性进化发展的必然结果，而且是同精神的生理效应完全一致和高度统一的。

首先来讨论一下精神得以升华的生理基础。

当生物的反应性发展到动物感觉，特别是发展到脊椎动物感觉的阶段时，神经系统发展到一定程度形成了动物大脑。正是由于大脑的出现，才使得生物的反应性完成了划时代的变化，即大脑的中枢神经细胞在受到外界信息刺激时，不仅能够产生稳定而又强烈、具有相当持续性的兴奋，并且可以由这种兴奋在大脑中形成“映像”。这样，就使得动物大脑神经系统具有了感觉的机能，从而使动物感觉同低级生物的刺激感应性形成了本质区别。特别是脊椎动物大脑神经中枢的神经细胞有了发达的分工，即记忆神经细胞和感觉神经细胞的分工，这就使得大脑能够在联想反射的过程中，把记忆细胞层存储的信息调出，并在感觉细胞层上再现过去曾经有过的映像，即所谓“表象”。由于大脑表象机能的存在，使得脊椎动物的感觉内容日益丰富起来，不仅能够感觉当前的即时刺激，而且能够感觉以往的存储刺激。

脊椎动物，特别是高级脊椎动物的神经反应，在高度发达的感觉机能的基础上，最终形成了“动物心理”。事实上，在动物心理活动的过程中，已经萌发了动物自我存在的知觉，并产生了原始的自爱和他爱的动物感情，进而由此形成了动物自身具有一定感知性的生存乐趣，这就使得动物心理跨越了神经反应的一个里程碑，而具有了一定的独立性。这就是说，高级脊椎动物的生活行为，不再直接地或完全地表现为自身肌体无知觉的生存繁衍，而是更直接、更突出地表现为趋从自身快乐感觉和避免自身痛苦感觉的生存方式，并把自身更为良好的生存和繁衍，寓于这种快乐感觉的满足和痛苦感觉的消除之中。这也就是说，动物心理已经开始成为一种以自我为中心，引导和支配动物生活行为的独立实体。只是由于脊椎动物的大脑神经中枢尚未发达到能够进行抽象思维的程度，以至它们的心理活动仍然停留在非常简单低下的层次，还不能明显地表现出自己的能动性和创造性，从而也就使得它们的大脑神经反应仍然表现为对自身肌体的显著依附性。这就是说，脊椎动物的快乐感觉和痛苦感觉，是直接与自身肌体的即得生存要求相联系，并为其服务的。

然而，动物心理的进化一旦飞跃到人类精神的阶段，人类精神就在主观上具备了从简单肌体生存要求的束缚中解放出来的客观生理条件，并升华为具有自身独立存在方式和发展规律，同时具有能动支配能力和创造能力，以精神本身的存在和发展为目的中心的独立实体。第一，正是由于人类精神所具有的抽象思维能力，才使得人类不是简单机械地感觉到自己的存在，而是理性地感知和认识到自己、他人乃至世界万物的存在及其相互之间的关系，从而具有了更加明确的自爱和他爱的人类感情。第二，正是由于人类精神所具有的抽象思维能力，才使得人类获得了在大脑中构造出适合自身生活需要的精神想象物，并使之作为生活目的而能动地改造外部世界、创造精神想象物和实现生活目的的特殊机能。这就使人类的生活乐趣具有了远远超出脊椎动物的、丰富多彩的、无限广泛的形式和内容，并把人类生活的乐趣寓于生活目的的实现之中。第三，正是由于人类精神所具有的抽象思维能力，才使得人类对外部世界的反映和感知更加广泛、更加深远，特别是人类的认识对象，已不仅仅是千古不变的自然现象，而且越来越多地融入了人类创造活动所形成的人类文化现象，致使人类生活目的的内容及其实现生活目的的行为，都与每一个人自身纯粹的肌体即得生存要求在距离上越来越远，而越来越深刻地表现出以精神自身的发展为根本要求，并把整个人类物种永恒生存和发展之长远要求的实现，寓于整个人类的精神发展之中。第四，正是由于人类精神所具有的抽象思维能力，才使得人类能够深刻地认识人类自己本身，特别是深刻广泛地认识人与人之间相互依存、相互促进的社会关系，及其人类社会发展的规律，从而形成日益深厚的社会意识，在主观上把自我生存和发展的要求与社会生存和发展的要求联系起来，甚至把社会共同生存和发展的要求置于自我生存和发展的要求之上。

正是由于人类精神的上述特殊生理机能的现实存在，人类精神才终于在主观上从自我肌体的即得生存要求的束缚中解放出来，升华为一种相对独立和至高无上的生活主体；也正是在人类精神升华的基础上，人类精神的存在和发展，才真正超越普通动物肌体的自然繁衍，成为人类生活的本质所在。

值得指出的是，尽管精神的升华使精神在主观上把自己的存在和发展从肌体的存在和发展中独立出来，扬弃了自己原始的生理效应，把自己作为主宰凌驾于肌体的生存和发展之上，但是在客观实际上，在根本性的生理学逻辑上，精神的升华却仍然逃脱不了自身天然的生理效应。在精神升华的基础上，精神的生理效应非但没有被削弱，相反得到了极大的加强。只不过这时的精神生理效应，不是简单地表现为服务于个人肌体生存的狭隘利益，而是更直接地表现为服务于人类物种永恒存在和发展的长远利益，服务于整个人类社会当前和未来的共同利益。的确，精神的存在和发展，不仅使人们在主观上越来越深刻、越来越广泛地体会到人类生活的乐趣和意义，而且还凭借自己伟大的创造能力，为人类肌体的健康发展，乃至整个人类物种的永恒生存，创造出越来越丰富、越来越优良的物质条件。

事实上，在人类精神存在和发展的同时，人类肌体始终也是存在和发展着的。从数百万年前的古代类人猿进化到今天的人类，不仅人类精神得到了巨大的发展，而且人类肌体，特别是人类的大脑组织也同样得到了巨大的发展。显然，人类肌体特别是人类大脑的存在和发展，是人类精神得以存在和发展的必不可缺的特殊载体，没有这个特殊载体的存在和发展，也就没有精神的存在和发展。反过来，人类精神的存在和发展，又以其特有的生理效应，成为这个特殊载体得以存在和发展的前提条件。由此可见，精神的升华和精神的生理效应，不仅在根本上是毫不矛盾的，而且在本质上是高度统一的。精神的升华所扬弃的仅仅只是以单个肌体生存为直接服务对象的简单动物神经反应所具有的生理效应，在这种扬弃中把自己特有的生理效应体现于整个人类社会和人类物种的永恒存在和发展的过程之中。

具有特殊意义的是精神升华的社会基础。精神的升华不仅以人类大脑的特殊机能为生理基础，而且是以发达的并且是日益扩大的人类社会关系为依托的。没有起码的人类社会关系，就没有人类精神的升华；没有日益扩大、发达的人类社会关系，就没有今天灿烂辉煌的人类精神及其创造的人类文明。远古人类精神的产生，是与某种类似动物社会的群居关系为外部条件的。没有一定的社会关系，人类不仅会失去征服自然而保存自己的社会力量，而且还会失去精神赖以形成和发展的外部条件——较为丰富的社会实践活动和思想交流活动。精神在诞生的时候，就同时具有了人类的社会属性，精神的存在和发展，只能立足于人类社会日益扩大、无限发展的社会实践和思想交流的基础之上。精神的存在和发展本身，就注定其拥有自己特有的社会性，并在能动地发挥自己社会性的同时，实现自身的存在和发展。

人类语言的产生，特别是文字的产生，打破了人类交流思想的时空界限和历史界限，使得免除简单重复劳动而大量获得他人的间接经验成为可能，这就极大地推动了人类精神的发展。人类精神的发展反过来又以自己的能动支配力量，日益扩大和改善人类的社会关系，使人类获得了永恒生存和发展的可能。历史已经充分说明，人类的社会关系、社会实践和社会交流越发达，人类的精神发展就越迅猛，也就越具有改造世界和创造世界的能量。今天的人类社会仅以几百年的历史，就获得了以往数百万年的总和都不曾有过的精神发展速度，使每一个人乃至整个人类社会的文化水平和精神创造力量，都取得了不可估量的巨大发展，不可不说是人类社会关系存在和发展的结果。但无论如何，人类的社会性质或社会关系，只能是精神的特有属性，而不是人类生活的本质。人类生活的本质，归根到底只能是人类精神的存在和发展，任何社会关系都是一定精神支配下的产物，都是为一定的人类精神服务的。

四　关于精神生活和物质生活的辨析

以往的经济理论在谈到有关人类生活的问题时，常常把“精神生活”和“物质生活”这两个概念相提并论。例如，在提到有关生产目的的问题时，总是把生产目的看作满足人们精神生活和物质生活的需要。那么，在确定精神生活是人类生活的最高形式和一般本质的同时，又如何理解这样一个与精神生活相提并论的物质生活呢？为了在理论上进一步确认精神生活是人类生活中最一般、最本质的生活形式，有必要对精神生活和物质生活这两个概念作一些辨析。

一般来说，所谓精神生活，就是人类凭借大脑的精神反应特性，在自我知觉的条件下，通过对外部信息的抽象思维，依据自身的发展需要去构造生活目的，并以此支配自我改造世界和创造世界的外部行为，去实现自我生活目的的能动过程。精神生活有其内在形式和外在形式。精神生活的内在形式，表现为生活目的在大脑中的形成过程和实现过程；而精神生活的外在形式，则表现为生活目的支配人类行为去改造外部世界，使之按照自己的模式发生变化的实践过程。精神生活外在形式的实践过程，不仅包括人类创造物质资料的全部生产活动，而且还包括人类使用物质资料的全部消费活动，人类正是通过这两种密切相关的实践活动，去完整地实现自己的生活目的。这就是说，精神生活的外在形式是从属于精神生活的内在形式的，即人类的全部生产行为和消费行为，都是为实现人类的生活目的服务的，而人类物种以及人类社会的存在和发展，则寓于人类生活目的的实现过程之中。

所谓物质生活，就是人们消费物质资料，并以此满足自我生活需要的活动过程。显然，这种所谓的物质生活，不过是精神生活的外在形式，而且仅仅是精神生活外在形式的一个组成部分——使用物质资料的消费活动，其中还不包括创造物质资料的生产活动。在实际生活中，生产活动和消费活动是不可分的，生产活动中包含着消费活动，消费活动往往就是生产活动本身。人们对物质资料的生产要求或消费要求，都是为人们实现自我生活目的的实践要求服务的，最终都是为人类精神的存在和发展服务的。

事实上，人类的一切生产行为和消费行为，都是在精神的支配下存在和发展的，归根到底都是为人类精神的存在和发展服务的。任何物质生活的背后，无不存在精神生活的支配力量，无不包含着精神生活的内容。我们通过消费、享用物质资料而得到的满足感和乐趣感，绝对是精神生活的目的得以实现的结果。一个人失去了精神生活，那对任何物质的消费都将是毫无意义的。就好像一个植物人丝毫不会从食物和药品的消费中感到生活乐趣一样，更不用说感觉到自我存在的价值。所以，这种物质生活是包含于人们的精神生活之中的，是为人们的精神生活服务的。

从某种意义上说，由于精神的存在和发展现实地成为人类生活的本质，就使得人类生活在这种本质的规定下，只存在人类精神生活在内容上的高级与低级、进步与落后、高尚与庸俗、特殊与一般的区别，而根本不存在什么精神生活和物质生活的区别。只是当把精神生活分为内在形式和外在形式的时候，或者只是习惯于用物质生活去表达人们的生产和消费实践活动，特别是表达人们的日常生活消费活动的时候，所谓物质生活才具有其特定的含义。但必须强调，物质生活作为精神生活的外在形式，是从属于精神生活的，是人类精神生活的外在表现形式，物质生活背后的本质仍是精神生活。因此，把物质生活与精神生活相提并论，甚至反过来把物质生活放在精神生活之中，在理论上是极不妥当的。

任何物质生活作为精神生活的外在活动，都应最大限度地体现人类优秀精神的存在和发展，同时，任何物质生活作为精神生活的外部条件，都应最大限度地适应人类优秀精神的存在和发展。否则，就很容易把生产活动和消费活动引向低级、落后、庸俗的物质享受中去，例如把有限的金钱和时间浪费在无止境的吃喝玩乐之上，而不是充分应用于进一步认识世界和改造世界的创造性活动之中，其结果将减缓认识能力和创造能力的发展速度，从而减缓人类精神的发展与进步，乃至减缓人类社会的发展与进步。

第三章
生活目的

人类精神生活的基本形式可以概括为：“人们通过对外部信息进行比较分析的思维过程，形成抽象概念。又依据自身的实际生活需要，应用已经形成的抽象概念去构思出相应的生活目的；进而以生活目的为蓝本，支配自己的实践行为，使外部世界按照生活目的的模式，发生变化去实现生活目的。而自身生活的现实存在和发展，则寓于生活目的实现过程所包含的外部物质运动之中。”

实际上，这其中包含着一个规定，即人类的一切实践行为——主要包括生产行为、交换行为、消费行为等，以及与之相关的一切政治经济行为，完全是在生活目的的支配下进行的，又完全是为生活目的的实现服务的。在政治经济学中，要研究的正是人与人之间的政治经济关系，就不可避免地要求研究人们的政治经济行为。并且，一旦涉及人们的政治经济行为，也就不可避免地涉及人们的生活目的本身。这样，一个既像哲学又像心理学的基本问题，也就自然而然地成为一个基本的经济学问题。

著名的古典经济学家亚当·斯密，曾在其伟大著作《国富论》中，对心理学在经济学中的运用问题，显示了他的深刻见解。亚当·斯密认为，“经济过程需要有心理学的背景，并坚持心理学上的欢乐主义，认为人的一切行为都是出于对自身利益的关心……”① 尽管亚当·斯密的欢乐主义和利己主义，不能确切、全面、本质地解释人类的全部政治经济行为，但他的确提出了一个正确见解，即把心理学的基本原理运用到经济学的研究中去。

正是依据上述认识，有必要在本章中，对“生活目的”这个看起来像是心理学或哲学的基本问题，而实际上又是政治经济学的基本问题，进行较为深入的研究和讨论。由于在人类的全部精神现象中，抽象思维是最重要的一个本质特征，而生活目的只能在抽象思维的过程中形成，所以，对生活目的的研究，就首先从抽象思维的两种基本形式——“思维分解”和“思维组合”开始。

---

① 参见［美］墨非、柯瓦奇著，林方、王景和译：《近代心理学历史导引》，北京：商务印书馆1980年版，第67页。

一　思维分解和思维组合

首先讨论“思维分解”。

如果在较为详尽地讨论这个概念之前，给“思维分解”下一个基本定义的话，或许更加便于讨论。大脑对来自外部客观事物之信息的各种直接感觉（即外部刺激信息直接在大脑中形成的感觉），进行对比分析后分解开来，把其中相区别的、非类似的部分剔除掉，而把其中相对应的、相类似的部分归纳出来或抽象出来，形成一种关于外部事物的共同特点和一般属性的间接感觉——“抽象概念”，这就是抽象思维过程中的思维分解。为了对思维分解有一个较为具体的认识，还必须对思维分解的生理过程有一些起码的了解。

从生理学的角度说，生物反应之所以能够从较低级的动物感觉，发展到较高级的动物心理，完全是基于脊椎动物尤其是人类业已形成的大脑中枢神经系统的生理条件，而其中最为关键的一步就是，大脑神经细胞的进一步分工，即神经细胞划分为两大类——专门用于感觉信息的“感觉神经细胞”和专门用于记忆信息的“记忆神经细胞”。其中，记忆神经细胞是从感觉神经细胞的进化中演变和分离出来的，而其数量则远远大于感觉神经细胞。这两类神经细胞分别排列在大脑皮质的不同层次或不同部位中。

在感觉神经细胞和记忆神经细胞之间，有着某些共性，也有着某些特性。就两者的共性而言，两种神经细胞在受到来自传入神经细胞的外部信息刺激时，都会形成兴奋，并同时依靠自身特有的细胞能施放一个特定的细胞生物电。用生理解剖学的方式描述就是，当神经细胞内部处于稳定有序状态时，在电位表上表现为“极化”；当神经细胞受到刺激兴奋而施放生物电时，在电位表上表现为“去极化”；当神经细胞受到的刺激消失而恢复有序状态时，则在电位表上表现为“复极化”。在人类的神经系统中，除了记忆神经细胞和感觉神经细胞外，还有一种不属于中枢神经系统的神经细胞，即“传入神经细胞”，它们也有相类似的放电功能。传入神经细胞包括视觉神经细胞、听觉神经细胞、嗅觉神经细胞和触觉神经细胞等。它们通过眼睛、耳朵、口鼻和皮肤等传感器官，分别以光、声、味、触等物理、化学方式，直接接受外部事物的刺激信息，并且都把各种形式不同的外部刺激信息，转化为细胞生物电的形式，传递到大脑皮质的特定部分，为感觉神经细胞所感觉，进而为记忆神经细胞所记忆。无论哪种传入神经细胞，都只具有接受和传递外部信息的功能，而不具有任何感觉和记忆外部信息的功能。神经细胞的这种受到刺激而放电的功能，是精神现象得以产生的生理基础。

就两者的特性而言，记忆神经细胞在受到某一特定强度生物电的刺激时，会通过自身内部特有的生理变化，把接受这一特定强度生物电刺激的感应能力固定化。只有受到同等强度的生物电刺激时，才会产生一个瞬间兴奋，并向感觉神经细胞施放一个与之相关、具有恒定强度的反射电流。而对高于或低于这一特定强度的生物电刺激，则不形成任何兴奋。记忆神经细胞的这种反应特征，称为“同类反射”。此外，记忆神经细胞之间，能够构成某种“有序共鸣”，即某一部分记忆神经细胞的兴奋，可以按照记忆序列，引起另一部分记忆神经细胞的兴奋。这种“有序共鸣”传递到感觉神经细胞时，就形成了大脑的联想感觉。记忆神经细胞的这些特殊功能，是人类大脑具有确切、稳定地记忆和施放记忆的功能的生理基础。不过，记忆神经细胞在受到刺激而兴奋时，其本身不会形成任何感觉。据有关资料介绍，人类大脑的神经细胞总数，已经达到或者超过了银河系星球数量的总和，这就使得人类大脑存储记忆和分析处理大量信息成为可能。在人类大脑的神经细胞中，绝大部分为记忆神经细胞，因为，每一个传入神经细胞应该与一个感觉神经细胞对应相连，例如，人类眼睛的数十万个感光细胞，应与大脑皮质的数十万个光感觉细胞对应相连，而这只是数千亿个大脑神经细胞的很小一部分。

感觉神经细胞则不同，在受到来自传入神经细胞传入或记忆神经细胞反射的特定强度生物电的刺激时，它不仅能够相应地向记忆神经细胞施放一个与之相关的恒定强度的电刺激，使之记忆或强化记忆这一信息，而且能够依据刺激电流的强弱变化，相应变化地向记忆神经细胞施放一个与之相关的恒定的电刺激，即同样一个感觉神经细胞可以感觉不同强度的电刺激，同时可以依照被刺激强度的不同而相应施放出不同强度的电刺激。特别重要的功能是，感觉神经细胞在受到来自传入神经细胞或记忆神经细胞的电刺激后，能够形成一个具有较大强度而又长时、稳定的兴奋，从而构成大脑的感觉。这种感觉的强弱程度与刺激电流的强弱程度相对应，例如，视感觉神经细胞在受到光电信号刺激时，其兴奋时间可长达1/24 秒。感觉神经细胞还有一个十分重要功能，即能在一定的时间内同时接受多重刺激电流，并对它们形成一个综合兴奋。当同时接受的刺激电流的复合值越大，其形成的综合兴奋也就越大，从而把关于不同事物的相同反应部分突出出来。这是人类大脑可以造就抽象概念并感知外部事物运动规律，从而形成理性化感觉的生理基础，理性化的感觉就是感知。

感觉神经细胞、记忆神经细胞、传入神经细胞三者的有机结合，完美地构成了人类大脑精神活动的生理基础。传入神经细胞把外部信息传递给感觉神经细胞，为人的大脑提供感觉的客观素材；感觉神经细胞把过滤了的信息递送给记忆神经细胞，为人的大脑提供记忆资料；感觉神经细胞则在与记忆神经细胞的相互反射中，有序地、逻辑地分析直接感觉得到的外部素材，最终产生出经过思维加工的间接感觉——抽象概念，并且能更深层次地对不断更新的直接感觉和日益扩大的间接感觉进行综合分析，从而形成对外部世界更深刻、更广泛、更具真理性的抽象概念和系统认识。如果用电脑作一个或许不太确切的比喻的话，那么，显示器就如同感觉神经细胞构成的大脑皮层，硬盘和内存就如同记忆神经细胞构成的大脑组织，键盘、摄像头、外部接口就如同传入神经细胞构成的传感器官。

正是由于感觉神经细胞和记忆神经细胞具有了上述基本生理特征，才最终在它们的相互反射中实现了思维分解的整个生理过程。思维分解的生理过程是：第一步，由传感器官（例如眼睛）摄取外部事物的刺激信息，经由传入神经系统使之转化为细胞生物电，并传递到大脑的感觉神经系统，引起感觉神经细胞层的某一组细胞的兴奋，从而形成大脑对外部事物的直接印象，即所谓直接感觉；第二步，大脑的感觉神经系统通过自身的兴奋，把所得到的直接感觉再次转化为细胞生物电，并传递到大脑的记忆神经系统，由记忆神经细胞层的某一组细胞记忆下来；第三步，当大脑感觉神经系统所接受的某一直接感觉信息，包含着大脑记忆神经系统已经存储的同类信息时，其相同部分就会引起对记忆神经细胞层的“同类刺激”，进而引起某一组记忆神经细胞对感觉神经细胞层的“同类反射”及其相关联想；第四步，直接感觉信息和同类反射信息，在大脑感觉细胞层中进入复合状态而形成“复合感觉”，其中，两者相同内容的交合部分，能够形成一组增强的细胞兴奋而被突出出来，两者不同内容的非交合部分，则形成一组相对减弱的细胞兴奋而被淡化下去；第五步，大脑的思维机能进一步把复合感觉中的交合部分与非交合部分分解开来，归纳抽象出增强突出的一组，排斥或舍弃减弱淡化的一组，从而产生了对不同事物相同内容的抽象概念；第六步，形成了的抽象概念又被作为一个相对独立的间接信息，传递到记忆神经系统而存储起来，并可与其处于记忆状态的本源信息构成联想关系。

为了更加形象地认识这一现象，可以简单地用图解表示某种思维分解的生理过程，见图3－1。

在对思维分解有了一定的认识之后，对“思维组合”的理解就方便多了。大脑依据一定的生活要求，相应地把某些抽象概念联系在一起，从而在大脑中组合成一种具有一定完整性和统一性的合成感觉，这就是抽象思维过程中的思维组合。例如，古埃及人在金字塔建筑中所构思的狮身人面像，就是把对狮身的抽象和对人面的抽象组合在一起的精神创造物。思维组合过程中形成的合成感觉，被称为“精神想象物”。

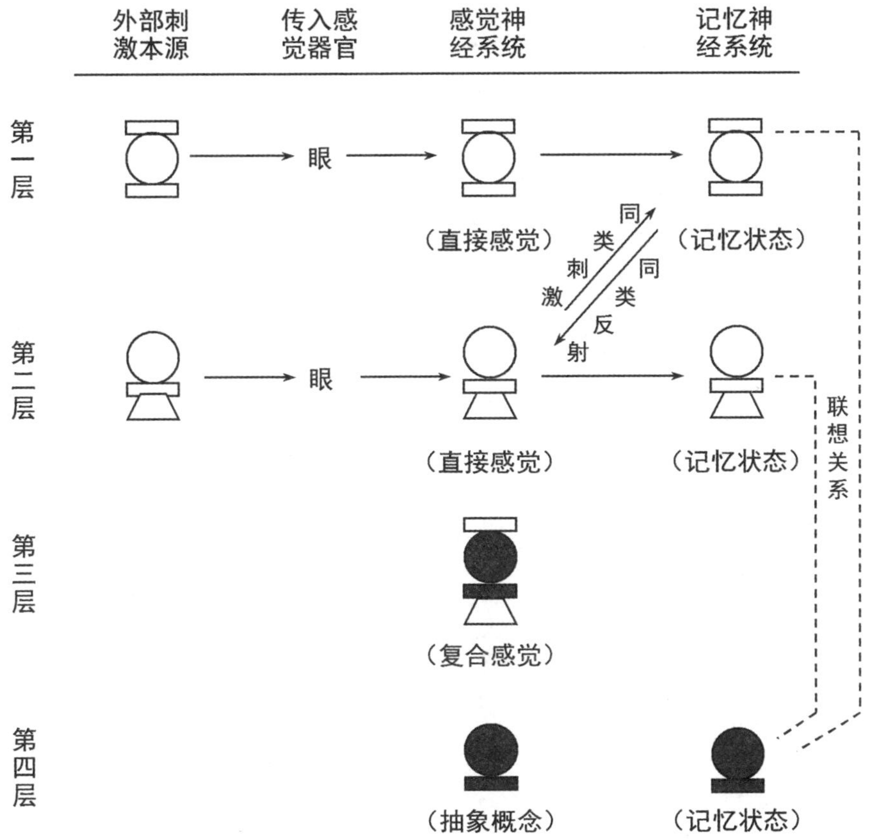

图 3 – 1

思维组合的生理过程是：第一，受一定生活要求的引导，在感觉神经系统中，形成一个要求某些抽象概念进行某种组合的相应指令，这种指令可以来自外部的刺激，也可以来自内部的精神活动；第二，感觉神经系统通过联想关系，从记忆神经系统中调出相关的抽象概念，这里的联想关系，其形式可以是语言的、文字的或形象的等；第三，感觉神经系统进而依据一定的思维逻辑（动态概念），构造合成被调出的抽象概念，从而形成思维组合物——“精神想象物”。同样可以简单地用图解表示某种思维组合的生理过程，见图 3 – 2。

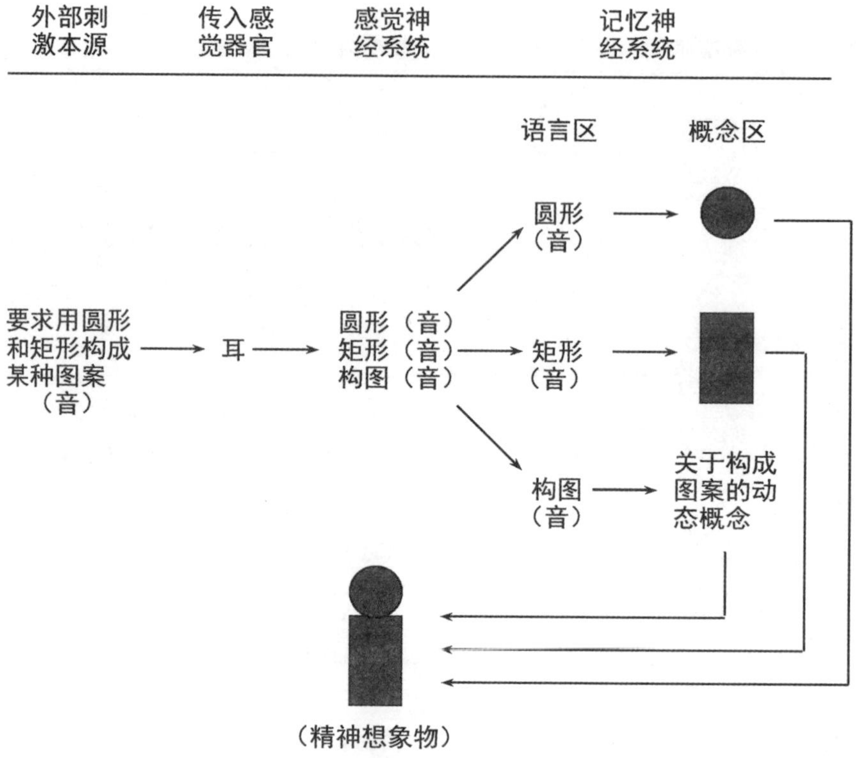

图 3－2

从以上分析可以知道，思维分解和思维组合是人类大脑神经组织的两个相互关联、对立统一的特殊生理机能。其中，思维组合是建立在思维分解的基础之上的，而思维分解则是为思维组合服务的。因为，只有到了思维组合这一步，才能真正形成人类的精神想象物，才使人类的创造活动成为可能。两者的对立统一关系，还表现为抽象概念与精神想象物之间的互相转换关系。对从实践中获得的外部信息进行思维分解的过程，是抽象概念的形成过程，而对抽象概念进行思维组合的过程，则是精神想象物的形成过程。然而，精神想象物本身，又可以在更深刻、更广泛的基础上构成系统化、完整化的抽象概念。同时，系统化的抽象概念之间，亦可进行更深刻、更广泛的思维分解，从而使抽象概念更深化、更系统地表述外部事物的本质，并在此基础上，为人类大规模、高层次地构造精神想象物，提供更为精华的材料。当然，从本源上说，任何抽象概念和精神想象物，无论内容如何，都是以外部客观事物的刺激信息为基础的，都是大脑对外部信息加工、处理的产物。但是，仅有外部的刺激信息，而没有人类大脑的精神过程，任何所谓客观信息对于人类本身的存在和发展，都是毫无意义的。

此处关于思维分解和思维组合生理过程的述说，是极为简单化和概念化的。人类大脑的组织结构、思维机能和思维过程等生理学的实际内容，远比此复杂得多、广泛得多，而且在许多情况下，往往只能以假想的形式存在。如果有机会，将会在专门讨论精神生理现象的论述中，对它们进行较为深入的分析和研究。

二 生活目的的概念

从某种意义上说，当大脑通过对大量外部信息进行极为复杂的思维分解和思维组合，并最终形成一系列精神想象物时，就为人类生活目的的产生奠定了基础。因为人类的生活目的，正是由精神想象物构成的。不过，并不是任何精神想象物都能构成生活目的。由于具体的精神想象物在生理状态上的区别，就使得它们在性质上具有了不同的特点，而能构成生活目的的只是其中具有某些特性的种类。总的来说，大脑中形成的精神想象物可以分为两类，即“处于实践状态的精神想象物”和“处于思维状态的精神想象物”。

进行思维分解和思维组合的抽象思维过程中，所形成的任何精神想象物，无疑都是依据一定的生活要求去构造的。但是，只有当某类精神想象物被确定为有益，甚至最有利于自身实际生活需要时，这类精神想象物才会启动大脑的行为控制系统，并通过它支配人们的外部行为，使之按照自己的形象和模式去改造和创造外部事物，以此为自身的生活提供所需的物质资料。于是，这类精神想象物在生理上就表现为“处于实践状态的精神想象物”。与此同时，某类已被确定为对自身现实生活利益或长远生活利益具有实践意义的精神想象物，在受到某些客观条件（诸如设备、材料、技术、时间、环境、人才等）限制的情况下，尽管暂时还不能付诸实践，但只要它们被固定下来，并作为未来条件成熟后就加以实践的对象，那么，这类精神想象物亦可以表现为“处于实践状态的精神想象物”。因为在实际上，它们会在一个总的方面或一个系统的实践活动中，引导和支配关于创造自身实践条件的一系列实践行为。所谓生活目的，就是处于实践状态的精神想象物，它不仅支配着人们全部实践行为，而且还要求实践行为按照它的形象和模式，在外部世界中塑造出自己的对象物，从而实现自身。

在思维分解和思维组合的抽象思维过程中，如果某类精神想象物被否定为对自身现实生活利益或长远生活利益具有危害性，这类精神想象物就不会与大脑的行为控制系统相联系，也就不能对人们的实践行为构成任何支配作用。但是，并不等于说这类精神想象物的形成和否定完全没有意义，相反，它对人类的思维过程来说是必不可缺的。因为，人类的许多深刻认识正是从推翻一系列不适用的精神想象物的思维过程中获得的，人类也正是从这种否定的思维过程中，寻找适合自身生活需要的精神想象物而去构成生活目的的。因此，从某种意义上说，那些不处于实践状态的精神想象物，则是处于“思维状态的精神想象物”。当然，这类精神想象物本身并不能构成生活目的，它们并不适合于人们的生活要求，因此是与人们的实践相脱节的。

任何生活目的都必须是与现实的实践行为相结合、支配或引导着实践行为的精神想象物。同时，它以实现自身为能动要求，并且不因为实践后的结果是否能够实现自身，而否定自己作为生活目的而存在的事实。这就是说，只要能引起及支配人们现实实践行为的精神想象物，就是生活目的本身，而这一规定并不以生活目的最终能否实现为条件。

生活目的不仅是实践性的，而且是能动性的。因为，任何精神想象物都是大脑依据人类生活对外部生活环境的超自然要求，在思维分解和思维组合的过程中，能动地构思出来的。当某一特定的精神想象物被确认为有利而转化为生活目的时，其在思维过程中的能动性就通过人的外部行为（劳动），表现为实践过程中的能动性——依据自身的具体生活需要而能动地改造自然环境，创造出超自然的适合自身生活需要的物质资料。换句话说，人类所具有的能动实践行为，在本质上表现为明确的目的性。

从某种意义上说，正是由于人类能动的实践活动表现为目的性，才使得人类从“精神动物”更直接地表现为“目的动物”，即人类的一切实践活动无不围绕着特定的生活目的而进行，并为实现特定的生活目的而服务。的确，在现实的人类社会中，任何人的政治经济行为都是与一定的政治经济目的直接相关的，不仅受一定的政治经济目的所支配，而且为实现一定的政治经济目的而服务。所以，要认识和懂得人类的政治经济行为，并由此认识和懂得人类的政治经济关系，就必须首先认识和懂得人类政治经济行为背后起支配作用的生活目的。

值得指出的是，尽管生活目的作为人类精神的特殊机制，要求人的外部行为按照自己的意志和形象去改造和创造外部生活条件，表现为某种主观能动的过程。然而，生活目的本身的形成和变化则不是随意的或盲目的，而是有其自身的客观依据和客观规定性的。从生理学的角度上看，生活目的与人类精神的生理效应之间，存在着极为密切的本质联系，在根本上是依据人类精神存在和发展的生理要求而构造的。生活目的的实现，往往正是人类精神得以存在和发展的实现，从而正是人类精神生理效应得以实现的必由之路。这就是说，人类精神生理效应，必须通过生活目的的实现才能得到实际的体现。其中，人类精神存在和发展的生理要求，又是以一定具体的、历史的客观生活环境的限制为条件的。这就从根本上规定了生活目的背后的客观规定性。例如，感到饥饿时，大脑就会依据肌体对食物的客观要求，通过对各种有关信息的抽象思维过程，设计出某种食物的想象物以及获取该种食物的方法。企图获取食物的目的，不仅来自于肌体生存的客观要求，而且通过自身的实现去体现精神的客观生理效应。

由于精神的升华，精神的存在和发展在许多情况下，并不直接地表现为人类肌体生存和发展的生理效应过程，而在主观上更突出地表现为精神自身的独立存在和发展，这样就使得规定生活目的形成的客观依据，产生了深远巨大的变化。这种变化表现为这样的形式，一种生活目的的构成，往往以另一种生活目的的实现要求为依据，而不以单一的肌体生存要求为依据。例如，吃饱饭的目的，是以完成某项生产任务的目的为依据的；制造飞船的目的，是以登上月球及获取有关信息的目的为依据的；学习微分学的目的，是以研究和认识其他自然科学的目的为依据的，等等。这种以某种生活目的为依据去构思另一种生活目的的精神过程，使人类的认识能力和创造能力，远远地摆脱了自身肌体普通生活需求的束缚，从而获得了能够无限发展和扩大的空间。在一定的自然条件和社会条件下，人们通过目的与目的的连锁反应关系，得以有序地、大规模地构造全新的、系统的生活目的，进而通过日益扩大的实践活动，得以有序地、大规模地实现自己的生活目的。这就是人类精神生活的最一般、最基本的形式，是人类精神生活存在和发展的必然过程。人类正是在这种过程之中，实现自身精神的迅猛发展，并获得无限的生活乐趣。

当然，尽管人类的精神生活具有自身的独立性和规律性，但是，无论人类精神的存在和发展达到怎样的高度，最终都逃脱不了自身对人类肌体，或者更广泛地说对整个人类物种的存在和发展的生理效应。这就是说，任何人类生活目的的形成和实现，在其背后，都是有其生理学上严格的客观规定性的。实际上，人类作为生物物种中的一个超级种类，正是依靠精神的升华及其日益深刻广泛的生活目的的实现，才得以长远、永恒地存在和发展下去。

三　生活目的与生活知识的关系问题

虽然生活目的对于人类的行为起着决定性的支配作用，但并不是人类精神的全部内容，而只是人类精神过程中的一个极为重要的组成部分。首先，生活目的是精神过程中抽象思维的产物，不可能脱离思维分解和思维组合的过程而存在。其次，构造任何生活目的的命令机制，都必定产生于大脑专门用于分析利弊关系的神经系统的精神分析过程。最后，生活目的对于外部行为的任何支配作用，都必定需要经过大脑专门用于行为控制的神经系统的精神分析过程。这就是说，生活目的的形成及其支配作用的发挥，只能在人类大脑的整个精神过程中得到实现；生活目的作为人类精神内部机制的结晶部分，只能在精神过程中构造而成，也只能在精神过程中发挥支配作用。

如果对精神过程中与生活目的形成机理和支配效应密切相关的其他机制做一个归纳分析，可以从中粗略地看到，除了现在仍然还是一个谜的人类大脑神经系统所特有的思维机能和控制机能外，归纳出来的最终结果，就是在机制中起着关键作用的重大精神要素——“生活知识”。生活知识是人们依照自身的生活需要构造生活目的时，合理分析利弊关系的根据；生活知识是人们构造生活目的的材料；生活知识是人们良好发挥生活目的对于实践行为的支配作用的力量。因此，没有生活知识，没有人们对外部世界的起码认识，就没有生活目的本身。

但是，生活知识并不能因为自己对于生活目的的重要作用，而否定生活目的在人类精神生活中的至高无上的地位。因为，第一，生活知识的存在意义并不在于其自身的存在本身，而在于为生活目的的构成所应用，为生活目的支配作用的发挥所服务。脱离了生活目的，任何理论知识都将失去存在的意义。第二，生活目的是人类大脑发挥认识能力和创造能力的中心枢纽，人类只有通过生活目的，方可凭借自己的实践活动，能动地发挥并实现自身的认识能力和创造能力。生活知识则只有借助生活目的的实践过程，才能间接地体现自己的存在意义。显然，如不加以应用于构造符合人类生存和发展需要的生活目的，那么，拥有的生活知识再多也是毫无意义的。第三，生活目的是人类精神的结晶，是人类生活的全部乐趣所在。人类获取和应用生活知识的意义，在于构造适合自身生存需要的生活目的，并在实现生活目的的实践过程中，获得充实的人生乐趣。第四，生活知识不是大脑固有的，而是通过人类实现生活目的的实践过程获取的。没有人类的实践活动，就没有生活知识本身，而没有人类的生活目的，就没有实践活动本身。由此可见，生活知识完全是依附于生活目的的。

从以上讨论中可以看到，在生活目的与生活知识两者之间，显然存在着某种互为条件、相互限制、相互促进的辩证统一关系。一方面，一定生活目的的形成，必须以一定的生活知识的存在为基础。生活知识的深度和广度越大，对生活目的的形成就越有推动力，就使得形成更深刻、更广泛、更符合人类生存需要的生活目的成为可能。另一方面，一定生活知识的存在，必须以一定的生活目的的存在为前提。生活目的的深度和广度越大，并且实现生活目的的实践能力越强，对生活知识的获取就越有推动力，就使得获取更深刻、更广泛、更系统、更全面的科学知识成为可能。生活目的与生活知识的这种相互制约、相互促进的辩证关系，是具体的历史的。这就是说，一定具体、历史的生活目的的形成和实现，是相应获取一定具体、历史的生活知识的必然条件；反过来，一定具体、历史的生活知识的现实存在，是相应形成和实现一定具体、历史的生活目的的必然条件；任何一方都不可能超越其具体的和历史的条件而存在和发展。当然，两者之间亦有一个主要矛盾和次要矛盾的问题。就作为具体、历史的决定因素而言，生活目的与科学知识之间的主次矛盾方面是可以依据条件的变化而相互变换的；但是，从人类精神生活存在和发展的总过程来看，生活目的的存在和发展是最具意义的，它拥有至高无上的灵魂地位，是人类一切活动的出发点和归结点。

值得特别指出的是，生活知识和生活目的一样，作为人类精神的组成部分，都是现实地存在于人们大脑中的精神的东西，都是大脑对外部信息进行加工处理的结晶，都是人类关于自然界和人类社会的认识和理解，更是对自然界和人类社会的系统化的认识和理解。它们以大脑特有的概念体系及联系概念的语言文字体系的形式，存储在大脑的记忆神经系统之中。从这种意义上说，任何客观存在的外部事物，无论是自然事物或社会事物，亦无论是实体形式存在的事物或信息形式存在的事物，都不可能作为生活知识本身而存在，只能作为生活知识的外部对象物或载体。例如，不能说宇宙或社会系统本身是生活知识，而只能说它们是相关生活知识的认识对象或对象来源，来自它们的刺激信息，只有经过大脑的加工处理之后，才能成为生活知识。又如，图书制品或音像制品以及其中的文字语言，亦并非生活知识本身，而只能是人类生活知识的外部记录、存储手段和人们之间传播知识的载体、媒介手段。外部的文字语言，只有通过刺激大脑内部相应的文字语言系统，并与相应的概念体系产生联想，才能启动大脑对自身已经拥有的相应生活知识的应用。

四　两类基本生活目的

在人类现实的精神生活中，生活目的的内容是多种多样、无限广泛的。特别是在科学技术知识爆炸的今天，人类生活目的的内容更是绚丽多彩，所涉及的学科领域迅猛深化和广泛化。不过，就生活目的所具有的基本特性而言，可以分为两大类——“认识性目的”和“创造性目的”。

所谓认识性目的，就是人们在自身的精神生活中，依据自身精神发展的认识性需要，而构成的关于认识和理解一定外部事物形式和本质的生活目的。外部事物，不仅包括一切并非人类创造的自然物，诸如地球上的大地、海洋、山川、生物，乃至宇宙中的太阳、月亮和星系等自然产物，而且包括一切由人类活动所创造的历史的和现实的人类文明，诸如历史文物、机器、建筑物、家庭电器等人类产品，以及家庭、公司、企业、社团、党派、军队、国家等人类社会现象，乃至以文字、图案、音像等物质形式记载的人类文化知识等社会产物。如果人们企图认识某一外部事物的本质和形式，并且能够通过自身的外部行为，现实地实施揭示这一外部事物的性状及其内在运动规律时，就说明人们已经形成了关于这一外部事物的认识性目的。例如，想更深刻地弄清楚月球的性状，并通过实施制造和应用射电望远镜甚至宇宙飞船去获取关于月球的资料，说明已经形成了关于月球性状的认识性目的。

认识性目的极为广泛地存在于现实生活中。人类正是通过提出认识性目的，并以相应的实践活动去实现认识性目的的过程，去认识和理解外部事物的，特别是通过提出越来越广泛、越来越深刻的认识性目的，并在不断实现这些认识性目的的过程中，大踏步地发展人类精神。如果没有认识性目的，没有为实现认识性目的而进行的实践活动，人类就不可能认识外部世界，也就不可能拥有改造世界和创造世界的无比精神力量，从而也就不可能创造出今天灿烂辉煌的人类文明。

认识性目的的认识对象可以从总的方面分为两大类，一类是自然界所包括的一切事物，另一类是人类社会所包括的一切事物。关于自然界各种事物的认识性目的的实现，就形成了人类的自然知识，而关于人类社会各种事物的认识性目的的实现，则形成人类的社会知识。在这里，所谓自然知识，就是人类关于自然现象及其运动规律的认识；所谓社会知识，就是人类关于社会现象及其运动规律的认识。当人类的自然知识达到系统化而分成学科时，就构成了分门别类的自然科学，而当人类的社会知识达到系统化而分成学科时，就构成了分门别类的社会科学。因此，全部自然科学和社会科学，都是人类千百万年来不断提出和实现认识性目的的伟大结晶。

什么是“创造性目的”呢？所谓创造性目的，就是人们在自身的精神生活中，依据自身精神发展的创造性需要，而构成的关于改造现实外部事物和创造非现实外部事物的生活目的。其中，就改造现实外部事物的对象而言，既可以包括现实环境中存在的一切自然事物，又可以包括现实环境中存在的一切社会事物。就创造非现实外部事物的对象而言，既可以包括现实环境中暂不具备的一切自然事物，又可以包括现实环境中暂不具备的一切社会事物。当企图改造和创造某一外部事物，并且通过自己的外部行为，现实地实施这一改造或创造意图时，说明已经形成了关于这一外部事物的创造性目的。例如，人们为了扩大耕地而设想围海造田、改造海滩，并通过制造和使用各种工具、材料去现实地实施这一改造时，说明人们已经形成了关于围海造田、改造海滩的创造性目的。又如，人们为了登上月球而设想建造一艘飞船，并通过制造和使用各种工具、材料去现实地实施这一创造时，就说明人们已经形成了关于建造飞船的创造性目的。

显然，创造性目的亦极为广泛地存在于现实生活中。人类正是通过提出创造性目的，并在实现创造性目的的过程中，去为人类自身的现实生活提供必要的生活资料和生活环境的；特别是通过提出越来越广泛、越来越深刻的创造性目的，并在不断实现这些创造性目的的过程中，为人类生活的迅猛发展提供日益扩大、日益精良的生活资料和社会生活环境。如果没有创造性目的，没有为实现创造性目的的实践行为，人类就不可能获得自身生存和发展所必需的物质资料和社会环境，从而也就没有人类物种本身。

创造性目的的创造对象也可以区分为两大类，一类是被改造或被创造的自然对象，另一类是被改造或被创造的社会对象。比方，人们改良旧的生活用品和创造新的生活用品，就是对自然对象的改造和创造，其结果是给人类生活提供优良的物质生活资料；而人们改良旧的社会关系和创造新的社会关系，就是对社会对象的改造和创造，其结果是给人类生活提供优良的社会生活环境。

无论是认识性目的还是创造性目的，都不是孤立存在的，两者之间存在着密不可分的辩证统一关系，是相互包含、相互融合、相互对立、相互统一的。如何认识这种辩证统一关系呢？第一，某一具体的认识性目的的形成和实现，往往都是为某种或多种具体的创造性目的的形成和实现服务的。例如，关于原子核理论的认识性目的的形成和实现，是为了制造原子武器或核能电站的创造性目的的形成和实现服务的。第二，某一具体的创造性目的的形成和实现，往往又都是为某种或多种认识性目的的形成和实现服务的。例如，关于射电望远镜和高能加速器的创造性目的的形成和实现，是为了更深刻地认识宏观的宇宙空间和微观的粒子世界等认识性目的的形成和实现服务的。第三，在某一系统的认识性目的或某一系统的创造性目的的最终形成和实现的过程中，必然包含、融合着一个由互相关联的认识性目的和创造性目的所组成的，并在交替形成、交替实现、互相推进、叠加碰撞而实现最终目的的过程中，达至统一的“目的系统”。

由此可见，认识性目的和创造性目的在逻辑上是不可分的，一定认识性目的的形成和实现，必然是一定创造性目的得以实现的基础；而一定创造性目的的形成和实现，则必然反过来推动和促进一定认识性目的的形成和实现。纯粹的与认识性目的毫不相干的创造性目的，或纯粹的与创造性目的毫不相干的认识性目的，都是不存在的。这就是两类基本生活目的的辩证统一关系。认识性目的和创造性目的就是在这种对立统一、互相推进的矛盾运动中，从简单到复杂、从低级到高级不断地发展下去。

五　目的构成和目的系统

从性质特点上看，人类的生活目的可以划分为多种类型。除了讨论过的“认识性目的”和“创造性目的”之外，还可以依照生活目的支配实践行为的不同特征，划分为“技术目的”和“社会目的”；可以依照生活目的实现自身的不同时限要求，划分为“最终目的”和“阶段目的”；可以依照生活目的在目的系统中所处的不同地位，划分为“纵向目的”和“横向目的”等。关于生活目的的这种类型划分所形成的各类生活目的的构成，称为“目的构成”。当然，由于人类生活目的的内容的丰富性，目的构成的内容远不只这些。可以根据自己的学科研究需要，对目的构成的具体内容加以补充。

为了对目的构成有一个较为具体的认识，有必要对上面不多的几种目的类型作一些基本解释。

就“技术目的”和“社会目的”而言，所谓技术目的，是指人们在实践活动中，以自然事物为认识对象和创造对象，为达成一定的技术结果，而专门用以支配技术行为的生活目的；所谓社会目的，是指人们在实践活动中，以社会事物为认识对象和创造对象，为达成一定的社会结果，而专门用以支配社会行为的生活目的。从理论上看，可以把技术目的和社会目的区分开来，但在实际的实践活动中，特别是在一个目的系统中，技术目的和社会目的又总是融合、统一于一体，共同支配人们的实践活动的。例如，一家汽车制造工厂，工程技术人员使用机器和生产原料制造汽车的实践行为，是在一定技术目的的支配下进行的。但是，工程技术人员之间的分工协作、共同生产的社会行为，则又是在一定的社会目的的支配下进行的；特别是生产汽车的目的是为了满足社会的市场需求，并从中获取利益回报，这本身就是一种典型的社会目的。

就“最终目的”和“阶段目的”而言，所谓最终目的，是指在某一特定的目的系统中，所要达成的最本质、最主要的生活目的；所谓阶段目的，是指在某一特定的目的系统中，非本质、次要的生活目的。其中，最终目的对阶段目的起着统帅、引导、限制的作用，它要求阶段目的适合于自身的实现需要而设置。而阶段目的则服从于最终目的的需要，为最终目的的实现服务。同时，较低层次阶段目的的实现，会按照实现最终目的的逻辑轨道，依次向较高层次阶段目的的实现递进，以图达成最终目的的实现。例如，如果说实现共产主义的理想社会，是共产党人关于改造人类社会制度的一个最终目的，那么，为实现这一最终目的而设立的其他直接相关的生活目的就是阶段目的。

就“纵向目的”和“横向目的”而言，所谓纵向目的，是指在某一特定的目的系统中，位于纵向坐标之上的生活目的，它们按照相互之间一环扣一环的连锁关系，依次从最低层次的阶段目的向较高层次的阶段目的排列，直到与最终目的连成一条目的链；所谓横向目的，是指在某一特定的目的系统中，位于横向坐标之上的生活目的，它们以纵向目的为中心，按照各自不同的服务对象，依次排列在每一纵向目的的周围。其中，纵向目的是主要的生活目的，引导和规定一个目的系统总的发展方向，决定着人们行为的总规律；而横向目的则是次要的生活目的，依从和服务于纵向目的，是实现纵向目的的辅助性目的；纵向目的的实现是实现横向目的的根据，横向目的的实现是实现纵向目的的必要条件。例如，一个科学家确定了某一时期内进行某项科学研究所要达到的最终目的，根据这一最终目的而安排的搜集有关资料的目的、进行有关实验的目的、分析有关信息的目的、撰写有关论著的目的等一切与之直接相关的生活目的，是纵向目的；而在这一时期内，与此最终目的并非直接相关，但又间接制约着纵向生活目的的实现的其他生活目的，诸如吃饱肚子的目的、娱乐休息的目的等，则是横向生活目的。

那么，什么是“目的系统”呢？所谓目的系统，是指在一个系统行为过程中，支配这一系统行为的全部生活目的的总和。其中，必有一个最终目的或多个密切相关的阶段目的，以及必有一个或一组由较低层次阶段目的向较高层次阶段目的的环环相扣、逐级上升的目的链，同时还会相应地具有某些辅助性的横向目的。它们共同构成一个系统化的综合目的体系，各个阶段目的承上启下地实现，乃至各个横向目的左右辅助地实现，构成了最终目的的整体实现过程。

一定的生活目的是由一定的生活知识构成的，因此，一定的系统目的也必然是由一定的系统化的生活知识构成的。一般而言，越复杂、越大规模的技术目的或社会目的，其具有的目的系统就越复杂、越庞大；而只有那些具备更深刻、更广泛科学理论知识的人们，才能造就出更为明确、精密、庞大、可靠的目的系统。比如，建造太空基地或建立共产主义社会的目的系统，就远比做一顿饭或组织一个工厂职工的分工协作的目的系统要大得多，所应用的理论知识也深刻得多、广泛得多。

实际上，人类的每一个有意识的具体动作背后，都会有一个具体目的起着直接的支配作用。比如，一个人要实现吃一顿饭把肚子填饱这样一个目的，就得耕种土地，种植粮食，然后才能把米做成熟饭，即使到最后一口一口吃饭的每一细小动作，都会有一组或一个相应的具体目的直接与之发生支配作用。这就是说，在任何一个目的系统乃至一个目的系统中的任何一个目的之中，都包含着许许多多支配着每一个具体行为的细小目的单元——“目的元”。随着人类精神深入广泛的发展，人们所构造的日益创新的生活目的，将拥有更加复杂、庞大的目的系统；但在相反的方面，由于技术条件（机器、材料、环境等）和社会条件（分工协作形式、社会组织形式、生产资料的所有制形式等）日趋改善，人们构造同样一种生活目的，其具有的目的系统则大有简化的趋势。用上面的例子说，只要用钱把食品买回来吃就简单得多了。这一点具有特殊意义，因为它在本质上揭示了人类大量甚至无限节约劳动时间的可能性，而这种可能性恰恰源于人类精神的发展本身。

由于一个目的系统中可以包含多个子目的系统，亦可以涵盖于一个父目的系统之中，就形成了主要目的和次要目的的相对性及可转换性。这就是说，在一个目的系统中处于主要地位的生活目的，在其父目的系统中，则可以处于次要地位而成为次要目的；同样，在一个目的系统中处于次要地位的生活目的，在其自身的子目的系统中，则可以处于主要地位而成为主要目的。此外，由于一个系统目的中的各阶段目的实现的阶段性不同，也可形成最终目的和阶段目的的相对性及可转换性。这就是说，在一个目的系统中处于最终地位的生活目的，在其父目的系统中，则可以处于阶段地位而成为阶段目的；同样，在一个目的系统中处于阶段地位的生活目的，在其自身的子目的系统中，则可以处于最终地位而成为最终目的。它们的这种相对性和可转换性，是人们在不同的目的系统中，以及在不同的阶段目的中，综合衡量行为价值，从而有规律地、循序渐进地支配具体实践行为的依据。

目的系统不像一个现实已被固化、立即就加以实践的目的或目的元那样，一旦被实践就无法更改，它完全可以在自身的系统中，通过对次要目的和阶段目的的实践，总结经验去进一步完善、改良、肯定自身而发展，或者扬弃、否定自身而消亡。目的系统的这种动态变化过程，来自于人类精神在实践过程中的能动认识能力，及其依据新的认识和新的需要能动改良生活目的的能力。精神的这种特殊功能，使得人们能够依据外部条件的不断变化，去改良有利于自身生活的实践活动，避免不利于自身生活的实践活动，从而最好地实现精神的生理效应。

研究目的系统的经济学意义是一个值得说明的问题，因为研究目的系统的意义并不仅仅在于一般地解释目的系统的概念，这一概念与本书后面所要讨论的“价值形成原理”有着直接的相连关系。显然，一个行为对象的价值有多大，或者直截了当地说一个产品的效用有多大，极为本质的一个衡量标准，就是看它们对于实现一定生活目的具有多大的实际作用。由于目的系统的存在，使得人们对每个产品的效用评价不是独立的而是联系的，是与一个具体产品在一个目的系统中，甚至在一个涵盖面更大的目的系统中的实现能力直接相关的。因此，目的系统的概念为认识产品价值的形成提供了宏观性的分析工具。具体的生活目的必须以相关的具体物质产品来实现，并且依据具体产品对自身的实现能力来衡量选择适合自身的产品对象，是人类精神活动中的一种不以人们的意志为转移的客观必然性；这种必然性反映在产品效用上则表现为产品效用背后的客观规定性。关于这一点，将在后面关于“客观效用原理”的章节中详细讨论。

第四章
生活目的的实现

上一章中讨论了生活目的的基本概念，并且知道，人类的精神生活是在认识性目的和创造性目的对立统一、相互促进的实现过程中得以存在和发展的。那么，生活目的的实现究竟是怎么回事？它在人类精神生活中是以怎么样的内在形式存在的？特别是生活目的作为支配人类实践活动的精神想象物，它对实践活动的支配作用又是以怎样的内在形式实现的？弄清楚这些问题，不仅对于更好地认识生活目的这一概念本身，而且对于后面研究具体的政治经济学问题，有着极为重要的基础理论意义。在本章中，将要进行讨论的就是关于生活目的的实现问题。

一 内对应和外对应

生活目的的实现作为人类大脑的一种精神活动过程，究竟有何内在形式？要弄清楚这个问题，必须首先弄清楚“内对应”和“外对应”两个基本概念。

人类大脑在对直接感觉（即直接来自外部世界的刺激信息在大脑中形成的感觉）进行思维分解和思维组合的抽象分析过程中，可以从不同的直接感觉之间，抽象出它们各自的相似部分或者相似关系，并由此形成关于外部事物共同性的抽象概念。大脑这种从不同直接感觉中抽象出来的各种相似部分或各种相似关系之间的对应关系，称为不同直接感觉之间在大脑内部所具有的“内对应关系”，简称为“内对应”。比如，两只鸡蛋在大脑中形成的印象，尽管可能存在体积大小、重量不同等区别，但可以同时具有在形状、色泽、内部生理构造甚至生命基因等方面的相似性。又如，蒙古马和斑马在大脑中形成的印象，尽管表皮的肤色花纹或生活习性有所不同，但相互之间则具有在外形、肌体构造和生理机能等方面的相似性。它们之间所具有的各种相似性，可以在大脑的抽象思维过程中反映为内对应关系。可以把某种不同直接感觉之间的内对应关系，简单地用图表示出来，见图 4 - 1。

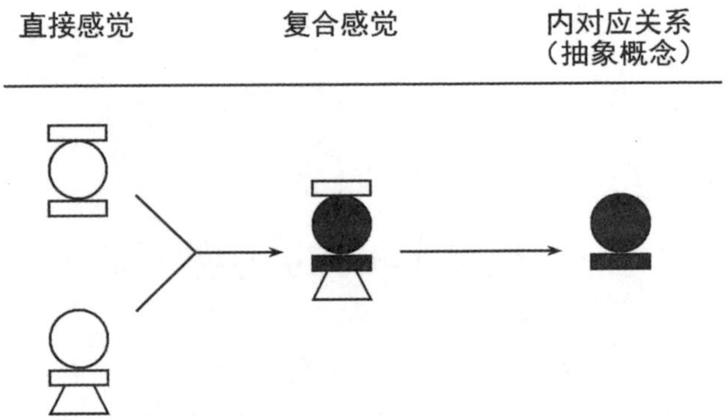

图 4－1

从图中可以看到，直接感觉对应的两个图形表示来自不同外部事物刺激的感觉印象；复合感觉对应的图形中的阴影部分表示两者相似性或内对应部分的复合及重叠；内对应关系对应的图形则表示前两者的内对应关系，以抽象概念的形式被概括而分离出来。可以发现，这个图形与第三章中的图 3－1 有某些类似的地方。实际上，不同直接感觉之间的内对应关系，是人类大脑进行抽象思维的前提条件。没有内对应，就不可能形成任何思维分解的思维过程，从而也就不可能形成任何思维组合的思维过程。

在各种不同的外部事物之间，尽管存在着各自的特殊性，但在另一方面又存在着广泛的普遍性，即不同事物之间所具有的相似性质或相似关系。例如，从哲学的意义上说，任何事物在本质上都是物质的，都是质与量的统一；任何事物的存在形式都是运动的，都是时间和空间的统一；没有物质的运动或没有运动的物质都是不存在的。这就体现了一切事物之间最普遍的相似关系。又如，不同的社会主义国家之间，在政治经济制度上具有其一定的相似性，主要表现为生产资料的公有制；不同的资本主义国家之间，在政治经济制度上也具有其一定的相似关系，主要表现为生产资料的私有制；而在现代的社会主义国家与资本主义国家之间，它们的社会经济形式又在某些方面存在着许多相似的地方和关系，诸如大家既搞市场条件下的商品经济，又搞计划条件下的商品经济，没有市场竞争的社会主义国家或没有计划管理的资本主义国家，都是不可行的。更具体的例子是，一只鸡蛋和一只鸭蛋，虽然在遗传基因上大有不同，但在它们的外形、生命形式和内部构造上都存在着一定的相似性。不同外部事物之间客观存在的相似部分和相似关系，称为不同外部事物之间所具有的“外对应关系”，简称为“外对应”。同样可以把某种不同外部事物之间所具有的外对应关系，简单地用图表示出来，见图 4－2。

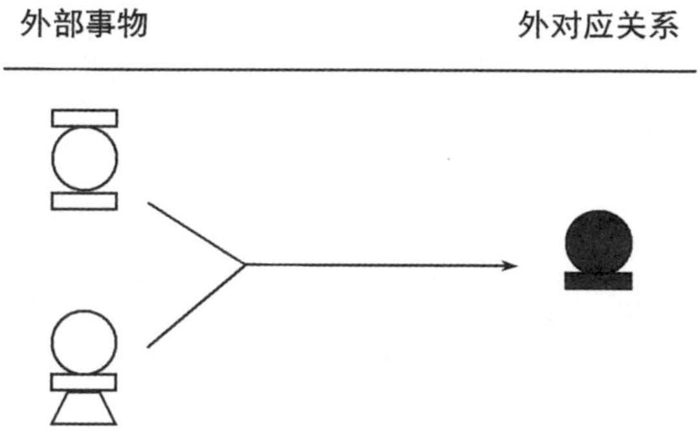

图 4 – 2

在图中，外部事物对应的两个图形分别代表两个具有一定相似关系的外部事物；外对应关系对应的图形则是对它们两者之间相似部分或相似关系的表达。

仅仅从内对应和外对应各自图解的比较上，就能形象地感觉到内对应和外对应之间存在着某些必然联系。用简单的语言来表达，这种必然联系就是，外对应是内对应的客观前提，内对应则是外对应在人类大脑精神过程中的主观反映。显然，没有外对应所包含的不同事物之间的相似关系，没有这种相似关系对大脑形成的相似刺激，就根本不可能在大脑中形成内对应所包含的不同直接感觉之间的相似关系。而且，如果内对应不能在一定程度上客观地反映外对应，或者说不具有在一定程度上客观地反映外对应的能力和可能性，也就必然同时失去其作为大脑反映机能在生理上的全部存在意义。因此，任何具体的内对应都必然以相应的外对应为蓝本，都必然有其特定外对应的客观根据和规定；绝对脱离外对应的内对应是根本不存在的。在思维组合的过程中，应用大脑中的抽象材料构造出两种在性状上具有某些相似性的精神想象物，那么，在这两种精神想象物所具有的相似部分或相似关系之间，也必然包含着直接或间接反映外对应所形成的内对应的成分或要素。

内对应所以能够客观地反映外对应，在本质上是由外对应对人类感觉器官的刺激在形式上的一致性决定的，同时是由人类感觉器官和人类大脑接受的相似外部刺激，在形式上和感觉上的一致性决定的。比如，相同的两只鸡蛋，在相同的光照条件下，它们在眼睛视网膜上的光反射刺激，在形式上是一致的；并且，这种刺激通过视传入神经细胞在大脑视觉神经细胞中形成的光感觉刺激，在形式上也是一致的。又如，相同的两支曲子，它们对耳朵的特定声波刺激在形式上是一致的；并且，这种刺激通过听传入神经细胞在大脑听觉神经细胞中形成的听感觉刺激，在形式上也是一致的。我们说，正是这种刺激一致性和反映一致性的存在，才使内对应和外对应之间建立起了一致性的桥梁。如果没有内对应与外对应之间稳固的必然联系，人类精神就不可能客观地反映外部事物和正确地认识外部事物，从而就不可能能动地做出任何趋利避害的生存反应。

但是，正如辩证唯物主义原理所指出的那样，任何事物都存在着一定的相对性，绝对相同的事物是不存在的；同样，内对应和外对应的所谓一致性也是相对的而不是绝对的。在现实生活中，内对应对外对应的反映结果，往往会与外对应的客观实际存在某些偏差。例如，用眼睛观察两条画有不同箭标的等长线段时，往往会觉得它们的长短不一致，如图 4 －3 所示。又如，直接看一张照片，照片上的图像在大脑视感觉细胞层上的映像是十分清晰的，但是，当把看到的照片存储到记忆细胞层，而后调用这些存储信息，在感觉细胞层间接地回忆和再现照片的图像时，所得到的映像就相对模糊了。这种偏差主要是由人类大脑生理上的感觉偏差或错觉，或者说大脑细胞组织反映能力或反映形式的相对局限性引起的。

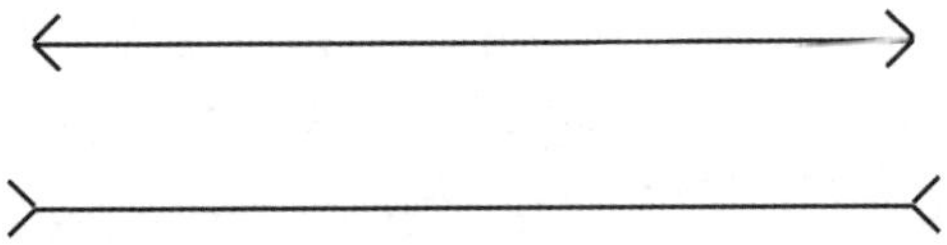

图 4 －3

此外，外部事物自身结构和运动形式的复杂性和多变性，亦会在一定程度上增加认识外部事物的难度，影响和阻碍全面地、正确地认识外部事物；特别是对外部事物内在本质和规律的认识，由于不能直观地获取而必须以抽象思维的方式去进行，这就使得对外部事物的正确认识往往在真理性上存在着一定程度的差距。这就是说，在某些客观条件的限制下，内对应并不能绝对正确、绝对可靠地反映外对应，相反却可能形成某些内对应与外对应的偏差性，这种偏差性达到一定的程度，就会形成对外部事物的错误认识。当然，人类完全能够凭借自身特有的能动性，在认识和创造外部事物的实践过程中，不断地去粗取精、去伪存真，越来越深刻、越来越广泛、越来越正确地认识外部事物，从而不断地消除内对应与外对应之间所存在的偏差性，使之朝着高度统一的方向发展下去。

二 内外对应

了解了内对应和外对应两个基本概念后，进一步讨论生活目的的实现问题就比较方便了。本节将讨论关于生活目的在大脑中实现的内在形式问题。人们在大脑内部把生活目的与实践结果进行比较并达到统一的形式，就是关于生活目的在大脑中实现的内在形式，其中的一个重要概念就是“内外对应”。

那么，生活目的与实践结果是怎样在大脑中进行比较的，内外对应又是怎么一回事呢？现实地转化为生活目的的精神想象物，通常是不能在现实的外部事物中直接找到自身的对象物的，至少是不能在生活目的主体（即具有某种生活目的的人本身）的一定生活空间或生活环境中直接找到自身的对象物的，否则，就没有创造的必要，就没有形成生活目的的需要。正是因为如此，当某一精神想象物被确定为生活目的之后，它就必然地支配人的实践活动，并依据自身的形象去改造和创造相应的外部事物。然而，人的实践活动所创造的外部事物，又必然会通过信息反馈，把其性状特点反映到大脑中去。这样，就会在大脑内部，形成一个作为生活目的的精神想象物与一个作为实践结果的直接感觉的比较关系。如果作为生活目的的精神想象物与作为实践结果的直接感觉，在大脑中复合一致，那么，相关的生活目的也就同时得到了实现。这种作为生活目的的精神想象物与作为实践结果的直接感觉之间的一致关系，称为“内外对应关系”，简称为“内外对应”。

例如建造一座楼房，在大脑中构造了这座楼房的精神想象物，然后把它作为生活目的付诸实践。当建成的楼房所反映到大脑中的直接印象与精神想象物相吻合时，关于建造该楼房的生活目的也就得以实现。据此，可以把某种生活目的与其创造物之间的内外对应关系，或者说某种生活目的实现的形式和过程，简单地用图表示出来，见图 4－4。

在图中，生活目的对应的图形作为某种生活目的，首先通过支配实践活动，创造出实践结果对应作为某种实践结果的图形；然后，作为实践结果的图形，通过感觉器官（眼睛）把自己的信息反馈到大脑中，形成直接感觉对应作为对某种实践结果直接感觉的图形；最后，生活目的对应的图形与直接感觉对应的图形在大脑中实现吻合，构成内外对应的强化图形，从而使该种生活目的得到实现。

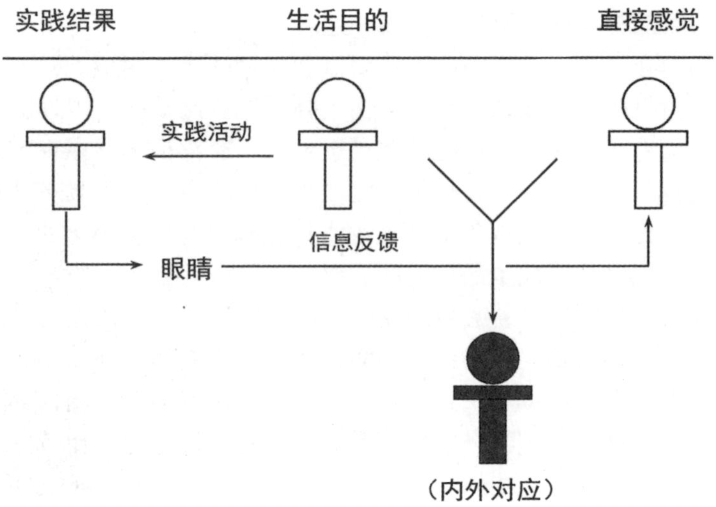

图 4－4

由此可见，生活目的的实现在大脑中直接表现为实践结果的反馈信息与支配实践的生活目的吻合，即直接表现为内外对应的成功。同理，如果实践结果的反馈信息不能与支配实践的生活目的相吻合，即不能实现内外对应，则表明生活目的未能得到实现。在现实生活中，由于人们的认识能力和创造能力不可避免地受到各种具体或历史条件的限制，全面、彻底的内外对应并不是普遍存在的。特别是那些结构内容较为复杂的目的系统，其与实践结果的内外对应往往表现为局部的、层次的、阶段的内外对应，甚至可以表现为全面的、最终的非内外对应。这就是说，人类的生活目的不仅具有成功实现的可能，同时也存在失败流产的可能。不过，随着人类认识能力和创造能力的深化发展和扩大，人类必然能够实现自身越来越广泛、越来越深刻、越来越复杂的生活目的，不断地、大踏步地从必然王国走向自由王国。

从心理学的意义上说，生活目的通过实践活动以内外对应的形式成功实现，其在人们大脑中所产生的特殊刺激和震撼，能给人们带来心灵（心理）上的快乐感觉和幸福感觉；相反，生活目的在内外对应上的失败，则会给人们带来心灵上的苦恼和悲伤。人类正是在不断提出生活目的和不断实现生活目的的过程中，在趋利避害、化苦为乐的斗争生活中，获得人生无限的生活乐趣。

内外对应作为生活目的实现的内在形式，尽管直接地表现为精神生活过程或主观意志的活动过程，但它并不仅仅是精神的单纯存在和发展，也不仅仅是心理的单纯快乐和幸福；实际上，精神的客观生理效应已经同时寓于内外对应的实现过程中。内对应与外对应之间是具有相对一致性的，这种相对一致性反映到内外对应中来，就表现为生活目的与实践结果所具有的相对一致性。显然，人们的生活目的只能依据生活的物质需要而提出，而生活目的的实践又只能依据内外对应的要求，使外部事物的变动与自身的需要相一致。当生活目的的内外对应一旦成功时，作为人类生活客观基础的相应物质生活资料也就现实存在了。正是这些人类自身创造的并且现实存在着的物质生活资料，才保证了人类生活的实际存在和发展，才使得精神的生理效应得到实际的发挥和应用。总之，人类物种的存在和发展，不仅在形式上体现为人类精神的存在和发展，而且在本质上亦表现为人类生活的存在和发展，是寓于人类精神的存在和发展之中与人类生活目的的实现过程之中的。

从某种意义上说，上述关于生活目的实现的内外对应原理，在政治经济学的研究中，是有其极为深刻、极为重要的基础理论意义的。因为，这个原理在本质上包含了这样一层意思，即只有与一定具体生活目的相一致的具体外部事物，只有能够与一定具体生活目的实现内外对应的具体外部事物，才能现实地满足生活目的的主体对物质资料的需求，从而保障其现实生活的存在和发展。把这一原理引入经济分析中的意义是显而易见的。在现实的商品经济社会中，如果某一种商品不能与购买者的生活目的相一致，不能在购买者的头脑中形成特定的内外对应，那么，无论生产这个商品花费了多少抽象劳动，无论这个商品具有什么样的特殊物质属性，它对于购买者而言都必然是毫无用处、毫无效用、毫无价值的东西。例如，对于一个急需找到一本大学高等数学的学者而言，不能满足需要的一本中学初等数学是没有效用的；对于一个在沙漠中急需喝水的旅行者而言，不能解渴的黄金是没有效用的。

对于任何具体产品乃至任何具体商品，评价其效用的存在与否或效用的大小程度，在根本上是与它们实现具体生活目的的可能性，及其实现具体生活目的的可能程度直接相关的。这从原理上揭示了人们关于产品或商品效用评价背后的客观规定性，即人们必然以实现自身生活目的的客观需要，来评价、选择、生产、获取、交换、消费、分配和使用各种相应的劳动产品和物质资料。内外对应作为实现生活目的的必要条件，使得形式上表现为主观性的效用评价，在本质上表现出其背后固有的、铁定的客观规定性。这是确认效用学说科学性的理论根据，也是科学认识和理解效用学说的理论基础。在以往的理论中，过于简单随便地全盘否定效用学说在经济理论中的科学价值，把人们对商品价值的效用评价，视为毫无客观依据的主观臆断，从而把实际经济生活中极为实用的效用分析工具排斥于经济分析之外。这种理论偏见的根源在于，没能从根本上把握效用表面上的主观评价背后的客观规定性。有关产品效用客观性的问题，或者有关客观效用原理的问题，将在后面的篇章中做专门讨论。

三 内外对应的两类基本形式

在讨论生活目的时已经知道，由于基本特性不同，生活目的可以分为认识性目的和创造性目的两大类。与此相对应，认识性目的和创造性目的也就自然地把各自在性质上的特点，反映到它们各自的实践活动之中，从而反映到它们各自的内外对应的内在形式之中。因此，同样可以从一系列复杂多样的具体内外对应中，区分出两类具有不同基本特性的内外对应形式，即“认识性目的的内外对应形式”和“创造性目的的内外对应形式”。

首先讨论“认识性目的的内外对应形式”。

在人类精神发展的过程中，人类总是不断地给自己提出各种各样的认识性目的。这些认识性目的在特性上，一般表现为对某类现实外部事物性状特点和内在本质的认识要求，或者表现为在业已形成的关于某类外部事物性状的认识理论之后，对这一认识理论真理性的证实要求，这实际上是通过对认识理论的再认识去进一步认识外部事物本身。这就是说，能够与认识性目的实现内外对应的外部事物，必然是认识者的外部生活环境中所现实存在的东西。因此，认识性目的的实现，就是要通过获取客观信息的实践活动，从认识性目的的外部对象物身上获取有关信息，并把这些信息反映到自己的大脑中，使之同自己的认识性目的结合起来，最终实现认识性目的的内外对应。这种旨在从现存外部事物中获取客观信息，以满足人类生活（精神生活）认识需要的内外对应，称为“认识性目的的内外对应”。

比如，认识人类社会的运动规律，并提出认识人类社会运动规律的具体目的。当通过观察人类社会的现实运动和参与一系列社会科学的实践活动，从中懂得了人类社会的运动规律时，关于人类社会运动规律的反映，就会在大脑中与关于认识人类社会运动规律的目的形成内外对应，从而实现这一认识性目的。又比如，早期天文学家依据所掌握的天文资料及其对这些资料的研究分析，推测太阳系中肯定不只存在水星、木星、土星、火星、地球、金星这六大行星，而应该同时存在着其他大行星。那么这种推测究竟是否正确呢？这就提出了证实这种推测的认识性目的。后来通过对天文望远镜的改良和长期的天体观察活动，天文科学家终于发现了天王星、海王星，从而证实了有关推测的正确性。在这里，天文学家关于天王星、海王星的直接感觉与自己头脑中的推测形成内外对应，从而实现了他们有关太阳系存在其他天体的认识性目的。为了较形象地理解认识性目的的内外对应，可以简单地用图描述一下某种认识性目的内外对应的形式，见图 4-5。

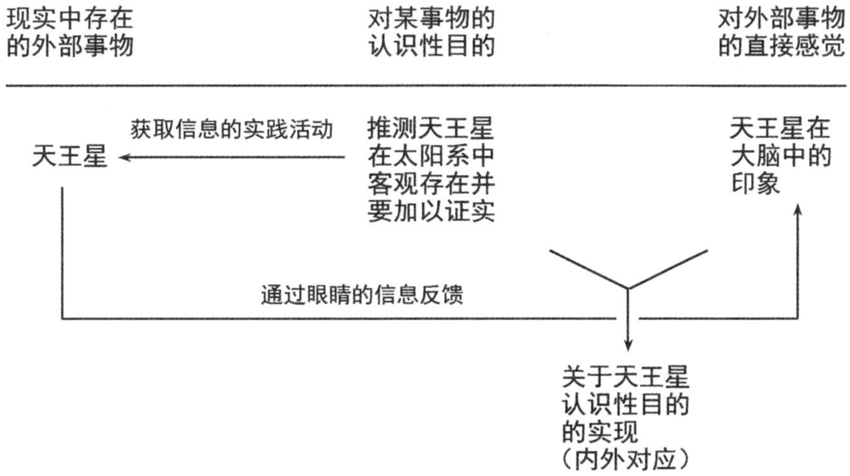

图 4－5

接着讨论“创造性目的内外对应的形式”。

同样，在人类的精神生活发展的过程中，人们总是不断地给自己提出各种各样的创造性目的。这些创造性目的在特性上与认识性目的不同，往往表现为对某类自然界中尚不存在的具体物质资料的创造要求，或者表现为对一定生活环境范围内，尚不具备的具体物质资料的创造要求。这就是说，能够与创造性目的实现内外对应的外部事物，必然是创造者的现实生活环境中所不存在、所不具备的东西。因此，创造性目的的实现，就是要通过一定的实践活动，按照自己的性状和形象去改造外部事物，即人为地创造出一个与创造性目的相对应的外部事物。在创造物形成之后，其性状特点就会通过感官反映到人的大脑中，使之同人的创造性目的结合起来，最终实现创造性目的的内外对应。这种旨在创造外部事物，以满足人类生活（精神生活）创造需要的内外对应，称为“创造性目的的内外对应”。

例如，人们要求取得粮食以满足自身肌体的生存需要，并在大脑中形成了生产粮食的目的。如果人们通过生产粮食的实践活动，现实地生产出所需的粮食来，那么，关于这些粮食实物的反映，就会在大脑中同原先关于生产粮食的创造性目的形成内外对应，从而实现这一创造性目的。又如，当提出更好地认识和利用宇宙的要求后，航天学家依据一定的技术要求设计出航天飞机，并提出制造一架航天飞机的目的。如果通过制造航天飞机的实践活动，现实地制造出所需的航天飞机来，那么，关于这架航天飞机的反映，就会在大脑中同关于制造航天飞机的创造性目的形成内外对应，从而实现这一创造性目的。同样可以简单地用图描述一下某种创造性目的内外对应的形式，见图 4－6。

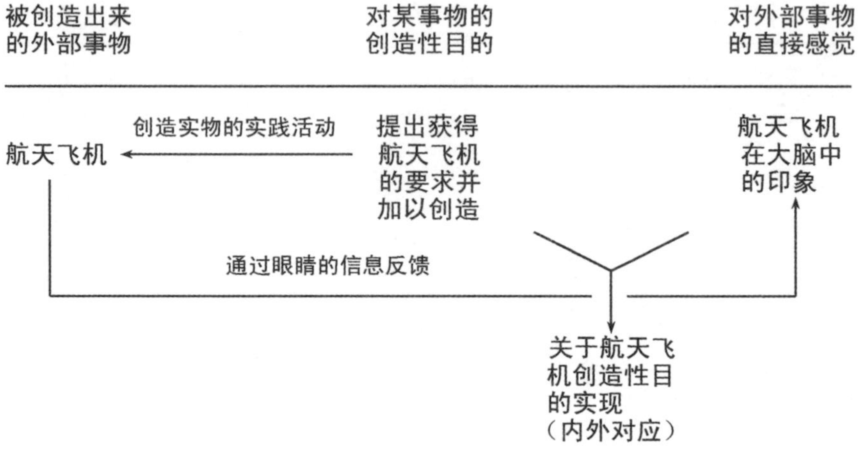

图 4－6

比较一下认识性目的内外对应的形式与创造性目的内外对应的形式，从中可以发现，它们之间具有三点明显区别。第一，两者的实践活动对外部事物的作用形式及其效应的不同。对于某一特定认识性目的的内外对应形式而言，其实践活动所产生的客观效应，表现为依照自身的特定需要，相应地获取被认识对象的各种信息，其本身并不使对象物发生变化，而只是从对象物身上获得知识。对于某一特定创造性目的的内外对应形式而言，其实践活动所产生的客观效应，表现为依照自身的性状特点改造和创造相应的外部事物，其结果使对象物发生变化，并为人们的生活提供所需的物质资料。第二，两者各自的目的本身与外部对象物的依存关系不同。对于某一特定的认识性目的而言，被认识对象作为原有的客观事物，并不与该认识性目的构成直接的依存关系，并不以该认识性目的的存在为自身存在的直接前提。对于某一特定的创造性目的而言，被创造对象作为现实的被创造物，必然与该创造性目的构成直接的依存关系，必然以该创造性目的的存在为自身存在的必要前提。第三，与两者各自目的本身相对应的直接感觉的信息源不同。在某一特定认识性目的的内外对应形式中，与该目的相对应的直接感觉信息，来自原先就有的外部事物，其在该认识目的形成之前就已存在于外部世界之中。而在某一创造性目的的内外对应形式中，与该目的相对应的直接感觉信息，来自被该目的创造了的外部事物，其在该创造性目的形成之前并不存在于外部世界之中。

在认识性目的内外对应形式与创造性目的内外对应形式之间，也存在着某些共同点。第一，两种内外对应形式都包含着必不可缺的实践活动，没有实践活动，任何生活目的都会失去得以实现自身的客观对象物。第二，两种内外对应形式都包含着必不可缺的信息反馈，没有信息反馈，任何生活目的都会失去得以反映实践结果，从而实现自身的直接感觉。因此，可以得出这样的结论：第一，实践活动是人类得以实现自身生活目的的唯一途径；第二，人类实践活动的最终结果或结晶，在实现生活目的的意义上，或者在满足人类精神存在和发展的意义上，无不以信息反馈的形式和信息物质的结晶形式来实现。这两个结论，特别是第二个结论，对于后面将涉及的一系列经济学问题的讨论，具有十分重要的理论意义。

尽管在理论上，能够把认识性目的的内外对应形式和创造性目的的内外对应形式区分开来并进行单独讨论，但在实际生活中，它们之间是对立统一、相互联系、互不可分的，特别在一个目的循环的过程中或在一个目的系统中就更是如此。一定认识性目的的实践过程往往是为一定创造性目的的实践过程服务的；反过来，一定创造性目的的实践过程往往又可以成为一定认识性目的的实践过程的必要条件。例如，只有认识掌握好流体力学的高深理论，才能制造出高性能的飞机；只有创造出高性能的天文望远镜，才能更好地认识宇宙天体。显然，在实现认识性目的的过程中，尽管没有改变被认识的对象物本身，但在获取认识对象物信息的实践过程中，不可避免地包含着大量为取得认识手段和认识条件，而进行的创造性目的的实现过程。事实上，任何一个复杂的认识性目的或者任何一个复杂的创造性目的的整个实现过程，都包含着多层次的认识性目的和创造性目的的实现过程，是一系列多层次认识性目的和创造性目的所构成的系统目的之全部实现过程的总和。因此，认识性目的的实践过程和创造性目的的实践过程是相互融合的，而不是相互分离的。

第五章
人类生活的社会性质

在前面的讨论中，更多的是把“人类生活”作为人类社会中每一具体个人的总和，或者作为一个统一的、抽象的人，去讨论其一般特性和本质特征的，因此，几乎没有从正面涉及“人类生活的社会性质”这个极为重要的基础理论问题。正如我们熟知的那样，政治经济学是专门研究人与人之间社会关系的科学。显然，要深入研究和认识人与人之间的社会关系，如果不首先从原理上弄清楚人类生活的社会性质，在逻辑上是不可思议的。特别是在前面的讨论中，把人类生活的本质确定为人类精神的存在和发展之后，人类生活的社会性质也就在根本上成为了“人类精神的社会性质”。因此，深入地认识人类生活的社会性质，对于从人类精神的意义上认识、分析、理解人们的社会关系，是具有十分重要的基础理论意义的。本章将具体讨论有关人类生活的社会性质的一些基本问题。

一　人类生活中的社会关系及其本质

如果不是把社会中每一具体个人的总和看作一个抽象的人，而是把这个总和现实地看作一个由无数具体个人组成的人类社会时，人们的注意力马上就会被吸引到广泛存在于人类生活之中的人与人的社会关系上来。事实上，只要稍微观察一下自己身边现实的人际关系，并把自己设身处地地放置其中，就可以很容易地看到，几乎每一个人的生活都是与其他个人的生活相联系，而且每一个人都必然是在与其他个人的相互联系中生存和发展的。无论这种联系是直接的或间接的，任何个人一旦脱离了他人和社会，就会失去其生存和发展的必要条件，就会失去其作为人类生活的全部意义。

例如，今天所使用的各种生活用品和生活资料，几乎全部都是在一定的社会生产分工和协作的基础上，以一定的交换形式从社会中获取的，即使是自己亲手制作出来的产品，亦必然或多或少地以一定的社会联系为存在前提，诸如生产过程中所应用的来自社会的机器、工具和原材料，以及所依赖的交换市场等。此外，与生活乐趣或生活意义直接相关的事业心、荣誉感、进取精神，以及愉快或悲伤的心理感受等，几乎无不和社会相关，无不以一定的社会存在为前提。由此可以得出一个结论，即任何个人的生活都不是孤立的，而是与他人的生活密切相关，从而具有广泛深刻的社会性。这种社会性突出地表现为人类生活中的人与人之间的社会关系。

那么，人与人之间为什么要存在社会关系，而这一社会关系的本质又是什么呢？这是本节所要讨论的两个基本问题。

从生物学的角度看，任何动物相互之间的群体关系，都是由每一动物个体的社会行为建立起来的；而动物所以要采取一定的社会行为，又都是由每一独立的动物个体本身的生存需要所规定的。因此，动物借以建立相互之间群体关系的社会行为，必然以其相互的依存关系为客观前提。显然，如果没有一定的互利关系，动物之间就不可能积极主动地采取社会行为，去建立互利的群体关系，相反会逃避互害的群体关系，这完全是由动物的生存本能决定的。尽管人类是动物物种的最高级形式，但仍然逃避不了生物学的这种基本规律。在人类生活中，人与人之间之所以会建立起如此密切的社会关系，在根本上是由人与人之间相互有利的依存关系决定的；而这种相互有利的依存关系，恰恰是人与人之间建立社会关系的生理前提。没有这个生理前提，就不可能形成人与人之间的任何社会关系；而不懂得这个生理前提，也就不能真正懂得人与人之间的社会关系。

人们之间建立社会关系在生理功能上的依存意义，可从以下几个方面体现。

第一，通过社会合作，把每一个人的力量结合为一个统一的、具有更大能力的集体力量，从而创造出个人力量所不能创造出来的、既适合个人生活需要又适合集体共同利益的物质资料或生活环境。这种适合集体共同利益的物质资料，在合作者的共同消费中，现实地满足了每一个人的个人生活需要，从而维系和推动每一个人的生存和发展。个人那些受自身能力限制而无法实现的生活目的，是通过社会合作所构成的集体力量去实现的。

第二，通过社会分工，充分地发挥每一个人的生产效率，并由此综合地提高整个社会的创造能力。由于分工，每一个人得以专门从事某种生活资料的生产活动，这在客观上有利于提高劳动熟练程度、扩展劳动生产行业和促进生产工具的改良，因而使人们能够以较少的劳动耗费创造出更多更好的生活资料。当人们通过社会分工从事社会生产活动，并通过交换过程最终获得自己需要的生活资料时，人们就会发现，在社会分工的条件下，每一个人都能以自身较为有限的、较为单一的劳动耗费，获取更多更好、更加丰富多彩的生活资料。这就为更快地推动每一个人的生存和发展，提供了必不可少的物质条件。在这里，每个人多方面的生活目的，是凭借社会分工和社会交换的特有功效实现的。

第三，特别具有意义的是，通过社会分工和社会协作所建立起来的人与人之间的社会关系，得以最大限度地沟通、交流人与人之间的思想，从而推动每一个人精神生活的迅猛发展，提高每一个人乃至整个人类的认识能力和创造能力。如果每一个人的知识都完全凭借自身的直接实践活动去获得，其所要耗费的物质资料和劳动时间，在总量上是不可思议的，事实上也是绝对不可能的。与此相反，如果每一个人都能通过语言文字、音像制品等媒介形式，互相交流自己所掌握的知识，就能极大地节约物质资料和减少劳动耗费，从而最大限度地推动人类精神的迅猛发展。在这里，每一个人大量的认识性目的，是通过社会之间人与人的思想交流和知识传递去加以实现的。

由此可见，人与人之间的社会关系，对于每一个人的生存和发展来说，有着极为重要的生理意义。如果人与人之间并不存在互相有利的依存关系，那么任何社会关系都是没有意义的，都是不可能建立的。在现实社会中，任何具体的社会关系，无不是根据关系人各自实现一定的生活目的的需要，或相互之间一定的物质利益关系而构成的。正是由于人们之间社会关系背后所具有的这种生理上的规定性，才使得人类社会关系并不表现为机械、僵化的绝对性，而是表现为历史、具体的相对性，才使得人类社会关系能够在一定的矛盾运动过程中，不断地得到改良并发展下去。这就是说，只有符合关系人各自一定的利益要求，相应的社会关系才可能被主动地建立和保持；反之，不符合关系人各自一定的利益要求，相应的社会关系就不会被主动地建立和保持，甚至会被主动地改造或消灭。显然，在一定的社会关系中，如果关系人某一方的利益，特别是根本利益被另一方损害时，被损害的一方就必然要求解除或改变这种社会关系，甚至会以暴力去改造或消灭强加在自己身上的这种社会关系。因此，任何社会关系，首先都是以每一关系人各自一定的生存利益为前提的，而个人的生存利益在许多根本方面，都只能寓于同时对社会有利的关系之中。

从形式上看，社会关系是人们在共同的生产活动和思想交流等生活过程中，彼此间结成的相互依存的关系，然而，就社会关系的本质而言，则是与人类生活的本质直接相关的。任何社会关系都是由人们的社会行为构成的，而人们的一切社会行为，又都是在一定的行为目的的支配下进行的，即是在一定的人类精神的支配下进行的。理论上确认人类生活的本质是精神的存在和发展之后，社会关系就同时在本质上表现为人与人之间精神存在和发展的关系；换句话说，社会关系就是人与人之间精神生活存在和发展的关系，而人与人之间精神存在和发展的关系，恰恰是人与人之间全部社会关系的本质。形式上以生产方式、交换方式、分配方式、政治方式、法律方式等为具体存在形式的社会关系，或者以人们的各种社会行为作为具体存在形式的社会关系，在本质上都表现为人与人之间具体精神存在和发展的相互依赖、相互制约、相互促进的辩证统一的关系。人类正是在这种本质关系中，最大限度地发挥每一个社会成员的精神力量，又正是在这种本质关系中，最大限度地推动每个社会成员的精神发展，从而使之获得更大的认识能力和创造能力。

由于社会关系在本质上表现为人与人之间精神生活存在和发展的关系，这样，就从根本上把人与人的社会关系同普通动物之间的群体关系区分开来了。这就是说，体现在社会关系中的人与人之间互相有利的依存关系，绝不简单地在形式上表现为人与人之间肌体生存的相互依存关系，而是在本质上表现为人与人之间精神存在和发展的相互依存关系。因此，如果肯定社会关系具有促进人类生活发展的生理意义，那么，这种生理意义，就在本质上首先表现为对人类精神存在和发展的生理意义，而不能把它看成与普通动物群体关系相同的东西。

由于社会关系在本质上表现为人与人之间精神生活存在和发展的关系，这样，就同时从根本上把具体社会关系的形成，与人们具体的认识能力和创造能力结合起来。这就是说，只有当人们对某一具体社会关系所具有的客观作用有所认识之后，并通过自己具体的社会行为去改造和创造，这一具体的社会关系才可能现实地存在。事实上，社会关系绝不是超人类的、不以人类意志为转移的自然关系，它是人类依据自身精神生活在一定历史条件下的具体发展需要，主观能动地去认识、去创造的。因此，具体的社会关系只能为人类具体的精神生活需要服务，而不是相反。社会关系的存在和发展，在任何情况下，都是从属于人类精神生活存在和发展的本质需要的。比如，之所以要建立共产主义社会制度，绝不是把建立这种制度作为单一的生活目的或所谓的最终目的，而是为了给整个人类的精神发展提供一个更为有利的社会关系环境。任何社会关系产生和形成的背后，都必然有其具体社会精神生活的客观规定性；任何社会关系的变化发展规律，都必然由一定社会精神生活的变化发展规律所限定。

认识社会关系的本质，对于深刻理解人类社会的政治经济关系，有着极为重要的理论意义，将在讨论具体政治经济关系形成和发展的问题时，提供从人类的具体精神上寻找其原因的途径。事实上，人类社会的各种政治经济关系，都是随着人们精神生活发展需要的变化而变化的，随着人们生活目的实现需要的变化而变化的，以及随着人们不同历史阶段的政治经济意识及其政治经济目的的变化而变化的。旧的社会关系一旦不符合人们各自相互依存的精神发展利益，就会走向消亡，并为更加符合人们精神发展利益的社会关系所取代。在社会关系的历史变化发展过程中，采用什么样的社会关系，完全是由人们依据相互之间精神生活的存在和发展的客观利益要求去认识、去选择、去改良、去创造的。人类社会的政治经济关系，也正是在人类精神不断发展的基础上，从低级到高级、从简单到复杂而发展到今天这样伟大的规模，并不断地向更高的阶段发展的。

二 人类生活是充满社会意识的精神生活

一方面，任何个人所采取的社会行为都必然是以自身的生活需要为依据，从而使这种行为所构成的社会关系为自身的生活利益服务；另一方面，任何个人的生活利益、生存和发展，都必须纳入一定的社会关系之中，都超越不了一定社会关系的约束。这就是说，社会关系不仅表现为每一个人生存和发展的利益源泉，而且还表现为每一个人生存和发展的必然前提。在今天的社会中，如果一个人企图完全脱离社会关系而获得纯粹个人的生存和发展，那么，这种个人的生存和发展是绝对不可行的，特别是从人类精神生活存在和发展的意义上说，就更是如此。我们或许曾经听说过“狼孩”的故事，“狼孩”尽管有比狼发达得多的大脑，但他几乎没有人类意识，以至于难以把他作为一个真正的人来看待，这就是脱离人类社会、脱离人类社会关系的结果。

事实上，人类不仅是凭借动物性的群体关系得以进化产生的，而且在其形成之后，又是凭借人类特有的社会关系而生存和发展的。例如，原始人类在自己的部落中，就已经有着一定的社会合作和社会分工，有着一定的社会生产方式和社会分配方式，以及有着人与人之间的意识交流。如果原始人类没有建立在人类精神基础之上的、优于动物群体关系的社会关系，那么，原始人类非但不可能发展为现代人类，而其本身则必然为优胜劣汰的自然生物规律所灭绝。

随着人类认识目的和创造目的的发展，使得每一个人对物质资料的需要，在质量上和数量上具有了更高的要求，与此同时，使得每一个人对意识交流的需要，在广度和深度上具有了更高的要求。而要实现这一切，不可脱离的途径之一就是凭借日益扩大的社会关系，以及通过对社会关系的改良和变革，去最大限度地发展社会生产力，从而以更加丰富的生活资料去满足人们实现自身创造性目的和认识性目的的需要。今天每一个人的生活中，几乎所有的生活资料都与社会生产和社会交换密切相关，几乎所有的生活知识都与社会交流和社会实践密切相关。总之，人类生活达到了这样的高度，以至每一个人不可能脱离社会而独立存在，而只能在为社会作出一定贡献的基础上，相应地从社会中获得自身存在和发展的最优条件。

人类社会是由每一具体个人的社会活动和社会行为所结合而成的整体，没有具体的个人，没有具体个人的社会行为，社会就不可能存在，社会的共同利益就不可能存在；反过来，社会的存在又以社会特有的共同利益方式，为每一具体个人的生活利益提供服务，成为每一具体个人生存和发展的必然前提。社会与个人的这种对立统一的辩证关系，在人类生活发展的漫长历史过程中，越来越广泛、越来越深刻地在每一个人的生活中打上社会的烙印，使每一个人的精神生活表现出越来越强烈的社会意识。

当精神从自己的生理效应升华为支配人本身的独立生活主体时，人类生活的本质就从根本上表现为精神的存在和发展。精神的升华形成了精神自身日益加速发展的能动要求，而这种要求对于物质资料的巨大需求，引导和迫使人们结成日益广泛深刻的社会关系，并使每一个人处于社会关系的严格制约之中。另一方面，精神的升华又使得精神在日益发展的过程中，获得了更加深刻广泛的认识能力，从而使人们认识或感受到社会利益与个人利益的辩证关系，并据此支配人们的社会行为，使每一个人的个人利益与共同的社会利益统一起来。事实上，每个人都能够通过自己的现实生活，不断地认识到为社会共同利益作出贡献而对自身生存发展所构成的好处，同时不断地认识到违背、破坏社会共同利益而对自身生存发展所形成的坏处。正是在个人精神生活存在和发展的内在要求下，以及在对社会利益与个人利益相互促进关系深刻认识的基础上，个人的生活意识才最终实现了“社会升华”。

所谓个人生活意识的社会升华，是个人生活目的从包涵着单纯的自我生存意识，到包含着深刻的社会生存意识，从而把两者统一起来的升华。这种升华不是以个人生活的存在和发展，排斥社会共同生活的存在和发展，也不是反过来以社会共同生活的存在和发展，排斥个人生活的存在和发展，而是把个人生活的存在和发展寓于社会共同生活的存在和发展之中，同时把社会共同生活的存在和发展寓于个人生活的存在和发展之中。这就要求在一定的社会经济条件下，最大限度地把个人生活的目的和乐趣与社会共同生活的目的和乐趣统一起来。某种意义上说，如果“人不为己，天诛地灭”反映了每一个人对自我存在和发展的生理要求，具有一定的客观性，那么就必须同时附上“人不为公，天诛地灭”这句话；只有把“为己”寓于“为公”之中，个人生活与社会生活才能最好地统一起来，而每一个人才能真正地获得自身在社会生活中的良好存在和发展。

个人生活意识的社会升华，最直接地体现在个人生活目的的社会性上。对于具有高尚社会认识的人来说，他们的主要生活目的都是以为社会的共同利益作出较大贡献为诉求的，甚至可以把有益于社会目的的实现，直接地看作自我生活目的的实现，看作自我生活意义的根本所在。例如，无产阶级的革命导师马克思和恩格斯，就是把解放无产阶级、建立共产主义的社会制度作为自己崇高和毕生的社会生活目的，并在为实现这一目的的伟大社会实践过程中，获得自身超凡的人生乐趣。又如伟大的生物学家达尔文，把揭示生物起源的秘密、为人类提供自己创立的生物科学，作为自己崇高和毕生的社会生活目的，并在实现这一目的的卓越科学实践过程中，获得自身充实、丰富的人生乐趣。他们都为人类作出了自己伟大、卓越的贡献，并因此得到了人们的爱戴。这种把个人利益与社会利益高度统一起来的生活形式，是个人生活意识社会升华的最典型的形式之一。

自然，会有人把实现某些对社会有利的社会目的，纯粹作为实现自身某些个人目的的手段。比如，有些人为社会作出某些贡献，目的在于从中获取相应的个人生活所需的物质资料，或者个人的名誉地位。尽管如此，他们所要满足衣食住行等起码的生活需求，乃至所要获取的名誉地位，都是同社会密不可分的，因而都是包含着广泛的社会意识的。这就好比有的人会因为自己衣食住行的条件比别人好，而感到自己的社会地位比别人优越。事实上，社会对个人的制约作用，或者说个人对社会的依赖性，往往从相反的方向把个人朝着被社会支配的位置上拉。社会不仅可以从负面迫使个人只有在为社会作出一定贡献之后，才能相应地获取所应得到的回报，而且可以从正面积极地推动、激发每一个人为社会作出更大贡献，使之在无限广泛、深刻的社会生活中获得充实的人生乐趣。任何一个对社会有起码认识的人，都无不尽力地在自己所处的社会团体中发挥作用，表现自己特殊的认识能力和创造能力，从而取得社会团体的承认，并从中寻求自身生存的社会意义和人生乐趣。

总之，人类社会关系对于每个社会成员自身生存和发展的制约性，已经达到了这样的高度，以致使每个社会成员都必然自觉或不自觉地把自身的生活目的和社会行为同自己对社会的影响联系起来，同自己所要获得的社会荣誉联系起来，以及同社会所能给予自己的利益回报联系起来，从而自觉或不自觉地把自身的个人利益与社会的共同利益统一起来。随着社会关系向深度和广度的进一步发展，社会意识的这种升华将会越来越深刻、越来越广泛地存在于每个社会成员的精神生活之中，并引导着每一个社会成员的社会行为，使之朝着更有利于整个人类社会、更有利于每个社会成员的共同利益的方向发展。

由此可见，人类生活完全是一种充满社会意识的精神生活。总的说来，人类生活的社会性或人类精神生活中的社会意识，在根本上起源于人类精神的升华。这种升华为人类精神的永恒存在和迅猛发展奠定了基础，而人类精神永恒存在和迅猛发展的必然要求，则把社会关系作为基本的甚至唯一的动力源泉，把社会关系的存在和发展放到了一个极为首要的和至高无上的位置，从而启蒙和推动了人类社会意识的升华和扩大。正是人类精神生活的升华及其自身存在和发展的要求，才使得人类精神生活实现了从单纯个人意识到广泛社会意识的升华，才使得人类结合为一个以个人利益和社会利益相互统一为要求的社会整体，人类精神亦正是从这种个人利益与社会利益的统一中，最大限度地获取自身发展的无限动力。所不同的只是，这种统一的状况，由于不同利益集团、不同阶级、不同国家各自具体的历史的特殊性的不同，而表现为方式上和程度上的不同。但人类社会发展的总规律是，人们将在日益扩大和深刻的社会关系中取得进一步的统一。

值得注意的是，尽管要肯定社会意识在每个社会成员的精神生活中所占据的重要位置，承认人类精神生活所具有的普遍社会性，但不能因此而否定个人精神生活本身。这是因为，个人精神生活，归根到底是社会精神生活中最基本的元素和主体，而社会精神生活则是由每一个人精神生活主体结合构成的，没有个人精神生活，也就没有社会精神生活本身。个人精神生活所具有的社会性，只是把个人精神生活寓于社会精神生活的相互推动、相互促进之中，而绝不会因为社会精神生活的存在去否定或消灭个人精神生活本身。如果一个人只承认其生存的目的是为社会作贡献，而否认自己在社会活动中所获得的个人生活乐趣和自身精神生活的实际发展，那么，他是自欺欺人的。总之，个人不能脱离社会而生存，因而只能首先使自己的行为服从、服务于社会的共同利益。社会是每个人在共同利益的基础上结合而成的，因而又能反过来为每个人提供更好的精神生活条件。个人精神生活利益和社会精神生活利益总是对立统一、互为存在前提的，而不是互相否定、互相排斥的。因此，用人类精神生活的社会性来否定个人精神生活的相对独立性是不科学的，当然，用个人精神生活的相对独立性来否定人类精神生活的社会性也是不科学的。例如“存在主义”① 者把个人同社会截然对立起来，鼓吹个人至上，否定人类生活的社会性，乃至否定人类生活的任何社会形式。这只能说明“存在主义”对人类生活精神本质所具有的社会性的无知，以及对人类精神升华和发展所导致的人类社会的必然历史过程的无知。

三 个人生活和社会生活的概念

人类生活在社会性质或社会形式上可以分为两种基本类型，即“个人生活”和“社会生活”。在前面的讨论中，社会生活指的是处于一定社会关系之中的每一社会成员之个人生活的总和，而个人生活则指的是从每一个人生活中高度抽象出来的社会生活的对立面，或者指的是构成社会生活的相对独立的基本单元和细胞。这种关于社会生活和个人生活的广义概念，对于分析个人生活与整体社会生活的内在关系是十分必要的。但是，具体分析不同个人之间的社会关系时，例如，两个商品交换者之间的经济关系，很难使用上述关于个人生活和社会生活的广义概念，因为在这个社会生活概念中间，包括了所有一切个人生活本身，是一切个人生活的总和。因此，为了便于对具体经济的分析和讨论，也就引申出了关

---

① 所谓“存在主义”是一种曾经流行一时的思潮，尽管存在主义也有自己科学的或者思辨的思想意识，但它以个人的存在去否定社会的存在。

于个人生活和社会生活的狭义概念，即所谓“狭义个人生活”和“狭义社会生活”。

关于狭义个人生活和狭义社会生活的概念，或许可以这样理解：对于任何一个具体劳动者或具体个人而言，其自身生活的存在和发展，被规定为独立并对立于社会生活的个人生活；而除此以外的任何一个与之发生实际关系的具体劳动者或具体个人，或者由他们结合而成的社会组织的存在和发展，则被规定为独立且对立于个人生活的社会生活。从层次的意义上来看，这里的社会生活，既可以是与特定个人生活发生实际关系的一个具体劳动者、一个家庭组织或一个企业法人，也可以是与特定个人生活发生实际关系的一个阶级集团、一个党派组织、一个政权国家，乃至整个人类社会。任何个人生活都是作为具体的利益独立体，与社会生活发生对立统一的经济关系，而不是笼统地包括于社会生活之中，所不同的只是，由于其社会行为对社会生活的影响程度或涉及面大小的区别，与其发生关系的社会生活的层次和范围有所区别。

从理论上说，关于个人生活和社会生活的狭义概念，使得每一具体个人同时具有了作为个人生活和社会生活的双重社会性质，同时具有了个人生活和社会生活的双重社会规定性。这就是说，任何一个具体劳动者或具体个人的个人生活，对于其他与之发生关系的个人生活而言，可以转化为相对其他与之发生关系的个人生活的对立面，而成为社会生活。同时，任何一个具体劳动者或具体个人，作为相对其他个人生活而成为社会生活一分子的自身生活，反过来又可以同其他与之发生关系的社会生活相对立，而转化为个人生活。概言之，每一个人的实际生活，都具有个人生活和社会生活的两重性，相对于其他与之发生关系的个人生活而言，他既是独立于其他社会生活的个人生活，又是联系于其他个人生活的社会生活，是个人生活和社会生活的对立统一体。

例如，对于一个农夫和一个工匠而言，当农夫把粮食交换给工匠时，从农夫的角度看，就被认为满足了工匠作为社会生活对象的物质需要，而农夫从工匠那里交换回棉布，则被认为满足了自身作为个人生活对象的物质需要。与此同时，当工匠把棉布交换给农夫时，从工匠的角度看，就被认为满足了农夫作为社会生活对象的物质需要，而工匠从农夫那里交换回粮食，则被认为满足了自身作为个人生活对象的物质需要。显然，关于个人生活和社会生活的理解角度或规定，是以任何一个具有相对独立性的个人生活利益主体为划分依据的；每一个人都作为一个独立的生活利益主体，而把自己排除在作为其社会生活对象之外，并和与之相关的社会生活对象对立统一起来，构成相互的社会关系。相对于作为经济主体的每一个人来说，自我就是个人，与之相关的他人就是社会；自我生活就是个人生活，与之相关的他人生活就是社会生活。每一个人就是在这样一种相对自我是个人生活，相对他人是社会生活的对立统一中，相互联系、相互依存、相互制约而构成紧密的社会关系。

关于个人生活和社会生活的规定，在概念上可以分别称为“狭义个人生活”和“狭义社会生活”，亦可简称为“个人生活”和“社会生活”。这种关于个人生活和社会生活的规定，不仅在理论上使个人生活对象和社会生活对象具体化，从而便于具体分析研究人与人之间所构成的社会政治经济关系，而且在理论上明确揭示了个人生活与社会生活对立统一、相互融合、相互转换的辩证关系，从而有利于更加深刻地认识人类生活的社会性质，认识体现于每一个人身上的个人与社会的双重性质。某种意义上说，除了“导论”中所说的“人类生活循环体”之外，关于个人与社会对立统一关系的原理，是我们在本书中研究讨论政治经济理论的主线之一。实际上，人类社会政治经济关系的基本问题，就是每一个人同与之相关的其他个人之间的关系问题，就是个人与个人之间的关系问题。

在后面篇章的讨论中所提出的“个人劳动”和“社会劳动”的概念，以及“个人产品”和“社会产品”的概念等，就是从这种狭义的个人生活和社会生活规定中引申出来的。一种劳动或一种产品的社会属性如何，归根结底是由它们的服务对象的社会性质所规定的。

由于把人类生活的本质规定为人类精神的存在和发展，因而，当人类生活在社会性质上区分为个人生活和社会生活时，也就同时在社会性质上，把人类精神区分为“个人精神生活”和“社会精神生活”。其中，所谓“个人精神生活”，指的是现实社会中相对独立于每一具体个人头脑之中的精神生活；所谓“社会精神生活”，则指的是现实社会中一定范围或全部个人精神生活的总和。一般而言，个人精神生活总是包含于社会精神生活之中的，是社会精神生活的细胞；但是，当研究讨论具体个人与其他与之相关的具体个人的关系时，具体的个人精神生活就同作为其对立面的社会精神生活（其他个人精神生活）相分离而互不包含。值得说明的是，在这里，个人精神生活和社会精神生活不是作为“个人意识”和“社会意识”的划分提出来的，而是作为具体个人精神生活的独立性以及每一具体个人精神生活的社会相关性的划分而提出来的。个人意识和社会意识作为人类精神的具体内容，可以同时存在于每一具体个人的精神生活之中；而社会精神生活作为个人精神生活的总和，同时也就包括了全部个人意识和全部社会意识的总和。

个人精神生活和社会精神生活之间，存在着对立统一、相互推动的辩证关系。个人精神生活是社会精神生活的细胞，没有个人精神生活的存在，就不可能构成任何社会精神生活；社会精神生活是个人精神生活的条件，没有社会精神生活的存在，个人精神生活也就失去了存在和发展的基础。个人精神生活的发展，可以通过个人对社会的影响而推动社会精神生活的发展；反过来，社会精神生活的发展，也可以通过社会对个人的影响推动个人精神生活的发展。例如，任何作为认识的东西或者任何作为科学的东西，都只能存在于作为认识主体的每一个具体个人的头脑之中，因此，一种科学体系是从许多个人的认识中，乃至许多代个人的认识中总结和概括出来，而成为人类社会共有的社会精神的。又如，当社会科学家或自然科学家在理论上获得某种重大发现时，一方面，这种理论认识体现了他们自身个人精神生活的发展；另一方面，当这种理论认识运用到人类社会生活的各种实践活动中，成为一种创造社会财富、推动其他社会成员精神发展的社会力量时，这种理论认识也就现实地成为发展了的社会精神生活。

四　人类生活循环体的社会形式

从上面的讨论中对个人生活和社会生活的辩证关系有了一个基本认识之后，对人类生活循环体的形式会有一个进一步的认识。人类生活的社会性质或社会关系，不仅反映在人类的精神生活之中，而且必然地通过人类的精神生活体现在人类生活循环体这个社会基本经济细胞之上。因此，仅仅满足于“导论”中所描述的人类生活循环体的形式，显然是不够的，还必须认识“人类生活循环体的社会形式”。这种社会形式不仅包含而且明确表达了人与人之间的社会关系。为了更好地理解人类生活循环体的社会形式，首先应该懂得两个关于人类生活循环体的基本概念——“简单的生活循环”和“扩大的生活循环”。

本书“导论”中有关人类生活循环体的概念中已经说过，人类社会的存在和发展，是建立在“人类生活—劳动—产品—人类生活’—劳动’—产品’……”这样一个不断螺旋上升、循环发展的形式之中的。这就是说，人类生活的连续循环过程，是由一个个相对独立的循环结构承上启下地连接而成的，对于每一相对独立的人类生活循环结构而言，任何循环结构都是对过去一个循环结构的继承，同时又都是新生一个循环结构的基础。因此，可以用联系的观点去分析人类生活循环体内部的运动变化，以及不同循环结构之间的相互关系。人与人之间的社会关系正是寓于每一个人类生活循环结构的相互联系之中的。

在人类生活双重社会性原理的基础上，把劳动的社会形式——“个人劳动”和“社会劳动”的概念，以及把产品的社会形式——“个人产品”和“社会产品”的概念，作为人类社会的基本经济范畴引入人类生活循环体的时候，人类生活循环结构的上下联系，特别是前一个生活循环对于相继的后一个生活循环，会出现两种基本情况。第一种情况是，在某一个人生活的前一个生活循环中，个人生活只能简单地繁衍出个人劳动，而不能分化出社会劳动，其中，个人劳动所创造的个人产品亦只能提供或满足个人生活的需要。这样，就使得这一个人生活在其后一个生活循环中，不能形成与社会生活的相互联系，表现为个人生活脱离社会生活的独立而简单地循环发展。这种生活循环结构，被称为“简单的生活循环”，见图 5－1。

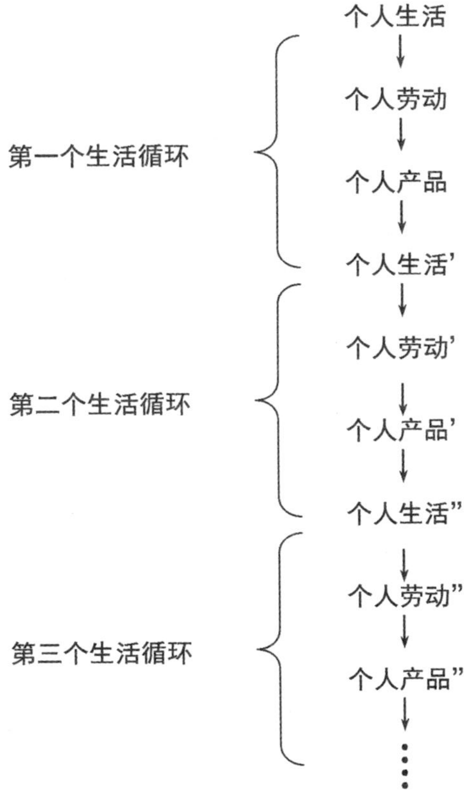

图 5－1

第二种情况则是，在某一个人生活的前一个生活循环中，个人生活不仅能够继续繁衍出个人劳动，而且能够扩大化地分离出社会劳动，并以社会劳动所创造的社会产品，去供给或满足社会生活的需要。这样，就使得这一个人生活在其后一个生活循环中，能够形成与社会生活的联系，表现为个人生活把自己的劳动作用扩大到社会生活中去，影响他人的个人生活，从而成为具有某种社会性质的循环发展。这种生活循环结构，被称为“扩大的生活循环”，见图 5－2。

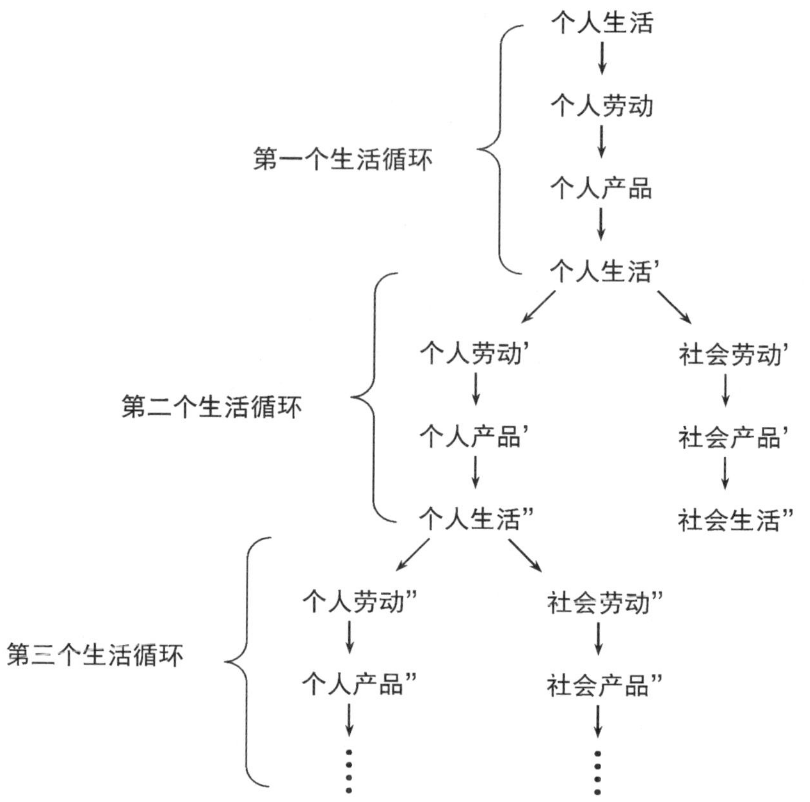

图 5 – 2

在所谓简单的生活循环中，表面上看并不包含着任何一个与社会相联系的因素，但是，从发展和联系的角度看问题，简单的生活循环必然发展成为扩大的生活循环，而在任何扩大的生活循环中间，又必然包含着简单的生活循环。因此可以说，简单的生活循环，是人类生活循环体的基础形式或者细胞形式，而扩大的生活循环，则是人类生活循环体的高级形式或者社会形式。在现实社会中，简单的生活循环是普遍存在的。这不仅是说，它存在于扩大的生活循环之中，是扩大的生活循环的组成部分，而且它可以在一定的具体和历史条件下独立存在。例如，鲁滨孙在孤岛上能够自给自足，独自一人生存一段时间。不过，任何简单的生活循环都不可能在一个相互联系的、承上启下的循环过程中，绝对地脱离扩大的生活循环，或与扩大的生活循环毫无关系；任何一个人的简单生活循环，如果不是在渊源上从扩大的生活循环中继承下来的简单生活循环，那么就必然是能够最终演化为扩大生活循环的简单生活循环，除非从人类社会中消亡。

由于扩大的生活循环仅仅描述了个人生活通过社会劳动和社会产品对社会生

活构成联系和影响的关系，而没有描述社会生活反过来对个人生活构成的联系和影响关系，因此，扩大的生活循环仅仅是关于简单生活循环向人类生活循环体的社会形式演化过程的一个抽象。在现实的社会生活中，普遍存在着的是“复合的生活循环”，是人类生活循环体的社会形式。事实上，每一个人的个人生活都是同作为社会生活的其他个人生活密切相关、互为存在条件的。人们之间通过各自的社会劳动，特别是通过各自创造的社会产品的交换，建立起了相互之间的社会关系。这样，就使得每一个人的生活循环同与之相关的其他人的生活循环交合在一起，构成一个互相制约、互相促进、对立统一的复合生活循环体。这种生活循环体被称为“复合的生活循环”，见图5－3。

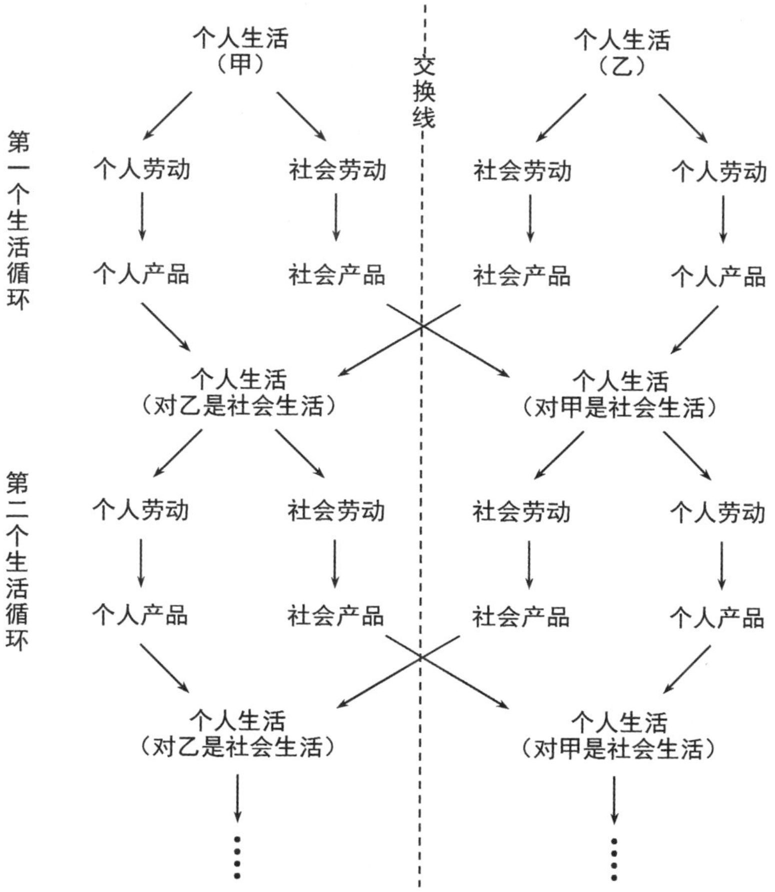

图5－3

从上图可以明显地看到，任何个人生活和社会生活是密切相关的。其中的个人生活为了满足自身的生活需要，不仅依赖于自身个人劳动创造的个人产品，而且还依赖于自身社会劳动交换回来的社会产品。并且，任何个人劳动或社会劳动，都可以通过各自社会产品的交换，以及通过满足个人生活的需要，而在新一轮的生活循环中转化为自己的对立面——社会劳动转化为个人劳动或个人劳动转化为社会劳动，进而成为每一个人自身存在和发展的力量源泉。这样，就把人与人之间的互利依存关系以图解的形式表达出来了。当然，“复合的生活循环体”，仅仅描述了人与人之间社会关系的基本形式，由于人类社会具有多方面的层次和范围，因而个人对社会或社会对个人的作用和影响，都是极为错综复杂的，从某种意义上说，很难用这种图解形式描述出来。但值得指出的是，对于人类生活循环体社会形式的深刻认识，具有重要的理论意义，在后面讨论劳动价值和交换关系的篇章中，将会充分应用与此相关的知识。

第六章
生活内容和生活时间

人类生活作为一种现实存在的物质实在，特别是每一个人的个人生活作为一种现实存在的物质实在，都是具体的和历史的，因而都是有其自身质与量的规定性的。人类生活的质与量，在形式上表现为人类生活的内容和时间，所谓“生活内容”和“生活时间”。研究人类生活质与量的规定性，对于研究人类的具体生活行为，乃至具体的政治经济行为，及其所构成的具体的政治经济关系，都有着十分重要的理论意义。例如，生产某种生活资料，在质上无疑是人们依据自身的具体生活内容对物质生活资料的特定需要，去制定去选择的，而生产或消费多少这些生活资料，在量上则是人们依据自身具体生活内容的延续性，即生活时间的长短，去制定去选择的。因此，有必要在本章中对生活内容和生活时间的问题，做一些基本的讨论。

一　生活内容和生活时间的概念

就“生活内容”和“生活时间”的最一般的概念而言，它们是关于人类生活质与量的规定性。其中，生活内容规定着人类生活的质的方面，生活时间则规定着人类生活的量的方面，两者是对立统一、互为存在条件的。但这种说法似乎过于笼统，所以有必要从更深的角度去认识这两个概念。

人类生活的本质是人类精神的存在和发展。因此，生活内容和生活时间作为人类生活的质与量，也就在本质上表现为人类精神的质与量的规定性。正是从这种关系中，才找到了具体认识生活内容和生活时间的途径。所谓生活内容就是“精神生活的内容”，就是关于人类精神生活的质的规定性；所谓生活时间就是“精神生活的时间”，就是关于人类精神生活的量的规定性。显然，由于人类生活的本质是精神的存在和发展，不能把人们的体质、生活环境或生活条件，直接地作为人类生活的质的规定性，同样不能把它们的好坏程度，直接地作为人类生活的量的规定性，尽管它们可以在各个方面或者从外部条件的意义上限制和影响着人类生活的质与量，而只能以人类精神的质与量作为人类生活质与量的规定性。

就“精神生活的内容”而言，它主要指的是人类生活目的本身的内容，或者更具体地说，指的是人们头脑中作为生活目的的精神想象物的内容。生活目的的内容，既可以表现为某一具体生活目的的特殊性，也可以表现为具有不同特殊性的生活目的的总和。生活目的的特殊性是由作为生活目的的精神想象物在人们大脑中的构成形式的特殊性决定的。精神想象物的构成形式的不同，形成了人们不同的生活目的，从而规定了人们不同的生活性质。当然，就形成精神想象物的外部矛盾而言，任何作为生活目的的精神想象物所具有的特殊性，都是与人们所处的具体生活环境的特殊性密不可分的。因为，构成精神想象物的任何思维素材或理论知识，在根本上无不来源于人们的外部生活环境和实践活动。

当人们的生活目的因各自的特殊性而不同时，各自的精神生活内容也是不相同的，这种不同在他们的头脑中，表现为各自精神想象物构造形式的不同。反之，当人们的生活目的因各自的一致性而相同时，各自的精神生活内容则是相同的，这种相同在他们的头脑中，表现为各自精神想象物构造形式的相似性。事实上，在现实生活中，人类精神生活的内容是形形色色、极为丰富的。正是由于人类精神生活内容的丰富性，才使得人类生活多姿多彩，才最终形成一系列内容广泛的自然科学体系和社会科学体系，才提出一系列内容广泛的关于自然和社会的认识性目的和创造性目的，才构成了内容广泛的生产实践、社会实践和科学实验，才创造出灿烂辉煌的人类文明。而且，不仅不同的人可以具有多方面不同或者相类似的精神生活内容，而且在同一人身上也可以具有多方面不同或者相类似的精神生活内容。这是构成人们之间各种经济行为和政治行为之特殊性和一致性的本质原因之一。

精神生活的具体内容作为存在于人们大脑中的精神想象物的具体内容，虽然在目前的科学技术条件下是看不见摸不着的，但可以通过人们的具体行为，特别是通过人们具体行为所创造出来的具体外部事物表现出来。因为，生活目的作为人类精神的集中表现形式，总是要通过自己的实践行为，使自身对象化在自己的创造物之上的。这样就使我们获得了得以认识和把握精神生活内容的客观途径。在现实生活中，人类所创造的形形色色、多姿多彩的物质资料和社会形态，以及描述自然和社会的科学著作等，都已在各个方面体现着人类精神生活内容的广泛性及其现实存在的客观性。

值得特别说明的是，“精神生活内容”在大脑的各种精神要素中，主要指的是现实存在于人们大脑中的生活目的的内容，而并非是指在思维过程中构成生活目的的单纯素材“生活知识”——泛指存在于人们大脑中包括一切科学知识在内的全部人类知识。当然，这绝非是要否定生活知识在精神活动中不可缺少的地位和作用。在人类大脑中具有根本意义的基本精神要素，主要表现为生活目的和生活知识，它们在人类精神活动中起着不同的作用。从构成上划分，生活目的可以划分为“认识性目的”和“创造性目的”两大类，生活知识可以划分为“自然知识”和“社会知识”两大类。在实践活动中，生活目的对实践行为自始至终起着具有决定意义的能动支配作用，是人类全部行为的起始点和归结点，而生活知识则服从于生活目的的需要，是为构成生活目的服务的。生活知识本身并不是能动的，并不能直接启动实践行为，而只能通过生活目的的形成过程和实现过程，来体现自身存在的价值和作用。在没有构成生活目的之前，任何知识对人类的行为并不起实际的或者说直接的支配作用。

从辩证统一的意义上说，任何生活知识都是从一定生活目的所支配的实践活动中获得的，而任何生活目的的构成又是建立在一定生活知识基础之上的；生活目的是生活知识的体现形式，生活知识则是生活目的的构成素材；生活目的的实现推动着生活知识的发展，生活知识的发展反过来产生新的生活目的；没有一定的生活目的就不可能获取一定的生活知识，而没有一定的生活知识也不可能构成一定的生活目的。因此，生活目的和生活知识是对立统一、密不可分的。不过，就生理特性而言，两者之间有着明显区别，生活目的是精神要素中的灵魂，是人类精神具有创造性、认识性、实践性、支配性的能动统一体；而生活知识则是相对稳定和被动的，它的存在价值只在于为生活目的的形成和实现所应用。

就精神生活的时间而言，它指的是作为生活目的的精神想象物存在于人们大脑中的延续性或持久性。建立一种生活目的之始，就是这一生活目的的存在时间的开始，而实现或变更一种生活目的之末，则是这一生活目的的存在时间的结束。任何一种具体精神的生活时间，可以通过人们相应的具体实践行为的延续性或持久性表现出来。生活目的所具有的延续性和持久性，是与生活目的自身的实践能力及其难易程度密切相关的。如果人们对于某一具体精神想象物的实践能力相对越强，或者该种精神想象物的构造相对简单而较为容易创造，那么，它作为生活目的就会实现得越快，而其作为精神想象物的存在时间也就越短；反之，则实现得越慢和存在时间越长。

例如，要实现盖一座房子的目的，所花费的时间相对较短，而要实现制造一架航天飞机的目的，所花费的时间就相对较长。又如，要实现改良现实社会中的一般政治经济关系的目的，所花费的时间相对较短，而要实现共产主义社会制度的宏伟目的，所花费的时间就相对较长。还有，要实现掌握一般普通知识的目的，所花费的时间相对较短，而要实现掌握高深系统科学的目的，所花费的时间就相对较长。从计量的意义上说，如果用 5 年或 10 年时间完成了一项创造性计划或认识性计划，那么关于这一创造计划或认识计划的生活时间，就可以一般地认定为5年或10年，其他以此类推。

值得强调的是，“实践能力”是实际的创造能力和认识能力，是实践精神和实践条件的统一，即支配人们实践行为的内部目的或目的系统与相应的外部环境、外部物质条件的统一。如果只有良好的实践精神而不具备必要的实践条件，那么就不可能形成任何现实的实践能力，就不可能实现任何生活目的；而实践精神和实践条件的差别或变化，亦会直接或间接地影响和制约着实践能力的差别和变化。这种差别和变化，最终制约着人们实现生活目的的能力，从而影响着人们一定生活目的存在时间的长短。显然，两个实践精神或生活目的相同的人，如果各自的外部物质条件存在优劣之分，那么两人的实际创造能力是不一样的，因而两人实现同一目的所花费的时间也是不一样的。比如，两个人都想做饭吃而且都会做饭，其中一人有现成原料，另一人没有，那么前者就能立刻动手做饭，后者必须先花费时间把原料找回来才能动手做。这样，两个人实现同一目的所花费的时间就有长有短了。实践能力和实践条件的这种关系，从理论上揭示了生产资料所有制在人类社会关系中，之所以具有巨大决定作用的本质原因。

众所周知，具体的和历史的社会存在，决定着人们具体的和历史的社会意识。由于人类精神只能存在于每一具体个人的大脑之中，而每一个人的外部生活环境都是具体的和历史的，因此，每一个人精神生活的内容和时间，也就具有了具体的和历史的规定性。这就是说，每一个人精神生活的内容和时间，都打上了一定历史条件下具体社会生活环境的烙印，因而都是具体的和历史的，都有其各自的特殊性，而不是抽象的、无差别的。这种具体的和历史的规定性，使得每一个人的政治经济行为，都具有了在内容和时间上的具体规定性和历史规定性。与此同时，精神生活的内容和时间又是对立统一、同时存在的。在人们的大脑中，只要存在着精神生活，就不可避免地存在精神生活的内容和时间。它们又总是从质与量两个方面影响和支配着人类的实践行为。

事实上，除了生活目的具有内容和时间的规定性外，作为两大精神要素重要组成部分的生活知识，亦具有内容和时间的规定性。任何人所具有的生活知识，都可以从内容上划分出多种类别不同的学科。在总的划分上首先可以划分出自然知识和社会知识，并且可以分别从自然知识和社会知识的范畴中，进一步划分出多种自然知识学科和社会知识学科。所不同的只是，由于每一个人具体的和历史的社会生活环境不同，其社会实践的特殊性就有所不同，因而其各自具体生活知识的构成也就有所不同，这就使生活知识具有了内容上的规定性。与此同时，每一个人所具有的生活知识，虽然可以固化在大脑的记忆神经细胞组织之中，但在实践活动中不断获取的新知识，可以在原有的基础上扩展新的学科，而使新的学科具有自身的开始时间，亦可以在原有的基础上补充、更新、否定原有的知识，而使原有的知识具有了自身的结束时间。这就使得生活知识具有了时间上的规定性。生活目的和生活知识是对立统一、相互制约的，因而，生活知识的内容和时间总是在质与量的意义上规定着生活目的的内容和时间。从某种意义上说，只有具备一定的生活知识，才可能形成一定的生活目的，同时，只有具备一定的系统生活知识，才可能形成一定的系统生活目的。如果说科学知识是构成社会生产力的一个根本要素的话，那么，其作用就表现为对生活目的形成过程的客观制约之上。因此，我们在研究人类生活目的对于社会政治经济过程的关系问题时，绝不可能脱离对人类生活知识的研究。关于这一点，我们将会在后面的讨论中得到进一步的认识。

需要说明的是，关于精神生活内容和时间问题的讨论，目的并非仅仅在于一般地研究精神问题，而是要把这种研究与本书的经济分析联系起来，为后面的讨论中科学地考察产品与人们生活之间的效应关系和效用关系，进而科学地考察劳动通过劳动产品与劳动者之间构成的劳动价值关系，奠定理论依据。比如，在后面的讨论中可以看到，具体产品属性与具体生活内容的关系，以及具体产品数量与具体生活时间的关系，都是与人们依据自身生活需要而采取的生产行为和交换行为存在着本质联系的。产品属性和产品数量总是对立统一地作用于人们的生活内容和生活时间，一种具体产品物质如果要满足人们的一种具体生活需要，必须从质与量两个方面同时符合其生活内容和生活时间的要求。产品效用的大小，不仅在极大程度上取决于产品的质，而且同样重要地取决于产品的量。显然，5 斤大米和 10 斤大米对于人们生活的效应和效用是绝对不一样的，因而体现在它们身上的劳动价值也是不尽相同的。

二 精神生活内容的深度和广度

作为人类精神生活灵魂的生活目的，不仅具有在内容和时间上的规定性，而且就其内容本身而言，同时还具有深度和广度的规定性，这种规定性，称为“精神生活内容的深度”和“精神生活内容的广度”，或者可以称为“生活目的内容的深度”和“生活目的内容的广度”。

所谓“精神生活内容的深度”，指的是某一具体个人的一定生活目的，在认识内容和创造内容上的深刻性或深刻程度。这就是说，如果一个人的认识性目的所要求的认识对象越是深奥，并且在实践过程中越是能够深刻地认识和掌握某类具体事物的内在性质和构造，那么这个人的精神生活内容，在认识性目的的意义上，就越是具有深刻性，同时也就意味着其精神生活内容具有越深的深度；如果一个人的创造性目的所要求的创造对象越是尖端，在实践过程中越是能够创造出具有更大难度、更高性能的某类具体物质财富，那么这个人的精神生活内容，在创造性目的的意义上，就越是具有深刻性，同时也就意味着其精神生活内容具有越深的深度。例如，从认识性目的的内容上看，一个以掌握普通生物学知识为要求的人，与一个以掌握高深的细胞、分子、量子生物学为要求的人相比，前者关于生物学的认识性目的的深度相对后者较低。又如，从创造性目的的内容上看，一个以创造普通光学天文望远镜为要求的人，与一个以创造高性能射电天文望远镜为要求的人相比，后者关于天文望远镜的创造性目的的深度相对前者较高。因此，每一个人生活内容的深度，能通过其对具体认识对象或创造对象的要求，以及这些对象所具有的层次性表现出来。

所谓“精神生活内容的广度”，指的是某一具体个人的一定生活目的，在认识内容和创造内容上的广泛性或广泛程度。这就是说，如果一个人所具有的认识性目的在认识对象上越是广泛，并且在实践过程中越是能够多方面地认识和掌握各类具体事物的内在性质和构造，那么这个人的精神生活内容，在认识性目的的意义上，就越是具有广泛性，同时也就意味着其精神生活内容具有越大的广度；如果一个人所具有的创造性目的在创造对象上越是广泛，并且在实践过程越是能够多方面地创造出各类具体物质财富，那么这个人的精神生活内容，在创造性目的的意义上，就越是具有广泛性，同时也就意味着其精神生活内容具有越大的广度。例如，从认识性目的内容上看，一个以掌握天文学和地理学基础知识为要求的人，与一个不仅以掌握天文学和地理学基础知识为要求，而且还以掌握政治经济学、历史学、文学等学科基础知识为要求的人相比，前者生活目的在内容上的广度就较小，后者生活目的在内容上的广度就较大。又如，从创造性目的的内容上看，一个以生产粮食等少数几种农业产品为要求的人，与一个不仅以生产农业产品为要求，而且还以生产多种工业产品为要求的人相比，前者生活目的在内容上的广度就较小，后者生活目的在内容上的广度就较大。因此，一个人生活内容的广度，能通过其对不同类别具体认识对象或创造对象的要求和活动，以及这些对象所具有的多样性表现出来。

精神生活内容的深度包括认识性目的的深度和创造性目的的深度两个方面。认识性目的的深度同创造性目的的深度，有其各自一定的独立性，但又是密切相关的，相互之间往往通过各自的实践过程而发生影响。其中，具有一定深度的认识性目的的实现，能为具有一定深度的创造性目的的形成奠定基础；反过来，具有一定深度的创造性目的的实现，又能推进具有一定深度的认识性目的的形成。同样，精神生活内容的广度亦包括认识性目的的广度和创造性目的的广度两个方面。它们亦有其各自的相对独立性，亦是密切相关、相互联系的，相互之间亦可以通过各自的实践活动发生影响。其中，具有一定广度的认识性目的的实现，能为具有一定广度的创造性目的的形成奠定基础；反过来，具有一定广度的创造性目的的实现，又能推进具有一定广度的认识性目的的形成。

某种意义上说，认识性目的和创造性目的在深度上的相互影响，以及认识性目的和创造性目的在广度上的相互影响，在形式上都是以各自在实践过程中所获得的生活知识为动力的。因为，目的是实践的根据，实践是知识的源泉，而知识则是构成目的的素材。这也就是说，只有具备一定深度和广度的生活知识，才可能形成具有一定深度和广度的生活目的；同样重要的是，只有具备一定深度和广度的生活目的并加以实践，才可能从中获得具有一定深度和广度的生活知识。显然，只有那些掌握某种高深科学知识的人们，才能在相应的实践活动中表现出他们突出的才华和创造能力；而只有掌握多领域、多学科知识的人们，才能在相应的实践活动中表现出他们多方面的才华和创造能力。

当然，这并不等于说凡是具有较深或较广认识性目的的人，就一定同时具有较深或较广的创造性目的；或者反过来，凡是具有较深或较广创造性目的的人，就一定同时具有较深或较广的认识性目的。例如，有的人认识性目的的内容较深，因而掌握的知识较深，但不能相应地在实践活动中突出表现出某一方面的创造能力。又如，有的人认识性目的的内容较广，因而掌握的知识较广，但不能相应地在实践活动中突出表现出多方面的创造能力。这可能因为他们受某些外部创造条件的限制，使其较深或较广的创造性目的难以实现；亦可能因为他们机械地、盲目地学习知识，不能把所掌握的知识运用于创造实践中去；或者因为他们所掌握的知识广而不深，不能形成多方面的创造能力等等。这种情况表明认识性目的和创造性目的各自所具有的相对独立性。这就是说，认识性目的和创造性目的可以在某些特定的条件下，体现出各自独立发展的倾向。然而，就一般情况而言，认识性目的的深度和广度与创造性目的的深度和广度，往往是具有一致性的，是对立统一、互相促进、互相限制的。较深较广的认识性目的的形成和实现，往往可以为较深较广的创造性目的的形成和实现奠定基础，而较深较广的创造性目的的形成和实现，又往往可以为较深较广的认识性目的的形成和实现创造条件。

除了在精神生活内容的构成上，认识性目的和创造性目的之间存在着辩证统一关系之外，就精神生活内容本身的深度和广度而言，这两方面相互之间也存在着辩证统一关系。由于人们在精力和时间上的有限性，特别是人们各自特定的生活环境所决定的对具体物质资料需求状况的不同，往往会在一定的程度上使得人们精神生活的深度与广度之间形成矛盾。这种矛盾表现为，在重视发展精神生活内容的广度的同时，又会限制或忽视发展精神生活内容的深度；或者恰恰相反，在重视发展精神生活内容的深度的同时，另一方面会限制或忽视发展精神生活的广度。这种矛盾反映到实践活动中，往往可以表现为这样一种现象，人们需要的某些尖端产品，因为精神生活内容的过广不深而不能创造出来；或者人们需要的某些日用产品，因为精神生活内容的过深不广而不能创造出来。这种情况尤其在个人身上表现得特别明显，这主要是个人的精力和时间更具有限性的缘故。在今天发达的社会商品经济中，分工协作的社会功能得到越来越大的发挥，社会性的认识能力和创造能力形成了无限发展的可能性，从根本上打破了这种深度与广度的互相限制，并通过社会产品的交换，补充了个人在精力和时间上的不足。但是，社会的认识能力和创造能力，相对人类不断增长的需要而言，仍然具有相对有限性，有时还表现得特别突出。因此，在发展社会精神和自我精神的过程中，必须依据主要生活目的和次要生活目的的不同具体要求，合理地处理好精神生活内容在深度与广度上的关系，使之与最根本的生活要求统一起来。

关于精神生活内容深度与广度的讨论，对于深入理解政治经济学乃至一切经济科学的基本问题，有着重要的理论意义。这是因为，无论社会或个人，都会在实现自身生活目的的过程中，都会在社会或个人的认识实践和创造实践中，受其精神生活内容之深度与广度的严格限制，从而决定着自身对物资资料进行生产、分配、交换和消费的取舍态度。由于每一个人的精神生活内容在深度与广度上具有各自的差异性，这就决定了每一个人对各类不同物资资料进行生产和消费的差异性，这种差异性表现在经济学上，就形成了不同消费者对某一具体产品效用大小，以及对于某一社会行为价值的不同评价。事实上，对于每一个人来说，只有那些符合自身具有特定深度与广度之精神生活需要的物质资料，才是具有效用或价值的东西。因此，精神生活的深度与广度对于产品效用的形成，从而对于产品价值的形成是起着一定的规定作用的。

值得指出的是，尽管生活知识的深度和广度对于生活目的的深度与广度有着重要的制约作用，即表现为一定深度和广度的生活知识决定着一定深度和广度的生活目的。但是另一方面，又根本性地体现出生活目的对生活知识的规定性，即表现为一定深度和广度的生活目的，是获取一定深度和广度的生活知识的前提条件。显然，生活目的与生活知识是有着本质区别的。作为人类大脑的两大精神要素，生活目的是灵魂，它具有前瞻性和能动性，它要求实现自身，并在实践过程中更新扩充生活知识；而生活知识是素材，它具有条件性和被动性，是现实生活目的形成的条件，并且为现实生活目的的形成要求所选择。

三　精神生活内容的主次性

一般而言，每个人的精神生活内容都是多方面的，但是，当每一具体生活内容集中地表现为具体的生活目的时，它们各自对于自我生存的利害关系或有利程度是不尽相同的，因而在重要性上是有所区别的。其中，有的生活内容与自我生存和发展的利害关系较为密切，代表着自我生存和发展的主要方面，是主要的生活内容；而有的生活内容与自我生存和发展的利害关系较为不密切，代表着自我生存和发展的次要方面，是次要的生活内容。不同具体精神生活内容对于人们生存和发展所具有的不同利害关系、不同地位的性质，称为“精神生活内容的主次性”。例如，对于一个科学家而言，从事科学研究和发明创造，是生活内容的主要方面，而一般的生活享乐则是生活内容的次要方面。

依据精神生活内容的主次性，可以把一系列具体生活内容，按照各自的主次顺序排列起来，从而使各种生活内容在主次性上表现为一定的层次性。在同一人身上的不同具体生活内容之间，具有主要利害关系、代表着主要方面的生活内容，占据较高的层次；而具有次要利害关系、代表着次要方面的生活内容，则排在较低的层次。根据这种层次现象，可以把精神生活内容的主次性，称为“精神生活内容的层次性”。例如，假定一个经济学者的生活内容，包括政治经济学研究、历史研究、法律研究、文学欣赏、体育活动、衣食住行等，同时假定他对自己各方面生活内容主次性的主观评价如表 6 - 1 所示，那么，其生活内容同时也表现出层次性，并把各种生活内容的高低层次按照自然序数排列。

表 6 - 1　生活内容主次性主观评价表

生活层次	生活内容
1	政治经济学研究
2	历史研究
3	法律研究
4	衣食住行
5	文学欣赏
6	体育活动

精神生活内容的主次性往往能够以一定的外在方式表现出来，可以从三个方面来认识这种表现形式。

第一，从实践生活内容（目的）的先后次序看。在实际生活中，人们往往总是首先做那些自己认为比较重要的事情。根据这一逻辑，在一定的历史阶段内，只有被认定为主要方面的生活内容，才可能在较前的一个历史阶段中进入实践过程；而被认定为次要方面的生活内容，则往往放在主要生活内容的实践之后，在较后的一个历史阶段中才进入实践过程。因此，可以通过实践生活内容的先后次序，去认识精神生活内容的主次性。但是，由于某些次要生活内容的实践，往往可以成为主要生活内容得以进行实践的前提，因而使之在先后次序上发生某种错乱，错误地表现出自己的主次性。例如，只有先吃饭把肚子填饱，才能从事科学理论研究，这似乎说明吃饭比科学理论研究更重要。这种混淆主要是由于把眼前生活利益和长远生活利益混为一体的缘故。把历史阶段相对延长，从长远利益考虑问题时，就可以找到认识生活内容主次性的更加科学的方式。

第二，从实践生活内容（目的）所占用的劳动耗费比重看。由于劳动时间或者说劳动精力的有限性，人们往往会把较多的劳动耗费，投入到较为主要的生活内容的实践之上。根据这一逻辑，在一定的历史阶段内，如果有多种生活目的在该历史阶段内进入实践过程，那么，其中所耗费或所投入的劳动越多，占用劳动耗费的比重越大，说明这一生活内容就具有越主要的性质。例如，假定我们在一年内实践了甲、乙、丙三项生活内容，其中甲、乙、丙占用劳动耗费的比重，分别为50%、30%、20%，那么，无论它们在这一年进入实践的先后次序如何，它们的主次性则可以依据各自所耗费的劳动比重表现为：甲是最主要的生活内容，乙是较次要的生活内容，丙是最次要的生活内容。由于劳动耗费可以忽略具体劳动而简化地看作抽象劳动耗费，所以，亦可以简单方便地用劳动时间的耗费比重来反映不同生活内容的主次性。

值得说明的是，在讨论生活内容主次性问题的时候，将“进入实践过程”的生活目的，而不是“实现了的”生活目的作为分析对象，是因为任何生活目的一旦进入实践过程，它所实际耗费的抽象劳动比，无论实践的结果如何，在客观上都说明相关的生活目的所曾经具有的主次地位。

第三，从实践生活内容（目的）所投入及所耗费的物质财富的比重看。由于人们所拥有的物质财富的有限性，人们往往会把较多的物质财富应用于较为主要生活内容的实践之上。根据这一逻辑，在一定的历史阶段内，如果有多种生活目的在该历史阶段内进入实践过程，那么，其中所投入或所耗费的物质财富越多，占用物质财富的比重越大，说明这一生活内容就具有越主要的性质。例如，假定我们在一年内实践了甲、乙、丙三项生活内容；其中，甲、乙、丙占用物质财富的比重，分别为50%、30%、20%，那么，无论它们在这一年进入实践的先后次序如何，它们的主次性则可以依据各自所投入、所耗费的物质财富的比重表现为：甲是最主要的生活内容，乙是较次要的生活内容，丙是最次要的生活内容。由于物质财富的实体形式在一定的经济形式中，可以表现为货币资金的计量形式，所以，可以很方便地把物质财富占用比重转换为货币资金的占用比重，从而通过货币资金占用比重来反映生活内容的主次性。

显然，三种表现方式之间是有差异性的，并不一定能够简单地统一起来。特别是实践的先后次序与抽象劳动占用比重，以及货币资金占用比重之间，更无法简单地统一起来。实际上，这种不统一恰恰反映了事物之间历史的和具体的特殊性。这就是说，对于任何一个具体的生活内容而言，在一个较长历史时期内，由于排列次序较后而表现为相对次要的生活内容，可以在一个较短的历史时期内，使之排列次序较前而表现为相对主要的生活内容，反之亦然。同时，在一个较长的历史时期内，由于占用劳动时间比例较低而表现为相对次要的生活内容，可以在一个较短的历史时期内，使之占用劳动时间比例较高而表现为相对主要的生活内容，反之亦然。因此，无论从实践的先后次序看或从占用劳动时间的比例看，任何生活内容的主次性都是具体的和历史的，都是具有灵活的相对性的。其实，实践的先后次序所反映的正是不同生活内容之间在逻辑上、因果上、条件上的主次性，而占用劳动时间比重所反映的则是各种生活内容之间在总体上、目的上、实质上的主次性。这或许是两者不能简单统一起来的本质原因。当然，从经济学的逻辑及从定量分析的要求出发，更多地应用劳动时间的占用比，或者货币资金占用比，去分析不同生活内容的主次性则更为方便。

在实际生活中，任何实践活动都不可能是单纯的劳动耗费，亦不可能是单纯的资金耗费，而必然是劳动耗费和资金耗费的统一。因此，在劳动耗费占用比与资金耗费占用比不一致的情况下，如果单方面从劳动耗费占用比或资金耗费占用比看，都不足以准确地反映出不同生活内容的主次性，而只有把劳动耗费占用比与资金耗费占用比综合起来进行分析，才能较为正确地反映出不同生活内容的主次性。幸运的是，劳动耗费占用比的可计量性与资金耗费占用比的可计量性，或者按照以往那种关于资金、产品等可被视为“物化劳动”的说法，可以应用它们去综合地分析特定历史时期内不同生活内容的主次性。例如，假定一个时期内，甲、乙、丙三种生活内容进入实践过程，各自的劳动耗费占用比和资金占用比分别如表6－2所示。从综合指数的比较可以看出，甲是最主要的生活内容，丙是较为次要的生活内容，乙是最次要的生活内容。并可以据此为它们排列出各自的主次序号。这种把劳动耗费占用比和资金耗费占用比进行综合分析的方式，是正确认识同一时期内不同生活内容主次性的基本方式。

表6－2 生活内容的劳动耗费比和资金耗费占用比

生活内容	劳动耗费占用比	资金耗费占用比	综合指数	主次序号
甲	50%	40%	45%	1
乙	30%	20%	25%	3
丙	20%	40%	30%	2

从直观的意义上，还可以用“生活内容主次性曲线”来表现同一时期内不同生活内容的主次性。假定某一时期内有六项生活内容，各自的劳动耗费占用比依主次序列分别为35%、25%、15%、10%、10%、5%。这样，就可以在坐标上相应地画出一条曲线，见图6－1。当然，这里只是提出这种曲线，如果能够更大范围、更广泛地研究这种曲线的具体社会综合指标及其变化发展的情况，就可以直观地理解社会生活的消费倾向等经济问题。

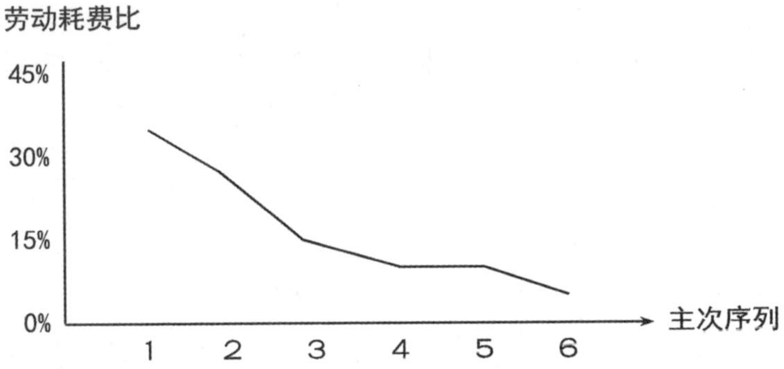

图6－1

关于精神生活内容主次性的原理，对于研究人们的经济行为，有着极为重要的理论意义。它使得人们的生产行为、交换行为和消费行为等，不是简单地、随意地依据自己生活目的的需要而进行，而是更直接、更能动地依据自己的主要生活目的而进行，从而使其具有严格意义上的规定性或规律性。事实上，由于每一个人之间各自的生活内容的不同乃至各自生活内容主次性的不同，使得他们对每一具体物质资料的效用大小乃至价值大小的评价是不尽相同的，从而对每一具体物质资料的生产、交换、消费的取舍态度也是不尽相同的。一般说来，那些越是能够适应和满足人们主要生活内容需要的物质资料，其效用就越大；反之，那些只能适应和满足人们次要生活内容需要的物质资料，其效用就相对要小。这就是说，精神生活内容的主次性，在根本上决定或影响着人们对物质资料效用大小的评价。某种意义上说，对于生活内容主次性的定量分析，是对产品效用乃至产品价值进行定量分析的理论基础。

四　精神生活内容的社会适应性

人类生活是一种充满社会意识的、具有高度社会性的精神生活。正是因为社会生活对个人生活的制约作用，以及个人生活依赖于社会生活的客观必然，才使得人类精神生活的内容具有了深刻而广泛的社会性。在现实生活中，这种社会性集中地表现为每一个人的各种生活内容对于社会生活的适应性。这就是说，人们的社会意识，要求人们尽可能地使自己的精神生活内容，适应于社会生活的需要，适应于社会的共同利益。显然，任何个人只有使自己的个人生活内容，适应于他人的社会生活内容，为社会生活作出自己的贡献，才可能在社会的维系下生存和发展，才可能从社会中获得自身生存和发展的必要条件。

一般来说，越是符合社会共同利益的生活内容，就越能为社会提供较多较好的物质生活资料，就越能推动社会生产力的发展，从而就越能促进社会生活的发展。具有这种社会性质的生活内容，就是具有较强社会适应性的生活内容。例如，自然科学家和社会科学家对自然和社会进行研究的认识性生活内容，以及对自然和社会进行改造的创造性生活内容，最终都能通过他们的实践活动为整个人类社会带来更大利益，这就使得他们关于自然和社会的认识性或创造性生活内容，具有了极其伟大的社会适应性。爱因斯坦和马克思等伟大的科学家和思想家就是如此。另一方面，一个人的生活内容越是具有社会适应性，往往能够在给社会生活带来较大利益的同时，其本身亦会从社会生活中获得自我发展的较大利益。

相反，越是违背社会共同利益的生活内容，就越是具有破坏社会生产力发展的作用，就越能阻碍和破坏社会生活的发展。具有这种社会性质的生活内容，就是具有较差社会适应性甚至丧失社会适应性的生活内容。例如，在资本主义社会或者更为进步的社会主义社会中，那些仍然坚持封建主义或奴隶主义思想，并把这些思想付诸实践的人，以及那些为实现某些个人目的而在根本上损害集体利益的人，他们的行为往往会给社会生产和社会生活带来较大危害。因此，他们在这方面的生活内容就具有较差的社会适应性。就个人而言，一个人的各种生活内容的社会适应性越差，就越是能够损害社会的共同利益。与此同时，他不仅不能从社会生活中获得自我生活发展的根本性条件，反而会形成与社会生活之间的对抗，并为社会生活所唾弃。

精神生活的社会适应性与人们的经济活动是密切相关的，在一定程度上支配或影响着人们的生产行为和消费行为。由于社会适应性越强的生活内容，能够使个人在给社会提供较大贡献、创造较大价值的同时，从社会中获得较大的自身发展利益，因此，人们往往把具有更大社会适应性的生活目的当作自己的主要生活内容，并且愿意把更多的劳动时间和物质资料应用于这种生活内容的发展与实践之上。这就是说，生活内容的社会适应性是与生活内容的主次性密切相关的，在一般的意义上决定着生活内容的主次性，进而通过生活内容的主次性，引导人们的社会政治经济行为。例如，马克思一旦意识到，自己的政治经济学研究对于改造人类社会、对于促进社会生产力、对于无产阶级革命和解放所具有的极其重要的作用，就把关于无产阶级政治经济学的研究作为自己最主要的生活内容，并且几乎把毕生精力和绝大部分财力投入到《资本论》的著述工作中去；自然，马克思本人的个人生活利益和价值，也就同时寓于他伟大的理论研究和社会实践之中了。

讨论精神生活内容的社会适应性，对于研究人类生活内容的发展方向和运动规律，也具有一定的理论意义。从最一般的意义上说，在人类的社会生活中，只有那些既能适应社会生活共同利益需要，又能使个人生活的生存和发展寓于其中的生活内容，才是健康有益的生活内容，而那些违背社会生活共同利益需要，并使个人生活在其中走向腐朽和灭亡的生活内容，则是腐朽有害的生活内容。因此，每个人都应该积极努力地发展那些具有高度社会适应性的生活内容，而最大限度地清除和限制那些违背社会生活共同利益的生活内容。只有这样，每个人才能在伟大的人类精神生活中，在为全人类的进步发展作出巨大贡献的过程中，获得不朽的实现和永生。

五　精神生活内容的可变性

人类的精神生活内容，除以上讨论的各种性质外，还具有另一种重要性质，即精神生活内容的可变性。这种可变性表现为精神生活内容的各种性质，随着精神生活的环境、条件变化而不断发生变化的特性。这就是说，无论是精神生活内容的深度与广度、精神生活内容的主次性或层次性，还是精神生活内容的社会适应性，都是可以随着精神生活的发展不断发生变化的，而不是固定不变的。精神生活内容的可变性具体可以表现为以下三个方面。

第一，精神生活内容的新的深度与广度，可以取代其旧的深度与广度。尽管在一定的生活历史阶段内，每个人的精神生活内容的深度与广度上都是一定的，都是相对稳定的，但是，又是可以在认识性目的和创造性目的的实践过程中，不断发生变化、不断向高度发展的。在日益扩大的实践活动中，每个人不仅能够日益扩大自身的认识深度和认识广度，而且能够日益扩大自身的创造深度和创造广度。每一个人的精神生活内容，乃至全人类的精神生活内容，就是在这种日趋扩大的变化过程中，从简单到复杂、从单方面到多方面地发展起来的。例如，一个人在其中学阶段的认识性实践中，所学的各种知识不仅分科较少且内容较浅，这说明他的认识性生活内容的深度与广度是比较低的，而当他进入大学阶段的认识性实践时，所学的各种知识不仅分科更多且内容更深了，这说明他的认识性生活内容的深度与广度得到了扩展。

精神生活内容的深度与广度不断发展的可变性质，不仅说明人类的精神生活所具有的不断发展扩大的特征，而且从根本上揭示了其政治经济行为不断变化的原因。一方面，人们具体生活内容或具体生活目的的变化，可以导致人们实践对象的具体内容和实践活动的具体形式的变化；另一方面，为了满足人们变化了的生活目的所形成的新的物质要求，又能引导人们对具体物质资料的取舍态度的变化。这些变化无不表现为人们现实生活中的生产行为、交换行为和消费行为，随人们精神生活内容变化而发生变化的特性。

第二，精神生活内容的新的主次性方面，可以取代其旧的主次性方面。尽管在一定的生活阶段内，每一个人都有自己的主要生活内容，但是，随着各自认识能力和创造能力的提高，随着各自生活内容在深度上和广度上的扩大，原来居于主要地位的生活内容可以为新生的生活内容所取代，并下降为次要生活内容。例如，孙中山先生原来是一个热衷于医学研究的人，由于在进一步的社会实践活动中，认识到政治学说对于改良人类社会的重要意义，从而把研究和从事医学的巨大兴趣，转移到研究和从事社会革命上去。此外，原来居于次要地位的生活内容，也可以在新的生活阶段中，取代原来居于主要地位的生活内容而成为新的居于主要地位的生活内容。这就是说，原来某些重要的生活目的，由于受当时认识能力、创造能力或者外部物质条件的制约，而不能成为这一生活阶段的主要生活内容。但是，随着认识能力和创造能力的提高，随着外部物质条件的改善，则可以成为下一生活阶段的主要生活内容。例如，一个中学生具有成为医学家的理想，但在中学阶段，由于还不具备研究高深医学知识的认识能力或从事医学研究的条件，他的主要生活内容，首先只能是掌握好中学的各门基础知识，而钻研医学知识则是次要的生活内容。然而，当他考入医学院，具备了研究医学的必要条件，对于医学的研究和实践就在大学阶段中上升为主要的生活内容。

具体精神生活内容主次性的运动变化的原理，从本质上揭示了人们在具体产品的生产、交换和消费中，不断调整改变劳动耗费、资金耗费投向或比重的原因和规律。显然，当新的主要生活内容取代旧的主要生活内容的时候，人们自然会把较大比重的劳动耗费和资金耗费，运用到新的主要生活内容之上，而相应减少或取消旧的主要生活内容的劳动耗费和资金耗费。同样，当次要生活内容上升为主要生活内容的时候，人们也自然会把较大比重的劳动耗费和资金耗费，运用在上升到较高层次的生活内容之上，而相应地减少或下降到较低层次的生活内容的劳动耗费和资金耗费。由此可见，精神生活内容的主次变化，必然能够相应地表现为关于不同经济活动的劳动耗费占用比和资金耗费占用比的运动变化。

第三，精神生活内容的新的社会适应性，可以取代其旧的社会适应性。尽管在一定的生活阶段内，人们的生活内容都具有一定的社会适应性，但是，随着社会环境、社会关系和社会生活需要的变化发展，以及随着各自对社会的认识深度和认识广度的提高，每一个人生活内容的社会适应性也会相应地发生变化。一方面，在社会环境、社会关系和社会生活需要变化的情况下，如果不能认识社会的这种变化，而因循于以往某些陈旧的社会规范，那么，某些相关的生活内容就会降低社会适应性。例如，尽管资本主义观念曾经具有良好的社会适应性，但在社会性质已经从资本主义社会上升为社会主义社会的条件下，一个人仍然以某些陈旧的资本主义观念或资本主义政治经济理论支配自己的社会行为，那么，这个人与之相关的生活内容就会降低社会适应性，甚至与社会相对抗。另一方面，如果我们能够认识到自己的某些生活内容的社会适应性较低，就可以能动地发展并选择社会适应性较高的生活内容，去取代社会适应性较低的生活内容，从而提高自身生活内容的社会适应性。例如，一个机械设计师在自身认识能力和创造能力提高的基础上，发现自己过去设计制造的机器，完全可以由另一种效率更高、耗费更少的新型机器所取代，并且通过实践活动去创造出这种机器，这样，旧机器给社会提供的较小益处，就为新机器给社会提供的较大益处所取代，而这个机械设计师在设计机器方面的生活内容就具有了更大的社会适应性。

精神生活内容的社会适应性运动变化的原理，从根本上说明了人类生活内容不断向更大的深度与广度发展的社会原因。社会生活对个人生活的制约，一方面，引导或迫使人们尽最大努力去提高自己的社会适应性，从而引导或迫使每一个人尽最大可能，去扩大自身的认识能力和创造能力，以新生进步的生活内容取代过时落后的生活内容，并在这一过程中实现自身精神生活的发展；另一方面，则给予每一个人尽可能丰富多彩的物质生活资料，从而积极地满足每一个人的精神生活需要，推动每一个人的精神发展。人类精神就是在社会与个人的互相制约和互相促进中迅速发展起来的。从某种意义上说，生活内容的社会适应性的变化，也是引导人们劳动耗费和资金耗费投向发生变化的基本原因之一。

第七章
精神发展构成

人类生活的本质是人类精神的存在和发展，而人类丰富多彩的精神生活内容则是在人类深刻、广泛的实践活动中日益扩大和发展的。但是，人类精神的存在和发展并非杂乱无章、毫无方向，而是有其自身特定的发展趋势的。正如前面所讨论的，人类精神生活之具体内容的发展变化，不仅决定着人们选择、消费具体物质资料之取舍态度的变化，而且还决定着人们生产、交换具体物质资料之取舍态度的变化。因此，如果不首先弄清楚人类精神发展的内在趋势，就不可能真正把握人们的生产活动、交换活动和消费活动发展变化的规律，从而也就不可能深刻地理解政治经济关系发展变化的内在动因。

然而，要弄清楚人类精神发展的内在趋势，就必须从运动发展的角度上，考察具有不同性质的精神内容在推动或限制精神发展过程中的客观作用。由此，形成关于“精神发展构成”的概念，所谓精神发展构成，就是关于不同精神内容在人类精神发展作用上的一般自然性质和一般社会性质的总的区分或分类。其中，包括精神发展构成的自然划分和社会划分两大层次。为了较好地认识精神发展构成，下面将在逻辑上首先讨论人类精神发展的两种基本趋势。

一　精神发展的两种基本趋势

从精神生活内容发展变化的自然性状上看，有两种基本趋势：一种是“精神发展的深化趋势”，另一种是“精神发展的俗化趋势”。这两种趋势是同时存在、对立统一的。一般而言，无论人类精神生活的认识性内容或创造性内容，都可以在认识实践和创造实践中，日益深刻化和广泛化。随着人类精神生活内容的深化发展，原来没有的认识形成了，原来片面的认识被更为全面的认识补充或取代了，与此同时，原来没有的创造形成了，原来不完善的创造被更为完善的创造补充或取代了。例如，原来没有的学科一个接一个地建立起来了，原来简单薄弱的学科越来越系统化、科学化了；原来没有的飞行器被一个接一个地创造出来了，并且从简单的氢气球发展到了宇宙飞船和航天飞机的高度。纵观人类的认识史和创造史，人类精神朝着更高深度和更大广度不断发展更新的这一事实，绝对不是一种偶然现象，而是一种必然趋势。我们把人类精神发展的这种趋势，称为“精神发展的深化趋势”。

与人类精神生活内容日益深刻化和广泛化的发展趋势相对立，人类精神生活内容又同时存在一个日益退化和消亡的过程。这就是说，无论是人类精神生活的认识性内容或创造性内容，都是可以在日益深刻、广泛的认识实践和创造实践中日益退化和消亡的。随着人类精神生活内容的深化发展，原来以为正确的认识变成了错误的认识，原来以为全面的认识变成了片面的认识，与此同时，原来曾经有效的创造手段和适用创造对象被淘汰掉了，原来认为完美无缺的创造思想和创造对象变得漏洞百出了。例如，奴隶主义和封建主义，在历史上曾经长期成为支配人们社会行为的思想观念，但随着资本主义、社会主义乃至共产主义观念的产生和确立，被人们普遍唾弃而走向彻底消亡。又如，雕版印刷术曾经是古代普遍使用的印刷技术，但随着铅字印刷、胶版印刷乃至电脑排版印刷技术的形成和普遍使用，被人们放弃、遗忘而消亡。由此可见，人类精神生活的内容，在不断朝深化发展的同时，还在相反的方向存在着另一种必然趋势，即任何现实存在的精神内容都会在精神发展的过程中，表现出一种不断走向庸俗化、消亡化的必然趋势。我们把人类精神发展的这种趋势，称为“精神发展的俗化趋势”。

尽管任何现存的人类精神在本质上毫无例外地具有俗化趋势，但是由于不同精神内容对于人类社会发展进步所起的具体的和历史的作用不同，或者发展特点的不同，使得这种俗化趋势在形式上又具有了双重含义：其一是某些人类精神内容的“通俗化”，其二是某些人类精神内容的“庸俗化”。所谓“人类精神的通俗化”，指的是某些现存的人类精神仍然符合社会进步的需要，仍然具有其历史的存在价值，而为越来越多社会成员所接受、掌握的趋势。例如，马克思主义政治经济学，开始只为少数人所认识、掌握和应用，随着社会革命运动的发展，为越来越多的人们乃至整个无产阶级所认识、掌握和应用。所谓“人类精神的庸俗化”，指的是某些现存的人类精神越来越不符合社会生活的需要，甚至与社会进步发展的要求相对抗，而被越来越多的人们乃至全人类所抛弃的趋势。例如，奴隶主义和封建主义随着人类社会进入发达的资本主义阶段或社会主义阶段，最终为绝大多数人所否定和唾弃。

精神发展的深化趋势和精神发展的俗化趋势，作为人类精神发展的双重必然趋势，直接表现为两种对立的、背道而驰的力量。但是，在互相作用的意义上，它们又是对立统一、互相推动的。精神发展的俗化趋势要求人们在相反的方面加强精神发展的深化趋势，以适应人类社会进一步发展的需要；而精神发展的深化趋势则反过来推进精神发展的俗化趋势，推进先进知识的普及，淘汰腐朽落后的生活内容。从这种意义上说，精神发展的俗化趋势是精神发展深化趋势的基础，而精神发展的深化趋势则是精神发展俗化趋势的动因。人类精神发展所具有的这两种对立统一、互为存在条件的必然趋势，本质上是由人类精神存在和发展的内在要求和内在运动决定并推动的。

众所周知，人类生活的本质特征是人类精神的存在和发展，而人类精神只有在自身的认识实践和创造实践中，永无止境地去认识、改造和创造外部世界，才可能永恒地发挥自身伟大的生理效应，保持人类物种的永续存在和发展。尽管人类精神的这一内在本质，在精神升华的条件下，表现为不断形成并加以实现的各种各样认识性目的和创造性目的，但这一内在本质则在生理学的意义上，解释了人类精神两种发展趋势的本质动因。

在人类精神发展的过程中，不断涌现出来的新的生活目的，在认识能力和创造能力上，给人类提出了更复杂、更艰巨的要求。当现存的认识能力和创造能力不能适应新的生活目的的实现需要时，新的生活目的本身就代表着人类生存和发展的内在要求，引导和推进人类发展、更新自身的认识能力和创造能力，从而推动和加强精神发展的深化趋势。与此同时，人类精神发展每朝深化的方向前进一步，不仅使自身更加适应、实现新的生活目的的需要，而且又必然反过来推动以往生活内容的俗化趋势。因为，只有在精神深化发展的同时，不断地扬弃和清除现存精神中错误的、片面的东西，才可能最大限度地发挥精神的认识能力和创造能力。事实上，精神发展同样遵循着生物发展的最一般的进化规律，它在自身进化过程中，在产生新的质变的同时，不断地保留和积累自己优良的、合理的、具有最大适应性的遗传方面，而舍弃和淘汰自己落后的、缺陷的方面。正是由于人类精神的存在和发展具有这种生物特性，才使得人类精神发展表现出了两种对立统一的发展趋势。

二　深化精神和俗化精神

从精神发展构成上看，人类精神发展所具有的深化趋势和俗化趋势的特性，首先把人类精神区分为两类性质不同的精神构成——“深化精神”和“俗化精神”。

就深化精神的概念而言，可以从三个方面去认识。

第一，作为一般定义，深化精神指的是人类精神中未曾形成而有待形成的关于自然和社会的全部生活目的（认识性目的和创造性目的）以及未曾掌握而有待掌握的关于自然和社会的全部生活知识（自然科学知识和社会科学知识）的总和。这也就是说，深化精神首先不是一种现实存在于人们头脑中的东西，而是一种在精神上被认为有待掌握和形成的、有目标地去追求的东西。由于这种规定，就使得深化精神具有了无限广泛、深刻的内容。显然，外部世界不仅是无限广阔的，而且是在运动中无限变化的，这样就给人类提供了无限广泛和深刻的认识对象；而人类在无限的认识过程中，又必然形成无限广泛、深刻的创造对象。因此，深化精神无论在认识内容上或创造内容上都是无限广泛和无限深刻的，并由此为人类的精神生活奠定了永恒生存和发展的客观基础。

第二，作为运动过程的表述，深化精神标志着人类精神认识内容和创造内容无限扩大化、深刻化的趋势，标志着人类精神在自身发展的过程中，不断地淘汰、扬弃陈旧的、片面的精神内容，从而使自身走向日益真理化的趋势。这就是说，深化精神的概念表达了人类精神不断深化的必然趋势，从根本上表明，人类只有在认识内容和创造内容不断更新、不断深化的运动过程中，才能实现自身的存在和发展；否则，人类一旦停止了精神的深化运动，人类自身就只能走向毁灭。人类生活的本质是人类精神的存在和发展，在这种规定下，人类精神的发展停止了，人类生活的全部意义也就消亡了。实际上，人类精神发展的深化趋势，是人类物种得以存在和发展的必然趋势，这种趋势是不以任何个人的意志为转移的，反过来只能规定和支配每一个人的精神发展方向。

第三，作为人类行为的准则，深化精神引导着人类的生产行为、交换行为和消费行为，乃至引导着人类的社会政治行为，使人类朝着未来更广泛、更深刻的精神发展领域奋勇前进。这就是说，深化精神作为人类精神发展的方向，影响和决定着人们的政治经济行为，使之朝着有利于人类精神深化发展的方向运动。显然，由于人类精神的深化发展在根本上决定着人类物种本身的存在和发展，因此，人类的政治经济行为必然在总的方面以最大限度地发展、深化精神为中心。人们一旦确立了新的认识目的和创造目的，必然会把自己的劳动耗费和资金耗费引向这些目的的实践活动，而且，越是具有深化意义的认识目的和创造目的，就越是能够吸引相对较大的劳动投入和资金投入，以利于推进这些生活目的的实现。由此可见，深化精神与人们政治经济行为之间的关系是密不可分的。

俗化精神同样可以从三个方面去认识。

第一，作为一般定义，俗化精神指的是人类精神中现实存在的关于自然和社会的全部生活目的（认识性目的和创造性目的），以及现实存在的关于自然和社会的全部生活知识（自然科学知识和社会科学知识）的总和。这就是说，俗化精神首先是一种现实地存在于人们头脑中的东西，它并不包括人类历史上曾经存在但已消亡、被遗忘的精神内容。无疑，俗化精神作为现实存在于人们头脑中的生活目的和生活知识，必然是建立在前人数千年乃至数万年以来精神发展的基础之上的，是对人类历史上所有一切精神内容不断总结而获得的结晶，是对这些人类历史精神结晶的继承。当然，在俗化精神中包含着大量最活跃、最富生机的内容，即现实生活中的人们，在前人精神遗产的基础上，通过自身日益扩大、日益丰富多彩的实践活动，而形成的日益系统化、科学化的生活知识和生活目的。从这种意义上，俗化精神集中地概括了人类精神的现实存在性。

第二，作为运动过程的表述，俗化精神标志着人类精神中现存的认识内容和创造内容，终究朝着逐渐庸俗化乃至彻底消亡的历史发展趋势。这就是说，俗化精神这个概念，表达了现实存在于人们大脑中的具体精神内容，必然走向庸俗化，并为新生的精神内容所取代的内在运动的性质和特点。任何真理都只能是相对真理，都将在新的认识基础上被完善和修正。事实上，人类只有在最大限度地发展深化精神的同时，才能最大限度地清除掉片面的、错误的精神内容，才能使人类的反应能力不断适应自身日益扩大、更新的精神生活的客观需要。俗化精神所具有的逐渐庸俗化的内在趋势，是人类精神在深化运动过程中扬弃自身缺陷的必然趋势。这种趋势不以任何人的意志为转移，反过来只能规定和支配每一个人的精神发展走向。任何人企图抗拒精神发展的这一趋势，反对创新的思想意识，顽固地保守腐朽落后的思想意识，那么等待他的只能是走向社会生活的反面，并为社会生活所唾弃。

第三，作为人类行为的前提，俗化精神支配着人类现实存在的生产行为、交换行为和消费行为，乃至支配着人类现实存在的社会政治行为。俗化精神现实地存在于人类头脑中这一事实，使之成为人类一切行为的根据或规定。事实上，没有现实存在的关于自然和社会的理论知识，没有现实存在的认识性目的和创造性目的，就不可能形成人类现实存在的任何政治经济行为。对每一个人而言，有什么样的精神生活内容，就有什么样的外部实践活动和政治经济行为；任何个人的政治经济行为，都不可能脱离自身现实的社会意识和社会目的而存在。从某种意义上说，俗化精神对人类行为的这种制约作用，使之成为人类深化精神得以发展的客观基础。因为，任何深化精神的发展要求，无不来源于现实存在的俗化精神；而任何深化精神的现实发展，又无不由俗化精神所支配的认识实践和创造实践去推动。所以，尽管俗化精神具有逐渐庸俗化的趋势，但是人类赖以生存和发展的绝对不可缺少的伟大基础。

由此可知，深化精神和俗化精神是依据人类精神发展所具有的两种内在的自然趋势划分出来的。它们对于人类精神生活的存在和发展，在生理上有着不同的自然作用。因此，我们把深化精神和俗化精神的划分，称为“精神发展构成的自然划分”。当然，尽管深化精神和俗化精神的区分是精神发展构成自然划分的结果，但它们各自所包含的社会因素，又使它们具有了各自的社会划分。

三　深化精神和俗化精神的社会划分

正如前面的讨论中所指出的，人类的精神生活有着极为广泛的社会性。虽然每一个人作为一个相对独立的基本精神生活主体，有其各自具体的精神生活发展方式，但是，每个人的生存和发展却绝不可能脱离社会的共同生存和发展。人与人之间的社会关系把每一个人集结成为一个互相依存的社会整体，因而使之具有了代表全社会利益的精神生活发展方式。深化精神和俗化精神作为人类精神发展构成的主要内容，当同整个社会生活联系起来时，也就具有了各自不同的社会性质，并依据不同的社会性质把自己划分为“个人深化精神”和“社会深化精神”，以及“个人俗化精神”和“社会俗化精神”。深化精神和俗化精神的这种划分，可以称之为“精神发展构成的社会划分”，并由此形成了本书关于人类精神发展社会构成的概念。

那么，如何给“个人深化精神”和“社会深化精神”下定义呢？

所谓“个人深化精神”，指的是一定社会范围内，每一个社会成员作为一个相对独立的基本精神生活个体，在其现有的精神内容中，未曾形成而有待形成的关于自然和社会的全部生活目的，以及未曾掌握而有待掌握的关于自然和社会的全部生活知识的总和。所谓“社会深化精神”，指的是一定社会范围内，全部社会成员作为一个统一的社会精神生活整体，在其现有精神内容中，未曾形成而有待形成的关于自然和社会的全部生活目的，以及未曾掌握而有待掌握的关于自然和社会的全部生活知识的总和。

在实际生活中，个人深化精神和社会深化精神在内容上并不是绝对一致的，而是具有一定的差异性和相对性。代表整个社会精神发展要求的社会深化精神，可以同某些个人的深化精神发展要求相一致，但并不因此必然同全社会中每一个人的深化精神发展要求相一致。例如，就某一具体个人而言，在对生物科学的认识上，如果他仅仅掌握了普通生物学，那么较为高深的细胞生物学、分子生物学乃至量子生物学，则是这个人在生物学方面的深化精神。但是，这并不等于说他在生物学方面的个人深化精神能够代表整个社会在生物学领域的深化精神发展水平。除非他不仅较好地掌握了现实社会中已经形成的全部生物学知识，而且使自己对生物学的认识在广度上和深度上达到全社会乃至全人类的顶峰，那么，他向更深更广的生物学领域进军的个人深化精神，才能在社会总体水平的意义上，成为全社会在生物学方面的社会深化精神。这就是说，在一定的社会范围内，低于现实社会精神发展内容最高水平的个人深化精神，不能成为社会深化精神的代表，只有达到或超越现实社会精神发展内容最高水平的个人深化精神，才能与相关的社会深化精神相一致，同时成为社会深化精神本身①。

在个人深化精神与社会深化精神之间，存在着互相依存、互相推动的辩证统一关系。由于社会深化精神是以全社会最尖端的、最高水平的精神内容为标志的，而全社会最尖端的精神内容，往往是由少数人甚至个别人首先突破和取得的，因此，就使得社会深化精神与某些个人深化精神联系和统一起来。这就是说，社会深化精神首先是建立在某些个人精神发展的尖端水平之上的，没有尖端发展的个人深化精神，就没有代表全社会精神发展最高水平的社会深化精神，就没有社会深化精神的发展提高。另一方面，社会深化精神的发展，又能从相反的方向推动每一个人的个人深化精神发展。因为，当某些个人深化精神的发展水平达到全社会的尖端标准，而成为某类社会深化精神的代表时，或迟或早都会通过社会文化交流的各种途径，以及通过对社会生产力发展的推动作用，促进每一个人的个人深化精神的发展提高。例如，马克思的政治经济学，作为人类政治经济学的最高成就和典范，不仅使人类关于政治经济学的深化程度达到了新的起点，而且在相关的社会实践过程中迅速传播，为无产阶级大众所接受和掌握，使无数个人的政治经济学理论水平，迅速超越古典的资本主义政治经济学，而达到无产阶级政治经济学的高度。

总之，个人深化精神的发展，体现着每一社会成员自身利益和个性的发展，而社会深化精神的发展，则体现着整个人类共同利益和共性的发展。当社会中各个领域的科学家向更深刻、更广泛的自然科学和社会科学奋勇进军的时候，他们个人深化精神的发展，就把整个人类社会的深化精神推向更高的起点。他们个人深化精神每向前迈进一步，他们在认识上的每一个飞跃，不仅能够直接为每个社会成员提供发展自身个人深化精神的目标和要求，而且能够通过对社会生产力的推动作用，为人们生活提供更加丰富多彩的物质资料，从而为每个人深化精神的发展创造良好的物质条件。而每一个人的个人深化精神的良好发展，又会为社会深化精神的突破性发展，奠定坚实、广泛的社会基础。这就是个人深化精神发展和社会深化精神发展的辩证统一关系。

所谓“个人俗化精神”，指的是一定社会范围内，每一个社会成员作为一个相对独立的基本精神生活个体，现实存在其精神生活之中的，关于自然和社会的全部生活目的，以及关于自然和社会的全部生活知识的总和。所谓“社会俗化精神”，指的是一定社会范围内，全部社会成员作为一个统一的社会精神生活整体，现实存在其精神生活之中的，关于自然和社会的全部生活目的，以及关于自然和

① 对于“深化精神”这个概念的现实理解，绝对不能把它看作一种虚无缥缈、涵盖宇宙万物的东西，而是人类生活依据自身精神发展的现实需要，有目的、有方向、有计划地追求并加以实现的精神内容。

社会的全部生活知识的总和。因此，社会俗化精神对于个人俗化精神具有涵盖性，即包含了全部个人俗化精神的内容。

同个人深化精神和社会深化精神一样，个人俗化精神和社会俗化精神之间也具有一定的差异性和相对性。作为现实存在于每一个人头脑中的个人俗化精神的全部内容，必然包括于作为全社会个人俗化精神总和的社会俗化精神的全部内容之中。但是，由于每个人具体精神内容的构成和层次不尽相同以及深度和广度也不尽相同，任何一个人的个人俗化精神都绝对不可能等同于社会俗化精神，而只能是社会俗化精神全部内容的一个组成部分，并且，每个人之间的俗化精神的具体内容也是具有相对性的，而不是绝对一致的。

例如，在现代生物学已经达到细胞生物学、分子生物学和量子生物学程度的情况下，对于一个仅仅掌握普通生物学的人来说，尽管他的精神内容包含于社会俗化精神的全部内容之中，具体地说包含于社会俗化精神关于生物学的学科体系之中，但他并不能因此在质与量的意义上，代表全部社会俗化精神的最高水平，亦不能代表社会俗化精神中关于生物学的全部内容。显然，他在生物学方面的个人俗化精神，仅仅属于这一方面社会俗化精神中的较低层次，而在总量上掌握普通生物学的人较多，掌握高深生物学的人较少。由此可见，只有那些现实掌握社会俗化精神中某类具体学科最高水平的人，其在这一方面的个人俗化精神才可能与社会俗化精神中的这一领域相一致。

在个人俗化精神与社会俗化精神之间，同样存在着相互依存、相互推动的辩证统一关系。就人类现实精神内容的深刻化和广泛化而言，由于社会俗化精神的全部内容是由每一个人俗化精神的内容集合而成的，因此，社会俗化精神是建立在个人俗化精神的基础之上的。当某些个人在发展自身深化精神的过程中，不仅能使个人俗化精神的内容深刻化和广泛化，而且能使社会俗化精神在内容上、总量上深刻化和广泛化。反过来，社会俗化精神的这种深刻化和广泛化，又能推动每一个人俗化精神的深刻化和广泛化。例如，马克思的政治经济学在作为人类政治经济学最高成就而现实建立起来的时候，就使政治经济学领域的社会俗化精神的内容深刻化和广泛化了，而马克思政治经济学作为社会俗化精神的先进内容，又会影响和传播给大众，为大众所掌握，从而使每一个人俗化精神的内容深刻化和广泛化了。

个人俗化精神与社会俗化精神之间的辩证统一关系，不仅表现为互相推动俗化精神中那些积极、有益内容的扩大化和深刻化，而且表现为互相促进俗化精神中那些消极、有害内容的腐朽和消亡。人类精神的深化发展，必然会在继承和积累对自身发展有益的精神内容的同时，扬弃、清除对自身发展有害的、消极的、非真理的精神内容。走在人类精神发展前列的人们，在其个人深化精神的发展过程中，往往首先揭示出社会俗化精神所包含的有益内容，从而推动社会俗化精神中有害内容的消亡，并使社会俗化精神中有益内容更加纯洁化和真理化。与此同时，社会俗化精神中有益内容的纯洁化和真理化，又会通过思想传播和相应的实践过程，推动每一个人俗化精神中有害内容的消亡，并使个人俗化精神中的有益内容纯洁化和真理化。例如，马克思的政治经济学作为人类最先进的无产阶级政治经济学说，从根本上批判了资产阶级的庸俗政治经济学说，从而在根本上清除了社会俗化精神中政治经济学领域的错误内容。马克思主义的产生，又能在思想传播和革命实践中为人民大众所掌握，并指导人们清除自身个人俗化精神中关于政治经济学的错误内容。

事实上，不仅在个人深化精神和社会深化精神之间，或者在个人俗化精神和社会俗化精神之间，存在着一定的相对性，而且在深化精神与俗化精神之间，也存在着广泛的社会相对性。某种意义上说，深化精神与俗化精神的社会相对性，就是关于不同精神发展主体之间，各自精神发展内容的社会构成的特殊性。由于每个人的精神内容在深度和广度上存在着一定的差异性，这就使得某一具体的精神内容，在深化精神和俗化精神的构成划分问题上，相对不同的精神发展主体而言具有了不同的社会性质。这种社会相对性可以较为突出地表现在两个方面。

第一，同样一种具体的精神内容，对于已经掌握它的个人来说，是俗化精神；而对于未曾掌握它的人来说，则是深化精神。这就是说，对于某一具体个人而言是深化精神的东西，如果不是作为全人类共同的深化精神，那么它就可以作为俗化精神现实地存在于他人的头脑之中；反之，对于某一具体个人而言是俗化精神的东西，如果不是作为全人类普遍具有的俗化精神，那么，它就可以作为深化精神现实地存在于他人的头脑之外。例如，在一个高能物理学家和一个政治经济学家之间，如果各自未能掌握对方的高深学科知识，以及与之相关的学科目的，那么，高能物理学家所具有的关于高能物理的精神内容，对于其本身而言是俗化精神，而对于政治经济学家而言则是深化精神；反过来，政治经济学家所具有的关于政治经济的精神内容，对于其本身是俗化精神，而对于高能物理学家而言则是深化精神。

第二，同样一种具体的精神内容，对于已经掌握它的社会集团来说，是俗化精神，而对于未曾掌握它的社会集团来说，则是深化精神。这就是说，对于某一具体社会集团而言是深化精神的东西，如果不是作为全人类共同的深化精神，那么它就可以作为俗化精神现实地存在于其他社会集团的整体精神生活之中；反之亦然，对于某一具体社会集团而言是俗化精神的东西，如果不是作为全人类普遍具有的俗化精神，那么它就可以作为深化精神现实地存在于其他社会集团的整体精神生活之外。例如，关于制造原子弹或核电站的知识和技术，对于掌握它的国家而言是俗化精神，对于未掌握它的国家而言则是深化精神。

人类生活的本质是人类精神的存在和发展，无论个人或社会，其个别的或整体的政治经济行为（包括生产行为、交换行为和消费行为），在根本上都是受其一定的深化精神发展要求支配的，都是为这一根本要求服务的。个人深化精神总是在主要方面支配着其本身单独的个人行为或参与的社会行为，社会深化精神则总是在主要方面支配或引导着全社会的整体发展走向。从政治经济学的研究角度说，弄清楚个人深化精神和社会深化精神的这种支配作用，对于理解人类的政治经济行为的运动规律，掌握人类政治经济行为的发展方向，都有着十分重要的理论意义。

由于人类精神的发展在本质上受其具体精神内容的社会适应性的严格制约，因而在我们的现实生活中，每个人都应该尽最大可能地发展自身的深化精神，使自身深化精神的发展同社会深化精神的发展相适应，与良好的社会适应性联系、统一起来，并以自身日益扩大的认识能力和创造能力去最大限度地为人类社会作出自己的奉献。特别是每个有志于对国家、对人类作出较大贡献的人，更应该献身于发展社会深化精神的伟大事业中，用自己建立起来的尖端科学和卓越的社会实践，去造福社会、造福人类，并在这一过程中获得高尚而充实的人生。而作为社会的组织者和领导者，则应该积极地推动和引导全体社会成员，努力发展个人深化精神和社会深化精神，最大限度地把有限的物质力量，应用到具有较高社会适应性的个人深化精神和社会深化精神的发展中去。

四　基础精神和没落精神

实际上，俗化精神作为人类现有精神内容发展趋势的表述，还具有这样两重意思：一是某种具体精神的“通俗化”，二是某种具体精神的“庸俗化”。“通俗化”指的是，某种现实存在于社会之中的具体精神内容，由于体现出其特有的、较为明显的社会适应性，而被越来越多的人们所认同、所掌握的趋势。俗化精神的这一性质，称为“具体俗化精神的通俗化”。例如，马克思主义产生之初，只为少数人了解和掌握，随着无产阶级革命运动的发展，为越来越多的无产阶级大众所掌握、应用。“庸俗化”指的是，某种现实存在于社会之中的具体精神内容，由于日益脱离人们现实社会生活的需要，甚至与人们现实的社会生活利益相对抗，而被越来越多的人们乃至全人类所淘汰、抛弃的趋势。俗化精神的这一性质，称为“具体俗化精神的庸俗化”。例如，奴隶主义和封建主义，随着社会发展至资本主义和社会主义阶段，便为绝大多数人所否定和唾弃。因此，不能简单地看待个人乃至社会的全部俗化精神，而应该辩证地分析俗化精神本身的内部构成。

辩证唯物主义的认识论指出，人类对外部世界的认识，只能是相对正确的，绝对正确的认识或者所谓绝对真理是根本不存在的。但是，人类对外部世界的认识，又是可以在日益深刻、广泛的认识实践和创造实践中不断提高，从而朝更深刻、更广泛的真理发展的。人类精神每朝深化的方向前进一步，不仅能肯定新的认识内容和创造内容，而且还必然会在相反的方向否定陈旧的、腐朽的认识内容和创造内容。当一种陈旧的、腐朽的精神内容被实践证明是错误、片面时，这种精神内容就彻底庸俗化，并为人类所唾弃。如果彻底庸俗化的精神内容成为行为的支配力量，就必然会在认识实践和创造实践中，阻碍甚至破坏认识目的和创造目的的实现，甚至给每一个人乃至整个人类的生存和发展造成巨大损害。因此，彻底庸俗化的精神内容是违背人类精神发展的要求的，在本质上是反动的、没落的。俗化精神中的这种彻底庸俗化的精神内容，被称为“没落精神”。

例如，唯心主义神学关于“人命在天、上帝支配一切”等宿命论观点，使相当一部分信仰者放弃了他们在某些极其重要的领域中，认识世界和改造世界的能动性，从而直接阻碍和破坏了他们深化精神的发展。从这种意义上说，这种已经被辩证唯物主义彻底批判的神学思想，无疑是一种典型的没落精神，如同奴隶主义、封建主义在资本主义社会或社会主义社会中，是典型的没落精神一样。又如，设计制造航天飞机时，由于某些部位的设计错误，航天飞机在飞行中炸毁而造成惨重损失，那么，在整个设计思想中存在的错误内容，亦属于没落精神的一种类型。由此可见，没落精神并不特指关于社会问题的错误认识和目的，而是泛指包括自然问题在内的一切错误认识及其构建的一切错误目的。

没落精神作为错误的认识和目的，无疑是一种能够对人类精神的深化发展和实际生存产生阻碍和破坏作用的精神力量。但是，没落精神所以能够支配人们的行为而产生实际的破坏性作用，往往并不是在其主体确切地认识到其错误性的情况下发生的，而是作为一种潜在的、还未被其主体证明是片面的、错误的、有害的精神内容，在实践过程中产生这种破坏作用的，特别是对于独立的行为个体而言就更是如此。显然，明显对自己不利的认识和目的，任何人都不会把它作为自己的行动依据。实际上，许多被反复证明为错误、片面的人类精神内容，非但不会支配人们的错误行为，相反能够在批判的基础上，作为经验教训和反面教材，以某种特定的有益方式存在于人们的头脑中，起到限制人们错误行为的作用。从这种意义上说，已经被行为主体认识其错误性而被否定了的错误认识和目的，已经在这种否定中改变性质，而不是没落精神了。因此，“真正的没落精神”只能是潜藏于俗化精神内容之中，形式上被肯定，并作为可能或现实支配人们行为的精神力量，而可能或必然对个人、社会乃至整个人类的生存和发展，产生破坏作用的精神内容。在实际的社会生活中，要批判、清除的正是这种没落精神。当然，潜在于俗化精神之中未被认识的没落精神，只能够在每一个人或者社会共同的认识实践和创造实践中暴露和检验出来。不过，为了划分上的方便，仍然把所有一切现实被人们证实其错误性的精神内容，归入俗化精神的范围。

在俗化精神的全部内容构成中，除了没落精神之外，大量存在的是那些现实被人们肯定其正确性或可验性的，对自身精神发展有积极作用或可能有积极作用的精神内容。这种作为相对真理或合理目的而存在于人们头脑中的精神内容，由于被肯定为具有一定积极意义的东西，因而往往可以成为实际支配人们实践活动的精神力量，成为人类精神无限发展进步的出发点。无疑，人类精神只有通过日益广泛、深刻的认识实践和创造实践，才能朝着深化精神的发展方向不断前进。从这种意义上说，俗化精神中作为相对真理或合理目的而存在的精神内容，是人类深化精神发展的绝对不可缺少的精神基础，是人类得以无限发展并获得永生的精神基础。俗化精神中这种具有相对真理性，能够支配人们现实行为的精神内容，称为“基础精神”。

例如，当掌握了马克思的科学社会主义原理，并肯定这一原理对于社会主义革命和建设实践具有真理性的指导意义，必然会以这一原理作为人们进行社会主义革命和建设的思想基础和理论基础，去指导和规定人们伟大的社会主义实践。而人们在实际的社会主义革命和建设的实践过程中，又能进一步深刻和广泛地认识和总结社会主义社会的普遍规律，创造性地建立起一系列优越且行之有效的社会主义社会的组织形式和生产形式，从而在理论上和实践上，极大地丰富和完善了马克思的科学社会主义理论，把马克思主义不断推向深化。

基础精神作为人类现实精神中最具活力的要素，是人类行为的支配力量和能动源泉。它不仅标志着人类精神生活的现实存在，而且还从根本上决定着人类精神生活的发展。因此，人们基础精神的现实状况，在根本上决定着人们实践活动的现实状况，从而在根本上决定着人们精神生活发展的现实状况。具备先进基础精神的人们，如果同时具备与之相适应的外部物质条件，就能构成更为先进的认识实践和创造实践，就能获得更为先进的深化精神，就能创造出更为先进的人类文明。对于这一点，或许可以在人类生活循环体的循环构造中直观地体会到。在逻辑上，基础精神在人类生活循环体螺旋式上升的每一个运动过程中，总是处在支配的地位上，而作为运动的起点，又总是处在归宿的地位上，进而作为运动的结晶，总是在原有的基础上，朝着深化精神的领域迈进一步，并由此建立起新一代的基础精神，见图 7－1。

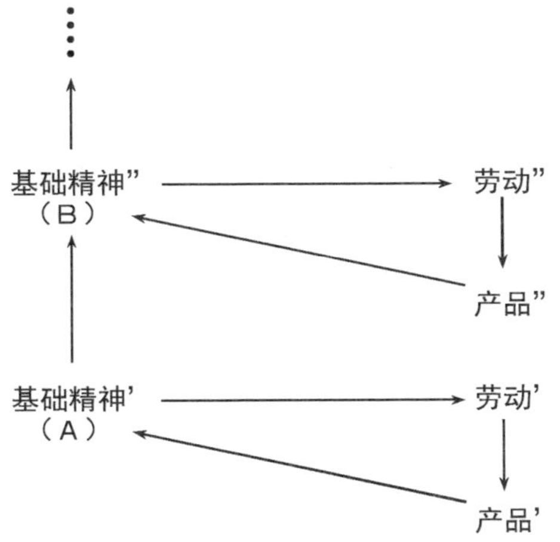

图 7－1

从图中可以看到，每一个相对独立的生活循环，都是以基础精神为起点的，又都是以基础精神的发展为归宿的。在连续的生活循环过程中，较低一级的基础精神（A）通过对其循环中的生产实践和消费实践（即劳动实践）的支配作用，充实和发展了自身，上升为较高级的基础精神（B），从而进入较高一级的生活循环。人类生活循环体的这种不断更新、新陈代谢的运动，形成了人类精神螺旋式上升、波浪式前进和不断向真理性深化发展的运动规律。

由于基础精神主要是由生活目的以及形成生活目的的生活知识所构成的，其中包括认识性目的和创造性目的、自然知识和社会知识；又由于劳动在某种意义上说，就是人类的实践活动，其中包括人类的认识性实践和创造性实践；而产品作为人类生存和发展不可缺少的物质资料，其中既包括创造实践所产生的实体物质资料，又包括认识实践所获得的信息物质资料。因此，可以更具体地把基础精神的发展运动，用图解的形式在人类生活循环体中体现出来，见图 7－2。

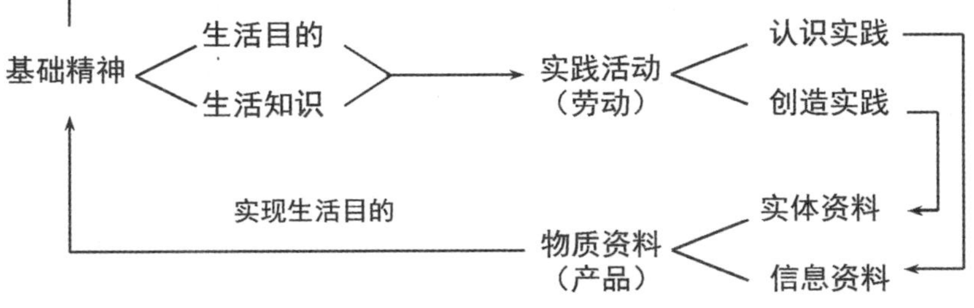

图 7－2

从图中可以看到，基础精神中的生活目的和生活知识对立统一的支配着实践活动，实践活动所创造、获取的实体资料和信息资料，返回到基础精神，与基础精神中的生活目的实现内外对应——认识性目的和创造性目的的实现。与此同时，基础精神在吸纳新内容和扬弃旧内容的过程中，得到了新的升华，并在此基础上进入新一轮的循环。而每一个人乃至整个人类的实际存在和发展，也寓于这种不断向高度发展的生活循环之中。

从某种意义上说，如果关于深化精神和俗化精神的划分，指明了人类精神深化发展的总方面，那么，关于基础精神和没落精神的划分，就充分发挥了基础精神的作用，为人类最大限度发展深化精神的要求服务。显然，基础精神和没落精神的划分，从根本上说，只有根据深化精神的发展需要，最好地应用和发挥基础精神的作用，同时最大限度地限制和清除没落精神的反面影响，才能最快最好地发展人类的深化精神。

事实上，精神发展构成的这种划分，使得精神发展在人类生活循环体中所表现出来的规律，作为一种确切且明显的经济规律而成为可能。因为，这不仅为人类发展提出了明确的目标，而且还为如何最经济地实现这一目标规定了基本原则。关于这一点，在本书关于“精神发展规律”的篇章中将会详细讨论。

五　基础精神和没落精神的社会划分

把俗化精神划分为基础精神和没落精神，如同把人类精神划分为深化精神和俗化精神，也是依据各自在人类精神发展的过程中所具有的自然特性进行划分的。从这种意义上说，基础精神和没落精神的划分，在性质上也属于精神发展构成的自然划分。同样，无论基础精神或没落精神，都是现实存在于每一具体个人头脑中的，又都是能在个人与个人之间的联系中互相影响、互相制约的。因此，当基础精神和没落精神在与整个社会联系起来的同时，也就具有了各自的社会性质，并依据各自社会性质的不同，划分为“个人基础精神”和“社会基础精神”，以及“个人没落精神”和“社会没落精神”。这种划分称为“基础精神和没落精神的社会划分”。下面分别讨论这两对问题。

第一，关于“个人基础精神”和“社会基础精神”的问题。

所谓“个人基础精神”，就是每一具体个人作为相对独立的精神主体，已经现实存在或掌握的，并确认或肯定其相对真理性和合理目的性的，关于自然和社会的全部精神内容的总和。所谓“社会基础精神”，就是在一定社会范围内，全部社会成员作为统一的精神整体，已经现实存在或掌握的，并普遍公认或肯定其相对真理性和合理目的性的，关于自然和社会的全部精神内容的总和。

事实上，在每一个社会成员之间，各自的精神内容在深度与广度上存在着一定的差异性，这种差异性在不同的个体之间甚至可以存在巨大差别。这就使得个人基础精神和社会基础精神之间存在着明显、普遍的相对性。往往会有这种情况，一种具体的精神内容，相对某一个人而言，是其个人基础精神所包含的内容；相对整个社会而言，则不一定是社会基础精神所包含的内容。比如，在社会主义国家中，某一个人否认社会主义制度的优越性，反而认为资本主义制度是最合理的社会制度，但是，大多数有觉悟的社会主义者，则普遍公认社会主义制度的优越性和革命性，并普遍批判和唾弃资本主义制度的腐朽性和反动性。在这种情况下，资本主义观念对于这个人而言是基础精神的东西，对于整个社会而言非但不是基础精神的东西，相反却是没落精神的东西；反过来，社会主义观念对于这个人而言是没落精神的东西，对于社会而言恰恰正是社会普遍公认的基础精神的东西。由此可见，个人基础精神与社会基础精神之间不仅可能存在相对性，甚至可能是截然相反的。

在个人基础精神和社会基础精神之间，虽然存在着一定的相对性和差异性，但也可以存在着一定的社会一致性。显然，精神只能是现实存在于每个人头脑中的东西，社会普遍公认其相对真理性及合理目的性的各种精神内容，必然只能由每一具体个人相应的精神内容集合而成。比如，马克思的科学社会主义和辩证唯物主义是我国社会的基础精神，这绝对不是由某一个人的意志决定的，而是在长期的革命实践中被广大革命者所证实、所接受、所公认的。当一种具体精神内容为社会多数人所肯定，并成为支配社会大众普遍一致行为或代表社会精神发展主流的精神内容时，它才能够成为社会共同的基础精神。由此可见，社会基础精神，一方面，不是全社会每一个人的基础精神全部内容的简单总和；另一方面，是建立在多数社会成员所具有的某类基础精神的一致性之上的。正是由于社会基础精神所包含的个人基础精神的这种一致性，才使得人们能够形成认识世界和创造世界的统一意志和统一行动，从而结合成巨大的社会力量。

在人类基础精神不断发展扩大的运动过程中，个人基础精神和社会基础精神总是辩证统一地互相推动的。个人基础精神是构成社会基础精神的细胞，没有个人基础精神的存在和发展，就没有社会基础精神的存在和发展；反过来，社会基础精神是对个人基础精神的总结和概括，没有社会基础精神的存在和发展，个人基础精神也就失去存在和发展的社会条件和社会源泉。比如，马克思政治经济学和哲学的形成，不仅作为马克思个人基础精神的发展成就而存在，而且作为人类先进的精神内容，成为社会基础精神在政治经济学和哲学领域的先进代表，构成了这一领域社会基础精神的主导内容。与此同时，马克思主义学说在成为社会基础精神的主导内容之后，又会以其巨大的社会影响力推进那些尚未掌握马克思主义学说的人们，迅速地在这一精神领域中发展、建立起与社会相适应的、高度统一的个人基础精神。

第二，关于“个人没落精神”和“社会没落精神”的问题。

所谓“个人没落精神”，就是每一具体个人作为相对独立的精神主体，已经现实存在或掌握的，并确认或肯定其错误性和非合理目的性的，关于自然和社会的全部精神内容的总和。所谓“社会没落精神”，就是在一定社会范围内，全部社会成员作为统一的精神整体，已经现实存在或掌握的，并普遍公认或肯定其错误性和非合理目的性的，关于自然和社会的全部精神内容的总和。

同样，在每一个社会成员之间，各自的精神内容在深度与广度上存在着一定差异性，因而也使个人没落精神和社会没落精神之间存在着某些相对性。往往会有这种情况，一种具体的精神内容，相对某一个人而言，是错误性和非合理目的性的精神内容，而相对整个社会而言，却不一定是社会普遍公认的错误性和非合理目的性的精神内容。比如，在哲学问题上，某个人坚持唯心主义，认为“精神第一性，物质第二性”的观点是正确的，反而把唯物主义关于“物质第一性，精神第二性”的观点当作错误的认识加以批判。但是，大多数人却普遍公认“物质第一性，精神第二性”的唯物主义观点是具有真理性的、正确的，而“精神第一性，物质第二性”的唯心主义观点则是错误的、没落的甚至是反动的。在这个哲学问题上，相对这个人是个人没落精神的东西，相对社会则是普遍公认的社会基础精神的东西；反过来，相对这个人是个人基础精神的东西，相对社会则是普遍公认的社会没落精神的东西。由此可见，在个人没落精神和社会没落精神之间，不仅可以存在差异性和相对性，有时甚至是截然相反的。

同个人基础精神和社会基础精神一样，在个人没落精神与社会没落精神之间亦可以存在着广泛的社会一致性。显然，社会普遍公认其错误性和没落性的各种精神内容，不过是社会中每一具体个人分别确认其错误性和没落性的各种精神内容的总和。例如，在社会主义国家中，唯心主义神学所以被批判、被普遍公认为错误的腐朽的思想意识，正是因为人民大众普遍接受和掌握了马克思主义的辩证唯物主义和历史唯物主义哲学，从而认识唯心主义神学的虚伪性、腐朽性的结果。任何一种社会没落精神都不是由某一具体个人决定的，只有当一种具体的精神内容为代表社会进步力量的人们所否定和唾弃，并为代表社会深化精神主流发展方向的社会基础精神所批判和取代，它才可能现实地成为社会没落精神。个人没落精神和社会没落精神的相对性和一致性的原理说明，社会没落精神既不等同于每一个社会成员的个人没落精神的简单总和，同时又是建立在社会多数人所具有的某类个人没落精神的一致性之上的。正是由于社会没落精神所包含的这种个人没落精神的一致性，才使得人们能够形成反对和避免社会性错误行为的统一意志和统一行动，从而结合成为维护社会进步的集体力量。

某种意义上说，人类精神不断深化发展的运动过程，实际上就是没落精神不断被揭露、被淘汰、被清除的过程。在这一过程中，个人没落精神和社会没落精神亦总是辩证统一地互相推动的。个人没落精神是构成社会没落精神的细胞，没有对个人没落精神的揭露和批判，就没有对社会没落精神的揭露和批判；反过来，社会没落精神是对个人没落精神的总结和概括，没有对社会没落精神的揭露和批判，就不可能全面广泛地推动对个人没落精神的揭露和批判。比如，马克思以自己的科学社会主义揭露和批判了资本主义的腐朽性，并在此过程中批判和扬弃了自己原有的错误认识；而当马克思的社会主义理论为人民大众普遍接受时，资本主义意识也就成为普遍公认的社会没落精神；另一方面，资本主义意识一旦被揭露和批判为社会没落精神之后，又会极大地推动和唤醒每一个人去否定、清除自己头脑中的资本主义意识。

上面分别讨论了个人基础精神和社会基础精神的相对性，以及个人没落精神和社会没落精神的相对性，事实上，在基础精神与没落精神之间亦同样存在着广泛的社会相对性。这种社会相对性，表现为不同精神发展主体之间各自精神内容的社会特殊性。这就是说，某种具体精神内容，究竟是基础精神还是没落精神，相对不同的精神发展主体所处的不同社会条件而言，是不尽相同的。基础精神和没落精神的这种社会相对性，主要表现为两种基本形式：

第一，同样一种具体精神内容，对于已经掌握并肯定其正确性的个人来说，是基础精神，而对于已经掌握并确认其错误性的个人来说，是没落精神。例如，在一个唯心主义者和唯物主义者之间，唯心主义神学对前者来说是基础精神，而对后者来说是没落精神。第二，同样一种具体精神内容，对于已经掌握并肯定其正确性的集团来说，是基础精神，而对于已经掌握并确认其错误性的集团来说，是没落精神。例如，在社会主义国家中，由于确立了无产阶级的社会主义政治经济学，必然会把资产阶级的政治经济学作为没落精神进行批判，最大限度地清除其在社会主义社会中的消极影响。但对于资本主义国家而言，由于仍然确认资产阶级政治经济学的正确性，必然会把资产阶级的政治经济学作为自己的基础精神，并用它指导自己的政治经济活动。

要最快最好地发展人类的深化精神，一方面必须最大限度地发挥基础精神的积极作用，另一方面又必须最大限度地限制和清除没落精神的消极作用。因此，每一个人都应该在发展自我深化精神的过程中，不断地清除自己基础精神中片面的、错误的精神内容，从而使自己的基础精神更加符合社会生活的客观实际，与此同时，又要尽可能地发挥自己的基础精神，创造出更多更好的物质资料，为推动人类深化精神的发展做出自己的贡献。尤其是那些作为社会组织者和领导者的人们，则应该积极、正确地引导全体社会成员，去最大限度地发挥蕴藏于他们伟大基础精神之中的聪明才智，创造优良的社会条件，同时还要很好地引导全体社会成员，认识、批判、清除他们基础精神中的没落精神，使之深化精神朝着健康的方向迅猛发展。

六　时代精神

在前面关于深化精神和俗化精神的社会划分，以及关于基础精神和没落精神的社会划分的讨论中，它们各自所具有的规定性，似乎因每个人的不同情况而具有可变不定的差异性和相对性。然而，在实际的生活中，每一个人的精神发展并不是随意地、无约束地进行的。由于人类精神的存在和发展，在客观上受其社会适应性状况的严格制约，越是具有社会适应性的精神内容，才越是具有存在和发展的社会条件，因而才越是具有其自身发展的可能性。从这种意义上说，任何个人的具体的历史的精神发展，都是受其具体的历史的社会条件的严格制约的。这种制约条件就是在具体的和历史的社会阶段中，代表社会精神普遍一致性的“时代精神”。

事实上，任何具体的人类精神，都是人类精神发展到特定历史阶段的产物，都会带有其特定的历史特点和烙印。而任何现实的人类精神，都是对以往人类精神的批判、总结和继承，并且都会在比以往更加深刻、更加广泛的实践活动中，以崭新的精神内容充实和扩大原有的精神内容，从而具有了现实社会的历史特征。在每一个特定的社会历史阶段内，它所包含的全部社会精神内容，不仅包含着从以往社会各阶段被批判地继承下来的精神内容，而且必然地存在着其特有的、标志着其自身社会历史阶段的时代特征，并具有普遍社会一致性的社会精神内容。这种标志着时代特征的社会精神内容称为“时代精神”。

例如，在我国当前的社会主义经济体制改革的历史阶段中，人民群众普遍接受关于这一改革的政治经济理论，并广泛地投身到这一伟大的社会改革实践中去，因此，这一改革的政治经济理论及其实践目的，就成为这一历史阶段在社会科学领域中的某项时代精神。又如，在我国改革开放初期推进教育改革、恢复高考制度的运动中，人民大众掀起了学习文化知识的巨大热潮，因此，这一学习文化知识的普遍要求，就成为这一历史阶段在教育领域中的具有代表性的时代精神。

由于时代精神是标志着一定社会历史阶段的时代特征，并具有普遍社会一致性的社会精神内容，因此，它在构成上也可以从社会精神划分的意义上，划分为三种不同性质的时代精神——“时代深化精神”“时代基础精神”和“时代没落精神”。

所谓“时代深化精神”，指的是人类社会一定历史阶段的全部社会深化精神中最积极、最主要的方面，代表着该社会历史阶段社会精神发展的主流，代表着该社会历史阶段全体社会成员精神存在和发展的根本利益，是该社会历史阶段社会精神发展内容的主要标志。例如，在我国社会主义改革开放的现实历史阶段中，提出了一系列填补社会科学和自然科学空白的伟大认识目的和创造目的，其中包括在宇宙航天、高能物理、遗传工程等重大自然科学领域，所提出的一系列须要予以探索、解决的认识性和创造性课题，同时包括在法律制度、政治经济学、哲学，特别是社会主义体制改革的系统理论等重大社会科学领域，所提出的一系列需要予以探索、解决的认识性和创造性课题等。

所谓“时代基础精神”，就是人类社会一定历史阶段的全部社会基础精神的主要方面，标志着该社会阶段的主体精神最新所获得的成就，是该社会阶段中社会生产力主流方向和良好发展的代表。例如，在我国社会主义经济体制改革的现阶段，业已形成的有关社会主义经济体制改革的系统理论和系统目的，以及一系列适应这一改革而产生、丰富、发展了的社会科学体系，诸如法律学、经济学、心理学、文学等，就是在社会科学方面，对现阶段社会发展起着决定性和主导性作用的社会基础精神。与此同时，同这一改革目的相适应而产生、丰富、发展了的自然科学体系，诸如业已完善的物理学、化学、医学、生物学等，就是在自然科学方面，对现阶段社会发展起着决定性或主导性作用的社会基础精神。

所谓“时代没落精神”，就是人类社会一定历史阶段的全部社会没落精神的主要方面，标志着该社会历史阶段与时代深化精神和时代基础精神相对抗的、最反动的、最腐朽的社会精神，是该社会历史阶段中严重破坏社会生产力的代表。例如，在我国社会主义经济体制改革的现阶段，那些反对和破坏这一伟大事业的思想理论、阻碍和破坏我国社会关于社会科学和自然科学的先进思想理论的形成和应用的一切社会意识，都是这一社会历史阶段的时代没落精神。

总之，时代精神作为社会精神的主要部分，是区别于一般的社会精神的。它具有时代的激情和特色，具有显著的吸引力和影响力，具有突出的推动力和破坏力，是一定社会历史阶段中最活跃的部分，它往往成为社会精神发展的特殊潮流和趋势，大范围地引导、促进和限制着每一个社会成员的精神发展，从而形成具有巨大影响力的社会精神力量。因此，每一个处于特定时代中的人们，都应该尽可能地掌握和建立起自己的时代基础精神，把握住时代深化精神的发展方向，充分发挥时代基础精神的积极作用，努力在某个方面或某几个方面推动时代深化精神的发展，并在发展时代深化精神的卓越实践中，深刻批判和清除时代没落精神。只有这样，才能最大限度地为人类社会、为人类精神的存在和发展，作出自己应有而光荣的贡献，并使自己在充满时代精神的伟大实践中，获得人生的巨大乐趣和实现自己灿烂辉煌的人生价值。

时代精神有其在政治经济学上的特殊意义。由于时代精神具有广泛的影响力，大范围的引导和支配着社会的统一行为，从而使其在经济上突出地表现为社会劳动的耗费和社会资金的耗费，以及社会的生产行为、交换行为和消费行为，都在很大程度上具有适应时代深化精神发展的社会倾向性。例如，在我国改革开放之初，人民大众学习文化知识的强烈要求成为一种时尚精神，使人们用于学习文化和智力投资的经济开支大幅度增加，国家财政开支也更多地投入于文化教育事业，与此同时，还会相应引起社会产业和服务行业的生产导向，转到文化教育用品和文化教育服务上来。因此，研究时代精神的运动变化对于认识社会经济的运动变化，也是具有重要的理论意义。

通过对人类精神发展内容的自然划分和社会划分，展示了人类精神发展的构成。如果用图把人类精神发展内容的自然划分和社会划分表示出来，对精神发展构成也就有了一个更直观的认识形式，见图7－3。

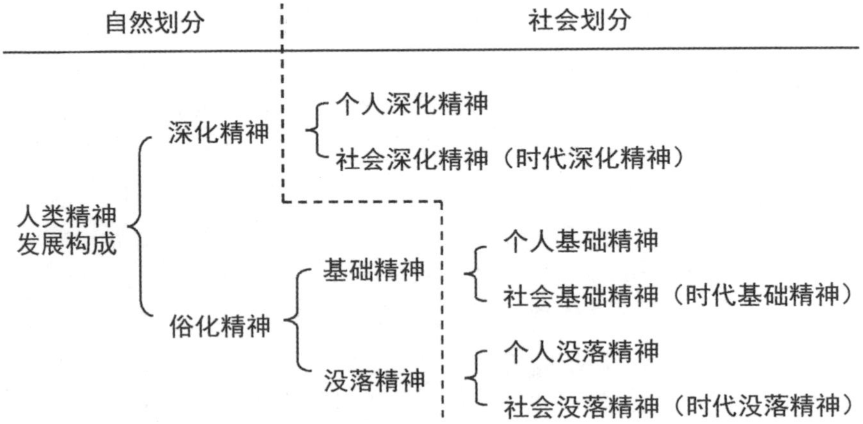

图7－3

从某种意义上说，在关于精神发展构成的讨论中，相关的构成划分理论看起来有些烦琐，甚至有些杂糅在一起，但是，它们总是有其各自的界限，总是有其各自具体的和历史的规定性，亦总是有其特定的理论意义的。其理论意义的实质在于，从人类生活本质——人类精神的存在和发展——的理论深度，回答了“人类精神所遵循的发展方向”这样一个根本性的问题。

实际上，精神发展内容的自然划分，从最一般的意义上，或者说从人类一般的意义上，揭示了人类精神发展的基本趋势和基本构成；而精神发展内容的社会划分，则在人与人之间、乃至社会与个人之间的关系问题上，揭示了个人精神发展和社会精神发展之间，辩证统一、互相推动、互相制约、互为存在前提的内在关系，从而体现了人类精神生活存在和发展的社会性质或社会根源。深刻地理解人类精神发展的这种社会性，不仅对于从理论上认识人类生活的社会本质，而且对于从根本上认识人类的社会活动，认识人类社会复杂的政治经济关系，都有着极为重要的理论意义。特别是在后面讨论价值规律的时候，精神发展构成的概念将是研究产品效用大小和发展趋向的一个极其重要的理论基础。

第八章
精神的物质本质

当我们把人类生活的本质规定为精神的存在和发展，并把精神的存在和发展看成人们生产行为、交换行为和消费行为运动变化的根本原因，看成人们对生产对象、交换对象和消费对象采取不同取舍态度的根本原因；那么，面对这样的问题，即我们关于人类精神的这些认识是不是主观唯心主义？例如，对某一具体产品有不同需要的人们，对这一产品效用大小的评价不尽相同，甚或是大相径庭的。无疑，这种效用评价的背后，必然是有其精神上的客观依据的。但以往的经济理论总是执着地认为效用评价是主观唯心的，更以此否定效用评价的经济学意义。显然，如果不能首先解决这个问题，实际上也就不可能把关于人类生活本质（即精神的存在和发展）的研究，运用到后面一系列具体政治经济问题的分析中去。因此，有必要在本章中对“精神的物质本质”这个问题进行讨论，从哲学的意义上揭示“效用评价”背后极其严格的客观规定性。

一　广义精神和狭义精神的概念

在以往的哲学教科书中，每当谈到“精神的本质”这个哲学范畴时，几乎都是在一方面把精神与物质对立起来，而在另一方面又把精神与物质联系起来。例如，人民大学的哲学教科书中说道：“精神的本质就是它同物质的相互关系而言的关于精神的质的规定性。精神是物质的产物，但又不是物质本身；精神是离不开物质的，但又不同于物质而具有精神现象的特征。……精神的本质问题可以概括为两个互相联系的基本观点：精神是高度完善的物质——人脑的机能；精神是客观存在的反映。”① 又如，北京大学的哲学教科书说道：“物质从自身中发展出了能思维的人脑，出现了作为物质的对立物的人类意识，即精神。……精神不是独立的实体，而是物质发展到一定阶段的产物，是人脑这个特定存在着的物质

① 李秀林等：《辩证唯物主义和历史唯物主义原理》，北京：中国人民大学出版社 1991 年版，第 71 页。

的特性，是对物质存在的反映。”①

从某种意义上说，上述这种把精神与物质对立起来，否定精神本身物质性的观点，在理论上是片面的、不正确的，在实践上则是有害无益的。如果上述观点尚属唯物主义的话，那也只能算是半个唯物主义，而不是彻底的唯物主义。彻底的唯物主义应当首先承认的就是“精神本身的物质性”。

如何去理解精神的物质本质呢？

首先可以从最一般的精神定义来看精神的物质性。据本书前面关于精神起源的讨论可知，人类精神的产生经历了一个从非生物反映性到生物反映性、从低级生物的刺激感应性到动物感觉以及从高级动物的心理到人类意识的漫长发展演化过程，而且每一次进化无不以生物物种神经系统的进化为前提。人类精神就是在动物大脑进化到人类大脑的条件下产生的。因此可以说，精神是人类大脑的机能，是人类大脑的物质属性。无疑，精神是根本不能脱离物质而存在的，这不仅因为精神本身是物质演变进化到人类大脑的产物，而且因为精神是人类大脑对外部信息进行思维分解和思维组合的产物，脱离了物质，精神就失去全部存在条件。

但这是否说明，精神作为人脑这种特殊物质的属性，一方面来源于物质而不可脱离物质地存在，另一方面则又是同物质对立的、非物质的东西呢？其中后一方面的结论显然是不符合逻辑的。因为，就唯物辩证法的一般逻辑而言，任何具体事物不仅必然具有自身存在的特殊物质形式，亦必然同时具有自身存在的特殊物质属性；它们从来都是对立统一、不可分割的；无论是物质形式还是物质属性，都是具体物质的东西，绝不是非物质的东西。比如，生命作为生物的特有属性，不是物质的。同样，人类大脑作为一种特殊物质，其生理构造和生理机能也是不可分割的。如果把精神说成是大脑物质的属性，那么，无论如何必须首先肯定精神在本质上同样是物质的。因为物质的属性只能是物质的东西，绝对不可能是非物质的别的什么东西。

当然，如果精神仅仅指的是人类大脑的物质属性，那么它是不能独立出来成为脱离人类大脑生理构造的物质实体的。因为在这种情况下，精神只是人类大脑这种特殊物质实体中与物质形式相对立的物质属性。显然，只有性质而无形式的物质实体，或者只有形式而无内容的物质实体，都是不存在的。但是，并不能依据精神作为人类大脑的属性而不能独立为物质实体的事实，否定精神本身所具有的物质性质。因此，把物质属性归结为非物质的东西这种观点，本身就是一种极为明显的错误观点。

---

① 北京大学哲学教研室组编：《马克思主义哲学原理》，北京：北京大学出版社1984年版，第136页。

实际上，把精神说成是人类大脑的特殊属性，仅仅是一种关于人类精神的“广义概念”。也就是说，这种精神概念所要表达的内容或含义，在逻辑上，是把人类大脑的全部生理组织构造作为一个完整的物质实体，以及把人类大脑的全部生理组织的内部运动作为一个完整的生理过程来统一看待的。即把人类大脑作为一个完整的物质整体，接受外部信息，对其进行思维分解和思维组合，从中形成精神想象物乃至形成生活目的，生活目的进而支配人体活动去改造外部事物，从而具有了精神这种能动反映的生理机能等，这被视为一个统一的不可分的过程。这就使得我们可以顺理成章地把人脑的全部精神过程，把所有一切精神现象看作人脑的属性，同人脑的组织形式对立统一起来，成为不可独立为物质实体的、不可独立于大脑物质组织的东西。我们把这种视精神为人脑属性的精神概念，称为“广义精神”。

然而，当深入到人类大脑的内部，分解地观察其整个组织构造和机能时，可以发现，人类大脑的内部组织构造，是由一系列具有相对独立性的生理组织构造结合而成的。同时，人类大脑的内部机能或属性，也是由一系列具有相对独立性的物质运动过程结合而成的。这就是说，人类大脑作为一个物质实体，在组织构造和运动过程上，并不是不可分的，而是可以划分为一系列相对独立的物质实体的。例如，大脑组织中包括：大脑的传入神经元、大脑皮质、大脑白质、大脑皮质中的感觉神经细胞、大脑皮质中的记忆神经细胞以及大脑的传出神经元等。大脑从目的形成到以目的支配人的行为的每一个完整的精神过程，正是由这些既相对独立又相互联系的神经组织所各自具有的独特运动结合而成的。其中，每一个神经组织乃至神经组织中的每一个神经细胞，都有其自身的生理构造和生理机能，从而都具有一定的物质形式和属性。物质实体所具有的层次性，即较大的物质实体中包含着较小的物质实体这种性质，应该是辩证唯物主义关于物质实在的基本概念之一。

正是依据作为大实体的大脑内部，存在着一系列相对独立的小实体——大脑组织这一客观事实，从而得出了一种关于人类精神的狭义概念，即所谓“狭义精神”的概念。从前面讨论生活目的的章节中就已经知道，人类大脑是通过对外部信息进行思维分解和思维组合，在形成抽象概念和组合抽象概念的过程中，构造出人类大脑特有的精神想象物的，而只有当精神想象物转化为生活目的之后，才能发挥其能动支配人类行为，进而实现生活目的的客观生理作用。其中，大脑思维过程所形成的精神想象物，特别是转化为生活目的的精神想象物，是人类大脑精神过程的结晶，它作为大脑组织中的一个相对独立的特殊构造，对人类精神的存在和发展，对人类物种的存在和发展，都具有极为显著的决定意义。我们把作为大脑思维过程的结晶——精神想象物及其所包含的生活目的，称为“狭义精神”。例如，通常说某个人的思想观点是正确的，某个人的行为目的是良好的，其中的思想观点和行为目的指的正是这种意义上的狭义精神。

狭义精神与广义精神在本质特征上有着极大的区别。它不是作为一种物质属性被规定，而是作为一种特殊而又独立的物质实体被规定的。广义精神作为大脑的综合属性或完整精神过程，如要体现出自己的实体形式，只能把整个大脑实体搬出来；而狭义精神作为大脑内部神经细胞的某一独立过程或某种独立实体，则客观地体现为“某组大脑感觉神经细胞的兴奋”，或者反过来说是“处于兴奋状态的某组感觉神经细胞”。例如，假定我们在大脑中构思一座房子，这一以房子为内容的精神想象物，实际上是由大脑皮质中某组相关的感觉神经细胞的兴奋构成的。这时，该组处于特定兴奋状态的感觉神经细胞，作为一个相对独立的整体，就被认为是这一以房子为内容的精神想象物的物质实体（见图8－1）。

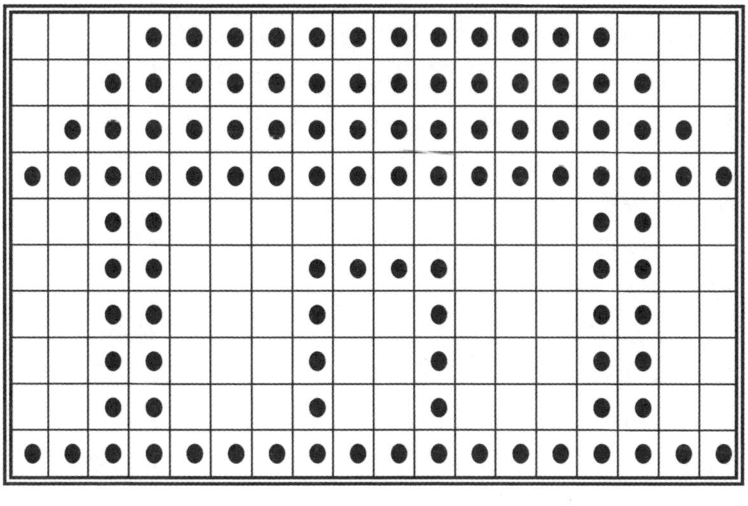

图8－1

在图8－1中，纵横交错的方格表示大脑皮质中的感觉神经细胞，即每一个方格代表一个相对独立的感觉神经细胞，而其中有圆点的方格则代表处于某种兴奋状态的感觉神经细胞。当某组以特定形式排列组合的感觉神经细胞处于同步兴奋状态时，就会在人的大脑皮质中形成一个完整的感觉。如图中处于兴奋状态的感觉神经细胞，就给我们一个关于房子的感觉。当某组特定的感觉神经细胞处于某种精神想象物的特定兴奋状态时，该组感觉神经细胞也就同时作为一个相对独立的整体，构成了该种精神想象物的物质实体，而现实地存在于人们的大脑之中。当然，对任何一个或一组处于兴奋状态的感觉神经细胞而言，其兴奋状态都可以在一定条件下消失；与此同时，其所构成的特定精神想象物的物质实体也就消失了。并且，任何一个或一组感觉神经细胞，亦可以在兴奋状态消失之后，另与其他感觉神经细胞集合或交合在一个新的兴奋组合中，而构成另一个新生的精神想象物的物质实体。事实上，这种可变甚至是瞬间可变的物质实体的形成和消亡过程，并不违背物质实体运动变化的逻辑。由此可见，狭义精神作为一种物质实体，是以处于特定兴奋状态下的大脑感觉神经细胞为基础的。我们亦可以把这种物质实体称为“精神实体”。

实际上，正是因为狭义精神具有其自身相对独立的物质实体，才可能发挥支配人体行为的生理作用。显然，从物质联系和物质作用的辩证逻辑看，任何联系都必然是物质实体之间的联系，任何作用也都必然是物质实体之间的作用。如果不首先了解狭义精神作为一种特殊的物质实体而被规定的原理，那么实际上也就不可能客观地理解生活目的支配人类行为的生理过程和生理作用。显然，“非物质的精神”在辩证逻辑上是绝对不能与物质的人类行为发生任何作用关系的。在这里，作为狭义精神物质实体的每一组大脑感觉神经细胞，不仅以自己的兴奋使人们产生与特定生活目的相关的知觉，而且还能通过施放生物电或生物化学物质的形式，支配行为神经系统，使人依照其要求实施行为，并把自己的意志体现在改造了的外部事物之中。总之，狭义精神作为某组感觉神经细胞的兴奋，或者某组兴奋的感觉神经细胞，其物质实在性是不容置疑的。

由于有了狭义精神的概念，关于人类精神的认识在哲学上形成了质的飞跃。正是从这一概念出发，我们才得以得出这样的结论，在我们以往的哲学理论中，关于“精神本身不是物质”“精神不是独立实体”以及“精神是物质的对立面”等否定精神本身的物质性的观点，无论在理论上或在实践上都是片面的和错误的。由于有了狭义精神的概念，我们不得不承认这样一个事实，人类精神不仅起源于物质，依赖于来自大脑外部的物质信息，而且其本身就是物质演化发展的高级形式，是具有独立物质实体的世界万物中的一种神圣的特类。无疑，精神本身首先是物质的。正是由于精神所具有的物质本质，才使得它具备了任何物质都普遍具有的一般物质特性。

二　精神实体所具有的一般物质特性

狭义精神作为物质实在获得了自己的实体形式，也就在最一般的意义上，体现出了任何具体物质所具备的普遍特性。反过来，其所具有的普遍物质特性，又都从不同的方面证明了精神本身的物质性，证明了精神实体的客观实在性。

第一，精神实体同其他任何物质实体一样，都是具有反映性的物质实体。根据辩证唯物主义的基本原理，任何物质实体在本质上都是具有反映性的。例如，照相用的胶卷受到光线的照射，上面的银粒就会变色；岩石受风雨千百年的侵蚀，表面会留下风化的痕迹。也就是说，一切事物在与其他事物相互联系、相互作用的过程中，其身上都必然被打上被作用的烙印，从而具有其普遍的反映性。精神的反映性作为一种物质的反映性，不过是一般物质反映性发展到人类大脑反映性的高级形式；因而，精神实体作为一种物质反映体，不过是一般物质反映体发展到人类大脑感觉神经细胞反映体的高级形式。列宁曾指出："假定一切物质都是具有在本质上跟感觉相近的特性，反映的特性，这是符合逻辑的。"① 这就从反映性和反映体上说明，精神实体同其他任何物质一样，在物质本质的这一根本问题上是完全一致的。

第二，精神实体同其他任何物质实体一样，都是具有客观性的物质实在。列宁曾经从物质与认识的关系上，阐述了物质的客观实在性，并以此给物质下了这样一个经典的定义："物质标志着客观实在的哲学范畴，这种实在是人通过感觉感知的，它不依赖于我们的感觉而存在，为我们的感觉所复写、摄影、反映。"② 列宁的这一物质定义实际上为任何一种具体物质的客观实在性做了规定。无疑，任何一个人的精神实体，尽管作为反映外部信息的产物，但其客观实在性是不依赖于其他任何人的感觉而存在的，甚至是不依赖于其本身的感觉而存在的。与此同时，作为客观存在的物质实在，任何精神实体的客观内容及其客观实在性，又是可以通过生理学或心理学的研究，通过人们的外部实践行为及其产生的外部结果表现出来，并为人们的大脑所反映。例如，一个人曾经有过某种认识或某种目的，那么这种认识或目的作为曾经存在于这个人的大脑中的客观事实，是绝对不依赖于他人或自己的承认与否而存在的。事实上，任何一个人的精神现象及其精神实体，与世界上的任何物质现象及其实体一样，都是物质的东西，都是不以人的意志为转移的客观存在。

第三，精神实体同其他任何物质实体一样，都是在物质运动的过程中形成的，都是有其自身特定的物质本源。事实上，任何一种具体物质都只能从别种具体物质的运动变化中产生，但不可能从任何非物质的东西中产生。同时，任何具体物质自身的运动变化也只能产生他种具体物质，但不可能从某种物质的运动中产生非物质的东西。世界本身根本就不存在非物质的东西。因此，精神作为物质高度进化到人类大脑的产物，其本身只能是物质的东西，绝不可能是非物质的东西，具体的外物运动可以规定具体的精神运动，而具体的精神运动又可以规定具体

---

① 中共中央马克思恩格斯列宁斯大林著作编译局编：《列宁选集》（第二卷），北京：人民出版社1972年版，第89页。

② 中共中央马克思恩格斯列宁斯大林著作编译局编：《列宁选集》（第二卷），北京：人民出版社1972年版，第128页。

的外物运动。社会主义社会的存在可以规定人们的社会主义意识，反过来，人们的社会主义意识又可以规定社会主义社会的存在。因此，否定精神本身的物质性，把精神看成物质的对立面，看成是非物质的东西，在理论上是不正确的。

第四，精神实体同其他任何物质实体一样，都是具有运动这一物质存在的本质形式的。辩证唯物主义认为，运动是世界万物共有的根本属性和存在形式；没有运动的物质，或者没有物质的运动，都是不可想象的，都是根本不存在的。假如承认这种说法的科学性，那么，也就从物质运动的原理上证明了精神实体所固有的运动形式，即固有的物质性。精神实体的运动现象是显而易见的。例如，人们大脑中的精神想象物或生活目的，是可以依据生活环境的变化、精神发展的需要而经常变化的；它不是僵死的、固定不变的。事实上，在人类的思维过程中，每一种精神实体都可以随着思维素材的变化而发生变化，并在生理机能上表现为大脑感觉神经细胞的兴奋状态，及其在大脑皮质中的分布范围和兴奋强度上的一系列运动变化，并在这个运动变化的过程中，不断地补充、更新、扬弃原有的精神内容。因此，精神必然是一种处于运动状态的物质实体，只是由于物质运动形式的多样性或物质构造的多样性，精神才具有了自身特殊的运动形式。

第五，精神实体同其他任何物质实体一样，都具有作用与被作用的物质特性。辩证唯物主义认为，任何事物都是与其他一定的物质相互联系、相互作用的，物与物之间存在着普遍的联系性和作用性。这也就是说，任何作用和任何关系，都必然是物质的作用和关系，没有物质的相互作用和关系，或者没有相互作用和关系的物质，同样都是不可能存在的。如果肯定这一结论的正确性，那么，我们也就不得不同时承认精神实体本身的物质性。一方面，具体精神实体的形成，是具体外部信息（以光、声等物质形式）通过感觉器官刺激大脑皮质神经系统，并由大脑对这些刺激进行思维组合和思维分解的最终结果。因此，精神是在外部物质信息作用的基础上形成的。另一方面，精神的现实存在，也会以自己特有的物质力量支配人们的能动行为，并最终通过改造世界和创造世界的实践活动，作用于外部事物。具体来说，精神实体通过自己神经细胞的兴奋，施放出自身特有的生物电信号指令，并以这种物质能，刺激大脑的行为神经系统，从而支配人们的外部行为，实现对外部事物的作用。精神实体与外部事物之间的这种相互作用、相互联系的辩证统一关系，恰恰从本质上证明了精神实体本身的物质性。

第六，精神实体同其他任何物质实体一样，都具有形式和内容的物质规定性。辩证唯物主义认为，任何物质实体都是有其特定的形式和内容的，都是具体形式和具体内容的统一，没有形式和内容的物质，或者没有物质的形式和内容，都是根本不存在的。如果我们肯定这一结论的正确性，那么，也就不得不同时承认精神实体本身的物质性。精神实体的形式就是大脑感觉神经细胞内部组织构造的运动形式，就是按特定规律排列组合起来的某组感觉神经细胞的内部运动和兴奋形式。精神实体的内容就是某组大脑感觉神经细胞以不同的排列组合方式及不同的兴奋强度，而综合产生的具体知觉——具体的抽象概念、具体的精神想象物和具体的生活目的等。由此可见，精神实体是既有形式又有内容的物质实在，是有其具体形式和具体内容的物质规定性的。这就使得我们不得不从形式和内容的客观规定上，肯定精神本身的物质性。

第七，精神实体同其他任何物质实体一样，都具有时间和空间的物质规定性。辩证唯物主义认为，时间和空间是任何物质所具有的基本存在形式之一，没有时间和空间的物质，或者没有物质的时间和空间，都是根本不存在的。由于精神实体同其他任何物质实体一样具有自身时间和空间的规定性，我们也就不得不同时承认精神实体本身的物质性。精神实体的空间表现为某组处于一定兴奋状态下的感觉神经细胞本身的物质空间，即该组感觉神经细胞的体积、形状、构造等的物质空间。就精神实体的时间而言，精神实体的时间表现为某组处于一定兴奋状态下的感觉神经细胞由产生到消亡的存在和延续的时间。某组感觉神经细胞处于兴奋状态的时间越长，与之相应的精神实体的存在时间就越长，并且，某组感觉神经细胞所处的兴奋状态一旦消失，与之相应的精神实体也就同时消亡。可见，即使从时间和空间的范畴看，精神实体本身的物质性也是不容置疑的。

当然，还可以从其他哲学范畴的角度，去证明精神本身的物质性。从以上讨论中，完全可以得出这样的结论，人类精神本身的物质性，是不容置疑的客观事实。认为精神独立于物质而存在以及精神支配并决定物质的观点，无疑是唯心主义的错误观点。但是，仅仅在一方面认为精神起源并决定于物质，而在另一方面又否认精神本身的物质性，把精神与物质对立起来的观点，则同样也是片面的和错误的，至少不能说是彻底的唯物主义。“世界是统一的物质世界”，这是辩证唯物主义的基本观点，然而，只有确立精神本身的物质性，才能全面彻底地阐明世界统一于物质这一辩证唯物主义的原理。

三　精神本身的物质性同精神与外物的对应性

精神本身的物质性，无疑是显然的、确切的。但是，为什么以往的哲学教科书长期以来一直都把精神看成一种非物质的东西，特别是看成一种与物质对立的东西呢？其原因总结起来是多方面的，比如，似乎必须要与唯心主义的精神第一性和物质第二性、精神决定物质的观念绝然对立，才是立场坚定的唯物主义者。但是，最根本的原因就在于混淆了精神本身的物质性同精神与外物的对应性，并用精神与外物的对应性，特别是用精神与外物的对应性本身所具有的差异性，否定精神本身的物质性。例如，某个人通过对外部信息进行思维分解和思维组合，而最终形成某种精神想象物；假定这种精神想象物是一个天神、上帝或一架太空飞船。于是，以往的哲学家们，就顺理成章地根据这种精神想象物的外部对象而并非客观存在的事实，否定了这种精神想象物以精神实体的形式存在于人们大脑中的物质实在性。他们会说，外部世界根本不存在什么天神、上帝，所以精神不是物质的；或者说，并不会因为想到太空飞船，太空飞船就会存在于外部世界之中，所以精神不是物质的。这种推理看起来十分合乎逻辑，精神并不等于不依赖于人们的主观意志而客观存在的外部事物，所以精神不是物质的东西。然而，这种凭借精神的外部对应物的存在与否，来否定精神本身的物质性的观点，实际上是一种非常机械、非常片面、非常狭隘的物质观点。它在本质上表现为混淆了精神本身的物质性同精神与外物的对应性。

外部事物之间的外对应关系，是人类大脑通过对外部信息进行思维处理的过程，从而形成内对应关系的客观基础，亦由此成为人们形成抽象概念的客观基础。这就表明，抽象概念总会在某一方面同外部事物之间存在着某种相互的客观对应性。只是由于人类大脑进化到了这样的程度，以至于人类大脑不仅能够形成抽象概念，而且能够应用抽象概念去构造适合自身生活需要的思维组合物——精神想象物。人类大脑的这一特殊的生理机能突破了一般抽象概念与外部事物的直接内外对应关系，从而使得人们的精神活动与外部事物的对应关系，发生了形式上的巨大变化。就创造性目的和认识性目的与外部事物的对应关系而言，几乎百分之百的创造目的的外部对应物，都是具体创造者之生活环境中所不具有的，否则就用不着去创造；而大量的认识目的所要求认识或肯定的外部对应物，则可能由于认识上的判断错误而不存在于外部世界中。例如，我们想要使用某种物品，但在自己的生活环境中并不现实地存在这种物品；我们想要证明某种推论的正确性，但在现实的外部世界中并不存在证明这种推论的客观事实。这种在实际生活中经常出现的精神与外部事物不对应的情况，使得精神变成了一种似乎在形式上依赖于外部事物，而又与外部事物相对立的非物质的东西。

实际上，这种精神与外物的非对应性在客观上只能说明一个极其简单的事实，即具体的精神实体并不是具体的外部事物，这就好比说驴不是马一样。但是，并不能由此简单地得出精神实体本身不是物质实在的结论。因为，一个极为简单、明显的客观逻辑是，具体物与具体物之间的对应性，并不是各种具体物质实体之间相互存在的必然前提。这就是说，任何一个具体事物，都不会因为与别种具体事物在性状上的差异性或非对应性，而失去自身的物质性，同时，任何一个具体事物，亦不会因为与别种具体事物在性状上的相似性或对应性，而获得自身的物质性。事实上，世界万物之间同时存在着的极其普遍的一致性和差异性——对应性和非对应性，都是由物质所具有的普遍性和特殊性所规定的；它们最一般的对应性无非表现为它们统一的物质性，而它们各自的非对应性则广泛地表现为它们各自的具体存在形式的特殊性。

举一个例子，一张大楼的照片，一方面，尽管它对大楼的反射光产生了物质反映，某种意义上（就视觉的或光反射的形式而言）还与大楼具有一定的相似性或对应性，但是，照片并不是因为与大楼之间具有了这种对应性之后，才获得自己的物质性的，其受光变质的银粒和照片纸基本身，都是本来就存在的物质实在；而大楼通过反射光对照片产生物质作用，无非是改变了照片本身的物质（银粒）的存在形式而已。另一方面，照片作为对大楼反射光的反映结果，实际上只能反映片面的大楼，而不能全面地反映大楼的各个方面。这说明照片与大楼之间，又存在着多方面的乃至最本质方面的非对应性。然而，大楼也绝对不会因为与照片具有这种非对应性，而失去自身的物质性，大楼还是大楼，其物质实在性依然不变。同样，任何精神实体都不会因为自己与外部事物具有某些对应性，而获得自身的物质实在性；也绝对不会因为自己与外部事物具有某些非对应性，而失去自身的物质实在性。精神实体就是精神本身的物质实体，它以处于一定兴奋状态的大脑感觉神经细胞为自己的物质存在形式，外部事物对大脑感觉神经细胞的刺激作用，亦无非是改变了它们的兴奋状态而已。

从某种意义上说，照片对其照相对象的光学刺激反映性，同大脑感觉神经细胞皮层对外部事物信息的刺激反映性，有着某些耐人寻味的极为相似之处。至少，它们都是客观存在的物质实在，才能通过外物反射光的作用使自己留下被作用的痕迹。所不同的只是，照片是以无数感光银粒有序受光变黑的形式体现自己的反映性，而大脑神经皮层则以无数感觉神经细胞在光电刺激下的有序兴奋的形式体现自己的反映性；前者形成了照片上的图像，后者则形成大脑中具有特定内容的精神实体。当然，大脑的感觉神经皮层有着照片不可比拟的反应机能。它不仅能够在外部事物刺激的条件下，使自己的内部物质存在形式发生各种有机变化，在对外部事物直接感觉的基础上，通过自身的思维过程，形成与外部事物并非简单对应的精神想象物，而且能够能动地释放出自身特有的高度有机的物质力量，支配人类行为去改造外部事物，使之朝着与自己内外对应的方向发展，最终实现自身的生活目的。由此可见，精神并没有因为自己与外部事物的非对应性而失去自身的物质实在性，相反，却因为自身的物质力量迫使外部事物按照自己的要求发生变化，与自己的目的实现内外对应，并由此表现出自己高度发达的物质形式和物质力量。在这里，照片是机械的、死的反映物，而精神是有机的、活的反映物，但是，任何物质的反映性或反映形式，都绝对不是划分物质与非物质的标准和根据。

由此可见，精神与外物的对应性和精神本身的物质性，实际上是两个根本不同的哲学命题。精神与外物的对应性，只是关于精神与外物之间认识和被认识、创造和被创造的物质关系；而精神本身的物质性，则是关于精神作为一种特殊的物质实在，与其他物质之间的普遍一致性。因此，绝不能用物与物之间的对应性或反映性，去否定精神本身的物质性；恰恰相反，只能用精神本身的物质性，去规定精神与外物的对应性。显然，对应性仅仅是物质反映性的一种表现形式，而反映性则是物质的基本属性之一，否定了精神本身的物质性，实际上也就是否定了物质普遍具有的反映性。我们以往的哲学理论，正是由于混淆了这两个根本不同的哲学命题，把物质的反映性与物质的实在性混为一谈，特别是把物质高度发展而获得的精神反映性与精神本身的物质性混为一谈，并由此提出精神与物质对立以及精神非物质的片面观点。之所以会犯这样的错误，在认识逻辑上，关键在于不能首先认识广义精神的物质实在性，即整个人类大脑生理组织构造的物质实在性，特别是不能认识狭义精神的物质实在性，即以特定兴奋状态存在的大脑感觉神经细胞的生理组织构造的物质实在性。

由于历史上的唯心主义者把精神升华后所获得的相对独立性及精神所具有的巨大创造能力当作一种绝对独立、至高无上、第一性的东西，从而得出物质第二性或物质决定于精神的结论。他们往往用自己的感觉来规定外部世界的存在与否，而不是用外部世界的存在与否来规定自己的感觉，似乎只有感觉到的东西才是现实存在的东西。唯心主义的这种思想观点无疑是极为错误的。其错误之一，实际上也同样是混淆了物质反映性与物质实在性的关系，把大脑对外部事物的刺激反映性，看作外部事物存在与否的规定性。当然，作为唯物主义者，我们也不能因此反过来走向另一个极端，用外部事物的客观实在性否定精神本身的物质性。这同样也是片面的和错误的。所以，彻底的唯物主义者应该在全面肯定外部事物和精神本身的物质性的基础上，客观地分析精神与外物之间的关系，以及客观地分析精神作为一种具体物质与整个物质世界的关系。只有这样，我们才能更加深刻地认识精神与物质这两个哲学范畴，从而为研究和解决政治经济学的基础理论问题开辟新的道路。

四 精神与外物的关系问题

精神与物质的关系问题，即思维与存在的关系问题，历来是哲学上的一个基本问题。而以往的哲学理论，又总是把精神与物质的地位问题，即精神与物质谁是第一性谁是第二性的问题，或者说谁是本源、谁是派生的问题，当作讨论精神与物质之关系的首要问题。以往的哲学理论，一方面把精神看作物质的产物，另一方面又把精神看作非物质的、与物质对立的东西，并由此把精神与物质完全分开，认为“物质是第一性的，是精神的本源；精神是第二性的，是由物质派生的”。那么，这种关于精神与物质关系问题的观点或认识，究竟正确与否呢？实际上，当我们提出了精神本身的物质性及其客观实在性之后，就使我们对哲学上的这一基本问题有了全新的认识。

从集合论的意义上看，物质如果作为一个普遍性的哲学范畴，是包含宇宙中的一切具体物质实在的，是所有一切具体物质实在及其物质性质的总和。这就是说，从“人—大脑—思维活动”，乃至从这种思维活动中产生的精神实体，如同其他任何具体物质实体一样，都是包含于物质这一范畴之中的。这使我们十分清晰地看到，精神与物质之间的关系，首先是一种包含和被包含的关系，而不是谁决定谁的关系。显然，人类精神只是物质世界形形色色的各种具体物质中的一个类，因而精神只能包含于物质之中，或者只能被物质所包含。如果反过来认为物质包含于精神之中，或者两者各自独立互不包含，则是完全错误的和不可思议的。我们可以根据集合论的概念，把精神与物质的这种包含和被包含的关系用图表示出来（见图 8－2）。

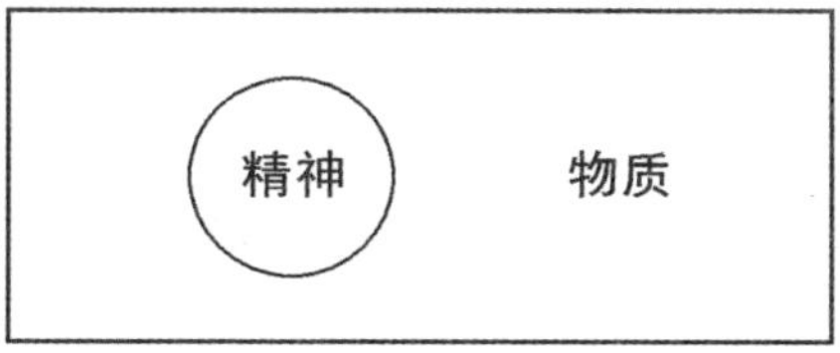

图 8－2

事实上，当确定了物质与精神之间的这种包含关系之后，我们很容易就能明白，在物质与精神之间的关系问题上，并不存在谁决定谁的问题；并不存在谁是第一性谁是第二性的问题；并不存在谁是谁的本源的问题。常识告诉我们，只有互不包含而相对独立的具体物质之间，才可能存在着谁决定谁、谁源于谁的问题。例如，一只母鸡与它所生的鸡蛋之间，才可以说到谁决定谁、谁源于谁；而母鸡作为一个整体和其本身所包含的心脏，则不存在谁决定谁、谁源于谁的问题，因为心脏本身已经是母鸡的一部分。既然物质作为世界万物客观实在性的最一般的哲学范畴，而包含着精神这类具体物质，那么，我们仍然认为物质决定精神，物质是第一性的，精神是第二性的；或者相反，仍然认为精神决定物质，精神是第一性的，物质是第二性的，都会犯逻辑上的错误。以往的理论之所以会把精神与物质的关系问题归结为物质第一性、精神第二性，其根本原因就在于：否定了精神本身的物质性，把精神如此矛盾地看成一种既来源于物质，又与物质相对立的、非物质的东西，从而否定了物质对精神的包含关系。这种认识的形成，无论有什么历史上的原因，当认识了精神本身的物质性之后，仍然坚持这种观点，则是不科学的。总之，在精神与物质之间，根本不存在谁决定谁、谁源于谁的关系，而只存在精神包含于物质之中的包含和被包含的关系。这本来就是不言而喻的。

那么，能否说精神作为一种物质存在，就没有其物质本源呢？我们说，人类精神的存在和发展，无论在逻辑上或是客观实际上都是有其物质本源的；不过，这里的物质本源不是作为最一般的哲学范畴的广义物质概念，而是同精神一样作为包含于广义物质之中的各种各样、百花齐放的“具体物质实在”。人类精神作为大脑内部特殊的物质形式，有一个从低级生物到高级生物的漫长发展过程；而生物的产生，也有一个从无机物到有机物、从低级到高级的漫长发展过程。如果科学地考察人类大脑及人类精神最终形成的整个历史过程，我们就会发现，其中任何一个具体生物的发展过程，都是有其自身具体的和历史的物质本源的。例如，蛋白质的产生，是地球上一定化学物质和化学环境发展到某种特定阶段的产物；生命的产生，则是以蛋白质等具体生命化学物质为基础和本源的；高等生物的产生，又是从具体的低等生物一代接一代地进化而来的。我们还可以举一个更为极端的例子，每一个具体的鸡蛋，仅以其具体的生母为第一本源，而每一只鸡亦仅以其具体的被孵之蛋为第一本源。事实上，在现实世界之中，任何具体的物质实在，都相应有其自身具体的物质基础或物质本源；而任何具体的物质基础或物质本源，又都只能派生出与之相关的具体物质实在。如果否认事物发展的具体性和历史性，否认事物本源的具体性和历史性，就不可能真正理解事物的产生和发展。人类精神的形成也是如此，如果只是简单地把精神的本源归结为笼统的一般物质，就根本不可能理解精神的真正本源。无疑，具体的和历史的分析方法，是辩证唯物主义和历史唯物主义的活的灵魂。

因为将精神归为万物中的一类，并把精神放置在关于物质实在和物质本源的具体分析之上；由此，就得以把精神与物质的关系问题，从物质包含精神的一般关系问题上，转化到对具体精神与具体外物之间对立统一、互相决定的问题上来。这就是说，当人类精神作为物质世界运动变化的高级产物而诞生之后，任何现实存在的具体精神（具体的精神内容或具体的精神实体），不仅在其外部事物中必然具有自身形成和发展的具体物质本源，而且当其现实地支配人类行为去改造或创造具体的外部事物时，亦可成为具体外部事物形成和发展的物质本源。我们至少可以从以下两方面，认识理解具体精神与具体外物之间的这种相互制约、相互决定的关系。

第一，“具体外物决定具体精神”。从本源上说，任何人的具体精神内容，都与具体的外部事物密切相关。一方面，具体精神借以构成自身的具体物质信息，必然只能来自对具体外部事物的直接反映。这也就是说，没有具体外部事物的客观存在，人脑就不可能相应获得具体的外部信息，从而也就不可能相应地形成具体的思维分解和具体的思维组合，也就不可能相应地构成具体的精神想象物或具体的精神实体。例如，人们只有看到过客观实在的狮子和人，才可能在思维过程中形成关于狮身人面这个精神想象物的构思，以及塑造这一精神想象物的生活目的。另一方面，任何人的具体的生活目的，都是为其自身的具体生活需要服务的，而每一个人的具体生活需要的形成，又受具体的外部自然环境和具体的社会生活环境的严格制约。也就是说，具体的自然环境和具体的社会环境是形成人们具体生活需要的外部基础和条件，而只有形成具体的生活需要之后，才能引导人们具体的抽象思维活动，并由此形成人们具体的生活目的。例如，人们只有处在奴隶社会之中，才会具有奴隶主义的意志和行为；人们只有在居住条件较差的环境中，才会提出改善居住环境的要求和目的。正如马克思所说：“人们的社会存在决定人们的社会意识。”总之，任何具体的精神内容或精神实体，都是由相关的具体外部事物和外部环境决定的。

第二，“具体精神决定具体外物”。作为目的的精神想象物一旦形成之后，就会以自己的物质力量支配人们的实践行为，从而改造外部事物和外部环境；而这些被劳动实践改造了的外部事物或外部环境，作为人类劳动的创造物——产品，则具有了它们在精神物质上的本源。事实上，任何具体产品都是相关具体精神的产物，都是具体精神以自身的物质力量，通过支配具体劳动而创造出来的具体成果。具体的生活目的总是和具体的劳动实践相结合，又总是和具体的劳动产品联系在一起的。任何具体产品之所以表现为这样的物质形式而不表现为那样的物质形式，都是由相关的具体精神内容决定的。例如，没有关于房屋的具体精神想象物和建造房屋的生活目的，就不可能通过劳动实践，建造出现实存在的房屋来；没有关于宇宙飞船的具体精神想象物和建造宇宙飞船的生活目的，也就不可能通过劳动实践，建造出现实存在的宇宙飞船来。总之，任何一种具体的产品物质，如果没有相应的具体精神为其物质基础，那么这种产品物质的现实存在是不可思议的。当然，未曾形成生活目的的精神活动，是不能直接转化为改造外部世界的物质力量的，因为它们并不直接改造外部事物和外部环境。然而，任何不科学、不完善的生活目的在进入实践活动之后，尽管不能实现内外对应，但总是会在具体外物的某些方面留下自己发生作用的烙印，而这种烙印正是这类生活目的的不科学、不完善的具体反映。由此可见，具体精神是完全可以决定具体外物的存在和发展的；当然，这里的具体外物通常指的是具体的产品物质。

从以上分析中可以得出，精神与物质的关系，一方面是精神包含于物质范畴中的归属关系，另一方面则是具体外物决定具体精神、具体精神决定具体外物的辩证统一的物质关系。后一种关系表现在人类的经济活动中，就现实地体现为具体的历史的精神实体的存在和发展，决定着具体的历史的产品物质的存在和发展；反过来，具体的历史的产品物质的存在和发展，又决定着具体的历史的精神实体的存在和发展。实际上，人类精神一旦形成之后，人类不仅因此成为人类，而且凭借自身特有的精神力量，为自己开辟了无限发展的生活道路；人类依赖自己的精神存在，为自己创造出日益优良的外部生活资料和生活环境，又在这一创造性的生产实践和社会实践过程中，大踏步地发展着人类精神本身。正是从这种意义上看，不得不说："自从有了人类精神，人决定人本身。"

具体地和历史地分析精神物质和其他物质之间的物质关系，在哲学理论上是极为重要的。如果总是片面地、抽象地、一般地纠缠于精神与物质的关系问题，就永远弄不清楚精神第一性与物质第一性的问题，这就像纯粹的抽象主义者把鸡和蛋放在一个机械循环的圈子中，而搞不清鸡和蛋究竟谁是本源的问题一样；就会在这个本身不能回答的错误命题的纠缠中，失去正确认识精神本身的物质性的机会，就会在实际生活中否定或抹杀人类精神的伟大物质作用。当我们不是抽象地，而是具体地分析认识具体精神与具体外物之间的关系时，这个难题就迎刃而解了。事实上，具体的蛋只能是具体的鸡所下的蛋，具体的鸡也只能是具体的蛋所孵出的鸡；无论是鸡还是蛋，都是在具体生物物种不断变异的进化过程中发展而来的。例如，从单细胞生物到多细胞生物的进化，或从卵生生物到胎生生物的进化；鸡与蛋的生物本源曾经有过的各种原生雏形，实际上与它们的现有形象相比已经面目全非而大相径庭了。精神的存在和发展亦是如此（见图8-3）。

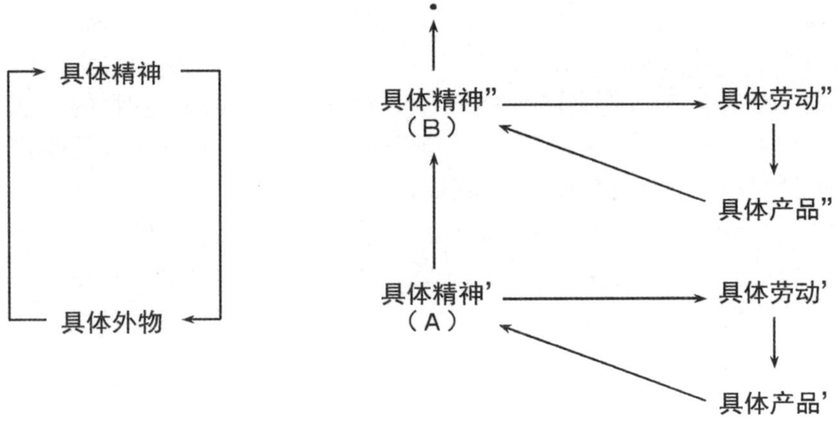

图8-3

我们可以从图 8－3 的左图中看到，具体精神和具体外物构成了一个循环圈，表示它们两者之间普遍存在的互相联系、互为条件、互相决定的对立统一关系；但是，这种封闭式的循环仅仅是作为一种失去了自身具体规定性和历史规定性的抽象物而存在，在我们的实际生活中是根本不存在的。而右图则避免了它的这种不足，充分体现出精神与外物之间对立统一关系的具体规定性和历史规定性。在（A）循环中的具体精神决定着具体劳动，从而决定着具体产品；而具体产品对具体精神的循环作用，则又决定着具体精神的发展，使之向上演进为（B）循环中的具体精神，并在此基础上形成新一轮的具体生活循环过程。与此同时，（B）循环中的一切具体要素，已经作为对（A）循环中的一切具体要素的扬弃和发展，而完全不同于（A）循环中的一切具体要素了。由此可见，精神与外物的相互决定关系都是具体的和历史的。当某种具体精神是某种具体产品形成的先决条件时，这种具体精神相对而言是第一性的、本源的，而这种具体产品相对而言则是第二性的、从属的。相反，当某种具体产品是某种具体精神形成的先决条件时，这种具体产品相对而言是第一性的、本源的，而这种具体精神相对而言则是第二性的、从属的。事实上，无止境地追寻具体精神或具体外物的历史本源，去找寻所谓最初的、第一性的本源，在理论上和实际上都是毫无意义的。

由于肯定了精神本身的物质性，并论证了精神与物质的关系问题，在本质上并非谁第一性、谁第二性的问题，而是谁包含谁、谁被包含的问题，因而给我们如何区分唯心主义和唯物主义带来了新的思考。在以往的哲学理论中，总是用关于精神与物质谁第一性、谁第二性的不同观点，作为划分唯心主义和唯物主义的根本观点。这在逻辑上已被本书前面的分析证明是不科学的。如果一个人承认精神实体的客观实在性和客观生理效应，承认精神本身所具有的最普遍、最一般的物质特性，承认精神是包含于世界万物之中的一种特殊的物质形式，并且同时承认具体外物决定具体精神、具体精神决定具体外物，那么，这才是彻底的唯物主义者；与此截然相反而持否定态度的就是唯心主义者。在政治经济领域中，如果一个人承认具体的社会政治经济环境决定人们具体的社会政治经济意识，同时，承认人们具体的社会政治经济意识决定人们具体的社会政治经济行为，那么，这就是历史唯物主义者；与此截然相反而持否定态度的，就是历史唯心主义者。

总之，“具体外物决定具体精神及具体精神决定具体外物”，“外部事物具体地和历史地决定人类精神及人类精神具体地和历史地决定外部事物”，是辩证唯物主义和历史唯物主义的灵魂和根本定律。

在如何认识精神与物质关系的问题上，我们还必须注意克服或避免那种简单对立的思维方式。唯心主义者把精神看作超物质的、创造物质世界的一种范畴——“绝对精神”，认为精神第一性、物质第二性，精神决定物质。这显然是违背客观事实的荒谬理论。但是，作为唯物主义者，也不能简单地与唯心主义者唱反调，用简单对立的情绪代替科学的分析。“你说精神第一性、物质第二性，我就说物质第一性、精神第二性”，“你说精神决定物质，我就说物质决定精神”……这种简单对立的思维方式同样是违背客观事实的。实际上，正是这种简单对立的思维方式，才使人们在精神与物质关系的问题上，形成了以往那种把精神与物质对立起来，否定精神本身的物质性，从而否定精神对创造物的能动决定作用的片面认识。正如我们前面所说的那样，在精神与物质之间，根本不存在谁第一性、谁第二性的问题，精神本身就是一种特殊的物质存在形式，它包含于物质之中；精神与物质的关系，只能是具体精神和具体外物之间的关系，或者反过来说只能是具体外物与具体精神之间的关系。这种关于精神与物质关系的全新认识，应该成为辩证唯物主义的理论精髓。

五　确认精神物质性的经济学意义

关于精神本身的物质性的问题，不只是一个单纯的哲学问题，而且还是一个与政治经济学密切相关的基本理论问题；因为对于精神本身的物质性的不同见解，必然会反映到经济学的研究中来，并形成关于一系列基本经济问题的不同见解。例如，由于以往的哲学理论，否认精神本身的物质性和实体性，从而也就在实际上否定了人们对生产行为、交换行为和消费行为的能动选择或主观评价背后的客观规定性。在产品效用的问题上，由于把人们对产品效用的不同评价，简单地归结为没有物质依据的主观评价，看不到每一个人的具体精神发展，在不同具体物质资料的需要上具有差异性或特殊性的客观背景，因而盲目地否定和批判产品效用学说，否认产品效用在决定或影响交换价值和产品价值，以及在决定和影响市场供给和市场需求中所具有的客观作用，并毫无理由地把应用产品效用分析产品价值和市场供需的经济分析方法，简单地归结为主观唯心主义的分析方法而加以批判。这样就使我们以往的经济理论，回避并放弃了对产品效用问题的深刻研究，从而失去了一个客观分析社会经济活动的重要工具，并在社会主义经济理论的研究道路上设置了不智的障碍。

事实上，对产品效用大小的所谓“主观评价”，是有其精神发展本身所具有的严格的客观规定性的。这是因为，人们精神上的任何一种具体、特定的生活目的，都只有凭借具体、特定的物质资料才能实现内外对应，才能最终实现自己本身。例如，一个在沙漠中行进而干渴难忍的人，唯有水这种东西才能满足其生理上的需求，实现其要求喝水解渴的生活目的，而黄金、珠宝对于实现这一生活目的，就产生不了任何内外对应作用。生活目的必须通过相应的外物才得以实现自身的这种铁一般的客观规定性，形成了人们对不同物质资料的选择性，支配着人们的生产行为、交换行为和消费行为，影响着他们对每一件产品物质的不同价值评价，从而影响着市场的供给与需求。因此，从某种意义上说，人们关于产品效用的评价，在哲学的意义上，虽然可以被视为“主观评价”，但在生理学的意义上，则是一种“客观评价”，这是一种以实现自身生活目的的实际需要为基础的客观评价。这种评价在精神实体之中，在大脑的内外对应的过程之中，都是有其严格的客观规定性的。在现实的经济分析中，如果否认人类精神存在和发展的具体要求，对生产活动和消费活动等社会经济活动的具体的和历史的支配作用，人们就不可能深刻地认识全部社会经济活动的内在机制，从而也就不可能正确地解释社会经济活动的内在规律。

以往的经济理论，往往把产品效应和产品效用混为一谈，即把具体产品自身所具有的特定的自然物质属性和物质效应，同人们具体生活目的对不同具体产品是否符合自身特定需要之有用性大小的评价及其选择性混为一谈，特别是把人们对产品效用的评价同唯心主义混为一谈，而不能客观地考察产品效用在决定产品价值上所具有的极为关键的客观作用。这样，就使得以往的劳动价值理论具有很大的片面性，不能科学地解释现实生活中许多具体的经济现象。然而，在哲学上否定精神本身的物质性，否定具体精神对具体产品的决定作用，正是我们不能深刻认识产品效用主观评价背后判断产品价值时所具有的客观规定性的根本所在。因此，对于搞清楚产品效用及与之密切相关的劳动价值问题，在哲学上首先论证精神本身的物质性，具有极为重要的基础理论意义。

当然，人们对产品效用的主观评价绝对不是凭空胡乱地评价的，而是有其严格的客观规定性的。实际上，产品效用的主观评价不仅受到生活目的对产品需求状况的严格制约，而且还受到生产产品所耗费的劳动数量或生产成本的严格制约；这是双重制约性的统一。关于这一点，本书将在后面关于“效应关系”和“效用关系”的章节中，在确定精神本身的物质性的理论基础上，深入地研究产品效用主观评价背后的客观规定性，从而科学地考察并建立与以往主观效用学说具有显著区别的“客观效用学说”，进而为建立更为科学的劳动价值理论奠定基础。

确认精神本身的物质性，不仅在关于产品效用问题的分析上，具有重要的理论意义；而且在确认精神对社会政治经济活动的支配作用上，也是具有十分重要的理论意义的。在以往的理论中，因为否定精神本身的物质性，往往一说精神的决定作用，就好像离经叛道而变成了唯心主义。这是极为片面的和不科学的。

从历史唯物主义的意义上说，人类历史的存在和发展，本质上就是人类精神的存在和发展，这应该成为历史唯物主义的第一的基本观点。实际上，人们任何的政治经济行为及其所构成的社会政治经济关系，无不是在一定的政治经济意识支配下形成的，无不是由一定的精神内容决定的，无不是由精神支配下的人类行为构成的；社会生产力的发展，无疑是由人们社会关系和技术关系的发展所构成的，而人们社会关系和技术关系的发展，归根结底又是由人们精神的发展所决定的。当然，现实的社会政治经济关系以及现实生产出来的物质资料和人类文明，亦能决定人们的精神发展状况。这正所谓“具体精神决定具体外物，具体外物决定具体精神”。其实，任何主观的东西不过是客观实在在人们头脑中的某种表现形式而已，即人类精神作为一种客观实在所具有的能动反映的表现形式，主观的背后有客观。因此，简单地否定政治经济活动中的精神决定作用，反而是不科学的和唯心主义的。作为精神的东西，为什么“知识就是力量”？为什么科学技术能够成为“第一生产力”？这并不是什么非物质的精神力量转化为物质力量的问题，而是人类大脑特有的内在物质力量（精神力量）转化为外在物质力量（劳动能力）的问题。如果因为强调具体知识对具体社会政治活动和具体社会经济关系的决定作用，而被视为唯心主义者的话，那是十分荒唐的。从目的形成和目的实现的意义上，而不是从一般生活效应的意义上去研究产品效用的问题，是我们正确理解产品效用理论的客观性和科学性的唯一正确的必由之路。

总之，确认精神本身的物质性，不仅对于具体地分析研究政治经济问题具有重要的理论意义，而且对于反驳那些随便给别人戴上唯心主义帽子的人来说，也是最好的哲学武器。

第二篇　劳动和产品

在上一篇中，主要讨论了人类生活循环体所具有的三大基本元素之一的“人类生活”。依据“导论”中曾给出的研究逻辑，本篇将接着讨论人类生活循环体中的其余两个元素——“劳动”和“产品”。同“人类生活”，或者更确切地说同“人类精神生活”这个基本经济范畴不太一样，劳动和产品是我们已经十分熟悉的基本经济范畴。显然，在任何一种较为完整的经济学说体系中，特别是在政治经济学的教科书中，不涉及劳动和产品这两个经济范畴是不可思议的。对于具有经济学基本常识的人们而言，几乎无一不能轻松地回答出“什么是劳动”“什么是产品”这样简单的问题。

那么，是不是说，因为人们对劳动和产品已经非常熟悉，就没有必要在这里多费唇舌呢？事实上，在以往的经济理论中，对于劳动和产品的分析，即使是在一些最基本的规定上，也都存在着许多未能充分解释的问题，甚至存在着某些片面的或错误的认识。显然，对于劳动和产品这样两个最基本的经济范畴的规定，如果存在明显的甚至细微的不足或缺陷，往往会使我们在具体的经济分析中，犯这样或那样的错误，或者出现这样或那样难以解决的问题。这就是说，能否正确地认识和规定劳动范畴和产品范畴，对于一个政治经济学体系的科学性和完整性具有极为重要的决定性意义。因此，无论在加强理论体系科学性和完整性的意义上，或是在补充和修正我们以往理论不足的意义上，我们都有必要就劳动和产品这两个基本经济范畴，作更加深入细致的分析。

第九章
劳动的本质及其自然形态

什么是劳动？劳动又是以怎样的形式存在的？这看起来是一些普通常识、不值一提的问题，然而却是政治经济学中必须研究、弄清楚的问题。在人类生活循环体的内部关系中，我们可以清楚地看到劳动在其中不可缺少的地位和作用——劳动不仅创造着物质财富（劳动产品），而且可以通过自己创造的物质财富影响并决定着人类生活的存在和发展。这就使得劳动这个经济范畴在经济学的研究中，具有了特别重要的意义。那么，劳动究竟是什么？劳动究竟以怎样的形式而存在？在这一章中，将着重讨论这两个基本问题。

一　劳动是精神支配下的人类活动

人类为了自身的生存和发展，必须通过改造外部事物，从而创造物质财富的活动，为自身提供所需的物质资料。通常把人类的这种生存活动称为劳动。然而，对于劳动的这种认识，仅仅只是对劳动的外在现象的认识。如果把人类改造自然、创造财富的生存活动，同动物的生存活动乃至同自然界最一般的物质运动相对照，就不难深入地观察到劳动的内在本质，即劳动是人类精神支配下的人类活动。我们可以从以下几个方面理解劳动的这一本质。

第一，劳动作为生物活动，区别于非生物运动。无论是包括劳动在内的一切生物活动，或是其他任何非生物的物理化学运动，在共同本质上和在普遍的意义上，无不是物质的运动，这是不言而喻的。但是，从不同具体物质运动的特殊性来看，劳动作为人类活动，在本质上是明显区别于非生物运动的。我们知道，人类作为一种生物物种，是物质世界从无机物到有机物，从非生物到生物，从低级动物到高级动物的发展运动中产生的。生物一旦从非生物中分离出来，就具有了自身特殊的有机活动形式，并使自己的活动在本质上区别于非生物的无机运动。例如，生物可以通过自身新陈代谢的活动，与周围的环境进行趋利避害的物质交换，并且具有生物物种发育生长、繁殖进化等特殊的生命运动形式，特别是当生物发展到具有高度发达的大脑神经系统的人类时，生物运动就具有了适应自身存在和发展的能动的目的性。而非生物运动，既不具有新陈代谢、趋利避害的物质交换过程，也不具有发育生长、繁殖进化的运动形式，更谈不上目的性和能动性了。实际上，生物科学的成就，早就从多方面深刻地揭示了生物活动和非生物运动的本质区别。因此，劳动作为人类改造自然、创造物质财富的活动，在本质上首先是区别于非生物运动的。

尽管劳动在本质上区别于非生物运动，但保留着某些与非生物运动相一致的物质性质。无论是生物活动或是非生物运动，它们作为物质运动的一类，都必然与其他物质发生相互作用的关系。比如，建造房子的劳动能把砖瓦盖成房子，流水的运动能把沙土堆成三角洲。又如，无论是生物活动或是非生物运动，它们对于作用对象所做功的大小，都是以物质的能量守恒定律为依据的，即有多大的物质运动能量，就对作用对象做多大的功。自然，劳动与非生物运动的这种一致性，是由物质运动具有的普遍的物质性质所规定的，这并不否定劳动与非生物运动的本质区别。

第二，劳动作为人类活动，有别于普通生物活动。人类虽然是全部生物物种中的一类，但又是一切生物物种中最发达、最高级的一类。在漫长的生物进化过程中，高级动物的肌体得到了巨大的改良，特别是高级动物的大脑神经系统的巨大发展，以至于其反映能力从动物心理升华到了人类精神的高度，并由此最终产生了人类本身。由于人类与普通生物在神经系统及反映能力上的巨大区别，即人类精神与动物心理或动物感觉的巨大区别，因而在本质上把人类劳动和动物活动区分开来了。

正如前面在讨论人类生活概念时就已经知道的那样，人类是一种精神动物，其存在和发展的生理机能，高度集中地表现为生活目的的形成和生活目的的实现。这样，人类的外在活动，就突出地表现为在精神支配下为实现生活目的而进行的高级生物活动；这种高级生物活动是有目的的，主观能动的。它依照生活目的的要求而能动地改造外部世界，使之与生活目的实现内外对应。普通的动物活动，虽然属于生物活动，并且也是在一定的神经系统或神经组织支配影响下的生物活动，但是，由于普通动物的神经系统及反映能力尚未达到人类精神的高度，以至于它们的生存活动基本上是无目的的、被动的；它们对外部事物的影响作用，在普遍的意义上，仅仅是一种动物本能的反映。马克思说得好："蜜蜂建筑蜂房的本领使人间的许多建筑师感到惭愧。但是，最蹩脚的建筑师从一开始就比最灵巧的蜜蜂高明的地方，是他在用蜂蜡建筑蜂房之前，已经在自己的头脑中把它建成了。”①

由此可见，劳动作为精神支配下的、为一定生活目的服务的人类活动，是人类独有的生存活动形式，是专属于人类的。如果混淆了人类劳动和动物活动，以及混淆人类劳动和其他物质运动，我们就有可能在关于人类经济活动的分析中，产生极大的偏差或犯严重的错误。例如，在价值理论的问题上，西方资本主义经济学就常常把劳动同其他物质运动混为一谈，以至于认为土地、牲畜、资本同劳动一样，也创造价值。事实上，只有能动的人类劳动才能创造价值，而其他任何物质运动都只能是人类劳动创造价值的外部条件。

第三，劳动作为精神支配的人类活动，区别于非精神支配的人类活动。劳动是人类独有的生存活动形式，但是，这并不等于说人类的一切生存活动都是劳动。因为在人类的全部活动中，仍然包含并保留着某些类似动物活动的、非精神支配的、无目的的活动方式，即所谓“非精神支配的人类活动”。例如，人体中的心脏跳动、肺部呼吸、血液循环，以及其他无意识的人类行为等等，都是非精神支配的人类活动。这种人类活动的存在，说明人类仍然保留着某些与动物相一致或相类似的生物本能。这种非精神支配的、具有动物本能性质的人类活动，在本质上是区别于劳动的。

作为特例，在某些情况下，精神支配的人类活动相对于非精神支配的人类活动而言，往往可以采取相类似的肌体运动形式。例如，呼吸空气的肺部活动，在多数情况下是非精神支配的自发活动，它是在人体迷走神经的控制下自发进行的。但是，潜水员潜水时的某些呼吸，运动员运动时的某些呼吸，或者某个人有目的把气球吹大的呼吸等，则是在精神支配下的、有目的的人类活动。又如，把人杀伤的行为，在多数情况下是精神支配下的有意识的人类活动，但在精神失常的情况下把人杀伤，则属于非精神支配的、无意识的人类活动。因此，考察一种人类活动是不是劳动，并不能简单地依据这种活动的外部形式来规定，而是由这种人类活动是否受精神或目的的支配为唯一衡量标准。

从以上分析可见，劳动作为人类改造自然世界、创造物质财富的活动，都是为实现一定的生活目的服务的，都是在人类精神支配下进行的人类活动。这就是人类劳动所具有的内在本质。正是这一内在本质，才明确地把人类劳动作为精神支配下的特殊物质运动，同其他一切非精神支配下的普通物质运动区分开来。无疑，人类精神的支配作用，实际上正是劳动与其他生物运动乃至其他物质运动的分水岭。为了更明确地认识理解劳动与其他物质运动之间的关系，我们可以用图表的形式把它们之间的关系表示出来（见图 9－1）。

① 中共中央马克思恩格斯列宁斯大林著作编译局编译：《马克思恩格斯全集》（第 23 卷），北京：人民出版社 1995 年版，第 200 页。

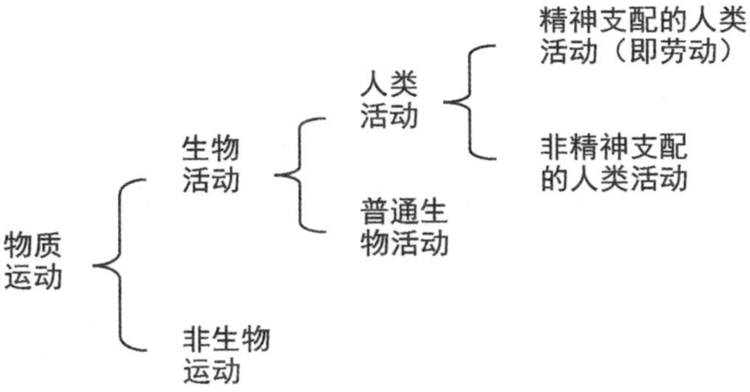

图 9－1

既然劳动是精神支配下的人类活动，那么它在生理上必然有其特定的存在形式。人体解剖生理学告诉我们，“人类肌体的随意运动（即有目的的行为）只有在神经系统对骨骼肌的支配保持完整的条件下才能发生，而且必须受大脑皮质的控制”。这就从根本上规定了人类劳动所具有的一般生理形式。当然，要在这里详细地说明劳动形成的整个生理过程，从某种意义上说是比较困难的，也是没有必要的。但是，我们仍然能够对此作一些较为简单的描述。

任何劳动都不是盲目的，而是有目的的；因此，劳动在生理上的必然前提首先就是人类的生活目的。人类大脑在对外部信息进行思维分解和思维组合的加工处理后，最终形成了精神想象物；而当某种特定精神想象物被认定对自身生存和发展有利而固化为生活目的时，它就成为相关劳动的决定因素。其中，表现为生活目的的大脑感觉神经细胞的兴奋，会以特定的方式引起大脑皮层中行为神经系统的兴奋，并进而引起人体骨骼肌的相应紧张和松弛，从而形成具有特定能量、特定方向和特定作用部位的肌体运动——劳动。大脑皮层在控制人体运动的过程中，还不断地通过中枢神经接受反馈信息，依据生活目的的要求，适时调整其传出冲动，令目的支配下的肌体运动在力量上和方向上达到预期的效果，从而使得连续的劳动行为能够按照生活目的的要求作用于外部事物，并创造出与生活目的相对应的物质财富。因此，从最一般的意义上说，精神支配下的人体骨骼肌的运动，就是劳动特有的基本生理形式。这正如马克思所说的那样：“单个人如果不在自己的头脑的支配下，使自己的肌肉活动起来，就不能对自然发生作用。”[①]为了更好地说明劳动的本质，我们可以把劳动形成的过程简单地用图表示出来

① 中共中央马克思恩格斯列宁斯大林著作编译局编译：《马克思恩格斯全集》（第23卷），北京：人民出版社1995年版，第555页。

（见图9－2）。

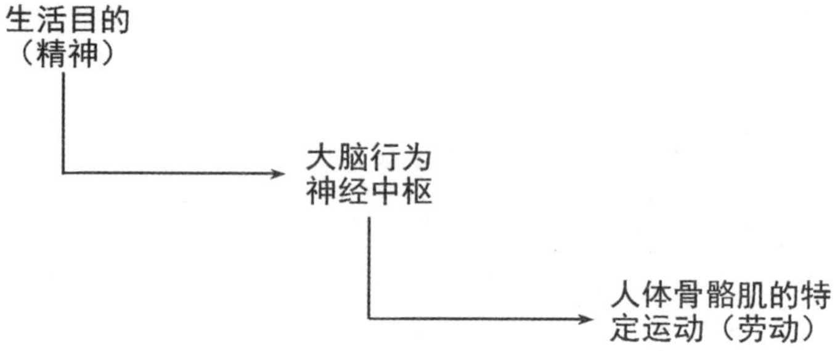

图9－2

从图中可以得知，劳动仅仅指的是精神支配下的人体活动，其中并不包含精神本身。在这里，精神作为一个独立的物质实体，只是以自己特有的物质力量去推动骨骼肌的运动，从而使骨骼肌处于劳动的状态，但其本身并不成为劳动的一个部分；精神的支配作用只在性质上规定劳动，但不作为劳动的一个组成部分而存在。这就是说，劳动虽然受精神支配，但它是一个相对独立于精神的物质实体；精神和劳动是可分的，而不是浑然一体的；它们之间是支配和被支配、决定和被决定的关系。因此，尽管精神和劳动都处于人体之中，都是人类本身特有的现象，但我们在形式上则不能简单地把劳动看成是精神和人体运动的结合体，否则，我们就很容易遇到某些逻辑上无法解释的问题。例如，既找不到在根本上决定劳动及其产品的精神本源，亦找不到劳动及其产品的最终服务对象。

二　劳动是人类生活的外在经济形式

精神的存在和发展是人类生活的内在本质和内在形式，这是人类生活最本质的规定性。既然劳动在本质上表现为精神支配下的人类活动，那么它就只能附属于精神，并为精神的存在和发展服务。但是，尽管任何劳动都有其先决的精神支配内容，然而，任何劳动在人类生活循环体的运动过程中，都在相反的方面成为人类精神存在和发展之绝对不可缺少的条件。没有劳动，没有劳动所创造的生活资料，就没有精神生活赖以存在和发展的外部物质条件，从而也就没有精神的存在和发展本身。劳动不像精神那样存在于大脑之中，而是表现为人体作用于外部事物的运动或力量。劳动受精神支配，并且还能通过自己对外部事物的改造，通过自己在外部世界中的创造物，去体现精神的存在和发展，从而成为精神的外在表现形式。这就是说，劳动虽然产生于精神的支配和要求，但以自身作为精神发展的绝对必要条件，而成为人类生活的外在形式，并与人类生活的内在形式精神的存在和发展相对立。

劳动作为生活资料的生产和再生产活动，是人类赖以生存和发展的必不可少的经济形式。这种经济性集中地表现为人类活动的目的性和选择性。人类按照特定的生活目的，能动地改造外部事物，创造物质财富，用以满足自身的精神发展需要，并且，人类活动又是依据精神发展本身特有的规律，在一定的价值观念的支配和引导下进行的，从而使得人类活动能够在一定的范围内，实现以较小的劳动耗费获取较大的精神发展利益，得以解决相对有限的劳动能力与相对无限的物质需求之间的矛盾。这样就形成人类特有的经济活动。这种以目的性和选择性为标志的人类经济活动，从外在形式上把人类活动和动物活动区分开来，从而补充说明了人类生活和动物生活在内在形式上的根本区别，即人类的精神生活和动物的非精神生活的本质区别。总的看来，人类生活和动物生活在外在形式上的区别，可以具体表现为以下两方面：

第一，从改造外部事物的技术关系看，精神支配下的人类活动（即劳动）是以创造工具和使用工具为标志的。由于人类能够创造工具并使用工具，使人类获得了改造世界和创造世界的巨大潜力，并在根本上解决了人类以有限的抽象劳动量，去获取无限的物质财富的可能性。在现实生活中，人类所创造和使用的各种机器设备，已经显示出任何动物活动根本不可能形成的巨大创造能力。随着人类自然知识的日益扩大化和深刻化，人类将可以依照自身精神发展的实际需要，有选择地创造出更加先进伟大的机器设备，并使自己的存在和发展获得越来越优良的物质条件。然而，动物只能本能地利用或适应现成的自然生活条件和生活环境；它们的生存和发展，在极大程度上是由自然支配而盲目自发地进行的。由此可见，在制造和使用工具去改造外部世界的技术关系上，人类活动同动物活动是有着显著区别的。

第二，从改造外部事物的社会关系看，精神支配下的人类活动（即劳动），又是建立在高度发达的社会生产关系的基础之上的。人类互相联系的生产活动和消费活动本身，构成了社会生产关系的实体，并且，人类社会生产关系的形成，并非自发盲目的，而是以充分发挥社会关系所能形成的巨大创造能量为目的、需要的。早在原始社会时期，人类就有了自己明确的社会意识及社会组织。社会组织的存在，使人类的生产活动实现了劳动分工和劳动协作，从而极大地提高了社会生产力，并使人类本身获得了稳定、可靠及日益良好的社会生活条件。人类在认识社会的过程中，不断地丰富自己的社会知识，创造出越来越先进的社会组织，形成越来越发达的社会生产关系。从原始社会、奴隶社会到封建社会，乃至从资本主义社会到社会主义社会，都现实地体现着人类劳动所特有的社会关系的伟大发展。这种社会生产关系的发展壮大，是人类无限扩大自身创造能力的基础。然而，尽管动物之间具有一定的群体关系，但动物之间的群体关系是极为简单的和本能的，在极大程度上，是被动地适应自然环境而形成并固化了的东西。这种在数千万年中缓慢演进的动物群体关系，极大地限制了动物适应自然的能力。由此可见，在分工协作共同改造外部世界的社会关系上，人类活动同动物活动是有着极为显著的区别的。

显然，人类活动和动物活动的上述区别，在根本上是由人类的精神生活和动物的非精神生活的区别决定的。因此，人类活动和动物活动的区别，不过是人类生活和动物生活本质区别的外部表现形式。正是从这种意义上说，人类有目的的、有选择的外在活动——劳动，是人类生活的外在经济形式。这样，就使得我们进一步认识了劳动的本质特征，即劳动不仅是由精神支配和决定的，而且是为精神的存在和发展服务的；劳动的经济性在本质上表现为以尽可能少的劳动耗费，最大限度地推动人类精神发展的服务性。

劳动的这种本质规定，从根本上说明这样一个事实，即劳动只是人类生活的手段，而不是人类生活的目的。在以往的理论中，由于忽视劳动被精神支配并服务于精神的本质特征，往往把劳动乃至把劳动改造和创造外部世界的生产力看成人类生活的意义，甚至用生产力去否定人本身。这一点具体地表现为生产目的上的盲目性，即不是把生产活动的目的与人类精神生存和发展的实质内容联系起来，以及与广大人民群众的精神发展的实际需要联系起来，似乎劳动不是为了人本身，而纯粹是为了“改造世界”和“创造世界”。这种片面观点在人们以往的生产实践中，导致我们长期忽视人民大众个人发展资料的生产，并导致社会生产和社会需求的巨大脱节。

在知识是不是生产力和知识为什么是生产力的问题上，由于以往的理论不能明确地规定精神对劳动的绝对支配作用，往往不能科学地解释这一问题，不是错误地否定知识在形成生产力中的决定作用，就是简单地把知识归结为生产力本身。实际上，知识作为人类精神的两大要素（生活目的和生活知识）之一，并不是生产劳动或生产力本身，它只能通过劳动目的的形成，去间接地支配和决定生产劳动和生产力，是生产力形成和发展的支配因素之一。忽视精神支配作用的错误或偏见，又进而反映到价值的问题上来。知识能不能创造价值？知识分子能不能创造价值？这也是我们以往的理论难以科学解释的问题。实际上，如果“价值或劳动价值”是对劳动创造物或劳动产品的某种专门规定的话，那么，作为精神要素的知识是绝对不能直接创造价值的——只有劳动才能创造价值，这几乎已经是一种铁的规定。但是，作为劳动的支配因素，知识又从根本上支配并决定着价值创造。显然，即使是普通工人和农民，如果没有一定的生产知识和生产目的，就不可能支配他们的实际劳动，也就不可能创造出任何实际价值。同样，知识分子作为劳动者，他们的劳动行为必然也是能够创造价值的，而且完全可能创造出比一般劳动要多得多的，甚至是一般劳动无法比拟的价值或财富。由此可见，劳动本质的科学规定，对于政治经济学的研究具有极为重要的理论意义。

关于劳动的上述本质规定，不仅对于我们理解政治经济学有着一定的理论意义，而且对于我们理解人类起源的历史科学，也有着十分重要的理论意义。在以往的理论中，人们往往把劳动看成是人类与动物的本质区别，甚至认为劳动创造了人本身。从某种严格的意义上说，这种认识是不确切的。因为人类区别于动物的具有根本性的本质，只能是人类精神的存在和发展，而劳动则是受精神支配的人的外在活动，没有一定的精神就没有一定的劳动，具体的精神必然先于具体的劳动而存在，而任何具体的劳动则必然受具体的精神所支配。仅仅从这种意义上说，不是劳动创造人本身，而是精神规定人本身，精神规定劳动本身。

从起源学的意义上说，最初的人类精神并非由劳动①引起，而是高等动物类人猿或者智人，在与自然界作斗争的过程中形成的。类人猿在漫长的进化过程中，逐渐发展着自己的大脑神经系统，并最终形成了极为简单的、初始的抽象思维能力。具有这种抽象思维能力的类人猿，也就因此而成为最起码意义上的人——一种具有精神能动作用的地球生物。但是，类人猿的抽象思维能力还没达到一个相当的水平，即还没有达到能动地进行思维分解和思维组合，特别是还没有达到能够把思维组合物转化为生活目的，并以这种生活目的支配自己的行为的水平时，其生存行为仍然还不是严格意义上的劳动。马克思曾经说过一种所谓的"动物式的本能的劳动形式"②，大概指的就是某种非精神支配下的类人猿活动。显然，人类从简单抽象思维能力的启蒙到形成初始的精神想象物，并最终以生活目的支配自己的行为，也许经历了一个相当漫长的历史过程。但是，无论如何，只有当人类活动真正达到了这样一种水平，也就是产生了具有目的性的生存行为时，才在严格的意义上成为人类劳动。由此可以得出这样一个结论："人类精神的产生使人成为真正意义上的人，使人的行为成为真正意义上的劳动；而不是相反，是什么劳动创造人本身。"

不过，从起源学上确定精神先于劳动的事实，并不能使人们否定劳动对人类精神的存在和发展所具有的决定性意义。当劳动第一次现实地存在并创造出物质财富的时候，它就已经显示出了自身对人类精神的存在和发展所具有的决定性意义，并与精神相对立而统一起来。正是从运动发展的意义上说，没有劳动的存在

---

① 严格意义上的劳动，绝对不是普通动物的无意识活动，而是人类精神支配下的、为了实现一定生活目的的人体运动。

② 中共中央马克思恩格斯列宁斯大林著作编译局编：《马克思恩格斯全集》（第23卷），北京：人民出版社1995年版，第202页。

和发展，也就没有人类精神的存在和发展，就没有人类物种的存在和发展；当然，劳动对精神的决定作用或精神对劳动的决定作用，都是具体的和历史的——不是具体的和历史的精神决定具体的和历史的劳动，就是具体的和历史的劳动决定具体的和历史的精神。因此，尽管劳动不在起源的意义上创造人本身，却在矛盾运动的意义上发展了人本身。由于精神和劳动都是人本身的要素，因此我们可以这样说："自从有了人，人的精神和劳动决定人本身，人决定人本身。"

三 广义劳动和狭义劳动

当我们在最一般的意义上或者说在一般内涵上，把劳动规定为精神支配下的人类活动的时候，就使得关于劳动的定义，在范围上得到了极大的外延，并因此而与以往的劳动概念形成某些差异性。例如，人们通常把工人、农民的生产活动视为劳动，并把他们称为劳动者或劳动阶级；而通常把地主、资本家对土地、资本的经营活动视为剥削，并把他们称为剥削者或剥削阶级；此外，还通常把知识分子、科学家、教师、政府工作人员、服务行业的劳动者，视为非生产的社会成员，并把他们称为社会财富的耗费者而非创造者等等。然而在事实上，无论工人还是农民，无论地主还是资本家，无论知识分子还是科学家，所有人的能动行为都是在一定精神支配下发生的，因而都是符合最一般的劳动定义的。但在事实的另一方面，社会各阶级或社会各阶层的社会经济活动乃至社会政治活动，虽然同样作为人类劳动的一种类型，但其各自劳动的社会经济后果或社会政治后果，的确存在极为明显的区别。为了从这种理论与实际的混淆中解放出来，我们有必要讨论一下劳动的一般形态和具体形态，并由此提出"广义劳动"和"狭义劳动"的概念。

所谓"广义劳动"，就是本书前面已经论述过的最一般意义上的劳动概念，即人类精神支配下的人类活动。广义劳动至少有以下几方面的规定性。第一，广义劳动是最普遍、最一般意义上的人类劳动，是最一般的劳动形态。从这种意义上说，广义劳动对其他任何具体劳动形态具有最广大的涵盖性，是精神支配下的全部人类劳动的总和，是对一切人类劳动共同性质的高度概括和抽象；无论何人的何种具体劳动，都无一例外地包含于广义劳动之中。第二，广义劳动是人类社会的永恒范畴。人类不仅以自身的精神力量支配着自己的劳动，而且把自己的劳动作为自身精神生活存在和发展的必然手段和基本条件。因此，只要人类存在下去，精神支配下的人类劳动就会存在下去。第三，广义劳动没有具体个人和具体阶级的区分。这就是说，无论什么人或什么阶级，只要他们的活动处于精神的支配之下，就毫无例外地属于人类劳动，就具有劳动最一般的特性和功效。它在逻辑上承认，包括剥削阶级或反动阶级在内的所有人的能动行为，都包含于劳动的范畴之中。

所谓“狭义劳动”，就是具有不同技术特性和社会特性的、具体的和历史的劳动形态；它使我们得以科学地界定每一个人的劳动，乃至每一个阶级的劳动，在一定的社会历史条件下所具有的技术性质或社会性质。例如，从劳动对自然领域的作用看，可以把劳动划分为工业劳动和农业劳动、重工业劳动和轻工业劳动、种植业劳动和养殖业劳动；从劳动对人类生活的结果看，可以把劳动划分为有效劳动和无效劳动、生产劳动和非生产劳动；从精神对劳动的支配特点看，可以把劳动划分为认识性劳动和创造性劳动、简单劳动和复杂劳动；从劳动的社会特性看，可以把劳动划分为个人劳动和社会劳动、剥削性劳动和非剥削性劳动等等。这就给我们提供了一把具体和历史地分析各种人类劳动技术性质和社会性质的钥匙。

狭义劳动也有自身的规定性。第一，任何一种狭义劳动都是在具体精神支配下为具体生活目的服务的劳动，因而都是具体的和历史的、具有一定相对性的劳动。例如，衡量某一劳动是有益劳动还是有害劳动，是生产劳动还是非生产劳动，都是相对于这一劳动的具体性状及其具体结果与人们具体的生活需要的关系而言的，而且，一种具体劳动在某一历史条件下可以是有益的生产性劳动，而在另一种历史条件下则可以是有害的非生产性劳动。例如生产鸦片用来做药是有益的，用来麻痹神经则是有害的。第二，各种狭义劳动由于在划分标准上采取各自不同的相对形式，因而不同的劳动形态可以融合于同一的具体劳动之中。例如，一种有害劳动同时可能是一种复杂劳动，一种认识性劳动同时可能是一种社会劳动等等。劳动形态的这种融合性使得人们的具体劳动具有了多方面的性质和特点。第三，狭义劳动使具体劳动不仅具有了自然形态上的划分，而且具有了社会形态上的划分。例如，在自然形态上，生产工业产品的劳动和生产农业产品的劳动、认识性劳动和创造性劳动等被区分开来；在社会形态上，生产劳动和非生产劳动、剥削性劳动和非剥削性劳动、个人劳动和社会劳动等被区分开来。第四，任何狭义劳动都包含于广义劳动之中，它们因此不仅有特殊性和差异性，而且有其共同的普遍性和一致性。

广义劳动和狭义劳动的原理，对于政治经济学的研究有着极为重要的理论意义。由于确立了广义劳动概念，因而得以高度抽象地研究人类劳动的最一般的经济形式，及其最一般的社会经济作用，从而为研究具体劳动的经济形式和经济作用，以及与之相关的政治经济问题奠定了理论基础。具有特殊意义的是，由于广义劳动包含了一切人类劳动，使得人类劳动的经济分析范围空前地扩大了。在考察劳动创造价值的问题上，不仅要分析各种有益劳动的正面社会经济意义，而且要分析各种包括剥削性劳动在内的有害劳动的负面社会经济意义。另外，由于确定了狭义劳动概念，从而使具体地分析各种劳动形态成为可能。我们不仅可以从自然的角度上去考察研究不同劳动的社会功能和特性，而且可以从社会的角度去考察研究不同劳动的社会经济意义和政治意义，从而在多方面具体地、历史地、全面地认识人类社会的整个经济构造。

在以往的理论中，由于未能从广义劳动和狭义劳动的原理上对劳动进行全面分析，因而简单地否定历代统治阶级以及附属其中的知识分子的政治经济活动的劳动性，过于简单地把他们的政治经济活动，不作任何具体历史分析地归结为剥削活动，忽视对他们政治经济活动的客观历史分析，从而不能在劳动分析的意义上真正科学地、客观地认识他们在推动人类社会进步中具有的积极作用。实际上，无论是奴隶主阶级、封建地主阶级还是资产阶级，在他们作为一定历史时期内的革命主导阶级，领导人民大众推翻旧的社会制度，而建立更为完善的新的社会制度的时候，他们与之相应的政治经济活动都是具有推动整个社会生产力发展的显著作用的，是当时历史时期最具革命性的有益劳动。当然，在社会生产力达到了这样的高度，以至于要求从根本上改变陈旧的社会政治经济制度的时候，已经腐朽了的统治阶级为了自身的阶级利益而阻碍这种变革，那么，他们才现实地作为严重阻碍社会生产力发展的反动力量，并历史地成为剥削阶级，最终被新生的革命阶级所消灭、取代。

这就是说，如果不是根据广义劳动的客观事实，去深刻地考察每个阶级具体劳动的社会政治经济意义，特别是考察这种社会政治经济意义的发展变化，那么，就不可能科学地、客观地认识各个阶级在人类社会发展过程中的历史作用，就不可能科学地、客观地认识人类社会政治经济关系及其社会形态全部内在的发展过程与运动变化的规律。关于这种体现在劳动分析之上的阶级分析原理，以及生产性劳动和非生产性劳动、剥削性劳动和非剥削性劳动的系统理论，将会在后续《财富的分配与使用》一书中作较为深入的分析讨论。

四　认识性劳动和创造性劳动

人类生活目的在自然形态上，被划分为两大类——认识性目的和创造性目的。这样，劳动作为精神支配下的人类活动，也就同时在自然形态上首先被划分为“认识性劳动”和“创造性劳动”。

就一般概念而言，所谓“认识性劳动”，就是在认识性目的的支配下，为实现认识性目的服务的人类活动。它通过各种外部手段去获取各种关于自然和社会的物质信息，肯定或否定人们或者自身已经形成了的关于自然和社会的认识，掌握和深化人们或者自身未曾形成的关于自然和社会的认识，从而实现认识性目的。所谓“创造性劳动”，就是在创造性目的的支配下，为实现创造性目的服务的人类活动。它通过各种外部手段去改造外部事物的自然形态和社会形态，使之按照创造性目的的要求发生变化或重新构造，从而实现创造性目的。

从联系的意义上说，认识性劳动和创造性劳动作为人类劳动的两种最基本的实践活动，它们之间是密不可分的。因为，认识性目的的实现和创造性目的的实现，几乎在所有的情况下都是互相融合、互为条件的。一种认识性目的，必须借助某些创造性目的的实现，即借助某些创造性劳动所提供的物质条件或物质手段，才能最终实现；而一种创造性目的，又必须借助某些认识性目的的实现，即借助某些认识性劳动所获取的外部信息及其在大脑中形成的知识和目的，才能最终实现。事实上，在实现一个认识性目的的劳动过程中，特别是在实现一个较为复杂的认识性目的的劳动过程中，必然包含着一系列创造性劳动；反过来，在实现一个创造性目的的劳动过程中，特别是在实现一个较为复杂的创造性目的的劳动过程中，也必然包含着一系列认识性劳动。人类劳动的这种特点，是由相互联系的认识性目的和创造性目的排列组合而构成的目的系统所决定的。我们把在系统目的支配下实施的有系统的劳动行为称为“系统劳动”。在一定的系统劳动中，总是包含着一定的认识性目的和创造性目的的。

例如，要实现制造一台射电望远镜的创造性目的，必须要进行一系列制造、加工、组装等创造性劳动。但是，关于射电望远镜的设计原理，乃至制造每一个机器部件的理论依据和技术要求，都是与一系列的认识性劳动相关联的。没有相应的认识性劳动，没有从认识性劳动中获得的相应的理论知识，就不可能形成关于这一射电望远镜的创造性劳动。另外，创造性劳动中又包含着认识性劳动的因素。例如，我们还可以在射电望远镜的创造性劳动中，不断地加深对它的认识，从而改良我们的创造性劳动。实际上，从一个更大的目的系统看，射电望远镜的创造性劳动，又是为实现对宇宙空间的一定认识性目的服务的。由此可见，认识性劳动和创造性劳动的不可分性或相互依存性，是由认识性目的的实现和创造性目的的实现的不可分性和相互依存性决定的。从这种意义上说，脱离认识性劳动的创造性劳动，或者脱离创造性劳动的认识性劳动，都是不存在的。

值得说明的是，由于人与人之间可以借助语言文字等工具或物质媒介进行思想认识的交流，一个人的创造性目的可以通过这种交流使自己的思想由其他人加以理解和实践，从而使认识性劳动和创造性劳动的不可分性，获得了自己特殊的社会形式，即在形式上表现为认识性劳动和创造性劳动的“社会分离”，而在本质上仍然保持着认识性劳动和创造性劳动的高度统一的不可分性。

就认识性劳动和创造性劳动的社会分离而言，它具体表现为某种创造性目的的设计者和实践者之间的相对分离。即一种创造思想或创造目的，首先通过某一个人或者某些人的认识性劳动而建立起来，然后再由另一个人或者另一些人的认识性劳动去加以理解，并最终通过他们的创造性劳动去加以实践。例如，在古罗马，提出建造金字塔的目的要求及构思金字塔的设计方案，作为一种认识性劳动，往往是由少数一些人进行的；而根据设计者的思想意志和技术要求，去实际建造金字塔实物的创造性劳动，则往往是由多数人进行的。再如，研究宇航科学并设计宇宙飞船的认识性劳动往往由少数人进行，而建造宇宙飞船实物的创造性劳动，则往往是由多数人进行的等等。

认识性劳动和创造性劳动的这种分离现象，有其存在和发展的内在客观必然性。一方面，由于受个人劳动能力的限制，某种较大规模、较为复杂的创造性目的，不可能由单个或少数几个设计者凭借自己的创造性劳动去独立完成，而必然只能依靠劳动集体或社会生产组织的较为巨大而广泛的创造性劳动去共同完成。另一方面，高难度的、极复杂的创造目的，也只能建立在高深而广阔的认识性劳动的基础之上；受个人劳动能力的限制，从事高深科学研究的认识性劳动的人们，其认识性劳动所需要的各类物质资料只能由他人、社会提供，以便节约出更多时间进行高深科学研究和复杂技术设计的认识性劳动。正是上述两方面的客观限制，以及研究、发明、创造一系列尖端物质资料对于整个人类社会发展进步的绝对必要性，使得认识性劳动和创造性劳动在越来越深刻、越来越广泛的自然领域和社会领域中分离开来，并且由此把人类社会的劳动者相对地划分为“知识劳动者”和“普通劳动者”，即在一定的社会历史时期内，“掌握高深知识，专门从事高深科学研究和复杂创造性目的设计的人们”和“掌握普通知识，主要从事理解他人创造目的的部分或全部内容，并在此基础上部分或全部完成他人创造目的的人们”。从某种意义上说，在社会生产力有限的一定历史条件下，认识性劳动和创造性劳动的相应分离，是社会生产力得以较快发展的必然基础，实际上也是社会分工适应最大限度发展社会生产力需要的具体表现。

但是，认识性劳动和创造性劳动的这种划分，并没有，也不可能使知识劳动者和普通劳动者的劳动绝对单纯化。无论在知识劳动者或普通劳动者身上，都仍然普遍体现着认识性劳动和创造性劳动之间严格的统一性和不可分性。

就知识劳动者而言，他们认识性劳动的成果，必然只能借助一定的物质形式，如只有把自己的思想理论或设计方案用语言文字、书籍图纸甚至实物模型等物质的媒介形式表现出来，才能交流到普通劳动者的头脑中去；而知识劳动者创造这些特殊物质形式的劳动，同时也就是一种典型的创造性劳动。例如，科学家、工程师把自己的理论或设计著述成书稿、描绘成图纸、制造成模型，这些精神传播的物质载体就是知识劳动者所创造的物质成果。没有高深的认识性劳动，就不可能形成或拥有高深的理论知识，从而就不可能形成著述、描绘高深知识和深奥思想的创造性劳动。这就说明，知识劳动者高深的认识性劳动是与他们特有的创造性劳动高度统一而不可分的。实际上，许多知识劳动者往往同时是优秀的创造劳动者。如居里夫人既是镭元素的科学发现者，同时又是镭元素的生产提炼者；最先发明制造飞机的莱特兄弟，既是飞机的发明者，又是首架飞机的制造者等等。

就普通劳动者而言，他们实践知识劳动者所提出的创造性目的的创造性劳动，亦必然只能建立在一定的认识性劳动的基础之上。他们必须通过认识性劳动，把知识劳动者的整体设计思想和创造目的，部分或全部地加以理解和认识，并相应地转化为自己头脑中的创造目的，才能在此基础上实施创造性劳动，所不同的只是，他们免除了知识劳动者那种对自然和社会的烦琐高深的认识、推理、设计过程。例如，产业工人要生产某种机器设备和元件，必须应用自己具有的基础知识，首先学习和掌握每一道相应的制造、加工、组装、测试等工艺技术，而要做到这一切，就必须依靠各自的认识性劳动。事实上，没有对生产目的的基本了解和认识，就不可能形成产业工人生产产品的任何创造性劳动。这同样说明，普通劳动者对知识劳动者的设计思想的认识性劳动，是与他们具体实践知识劳动者之创造性目的的创造性劳动高度统一和不可分的。

由此可见，知识劳动者和普通劳动者在劳动形态上的区别，绝对不是单纯的认识性劳动和创造性劳动的区别，其本质上的根本区别在于，不同劳动者之间各自所具有的精神内容（生活知识和生活目的）在深度和广度上的区别。任何一个人的具体劳动，都必然是认识性劳动和创造性劳动的对立统一，只是由于不同劳动者之间作为劳动支配力量的精神要素的水平和程度的不同，才在侧重的意义或形式上把他们划分为知识劳动者和普通劳动者；知识劳动者的认识性劳动中包含着一定的创造性劳动，而普通劳动者的创造性劳动中亦包含着一定的认识性劳动。这样，我们就从人类生活两大类目的的区分上，对劳动的内在构成有了一个全新的认识。

五 关于复杂劳动和简单劳动的辨析

由于在精神分析的基础上明确了劳动是精神支配下的人体活动的概念，并进而形成了认识性劳动和创造性劳动对立统一、互为存在前提的概念，从而使我们对以往的一些劳动概念有了新的认识。例如，关于复杂劳动和简单劳动、脑力劳动和体力劳动等问题，就需要在新的理论基础上予以重新认识。本节将主要讨论“复杂劳动”和“简单劳动”的问题。

从某种意义上说，知识劳动者和普通劳动者在劳动形态上的区别，可以表现为复杂劳动和简单劳动的区别。不过，这里所说的“复杂劳动”和“简单劳动”，在内涵上同我们以往的概念是有所区别或者说有所深化的。在以往的理论中，复杂劳动指的是经过专门培养和训练、具有一定技术专长的劳动；简单劳动指的是不需要劳动者经过专门培养和训练、一般劳动者都能胜任的劳动。如果从精神支配的意义去认识复杂劳动和简单劳动，我们或许可以从中理解关于复杂劳动和简单劳动的某些本质特征。根据精神对劳动的支配作用，我们可以对“复杂劳动”和“简单劳动”的概念作如下规定。

所谓“复杂劳动”，就是在一定的历史时期内，那些相对具有较大深度和难度，主要为知识劳动者所掌握所从事的认识性劳动和创造性劳动。从支配复杂劳动的精神内容看，在认识性目的上表现为被认识对象的相对深刻性、广泛性和全面性；在创造性目的上表现为被创造对象的相对尖端性、系统性和整体性；而在构成生活目的的生活知识上，则表现为生活知识的相对广博性、系统性和综合性。这也就是说，复杂劳动并不必然地表现为劳动动作的复杂性，而在根本上表现为精神支配的深刻性和复杂性。例如，著述高深科学理论和绘制复杂设计图纸的创造性劳动，看起来似乎很简单，只需用笔墨在纸上写成文字、绘成图案，然而，其背后的精神运动是极为复杂的，有着极复杂的抽象思维过程，并因此而成为一种极为复杂的创造性劳动。

所谓“简单劳动”，就是在一定的历史时期内，那些相对具有普通深度和难度，主要为普通劳动者所掌握所从事的认识性劳动和创造性劳动。从支配简单劳动的精神内容看，在认识性目的上表现为被认识对象的相对浅显性、狭窄性和片面性；在创造性目的上表现为被创造对象的相对简单性、孤立性和局部性；而在构成生活目的的生活知识上，则表现为生活知识的相对贫乏性、枝节性和单一性。这就是说，简单劳动并不必然地表现为劳动动作的简单性，而在根本上表现为精神支配的浅显性和简易性。例如，尽管生产汽车零部件或组装汽车的创造性劳动，看起来似乎很复杂，具有多重复杂的工序，然而，其背后的精神运动则是比较简单的，只要具备了基础的生产知识，就能比较方便地按照生产图纸和要求，把零部件制造出来或把汽车组装起来，并因此而成为一种较为简单的创造性劳动。

由此可见，复杂劳动和简单劳动的本质区别，在于认识性劳动和创造性劳动背后的精神内容和精神支配的复杂性和简单性，而不在于劳动动作或劳动外部过程的复杂性或简单性。所谓“经过专门培养和训练”和“不需要经过专门培养和训练”的区别，实质上就是精神素质的区别，就是精神支配能力和精神创造能力的区别。在这里，培养和训练只是形式的东西，而通过培养和训练发展劳动者的深化精神，从而使之掌握较高深的劳动知识并获得较强的精神支配能力和精神创造能力，才是本质的东西。在这里，由于引入了广义劳动概念，复杂劳动或简单劳动已经不是作为一种仅仅描述产业工人或普通商品生产者的劳动形态的概念，而是作为一种具有更大涵盖面的描述全社会各种劳动领域[①]及其劳动形态的概念被规定下来了。

复杂劳动和简单劳动作为两种劳动形态的标志，不仅在实际上把社会劳动者区分为两个不同的阶层，而且还在两者之间建立起了一定的社会政治经济关系。从劳动的社会分工上看，知识劳动者往往把主要的劳动时间运用于对自然和社会的研究和分析，并不断地发现、设计出更能满足社会生活需要的新型物质资料，以及不断地发现、建立起更为适合社会进步要求的新型社会组织形式。除了某些具体实物外，他们的劳动产品集中地表现为以理论著作、设计图纸、电脑软件等为形态的"信息产品"，这种信息产品是人们之间交流高深科学和技术的物质媒介。普通劳动者则往往把主要的劳动时间运用于理解、掌握知识劳动者的科学理论和设计思想，并依据知识劳动者的设计要求，完成一定的生产活动和社会活动。除了某些信息产品外，他们的劳动产品则集中地表现为以机器设备、生活用品等为形态的"实物产品"。从劳动的社会组织看，知识劳动者由于对自然和社会具有较为深刻广泛的认识，并能以自己创造性的思想理论，指导普通劳动者的认识性劳动和创造性劳动，领导着整个社会政治和经济的发展方向，因而，往往能够成为劳动组织中的组织者和领导者，乃至成为整个社会生活发展运动中的领导阶层。与知识劳动者相区别，普通劳动者由于尚未掌握高层次、系统化的自然科学知识和社会科学知识，因而在劳动组织中往往表现为被领导者和被组织者，并因此而成为整个社会生活发展运动中的被领导阶层。

值得特别指出的是，在知识劳动者与普通劳动者之间，并不存在不可逾越的鸿沟。他们之间的分离或分工，一方面是人类精神本身最大限度地发展社会生产力的内在要求的必然产物，即在物质条件仍然有限的社会条件下，社会生产力如要不断进步乃至迅猛发展，客观上必然要求由社会中的某一部分人员从事较为复杂的认识活动和信息产品创造活动，而由社会中的另一部分人员从事较为简单的认识活动和实物产品生产活动；另一方面，又是社会生产力发展不充分的必然产物，即社会生产力还未达到这样的高度，以至于还不能使绝大多数的社会成员普遍地从烦琐的、约束性的简单劳动中摆脱出来，去从事更加自由、更加具有认识性和创造性的复杂劳动。随着社会生产力的迅猛发展，随着物质资料的极大丰富和自动化机械的普遍使用，知识劳动者与普通劳动者之间，在劳动形态上的差距

① 例如工业、农业、第三产业、教育事业、科研机构……乃至包括军队、警察全部政府机器在内的一切劳动领域。

将会日益缩小并彻底消亡，从而最终消灭知识劳动者与普通劳动者的区分和差别。

从某种意义上说，以往关于复杂劳动和简单劳动的概念，其主要着眼点并不在于从精神支配的意义上区分复杂劳动和简单劳动，而在于从劳动创造价值的意义上分析复杂劳动和简单劳动之间的量的关系。例如，我们往往这样说，“复杂劳动可以转化为一定量的简单劳动，或者说复杂劳动可以折合成若干倍的简单劳动”，“少量的复杂劳动等于多量的或加倍的简单劳动，一个小时的复杂劳动等于若干小时的简单劳动”；“一个复杂劳动的产品，在价值上可以与若干个简单劳动的产品相等”等等①。然而，在客观上，体现在产品之上的劳动价值量，并非单纯地由复杂劳动和简单劳动的这种关系来决定，而是由生产产品所耗费的铁一般的、不以人的意志为转移的实际抽象劳动量，以及由产品对于消费者所具有的客观效用量的大小，对立统一地决定的。显然，一种复杂劳动，如果生产出来的产品不为消费者所接受，不能满足一定的社会需求，那么，无论这一劳动多么复杂，对于创造较多劳动价值而言，仍是不具必然性的；相反，一种简单劳动，如果生产出来的产品为消费者所接受，能够满足一定的社会需求，那么，无论这一劳动多么简单，对于创造较多劳动价值而言，仍是完全可能的。对于这些问题，我们将会在后面关于“抽象劳动的客观恒定性”及“劳动价值的相关分析”的讨论中作进一步的分析。

六 关于脑力劳动和体力劳动的辨析

在以往的理论中，除复杂劳动和简单劳动的划分外，还有一种关于劳动形态的划分，即脑力劳动和体力劳动的划分。其中，脑力劳动被认为是以消耗脑力（人脑的记忆、理解、想象等思维能力）为主的劳动，体力劳动则被认为是以消耗体力（人体活动时所付出的体能）为主的劳动。那么，这种划分是否正确呢？如果这里的“脑力劳动”仅仅指的是人的思维活动的话，那么，依据前面对劳动概念所作的基本规定，即劳动是精神支配下的人体活动，就可以明显地看到这种划分的杂糅和片面。

首先必须明确，虽然思维过程与劳动过程有着不可分离的密切联系，但是，思维过程并不一般地等同于劳动过程，或者相反，劳动过程并不一般地等同于思维过程。这也就是说，思维过程和劳动过程具有其各自的相对独立性，具有其各自相对独立的存在形式，同时，两者之间又是对立统一、相互作用的。其中，思

① 许涤新主编：《政治经济学辞典》（上），北京：人民出版社1980年，第350页。

维过程最终可以通过生活目的，去能动地支配和决定劳动过程，而劳动过程又可以反过来通过被自己改造了的外部世界，去服务于生活目的，实现生活目的本身。如果简单地把思维过程看成一种劳动，而把人们改造外部事物的活动看成另一种劳动，就会混淆思维（精神）与劳动之间的决定和被决定的客观关系，就不可能在逻辑上理解劳动形成的内在动因及其存在的必要性，即劳动服务于人类精神的存在和发展的客观规定性。

从生理学的角度上说，无论是大脑的思维过程或者是人体的劳动过程，都必然耗费一定的生理能量。就思维活动而言，它是大脑感觉神经细胞和记忆神经细胞在兴奋状态下，进行思维分解和思维组合的过程；大脑神经细胞的兴奋及其施放生物电信息的过程，必然要耗费一定的大脑神经细胞能（简称“脑能”）。就人体活动而言，它是大脑精神通过运动神经系统支配人体骨骼肌，使之按照自身目的的要求发生运动的过程；骨骼肌的收缩所引起的人体运动，必然要耗费一定的肌肉纤维细胞能（简称“体能”）。然而，是否耗费生理能量并不是划分劳动和非劳动的绝对标准。显然，精神作为劳动背后的根本动因和支配力量，并不因为必须耗费一定的脑能而成为劳动本身。

当然，在肯定思维过程绝不等同于劳动过程的同时，又充分肯定思维过程与劳动过程之间的共存性和融合性，即思维过程并不脱离劳动过程，而是与劳动过程对立统一、互为存在前提的。例如，在大脑通过认识性劳动和创造性劳动获得一定外部信息后，尽管其对这些外部信息的分析过程集中地表现为大脑内部的思维活动，但是，人在进行思维活动的时候，总要保持一定的体态——坐着、站着、走着、躺着等，而此类在精神支配下形成的特定体态亦是劳动的一种存在形式。特别重要的是，思维过程往往是一个不断从认识性劳动中获得直接信息，以及不断从创造性劳动中获得反馈信息的过程，从而必然经常性地与劳动过程联系起来。例如，科学家在进行科学研究时，就得相应地翻阅各种资料、进行各种试验和著述各种研究成果等；工人在进行产品制造时，就得相应地获取劳动过程的反馈信息，并通过思维过程判断劳动行为的恰当与否，从而控制调整自己的生产活动。因此，思维活动是绝对不能脱离认识性劳动和创造性劳动的，这就像认识性劳动和创造性劳动绝对不能脱离思维活动一样。

事实上，无论认识性劳动或创造性劳动，都必须在生理上耗费一定的体能，而支配它们的思维活动或目的，又都必须在生理上耗费一定的脑能。因此，简单地用脑能耗费或体能耗费的区别来划分劳动形态是不科学的。我们说，划分劳动形态或者劳动性质的根本科学依据，完全在于支配各种具体劳动的精神内容的特殊性，即具体的和历史的精神内容或具体的和历史的生活目的的特殊性。一种劳动，究竟是认识性劳动还是创造性劳动；究竟是技术性劳动还是社会性劳动；究竟是工业劳动还是农业劳动；究竟是有效劳动还是无效劳动；究竟是剥削性劳动还是非剥削性劳动等，绝对不是脑能耗费和体能耗费能够划分清楚的，而划分它们最科学、最确切的根据，恰恰是支配人们劳动行为的不同精神内容。

以往关于脑力劳动和体力劳动的划分，在生理学上混淆了精神对人体活动的支配作用，及其人体活动对精神的服务作用，在形式上把它们当作一个不可分的同一体，而在实际效果上又把它们划分为两种具有完全不同性质的东西，即认为脑力劳动是思维活动，并不作用于外部事物，是不创造任何物质财富的；体力劳动是改造外部事物的生产活动，是物质财富的唯一源泉。这种错误逻辑在我们以往的理论中形成了某种非常有害的偏见：似乎知识劳动者（例如科学家、政治家、思想家）是以思维活动为主的脑力劳动者，因而他们不是社会物质财富的创造者，而只能是社会物质财富的耗费者；而普通劳动者（例如工人、农民）则是以肌肉活动为主的体力劳动者，因而他们是社会物质财富的创造者，并以自己创造的劳动财富和价值养活了知识劳动者。这种否定知识劳动者创造物质财富的错误见解，无论是在理论上还是在实际上，都给人类社会造成了极大损害，特别是从推进人类精神发展的意义上说，就更是如此。

实际上，知识劳动者和普通劳动者在劳动形态上的区别，绝非是体力劳动和脑力劳动的区别，亦绝非是生产劳动和非生产劳动的区别，而在根本上表现为支配他们各自劳动的精神生活水平和程度的区别。事实上，在人类的每一个历史时期中，那些代表着当时社会进步先锋力量的知识劳动者，那些掌握了社会时代精神并奋发推进人类深化精神发展的知识劳动者，同样是社会财富的创造者，而且在许多情况下更加表现为社会群体中最优秀的生产劳动者，他们曾经创造并且正在创造着更加辉煌、更加伟大的物质财富。正是从上述认识中，我们有理由认为，不再一般地使用“脑力劳动者”和“体力劳动者”这两个概念，而更多地用“知识劳动者”和“普通劳动者”来取代它们，或许更有利于经济理论的研究讨论。这就使得“知识分子”的实践活动，不是作为一种“非劳动”而与普通劳动者的劳动相对立，而是作为一种较为复杂的、更具认识性和创造性的劳动与普通劳动者之较为简单的认识性劳动和创造性劳动相区别。

知识劳动者和普通劳动者之间的分离，早在原始社会向奴隶社会过渡的时候就已开始形成，并随着社会生产力的发展而逐渐深化和扩大化，甚至发展到阶级对抗的地步。从精神支配的历史逻辑看，知识劳动者和普通劳动者之间的这种分离，恰恰正是人类精神发展的必然结果。随着原始人类精神的日益发展，原始社会的社会生产力最终得到了根本性的发展，以至于拥有了越来越多的剩余产品。这就使得一部分精神发展较为优秀而获得了某种特权的人们，在物质资料上具有了从普通劳动者中分离出来，而成为知识劳动者的基础。正是这种分离，才最终推动原始社会向奴隶社会的过渡，才造就了奴隶社会远远高于原始社会的灿烂文化和社会生产力。从这种意义上说，知识劳动者和普通劳动者的分离是具有客观的历史进步意义的。只是社会生产力发展的历史有限性，往往在一定的社会条件下，使得个人的精神发展利益，乃至使得集团的、阶级的精神发展利益，与社会的或者其他集团和阶级的精神发展利益相矛盾，有的时候还会发展到严重对抗的程度。例如，奴隶阶级与奴隶主阶级的矛盾、农民阶级与地主阶级的矛盾、工人阶级与资产阶级的矛盾等。在社会主义社会中，生产资料的公有制和普遍实行按劳分配原则，使得知识劳动者与普通劳动者之间的共同利益较好地统一起来，尽管两者仍然存在一定程度的差别，但在本质上并不是对抗和对立的，而是可以随着社会生产力的迅猛提高而日益缩小的。在理想的共产主义社会中，人类精神及其创造力的高度发展，使得高度自动化和电脑化的共产主义大机器生产成为可能，人们普遍地从约束性的普通生产劳动中解放出来，从而得以普遍地从事日益深刻广泛的认识性劳动和创造性劳动，并因此成为真正意义上的知识劳动者。只有达到了这样的高度，知识劳动者和普通劳动者的区别和分离最终才会消失。

第十章
具体劳动和抽象劳动

上一章从本质上和一般形式上，给劳动这个概念作了基本规定。但是，如果仅仅把分析停留在劳动概念的表面，而不把分析深入到劳动的内部结构，去深刻地分析劳动统一体内部的质与量的对立统一关系的话，那么对劳动的认识将是极为肤浅的。关于劳动统一体内部的质与量的分析，对于理解和分析人类的经济行为具有极为重要的理论意义。这是因为，我们不仅可以从中更深刻地认识劳动的内在规定性，而且还可以从中找到一些对人类经济活动进行定量分析的要素和手段，从而为我们后面关于劳动价值的定量分析奠定理论基础。然而，对于劳动的质与量的分析，逻辑上应从对于劳动的两种形态——“具体劳动”和“抽象劳动”的分析开始。因为，无论在理论意义上或在实际应用中，具体劳动和抽象劳动都不是作为两种独立的劳动形态而存在，而是作为劳动统一体内部质与量的两个对立面而存在的，是绝对不可分离的。下面将对劳动的质与量进行分析。

一　具体劳动和抽象劳动的本来含义

劳动作为经济学的一个基本范畴，不仅在外部形态上可以划分为一般意义上的广义劳动和特殊意义上的狭义劳动，而且可以在内部结构上划分为具体劳动和抽象劳动。显而易见的是，在以往有关经济学的经典著作中，同一劳动可以被看成同时包含着两种劳动形态的统一体——包含着具体劳动和抽象劳动的统一体。这种关于具体劳动和抽象劳动的理论，实际上是我们以往的经济学理论中，关于劳动统一体内部结构的最早的、也是最基本的原理之一。马克思创立了这种学说，并把具体劳动和抽象劳动称为劳动二重性。

那么，什么是具体劳动和抽象劳动呢？从劳动统一体内部结构的意义上说，具体劳动实际上指的就是不同劳动之间的特殊性和差异性，而抽象劳动实际上指的就是不同劳动之间的共同性和一致性。例如，生产食品的劳动和生产服装的劳动，它们在劳动目的、劳动对象、劳动手段、劳动时间、劳动强度、劳动结果等方面，都可以保存各自的性质和特点，从而把不同的劳动区分开来。这就是不同劳动之间所具有的特殊性和差异性。因此，具体劳动标志着不同劳动内部各自的特殊性和差异性方面。又如，无论是生产食品的劳动或是生产服装的劳动，它们都是精神支配下的、有目的的人类活动，它们都具有劳动目的、劳动对象、劳动手段、劳动时间、劳动强度、劳动结果等共同具有的基本要素，从而把不同的劳动统一起来。这就是不同劳动之间所具有的共同性和一致性。因此，抽象劳动标志着不同劳动内部各自的共同性和一致性方面。由此可见，在任何一个统一的劳动体内部，都同时存在着两个对立统一、不可分离的矛盾方面：一个是区别于它种劳动的具体劳动方面，一个是同一于它种劳动的抽象劳动方面。这或许就是劳动统一体所具有的二重性。

无疑，从劳动统一体内部结构的意义上看，具体劳动和抽象劳动作为劳动的特殊性和劳动的共同性两个方面，在客观上是绝对不可分的，缺少任何一个方面，劳动统一体都会破裂而不复存在。但是，如果从抽象思维的意义上看，具体劳动和抽象劳动在主观上又是可分的，似乎同一个劳动可以依据我们的观察角度的不同而变换其外部形态。当我们撇开不同劳动之间的特殊性和差异性，或者说撇开劳动统一体内部的具体劳动方面，任何劳动就在性质上变成了完全一样的、无差别的劳动，即撇开了具体劳动的“抽象劳动”；相反，当我们撇开不同劳动之间的共同性和一致性，或者说撇开劳动统一体内部的抽象劳动方面，任何劳动就在性质上变成了完全不一样的、毫无共同点的劳动，即撇开了抽象劳动的“具体劳动”。这就是说，当我们把劳动看成抽象劳动时，就突出了它们的共同性和一致性，而把劳动看成具体劳动时，就突出了它们的特殊性和差异性。当然，从某种意义上说，这种作为思维结果的主观上的“具体劳动”和“抽象劳动”形态，纯粹只是我们对劳动进行抽象思维的分析手段，它们在客观实际中是绝对不能独立存在的。这就是说，没有共性的劳动和没有个性的劳动都是根本不存在的。

值得注意的是，具体劳动和抽象劳动作为劳动统一体内部共性方面和特性方面的标志，相对于本书前面关于广义劳动和狭义劳动的概念而言，有着本质区别。广义劳动和狭义劳动的概念及其划分，尽管同样明确地被不同劳动的共同性和特殊性所规定，但着眼点与具体劳动和抽象劳动的概念大为不同。广义劳动是以一切劳动所具有的最一般、最普遍的特征，把人类劳动从普通的物质运动中分离出来，乃至从普通的动物活动中分离出来，其着眼点在于把劳动和其他别种物质运动区分开来；而抽象劳动的着眼点，只在于说明不同劳动统一体内部之间所具有的共同性和一致性的方面。狭义劳动是以不同劳动种类所具有的特殊性和差异性特征，把不同劳动种类区分开来，但每类劳动仍然保持着自己的客观整体性，其着眼点在于把一类劳动和另一类劳动区分开来；而具体劳动的着眼点则在于说明不同劳动统一体内部之间所具有的特殊性和差异性的方面。就相互关系而言，广义劳动包含着每一类狭义劳动，是一切狭义劳动的总和；而具体劳动和抽象劳动并不具有这种包含和被包含的关系，它们是作为劳动统一体内部结构中的两个矛盾方面，对立统一、互为存在前提的。

从内部结构上，确切地认识具体劳动和抽象劳动作为劳动统一体内部两个不可分离的矛盾方面的原理，对于进一步研究讨论劳动创造财富的关系问题，乃至研究讨论劳动创造价值的关系问题，都具有极为重要的理论意义。我们以往的理论认为，具体劳动创造产品的使用价值（所谓产品物质的自然属性），抽象劳动创造产品的价值（所谓凝结在产品之中的抽象劳动）；那么，从逻辑上说，这种把具体劳动和抽象劳动割裂为两个独立的创造源泉的认识，究竟是否正确呢？由于具体劳动和抽象劳动在客观上是不可分的，因而它们必然只能共同创造物质财富，并且由于劳动价值在实际上体现为产品实体对于人们生活需要的效用性，更确切地说，它体现为劳动通过其产品作用于人类生活的一种实实在在的客观关系，即“劳动—产品—人类生活（精神生活）”这样一种客观关系。因此，具体劳动和抽象劳动只能共同创造产品物质和产品价值，在这个问题上两者是绝对不可分离的。关于这些具体理论问题，本书将在后面关于劳动价值概念的篇章中作深入分析。

二　具体劳动和抽象劳动转化为劳动内部的质与量

劳动作为精神支配下的人体活动，或者说作为精神支配下的处于运动状态的人体，是一种客观的物质实在，因此，劳动和其他物质一样，在内部结构上都具有质与量的客观规定性。能否正确认识劳动内部质与量的规定性，对于我们正确地进行经济理论分析是至关重要的。例如，我们的生活需要都是具体的，但是，用什么样的劳动才能创造出我们所需要的具体产品，这就要求对劳动进行定性分析，而这一点绝不能脱离对劳动的质的分析。与此同时，生活需要又都是多种多样的，但是，用多少劳动生产这种产品，或者用多少劳动生产那种产品，从而能最有效、最经济地满足我们的生活需要，这就要求我们对劳动进行定量分析，而这一点又绝不能脱离对劳动的量的分析。某种意义上说，这里关于劳动内部质与量的认识理解，在逻辑上是经过一个间接的演绎过程而得以实现的，即通过将原本作为两种劳动形态的具体劳动和抽象劳动，转化为劳动内部的质与量这两个不可分离的矛盾方面的演绎过程而得以实现的。

正如在上一节中所知的那样，具体劳动和抽象劳动在本来的意义上，指的是不同劳动统一体内部结构中所具有的特殊性和普遍性这两个矛盾方面。在这种情况下，无论是具体劳动或是抽象劳动，都可以分别被视为两种相对独立的劳动形态或劳动片面，所不同的只是，具体劳动突出了不同劳动之间的特殊性和差异性，而抽象劳动则突出了不同劳动之间的共同性和一致性；它们在观念上仍然可以被当作两种不同的劳动形态来看待。从这种意义上看，它们各自仍然分别是具有质与量规定性的劳动统一体。换句话说就是，具体劳动并没有因为突出了不同劳动的特殊性，而失去自己的量的规定性；同样，抽象劳动亦没有因为突出了不同劳动之间的共同性，而失去自己的质的规定性。所不同的只是，不同具体劳动之间的量不便进行比较，而当一切具体劳动被视为一般的、同质的抽象劳动时，它们之间的量的比较才成为可能。但是，这种意义上的具体劳动和抽象劳动，在分析劳动创造价值的问题上，尽管因为肯定了劳动的一般性，而使我们取得了定量分析的工具，但同时又因为否定了劳动的特殊性，而使我们失去了定性分析的条件，从而使我们的分析不可避免地形成某种片面性。可以这样说，正是对劳动创造产品，特别是对劳动创造价值的问题，进行全面综合的定性分析和定量分析的理论需要，才使得具体劳动和抽象劳动在我们这里的讨论中，获得了自己的变态形式，即具体劳动转化为劳动统一体内部的质的方面，抽象劳动转化为劳动统一体内部的量的方面。对这种转化过程的分析如下：

第一，具体劳动转化为劳动的质。不同劳动与不同产品之间的必然关系问题，是经济学中必须进行分析研究和给予回答的一个问题。显然，人们的生活内容是多方面的，从而对不同产品的需求也是多方面的，而特定的产品只能由特定的劳动来创造，因此，用什么劳动生产什么产品，就成为人们所必须解释的经济问题。无疑，关于生产不同产品的劳动的定性分析，其依据只能是不同劳动的特殊性，即不同劳动之间各自具有的乃至区别于别种劳动的特殊本质。反之，如果企图用劳动的共同性和一致性去分析不同劳动与不同产品之间的这种必然关系，是完全不可能的。这是因为，劳动的共同性和一般性只能把劳动同其他物质运动区分开来，而不能把生产不同产品的劳动区分开来。由此可见，劳动内部结构中的共同性和一致性，对于不同劳动决定不同产品之间的定性分析，并不存在任何经济分析意义。

正是由于上述原因，具体劳动作为劳动内部结构中表达特殊性和差异性的矛盾方面，就在经济分析的意义上，转化为不同劳动之间各自互相区别的质的规定性，并在这种意义上成为“个别劳动的质”。具体劳动作为个别劳动的质，表述了个别劳动本身所特有的具体运动形式和具体作用对象，从而使得不同劳动区分开来，并且把每一个别劳动同相关的具体精神支配和具体产品形成联系起来。在现实的经济分析中，正是依据这种质的规定性来区分不同劳动，并研究不同劳动与不同产品之间，乃至研究不同产品与不同效用之间在性质上的必然联系的。这里的“具体劳动”已经失去了其本来意义的独立形态，而转化为劳动矛盾统一体内部的“质的片面”。这种意义上的具体劳动，绝对不能脱离自己的对立面——劳动的量而独立存在。

第二，抽象劳动转化为劳动的量。令人疑惑的是，抽象劳动作为劳动内部结构中共同性和一致性的矛盾方面，本来是关于不同劳动之间共同本质的规定性，为什么又能在这里转化为劳动的量呢？从某种意义上说，这与我们在经济分析中，寻找不同劳动之间在量上的可比因素密切相关。我们以往的理论在对劳动价值进行定量分析时，在思维方式上要求首先对劳动进行定量分析，并抽象地把任何劳动看作同质的东西，从而获得了定量分析的同质可比性。虽然舍弃具体劳动的特殊性，而独立地分析抽象劳动与产品价值的关系，是一种片面的分析方法，但为我们把抽象劳动转化为劳动的量奠定了逻辑上的基础。

生产任何一种具体产品，不仅需要具有一定具体形式的劳动，而且需要具有一定具体数量的劳动，这是不言而喻的。人们生活内容的多样性，决定着人们对不同产品需求的多样性，从而决定着人们具体劳动形式的多样性，并且，人们对各种产品的需求，都是具有一定的数量性和比例性的。但是，人们劳动时间或劳动体能的有限性在客观上严格地约束了人们生产各种产品的能力。这样，如何分配有限的劳动时间和劳动体能，用多少劳动量生产这种产品，用多少劳动量生产那种产品，就成为人们必须思考和解释的基本经济问题。这种关于劳动与产品之间的量的分析，就是对劳动的定量分析。

然而，对不同劳动进行定量分析，在统计学上要求所分析的劳动量必须符合同质可比的规定性，否则，不同的劳动之间是不可能进行劳动量的比较的。于是，在同质可比的规定之下，我们必须把具有不同特殊性和差异性的各种具体劳动，抽象地看作没有差别、完全相同的人类劳动。正是从这种意义上，当把劳动内部结构中的具体劳动方面撇开之后，剩下的抽象劳动方面，恰恰使得一切人类劳动都变成了完全一致、毫无差别的同质劳动了。这就使得我们对劳动进行定量分析成为可能。

从某种意义上说，劳动的量，实际上也就是劳动过程所耗费的人体活动的能量。在改造外部事物和创造物质财富的过程中，劳动的量，实际上也就表现为劳动力所做功的大小。事实上，无论什么劳动，它们作为物质运动的特殊形式，都必然耗费自身的一定能量，都必然对他物做一定的功。这就是说，劳动的量的规定性，实际上就是任何物质运动所做功的量的规定性。只是由于抽象劳动的同质可比性，不同劳动所做的功才具有了量上的同质可比性。撇开具体劳动的抽象劳动，实际上也就成为与一般物质运动完全相同的东西；所不同的只是，抽象劳动尚保留着人类劳动——精神支配下的人类活动——的一般性质。由此可见，具体劳动作为劳动内部结构特殊性的方面，在劳动的定量分析上，同样是没有任何经济分析意义的。

正是由于抽象劳动与劳动量之间，在同质可比性的问题上具有如此密切的关系，并由此决定着对于劳动的定量分析，我们才把它看作劳动统一体内部结构中的量的标志。这样，抽象劳动作为劳动内部结构中共同性和一致性的矛盾方面，就在经济分析的意义上成为不同劳动之间的量的规定性，即转化为个别劳动的量。在现实的经济分析中，正是依据抽象劳动的这种规定，研究不同劳动与不同产品之间在量上的必然联系的。例如，当我们说耗费了多少抽象劳动时，在最一般的意义上指的就是耗费了多少劳动量。这里的“抽象劳动”已经失去了其本来意义的独立形态，而转化为劳动矛盾统一体内部的“量的片面”。这种意义上的抽象劳动，绝对不能脱离自己的对立面——劳动的质而独立存在。

由以上分析可见，具体劳动和抽象劳动作为不同劳动内部结构中特殊性和共同性的两个矛盾方面，只有当它们在经济分析中分别地表现并转化为劳动的质与量时，才真正成为个别劳动内部结构的质与量的标志，并具有了科学的经济分析意义。在这里，我们作一个概念上的明确约定，即在我们以后的有关讨论中，“具体劳动”仅仅作为劳动统一体中的质的规定性而存在，它标志着劳动统一体内部结构的质的矛盾方面而与抽象劳动构成质与量的对立统一关系；“抽象劳动”则仅仅作为劳动统一体中的量的规定性而存在，它标志着劳动统一体内部结构的量的矛盾方面而与具体劳动构成质与量的对立统一关系。这就是说，我们通过对具体劳动和抽象劳动转化为劳动的质与量的认识，扬弃了具体劳动和抽象劳动原本作为劳动特殊性和共同性的表述，而保留了它们原有的名词外壳，并赋予它们纯粹作为劳动统一体内部结构中“质与量”的特别含义。从这种意义上说，这里的“具体劳动”也就成为“劳动的质”的代名词，而这里的“抽象劳动”也就成为“劳动的量”的代名词。我们可以用图表达具体劳动和抽象劳动的这种关系（见图 10－1）。

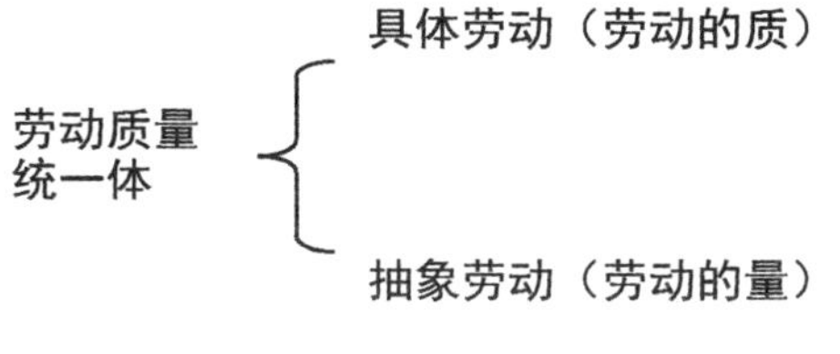

图 10－1

当具体劳动和抽象劳动在这里转化为劳动内部的质与量之后，它们就获得了全新的对立统一关系，即劳动内部“质的矛盾方面”与“量的矛盾方面”的对立统一关系。客观上，具体劳动和抽象劳动作为劳动统一体内部的质与量，是互为存在条件而绝对不可分的。因为，任何事物都是质与量的统一体的原理，以及质与量不可分的原理，都是辩证唯物主义的基本原理。显然，没有具体劳动（劳动的质）的劳动或者没有抽象劳动（劳动的量）的劳动，在客观实际中都是不存在的。事实上，生产任何一件具体产品，都必须在采用一定的具体劳动形式的同时，耗费一定的抽象劳动能量。这也就是说，任何具体产品，都是由一定的具体劳动和一定的抽象劳动共同创造的，并且，由此而体现在产品之上的劳动价值关系，也是由一定的具体劳动和一定的抽象劳动共同规定的。因此，在分析劳动与产品构成的经济关系，乃至分析劳动通过其产品与人们生活构成的经济关系的时候，无论是脱离具体劳动而片面地分析抽象劳动，或者是脱离抽象劳动而片面地分析具体劳动，都是不科学的，都是不可能具备完整的经济分析意义的。对劳动内部质与量进行分解的抽象分析方法，可以使我们对劳动的质与量有一个比较深刻的认识，但这并不等于可以割裂劳动的质与量，片面地、单方面地分析它们在现实经济活动中的客观作用。我们必须确立劳动内部质与量统一作用于劳动对象的科学认识，对立统一地分析具体劳动和抽象劳动在决定产品生产，进而决定产品价值中的共同作用。

显然，如果否定劳动的定量分析，仅仅片面地讲求劳动的定性分析，那么，即使知道哪种具体劳动生产哪种具体产品，也无法知道用多少劳动生产这种产品或那种产品，无法知道如何合理地分配我们有限的劳动量，这样，对于劳动的定性分析也就失去了指导现实生产活动的经济意义。同时，如果否定劳动的定性分析，仅仅片面地讲求劳动的定量分析，那么，即使知道哪种具体产品的生产耗费多少劳动量，也无法知道应该生产何种具体产品，从而不可能进行实际的劳动分配和具体的生产活动，这样，对于劳动的定量分析也就同样失去了指导现实生产活动的经济意义。总之，具体劳动和抽象劳动作为劳动内部的质与量，不可分地、对立统一地作用于劳动对象的原理，是科学地研究和认识劳动价值原理的基础理论之一，而且，只有把具体劳动和抽象劳动紧密地结合起来，才可能对相关的经济问题进行科学的经济分析和研究。

三　抽象劳动的客观恒定性

抽象劳动作为劳动统一体的量的标志，有其客观上的严格规定性。无论什么劳动，无论一种劳动具有什么样的具体形式或社会性质，就其内在的量的规定性而言，一旦它们成为现实的劳动，它们各自所耗费的劳动量（体能），也就同时在客观上被铁一般地固定而不可改变。例如，生产一吨大米总得耗费一定的体能，当这一吨大米现实地被生产出来之后，耗费在其上的体能，即在抽象劳动的量的意义上，依据其特定的劳动时间和劳动强度等参数，被铁一般地固化并绝对不可改变。这就是说，无论在广义上或狭义上的任何劳动，只要它一旦成为现实，其抽象劳动就在量的意义上被凝固，绝对不能以我们的意志为转移而增加或减少。我们把抽象劳动的这种客观规定性，称为“抽象劳动的客观恒定性”，亦可简称为“抽象劳动的恒定性”。

抽象劳动的客观恒定性，之所以表现为任何劳动的量的规定性，这是由抽象劳动本身作为物质运动的内在本质决定的。众所周知，在物理学上，任何一种运动物体都有自己特定的动能，而其动能的大小，不仅与其自身的质量大小和速度相关，而且与使其运动的其他物质作用力的动能相关，在条件一定的情况下，某一运动物体的动能越大，说明其接受他物作用力的动能越大。这是物质之间互相联系、互相作用的一种普遍存在的能量守恒关系。劳动作为人类肌体的运动，其所具有的动能，在普遍的意义上，与其他任何物质运动一样，有其能量守恒的动力来源；所不同的只是，这种推动人类肌体运动的动能，来源于人体骨骼肌细胞的生物化学能——细胞化学能——的施放，推动骨骼肌细胞的收缩运动，从而引起肌体运动并形成劳动动能。从某种意义上说，当我们把劳动的具体形式撇开之后，一切劳动也就变成了一般的、无差别的所谓抽象劳动，而当我们进一步把抽象劳动的人的性质撇开之后，一切抽象劳动也就变成了一般的、无差别的物质运动。既然劳动在本质上属于物质运动的一种，那么它在能量转换上就必然符合物质特有的能量守恒定律。因此，无论谁的劳动，无论劳动的具体形式如何，只要它发挥了一定的动能，那么它就必然消耗一定的肌体能量，这是不言而喻的。

无疑，在生产过程中，劳动是以自己的动能去改造外部事物的。因此，生产过程所耗费的劳动，实际上也就是耗费劳动的动能。从这种意义上说，假如我们要考察生产某件产品所耗费的抽象劳动的量，在理论上应该可以通过考察相关的劳动动能的转换去加以认识。在物理学上，动能的量的规定性表达为“运动物体的质量和速度平方的乘积的二分之一”（$E_K = M \cdot V^2 \div 2$）。劳动作为人体运动，从严格的意义上说，其动能也是可以运用这个物理学公式计算出来的。但在实际的经济生活中，我们绝不可能运用这个物理公式来计算或统计我们所耗费的抽象劳动量。显然，我们哪怕是极为粗略地掌握每一具体肌体部位运动的质量和速度，也是难以做到的，更无从谈起以这种人体动能的计算方式去分析现实中的经济问题。

那么，究竟如何才能有效地考察劳动所耗费的抽象劳动呢？从某种意义上说，只要我们把劳动动能的耗费转化为肌体细胞化学能的耗费，那么就能在经济学的意义上，找到一种间接计算劳动动能的较为简单的方式。我们或许可以这样理解，劳动动能的大小是与肌体细胞能的耗费大小直接相关的，而肌体细胞能的耗费大小则与劳动强度和劳动时间成正比。因此，对劳动动能耗费的计量，就在这种形式上转化为对肌体细胞能耗费的计量，并从中取得计算抽象劳动耗费的较为简单的公式，即“抽象劳动 = 劳动强度 × 劳动时间”。其中，劳动强度就是劳动的紧张程度或繁重程度，劳动时间就是劳动过程的延续时间。当掌握劳动的这两个指标，就能较为方便地计算出任何一种劳动的抽象劳动量。显然，一种劳动的强度越大或时间越长，其所耗费的肌体细胞化学能也就越多。

在实际生活中，由于还没有建立普遍统一的劳动强度划分等级或计量方法（劳动强度是一个并不容易精确把握的指标），人们往往只能凭借经验粗略地估量劳动强度的大小；相反，由于时间计量上的普遍一致性，劳动时间相对比较容易把握，可以用年、月、日计算，甚至可以精确到小时和分钟。基于这种原因，在抽象劳动计量上，当劳动强度大致相同时，往往可以撇开劳动强度这个指标，仅仅用劳动时间来规定或表现抽象劳动的量，即劳动时间越长所耗费的抽象劳动量越大，这使得我们可以在一般的经济分析中，大大简化抽象劳动的计量过程。当然，依据经济上比较分析的精密程度的不同，特别是在劳动强度存在明显差别时，尽可能精确地应用劳动强度这个指标，对于科学地计量抽象劳动量，也是具有重要的经济意义的。事实上，劳动强度作为规定抽象劳动的一个重要因素，在经济过程中起着极大的制约作用；尽管它不像劳动时间那样容易把握，却直接影响着人们的经济行为和经济利益。比如，在劳动时间相同且经济收益一致的情况下，人们通常放弃劳动强度过大的劳动方式或职业，而选择劳动强度较小的劳动方式或职业，就是如此。

依据劳动所处的状态不同，抽象劳动的客观恒定性可以表现为两种基本形态，即“抽象劳动的动态恒定性”和“抽象劳动的静态恒定性”。当把生产一件产品的整个劳动过程看成一个完整的劳动过程时，往往可以依据劳动过程的完成与否，相应地把劳动分为活劳动和死劳动。就活劳动而言，如果一个完整的劳动过程还没结束，相关的产品还处于生产过程之中，那么，体现或凝结在该产品之上的抽象劳动耗费就表现为活劳动，即仍然处在运动和累加状态的劳动。就死劳动而言，如果一个完整的劳动过程已经结束，相关的产品脱离生产过程而独立出来，那么，体现或凝结在该产品之上的抽象劳动耗费就表现为死劳动，即已经处在静止和凝固状态的劳动。但是，无论是活劳动或是死劳动，无论是正在进行的劳动或是已经完结的劳动，其抽象劳动的客观恒定性都是铁一般地被规定而不可改变的。一个现实完成了的产品，它所耗费的劳动动能是恒定的，耗费了多少就是多少，绝不以人们的意志为转移；而一个正处于生产过程中的产品，尽管它所耗费的劳动还可以不断累加，直到它脱离生产过程为止，但这并不说明它所耗费的劳动动能是不恒定的，随意可变的。实际上，在一个完整的生产过程中，产品生产从原料向成品转化的每一个阶段，都可以看成一个相对独立的成品阶段，其中每一阶段的完结，都使产品耗费掉一定的劳动动能，并使之转化为死劳动；而任何阶段所耗费的并固化了的死劳动，在抽象劳动的意义上都是恒定不变的，其量的恒定性都是不以人们的意志为转移的。这就是说，无论产品处在生产过程之中或处在生产过程之外，已经现实地耗费在产品之上的抽象劳动量，总是一个铁的客观量，它不能依据产品的结果、产品的效用等后继因素使自身发生任何变化，更不能凭我们的意志任意改变。例如，在假定劳动强度一致的情况下，生产某一产品已经现实地耗费了五个小时的劳动时间，那么已经耗费或凝固在其上的抽象劳动量，就铁一般地恒定为五个小时，而不会发生任何变化；如果对这个产品进行加工又耗费了三个小时，那么已经耗费或凝固在其上的抽象劳动量，就铁一般地恒定为八个小时，亦不会发生任何变化。所不同的只是，死劳动的抽象劳动耗费的恒定性表现为凝固，而活劳动的抽象劳动耗费的恒定性则表现为累加。我们把活劳动的量的恒定性，称为“抽象劳动的动态恒定性”，并把死劳动的量的恒定性，称为“抽象劳动的静态恒定性”。

理解抽象劳动的客观恒定性，对于科学地考察劳动创造价值的定量分析问题，具有极为重要的理论意义。以往的价值理论一方面认为凝结或耗费在商品之上的抽象劳动，创造并形成商品的价值，甚至认为商品的价值量就是凝结在商品之中的抽象劳动量本身；但在另一方面，在决定价值量的问题上，又不能坚持抽象劳动的客观恒定性，认为并不是所有一切抽象劳动都能形成商品价值，即认为凝结在商品中的抽象劳动量只能由所谓的“社会必要劳动时间”来规定，并认为“复杂劳动等于数倍的简单劳动”。这样，凝结在商品中的客观恒定的抽象劳动量，就从失去了具体劳动形式的死的东西，变成掺杂了“社会必要劳动时间”和“复杂劳动等于数倍的简单劳动”等与具体劳动直接相关的活的东西。于是，凝结在商品身上的客观恒定的死的抽象劳动量，就与体现在商品身上的活的价值量之间形成了不相对应的矛盾。

事实上，这种用所谓“社会必要劳动”，把创造价值的抽象劳动和不创造价值的抽象劳动区分开来的做法，无论在理论上或在逻辑上都是说不通的。因为，既然已经用抽象劳动来规定和考察劳动的量，那么，在考察劳动的量的时候，也就完全撇开了劳动的一切具体方面。这就是说，在抽象劳动定量的问题上，无论是生产劳动还是非生产劳动，无论是有用劳动还是有害劳动，无论是复杂劳动还是简单劳动等等，对它们的任何具体劳动形式和具体社会性质都不加以考虑，而仅仅把它们作为无差别的一般人类劳动来看待。在这种情况下，如果仍用“社会必要劳动时间”来人为地否定产品或商品中那些“非社会必要劳动时间”所客观耗费了的劳动量，或者用“复杂劳动等于数倍的简单劳动”来人为地扩大复杂劳动本身所未曾耗费的劳动量，那么，我们也就违背了抽象劳动作为劳动量的规定性的基本定义，把具体劳动和抽象劳动混淆在一起；同时违背了抽象劳动的客观恒定性，把凝结在商品之中的抽象劳动量，变成一种似乎可以凭借人们对产品需求状况，而以人们的意志为转移的东西。这绝对是与抽象劳动客观恒定性的辩证逻辑背道而驰的。

存在同样情况的还有“复杂劳动”和“简单劳动”的抽象劳动计量问题。以往的理论认为：“复杂劳动可以转化或折合为一定量的简单劳动；在同样的劳动时间内，复杂劳动比简单劳动创造较多的价值；少量复杂劳动等于多量的或加倍的简单劳动，因而，一个复杂劳动的产品，在价值上可以与若干个简单劳动的产品相等。”① 事实上，根据抽象劳动的客观恒定性，无论是复杂劳动还是简单劳动，其凝结在产品之上的抽象劳动量，都是具有客观恒定性的，并不总是越复杂的劳动所凝结的抽象劳动就越多，越简单的劳动凝结的抽象劳动就越少，完全相反的情况也是经常发生的。比如，假定用一吨大米与一块电脑中央处理芯片（CPU）相比，可以相信，简单劳动生产的大米所耗费的抽象劳动，一定比复杂劳动生产的电脑芯片所耗费的抽象劳动不知要多多少倍。因此，即便一般地说少量复杂劳动等于多量的加倍的简单劳动也是不科学的。

事实上，以往的理论本身，亦不可能在复杂劳动与简单劳动之间，找到一种科学地确定它们这种在抽象劳动量上的比例关系，而不得不将复杂劳动折合成若干倍简单劳动的假想，归结为商品交换的社会过程的自发产物。科学地理解复杂劳动和简单劳动在创造价值上的区别，绝对不能凭借上述的假想，而必须在坚持抽象劳动的客观恒定性的基础上，客观地分析和确定凝结在具体产品之上的抽象劳动量，同时，必须客观地分析和确定具体产品与人们的具体生活需要之间的客观效用的大小，才能在这两方面的对立统一中，理解和把握复杂劳动和简单劳动之间，在创造产品价值上的本质区别。

从本质上说，复杂劳动和简单劳动在创造产品价值上的区别，并非是复杂劳动可以折合为数倍简单劳动的问题，而是在某些特定的条件下，等量的复杂劳动可以比等量的简单劳动创造更多的甚至多得多的产品效用的问题，而在根本上，这种区别由其各自背后的精神内容和精神支配能力的程度和水平所决定。但在某些特殊情况下，这并不是一成不变的定律。例如，不为社会需要承认的复杂劳动、生产出次品或废品的复杂劳动、反社会进步的复杂劳动等，非但不能给人们

---

① 许涤新主编：《政治经济学辞典》（上），北京：人民出版社 1980 年版，第 350 页。

和社会带来更多财富，恰恰相反，还会对人们生活和社会进步造成不良影响。因此，拘泥于复杂劳动和简单劳动在抽象劳动量上的折合关系，而忽视其背后精神上的本质规定，对于科学地理解知识劳动者和普通劳动者在创造财富、创造价值上的关系问题，是没有任何帮助的。

也许有人会说，“如果根据抽象劳动的客观恒定性，去计算实际凝结在商品之中的抽象劳动量，那么，尽管抽象劳动可以在不同产品之间进行比较，但它却又同时失去了衡量和规定商品价值的经济意义。因为，在现实的商品交换中，并不是耗费抽象劳动越多的商品，其交换价值就越大；在许多情况下，凝结了较少抽象劳动的商品，往往可以同凝结了较多抽象劳动的商品进行交换”。这的确是一个一针见血的观点。事实上，企图单方面用凝结在商品之中的抽象劳动量去解释商品价值，去解释商品交换内在的价值规律，根本就是行不通的。要科学地解释劳动创造价值的问题，就必须从具体劳动和抽象劳动这两个对立统一的矛盾方面，去对具体劳动所创造的产品使用价值（产品效用）和抽象劳动所耗费的劳动量进行综合的比较分析。同时，还必须从人类生活客观需要，去分析考察体现在产品物质之上的“客观效用”，及其与抽象劳动耗费之间对立统一的矛盾关系。只有这样，我们才能从根本上揭示劳动价值的本质及其运动变化的规律。

关于上述这些基本理论问题，将在后面关于劳动价值的篇章中进行深入的分析研究。

四 抽象劳动比

当把死劳动看作一种已经现实地耗费或者凝结①在产品之中的抽象劳动时，我们就不仅为考察每一个产品所耗费的劳动量奠定了基础，而且使我们考察不同产品在抽象劳动耗费上的相互关系成为可能。显然，仅仅知道每个产品所耗费的抽象劳动量，而不知道每个产品所耗费的抽象劳动量之间的差别或关系，那么，对于劳动量的考察，也就失去任何经济上的分析意义。“抽象劳动比”就是一个能够最直接、最方便地反映不同产品所耗费的抽象劳动量之间相互关系的概念。

那么，什么是抽象劳动比呢？简单地说，抽象劳动比就是单位产品所耗费的抽象劳动量在总体产品所耗费的抽象劳动量中所占的比重。其中，所谓“总体产品”就是人们在一定时期和一定范围内，所生产的全部产品的总和，我们把生产总体产品所耗费的全部抽象劳动的总和，称为“总体产品抽象劳动”；所谓“单

① 从客观实际上说，把已经耗费的劳动力说成是“凝结”在产品之上的劳动，仅仅是一种形象化的说法而已，劳动力只能使被作用物发生一定的变化，但不会作为物质实体凝结在作为被作用物的产品物质之中。

位产品”就是这一总体产品的某一个组成部分，我们把生产单位产品所耗费的抽象劳动，称为“单位产品抽象劳动”。抽象劳动比可以用公式表示如下：

$$抽象劳动比=\frac{单位产品抽象劳动}{总体产品抽象劳动}\times 100\%$$

举一个例子，假定在某一总体产品中共有 A、B、C、D、E 五个单位产品，其中，产品 A 耗费了 10 小时抽象劳动，产品 B 耗费了 8 小时抽象劳动，产品 C 耗费了 6 小时抽象劳动，产品 D 耗费了 4 小时抽象劳动，产品 E 耗费了 2 小时抽象劳动。如果不去考虑劳动强度，那么，这一总体产品所耗费的抽象劳动量就可以表达为 30 小时。应用抽象劳动比的公式，我们可以很方便地计算出它们各自的抽象劳动比值。按照 A、B、C、D、E 的排列顺序，它们各自的抽象劳动的比值分别为 33.3%、26.7%、20%、13.3%、6.7%。

由此可见，抽象劳动比不仅能够简明地反映每一个单位产品所耗费的抽象劳动在量上的大小关系，而且可以简明地反映每一个单位产品所耗费的抽象劳动在总体产品抽象劳动中的比例关系，即在一个具体的和历史的总体产品之中，单位产品的抽象劳动比越大，其所耗费的抽象劳动也就越大，反之越小。这也就是说，通过抽象劳动比这个概念，我们获得了全面考察不同产品之间抽象劳动耗费问题的一个极为便利的工具。事实上，如果不采取抽象劳动比的方式去研究不同产品之间的劳动耗费量的关系，就很难把关于劳动量的认识运用到经济学的分析研究中去。在后面的讨论中，将会了解抽象劳动比的概念，这也是分析认识劳动价值和劳动价值规律的一个极为有用的工具。

在实际的生产活动中，人们生产的全部产品往往是多种多样的，是由数类或者无数类产品品种构成的，而且每类产品又都是由数个或者无数个同类产品构成的。为了更细致地研究不同种类产品之间在抽象劳动耗费上的关系问题，以及同类产品中每一个产品之间在抽象劳动耗费上的关系问题，还可以从抽象劳动比的概念中，进一步引申出两个更为具体的抽象劳动比概念，即“种类产品抽象劳动比”和“单个产品抽象劳动比”。

所谓“种类产品抽象劳动比”，指的是某一“种类产品”所耗费的抽象劳动量，在“总体产品”所耗费的全部抽象劳动总量中所占的比重或百分比。其中，所谓“总体产品”就是人们在一定时期和一定范围内所生产的各类产品的总和，而生产总体产品所耗费的全部抽象劳动的总和，就是“总体产品抽象劳动”；所谓“种类产品”就是这一总体产品中的某一类产品，而生产该类产品所耗费的抽象劳动的总和，就是“种类产品抽象劳动”。种类产品抽象劳动比可以用公式表示如下：

$$种类产品抽象劳动比=\frac{种类产品抽象劳动}{总体产品抽象劳动}\times 100\%$$

例如，假定在某一总体产品中共有甲、乙、丙三类产品，其中，甲类产品共耗费了5个月的劳动时间，乙类产品共耗费了3个月的劳动时间，丙类产品共耗费了2个月的劳动时间。如果假定劳动强度大致相同而不加考虑，那么，这一总体产品所耗费的抽象劳动量也就可以表达为10个月。依据种类产品抽象劳动比公式，我们可以计算出它们各自的抽象劳动比。按照甲、乙、丙的顺序，它们各自的种类产品抽象劳动比分别为50%、30%、20%。

种类产品抽象劳动比这个指标，所反映的是一定时期和一定范围内，各类产品之间在劳动耗费上的量的关系。由于种类产品抽象劳动比所具有的这种特性，使它成为我们进行经济分析的有用工具。因为，人们生产什么种类的产品，特别是如何以一定的比例分配自己的劳动量，无不都是依据自身各种生活内容的不同需求而进行的，而这种关于劳动量的分配比，反过来则客观地反映了人们的生活需求构成现状和发展方向，并从根本上反映人们精神生活的发展方向。正因为这样，在关于社会经济的宏观分析中，我们完全可以通过对种类产品的抽象劳动比及其运动状态的分析研究，去考察种类产品之间的比例关系，以及考察这种比例关系的变化发展，从而认识了解人们生活需求构成的运动变化，用以指导我们的宏观经济活动。

所谓“单个产品抽象劳动比”，是指单个产品所耗费的抽象劳动量，在种类产品所耗费的全部抽象劳动总量中所占的比重或百分比。其中，所谓“种类产品”，就是人们在一定时期和一定范围内所生产的某类产品的总和，而生产种类产品所耗费的全部抽象劳动的总和，就是“种类产品抽象劳动”；所谓“单个产品”就是这一“种类产品”中的某一个产品，而生产这一产品所耗费的抽象劳动量，就是“单个产品抽象劳动”。单个产品抽象劳动比可以用公式表示如下：

$$单个产品抽象劳动比=\frac{单个产品抽象劳动}{种类产品抽象劳动}\times 100\%$$

例如，假定在某类产品中共有50件产品，生产这些产品所耗费的劳动量是100小时，如果不考虑每一件产品耗费的劳动量的差别，那么，每一件产品所耗费的平均劳动量就是2小时。在这种情况下，依据单个产品抽象劳动比公式，每一件产品的抽象劳动比的比值都为2%。当然，生产同类产品的不同厂商，如果各自在生产技术、设备、原料、组织、管理等的生产条件上有好有坏，那么，他们各自的单个产品抽象劳动比就也会有所不同。例如，有A、B两家厂商生产同类产品，A厂商生产了20件，耗费的劳动量为50小时；B厂商生产了30件，耗费的劳动量亦为50小时。这样，A厂商生产每件产品所耗费的平均劳动量为2.5小时，B厂商生产每件产品所耗费的平均劳动量为1.66小时，依据单个产品抽象劳动比公式，A厂商每件产品的抽象劳动的比值为5%，B厂商每件产品的抽象劳动的比值为3.32%。

显然，单个产品抽象劳动比这个指标，所反映的是一定时期和一定范围内，每一同类产品之间在劳动耗费上的量的关系。由于单个产品抽象劳动比所具有的这种特性，也使它成为进行经济分析的有用工具。从上面的例子可以看出，生产同类产品的不同厂商的单个产品抽象劳动比，是与各自生产条件密切相关的，亦即与各自的劳动生产率密切相关。事实上，不仅在不同厂商生产的同类产品之间，由于生产条件或劳动生产率的差别和变化可以客观地表现为各自单个产品抽象劳动比之间的差别和变化，即使同一厂商在不同时期生产同类产品，生产条件或劳动生产率的差别和变化亦可客观地表现为不同时期单个产品抽象劳动比的差别和变化，所以，在关于社会经济的微观分析中，可以通过对不同范畴、不同时期的同类产品进行单个产品抽象劳动比及其运动状态的分析研究，去考察认识与之密切相关的劳动生产率及其运动发展的规律。

值得补充说明的是，在进行抽象劳动比的统计时，不仅要特别注意统计的时期范围，而且要特别注意统计和地域范围。例如，在计算某类产品的单个产品抽象劳动比时，就必须首先依据经济分析的具体要求，相应规定统计这类产品的时期范围和地域范围。如果经济分析对象是某一地区和某一时期的同类产品，那么不属于这一地区和这一时期生产的该类产品，就不能作为这一经济分析的统计对象。这就是说，在作任何抽象劳动比的计算和比较分析时，都必须按照经济分析的具体要求，科学地把握统计对象的时期范围和地域范围，否则，关于抽象劳动比的分析就会失去起码的经济意义。

第十一章
个人劳动和社会劳动

上两章中着重讨论了劳动的自然性质；在本章中，我们将把讨论劳动的重点放到它的社会性质上。就一般常识而言，人类的社会关系是由人们之间的政治经济行为构成的，而人们的政治经济行为在社会关系中起着什么样的作用，反过来规定着人们的政治经济行为的性质。这就是说，任何人的政治经济行为，都是具有一定的社会规定性的，从而都是具有一定的社会性质的。因此，劳动作为人类行为的客观实体，其本身也就具有了社会的规定性。任何人的任何劳动，无论它们在具体形式上有什么区别，但从社会作用的意义上说，都首先从最基本的方面，被划分为两种社会形态，即“个人劳动”和“社会劳动”。能否正确地认识个人劳动和社会劳动这两个范畴，对于深刻系统地理解政治经济学的全部规律，特别是劳动价值的原理及其规律，有着极为重要的理论意义。

一　个人劳动和社会劳动的概念

从自然的角度看，劳动作为人类的一种能动活动，其最基本的作用就在于，通过改造外部事物创造生产出人类生活所需要的物质财富。然而，人类生活并不是一个没有具体社会性质的抽象概念。在现实的社会生活中，人类生活不仅包含着每个人自身的个人生活，而且包含着每个人自身之外作为社会生活的他人生活，是个人生活和社会生活的对立统一①。在这种情况下，某一个具体劳动所生产出来的具体产品，最终究竟由其生产者自己使用，用以满足生产者自身的个人生活需要，还是由作为其非生产者的他人使用，用以满足非生产者他人的社会生活需要？这无论在形式上或在本质上，都是具有明显区别的。这样，我们就从产品的使用者或消费者与产品的生产者之间关系的意义上，首先把劳动区分为两种具有不同社会性质的劳动——“个人劳动”和“社会劳动”。

① 关于这一点，本书前面关于人类生活的社会性的内容已经作了较为全面的论述。

所谓“个人劳动”，就是产品最终为作为生产者自己所使用、所消费的劳动，或者说，就是生产者直接为了满足自身的个人生活需要，而生产创造物质资料的劳动。例如，一个农业生产者，他每年生产的大米不是为了拿到市场上去交换，而是最终为自己所使用，那么，生产这些大米所耗费的劳动就是个人劳动。又如，一个城市居民，他从市场上买回面粉，又自己把面粉做成大饼、馒头供自己食用，那么，制作这些大饼、馒头所耗费的劳动同样也是个人劳动。

所谓“社会劳动”，就是产品最终为非生产者的他人所使用、所消费的劳动，或者说，就是生产者直接为了满足他人的社会生活需要而生产创造物质资料的劳动。例如，一个农业生产者，他每年生产的大米不是为了留着自己食用，而是为了拿到市场上去交换，最终为他人所使用，那么，生产这些大米所耗费的劳动就是社会劳动。又如，一个手工业工人，他把自己生产的手工业产品，不是留着自己使用，而是拿到市场上去出售，最终为他人所使用，那么，生产这些手工业产品的劳动，同样也就是社会劳动。

由此可见，一种劳动在社会性质上究竟是个人劳动还是社会劳动，是根据产品的生产者与产品的消费者之间的不同关系来规定的。体现在个人劳动上的这种关系，即产品的生产者和消费者的同一性，产品的生产者就是产品的消费者本人，劳动产品最终是为生产者自身的个人生活需要服务的。而体现在社会劳动上的这种关系，即产品的生产者和消费者的分离性，产品的生产者和产品的消费者是两个相互独立的人，劳动产品最终是为其作为社会生活的非生产者的他人的生活需要服务的。

从支配劳动的动机上看，个人劳动和社会劳动往往在实施之前就已有了明确的行为目的。这就是说，某一具体劳动的社会性质，往往在实施之前就已经基本确定。显然，任何生产者在生产某种产品之前，就已经明确这一产品的服务对象，不是留着自己使用就是拿到市场上出售。这一特点是由人类劳动在精神支配下所具有的目的性决定的。例如，生产者生产商品的劳动，无疑在劳动之前就已把它当作社会劳动来看待；而生产者生产自用品的劳动，自然也就在劳动之前把它当作个人劳动来看待。这说明，某一具体劳动的社会性质，在一开始就与劳动的服务目的和服务对象直接相关，在发达的商品经济条件下就更是如此。

但是，劳动在社会性质上的这种实施前的规定性，有时又是不稳定的、可变的。因为，在实际生活中，往往还会存在着这种情况，某一本来打算用于个人生活需要的产品，可能会因为某种原因而被拿到市场上出售，在实际上为社会生活所使用；或者，某一本来打算拿到市场上出售的产品，可能会因为某种原因而被生产者自己消费，在实际上为个人生活所使用。例如，一个农民专门为自己食用而种的粮食，因为收成好吃不完，就把剩余的部分拿到市场上出售，或者一个农民专门为出售而种的粮食，因为市场不需要而卖不掉，也就只好拿回家自己食用。这样，最初劳动动机中的服务对象，往往就可能同最终的实际服务对象不一致。这就是说，最初被视为为个人生活服务的个人劳动，可以在实际的产品消费中，最终转化成为社会生活服务的社会劳动；而最初被视为为社会生活服务的社会劳动，亦可以在实际的产品消费中最终转化为为个人生活服务的个人劳动。从精神支配的意义上说，这也是由人类生活目的的有机可变性决定的。

正是由于这种不稳定性，所以看一种劳动是个人劳动还是社会劳动，不能简单地依据其产品被实际消费前的主观愿望来规定，而必须依据其产品被实际消费后的客观事实来规定，必须以产品的实际消费者与产品的实际生产者之间的关系特点来规定。

不能依据劳动最初的主观愿望来规定劳动的社会性质，这并不是否定精神本身的物质性，而是肯定精神本身作为物质反映特性所具有的有机性和灵活性。无疑，人们劳动前的主观愿望，是依据自己生活的客观要求形成的，只是由于客观情况的特殊变化，人们才能动地改变原有的劳动动机。实际上，某一具体劳动产品，之所以能从原来为生产者自己服务的地位，转化到为社会消费者服务的地位，完全是由生产者的主观愿望或生活目的的转变决定的。从这种意义上说，劳动的客观服务对象必然总是同一定的主观服务对象相一致的。显然，没有一定的主观服务对象，没有一定的生活目的，就没有支配产品生产和产品消费的精神力量，也就没有实际的产品消费本身。不同的只是变化了的产品消费目的，决定并改变了产品的消费结果。正是由于劳动目的随环境条件的变化，而能动发生变化的有机性和灵活性，才使得我们必须依据产品的实际消费者，去规定劳动的个人性或社会性，而这一规定又能客观地与劳动者最终的主观愿望或生产目的相一致。

值得特别注意的是，在认识和把握个人劳动和社会劳动这两个范畴的时候，务必不要将其与以往理论中的“私人劳动和社会劳动”相混淆。在以往的理论中，“私人劳动和社会劳动”指的是用于生产商品的劳动所具有的双重社会性质——私人性质和社会性质。这就是说，当把生产商品的劳动看成生产者独立的、自我支配的劳动时，它就具有了私人的性质而成为“私人劳动”；而当把生产商品的劳动看成不同生产者之间互相联系、互相依赖的劳动时，它就具有了社会性质而成为“社会劳动”。由此可见，这种“私人劳动和社会劳动”与“个人劳动和社会劳动”，在规定上或概念意义上都是完全不同的。就实质区分而言，关于“个人劳动和社会劳动”的规定，是要在本质上把两种直接服务对象不同的劳动区别开来；而以往关于“私人劳动和社会劳动”的规定，则在于把生产商品的劳动所具有的社会方式的特点区别开来，而在实际上，生产商品的劳动作为为他人生活消费服务的劳动，只不过是我们所说的社会劳动中的一种典型形式。

在以往的经济理论中，一个明显的不足是，忽视对个人劳动（直接为自身生活需要服务的劳动）的经济分析，而仅仅把社会经济分析，集中在生产商品的社会劳动之上，似乎个人劳动并不具有任何的社会经济分析意义。实际上，个人劳动在每一个人的生活之中，都具有极为重要的经济地位。如何经济地应用个人劳动，更好地为每一个人自身的生存和发展服务，同样是一个极为重要和深刻的经济问题。例如，当人们通过生产商品的社会劳动，在商品交换中取得了可供自己支配和享用的生活资料或者货币资金之后，只有合理地安排自己的个人劳动，才能使这些生活资料和资金发挥最大的功用。事实上，个人劳动在每一个人的个人生活中，其所具有的不可或缺的作用和地位是不言而喻的，并且，尽管个人劳动和社会劳动是两部分具有不同社会性质的劳动，但它们无论在形式上或在本质上，都是对立统一、相互依存、相互制约、相互促进的。从这种意义上说，不懂得个人劳动，也就不可能真正懂得社会劳动，也就不可能真正懂得劳动的社会二重性。关于这一点，可以在下面的讨论中得到认识。

二　个人劳动和社会劳动的对立统一关系

上一节从劳动直接服务对象的意义上，把劳动划分为个人劳动和社会劳动。从孤立的角度或者从表面的形式看，这种划分是十分明确的，就好像个人劳动和社会劳动是两种完全孤立、毫不相干的东西。然而，当我们从联系的角度或者从内在的运动形式看问题时，个人劳动和社会劳动也就成为一种不仅有其各自的直接服务对象，同时还有其各自的间接服务对象的东西。正是从这里，我们得以深入地研究个人劳动和社会劳动之间对立统一、相互联系、相互转化的内部关系，从而使我们对劳动的内在社会性质有了一个更加深刻的认识。

在现实的人类社会中，每个人都是作为相对独立的个人经济主体而存在的，但是，每个人又是作为社会经济主体中的细胞和分子而存在的；任何个人都不能脱离社会而存在，而社会则只能由相对独立的每一个人所组成。在这样一种个人与社会的对立统一体中，任何个人生活的存在和发展，都会以其特定的存在方式，影响和制约着社会生活的存在和发展；反过来，任何社会生活的存在和发展，也会以其特定的存在方式，影响和制约着个人生活的存在和发展。因此，个人与社会之间的这种对立统一、相互影响、相互制约的辩证关系，是人类社会发展运动的最基本的关系和规律之一。当这种关系和规律反映到个人劳动和社会劳动的问题上时，就使直接的个人劳动得以在一个联系的过程中，转化为间接的社会劳动，同时，也就使直接的社会劳动得以在一个联系的过程中，转化为间接的个人劳动（见图 11 -1）。

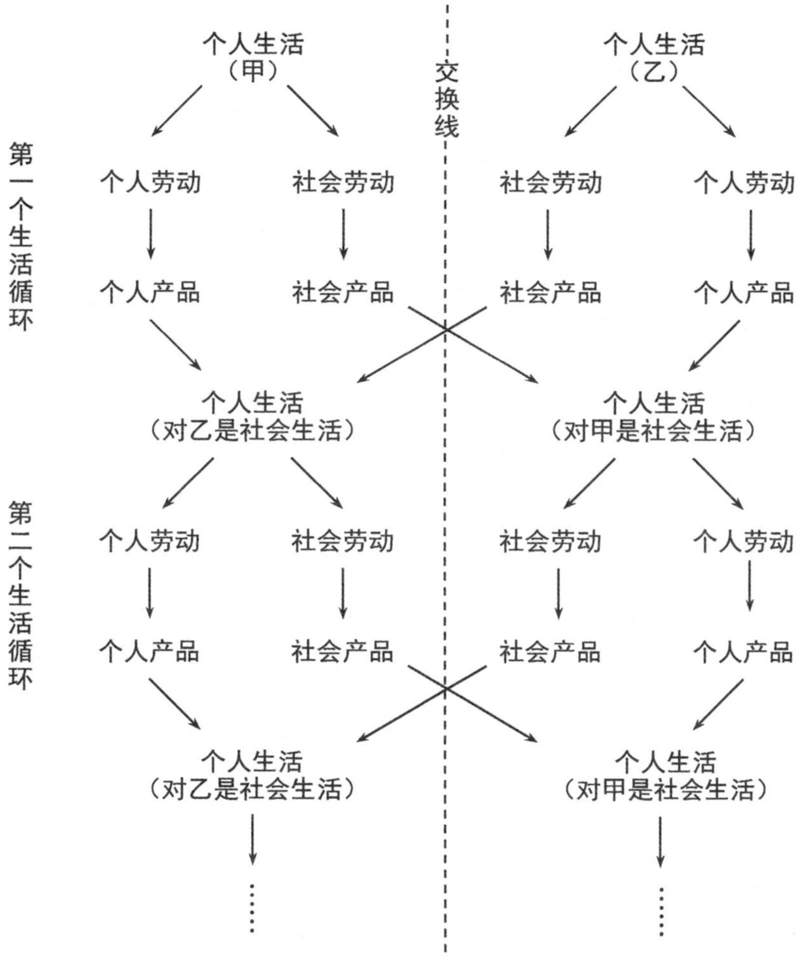

图 11 -1

从图中可以看到，就一个独立的生活循环而言，个人生活主体可以分离出两种直接服务对象不同的劳动，即个人劳动和社会劳动。在这里，可以依据这两种服务对象的“直接”特点，来划分不同社会性质的劳动，分别称为“直接个人劳动”和“直接社会劳动”。但是，当把两个不同的生活循环过程联系起来，观察其承上启下的运动过程时，我们就能很清楚地看到，在两个相关的个人生活循环体之间，各自的社会劳动互相服务于对方的生活需要；同时，在两个承上启下的生活循环之间，前一个生活循环中的个人劳动和社会劳动，是同后一个生活循环中的个人劳动和社会劳动密切相关的，前者决定后者。

我们可以用图中的个人生活（甲）举例说明。在其第一个生活循环中，个人生活（甲）分离出两种直接社会性质不同的劳动——个人劳动和社会劳动。其中，个人劳动专门用于生产供自己消费的个人产品，社会劳动则专门用于生产供交换之用、为社会生活（乙）消费的社会产品。当考察个人生活（甲）消费生活资料的过程时，我们就能从中看到，不仅个人产品直接进入到他的消费中，而且凭借社会产品交换回来的产品——个人生活（乙）所生产的社会产品，也可以越过交换线，加入到他的个人生活消费之中。由此可以发现，个人生活（甲）的社会劳动并不是白白为社会生活（乙）服务的，而是可以通过产品交换过程，转化为为自己服务的间接个人劳动的。由此可见，每个人的社会劳动，都可以通过社会产品的交换过程，间接地转化为为自己服务的个人劳动，即所谓直接社会劳动转化为间接个人劳动。这就是说，表面上的直接社会劳动，在其背后同时又是间接个人劳动，它同时具有两方面的社会性质，即直接的社会性和间接的个人性。这样，就可以从两个不同生活循环的联系中看到直接社会劳动向间接个人劳动转化的过程，同时也看到了直接社会劳动背后所具有的间接个人劳动的性质。

不仅如此，如果把两个承上启下的生活循环连接起来考察，我们亦能看到直接个人劳动向间接社会劳动转化的过程，以及直接个人劳动背后所具有的间接社会劳动的性质。在个人生活（甲）的第一个生活循环中，直接个人劳动以自己创造的个人产品，满足了自身个人生活（甲）的生活需要，但在个人生活（甲）的第二个生活循环中，前一个生活循环的个人劳动就同后一个生活循环的社会劳动，构成了一种必然联系，即前一个生活循环的个人劳动，影响和决定着后一个生活循环的社会劳动。显然，前一个生活循环的个人劳动，是保证劳动者生存和发展的必不可缺的前提条件；而后一个生活循环的社会劳动，也必然地以劳动者的个人生存和发展利益为前提条件；因此，前一个生活循环中的个人劳动，也就在后一个生活循环的社会劳动身上，留下了自己的历史烙印。由此可见，前一个生活循环中的直接个人劳动，可以在后一个生活循环中转化为间接社会劳动，并通过这种转化而间接地为社会生活服务。这就是说，表面上的直接个人劳动，在其背后同时又是间接社会劳动；它同时具有了两方面的社会性质，即所谓直接的个人性和间接的社会性。这样，我们就从两个不同生活循环的联系中，看到了直接个人劳动向间接社会劳动转化的过程，同时也看到了直接个人劳动背后所具有的间接社会劳动的性质。

实际上，在两个承上启下的生活循环中，前一个生活循环中的社会劳动也可以在后一个生活循环中的个人劳动身上留下自己的烙印，从而使自己具有了间接个人劳动的性质。所不同的只是，这种直接社会劳动向间接个人劳动转化的过程，比起直接个人劳动向间接社会劳动的转化过程来说，要较为复杂一些，其中包含着一个产品交换的媒介过程。在商品经济中，商品交换的成功与否，从根本上决定着直接社会劳动向间接个人劳动转化的成功与否。直接个人劳动同直接社会劳动有所不同，它有十分明确的服务对象，在一般情况下，其所生产的个人产品往往同生产者的个人生活需要相吻合。而直接社会劳动，由于生产者和消费者的分离，生产者的劳动服务对象往往并不是确切的，特别是在发达的商品生产市场中就更是如此；因而往往容易出现社会产品无法进入交换过程的情况，从而无法实现直接社会劳动向间接个人劳动的转换。正是由于这种原因，直接社会劳动向间接个人劳动转换的过程，也就孕育或包含着可能存在的甚至十分剧烈的社会生产矛盾，即所谓经济危机。不过，在实际的社会生产活动中，这种社会生产矛盾的存在，并不会完全否定直接社会劳动的存在意义，相反却为直接社会劳动的发展要求所克服。

从上面的分析中可以得出这样的结论，由于每一个人的个人劳动，必然都会通过自身个人生活的存在和发展，去决定或影响自身社会劳动的存在和发展，从而最终间接地服务于他人的社会生活；同时，每一个人的社会劳动，又必然都会通过他人社会生活的存在和发展，通过与他人社会生活的产品的交换过程，反过来决定或影响自身个人劳动的存在和发展，从而最终间接地服务于自身的个人生活。因此，任何人的任何劳动都同时具有个人劳动和社会劳动的双重性质，都是个人劳动和社会劳动的对立统一；如果不是直接个人劳动和间接社会劳动的对立统一，那就只能是直接社会劳动和间接个人劳动的对立统一。我们把人类劳动所具有的这种双重社会性质，称为“劳动的社会二重性”。当然，这里所说的劳动的社会二重性，与以往理论中的“私人劳动和社会劳动的社会二重性”是有所不同的。

值得强调的是，这里所说的劳动的社会二重性，尽管是从个人劳动和社会劳动互相转化的分析中抽象出来的，但这绝不等于说劳动可以在某一条件下作为单纯的个人劳动而存在，或者可以在另一条件下作为单纯的社会劳动而存在，这仍然是用孤立的观点看待劳动。用联系的观点看问题，个人劳动和社会劳动作为劳动社会性的两个矛盾方面，是同时存在于任何一个劳动统一体之中的；它们对立统一、互相制约、互为存在前提，共同构成劳动实体中统一的社会性质。这就是说，没有个人性的劳动或者没有社会性的劳动都是不存在的。从直接的意义上看，一种劳动之所以有时表现为个人劳动或有时表现为社会劳动，只是由于其社会二重性中的某一个矛盾方面比较突出、比较直接，是主要的矛盾方面而已。总之，无论劳动直接表现为个人劳动或是社会劳动，它都必然会在个人生活和社会生活两个方面发生作用。劳动的社会二重性和劳动的自然二重性（具体劳动和抽象劳动）一样，都是任何劳动统一体内部所具有的普遍性质，不同的只是劳动的社会二重性，指的是劳动对个人生活和社会生活所具有的对立统一的二重作用，而劳动的自然二重性，则指的是劳动内部的质与量（具体劳动和抽象劳动）对立统一地决定产品生产，从而对立统一地决定产品价值的二重作用。

从某种意义上说，个人劳动和社会劳动互相转化的原理，是个人与社会对立统一的历史唯物主义观点在劳动范畴中的体现；它用联系的和历史发展的观点，而不是用孤立的、静止的观点，去看待劳动的社会性质，从而揭示了劳动的社会二重性。无疑，具体的人类劳动所具有的具体社会性质，可以是多方面的、不尽相同的，例如生产性劳动和非生产性劳动、有益劳动和有害劳动、剥削性劳动和非剥削性劳动等等。但是，只有个人劳动和社会劳动才是任何一切劳动普遍具有的社会性质；它们总是对立统一、互为存在前提地存在于一切人类劳动之中。深刻地理解劳动的社会二重性，对于分析和研究政治经济的一系列理论问题，有着极为重要的基础理论意义。在本书后面有关劳动价值的篇章中，我们将会深入讨论劳动价值所具有的社会二重性——“个人劳动价值”和“社会劳动价值”，及其对立统一的内在运动规律，而这一分析正是以劳动的社会二重性原理为基础的。把个人劳动和社会劳动看成同一劳动所具有的两个对立统一、互为存在前提、可以互相转化的矛盾方面，而非看成两种孤立的劳动是我们研究劳动统一体内部结构的特色之一。

三　个人劳动比和社会劳动比

劳动具有对立统一、不可分离的社会二重性，即个人劳动和社会劳动的统一性，但这并不等于说，对直接个人劳动和直接社会劳动的分别考察就失去了意义。实际上，当把劳动仅仅作为直接个人劳动或直接社会劳动来进行考察时，我们就获得了对劳动量进行社会经济分析的必要方式和手段，即关于“个人劳动比”和“社会劳动比”的概念。这两个概念与前面关于抽象劳动比的概念在实质内容上有所不同。

为了便于分析讨论，首先要弄清楚“个人劳动比”和“社会劳动比”这两个概念。从某种意义上说，如果我们仅仅观察劳动的直接作用方面，那么就能很容易地把一定时期内耗费的全部劳动，相应地划分为两大类，即直接个人劳动和直接社会劳动。自然，一定时期内所耗费的全部劳动量是可以统计为劳动总量的，同时，一定时期内所耗费的直接个人劳动和直接社会劳动，也是可以分别统计为个人劳动量和社会劳动量的。如果把个人劳动量和社会劳动量与劳动总量联系起来，就可以由此引申出“个人劳动比”和“社会劳动比”的基本概念。所谓“个人劳动比”，就是个人劳动量在劳动总量中所占的比重；所谓“社会劳动比”，就是社会劳动量在劳动总量中所占的比重。它们分别可以表达为如下两个公式：

$$个人劳动比=\frac{个人劳动量}{劳动总量}\times 100\%$$

$$社会劳动比=\frac{社会劳动量}{劳动总量}\times 100\%$$

例如，假定我们在某一时期内的劳动总量为1 000小时，其中个人劳动为400小时，社会劳动为600小时；那么，依据上面的计算公式，个人劳动比就为40%，社会劳动比就为60%。从这个例子中可以看到，在个人劳动比和社会劳动比之间，存在着一种比值上的互补关系，即个人劳动比与社会劳动比之和，总是等于100%，因此，如果个人劳动比按照一定比例下降，社会劳动比就会按照同样的比例上升，反之亦然。

研究个人劳动比和社会劳动比之间的比例关系，对于认识人们劳动的社会状况，具有重要的社会经济分析意义。显然，人们把多大比重的劳动用于直接的个人服务或者直接的社会服务，是与人们特定的社会经济状况密切相关的；社会经济关系只有达到这样一个水平，个人劳动比和社会劳动比才可能相应地表现为这样一个比值。特别是当从运动的角度去考察个人劳动比和社会劳动比在不同时期的运动变化时，我们不仅能够相应地注意到引起这种变化的社会经济原因，而且能够在一定程度上把握这种运动变化的历史规律。

举一个具体例子，从历史发展的过程看，在原始社会时期，由于社会生产力极为低下，人们只能依赖协作的共同劳动获得起码的生活资料，以维持最基本的生存需要。这样，就使得原始社会劳动者的社会劳动所占的比重较大一些，而个人劳动所占的比重则较小一些。随着人类社会生产力的发展，家庭作为独立的经济单位形成了，并因此由原始社会进入奴隶社会和封建社会。在商品经济极不发达的早期农业经济时期，每一个家庭作为独立的经济单位，其社会劳动比就大为下降。随着商品经济的日益发展，家庭式的独立经济迅速解体，人们把越来越多的劳动时间用于商品生产，从而使每一个家庭的社会劳动比相应提高。特别是当商品经济在资本主义社会中迅猛发展之后，不仅家庭而且每一劳动者个人的社会劳动比大大提高。在资本主义社会特别是在更发达的社会主义社会中，随着商品经济的进一步扩大发展，以及社会生产力水平的大幅度提高，广大劳动者的社会劳动将会越来越多地为高度自动化的大机器生产所代替，从而使得人们的社会劳动比又呈现出下降的趋势。特别是在未来的共产主义社会中，自动化的社会大机器生产达到了如此高度，以至于约束人们自由发展的社会劳动，在比重上下降到了几乎为零的地步，从而使每一个社会成员的个人劳动比占据绝对优势。

由此可见，个人劳动比和社会劳动比在历史上的互相升降变化，都是同特定历史阶段的社会经济状况或者说社会生产力状况相适应的。在一定的历史条件下，个人劳动的相对局限性，要求人们把更多的劳动作为社会劳动来应用，以便提高劳动的社会生产力，其内在机制在于社会生产协作本身所具有的扩大劳动功效的客观作用。而在一定的历史条件下，社会劳动的相对约束性，又反过来要求人们把更多的劳动作为个人劳动来应用，以便从具有较大约束性的社会劳动中摆脱出来，使每一个人充分获得自身精神深化发展的空间，其内在的前提条件在于社会生产力的高度发达。

总之，随着商品经济从无到有、从小到大的历史发展，人们直接为自己服务的个人劳动，越来越多地转化为直接为社会服务的社会劳动。在这一过程中，社会分工日益细化又使越来越多的社会劳动作为一种机械循环、枯燥无味、缺乏创造性的“约束性劳动”而成为谋生手段。然而，日益细化的社会分工所带来的巨大生产力，又使人们从日益深化的约束性劳动中获得了日益扩大的财富自由和精神发展空间。随着人们生产技术设备的日益进步和完善，特别是电器化、自动化生产的出现和日趋完善，人们得以从那些具有较大约束性的社会劳动中摆脱出来，从而获得更多由自己独立支配的个人劳动，去主观能动地从事那些富于创造性和符合自我兴趣的生活实践，从而使得每一个人的深化精神得到充分自由的发展。

在商品经济社会中，假如我们把生产商品的劳动作为一类社会劳动去考察，而与个人劳动相比较，那么，就能大致地描述其社会劳动比的变化趋势，并用曲线表示出来，见图 11－2。

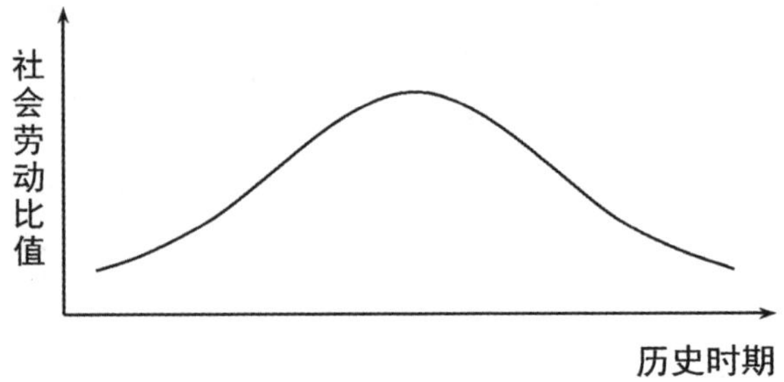

图 11－2

对图中曲线的描述如下：（1）商品生产出现了，这时生产商品的社会劳动开始出现并取得自己的比值；（2）随着商品经济的扩大，生产商品的社会劳动比也开始扩大，并达到了自己的顶峰；（3）当社会生产力达到一个相当的水平时，商品生产占用的社会劳动比开始下降；（4）随着社会生产力进一步高度发展，商品生产大量地为“共产主义产品生产”[①] 所取代，从而使商品生产的社会劳动比向零的方向发展，而逐渐走向消亡。与此同时，非商品生产的个人劳动比也会有一条与之大致相反的曲线（见图 11－3）。我们把这种曲线称为“社会劳动比发展曲线”和“个人劳动比发展曲线”。

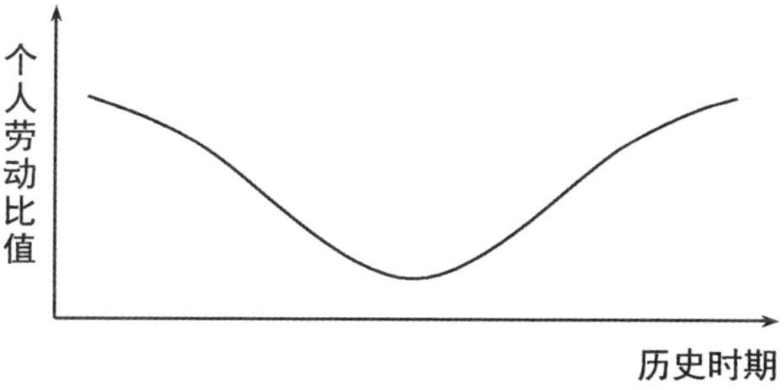

图 11－3

事实上，当社会生产力达到一个相当的高度并不断向前发展时，社会劳动比就会呈现出一个无限缩小的下降趋势和规律。例如，在一些较为发达的资本主义国家中，随着社会生产力的发展，工人每天的社会劳动时间普遍从最初的 12 小时下降到 8 小时，甚至下降到 6 小时，与此同时，工人的普遍生活水平非但没有下降反而有所提高。这就说明，社会生产力的提高将使得社会劳动者从繁重、机械、枯燥、约束性强的社会劳动中解放出来，并取得日益扩大的精神发展自由。社会主义国家在制度上具有比资本主义国家发展社会生产力更大的潜力，因而更有可能在较快提高社会成员生活水平的同时，加快社会成员社会劳动比的下降速度，并最大限度地提高个人劳动比，从而使广大劳动者获得更为广阔的精神发展自由。例如，我国目前实行的每周五天工作制，就是这一过程或规律的明显例子。社会劳动比在发达国家中具有这种日益下降的趋势和规律，这就使得它的高低变化能够反映出社会生产力水平和人们生活水平的高低变化。因此，个人劳动

① 典型的共产主义产品，在价值上表现为一种抽象劳动耗费趋于无限小的人类产品。它因此失去了经济计量的意义，但同时能充分满足人们的生活需要。有关共产主义产品的理论，本书第三卷《共产主义社会形态》将作深入研究。

比和社会劳动比是我们分析社会经济状况的一个有用工具。

从理论的实际应用上说，个人劳动比和社会劳动比及其运动规律的原理，不仅对于我们认识共产主义社会的劳动状况，从而完善关于共产主义的政治经济理论，具有重要的理论意义，而且对于认识社会主义社会的劳动状况，从而指导我们正确地处理社会主义社会的劳动就业问题，也具有重要的理论意义。

在理想的共产主义社会中，那些具有约束性的社会劳动，在相当大的程度上甚至绝大程度上，已经为高度自动化的共产主义社会大机器体系①所取代。一方面，每个共产主义社会成员的绝大部分劳动，都首先直接地表现为具有高度自由和富于创造性的个人劳动；而另一方面，每个共产主义社会成员的直接个人劳动，又可以通过高度自动化、电脑化的共产主义大机器，把自己的研究成果转化为支配共产主义大机器的信息动力，进而转化为最有效地为全体社会成员服务的间接社会劳动。这就是共产主义社会中直接个人劳动和间接社会劳动的高度统一，以及每一个人自身精神发展利益与全社会精神发展利益的高度统一。

把个人劳动比和社会劳动比的原理，运用到社会主义国家的劳动就业问题的分析上，也就极为现实地说明，社会主义国家职工的社会劳动时间，必然会随着社会生产力的迅猛提高而相应降低，从而使每个社会主义国家职工在工资收入或者实际生活水平有所提高的同时，获得更大的个人劳动比。这不仅对于改善每一个社会主义国家职工的自由发展条件具有积极意义，而且对于提供更多的社会就业机会也具有积极意义。从某种意义上说，在社会主义生产力高度发展的过程中，社会主义国家职工的社会劳动比不断下降，作为一种不以人们意志为转移的必然趋势，恰恰是社会主义国家彻底实现充分就业的必由之路。

当然，个人劳动比和社会劳动比的原理，在经济分析的实际应用上是多方面的，本书后面的篇章将对这些应用作更为深入细致的分析讨论。

---

① 亦可称为“共产主义社会大机器”，它指的是一种由全体社会成员共同所有的，高度自动化和电脑化的大机器系统，主要由智能化的信息网络系统和智能化的机器制造系统所构成。它能通过个人电脑等高级通信设备的联网形式，把每一个社会成员的劳动成果关联起来，不仅能够吸收、存储、分析、鉴别任何一个成员所提供的有益的科学信息或生产指令，而且能够将其所吸收存储的任何关于科学知识的信息资料，有益地提供给每一个社会成员调用和参考。它是在共产主义社会中直接个人劳动高度发达的条件下，把每一个社会成员高度自由的直接个人劳动，转化为高度适应社会需要的间接社会劳动，使两者高度统一起来的机器系统或关联形式。它不仅可以通过精密统计，最节约、最合理、最充分地为全体社会成员提供所需要的通用生活物品，而且可以依据自己迅速扩大的生产能力，最大限度地满足每一个人可能提出的极具个性化的独特产品需求。与人类精神深化发展的趋势和需求相适应，共产主义大机器所能提供的最广泛、最适用的物质产品，是取之不尽、用之不竭的“信息产品”，当然亦包括其他非信息产品。

四 社会劳动的交换性及其基本交换形式

社会劳动区别于个人劳动，是一种直接为社会生活服务的劳动形式。但必须注意的是，每个具有相对独立经济利益的个人，在实际上并不把自己的社会劳动视为一种单纯为社会生活服务的劳动，而必然要求享受自己劳动成果的社会生活对象，反过来为自己提供其社会劳动的服务，即要求自己的社会劳动在劳动产品的交换中转变为一种间接的个人劳动。关于这一过程的基本形式，见图 11 - 1。正因为如此，社会劳动就体现出了一种个人劳动所不具备的明显特性，即所谓"社会劳动的交换性"。无论从社会劳动存在的必然性上看，还是从社会劳动发展的历史过程看，社会劳动都总是同劳动者的个人生活利益直接相关的，从而都是一种旨在通过社会协作获得更好的生活条件的交换性劳动。

在原始社会极其恶劣的生活环境中，单一的个人劳动是绝对不足以维系自身的生存和发展的。因此，原始社会的人们，只能依靠社会的分工和协作提高劳动生产力，从而达到每个社会成员都能生存和发展的目的。无疑，制造工具、采集、打猎或者料理家务等分工，对于促进整个原始部落的财富生产具有决定性意义，它使得每一个人获得了凭借单一个人劳动所绝对获得不了的生活资料。显然，如果每个社会成员不能在集体性的社会分工和协作中获得个人生活的一定利益和好处，那么，他们的社会劳动就会失去全部经济意义而不复存在，结合他们社会劳动的链条也就失去了连接的必要而断裂；他们之所以热衷于参与社会劳动，其本质在于可以从社会劳动的互相交换中，获得自身生活所需求的更充足的生活资料，从而获得自身精神生活赖以存在和发展的更大的物质空间。

社会分工和社会协作对于提高社会生产力，从而提高每个社会成员的生活水平所具有的内在作用，不断引导和深化人类社会的分工和协作。农业和畜牧业的社会大分工，以及农业和手工业的社会大分工，最终形成了专门用于交换而生产的产品——商品。商品生产的出现，使社会劳动的交换性更为明显地表现出来。商品生产者不仅要求在商品交换中各自获得所需的交换物，而且还在更高的层次上，强调和要求商品交换的自愿、互利、公平、等价。"你不为我提供社会劳动的服务，我也绝不为你提供社会劳动的服务"，而且，"我所能为你提供社会劳动服务的力度或水平，必须相应地以你所能为我提供的社会劳动的回报来限定"。这就使得社会劳动的交换性更加绝对化了。实际上，商品交换所表现出来的这种社会劳动交换性的绝对化，恰恰是人类社会生产力之所以能够达到今天的高度的一种内在规定性；没有这种内在规定性，人们之间的分工协作就会停留在一个较低的水平上，甚至在一定的条件下破裂和消亡。商品经济把社会生产力推到了这样一个高度，使高度自动化的共产主义大机器得以最终产生，与此同时，生产商品的社会劳动也就随之进入消亡过程。共产主义大机器所提供的多种多样、取之不尽、几无价值的共产主义大机器产品①，使得共产主义社会成员不必进行生产商品的社会劳动，就能获得所需的各种生活资料。在这种情况下，由于生产商品的社会劳动终于失去了所具有的交换性，生产商品的社会劳动也就随之失去意义，并不断地消亡而转化为个人劳动。

由此可见，社会劳动无论在什么情况下，都应该是一种以交换为目的或以交换为实质的劳动，即是具有直接交换性的劳动。从这种意义上说，社会劳动必然只因交换利益的存在而存在，又必然只因交换利益的消亡而消亡。因此，交换性是社会劳动（特别是生产商品的劳动）的最一般、最普遍的特性。绝对无缘无故、绝对与自身利益无关的社会劳动是根本不存在的。

值得指出的是，社会劳动是一种交换劳动，并不等于说交换双方能够直接进行劳动的交换。实际上，人们之间的任何交换，都只能是劳动产品的交换，而不是劳动本身的交换；社会劳动作为交换劳动的意义在于，其本身是一种用于生产交换产品的劳动。显然，人们生活所消费的直接对象只能是劳动的产品，而绝不是纯粹的劳动本身。强调这一问题的意义在于，当我们在分析任何有关社会劳动交换的问题时，都必须把注意力放到劳动交换的物质媒介上，即用于交换的产品之上，否则，就不可能真正理解劳动交换的社会动机和实质意义。

社会劳动作为交换劳动，由于以社会分工和社会协作的形式为存在前提，因而也就取得了自己特有的三种基本存在形式，即“分离的交换劳动”“混合的交换劳动”和“复合的交换劳动”。

就“分离的交换劳动”而言，它指的是这样一种社会劳动形式，即进行劳动交换的生产者各自独立地生产自己的交换产品，然后通过互相的产品交换而实现各自社会劳动的交换；双方之间的劳动交换寓于各自产品的交换之中。在这里，不仅交换双方各自的劳动生产过程是分离的，而且他们各自的劳动产品也是分离的。因此，我们把这种形式的社会劳动，称为“分离的交换劳动”（见图 11 –4）。

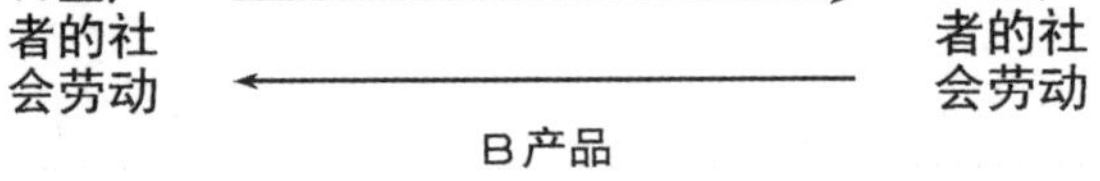

图 11 –4

① 随着高度自动化大机器生产体系的建立，凝结在每一劳动产品中的社会劳动量有一个趋于零的规律，从而使得体现在共产主义产品之上的劳动价值亦趋于零而失去等价交换的必要性。

这种由社会劳动分工形成的社会劳动的交换形式是广泛存在的，无论什么地方或什么时期，只要存在社会分工，就都会存在着这种形式的交换劳动。例如，在原始社会中，由于存在着采集和打猎的分工，因而在采集者与打猎者之间就形成了采集物与猎物的交换。特别是在商品经济社会中，社会分工日益细化，不同生产者、不同厂家之间的商品交换日益扩大，使得分离的交换劳动随处可见。在社会生产力高度发达的共产主义理想社会中，尽管社会成员的劳动绝大部分表现为直接个人劳动，但每一个人的劳动成果，都可以有目的地、积极地通过共产主义大机器，转化为互相服务、互相交换的间接社会劳动，从而形成共产主义社会直接个人劳动和间接社会劳动的高度统一。所不同的只是，社会分工的方式发生了本质的变化，即最充分、最科学的社会分工，已经寓于每一社会成员最自由、最富自我创造性的个人劳动之中。因此，即使在共产主义社会，仍将广泛地存在着分离的交换劳动形式。

就“混合的交换劳动”而言，它指的是这样一种社会劳动形式，即进行社会劳动交换的生产者，不是各自独立地生产自己的交换产品，而是在共同的协作劳动中生产同一件交换产品，亦可称为“共同产品”；他们只能通过对共同产品的分配和使用，去实现各自社会劳动的交换。在这里，不仅交换者各自的劳动生产过程是混合在一起的，而且他们各自的劳动产品成果也是混合在一起的；失去协作的任何一方，相应的共同产品就不可能创造出来；而他们之间的劳动交换的实现，则只能寓于对共同产品的分配和使用之中。因此，我们把这种形式的社会劳动，称为“混合的交换劳动”（见图 11－5）。

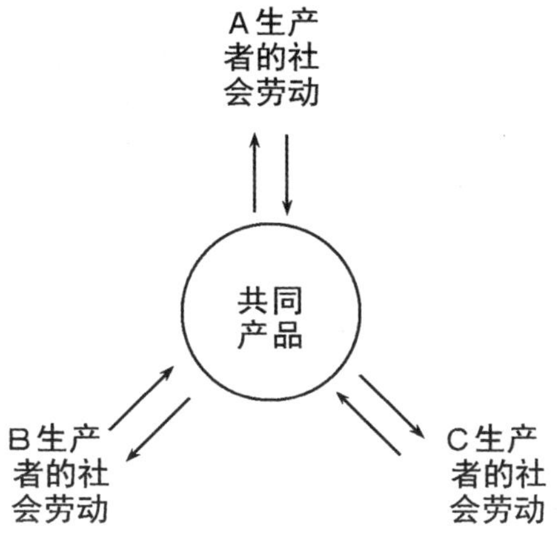

图 11－5

同样，这种由社会劳动协作形成的社会劳动的交换形式，也是普遍存在的，无论什么地方或什么时期，只要存在社会协作，就都会存在着这种形式的交换劳动。例如，在原始社会中，人们共同围猎野兽、共同建造房屋，然后共同分配和享用共同生产的劳动产品，这样就发生了混合的交换劳动。在商品社会中，尽管普遍存在着分离的交换劳动，但每一个相对独立的商品生产组织或企业内部，却广泛地包含着混合的交换劳动。虽然在企业内部存在着一定的分工，但当我们把整个企业的最终产品作为整个企业的共同产品时，以企业内部分工形式存在的劳动，在实质上也就成了以协作形式存在的劳动。人们通过劳动协作共同生产企业的最终商品，然后按照一定的契约并依据每一个人在混合劳动中所发挥的作用，共同分配商品交换得来的利益。这样，就在企业内部形成了混合的交换劳动。对于共产主义社会的成员来说，虽然约束性的社会劳动已经基本消亡，但自由性的社会劳动，特别是寓于充分自由的直接个人劳动背后的间接社会劳动，仍将普遍存在。人们之间可以根据共同的研究兴趣，自由地组合起来，去达到共同的深化精神发展目的；而且，共产主义大机器的全部产品，都可以在宏观的意义上，视为全体社会成员共同的劳动产品，人们对共产主义大机器产品的按需取用，本身就已经包含了混合的劳动交换。

某种意义上说，尽管分离的交换劳动和混合的交换劳动有其各自的独立形式，但是它们往往又是可以互相关联并融合在一起的；不仅分离的交换劳动可以融合在混合的交换劳动之中，而且混合的交换劳动也可以融合在分离的交换劳动之中；使得社会劳动的交换处于一种既分离又混合的状态。例如，一个商品生产企业，尽管在其内部具有多方面的劳动分工，但企业的总产品则可以看成共同劳动的成果，而使企业内部的分工劳动成为实际意义上的混合交换劳动。相反，一个商品生产企业，尽管在其内部可以看成协作劳动，而在其与其他企业的商品交换之中，它又可以被视为社会分工而与其他企业形成分离的交换劳动。由此可见，在分离的交换劳动和混合的交换劳动之间，存在着极为复杂的复合形式，我们可以把交换劳动的这种复合形式，称为“复合的交换劳动”（见图11－6）。其中的A、B、C分别代表相对独立的生产劳动者；甲、乙分别代表由A、B、C组成的相对独立的经济实体。

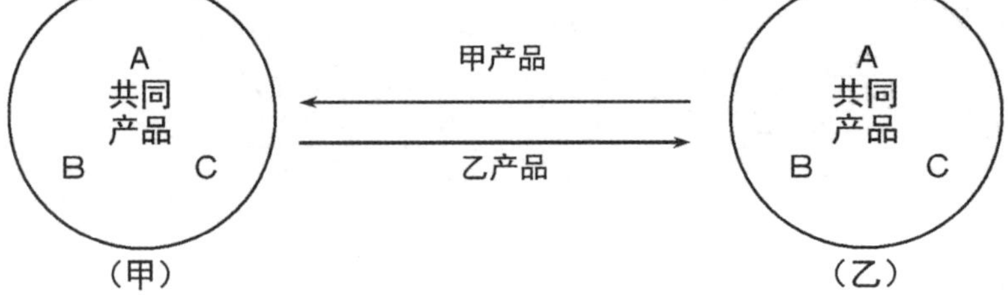

图11－6

实际上，人类社会的所有政治经济关系都是包含在社会劳动的复杂交换关系之中的，都是由社会劳动的交换构成的，在最根本的实质上，都是由人类精神力量的交换构成的，没有社会劳动的交换，就没有人与人之间的任何政治经济关系。所不同的只是，由于人类社会不同历史阶段的政治经济条件的不同，人们之间的社会劳动交换具有了各自的历史特色，构成了各自性质不尽相同的政治经济关系。其中，社会劳动的交换，不仅仅表现为交换双方自愿的、互相有利的交换，而且可以表现为交换双方被迫的、互相有害的交换，甚至可以表现为交换双方中一方压迫、剥削另一方的交换。本书将在关于阶级关系的卷章中，深入地研究社会劳动交换中的这些复杂现象及其发展规律。

第十二章
产品内涵和产品外延

在对劳动的概念有了起码的认识之后，从本章开始，将对产品的概念进行讨论。产品是什么？这无疑是一个任何具有普通经济学常识的人，都能明确回答的问题，但是，产品包括什么？这或许就是一个有素养的经济学者，都未必能够完全搞得清楚的问题了。例如，在以往讨论生产劳动和非生产劳动的问题时，就经常出现这样的疑虑：歌唱家的劳动是否创造物质财富；商业和服务行业的劳动是否创造物质财富；科学家和教育家的劳动是否创造物质财富；政府工作人员、警察甚至军队的劳动是否创造物质财富等等。关于此种问题的争论曾经经历了相当长的时间，但至今似乎仍然没有得到一致的定论。这样的问题得不到解决，已经在政治经济的一系列重大理论中给我们带来难题。例如，在国民生产总值的统计上，在国家宏观经济计划的制订上，如果不首先解决上述这类问题，也就不可能真正科学地处理此类关系到国计民生的重大问题；除此之外，“劳动力究竟是不是商品”的争论，亦是一个与产品概念的科学性直接相关的理论问题。

从某种意义上说，这些问题之所以长期得不到解决，极为关键的原因在于，以往的理论还未能从基本原理上，全面地把握产品内涵和产品外延，而仅仅把对产品概念的认识，停留在过于简单的直观认识之上，即所谓“看得见摸得着”的产品观念之上。因此，对产品概念的分析研究，将从产品内涵和产品外延开始。

一 产品的社会内涵和自然内涵

正如我们通常所知道的那样，任何事物都有自己特定的本质属性或特征，如果要为某种事物规定一个概念，那么，这种事物的本质属性和特征的总和，就构成了这一概念的内涵。自然，产品作为一种客观事物，也必定有其自身的特定内涵。不过，产品的内涵和普通自然物的内涵相比较，有着一个极为显著的区别，即产品内涵具有社会和自然两个方面，即“产品社会内涵”和“产品自然内涵”；而普通自然物的内涵，仅仅只有自然方面的规定性。这种区别是由产品作为人类社会的产物所具有的社会特性决定的。下面，将分别就“产品社会内涵”和“产品自然内涵”进行分析讨论。

就产品内涵而言，通俗地说，需要了解“什么是产品”。从最一般、最普遍的意义上说，产品就是人类为了满足自己生存和发展的需要，通过有目的的生产劳动去作用于外部事物，使之发生变化而创造出来的所有一切物质资料或物质实在。在产品的这个一般概念中，至少包含以下两点规定性。第一，它严格规定：产品必须是一种与人类劳动直接相关的物质实在，是被劳动作用或改造了的物质实在。换句话说就是，只有被劳动作用或改造过的物质实在，才可能成为产品，而没有被劳动作用或改造过的物质实在，绝不可能成为产品。第二，它严格规定：凡是被劳动作用或改造过的任何物质实在都是产品，而无论这种物质实在的最终结果如何。这就是说，凡是被劳动作用或改造过的任何物质实在，无论它是否按照劳动者的劳动目的发生预定的变化，无论它最终对人类生活产生有利的还是有害的实际作用，它都现实地成为人类劳动的产品。这两点规定性就是产品所具有的最一般、最普遍的社会规定性。因此，我们将这两点规定性称为“产品一般社会内涵”。

之所以把上述两点规定为“产品一般社会内涵”，不仅因为它们高度概括了产品作为一种特殊的物质实在，与人类劳动之间最一般的客观关系；而且因为这种客观关系是任何产品所普遍具有的。显然，正是由于产品是人类劳动的结果，并决定或影响着人类的生存和发展，其本身才具有了普通物质所不具有的社会性质。这种社会性质的意义在于，产品本身体现着人类能动地改造世界和创造世界的特殊能力，从本质上说，产品本身体现着人类精神能动地实现自身目的，并使自身无限发展的特殊能力；没有人类和人类社会本身的存在和发展，就没有产品的存在和发展，而产品的存在和发展，反过来又作为人类社会特有的物质要素，对人类社会的存在和发展起着主导性或决定性的作用。产品和普通自然物对人类生活的作用完全不同，前者是人类能动地、有选择地加以创造和使用的，后者则是人类被动地、无选择地接受的。正是由于产品具有了这种社会性质，它才作为特殊物质与普通物质区别开来，即从社会物与普通物的意义上，把产品与普通自然物区分开来。同时，产品一般社会内涵并不满足于把产品与普通自然物区分开来，它还要求毫无遗漏地把一切与劳动作用相关或由劳动作用形成的产品物质，同普通物质区分开来。这正是产品一般社会内涵对产品外延所具有的最一般、最彻底的规定性。

某种意义上说，规定产品一般社会内涵对于全面、正确地分析研究人类社会的经济问题具有极为重要的理论意义。因为，劳动的结果无论符合或不符合劳动目的，都会在劳动耗费的意义上影响着人们的经济生活，都可以从经济效益的角度去加以分析。有了这样一个一般规定，对劳动及其产品所涉及的经济领域，才具有了更加广泛和彻底的认识。

上面关于产品社会内涵的分析，仅仅只是对产品最一般、最普遍的社会内涵的分析。实际上，产品所具有的特殊的、具体的社会内涵是十分广泛的。例如，可以依据产品对人类生活的有用性，把产品分为有用产品和无用产品；可以依据产品的质量好坏或技术差别，把产品分为正品、次品和废品；可以依据产品生产部类或生产部门的不同，把产品分为工业产品和农业产品；可以依据产品的直接服务对象，把产品分为个人产品和社会产品；可以依据产品的交换特征，把产品分为商品和非商品；可以依据产品在使用或分配上的特征，把产品分为必要产品和剩余产品等等。无疑，上述这些产品所具有的特殊的社会内涵，都只能是某类具体产品的特殊社会内涵。这种特殊意义上的产品社会内涵，只能把全部产品中的某一类产品与其他类产品区分开来，并为自己规定特殊而具体的外延。只有产品一般社会内涵，才标志着一切产品所共同具有的社会性，才把产品彻底从万物中分离出来。因此，从最一般的意义上说，在我们回答什么是产品这个问题时，我们强调的只是产品的一般社会内涵。至于特殊产品所具有的特殊的社会内涵或社会属性，将在相关的篇章中另作讨论。

当了解了“产品一般社会内涵”的概念后，接下来将讨论“产品一般自然内涵”。实际上，关于产品的一般概念，除了我们前头所描述的那两点社会规定性之外，还应该包含另外两点自然规定性：第一，它规定：任何产品都必然是物质实在。这就是说，产品不是虚无缥缈的，而是实实在在的客观事物，有其具体的物质实体和物质存在形式，没有物质实体的产品是根本不存在的。第二，它规定：任何产品实体作为一般物质，其物质实在不因劳动的存在而存在。这就是说，劳动改变的只能是被作用物的存在形式或性状，而不能创造出作为一般物质元素的产品物质本身，这表达了物质不生不灭的基本原理。这两点规定性就是产品所具有的最一般、最普遍的自然规定性。因此，把这两点规定性称为“产品一般自然内涵”。

之所以把这两点称为产品的一般自然内涵，不仅因为它们高度概括了产品作为一种与世界万物共同具有的物质特性，而且因为这种物质特性是任何产品所普遍具有的。从物质作用的原理上说，作用与被作用的关系，只能在物质与物质之间发生，只能是客观实在的物质关系。因此，劳动作为人体运动对外部事物发生的作用关系，必然有其自身作用的物质对象，而这一物质对象的物质实体本身，也就成为产品的物质实体本身。从这种意义上说，那些认为某种劳动过程可以没有自己的作用对象，从而没有自己的产品物质，或者认为劳动可以创造出非物质的产品，这无疑是荒谬的。实际上，当我们脱掉产品的社会外衣之后，它就成为最一般的物质实在。既然任何产品都是物质实在，那么它们作为一般物质就有了共同的物质特性和物质存在形式。辩证唯物主义认为，任何物质都是质与量的统一，都是时间与空间的统一，都是内容与形式的统一，都是绝对运动与相对静止的统一。物质一般所具有的这些基本规定性，同样存在于任何产品实体之上。

就统一的物质世界的实在性而言，物质本身是不生不灭、永恒存在的；无论何种具体事物具有多么丰富的内容或发生多么复杂的变化，物质世界的质量和能量都是不会增加或减少的。这一不生不灭的物质定律，已为现代科学所证实。正是依据这一原理，我们才得出这样一个结论：任何劳动都不可能凭空创造出物质本身，可能的只是在一定的条件下，改变具体劳动对象的运动状态和存在形式，使之在劳动的作用下发生特定的形变、质变或位移。实际上，劳动的作用就在于使自己的作用对象发生特定变化，并使这种变化与人的目的相一致。因此，产品作为劳动的物质成果，无非是在劳动作用下运动变化了的自然物而已。

从上面的讨论中可知，所谓产品一般自然内涵，实际上就是产品作为一般物质的物质内涵。这种物质内涵不仅存在于一切产品实体之中，而且同样存在于任何其他非产品的自然物质实体之中。讨论产品一般自然内涵的意义在于，它规定了任何产品所具有的最普遍的物质存在形式，从而为我们研究、把握具体产品的物质实在性奠定了认识基础。

正如不同产品有其各自特殊的社会内涵一样，不同产品也有其各自特殊的自然内涵。显然，不同种类的产品各自有其特殊的物质本质、物质属性和不同的物质存在形式。例如大米和布衣，它们各自特有的物质本质就有所不同，前者主要以碳水化合物和蛋白质构成，在使用效应上可以形成使人解除饥饿的物质属性；后者主要以植物纤维构成，在使用效应上可以形成使人体保持温暖的物质属性。然而，不同种类产品的特殊物质本质和物质属性，只能说明它们各自所具有的特殊存在形式，并不可以因此否定任何产品所具有的普遍一致的存在形式。因此，在我们从最一般的意义上回答产品物质的存在形式时，我们强调的只能是产品的一般自然内涵。

综合地说，产品一般社会内涵和产品一般自然内涵是统一的，缺少任何一方，产品都不能成立。其中，产品的一般社会内涵，说明了产品的一般社会性质，从而说明了产品的劳动源泉——没有劳动就没有产品；产品的一般自然内涵，说明了产品的一般自然性质，从而说明了产品的一般物质本质及其一般存在形式——任何产品都有一定的存在形式。从产品一般社会内涵和产品一般自然内涵的原理出发，可以为产品规定这样一个最一般的概念：所谓产品，就是接受劳动作用而发生变化的物质实在，它具有物质的一般本质和一般存在形式。

值得说明的是，研究产品内涵的目的，并不仅仅在于搞清楚什么是产品这个问题，更为重要的是，研究和认识产品物质所具有的全部外延。但是，当我们的讨论涉及产品外延的问题时，关于产品内涵的规定，似乎就出现了与产品外延不相符合的问题。显然，规定产品物质的外延，把产品从世界万物中分离出来，仅仅凭借产品一般社会内涵就足够了；而产品一般自然内涵由于指的是产品所具有的一般物质属性和一般存在形式，实际上根本起不到规定产品外延，把产品物质从世界万物中分离出来的任何作用。那么，讨论产品一般自然内涵的实际意义，究竟何在呢？研究产品一般自然内涵，对于正确地认识和理解产品物质的客观实在性，从而在理论上彻底解决我们以往理论中关于产品物质的片面认识，具有极为重要的理论意义。

二　产品自然内涵对于产品外延的规定性

所谓外延就是一个概念所确指的对象的范围，或者说就是概念所反映的那一类事物的总和。因此，产品的外延就是产品内涵所确指的对象的范围，即一切产品的总和。由于产品的一般内涵是对一切产品所具有的共同性质的总结和概括，所以，当我们对产品内涵进行归纳和概括，并由此形成产品概念的时候，也就同时在总的方面从产品概念的内在规定性上规定了产品的外延。事实上，当我们确定产品就是接受劳动作用而发生一定变化的物质实在时，那么就同时在概念的内在规定上，把一切具有这种性质的事物都归结为产品，从而在理论上规定了产品的外延。

但是，从产品概念的内在意义上规定产品的外延，仅仅是问题的一个方面，而能否确切地把握现实经济生活中的全部具体的产品物质，从而确切地把握完整的、没有遗漏的产品外延，则是问题的另一方面，而且可能更具实际意义。事实上，如果只知道从产品社会内涵上去规定产品外延，而不懂得同时从产品自然内涵上，去认识和把握产品物质的客观实在性，那么我们在实际生活中，就可能犯下人为地缩小产品物质外延的错误，从而部分地否定了产品社会内涵对产品物质范围的规定性。例如，歌唱家的演唱作为一种劳动，究竟是否创造产品物质的问题，就是一个十分典型的例子。在以往的理论中，通常认为歌唱家的演唱劳动只是一种“劳务”，是不可能创造出任何产品物质的，并据此把歌唱家归结为非生产劳动者或社会财富的耗费者。然而在客观实际上，我们却能从产品自然内涵的规定性出发，十分容易地找到歌唱家的演唱劳动所创造的产品物质，即歌唱家演唱时所形成的歌声。在这里，歌声完全可以看成一种由歌唱劳动创造的、以特定规律或旋律振动的空气所构成的物质实在，它是由歌唱家的演唱劳动引起或创造的。在以往的理论中，类似这种由于不理解产品自然内涵，而轻易地否定掉某类劳动产品的例子还相当多。

这种现象深刻说明，由于人们对产品物质的实在性在认识能力上的不足，往往因为不能很好地认识某些具体产品的物质存在形式，而人为地否定这些具体产品的客观实在性，并由此人为地缩小了产品的客观外延。因此，对产品外延的认识，绝不能停留在产品一般社会内涵的规定之上，而应该依据产品一般自然内涵的规定，去切实理解和把握全部产品物质的客观实在性。显然，任何劳动作为一种作用物的运动，都必然有自己的作用对象，从而都必然有自己的产品物质，所不同的只是各种劳动方式以及各种劳动作用对象的区别，使不同种类的产品物质，得以按照各自具有的特殊物质内容和特殊物质的存在形式，划分为各类产品物质。只要依据产品自然内涵的一般规定性，并且具体地分析各类产品物质的具体内容及其存在形式的特性，就能毫无例外地最终找出任何劳动所创造的产品物质，从而最广泛、最彻底地认识和确定产品物质的客观实在性。

从以上分析可见，尽管产品一般自然内涵不像产品一般社会内涵那样，在理论范围的意义上把产品物质从世界万物中分离出来，从而规定产品外延，但它能从实际分析的意义上，引导我们正确地认识和把握一切产品物质实体及其存在形式，从而避免我们在实际中人为地缩小产品外延。因此，产品自然内涵对于全面地认识产品外延，是具有十分重要的规定意义的。对本来客观实在的产品物质视而不见，否认它们的客观实在性，恰恰是产品自然内涵所要杜绝的现象。因此，正是由于采用了产品社会内涵和产品自然内涵的概念，从两方面去规定和约束产品外延，才使得对产品外延的认识达到了新的高度。

有关产品自然内涵的理论，不仅对于全面正确地把握产品的客观外延具有十分重要的理论意义，而且对于政治经济分析也具有同样重要的理论意义。我们知道，政治经济学是一门研究人与人之间政治经济关系的科学。然而，人与人之间的政治经济关系，是由人们之间的政治经济行为的互相联系构成的，亦即是由人们之间各自社会劳动的交换所构成的，其中，人们之间的各种政治经济关系的建立，都必须依赖于一定的物质媒介，而这个物质媒介恰恰是产品。这就是说，人与人之间的政治经济关系，只能体现于互相之间的产品交换之中。因此，如果我们不能全面地认识和把握产品外延，人为地否定了某类产品物质的客观实在性，那么我们对社会经济关系的认识就会出现遗漏，从而使我们对于某些重大的社会政治经济关系，得出片面的乃至错误的结论，甚至出现重大的理论偏差。

例如，在以往的理论中，教育工作者的劳动尽管被认为是社会中不可缺少的劳动种类，但由于人们不能正确地认识教育工作者所创造的劳动产品，而被认为是一种不创造物质产品的非生产性劳动，并在此认识基础上，把教育工作者的劳动，归结为一种只是耗费社会财富，而不是创造社会财富的劳动。理论上的这种错误认定，不仅使得国家对教育工作者的生活待遇重视不够，而且使得国家对整个教育事业的投资发展重视不够，从而在政策上导致了我们以往教育事业的落后状况。实际上，教育工作者不仅创造着自己特有的物质财富，而且创造着更具有产品价值的物质财富。教育工作者授课过程中，讲述教学内容的语音，在黑板上书写的文字，编著的教学案稿，制作的教学模具等等，这一切由教育工作者的劳动创造出来并用以传递科学知识的物质媒介，无不是教育工作者所创造的物质产品的具体存在形式。教育工作者的产品，在由作为消费者的学生使用消费后，转化为学生大脑中发展了的精神素质，这不仅直接满足了学生精神发展的基本生活需要，而且还使学生具有了认识世界和改造世界的更大能力，从而对于推动整个社会生产力的发展，并最终推动整个社会深化精神的发展，都有着不可估量的政治经济意义。

又比如，关于国民收入的统计问题，由于以往的理论，占整个社会劳动相当大比重的多类劳动行业，被视为非生产劳动行业，人们不承认他们创造物质财富的客观事实，因而在统计国民收入的时候，总是人为地遗漏掉他们所创造的产品价值，这就使得我们国民收入的统计数据，不能准确客观地反映社会生产力发展的实际状况。显然，这种不科学的国民收入统计数据，是不可能使我们作出正确的经济分析和决策的。实际上，无论商业或服务行业，无论文化教育或卫生行业，甚至无论政府或军队等国家机器，他们的具体劳动都能创造出自己特有的物质财富，都能创造出自己特定的劳动价值。

由此可见，能否切实地认识和把握每一种具体劳动所创造的产品物质，是一个直接关系到我们能否正确地进行经济分析和研究，从而正确地认识人类社会的一切政治经济关系及其运动规律的重大问题。正是从这种意义上，我们才把产品自然内涵作为政治经济学的基本理论问题，拿到这里进行研究。某种意义上说，如果我们放弃对产品自然内涵的认识，那么就不可能彻底排除我们以往片面的产品物质观念，也就不可能从根本上解决由这些片面的产品物质观念所引发的一系列政治经济理论难题。关于这一点，我们将会在后面的讨论中得到进一步的认识。

三　产品不包括人本身

当我们规定了产品的一般内涵或者说产品的一般本质特征之后，接下来就会在产品一般社会内涵的意义上，提出“人本身是不是产品”这样一个看起来吹毛求疵，实际上却非常关键的基础理论问题。

的确，依据产品的一般概念，似乎完全有理由把人本身看成一种特殊的劳动产品，这是因为，产品的一般社会内涵，首先就把自己规定为受劳动作用而被改造了的物质实在，而几乎每一个人都在不同的程度上，接受过他人劳动的作用，其中既包括他人直接社会劳动的作用，也包括他人间接社会劳动的作用。例如，小孩子在父母的抚养下长大，病人在医生的医疗护理下康复，学生在教师的教导下成长，乃至每一个交换劳动产品的生产者都可以通过自己的社会产品把自己的劳动作用延伸到对方身上，就好像劳动通过劳动工具把作用延伸到劳动对象身上一样。于是，把人本身看成劳动产品的认识，也就在产品一般社会内涵的意义上成为一种合乎逻辑的推论了。

但是，如果当真把人本身看成产品，那么同时就会出现这样一种令人无法理解的矛盾，即人本身在一方面作为产品的创造者和使用者而存在，另一方面又作为产品本身而存在，显然，这在逻辑上是完全说不通的。实际上，这种对创造者和被创造物的混淆，是一种对经济关系和自然关系的混淆，即把人与人的关系同人与物的关系混为一谈。我们知道，政治经济学是专门研究人与人之间社会关系的科学，而要客观地研究人与人之间的社会关系，就必须首先把人类与普通自然物区分开来，确立每一个人的基本人格或基本人性，即把每一个人看作一个相对独立的经济利益主体，而不是看作一个与普通自然物雷同的东西。只有在这种条件下，才可能通过人与人的相互作用及其所构成的人与人的社会联系，去具体地考察人与人之间的政治经济关系。反之，如果把人本身视为产品，就会否定人的基本人格，否定人的独立利益主体地位，从而就在政治经济学的意义上，失去对人与人之间关系的分析意义。

尽管人本身与产品一样，在客观上都接受了人类劳动的作用，但是，两者在本质上是截然不同的。人是具有精神能动性和独立经济利益的神圣主体，他创造产品并支配产品为自己的生存和发展服务；而产品则是被动僵死的、毫无自身利益的普通自然物，它为人所创造并为人的生存和发展服务。劳动对外物发生作用而创造出产品，在本质上表现为人与自然界的关系，而劳动通过自己的产品对他人生活发生作用并影响他人的生存和发展，则在本质上表现为人与人之间的社会关系，其中的产品物质只不过是构成这种社会关系的物质媒介。因此，我们绝不能把人本身同产品混为一谈，否则，将会在一系列政治经济理论上犯极大的错误。必须强调的一个基本原则就是：产品不包括人本身。

所以，强调产品不包括人本身这个问题，不仅因为它是一个必须加以解释的理论逻辑问题，而且因为在我们以往的理论中，常常存在着把人本身同产品混为一谈的现象。例如，在讨论生产劳动者和非生产劳动者的问题时，有的理论家为了说明教育工作者的劳动是生产劳动，而将作为独立经济利益主体的学生直接当作教育劳动的产品。这就犯了混淆劳动自然关系和劳动社会关系的错误，把人与人之间的社会关系同人与物之间的自然关系混为一谈。实际上，学生作为独立的经济利益主体，绝不能够成为教育劳动所创造的产品物质本身，而只能是教育劳动所创造的产品物质的使用者和消费者。

某种意义上说，否定人所具有的基本人格，把人作为某种产品的现象和理论，早在奴隶社会就已存在。那时，奴隶被认为是“会说话的工具”，并可以作为奴隶主的“财产”（奴隶主的产品）被拿到市场上买卖。然而，把奴隶视为工具或产品，仅仅只是奴隶主的一厢情愿；奴隶们作为现实存在的人类，作为具有自身政治经济利益的独立主体，在与奴隶主阶级的斗争中，顽强地表现出自己固有的人格和人性，强迫奴隶主与自己发生政治经济关系，并以自己的起义和战争改变这种政治经济关系，用血与火的斗争说明自己是人而不是牲畜。在资本主义社会中，否定人的基本人格，把人作为产品的现象和理论，取得了变态的或者隐蔽的形式。资本家把自己与工人的关系说成是公平的劳动力买卖关系，他们把工人看成劳动力的生产者，似乎由此承认工人是一个具有独立经济利益的自由主体，进而把工人的劳动力与商品混为一谈，使得资本家与工人的关系表现为一种纯粹的商品买卖关系，从而掩盖了资产阶级与工人阶级之间对立的经济关系。

实际上，劳动或劳动力作为人体活动的形式和效能，不过是人本身不可分离的组成部分，它是绝对不可能从人本身之中独立出来而成为产品的，从我们前面关于广义劳动的严格定义去认识，劳动或劳动力只能是创造产品的动力，而绝不可能成为产品本身。因此，把劳动或者劳动力看成商品，也就等于在实质上把工人本身看成商品。某种意义上说，这是雇佣者对被雇佣者的固有人格的亵渎。觉悟了的工人阶级终究不会听信这种关于劳动力商品的谬论，他们把注意力集中到生产资料所有制的问题上，集中到资本主义所有制所决定的不公平的产品分配的问题上；他们同样以自己的起义和战争去捍卫自己的劳动利益，并在推翻日益腐朽的资本主义制度的同时，建立起更为先进合理的社会主义制度。

总之，产品不包括人本身这一原理，既是正确认识产品内涵和产品外延的一个基本原理，同时也是正确认识产品与人本身的关系问题的一个基本原理。这一基本原理对于我们坚持劳动和产品的科学定义，深刻地分析研究人与人之间的关系，乃至人与物之间的关系问题，都具有极为重要的理论意义。

值得特别指出的是，在我们坚持“产品不包括人本身”这一原理的同时，并不否定某些已经现实地从人本身中脱离出来的肌体组织或器官，在一定条件下成为产品或商品的可能性。例如，人的血液、骨髓、头发、皮肤、角膜、肾脏、肝脏乃至心脏等等，一旦从人本身中脱离出来，也就同时失去与精神主体相依为命的关系，从而也就失去其本身原来所具有的基本人格或基本人性，这完全是由人类精神作为人类生活本质的基本规定所决定的。只有在这种情况下，失去了人格规定的人体组织和器官，才可能成为人本身的产品或者成为人们劳动的对象物。例如，医生把某人捐献出来的人体血液或角膜进行加工处理，并输送移植到病人身上，其中的血液和角膜可以被视为医生的劳动所加工过的产品，而病人则是这些产品的使用者和消费者。在商品社会中，脱离人本身而失去人格的人体组织和器官，通常可以直接看作其原有者所创造的商品。例如，有的人有目的地出售自己的血液、头发、皮肤、部分肝脏和肾脏。

由此可见，“人本身”作为一个具有人格和人性的综合利益主体，并不单纯地指人体上的某种或某部分具体组织或器官，而是指在精神支配下的、具有独立政治经济利益的一个完整主体，这个主体的存在和发展绝对以精神的存在和发展为前提，而不单纯地以人类肌体的完美为前提。例如，身体残缺的残疾人士，并不因为缺少某一部分组织和器官而失去自己的人格和人性，仍然是具有独立经济利益的精神主体；而肌体完整的植物人则因为失去了人类精神而成为人形的自然物。一个刚刚出生的婴儿，尽管精神处于启蒙阶段，生活上还不能自理，但是，他作为一个现实存在并具有精神发展过程的人，在出生之后就立即具有了人格性，并为法律所规定为具有独立经济利益的生活主体而受到社会保护。从这种意义上说，“人本身”应该是一个针对精神主体所具有的基本人格，以及针对人作为独立的政治经济利益主体而存在的基本事实进行高度概括的一个具有明确社会意义的抽象概念，而不是一个简单的自然概念。

由于人本身作为独立的经济利益主体，是以精神的存在和发展为根本前提的，任何脱离精神生活的人本身都必然失去其人格性，因此，在我们声称“产品不包括人本身”的同时，我们还必须强调：“产品不包括人类精神本身。”在以往的理论中，有一种关于精神产品的说法，这似乎在说精神本身可以成为产品，更有甚者，直接把学生大脑中的精神要素——知识——说成是教育工作者的产品。实际上，所谓“精神产品”不过是人们之间专门用于传播思想的某种物质媒介，本质上仍然是物质产品，而在使用者头脑中形成的相关知识或目的，则完全是使用者作为能动主体对其加以使用的结果。上述这些问题是我们具体分析产品问题时所必须加以解释而不可回避的。

第十三章
产品实体的基本存在形式

上一章讨论了产品的一般自然内涵，并懂得了产品自然内涵在规定产品外延上的理论意义。但是，在对产品物质的具体存在形式进行分析的过程中，怎样才能最好地运用产品一般自然内涵的原理，去全面地认识和把握形形色色、丰富多彩的具体产品实体的客观实在性呢？从某种意义上说，这并不是一个十分容易的事情。显然，尽管任何产品都是物质的，因而都具有物质所固有的普遍一致的属性和存在形式，但是，在形形色色、丰富多彩的产品物质中，每一种产品又都有其区别于他种产品的特殊物质本质和特殊存在形式。假如要在这里列举所有各类产品的物质本质及其存在形式，那是绝对不可思议的。因此，我们只好把这个事情交给产品学或者商品学去完成。不过，为了尽可能方便地认识和把握各种产品物质实体的存在形式，仍可以依据不同产品实体之间在存在形式上的某些类似特征，把它们分别归纳为几种基本存在形式。

正确地掌握产品实体的这些基本存在形式，对于认识各种劳动产品的客观实在性，是十分有益的。除此之外，在本章的讨论中，还将从哲学逻辑上，得出这样一个高度概括了的产品概念："产品是劳动引起的物质的运动，或者说劳动引起的运动的物质。"这一概念将使我们对产品物质有一个全新的认识。

一　即逝产品和非即逝产品

首先要讨论的两种相互对应的产品实体存在形式，即"即逝产品"和"非即逝产品"。在讨论开始的时候，或许不必忙着为这两种产品的存在形式规定概念，而是首先讨论一下某些产品物质所具有的运动特性。

正如产品自然内涵所规定的那样，一切产品实体都是物质的，都具有物质所普遍存在的一般本质和属性，因此，无论产品具有多么丰富的种类，无论每一种类产品之间具有多么不同的具体物质本质和属性，它们在物质一般的意义上则都是普遍一致的。既然如此，产品的自然内涵，也就揭示了产品实体所普遍具有的这样一个基本特征或存在形式，即产品作为自然物，处于永恒的运动状态之中。辩证唯物主义的基本原理告诉我们，运动是一切物质所具有的共同属性，是一切物质的基本存在形式；物质的运动是绝对的，而物质的静止则是相对的；没有物质的运动或者没有运动的物质，都是根本不存在的。辩证唯物主义的这一基本原理，为我们从根本上认识和把握产品物质实体的运动存在形式，奠定了哲学上的理论基础。显然，在产品实体身上，无论体现着什么样的社会关系，它都只能是物质的东西，因而都脱离不了绝对运动和相对静止的物质规定性。当然，仅仅懂得绝对运动和相对静止是产品实体的基本存在形式，这显然是不够的，还必须把这一基本存在形式的原理，应用到具体产品实体的特殊运动存在形式的认识中去，这是认识和把握具体产品实体特殊运动存在形式的唯一途径。

尽管任何物质都处于运动状态之中，但是，在具有各自特殊性的不同具体物质之间，它们各自的运动状态或运动形式是不尽相同的。它们有的处于显著的运动状态，如大河奔流；有的处于相对静止的运动状态，如千年不变的山脉。形形色色、各式各样的产品物质也是这样，不同产品实体内在物质结构的不同，使得具有不同物质结构的产品实体，同时具有了各自完全不同的运动形式，而这种运动形式上的不同，则可以通过产品物质稳定性的不同体现出来。其中，有的产品物质非常活跃，处于显著的、极不稳定的运动状态之中，其特定的运动形式可以瞬间改变、随即消逝，从而其本身具有的物质特性也会瞬间改变、随即消逝；有的产品物质则较为稳定，处于相对静止、极为稳定的运动状态之中，其特定的运动形式不会瞬间改变、随即消逝，从而其本身具有的物质特性也不会瞬间改变、随即消逝，相反可以相应地延续一段时间甚至留存千古。

例如，发电厂生产的以电子运动形式存在的电流，广播电台生产的以电磁波运动形式存在的电信号，电影院生产的以光粒子运动形式存在的影像，歌唱家在剧院里生产的以空气分子振动形式存在的歌声，教授在讲台上生产的以空气分子振动形式存在的语音等等。由于此类产品物质具有极不稳定的存在形式，往往在刚刚生产出来之后就瞬间改变、随即消逝，并且，其特定的运动形式一旦消逝，产品物质所具有的特殊用途或者特殊属性也随即消逝。比如，电线中的电子一旦停止运动，电流也随即消逝；空气中的分子一旦停止了特定的振动，歌声也随即消逝。由此可见，此类产品物质随生产过程的产生而产生，又同时随生产过程的消逝而立即消逝，具有即生即逝的物质特性。依据此类产品所具有的瞬间改变、随即消逝的物质特性，可以把它们称为“即逝产品”。

又如，农民生产的粮食，工人生产的机器，作家写的文稿，教师在黑板上写的文字，科学家撰写的论著，电影制片厂拍摄的影片等等，由于此类产品具有相对静止的存在形式，往往可以在生产出来之后，保持其本身物质形式的相对稳定，并且，在它们某种特殊用途消逝之前，其特定的物质存在形式往往有一个相当的延续过程，而不会随着生产过程的结束而立即消逝。比如，粮食可以在粮仓里保存相当长的长的一个时期，文字可以在书本中保存相当长的一个时期，至于原始人制造的石器或商朝的甲骨文则已经保存了数千年乃至数万年之久。由此可见，此类产品物质从生产过程中脱离出来之后，并不会像即逝产品那样随生产过程的消逝而立即消逝，而是可以依据不同产品各自的具体特性及其存在的具体条件，存留一个相应的时期，并因此具有与即逝产品相反的物质特性——非即逝性，所不同的只是，不同的产品物质或同类的产品物质可以依据各自的物质特性和存在条件的不同，具有长短不一的存留时间而已。依据此类产品所具有的非即逝的物质特性，可以把它们称为“非即逝产品”。

这样，我们就从对产品物质运动所具有的两种较为突出的存在形式的分析之中，首先在物质的一般意义上，把产品划分为“即逝产品”和“非即逝产品”。

即逝产品所具有的极不稳定的物质存在形式，以及非即逝产品所具有的相对稳定的物质存在形式，决定或影响着它们的消费方式。就即逝产品而言，它往往只能处于边生产边消费的状态之中，其产品实体通常是不可储存和保留的。例如，发电厂生产的电流，如果不立即使用，就会流入大地；歌唱演员的歌声，如果不立即欣赏，就会随即消逝。就非即逝产品而言，它往往能够在生产出来之后，经过一定时间后才被消费，其产品实体通常是可以储存和保留的。例如，今年生产的粮食存放到明年才吃；年初制作的影片年末才放。不过，某些非即逝产品在一定的条件下，也可以表现出即生产即消费的消费特点，不必非经过一个存放过程。例如，树上的果子熟了，摘下来后立即吃掉。当然，这同即逝产品必须边生产边消费的特性是有本质区别的。对于非即逝产品的边生产边消费，表现为生产者或消费者的主动性，而对于即逝产品的边生产边消费，则表现为产品本身物质特性对生产者或消费者的强制性。

某种意义上说，应该把这种关于即逝产品和非即逝产品的分析研究，归结为产品学或商品学的内容，但是，并不因此否定分析这两类产品形式，对于研究政治经济学所具有的特殊理论意义。因为，在现实的经济分析中，以往的理论家往往正是由于不能在产品学的意义上，正确理解即逝产品的客观实在性，而否认即逝产品生产者或生产部类本身固有的生产性。例如，在以往的理论中，广播电台和电影院的工作人员，从事舞蹈和唱歌的演员，特别是从事科学研究的科学家和从事教育工作的教师等等，非但不被视为创造物质财富的生产劳动者，相反被误认为耗费物质财富的非生产劳动者，其中很大的原因，恰恰在于人们不能认识理解他们所创造的产品物质实体，从而否定他们现实创造出来的产品物质的客观实在性。在这里，对产品学或商品学内容的片面认识，就在实际生活中转化为对人的社会功能、社会地位的片面认识，并且还会由此转化为对人与人之间乃至整个社会政治经济关系的片面认识。因此，关于即逝产品和非即逝产品的理论研究，对于政治经济学本身的意义是不言而喻的。

有的时候，现实生活中的一些问题的确让人感到不可思议。发电厂生产的电流就是产品，由此发电厂也就被确切地认定是生产部类，其中的劳动者则被看成生产劳动者；而广播电台发射的电磁波就很少有人把它看成产品，并因此把广播电台认定为非生产部类的所谓事业部门，其中的劳动者则被看成非生产劳动者。难道是因为发电厂与其他工厂及其产品生产密切相关，而广播电台则与听众的收音机、电视机这样的生活消费品密切相关吗？这显然是说不通的。事实上，发电厂也直接给人们的家庭提供生活用电。因此，产品物质的客观实在性，并不为其本身与生产消费或生活消费的关系如何所左右。由此可见，对产品自然物质形式存在任何一点认识上的马虎，都可能在政治经济学的问题上造成极大偏差，这是我们在分析具体经济问题时所务必留意的。

有一个值得说明的产品现象，就是即逝产品往往可以采取一定的物质形式转化为非即逝产品。例如，发电厂生产的电流可以用蓄电池保存其能量，歌唱家的歌声可以用录音机录制下来，演员表演所产生的光信息可以用摄像机拍下来等等。这似乎使人感到原来必须边生产边消费的所谓即逝产品，变成了某种可以储存甚至永久储存的非即逝产品。然而必须注意的是，这种转化形式的结果，在物质实体上已经不是原来的即逝产品，只不过是某种可以通过化学、物理的方式，重现原来即逝产品之原有效应的物质过程或物质形式。例如，录音带可以把所录的歌声，通过录音机还原回与原来类似的歌声——所谓按特定规律振动的空气，从而形成类似的即逝产品，并且，录音机所放出来的歌声，同被录音者本人的歌声并非一回事。因此，即逝产品和非即逝产品在物质形式上仍然是有其严格界定的。

二　形象产品和抽象产品

上一节讨论了“即逝产品”和“非即逝产品”这两种互相对应的产品存在形式，显然，它们之间的划分完全是由它们各自特有的物质存在形式决定的，因而是一种在客观意义上的划分。本节将讨论另外两种互相对应的产品物质存在形式——“形象产品”和“抽象产品”。仅从字面上看，“形象产品”和“抽象产品”的划分与即逝产品和非即逝产品的划分有所不同，是一种与人的感觉方式或认识方式相关的主观意义上的划分。

在讨论“形象产品”和“抽象产品”的概念之前，首先来看一种明显具有片面性的产品物质观念，这或许有助于我们深入理解“形象产品”和“抽象产品”概念的实际意义。

在产品外延的问题上，以往的理论一直存在着这样一种产品物质观，即认为产品物质必须是“看得见摸得着”的东西，言外之意是“看不见摸不着”的东西就不能成为产品。例如，某些经济学家只承认粮食、布匹、机器等这类具有直观形象，看得见摸得着的东西才是物质产品，否认教授的演讲声、歌唱家的歌声、广播电台的电信号等这类不具有直观形象、看不见摸不着的东西也是物质产品。然而，在客观实际中，演讲声、歌唱声、电信号等，都是有其特定的物质实体及其特定的物质存在形式的，都是有其对人类生活特定的物质效应的。尽管它们在一定的条件下，为感觉器官所限制而不能直接地被看到或摸到，但它们作为具体物质的客观实在性是不以人们的意志为转移，并且能够为大脑思维所感知、所认识的。

由此可见，这种依据“看得见摸得着”的思维逻辑，去规定一切产品物质实在性的观点，无疑是一种极为片面的产品物质观念。它实际上只描述了产品外延的一部分——那些“看得见摸得着”的产品物质，而其余那部分“看不见摸不着”的产品物质则被否定或遗漏掉了。这种片面的产品物质观，会在政治经济学的研究中带来多么大的偏差和错误，是不言而喻的。某种意义上说，正是为了从理论上杜绝这种片面的产品物质观，我们才有必要从认识论的意义上，把产品划分为两种互相对应的类——“形象产品”和“抽象产品”。

那么，究竟如何规定“形象产品”和“抽象产品”的概念呢？

产品的一般自然内涵说明，任何产品都是客观实在的物质实体，其客观实在性是绝对不以人们的意志为转移的，绝对不会由于感觉的状况而存在或消失的。这样，产品的一般自然内涵，就为我们认识产品物质的客观实在性指明了方向。尽管任何产品物质都具有共同的物质本质和存在形式，都是形式和内容的统一体，但它们各自所具有的特殊物质内容和特殊存在形式，却又是形形色色、复杂多变的。在这种情况下，受人类感觉器官的生理限制，我们并不能仅仅凭借视觉和触觉去形象、直觉地感知一切产品物质的客观实在性。例如，以电子运动为存在形式的电流，以空气按特定规律振动为存在形式的歌声，以无色的氧原子为存在形式的氧气等等，在普通条件下都不是视觉和触觉所能直接感知的。但是，人类对客观事物的认识并不因此而受到限制；人类不仅可以通过视觉和触觉，去形象化地感知产品物质的客观实在性，而且还可以通过嗅觉和听觉，去感知产品物质的客观实在性；特别重要的是，人类可以通过自身特有的大脑思维，去抽象化地感知产品物质的客观实在性，这使得人类具有了认识一切产品物质客观实在性的伟大能力。从某种意义上说，只要某种产品物质确实存在，无论它的形式和内容具有多么复杂多变的特点，其客观实在性都是可以为我们所感知所认识的。

从以上分析可以知道，人类可以通过两种不同的认识方式去感知产品物质的客观实在性，既可以通过形象化的感性认识，又可以通过抽象化的理性认识，去全面地认知各种产品物质的客观实在性。人类在认识方式上的这种差异性，使我们可以相应地把产品物质区分为两大类，即所谓“形象产品”和“抽象产品”。其中，我们把那些能够通过直观、形象的感性认识方式，去认知其客观实在性的产品物质，称为“形象产品”；而把那些只能通过间接、抽象的理性认识方式，去认知其客观实在性的产品物质，称为“抽象产品”。

尽管可以凭借认识上的不同特性，把整个产品外延划分为形象产品和抽象产品两大类，然而在客观实际上，既没有什么绝对化的形象产品，也没有什么绝对化的抽象产品；对于我们的认识而言，任何产品在根本上都是形象产品和抽象产品的统一。例如，苹果对于我们的直接感觉来说是有形的，是看得见摸得着的，这是苹果形象存在的一面，但是，苹果内部所包含的营养成分，则不能简单地看得见摸得着，而需要通过抽象思维去认识，这是苹果抽象存在的一面。又如，歌唱家的歌声是由某种按特定规律振动的空气构成的，虽然不能看得见摸得着，然而其客观实在性却不难为我们的抽象思维所认识，这是歌声物质抽象存在的一面，但是，歌声物质是由特定空间范围的空气分子构成的，根据物质是形式和内容对立统一的原理，其肯定又是有形的，在一定的技术条件下，完全能够直观地看到歌声物质的存在形式，这是歌声物质形象存在的一面。

产品物质划分为形象产品和抽象产品，仅仅只是依据产品物质客观实在性，在认识方式上的突出方面所作的划分，其目的在于使我们更容易、更全面地把握产品物质的客观实在性。从这种意义上说，这里的所谓“形象”和“抽象”两词，只表现为我们对不同产品物质客观实在性的认识特征。实际上，如果我们把产品物质与我们的感觉分开，那么，无论是形象产品或是抽象产品，都会立即失去各自的形象性和抽象性，成为一般自然内涵和一般社会内涵完全一致的产品物质。形象产品和抽象产品的这种内在关系说明，在产品一般上，形象产品和抽象产品在本质上并不是两类不同的或对立的产品物质，而是完全一致的毫无差别的，它们共同结合成一个完整的产品外延。总而言之，关于形象产品和抽象产品的划分，是建立在产品自然内涵的严格规定性之上的，特别是建立在我们关于不同产品物质客观实在性在认识方式上的差异性之上的。对产品物质的这种划分或规定，不仅为全面地认识和把握产品外延提供了理论依据，而且也为我们杜绝以往那种“看得见摸得着”的片面产品物质观提供了理论依据。

从以上分析中可以进一步得知，以往的片面产品物质观能够存在的根本原因，一方面在于它把产品物质本身的客观实在性与人的认识混为一谈，用朴素的、直观的物质观去观察产品物质的实在性；另一方面在于它割裂了人们关于客观事物的感性认识形式和理性认识形式，把人类关于产品物质客观实在性的认识停留在感性认识之上，从而形成了所谓“看得见摸得着”的片面产品物质观。因此，我们有必要应用辩证唯物主义的物质观和认识论，建立起更加科学的产品物质观乃至商品物质观。归根到底，任何劳动都必然有自己的物质作用对象，从而都必然有自己的产品物质实体，并且，无论何种产品物质的存在形式多么复杂、隐蔽，其客观实在性都是不以我们的意志为转移的，所不同的只是我们采取什么样的手段或方式去认识它们的客观实在性。

三　信息产品和非信息产品

接下来要讨论的第三对互相对应的产品物质的存在形式，是“信息产品”和“非信息产品”。包含在整个产品外延之中的产品物质，不仅可以在总体上划分为“即逝产品”和“非即逝产品”、“形象产品”和“抽象产品”，而且还可以划分为“信息产品”和“非信息产品”。所不同的只是，在划分依据上，“信息产品”和“非信息产品”是依据具体的产品物质对人类精神的存在和发展所具有的两类不同作用而划分的。

那么，什么是“信息产品”和“非信息产品”呢？首先给它们规定一个基本定义：所谓“信息产品”就是这样一种产品，它是人们专门用于交流和传递自身感觉和思想的物质媒介，或者是人们专门用于记忆和储存自身感觉和思想的外部物质手段；而这些物质媒介和物质手段，是由人的劳动创造和加工出来的。所谓“非信息产品”就是产品外延中除信息产品之外的剩余部分。某种意义上说，只要能够正确地把握信息产品的物质范围，那么非信息产品的物质范围也就不难理解了。

为了更好地认识和把握信息产品，下面分别就信息产品两方面的作用特点进行具体的讨论和分析。

第一，就信息产品是人们专门用于交流和传递自身感觉和思想的物质媒介这一规定而言，一个人如果要把自己感觉到的外部事物或者思想内容告诉他人，必须通过一定的物质媒介来实现；没有特定的物质媒介，人与人之间的任何思想交流都是根本不存在的。信息产品作为人们进行思想交流的物质媒介，是有其具体的存在形式的，这些存在形式可以从抽象产品和形象产品两方面去认识。一方面，以抽象产品形式存在的信息产品，主要表现为人类语言，其中包括声响语言和行为语言两类。例如，教师在课堂上对学生讲授学问，歌唱演员或交响乐团在剧院里对听众演唱歌曲或演奏交响乐等等，其中按照特定规律或特定旋律震动的空气，就是声响语言的物质存在形式，它们主要以声音运动的形式存在。又如，聋哑人互相之间打手语，芭蕾舞演员在舞台上向观众表演舞姿，飞行教练向飞行员演示飞行动作，足球运动员为观众进行足球比赛等等，其中按照特定规律反射的影像，就是行为语言的物质存在形式，它们主要以光色运动的形式存在。除此之外，电视台和广播电台发射或有线传送的视频音频信号，收音机、录像机、电视机、电影放映机、电话机、传真机等通过操作所输出的音响和图像，亦属于借助其他工具传递或制造的以抽象产品形式存在的信息产品。另一方面，以形象产品形式存在的信息传递产品，主要表现为人类视听信息传递的专用物质载体。例如，科学家和作家的书稿，出版社出版的书、报、杂志和图片，摄影师摄制的照片和影片，录有视听信息的磁带、磁盘、光盘、电子集成块，博物馆收藏的历史文物及其文物复制品等等，都是以相对稳定、看得见摸得着的物质形式而存在的信息产品。由于上述两种以抽象产品或形象产品形式存在的信息产品，具有人类视听信息的传递功能，我们可以把它们统称为“视听信息传递产品”。

第二，就信息产品是人们专门用于记忆和储存自身感觉和思想的外部物质手段这一规定而言，人类大脑对信息和思维的记忆能力和储存能力都是有限的，纯粹依靠大脑的记忆和储存，实际上并不能满足人类生活特别是人类精神日益扩大发展的需要。为了解决这样的问题，人们为自己创造了各种各样专门用于记忆和储存各种有用信息的外部物质手段，作为大脑记忆和储存能力的外部扩大形式或延伸部分，而这种物质手段的物质存在形式，由于时限的要求，往往表现为非即逝产品或形象产品。例如，用作信息资料而印有视听信息的各种书籍、报纸、杂志；用作信息资料而摄有视听信息的各种图片、照片、影片；用作信息资料而录有视听信息的磁带、磁盘、光盘、电子集成块；用作信息资料而收集制作的历史文物、文物复制品等，都可以成为人们专门用于记忆和储存各种信息资料的实用工具。实际上，此类产品往往既能作为人们互相传递、交流思想精神的物质媒介，同时又能作为人们相互之间记忆和储存各种思想精神的物质手段，所以它们在功用上有时又是互通的。比方一本书，看了它可以了解作者的思想、获得有用的知识或愉悦的享受，把它保留起来可以作为参考资料。由于上述这种以非即逝产品或形象产品形式存在的信息产品具有人类视听信息的储存功能，我们可以把它们统称为“视听信息储存产品”。

还可以把上面所谓“视听信息传递产品”和“视听信息储存产品”，统称为“视听产品”。当然，这里的“视听”二字只是一种具有普遍性的说法而已，并不能泛泛地涵盖所有信息产品，因为在实际生活中，还存在着非视听的信息产品，例如为嗅觉、触觉甚至所谓“第三感觉”所能感知的信息产品。盲人用的盲文书籍就是以触觉方式传递和储存人类信息的信息产品的典型例子。

要确切地认识信息产品，还必须注意以下几方面的问题。

第一，要避免把信息产品和“信息”混淆起来。广义的信息概念所指的内容比较广泛，它可以指一切能够把外部事物反映到我们头脑中的物质刺激方式，而这种物质刺激方式并不一定为人的劳动所创造。比如，能动地制作天文望远镜，并通过它而获取的太空信息是信息产品；而被动地受到太阳自然光的照射，而感受到的阳光刺激信息则不是信息产品。又如，我们常常说来自宇宙的信息、来自海洋的信息等，往往指的是外部世界自然散发出来的物质信息，它与人类的劳动并无直接关系；而信息产品则不同，它是人们有目的地获取、制作，并因此与劳动密切相关的劳动产品。

第二，要避免把信息产品与制造或传递信息产品的工具材料混淆起来。例如，印刷和装订书报杂志的机器，拍摄照片和播放电影的照相机和电影机，发射和接收电视信号的电视台和电视机，接收电话、电传的电话机和传真机，处理电脑软件指令的电脑主机，飞向太空获取太空信息的飞船等等，这些东西本身不是信息产品，而是传递、获取、制作信息产品的工具。我们平时或许没有留意到这样一种现象，常常看电视，以为来自电视的信息是电视本身所具有的功能，实际上，使用者不去接通电源，不去选择适当的频道，电视机本身并不能发挥传递信息的功能，而只有通过我们对电视机的操作劳动，它才能实际发生功效，从这种意义上说，来自电视机的信息与我们的劳动密切相关，是劳动的一种结果。在这里，电视机是工具和机器，电流和电视信号是原材料，而来自电视机的信息则是我们启动电视机的劳动所创造的信息产品。此类现象在实际生活中广泛存在，理解这种现象，对于理解和认识个人劳动创造的个人产品是十分有帮助的。

第三，要避免把专门用于交流或储存人们思想精神的信息产品，与非专门但又具有类似作用的非信息产品混淆起来。例如，为了更新机器设备和提高生产效率，从国外引进某种先进机器。作为现实的机器，其主要用途是加工生产别种物品，是实实在在的非信息产品，但是，这台机器却能把其设计者的设计思想告诉我们，因而同时也具有交流思想精神的媒介作用，似乎又可以看成信息产品。不过，如果它不是作为交流思想精神的专门手段，总体上不能算是信息产品。当然，如果专家们把这台机器的设计思想、功效、内部构造和外观等转化为文字资料和图片，那么这些文字资料和图片，才真正成为严格意义上的信息产品。作为某种特例，如果纯粹为了广告宣传而把一辆新型汽车放到展览会上，或者把一件稀世珍宝放到博物馆中，那么，尽管它们本身具有别种物质用途，但由于在现实被人们专门用作交流思想精神的媒介，亦可以在一定的时间和空间条件下成为信息产品。这就是说，在一定的条件下，某些信息产品和非信息产品是可以互相转化或互相融合的；关键在于它们的专门用途着重于哪一方面。

从以上讨论中可以看到，无论是信息产品或者非信息产品，它们都是有其各自的物质存在形式的，都是实实在在的物质的东西。之所以要讨论信息产品和非信息产品，并不是要在产品物质存在形式的问题上做文字游戏，而是有其一定的政治经济学意义的。这也就是说，它要求我们应用关于信息产品物质性的原理，去杜绝那些否定信息产品物质性的观念，从而批判那些认为信息产品生产者的劳动是非生产性劳动的片面观点。

在以往的理论中，还存在着这样一种片面的产品观，即把产品划分为“精神产品”和“物质产品”，其中的精神产品，在某种意义上与上面所说的信息产品相类似。但是，这种“精神产品”观念，似乎存在一个明显缺陷，即把信息产品所固有的物质本质给抹杀掉了。它把精神产品和物质产品对立起来，一方面认为精神产品是精神活动的产物，另一方面又认为精神产品是一种没有物质实体的非物质的东西，从而否定了精神产品的物质性。在此错误认识的基础上，生产所谓精神产品的劳动部门，就成了非生产劳动部门；而从事精神产品生产的劳动者，也就自然成为非生产劳动者。这不仅在理论上否认了一系列信息产品劳动生产部门同样创造社会财富的客观事实，而且把它们看成耗费社会财富的所谓非生产劳动部门。从信息产品所具有的普遍物质性的意义上说，这种产品观念显然是片面的和错误的。

为了更好地认识“精神产品”和“物质产品”概念的片面性，必须确定两点：

第一，任何劳动都是在精神支配下的劳动，因而任何劳动产品都是与精神活动直接相关的产品，从而在根本上都可以视为精神创造的产品。例如，生产机器的工人，虽然在生产过程中要耗费一定的体力，但其劳动并不因此而失去精神支配。他们不仅要在生产机器之前，对有关的设计图纸、文件进行研究和理解，而且还要在整个生产过程中，依据设计者所规定的技术指标，严格控制自己的劳动操作。因此，无论是信息产品或非信息产品，其生产过程都是绝对不可能脱离精神的支配作用的，脱离精神支配作用的任何所谓“物质产品”都是不存在的。

第二，任何劳动都必须有其劳动的物质对象，从而必须有其劳动的物质产品，而且任何劳动产品都绝对不是精神本身，精神只能是大脑本身的东西，只能存在于人的大脑之中，而精神通过劳动所创造的所谓信息产品，也只能是人们之间交流思想和体现精神的外部媒介和工具。例如，科学家著述科学论著，固然要动脑筋，但其劳动并不会因此失去自己的物质形态。科学家依据自己的思维结论，并按照一定的排列规律使用墨水将其以文字、图表等形式写在纸上，由此产生的文稿就成为其劳动的物质产品，并且，写在纸上的东西并不是精神本身，而只是传递思想或精神的物质媒介。精神只能是大脑的东西，而不是大脑之外的任何其他东西，并不存在任何游离于大脑之外的非物质的所谓“精神产品”。

正是从上述两点意义上说，以往关于“精神产品”和“物质产品”的划分是不尽科学的。它把“精神产品”和“物质产品”作为两类本质上完全不同的产品形式对立起来，极容易使我们把“精神产品”看成一种虚无的、非物质的东西，错误引导我们否定社会经济活动中的大批创造物质财富的劳动部门和行业，从而使关于人类社会一系列重大政治经济问题的分析，处于某种难以置信的混乱之中。如果我们采用“信息产品”和“非信息产品”的概念去取代“精神产品”和“物质产品”的概念，并把它们同样作为物质产品去看待，那么我们对于产品物质的认识，就会更加科学，并使我们的经济分析回归正轨。总之，劳动产品没有物质产品和非物质产品之分，而只有物质的信息产品和物质的非信息产品之分，它们都是精神支配下的劳动的结果。

四 关于劳务产品的辨析

所谓“劳务”，作为一种经济行业而言，也就是通常所说的服务行业。在以往的理论中，它被视为一种不以实物形式而以提供所谓“活劳动”的形式，满足他人某种特殊需要的行业。在西方经济学中，服务行业归属于所谓的“第三产业”，它更包括商业、运输、金融、通信、新闻、教育、广播、电视、医疗、体育、旅游、理发等除工农业以外的一系列具体劳动行业。某种意义上说，把服务行业作为社会经济中区别于工业和农业的另一类特殊的劳动行业，用劳务这个词来表达概括，是无可非议的。但是，一方面把劳务视为一类劳动行业，认为劳务创造自己的产品——“劳务产品”；另一方面却又从本质上否认劳务产品的物质实在性，则是应该在理论上加以澄清的。

例如，有的经济理论家就认为，“劳务产品一般不具有物质规定性，它以‘活动’的形式提供服务”①。还有的经济理论家认为，“可供消费的不总是物质资料，也可以是运动形态上的劳动”②。这种把劳务产品或劳务服务视为一种非物质的东西，或者干脆把劳务产品等同于劳动本身的观念，从根源上说应该来自马克思。例如，马克思就曾认为：“服务这个词，一般地说，不过是指这种劳动所提供的特殊使用价值，就像其他一切商品也提供自己的特殊使用价值一样；但是，这种劳动的特殊使用价值在这里取得了‘服务’这个特殊名称，是因为劳

---

① 王慎之等：《劳务经济学》，北京：劳动人事出版社 1985 年版，第 5 页。

② 于光远：《政治经济学社会主义部分探索》（一），北京：人民出版社 1980 年版，第 193 页。

动不是作为物，而是作为活劳动提供服务的。”[①] 马克思还认为：“任何时候，在消费品中，除了以商品形式存在的消费品以外，还包括一定量以服务形式存在的消费品。”[②] 这种把劳务当作产品本身，或者否定劳务产品的物质实在性的观点，是非常值得斟酌，甚至应当予以纠正的。

产品不包括人本身，人本身乃至人的劳动本身都不可能成为产品，自然更不可能成为商品，任何产品都只能是劳动的创造物，而绝对不可能成为劳动本身，而且，正如我们在讨论劳动交换问题时就已经知道的那样，劳动是不能直接交换的，而必须通过各自的产品物质作为实现交换的媒介，没有产品物质作为媒介的劳动交换是绝对不存在的。因此，如果我们把“劳务”或者说“运动形态上的劳动”当作可以直接供他人消费的产品或商品，实际上就混淆了劳动与产品，就否定了劳动与劳动互相交换之间的产品媒体的物质规定性。这无疑是经济学基础理论上的一个极具关键性的漏洞。从某种意义上说，这种观点在逻辑上与那些把劳动力说成是可供交换的商品的理论是如出一辙的。

之所以提出这样一个难解之题，关键之处仍然在于忽视或者无法理解劳务劳动所创造的产品物质，没能准确地把握劳务产品的物质实在性。就劳务本身而言，是不能直接作为消费品的，能够直接作为消费品的只能是劳务劳动所创造的物质产品——实物意义上的劳务产品。例如，歌唱演员在舞台上唱歌，听歌的人并不直接消费他的劳动，而是消费他的劳动产品——歌声；歌唱演员以自己的歌唱劳动，即通过声带有规律的振动，使周围的空气有节奏、有规律地震动起来，形成一种能够以特定方式有规律地震动听众的耳膜，而使之得到音乐享受的“气状物质产品”。听众消费的正是这种物质产品。忽视或否定这种物质产品的客观实在性，自然就会把我们的视线引到劳务劳动之上，而把劳务劳动当作劳务产品本身。

著名经济学家于光远先生为说明劳务本身就是消费品的观点，举了这样一个十分典型的例子。他说，“劳务和劳动的物质产品可以互相代替。例如，舞台上演出一出戏，同把这出戏拍成电影，然后放映，基本上同样可以满足观众艺术上的享受，但是拍成电影能把演员从事的劳动物化在电影上，而演出一出戏，演员的劳动没有对象在任何物质资料上面。拍戏这种劳务在它的运动形态上就被观众消费了”[③]。我们说，演戏和演电影之所以可以互相代替，使观众产生同样或者

---

① 中共中央马克思恩格斯列宁斯大林著作编译局：《马克思恩格斯全集》（第 26 卷），北京：人民出版社 1972 年版，第 435 页。

② 中共中央马克思恩格斯列宁斯大林著作编译局：《马克思恩格斯全集》（第 26 卷），北京：人民出版社 1972 年版，第 435 页。

③ 于光远：《政治经济学社会主义部分探索》（一），北京：人民出版社 1980 年版，第 193 页。

相类似的享受效果，实际上完全取决于演一出戏的劳动所创造的产品与放电影的劳动所创造的产品，在物质形态上所具有的某种大致相同的物质效应性。显然，戏剧演员通过自己的表演，把自己的劳务劳动对象化在以特定规律、特定色泽反射的光色和以特定规律、特定旋律振动的声波之上，使之成为供观众消费和欣赏的一种十分典型的抽象产品——“光声产品”（亦可称为“视听产品”）。而把戏剧拍成电影，则是用摄像和录音器材，以另一种物质形式把戏剧演员创造的光声信息转化或储存在电影胶片上。放映员以放映机和电影胶片作为生产工具，以电流作为生产原料，把影片上的储存的光声信息还原为与原来戏剧演员表演大致类似的光声信息，这时候的光声信息也就成为放映员创造的视听产品了。由此可见，演戏和放电影在功用上的一致性，是同其产品在物质形态上的一致性不可分的。

事实上，任何劳动的前头都必然有其特定的作用对象，同时任何劳动的后头都必然有其特定的产品物质，只要我们循着这个线索深究下去，我们无不可以认识和把握一切劳动所创造的产品物质。我们必须理解这样一个客观规定性，即劳动只能作为产品物质的创造者而存在，而绝对不能作为供人们直接消费的产品物质而存在。劳务作为各种劳动行业中的一种，其所包含的全部劳动也同样摆脱不了这一客观规定性。为了更好地认识劳务的这种客观规定性，我们可以拿劳务产品的一些典型例子作分析。

我们首先讨论一下运输劳动所创造的产品物质。

在我们以往的经济理论中，运输劳动被认为是一种不创造物质财富的劳务，其根据是，被运输的产品物质不会在运输过程后有任何增加。实际上，这种观点是非常机械和片面的，它只看到事物的表面现象。依据我们前头关于产品自然内涵的理论，我们完全可以这样理解，就物质一般而言，世界上的任何物质实在都是不生不灭的，可能变化的只是物质的具体存在内容和具体存在形式。因此，任何劳动实际上并不创造物质本身，所能发生作用的只是改变具体物质的特殊存在内容和特殊存在形式，使之质变、量变、形变和位移，并在目的上要求使这种变化朝着有利于实现目的，从而有利于满足人们生活需要的方面发展。例如，我们使一块钢铁变形为刀、枪、飞机、坦克，钢铁的自然金属本质并没有发生任何改变，但劳动使其形状上产生的不同变化，却给我们提供了具有不同使用效应的产品物质。又如，我们把河里的沙石捞起运到建筑工地上，把矿石和煤炭挖出运到工厂和千家万户，沙石煤矿的自然本质并没有发生丝毫变化，但劳动使它们发生的位移，却给我们得以实际地使用和发挥它们的自然属性创造了前提条件。事实上，任何产品的形成过程，任何产品效应的实际发挥，都毫无例外地寓于劳动作用引起的物质运动之中。

从上述意义上说，运输行业的劳动完全可以具有自己的劳动对象并创造出自己的产品物质。例如，运输部门把一批化肥从产地运送到销地；这批化肥在产地的时候固然是化肥厂劳动的产品，但是，当把这批化肥运送到销地之后，对于销地的消费者来说，这批化肥则成为化肥厂和运输部门共同劳动的产品。前者使特定的生产原料在化学变化的运动过程中，具有了化肥的物质特性；后者则使具有化肥特性的物质在位移的运动过程中，具有了被使用者现实消费并实际发生化肥效应的条件，两者缺一不可。又如，车站、码头、机场等客运部门作为一种典型的运输部门，其输送的是作为独立经济利益主体的旅客，而不是产品物质，显然，根据我们前头关于“产品不包括人本身”的定理，旅客绝不能够成为客运部门的产品。那么，客运部门的劳动对象究竟在哪里呢？我们说，客运部门的劳动对象就是其所拥有的运输工具——诸如汽车、火车、轮船、飞机等，而客运部门的劳动产品就是处于两地运动状态中的客运工具，或者反过来说，就是客运工具处于两地的运动本身。乘客使用和消费的正是这种运动中的客运工具或者客运工具的运动。在这里，制造业的劳动使特定物质在运动中转变为各种运输工具，而运输部门的劳动则使运输工具在运动中成为现实的运输工具，而为乘客提供客运服务，两者是密不可分的。

作为服务行业的一些典型或极端的例子，还可以讨论一下饮食劳务和理发劳务。饮食行业的劳动所创造的产品物质是显而易见的。酒家、饭店把各种食物原料加工成适合人们食用的食品，其过程也就是产品物质的生产过程。这里面不仅包括了饮食业劳动所引起的食物原料的物理变化，而且还包括了饮食业劳动所引起的食物原料的化学变化。虽然农业劳动利用动植物等生物运动的规律，生产出食物原料，然而饮食行业的劳动却使食物原料在一系列物理、化学的过程中，转化为可供人们享用的现实食品；这两种行业劳动各自推动了特定的物质运动，从而创造了各自特定的物质产品。理发行业的劳动所创造的产品物质，则直接表现为剪刀和推子的运动，或者说运动着的剪刀和推子。理发员为顾客理发，其劳动作用在于使剪刀和推子按照特定的要求和方式运动变化，从而起到理出美观发型的物理作用，顾客消费的就是这种剪刀和推子的运动，或者说就是运动着的剪刀和推子。剪刀和推子的运动一旦停止，理发员的劳务产品（一种即逝产品和抽象产品）也就随即消逝。其中，虽然顾客的发型发生了变化，但依据“产品不包括人本身”的定理，改变了发型的头发，并不一般地被认为是理发员的产品，而只是顾客消费理发劳务产品的结果，这就好像我们身上的血肉不是农业劳动的产品，而是我们消费农业产品的结果一样。当然，被理发的劳务产品剪下来的头发，由于脱离了人本身，则可以失去原来固有的人格性，如果它又被用于别种用途，比如制造炸药或舞台道具，那么它就可以成为劳动对象，进而可以成为劳动产品。诸如此类的例子我们还可以十分容易地举出许多。

从以上分析可见，任何劳动都必然引起一定物质对象的特定运动，不同的劳动使物质处于不同的运动状态之中，而连贯的劳动则使物质处于连贯的运动状态之中；劳动的作用仅仅在于，使自己引起的物质的运动或运动的物质为人们的生活目的服务，而无论这种物质运动是否处于相对静止或显著运动的状态。由此可以得出这样一个更为抽象的、更为终极化的产品定义：所谓产品，就是劳动作用所引起的物质的运动，或者说就是劳动作用所引起的运动的物质；就是与劳动相关，从而具有经济意义的运动着的物质本身。这一定义使人们对产品物质的认识达到了高度抽象的顶峰。这一高度抽象的产品概念说明，无论劳动创造的是相对静止的物质形态或是显著运动的物质形态，无非是要使特定的物质形态形成某种特定的物质效应，并使之为人们的生存和发展服务。因此，无论是创造生产原料的劳动或是使用生产原料而发挥其物质效应的劳动，同样都是创造产品物质的劳动，它们无不在改造和创造物质运动形式的过程中，为人类的生存提供有用的物质效应，并为人类的生活需要所消费。

上述四节关于产品物质的几种基本存在形式的讨论，从普遍的意义上揭示了各种产品物质的客观实在性，从而为全面地认识和把握产品物质的外延提供了理论依据。由此可知，对劳动进行社会经济分析这一命题，是与劳动是否创造产品的问题毫不相干的，因为这本身就是两个根本不存在、违背基本逻辑的问题。问题的全部关键在于，什么劳动能创造有利于或者最有利于人类生活的产品，什么劳动会形成有害于或者最有害于人类生活的产品。这里所涉及的根本性的问题，就是劳动产品的社会效用问题，因此，深入细致地研究产品效用特别是产品的社会效用的问题，是我们研究和认识劳动本身经济意义的出发点。在本书有关生产劳动和非生产劳动的卷章中，将对这些问题进行更为深入的分析和讨论。

第十四章
产品的经济空间

从最一般的意义上把产品归结为“劳动作用所引起的物质的运动，或者劳动作用所引起的运动的物质”，从而规定了产品物质最普遍最一般的存在形式之后，实际上也就同时提出了一个关于产品外延的重要理论问题，即关于“产品经济空间”的问题。显然，依据辩证唯物主义关于物质运动普遍联系的原理，物质之间的作用力是可以广泛传播的，那么是不是说，所有一切劳动作用所引起的或者与劳动作用相关联的物质运动，都可以毫无例外地成为劳动产品呢？这里头就包含了一个产品物质广延性，即产品物质空间的问题，并且，由于产品实体不同空间部位所体现的经济利益或经济性质有所不同，因此，又包含着一个如何界定产品经济空间的问题。如果不能很好地认识这些问题，那么我们对产品外延的认识，仍然不能说是全面的，甚至还会混淆我们对产品物质概念本身的正确认识。下面就产品经济空间的问题进行讨论。

一　产品空间的概念

在讨论产品经济空间这个问题之前，首先需要弄清楚“产品空间”的概念。在关于产品自然内涵的讨论中已经知道，一切劳动产品都是物质的东西，都有自己特定的物质实体；因此，任何产品都必然有其各自的物质空间。这是辩证唯物主义关于空间是物质存在基本形式的原理所规定的。在哲学上，“空间是标志运动着的物质的广延性的哲学范畴。所谓广延性，就是物质所具有的向前后、上下、左右伸张的性质，指事物的体积、形状、相对位置、排列次序和运动规模等特性”①。据此，可以说“产品空间”就是产品物质实体所具有的广延性。

在哲学原理上，产品空间作为物质空间的一类，与一般物质空间具有普遍的一致性；然而在经济学上，它与物质空间则是两个明显区别的概念，产品空间是

① 引自北京大学哲学教研组：《马克思主义哲学原理》，北京：北京大学出版社1984年版，233页。

一个经济范畴，而物质空间则是一个哲学范畴。产品空间之所以是一个经济范畴，因为它是与人类劳动相联系的，是由劳动作用的广延性所决定的。例如，同样两群马，一群马是人的劳动饲养的，另一群马是野生的，其中，只有人工饲养的马群才是产品，因而才具有自己的产品空间。又如，同样两块土地，一块是经过人的劳动开垦的，另一块是未经人的劳动开垦的，那么，只有经过人的劳动开垦的那块土地才是产品，因而才具有自己的产品空间。

显然，产品物质是由劳动作用所创造所决定的，因而产品空间或者说产品物质的广延性，则是由劳动作用的广延性决定的。从这种意义上说，要弄清楚产品空间的问题，就必须首先弄清楚劳动作用的广延性。那么，什么是劳动作用的广延性呢？这就得从劳动的直接作用和劳动的间接作用说起。

劳动创造产品的过程，实际上就是劳动作用于外部事物，并使之发生一定运动变化的过程。其中，劳动要使自己的作用力在被作用对象身上发生作用，必须使劳动的肌体与被作用对象直接接触，否则劳动的动能就不能传递到被作用对象之上，以至于不能产生其作用的效应性。我们把劳动与外部作用对象的这种直接接触而对其产生的劳动作用，称为“劳动的直接作用”，它表现为劳动与外物的直接作用关系。事实上，任何劳动都有自己的直接作用对象。例如，用手从树上摘果子吃或把衣服洗干净，摘下的果子和洗干净的衣服就是劳动的直接作用对象。劳动直接作用对象最为典型的形式是劳动工具，因为在许多情况下，总是通过劳动工具去扩大我们的劳动能力的。例如，用笔写文章，用机器加工零件，其中被使用的笔和机器就是劳动工具，它们都是劳动的直接作用对象。使直接作用对象发生运动变化的劳动作用，就是劳动的直接作用。

在许多情况下，劳动可以通过自己的直接作用对象，把劳动的作用力间接地传播到其他作用对象身上。我们把劳动对外物的这种间接作用，称为“劳动的间接作用”。例如，用锄头去挖泥土里的果实，用箭去射飞禽走兽，其中通过锄头在果实上或箭在猎物上所产生的作用，就是劳动的间接作用。劳动间接作用的典型形式是劳动对自然力的发挥和利用。事实上，人类在创造产品物质的劳动过程中，广泛地引导或利用自然力，使之按照自己的意志去改造和创造外部物质世界，并最终获取所需要的产品物质。例如，人们利用火去烧熟食物，利用牲畜去耕田，利用电力去开动机器，利用风能、太阳能、核能为自己提供改造世界和征服世界的巨大能量。从这种意义上说，被劳动利用的自然物质力量对劳动对象所形成的作用，就是劳动的间接作用。

在实际的经济生活中，我们不会仅仅把劳动的直接作用对象看成自己劳动的产品，而是通常会把劳动的间接作用对象也看成自己的劳动产品。例如，把稻种播到地里，稻种经过自身内部的自然生物过程生长、结果而变成供人们消费的粮食，但是，我们并不会认为粮食是种子自然生长的结果而非我们劳动的产品，而是把种子生长的最终结果，视为自身劳动的创造物。这种现象说明，劳动在本能上把自己所支配、所引导，甚至所联系的自然力，全部归结为劳动本身作用力的扩大和延伸。事实上，劳动正是通过这种能力的扩大，才使自己的间接作用范围得到了无限扩大的可能，并因此才使自己的作用对象得到了无限扩大的可能。

无论是劳动的直接作用或劳动的间接作用，都必然有其具体的作用对象，从而都必然有其具体产品物质。因此，劳动作用的物质对象的范围越大，其产品空间的物质范围也就越大；反之，劳动作用的物质对象的范围越小，其产品空间的物质范围也就越小。如果把劳动作用的物质对象所具有一定空间范围的性质，称为劳动作用的广延性，那么，一种劳动作用的广延性越大，其产品的广延性也就越大，从而其产品的空间范围也就越大。正是从这种意义上说，劳动作用的广延性决定着产品物质的广延性，从而决定着产品空间的广延性。

当然，劳动直接作用的广延性和劳动间接作用的广延性，并非完全一致，而是存在着一定差别的。从哲学的意义上说，劳动直接作用的广延性是相对有限的，由此，其产品空间的广延性也是相对有限的，但是，劳动间接作用的广延性则是无限的，因而其产品空间的广延性也可以是无限的。例如，在人类普遍使用工具的时代，劳动的直接作用往往局限在工具身上，其作用的对象是十分有限的，劳动的间接作用则完全不同，它以连锁反应的形式，借助与他种物质之间的普遍联系，应用他种物质运动本身所具有的能量，把劳动的直接作用引申和扩大到工具以外无限广泛的作用对象之上。劳动正是通过这种间接作用所具有的无限扩大的广延性，才使得自己的产品空间获得了无限扩大的可能。自然，从根源上说，劳动间接作用是建立在劳动直接作用的基础之上的，因而，劳动直接作用的广延性决定着劳动间接作用的广延性，劳动直接作用的产品空间决定着劳动间接作用的产品空间。

这种把劳动作用广延性和产品空间广延性联系起来、统一起来的理论，实际上是我们在解决关于产品物质存在形式的问题之后，又给我们提供的一种认识产品外延的工具。这种关于产品空间的理论，与前面讨论的产品物质的基本存在形式不同，其目的不在于揭示各种产品具体存在形式的多样性，以便我们避免遗漏客观存在的产品物质，而在于揭示劳动作用范围与产品物质范围的内在关系，从而使我们更全面地把握产品物质的整个外延。某种意义上说，如果我们能够深刻理解产品空间的理论，那么，关于产品概念的认识就会有一个质的突破，但要做到这一点，还必须弄清楚一个由产品空间引申而来的重要概念，即“产品的经济空间”。

二　产品的经济空间

上一节讨论了劳动作用的广延性，以及由此而被规定的产品物质的广延性。那么，如何才能确定某一具体劳动作用的范围，从而确定其具体的产品空间呢？这是一个非常实际的经济学问题。在实际的生产活动中，某些与最终产品相关的劳动，其具体作用范围是比较容易确定的。例如，为了获得大米，我们在水田中下种、上肥并种植水稻，那么，生产水稻的劳动所具有的作用对象的范围，至少就包括相关的生产工具以及土地、种子、肥料等生产资料，这些生产工具和生产资料在劳动作用之后所形成的特定运动形式，也就成为该项劳动的中间产品的存在形式，而这些形式在过程中所构成的最终产品则表现为大米。

但是，如果从哲学逻辑上看劳动作用的广延性，那么有关产品空间的概念就好像变得十分抽象，甚至变得不可思议了。正如我们已经知道的那样，宇宙万物之间普遍联系的原理是辩证唯物主义的基本原理。从这一原理出发，任何劳动都可以在物质之间的相互联系中，就如同所谓的“蝴蝶效应”① 那样，把自己的作用力延伸、散布到无限的物质空间之中，并或多或少影响着宇宙万物的运动。劳动作用力的这种无限广延性，从逻辑上规定了产品空间的无限广延性。于是，在这种推论中，宇宙万物都成了人类劳动的产品，甚至成为每个人的某一微小劳动作用力的产品。我们把这种关于产品概念的理论抽象，称为“产品空间的绝对扩大化”。

自然，这种关于产品空间绝对扩大化的产品概念，仅仅是一种哲学逻辑的推理结果而已，从经济学的意义上说，则是非常荒唐和绝对不符合逻辑的。因为，在实际的社会经济生活中，每个人乃至每个集团都有自己相对独立的经济利益，这就要求人们确切地划分各自的产品空间，并以此维护自己相对独立的经济利益。如果按照产品空间绝对扩大化的逻辑，每个人的劳动以及每个集团的劳动所具有的产品空间，在实际上也就会完全交合在一起，成为混杂叠加为一体的东西。在这种情况下，就无法在理论上区分不同经济体之间各自所具有的产品空间，从而就无法对社会的任何经济关系进行分析。因此，在规定产品空间的概念之后，还必须进一步对产品空间的概念进行经济意义上的限制和约束。正是从这里，引申出了“产品经济空间”的概念。

那么，什么是产品经济空间呢？正如我们上面所说的那样，如果人们的劳动都无限地扩大化，那么不同劳动者的产品空间就可能交合在一起。为了讨论方

① 某处的一只蝴蝶扇动翅膀，可能会导致几个月后的另一处的风暴。

便，仅以两个不同经济主体——A劳动者和B劳动者——的产品空间所具有的交合关系举例说明（见图14－1）。

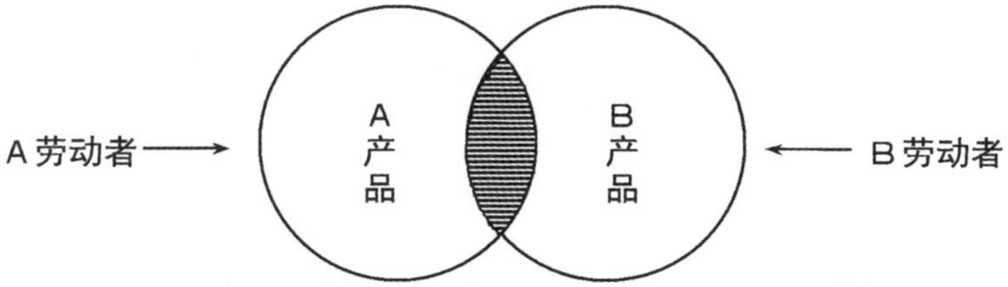

图14－1

假定图中阴影部分为A劳动者之产品和B劳动者之产品的交合部分。由于A和B有其各自的经济利益，因此，都不可能把交合的部分全部归自己所有而否定对方的经济利益，亦不可能把交合部分全部让给对方而放弃自己的经济利益。为了分清各自的经济利益，唯一的办法就是在A产品和B产品之间规定一条“经济分界线”，把一个交合的产品空间分割为两个分离的产品空间（见图14－2）。这样，各自的产品空间代表着各自的经济利益，从而使双方在经济利益上的混淆得以解决。

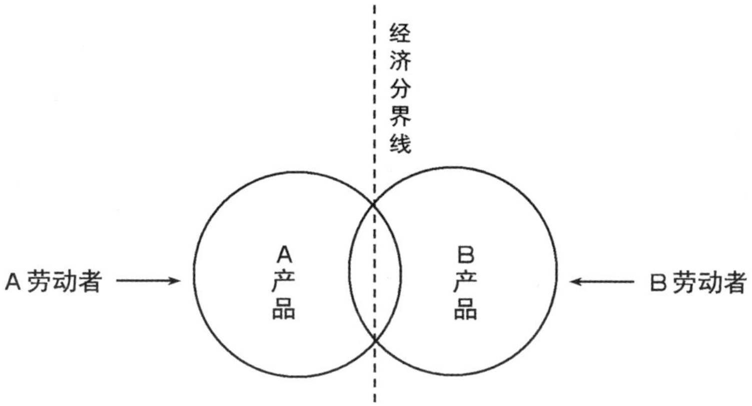

图14－2

仅从图上看，这种交合产品空间的分割是十分简单的。但是在实际经济生活中，不同经济利益主体之间的产品利益的分割，则取决于政治经济上多方面的限定因素，有的情况下可以表现得简单一些，有的情况下则可以表现出极其复杂的形式。在诸种政治经济因素中，决定这种产品空间划分形式的根本因素，首先是社会劳动资料的划分形式；或者说，不同经济利益主体之间交合产品空间的经济分割，首先是通过对社会劳动资料的经济分割实现的。当某些劳动资料归某一经济人或经济体所有，作为一种社会契约而被社会承认的时候，那么，这些劳动资料在其劳动作用下所产生的运动变化以及由此而形成的物质形态，也就被这种社会契约规定为其产品，但是，当其劳动作用的延伸超越了其生产资料的所有范围，而作用于他人所有的劳动资料的时候，那么，无论他人的劳动资料因这种作用产生什么样的劳动结果，都可以被这种社会契约规定为他人的产品。比如，一座山林一旦归某经济人所有，其中的一切物产、矿藏等有用的物质资料，都可被视为此人的劳动产品；但是，如果其山上的水源流入他人所有的土地，而使他人土地上有用的植物得以生长或使有用的动物得以生存，则都可以被视为他人的产品。

讨论到这里，似乎可以为“产品经济空间”这个概念作一个基本规定了。所谓“产品经济空间”，就是人们依据一定的社会契约所取得并占有的劳动资料，在其所有者劳动作用之下而形成的产品物质的空间，它代表着其所有者的相对独立的经济利益。当然，如何合理地划分不同经济利益主体之间的产品经济空间，极其复杂的一面在于各种社会契约，也就是各种政治经济法律条文的制定和执行。特别是人类社会运动的内在动力，使得人类社会的政治经济关系不断向前发展，从而使得人与人之间的政治经济利益不断以新的形式和内容出现，并因此推动社会各种政治经济法律条文的变更和调整，推动社会制度的变更和调整，这一切使得产品经济空间的划分呈现出多变而又复杂的时代特征。

从以上的讨论中可以注意到，“产品经济空间”作为产品外延的一种特殊规定性，是同“产品空间”有本质性的区别的。这是因为，产品经济空间已经脱掉了一般产品空间的自然外衣，而体现着一定的社会关系，即体现着人与人之间的经济利益关系，它本身的意义已不在于把产品物与自然物区分开来，而在于把代表人们之间各自独有经济利益的产品物质区分开来。从这种意义上说，产品经济空间实际上是为其所有者规定了自身经济利益的空间或范围。因此，产品经济空间的概念是产品空间概念的一个社会升华。

由于上一节所说的“产品空间”，实际上规定的正是产品物质的自然空间，为了概念名词的对称而不至于与产品经济空间混淆，在这里也可以把“产品空间”一词称为“产品自然空间”。

从实际效果看，产品经济空间概念提出的同时，就已经因为产品自然物质外延和产品经济物质外延的分化，而形成了相互之间的差异性，两者之间已绝非一致。受各种社会政治经济利益的限制，产品经济空间往往是小于产品自然空间的，对于所谓“无限扩大化的产品自然空间”来说就更是如此。为了更好地理解产品经济空间在规定人们之间经济利益上的经济意义，我们有必要对这种不一致性进行举例分析。

例如，一家剧院正在演出一部歌剧，演员们创造的光声产品（视听产品）不仅可以存在于剧院之中，有时也可以透过剧院的窗户存在于剧院之外。从产品自然空间的角度看，无论是存在于剧院内部还是外部的光声产品都是歌剧演员的劳动产品，但从产品经济空间的角度看，只有存在于剧院内部的光声产品才是演员们的劳动产品，而跑到剧院之外的则不是。这是因为，演员们的经济利益的活动空间，已经由于某种社会契约，而被限制在剧院本身的物质空间之中。在这种情况下，只有在剧院内部的光声产品才代表歌唱演员的经济利益，因而他们才有权向剧院内的观众收取门票收入，相反，传播到剧院外的光声产品，则不代表歌唱演员的经济利益，因而他们无权向剧院外的观众收费，而不少影剧院把门窗紧闭，不让自己的光声产品外泄，正是为了维护自己的经济利益。又如，某一国家的电视台正在发射为本国人民服务的电视信号，这个电视信号不仅广泛地散布在本国的领空中，而且可以散布到别国的领空中。从产品自然空间的角度看，无论散布在本国还是别国的电视信号，都是该电视台的产品，但从产品经济空间的角度看，只有散布在本国的电视信号才是该电视台的产品，而散布到别国的电视信号则不被承认为其产品。这是因为，电视台的经济利益活动空间，已经由于某种国际性的经济契约，而被限制在本国领空的物质空间之中。在这种情况下，该电视台只能够向本国用户收取费用，而不能向别国用户收取任何费用。

这就是说，超越自身产品经济空间而进入他人产品经济空间的任何劳动作用，无论这种作用可以给他人带来什么产品利益，其经济利益都可为他人的产品经济空间所否定，他人可以把这些产品利益视同为自己应得的东西，而引起这些产品利益的直接劳动作用的人，则不能向获得这些产品利益的他人提出经济要求。

在实际的经济生活中，具体产品经济空间的划分往往是灵活可变的，而这种灵活可变性取决于人们之间对于具体产品经济空间在契约条件上的灵活可变性；当某种经济契约所规定的条件或内容发生变化，相关的产品经济空间也随之发生变化。例如，电脑软件、电脑光盘、激光唱盘等具有知识产权的产品，其知识产权的经济空间究竟有多大，并不单方面地由其生产者来限定，而必须是生产者和消费者之间某种经济契约的结果。我们往往在主观上依据产品自然空间可以无限扩大化的哲学逻辑，把别人模仿、复制、翻版自己的某种产品所生产出来的一切产品都与自己生产该种产品所耗费的劳动联系起来，从而都认为是自己劳动结果的一部分，并据此要求获取版权等专利，实际上，这只是生产者一方面的愿望，而作为消费者的另一方面而言，是否愿意为这种专利支付，则需要依据一定的经济契约来确定。

一种专利产品在某国申请了专利，其专利产品扩大了的经济空间只为该国的专利法所承认，并因此可在这个经济空间内，根据有关的专利法获取经济利益。然而，如果其所谓专利产品超越了本国特定的经济空间，而为别国的生产者所模仿、复制或翻版，就丝毫不受其专利的约束，因为由这种模仿、复制和翻版生产出来的产品，在产品经济空间的意义上并不被承认是其发明者之原始产品的延伸部分。除非其专利在某种国际专利法的形式下为别国所承认，否则根本无权向别国的消费者索取任何专利利益。当然，如果以某种经济契约的形式，使得别国自愿或被迫加入到国际性的专利法之中，其专利产品的经济空间，也就可以从本国的空间范围扩大到别国的空间范围。从这种意义上说，任何专利产品的所谓专利利益，都是由发明者、模仿者乃至消费者之间的某种共同的经济契约决定的。由此可见，产品经济空间的规定，是以人们之间的经济契约为依据的，经济契约在条件和内容上的变更，决定着相关产品经济空间的变更，自然，任何经济契约，都是人与人之间社会政治经济关系的一种表现形式，并随着人与人之间社会政治经济关系的变化而变化。

产品经济空间不仅表现为各个独立经济利益主体之间，确定各自经济利益的依据，而且表现为各个独立经济利益主体之间，维护各自经济利益不受侵犯的界限。如果一个经济人的劳动作用超出了自己的产品经济空间，进入他人的产品经济空间，并且产生了损害他人经济利益的后果，那么，被损害的经济人就会把损害者的劳动作用，视为对自身产品利益的侵犯和破坏，在一定的社会契约下，亦可有权向造成损害的人索取经济赔偿。例如，一家化学工厂的有害废水流入归别人所有的土地，造成粮食作物和土地的损害，从而使其所有者遭受经济损失，在这种情况下，受害的土地所有者则可以依据一定的社会立法，认定该化学工厂侵害了自己的产品经济空间，并有权向该化学工厂提出索赔要求。当然，索赔的前提是必须要有一定的社会契约，没有社会契约的限定，就无法提出正当合理的经济条件和要求。例如，在工业尚未高度发达的时代，工业废气、废水对农业的破坏作用尚未被充分认识，因而也就没有限制工业污染的社会立法，农业部门遭受损失则无法向工业部门索赔，只是到了工业污染破坏性日益明显和严重的今天，有关限制工业污染的立法才建立并逐渐完善起来，人们才得以凭借相关立法保护自己的产品经济空间，从而保护自己的经济利益。

依据产品空间无限扩大化的原理和产品经济空间的基本定义，实际上可以深刻地认识某些自然资源（诸如土地、矿藏、森林、水源、物产等）所具有的特定产品性质。显然，每个独立的经济人或经济集团，为了维护自身的经济利益，总是尽可能地把一切可能的物质利益与自己的劳动联系起来，从而把这些物质利益归结为自己劳动的结果并加以占有，而无论这种结果是否由自己的直接劳动作用所产生。例如，一座无主的山林或一片无主的荒地，只要略加开垦并在四周标上界石或围上栏杆，这座山林和土地的所有物产，也就成为开垦者的劳动产品，而山林和土地本身亦成为开垦者的产品经济空间。又如，汪洋大海中的岛屿或陆地，在人类早期的航海活动中，首先为哪国的航海者所发现，就成为该国的领土而成为该国的产品经济空间。这种现象就好像瑞士经济学家西斯蒙第所描述的那样："那个离群索居的人在草地上加一道篱笆，就给他连摸都没摸过的牧草增加了价值，而他只不过是使牧草不受野兽的践踏而已；如果他繁殖自己的家畜，则又给畜物增加了价值；如果他利用瀑布的水推动磨盘，就给瀑布本身增加了价值……人们的劳动给这些能够帮助人劳动的东西增添价值。"① 所不同的只是，他不是从产品经济空间的原理去认识这些极为普遍的经济现象而已。

由此可见，那些被称为自然资源的土地、矿藏、森林、水源、物产等，在产品自然空间和产品经济空间的理论中，获得了自己的产品性质。自然，受产品经济空间的限制，或者说受一定社会契约、社会制度的限制，任何经济人都只能把自己产品经济空间范围内的自然资源，视为自己的劳动资料或劳动产品，而不能随意地把自己的产品空间无限扩大化。土地、矿藏、森林、水源、物产等这些自然资源，之所以能被人们视为财富并为不同的社会经济人所占有，不仅因为它们本身的物质属性具有对人们生活有用的特性，而且是由它们本身在一定的社会契约条件下所具有的特殊的产品性质决定的。当然，如何在不同的具体历史时期或时代中，具体划分不同经济人、不同集团、不同阶级、不同国家的产品经济空间，乃是一个极其复杂而又具有根本性的政治经济问题。

实际上，产品经济空间的分割，也就是社会生产资料的分割，它必然地表现为社会生产资料的所有制形式；任何生产资料的所有制形式都不是僵死不变的，而是有其产生、发展和消亡的特定历史过程的。只有在一定的社会条件下，人们才能采取并且必须采取这样或那样的生产资料所有制形式，从而使每个人、每个集体、每个国家，都在符合整个人类社会生产力的发展要求，或者从更本质的意义上说，符合整个人类精神的发展要求这一总规律的限定下，相对稳定地存在和发展。随着社会生产力的发展，特别是随着人类精神的发展，以及由此引起的社会经济利益的矛盾运动，必然会在整个社会范围内，重新进行生产资料的分割，重新规定各个乃至各种经济实体之间的产品经济空间。这种变化往往集中表现为生产资料所有制的变更。总之，产品经济空间的划分有其历史、阶级、生产力、人类精神运动等多方面的依据和原因，认识和理解产品经济空间的概念，对于我

① ［瑞士］西斯蒙第：《政治经济学新原理》，北京：商务印书馆1964年版，第25页。

们深刻理解经济利益划分的原理，乃至从其特有的角度深刻地研究生产资料所有制的存在形式和变化，都是很有帮助的。

三　经济产品和非经济产品

在上一节的讨论中，关于产品经济空间的规定，目的在于从社会经济的意义上，把不同经济体的产品交合部分划分开来，从而规定各个经济体相对独立的产品外延。但是，产品经济空间对于产品外延的规定作用，并不仅仅表现在不同经济体之间各自产品的经济划分上，而且还表现在关于经济产品和非经济产品的自然划分上。

从最一般的意义上把产品归结为“劳动作用所引起的物质的运动，或者说，劳动作用所引起的运动的物质”之后，这就从哲学逻辑上有理由把宇宙万物完全看成人类的劳动产品。无疑，这种关于产品空间无限扩大化的推理，包含着某些科学成分，至少使我们对劳动与产品的关系，有了一种较为深刻和特殊的理解。它从哲学逻辑上说明，人类作为万物至高无上的主宰者，可以在观念上或者说在理论上，把一切与劳动相关的物质运动结果，完全归结为自身劳动创造的产品，而无论这些物质运动是否依赖其本身的自然能量。它一方面否认一切自然运动是产品的源泉，而把这一源泉归结为劳动，另一方面则肯定一切自然运动都是人类劳动所推动的，而把自然物的运动归结为劳动运动的扩大。总之，对于神圣的人类而言，一切自然物都可以成为人类的产品，都可以成为人类的占有物。

然而，在实际生活中，不可能也没有必要把宇宙万物都归结为人类劳动的创造物。事实上，体现人类至上精神的产品空间无限扩大化的哲学理论，与我们实际的经济生活有着极大区别。例如，即使在观念上，也完全不会把太阳或其他遥远星球当作我们的产品，因为，从经济的意义上看，把它们当作我们的产品，至少在目前看来仍然是没有任何经济意义的。不过，把月球和火星作为人类产品的一部分，则已经是一种现实。美国人就曾经登上月球，取回月球上的物质样本和各种信息，但受国际公约或者技术能力的限制，美国人并不能把月球作为自己国土的宇宙延伸部分。现在一些国家的政府和科学家正在着手向火星挺进，并计划重新在月球登陆。可以相信，随着人类科学技术的迅猛发展，月球和火星乃至更遥远的其他星球，将会日益广泛地为人类的劳动所涉及，并成为人类生活日益扩大和必不可少的产品经济空间。这就是说，我们既要在哲学逻辑上肯定产品空间无限扩大化的合理性，同时又要在经济逻辑上强调产品空间实际经济意义的现实性。正是从这种意义上，才引申出了“经济产品”和“非经济产品”的概念。

那么，什么是“经济产品”和“非经济产品”呢？

简单地说，"经济产品"不仅是由劳动作用所引起或者与劳动作用相关的物质运动，而且是能对人类生活产生经济约束力的物质运动。而"非经济产品"则不同，它虽然同样是由劳动作用所引起或者与劳动作用相关的物质运动，但它又是不能对人类生活产生任何经济约束力的物质运动。例如，用拖拉机耕地，拖拉机的运动和被翻起的土地可以被视为我们劳动的有用成果，这直接关系到我们的粮食播种和生长，从而直接关系到我们劳动目的的实现与否，而拖拉机运动所引起的空气运动或者拖拉机排放出来的废气（假定没有废气排放条例）等，则与我们的劳动目的毫不相关。因此，前者是劳动引起的具有经济约束力的物质运动，是经济产品；后者则是劳动引起的不具有经济约束力的物质运动，是非经济产品。

只有经济产品才是人们讨论和研究经济问题时所需要的经济范畴，才是人们通常所说的具有经济意义的"产品"；只有对于经济产品，人们才可能谈得上经济利益的得失问题，才可能进行经济利益的研究和分析。而非经济产品，尽管与劳动相关，但它只是哲学意义上的劳动产品，它不具有任何现实上的经济意义，因而从经济学的意义上说，可以被视为"自然物"，因此，在关于经济问题的讨论中，完全用不着考虑非经济产品。

经济产品可以在经济性质上划分为相互对立的两大类，即"有利产品"和"有害产品"。"有利产品"表现为劳动的物质结果有利于劳动目的的实现，从而表现为经济上的有利方面；"有害产品"表现为劳动的物质结果有害于劳动目的的实现，从而表现为经济上的有害方面。例如，我们生产某种产品，正品就是有利产品，而废品则是有害产品，因为它有害于我们节约生产原料和劳动时间的目的。又如，人们生产某种化学物质，合格的化学产品就是有利产品，而从工厂排放出去的有毒废水就是有害产品，因为它有害于我们保护生态环境的目的。这就是说，作为经济产品。它可以从有利和有害两个方面约束我们的经济活动，从而体现着它在正反两方面的经济约束力。在实际的经济生活中，一方面要努力提高有利产品的生产效率，同时在另一方面要尽量避免和限制有害产品的形成，这两方面所体现的经济意义，就在于使劳动结果更好地符合实现生活目的的需要。

非经济产品则不同，尽管它与人类劳动有某种关联，甚至其本身就是人类劳动的直接产物，但它在形式上表现为与劳动者本人，以及可能涉及的其他经济人之现实生活目的毫不相干。由于失去与人们实现某种生活目的的关联意义，非经济产品也就同时失去对人类生活的经济约束力，并同时失去人们对它的经济分析意义，从而成为与人们的经济生活毫不相干的东西。这正是非经济产品不具备经济意义的原因所在。如果要较为直观地观察经济产品和非经济产品在产品构成中的关系，我们可以借助图示来加以表达（见图 14－3）。

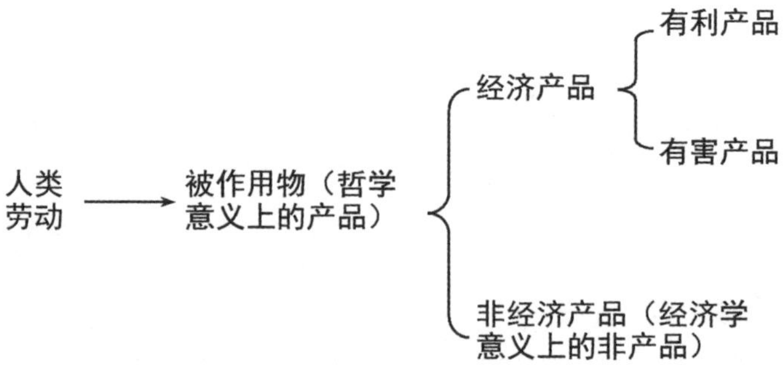

图 14－3

讨论进行到这里，关于产品的概念就要求有一个更加适用于经济学分析的规定。我们说，“所谓产品，就是劳动作用所引起、所决定、所制约的，与人们劳动目的的实现密切相关的物质的运动，或者说是由劳动所引起、所决定、所制约的，与劳动目的的实现密切相关的运动的物质”。这就是说，经济学意义上的产品概念，不仅必须是劳动作用所引起的物质运动，而且必须是与人类生活目的直接相关的、具有经济约束力的物质运动。这样，我们不仅解决了产品空间无限扩大化所形成的理论问题，而且得到了一个更加科学的产品概念。这一产品概念的形成，使我们从经济学的意义上为产品规定了严格的经济外延。

值得说明的是，某些具体的非经济产品，在一定的条件下是可以转化为经济产品的。例如，冶炼厂炼钢时放出的大量热能，原来作为非经济产品自然流失了，但当我们发现到它的有用性，并且有目的地把它们收集起来用作发电时，它就成了经济产品。又如，造纸厂造纸时产生的大量废水，原来作为非经济产品自然地排入河流，但当注意到它的有害性，并且有目的地对它们进行净化加工而重新使用时，那么它就成为经济产品。这就是说，一些由劳动作用所形成的物质运动，在尚未意识到它们所具有的经济制约作用，或者不计较它们的经济制约作用的时候，它们就被视为非经济产品；而一旦意识到它们对自身生活所具有的经济制约作用，并促使我们为利用其有用性和消除其危害性而耗费劳动时，它们也就在这种有目的的劳动作用下成为经济产品。

此外，有利产品和有害产品也是可以在一定条件下相互转换的。例如，工厂中排放出来的废水、废气、废渣等，通过加工处理可以转化为有用的化学原料，从而使有害产品转化为有利产品。又如，某种产品原来是有利产品，但是，如果这种产品生产过剩，并由此造成劳动的浪费，那么过剩的产品部分就成为有害产品。因此，如何以最少的劳动耗费创造出最有利的产品，以最优的劳动去避免有害产品的形成，是研究经济产品和非经济产品所要解决的重要课题之一。

第十五章 产品物质的质与量

产品作为一种物质实在，同客观存在的其他事物一样，都是质与量的统一体，都具有质与量的规定性。某种意义上说，产品物质的质与量这个问题，纯粹是一个关于产品物质自然存在形式或者产品物质内部结构的哲学问题。但是，产品作为劳动的产物，它又是同人类劳动以及同人类生活需要密切联系在一起的。事实上，产品物质的质与量，不仅会在劳动过程中，以一定的形式为劳动的质与量所规定；而且会在消费过程中，以一定的形式规定着人类生活的质与量。因此，在深入讨论产品与劳动以及产品与人类生活的关系之前，即使是从纯粹哲学的意义上去考察产品物质的质与量的问题，也是十分必要的。

一 产品物质的质及其自然属性

辩证唯物主义指出，质是一事物区别于他事物的内在规定性。自然，产品物质作为客观的物质实在，它的质也就可以表现为某一产品物质区别于其他产品物质的内在规定性。例如，水的质就是由水分子集结而成的液体，而水分子则是由两个氧原子和一个氢原子化合而成的；大米的质就是一种主要由淀粉、碳水化合物、蛋白质等营养成分构成的颗粒状物质，它通过水稻的生长过程而形成；铁的质就是由铁原子集合而成的物质；刀的质就是由铁原子按照刀的形状排列而便于切开别种东西的物质等等。显然，任何产品物质都有自己特定的物质构造、物质形态及物质运动形式，因而都有自己特定的质。这种质的存在形式可以从分子、原子甚至基本粒子的意义上去认识，也可以从它们的排列组合形式和运动形式去认识。

产品物质的质有一种显著特性，即它的固有性。这就是说，任何一种产品物质，只要它现实存在，那么它的质就成为一种固有的、相对独立而与别种事物毫不相干的东西了。例如，水只要是水，就必然是由两个氢原子和一个氧原子组成的化合物，如果把水的氢氧原子分解，水就不成为水，而成为质变了的氢气和氧气了。又如，刀只要是刀，就必然是铁原子按照刀的形状排列而构成的物质，如果改变这种排列，刀就不成为刀，而可能成为斧头、锤子或其他东西了。正是由于各种产品物质内部分子、原子乃至基本粒子的不同，及其排列组合形式和内在运动形式的不同，它们才具有了各自特殊的质的规定性，从而使它们在最本质的意义上区分开来。我们把产品物质本身所具有的这种内在规定性，称为产品物质的质，亦可简称为“产品本质”。

从内部物质构造的特殊性去认识产品物质的质，这无疑是一条合乎逻辑的道路。然而，在实际的生活实践中，我们通常却更加乐于从外部联系中，去认识不同产品物质的质的规定性，即通过所谓“产品自然属性”去认识产品物质的质。

具有一定质的某种物质在与其他物质的联系中，总会通过对他物的特殊影响或特殊作用，以这样或那样的方式来表现出自己的本质特征，表现出自己所具有的性质和特点。例如，水这种东西，从内部构造上看，它不过是一氧二氢化合物的聚合体，但在水与其他别种物质的联系中，我们却可以发现：水可以维持生命，水可以导电，水可以溶解数百种化合物，水可以气化为蒸汽和固化为冰雪，水可以由高处向低处流动并由此产生动力，水的动力可以用来驱动水轮机和发电，如果被电或高温分解则可以转化为氢气和氧气等等。又如，铁这种东西，从内部构造上看，它不过是铁原子的集合物，但在铁与他物的联系中，我们却可以发现：铁具有极高的可塑性，铁比多种其他物质更加坚硬，铁具有良好的导电性能，铁能够被氧化而成为铁锈，铁可以被塑造成刀子而具有切开较软物质的功能，铁可以被塑造成枪炮而成为战争工具等等。我们把产品自然物质本身在与其他事物的联系中所能表现出来的特殊性质称为产品物质的自然属性，相对于产品本质可以简称为“产品属性”。具体产品属性，仅仅只能形成于具体产品物质与其他具体事物的联系之中，是具体产品物质的质在一定外部条件下的具体表现形式。

作为产品物质的质的表现形式，“产品自然属性”与“产品物质的质”实际上是两个完全不同的概念。这种不同表现为，产品物质的质是产品物质本身所固有的、相对稳定的内在形式和内容，而产品自然属性则不是产品物质本身所固有的，它必然体现在与他种物质的联系之中，以他种物质为自己的存在和变化的必要条件，并通过对他种物质所产生的作用来体现自己的存在。由于联系的多样性，同一产品物质往往具有多方面的产品属性，并且可以随着联系对象的变化，而呈现出灵活可变的特征。例如，大米这种东西，它本身的质是由水稻生长出来的，主要由淀粉、碳水化合物、蛋白质等营养成分构成的颗粒状物质；它的这种本质是固有的、相对稳定的。但是，当大米用水煮熟后，它就具有膨胀而成为米饭的属性；当大米被酒曲发酵后，它就具有了产生酒的属性；当饭和酒被吃进肚子里后，它们就具有了使人活命或产生醉意的属性。

尽管产品自然属性不同于产品物质的质，但是，任何产品所具有的自然属性，都是以产品物质的质为基础的。一种产品物质，无论它在与他物的联系中，能够表现出多么广泛的自然属性，都能从产品本身固有的质中，找到形成这些属性的内在规定性。当然，同时也能从中找到决定这些属性的外在规定性，即与之联系的他种物质的质的规定性。显然，一个鸡蛋之所以能在一定的温度下具有孵化成鸡的属性，归根结底是由它作为鸡蛋的内在生命本质决定的，同时也是由作为外部条件的适当温度决定的；石头在任何温度下都不可能孵出小鸡来，因而石头自然也就不具有转变为鸡的属性。又如，大米之所以具有转化为酒的属性，首先是由作为大米内在本质的淀粉所决定的，同时也是由作为外部条件的酒曲决定的；没有发酵用的酒曲是不能使大米变为酒的，因而酒曲是使大米具有转变为酒的属性的必要条件。实际上，正是由于产品自然属性与产品物质的质具有这种内在的必然联系，往往可以采用产品属性作为区分不同产品的工具。某种意义上说，产品属性恰恰是产品物质的质的外部表现形式或外在标志。这种标志对于区分不同产品物质的意义是不言而喻的。

但是，用产品属性区分不同产品物质的局限性，也是十分明显的。因为，尽管不同产品物质各自具有相对稳定的物质本质，然而就它们的自然属性而言，产品物质本身可以具有的多方面的本质及其外部存在条件的多样性，往往使得不同的产品物质可以具有某些相同的产品属性，或者说相同的产品属性可以体现在不同的产品物质身上。例如，钢铁和塑料在物质本质上有明显区别，但同样具有可塑的属性；金属手术刀和激光刀在物质本质上有明显区别，但同样具有切割的属性。又如，大米可以由于外部条件的不同，既能具有制酒的属性，又能具有煮成米饭的属性等等。这样就使我们在应用产品属性区分不同产品物质的时候，产生某些困难。不过，辩证唯物主义关于事物的质可以分为主要矛盾方面和次要矛盾方面的原理，有助于我们解决此类问题。显然，可以依据这一原理，相应地把同一产品物质多方面的固有本质及外在属性，划分为本质的和非本质的，从而依据主要的固有本质方面或主要的外在属性方面，去区分不同的产品。例如，钢铁和塑料虽然都有可塑性，但从材料力学的角度看，钢铁的坚硬是其本质属性，而柔软则是塑料的本质属性；从电学的角度看，可导电是钢铁的本质属性，而不可导电则是塑料的本质属性。总之，只要我们把握住所要解决的主要矛盾方面，从某一个方面或者某几个方面，去规定不同产品物质的固有本质和外在属性，那么，我们就不难区分不同的产品物质。

值得特别强调的是，研究产品物质的质及其自然属性，根本目的并不在于解决一个如何区分不同产品的问题，尽管这一研究确实具有这种作用，而在于为深入地研究劳动价值理论奠定基础。正如从人类生活循环体中看到的那样，产品不仅由劳动所创造，而且为人类生活所消费，而在实际生活中，往往只能是具体的劳动创造具体的产品，只能是具体的产品满足人类生活的具体需要。正是为了认识人类生产产品和消费产品的具体行为，才要求我们必须有一个关于产品物质的质及其自然属性的基本认识。没有这个基本认识，就不可能认识“产品效应”的问题，从而也就不可能认识“产品效用”的问题。由于产品效用是一个与劳动价值理论密不可分的问题，因此，不从理论上科学地解释产品效用，也就不可能科学地认识劳动价值本身。

在以往的理论中，往往忽视了这样一个极为关键的问题，就是轻易地把“产品本质”和“产品属性”混为一谈，轻易地把“产品属性”“产品效应”及“产品效用”混为一谈，简单地用“使用价值”这个概念，把这些具有明显区别的范畴不加区别地混淆起来。这种关于产品概念的片面认识，导致了我们在价值理论上的一系列难解之题。实际上，“产品属性”，仅仅只是产品物质通过与他物的联系，来表现自己固有本质的形式而已；“产品效应”，是产品物质在与人类生活的联系中，对人类生活所产生的物质作用或结果，包括生理上的和精神上的作用和结果；“产品效用”，则是人类依据自身的生活需要，而对不同产品效应的有用性与否，或者有用性大小的评价，这种评价决定着人们依据自身的生活需要，对不同产品物质进行生产、交换和消费的能动选择性。这种关于产品物质对人类生活的效应关系，以及人类生活对产品物质的效用关系，我们可以简单地用图来表达（见图 15－1）。如果我们用“使用价值”去混淆产品属性、产品效应和产品效用，那么，自然也就会忽视对它们之间关系的深入分析，从而失去科学地认识劳动价值原理的必要途径。

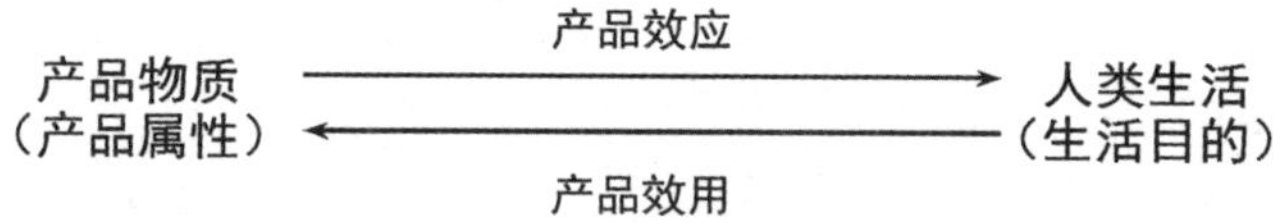

图 15－1

从某种意义上说，科学地认识“产品效用”这个问题，是科学地建立劳动价值理论的一个不可逾越的关键环节。以往的理论在没有对产品效用进行科学分析的情况下，就简单地否定产品效用在劳动价值上的规定作用，这正是导致我们以往价值理论具有某种片面性的根本原因之一。总之，要建立全面、科学的劳动价值学说，就必须懂得产品本质、产品属性、产品效应和产品效用的本质区别和内在关系。有关产品效应和产品效用的问题，本书将在第四篇“效应关系和效用关系”中进行专门讨论。

二 产品物质的量及其与产品物质的质的关系

产品物质不仅有其质的规定性，而且还有其量的规定性，是质与量的统一。在哲学上，物质的量指的是物质的质的存在范围和界限，或者存在规模和等级，它通常可以用数值表示出来。产品物质作为客观的物质实在，它的量也就是其本身的质的存在范围和界限，或者存在规模和等级。例如，水分子的质是一氧二氢化合物，它的存在范围和界限就是一个氧原子和两个氢原子的结合体，如果反过来是两个氧原子和一个氢原子，也就不可能化合为水分子了。这就是说，水分子的质的存在是由其内部特定的氢氧原子数量决定的，超越了这种量的规定性，水分子也就不复存在。另一方面，水分子作为水的基本细胞，可以聚合在一起，成为一个同质的整体，但是，数量不同的水分子所聚合而成的同质整体，就会存在规模上的和等级上的区别。显然，100 公斤水和 10 公斤水在量上是有极大区别的。同样，一吨煤和一斤煤相比，尽管在物质本质上是相同的，但前者的规模大，后者的规模小。

与产品物质的质一样，产品物质的量也是产品物质内部固有的规定性之一。从普遍的意义上说，产品物质的质与产品物质的量是对立统一而不可分离的，只有质而没有量的产品物质是不存在的，反之，只有量而没有质的产品物质也是不存在的。产品物质中的每一种质都能相对应地找到自己量的规定性，反过来，产品物质中的每一种量都能相对应地找到自己质的规定性。例如，大米的质在量上的规定性，可以表现为由一定比例的碳水化合物、蛋白质、维生素、矿物质等元素所构成的量的关系；而其中每一比值都相应地以各自相关的质的规定性为基础。总之，在产品物质中，只要存在固有、稳定的质，就必然相应存在固有、稳定的量，反之亦然。

产品物质质与量的对立统一、互相制约的原理，还包含着这样一层意思，即某种产品物质的质发生变化，必然相应地引起其量的变化，相反，某种产品物质的量发生变化，亦必然引起其质的变化。例如，大米内部的碳水化合物、蛋白质、维生素、矿物质等元素的比例是有一定的量的规定性的，当大米腐烂后，其内部各种构成元素的比例就会发生变化，成为不可食用的东西；相反，在大米腐烂的过程中，每一种元素在量上的增减变化都必然表现为质的变化，而使大米彻底腐烂，则会有一个完整的量变过程。

但是，在产品物质中，并不是每一种质的变化或者量的变化，都会引起别种量或者别种质的变化，往往会出现这样的情况，产品物质中的某种量的变化，可以引起其他非相关的质的变化。例如，同样都是大米，10 斤大米和 5 斤大米尽管在量上是不同的，但它们作为大米的质则是相同的；同样是水，10 吨水和 5

吨水尽管在量上是不同的，但它们作为一氧二氢的化合物则是相同的。可见在这种情况下，无论在量上发生多么大的变化，都不会改变大米和水的固有本质。那么，是不是说，这就违背了质与量对立统一的原理呢？其实，虽然大米和水的固有本质，并没有因为物质总量的变化而发生变化，但随着物质总量的变化，它们各自在物质作用的总效应上则产生了质的变化。显然，10 斤大米和 5 斤大米相比或者 10 吨水和 5 吨水相比，其对于人们生活所能产生的总效应是有实质区别的。我们说，这种区别在经济学的意义上尤其重要，对于一个经济人而言，他不仅要善于区分大米和水的不同，而且还要善于区分 10 斤大米和 5 斤大米的区别。在这里，同质物的集合量的不同，转化成为同质物的集合质的不同，而把两个同质集合体在本质上区分开来。

实际上，产品物质的这种量变所引起的质变，还能够通过产品属性的变化体现出来。例如，同样都是水，只有相当数量的水才能使稻种发芽并最终长出稻谷，少于一定数量的水就不具有使稻种长成稻谷的属性；同样是煤炭，只有相当数量的煤炭才能把一炉铁矿石冶炼成铁，少于一定数量的煤炭就不具有把铁矿石冶炼成铁的能力。由此可见，某种产品物质集合数量的不同，可以反映为该种产品物质的集合质的不同，并最终反映为该种产品物质所具有的自然属性的不同。总之，无论从哲学逻辑还是从经济学逻辑去看，产品物质某方面质的不同，都必然表现为相应方面的量的不同；相反，产品物质某方面量的不同，都必然表现为相应方面的质的不同。这是符合物质质与量对立统一的辩证逻辑的。

产品物质的量作为产品物质固有的内在规定性，同产品物质的质一样，也有自己的表现形式，即可以通过产品物质属性所具有的量的规定性来表现自己。例如，大米能够造酒，是大米自然属性在某一方面的质的规定性，但是，多少斤大米能够造出多少斤酒，则是大米这种自然属性在规模上的量的规定性。因此，在一定的条件下，一种产品物质自然属性在规模上的量的规定性，往往可以反过来表现出该种产品物质集合量的规定性，这就好像一种产品物质的自然属性的质的规定性，可以反过来表现该种产品物质的质的规定性一样。总之，不同集合量的同质产品物质，其所具有的产品属性在规模上是完全不同的，并且，产品物质内在固有的质与量的规定性，总是同产品物质外在的表现形式——产品自然属性——的质与量的规定性相一致而对立统一的。我们可以用图来描述这种质与量的对应关系（见图 15－2）。

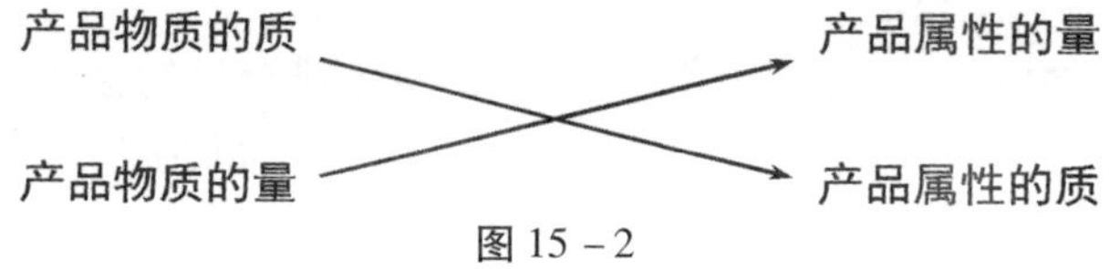

图 15－2

图中，产品物质的质和产品物质的量，是产品物质固有的，而产品属性的质和产品属性的量，则是产品物质在一定外部条件下所形成的，是产品物质固有的质与量的外在表现形式。这里用交错的箭标线，表示它们之间对立统一、互相决定的关系，即产品物质的质决定产品属性的质，产品物质的量决定产品属性的量，两者是同时规定而缺一不可的。此外，产品物质固有的质与量，同其衍生出来产品属性的质与量是不尽相同的，但它们总会在一定的条件下，以某种形式建立起相互之间的必然联系。

研究产品物质的量及其与产品物质的质的内在关系，对于深刻认识产品效用的量的规定性，从而深入认识劳动价值的量的规定性，有着极为重要的理论意义。因为，产品物质的质与量在与其他物质的联系中，总是作为一个矛盾方面决定着产品效应的质与量，而且，产品效应的质与量对于人们的生活而言，又必须要在质与量两个方面去实现人们的生活目的。这就使得产品物质的质与量必然以某种形式决定着人们生活目的的实现，从而影响着人们对其产品效用的评价，由于效用评价是价值评价的基础之一，进而又会影响人们对其产品价值的评价。

例如，大米为人食用后形成了使人活命的产品效应，但是，30 斤大米和 3 斤大米由于量上的不同，这种产品效应就出现了量上的区别，即在使人活命的延续时间长短上的区别，前者使人活命的时间会远远长于后者。由于生活目的是有质与量的规定性的，即生活内容和生活时间的规定性，因此，在满足同样一种活命目的时，30 斤大米和 3 斤大米，在实现人们活命目的上的效应量的区别，必然会引起人们对它们效用大小的不同评价。在通常的情况下，前者的效用往往大于后者，这完全是由它们本身的量的区别所决定的。当然，具体产品效用的量的规定性，并不是一个太简单的问题，特别是对于不同人的不同生活目的，以及对于不同人的不同劳动耗费而言，就更是如此。关于这一点，本书将在第四篇“效应关系和效用关系”中进行较为深入的讨论。

从以上的讨论中，也许可以得到这样一种理解：关于产品物质质与量对立统一的理论，是经济分析中的一个不可缺少的基础理论。这不仅是因为我们对任何产品物质效用大小的评价，都必须从产品物质质与量两个方面去衡量，从而使这种关于产品物质质与量的理论，成为我们正确认识产品效用的一个必然过程，而且是因为在我们实际的生产和消费活动中，都广泛地应用着对产品物质的质与量的分析——生产什么东西和生产多少这种东西才能满足我们的生活需要、才能实现我们的生活目的，就是我们经济活动中经常遇到的极为普通的问题。总之，一切与产品物质相关的经济关系或经济范畴，几乎都或多或少地包含着质与量的规定性，这使得我们在分析这些关系和范畴的时候，往往需要对立统一地从质与量两个矛盾方面入手。

第十六章
个人产品和社会产品

就产品固有的物质内容来说，它是一种纯粹自然的东西；产品之所以不同于一般自然物而具有了社会经济的性质，只是由于它与人类的劳动以及人类的生活需要相关联。正如在“导论”中所提到的人类生活循环体那样，产品作为劳动作用于人类生活的中介或纽带，它不仅为劳动所规定，而且反过来规定人类生活并进而规定劳动本身，产品就是在这种联系中，获得并体现自己的社会性质的。对于任何产品，无论它们的物质外壳具有多么复杂、多么形形色色的区别，从它们的社会性质上说，无不首先从最基本的方面被划分为两个部分——“个人产品”和“社会产品”。本章所要讨论的就是体现在产品之上的这两个基本社会性质。

一　个人产品和社会产品的概念及其对立统一关系

产品不过是劳动作用于外部事物而形成的某种物质的运动或某种运动的物质，生产产品的目的在于满足人类生活的某种物质需要。在这种情况下，产品的社会性质就从最一般的意义上体现为它在劳动与人类生活之间的中介关系。然而，由于个人劳动和社会劳动的服务对象不同，就使得产品的这种中介关系具有了更深刻的社会性质，即这种中介关系的“个人性”和“社会性”，并由此把自己划分为两类具有不同社会性质的产品——“个人产品”和“社会产品”。

从某种意义上说，前面几章讨论的个人劳动和社会劳动概念，以及个人生活和社会生活的概念，在有了这些基本认识之后，再回答什么是“个人产品”和“社会产品”这个问题，就容易得多了。所谓“个人产品”，就是由个人劳动创造的，专门或直接为生产者自身生活服务，满足生产者自身生活需要的劳动产品，或者说，就是个人劳动创造的直接为个人生活服务、满足个人生活需要的劳动产品。举例来说，自种自食的粮食，自盖自住的房屋，自做自穿的衣服，自做自用的饭菜等等。所谓“社会产品”，就是由社会劳动创造的，专门或直接为他人生活服务，满足他人生活需要的劳动产品，或者说，就是社会劳动创造的直接为社会生活服务、满足社会生活需要的劳动产品。例如，商品生产者所生产的各种商品，不是直接用于生产者本人的生活需要，而是要拿到市场上去出售交换，直接为他人生活需要服务，这种产品就是社会产品。当然，社会产品并不仅仅表现为商品，那些由社会劳动创造的，在实际上直接为他人生活服务的产品，无论是有价交换或无偿供给，都同样具有社会产品的性质。

如果认真地体会一下个人产品和社会产品所具有的社会规定性，就能看出，无论是个人产品还是社会产品，它们的社会性与它们的自然本性根本不同，其社会性不是它们本身固有的，而是体现在劳动者的劳动性质与消费者的消费性质之间的特殊关系之中的（见图 16－1）。

劳动性质		产品性质		消费性质
个人劳动	——	个人产品	——	个人生活
社会劳动	——	社会产品	——	社会生活

图 16－1

当产品作为个人劳动和个人生活相互联系的中介时，由于生产者和消费者的统一，才使它具有了连接个人劳动和个人生活的社会性质，并成为此类特殊社会关系的体现物——个人产品。同样，当产品作为社会劳动和社会生活相互联系的中介时，由于生产者和消费者的分离，才使它具有了连接社会劳动和社会生活的社会性质，并成为此类特殊社会关系的体现物——社会产品。由此可见，产品的个人性和社会性，不是产品物质本身固有的，而是由与之相关的劳动的性质和消费的性质所规定的。

从劳动的动机上看，产品的个人性和社会性往往在它生产之前就已经被确定，在商品经济极为发达的今天就更是如此。显然，人类的任何生产行为都是有目的的，都是为实现自己的一定目的服务的，因此，生产出来的产品究竟为谁服务，究竟是为自身的个人生活服务还是为他人的社会生活服务，究竟是留着自己使用还是拿到市场上出售，自然都会在生产之前有所计划。也正因为如此，某一产品是作为个人产品还是作为社会产品，往往能够与生产前的劳动动机相一致。但是，我们并不能简单地以劳动的最初动机去绝对地规定产品的个人性和社会性，因为在实际生活中还存在着这种现象，某一本来打算留着个人生活使用的个人产品，可能由于某种原因而又被作为社会产品拿到市场上去出售掉了；相反，某一本来打算拿到市场上出售的社会产品，可能由于某种原因而又被作为个人产品为生产者自己消费掉了。例如，一个农民专门为自己食用而种的粮食，因为收成好而吃不完，他就会把剩余的部分拿到市场上去出售；或者，一个农民专门为出售而养的猪，因为市场不需要而卖不出去，他就只好把猪赶回家自己享用。由此可见，任何一个产品，究竟是个人产品还是社会产品，只能从其实际使用者的社会消费性质来最终规定。消费对象的社会性质一旦与原有的目的发生变化，不但能引起产品本身社会性质的变化，而且能因此引起劳动本身社会性质的变化。

显然，从产品生产者与产品消费者的上述两类关系上，去看体现在产品身上的社会性质，可以很容易地把一切产品划分为个人产品和社会产品。但是，从某种十分明确的意义上说，这种关于个人产品和社会产品的划分，仅仅是对产品社会性质的一种孤立的、表面的划分而已，它把体现在个人产品和社会产品两者之上的社会关系，看成毫不相关、完全独立的东西。实际上，当从联系的角度去看个人产品和社会产品的内在社会关系时，就能发现：任何个人产品和社会产品都是相互联系的，在个人产品和社会产品之间，存在着一种互为存在前提、互相转化的对立统一关系（见图 16 –2）。

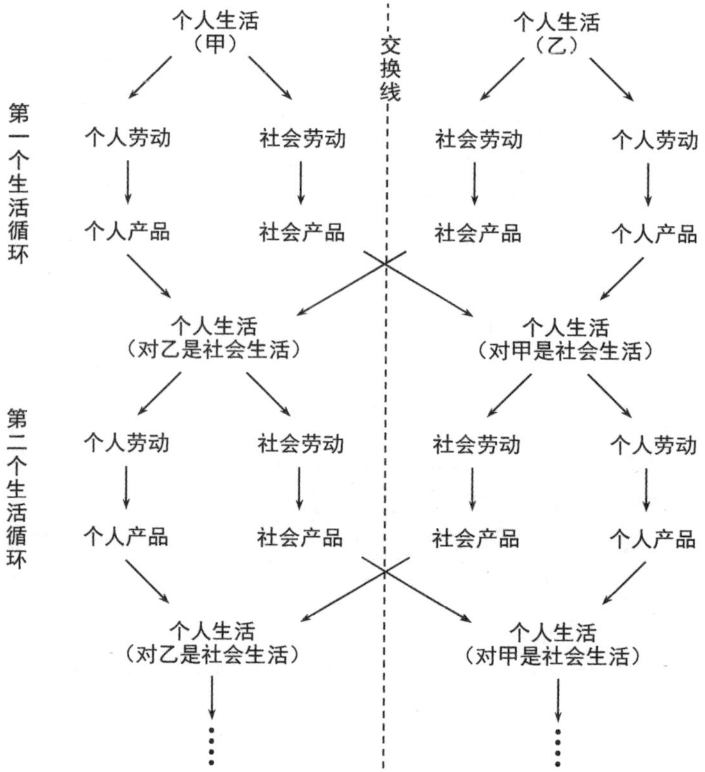

图 16 –2

从图中可以看到，就一个独立的生活循环而言，个人生活（甲）或个人生活（乙）分别都可以通过自己的两类不同的劳动——个人劳动和社会劳动，创造出两类直接使用对象不同的产品——个人产品和社会产品。其中，个人产品由个人劳动所创造，并直接为生产者自己所消费，而社会产品则由社会劳动所创造，并越过交换线直接为作为非生产者的他人所消费。在这里，可以把这两类依据生产者与消费者直接关系的不同而划分为不同社会性质的产品，分别称为“直接个人产品”和“直接社会产品”。然而，当把两个不同的、承上启下的生活循环过程联系起来观察的时候，就可以清楚地看到，在两个相关的个人生活循环之间，各自创造的社会产品都会通过交换而为交换对方所使用和消费，从而满足交换对方的生活需要，同时，在两个承上启下的生活循环之间，前一个生活循环中的个人产品和社会产品，是与后一个生活循环中的个人产品和社会产品密切相关的，是后一个生活循环中个人产品和社会产品的共同基础和前提。

可以用图中的“个人生活（甲）”作具体分析。在前一个生活循环中，个人生活（甲）以自己的劳动创造出个人产品和社会产品。其中，个人产品是直接供自身生活消费的，而社会产品则是直接供交换对方的个人生活（乙）——对个人生活（甲）而言是社会生活——消费的。但是，个人生活（甲）的社会产品并不因为成为直接为个人生活（乙）的消费物而就割断同它的生产者的关系，相反，个人生活（甲）完全可以在交换过程中获得个人生活（乙）的社会产品，并使之越过交换线为自己的个人生活服务。由此可见，个人生活（甲）的社会产品并不白白地为个人生活（乙）所消费，而是可以通过交换获得个人生活（乙）的社会产品来满足自己的生活需要的。由此可知，任何一个社会产品都可以通过与其他社会产品的交换，间接地转化为为其生产者个人生活服务的产品，即转化为“间接个人产品”。这就是说，表面上的直接社会产品，在其背后同时又是间接个人产品，它同时具有了两方面的社会性质，即直接的社会性和间接的个人性。这样，从两个不同生活循环的联系中可以知道直接社会产品向“间接个人产品”转化的过程，并由此知道社会产品背后所具有的个人产品的性质。

把两个承上启下的生活循环连接起来考察，我们又可以进一步看到“直接个人产品”向“间接社会产品”转化的过程。在个人生活（甲）的第一个生活循环中，直接个人产品表现为满足个人生活（甲）的生活需要，但到了个人生活（甲）的第二个生活循环时，前一个生活循环的个人产品同后一个生活循环的社会产品之间就构成了一种必然联系，即前一个生活循环的个人产品，影响或决定着后一个生活循环的社会产品的生产和存在，从而使自己具有了间接与社会生活发生关系的性质，即具有了间接的社会性。显然，没有前一个生活循环的个人产品，个人生活（甲）就不能存在和发展，从而就不能分离出新的社会劳动并创造出新的社会产品。由此可知，前一个生活循环中的直接个人产品，可以在后一个生活循环中转化为“间接的社会产品”，并在后一个生活循环的社会产品身上留下自己的历史烙印。这也就是说，表面上的直接个人产品，在其背后同时又是“间接的社会产品”，它同时具有两方面的社会性质，即直接的个人性和间接的社会性。

以上分析说明，无论在什么产品身上，都同时具有两方面的社会规定性，一方面作为个人产品体现着生产者与自身生活的关系，另一方面作为社会产品体现着生产者与他人生活的关系，这两方面的关系是对立统一、密不可分的，如果不是直接个人产品同间接社会产品的统一，就必然是直接社会产品同间接个人产品的统一。我们把体现在产品身上的这种双重社会性质，称为“产品的社会二重性”。

产品作为自然物本身是没有任何社会性质的，只不过是由于充当了联系劳动与人类生活的中介，才成为人类社会各种经济关系的体现物，成为人们得以维系相互之间政治经济关系的物质基础。由此看来，所谓产品的社会二重性，不过是体现在产品身上的最基本的社会关系而已。无疑，产品身上所体现的社会关系是广泛而复杂的，但是，无论是商品还是非商品，无论是有利产品还是有害产品，无论是资本主义产品还是社会主义产品，都脱离不了产品社会二重性的规定。把握住产品的这种社会二重性质，对于我们深入地分析人类社会的经济关系，特别是劳动价值的问题，具有十分重要的理论意义。

二　社会产品的交换性及其基本交换形式

从联系的角度看，尽管个人产品和社会产品作为产品社会性质的两个矛盾方面是不可分的、对立统一的，但是，这并不妨碍我们从矛盾的主要方面，去考察“直接个人产品”和“直接社会产品”之间各自具有的不同特性。就产品的社会二重性的主次矛盾方面而言，直接个人产品的主要矛盾方面是直接为生产者自身的个人生活服务，而次要矛盾方面则是间接为非生产者他人的社会生活服务；相反，直接社会产品的主要矛盾方面是直接为非生产者他人的社会生活服务，而次要矛盾方面则是间接为生产者自身的个人生活服务。当我们撇开上述的次要矛盾方面之后，直接个人产品和直接社会产品的本质区别也就显示出来了，即前者不能直接构成人与人之间的社会关系，后者则可以直接构成人与人之间的社会关系。这就是说，只有社会产品才是构成人与人之间社会经济关系的媒介和纽带。

如果我们回过头去看（图 16－2），就可以清楚看到，社会产品的这种媒介作用，是通过不同经济人之间的产品交换实现的。由于劳动的交换只能通过产品的交换来实现，因而没有产品的交换，也就没有人与人之间的作用关系本身，也就没有人们之间的社会关系本身。人们正是通过各自社会产品的交换，建立起相互促进、相互制约的社会关系的。正是从这种意义上说，社会产品才具有了一种个人产品所不具有的社会特性，即“社会产品的交换性”。社会产品的交换性表现为：任何社会产品在为社会生活消费使用的同时，还要求从交换对方手中获得供其生产者消费使用的交换物——交换对方生产的社会产品。由于社会产品所具有的这种交换性，又可以把社会产品称为“交换产品”，而相应地把个人产品称为“非交换产品”。

社会产品所具有的交换性，是由体现在社会产品之上的，其生产者自身所独立具有的经济利益决定的。无论何人，他之所以为社会生活提供自己的劳动产品，无不旨在通过产品交换获得更多更好的生活资料或生活条件，获得更大的经济利益，绝对无缘无故、绝对与自身利益无关的社会产品交换是根本不存在的。显然，一个人如果不能从社会产品的交换中获得任何好处，那么这种社会产品的交换对于他的生活而言，将是不具有任何经济意义的。只有当社会产品的交换有利于其生产者的个人生活需要、有利于实现其生产者的某种生活目的时，这种社会产品的生产和交换才能发生并延续下去。人类社会相互交往的社会经济关系，之所以能够形成并发展到今天的地步，恰恰是以每一个社会成员能够从这种社会经济关系中获得自身生存和发展的更好条件为前提的，失去了这个前提，人类社会的一切经济关系将不复存在。社会产品正是凭借其生产者独立的经济利益，才具有了自身的交换性。总之，对于任何社会产品而言，无论它在交换中采取什么样的交换形式或者形成什么样的结果，都必然体现着交换双方的社会经济关系，都必然与交换双方各自的经济利益密切相关。

正是由于社会产品作为交换产品所具有的这种直接体现人们之间社会关系的特性，它才成为我们分析经济关系的重要对象，不过，只有当懂得个人产品和社会产品对立统一的原理，并把社会产品同时看作另一种形式的间接的个人产品时，才可能深刻地理解体现在社会产品身上的各种复杂的政治经济关系。

关于社会产品的交换形式。由于人们之间的劳动交换，实际上是通过社会产品交换来实现的，因此，社会产品的交换形式与劳动的交换形式相一致，亦有自己的三种基本交换形式，即“分离的交换产品”“混合的交换产品”和“复合的交换产品”。

就“分离的交换产品”而言，它指的是这样一种社会产品形式，即在进行产品交换的生产者之间，各自独立地生产自己的交换产品，并因此使每一社会产品都有自己明确的生产者和所有者，各个独立的经济人持有各自的社会产品，并通过互相之间社会产品的交换，去实现各自社会劳动的交换。例如，一个农民和一个手工劳动者，他们各自独自生产大米和布匹，通过产品交换得到对方的社会产品，并由此实现劳动交换。在这里，不仅交换双方各自的劳动生产过程是分离的，而且他们各自的劳动产品在实物上也是分离的。因此，我们把具有这种形式的社会产品，称为“分离的交换产品”，简称“分离产品”（见图 16－3）。

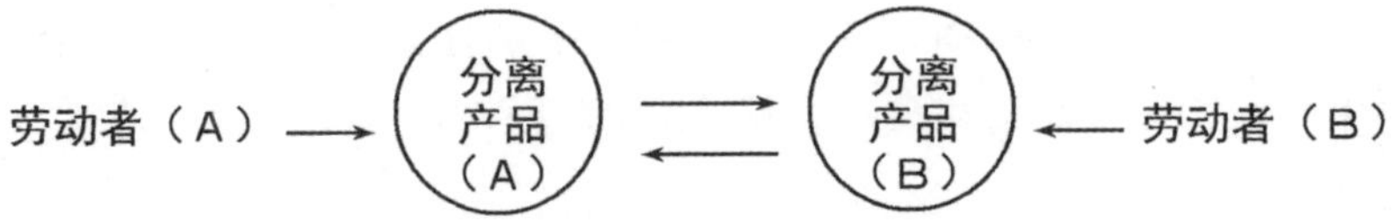

图 16－3

就“混合的交换产品”而言，它指的是这样一种社会产品形式，即在进行社会劳动的各个相对独立的生产者之间，不是各自单独地生产自己的交换产品，而是在共同的协作劳动中生产同一件产品；协作劳动的人们只有在某种契约下，通过对这一共同生产的产品进行分配和使用，才能实现各自社会劳动的交换。例如，三个具有各自独立经济利益的劳动者，合伙经营一个养猪场，所养的每一头猪，并不能明确是哪一个人的独立劳动结果，而只能把它们视为共同生产的社会产品，最后按照一定的合作契约进行实物或货币的分配，从而实现相互之间的劳动交换。在这里，不仅交换者之间各自的劳动生产过程是混合在一起的，而且他们各自的劳动产品也是混合在一起的，失去协作的任何一方，相应的共同产品就不可能被创造出来，而他们之间社会劳动交换的实现，亦只能寓于对共同产品的分配和使用之中。因此，我们把这种形式的社会产品，称为“混合的交换产品”，简称“混合产品”（见图 16－4）。

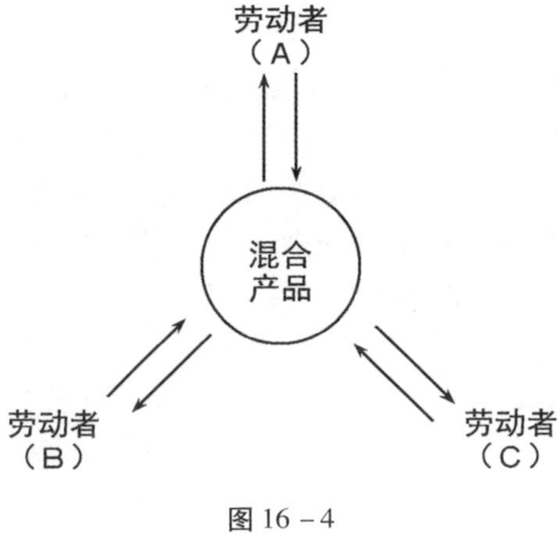

图 16－4

就“复合的交换产品”而言，它指的是分离的交换产品和混合的交换产品的复合形式。某种意义上说，尽管分离的交换产品和混合的交换产品有其各自的独立形式，但是，它们往往又可以互相关联并融合在一起，不仅分离的交换产品可以融合在混合的交换产品之中，而且混合的交换产品也可以融合在分离的交换产品之中，这样，就使得社会产品的交换表现为一种既分离又混合的状态。例如，一个商品生产企业，尽管在其内部具有多方面的劳动分工，但企业的总产品可以看成全体企业职工共同劳动生产出来的混合的交换产品，企业内部职工通过对这一混合的交换产品所获取的交换利益进行分配，从而实现相互之间的劳动交换。

另一方面，同样一个商品生产企业，尽管在它的内部可以看成协作劳动，但在它与其他企业的商品交换之中，它又可以被视为一种更大范围的社会分工，使企业与企业之间各自的交换产品，表现出一定的分离性而成为分离的交换产品。由此可见，在分离的交换产品和混合的交换产品之间，可以存在着极为复杂的复合形式，我们把交换产品的这种复合形式，称为“复合的交换产品”，简称“复合产品”（见图 16－5）。

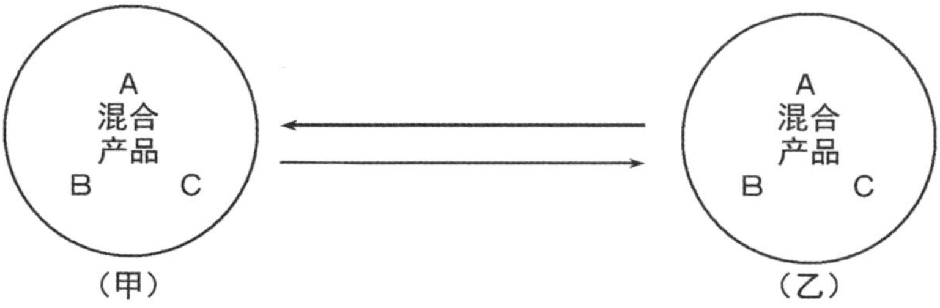

图 16－5

其中的 A、B、C 分别代表相对独立的生产劳动者，甲、乙分别代表由 A、B、C 组成的相对独立的经济实体。作为（甲）本身生产的交换产品而言，它具有混合产品性质，但其相对（乙）的交换产品而言，它又同时具有分离产品的性质。

无论是分离的交换产品、混合的交换产品或者复合的交换产品，在它们身上都必然体现着一定的社会关系，不同的只是形式上的区别。其中，分离产品的交换形式，使交换者之间的经济关系及其各自的经济利益表面化和简单化，它通过市场的产品交换关系构成相互之间的劳动交换关系；混合产品的交换形式，使交换者之间的经济关系及其各自的经济利益内在化和复杂化，它通过内部的分配关系来构成互相之间的劳动交换关系；而复合产品的交换形式，则使交换者之间的经济关系及其各自的经济利益更为复杂化而交织在一起，它通过内外复合的交换方式，甚至通过多层次的内外复合的交换方式，使整个社会的各种经济关系交织在一起。某种意义上说，认识和理解社会产品的上述三种基本交换形式，对于深入研究人们之间的政治经济关系，是具有十分重要的基础理论意义的，它使得我们可以多方面、多层次地研究产品这个架接人与人之间经济关系的媒介和纽带，从而更加全面深入地理解人与人之间的政治经济关系。

例如，以往在分析资本家与工人之间的经济关系时，往往把他们之间的交换关系看成一种生产过程之外的工资与劳动力的交换，而不能客观地看成生产过程内部关于混合产品的分配关系，这就很容易使我们的注意力从资本主义企业内部的分配关系上偏离出来，而影响对资本主义经济关系本质的认识。社会主义条件下的分工协作劳动，仍然广泛地存在着产品的混合交换方式，所不同的只是，产品分配的基本原则不是以拥有资本的多少来衡量，而是以劳动创造能力的大小来衡量。实际上，所谓工资与劳动力的市场交换，仅仅是一种极为表面化的假象，依据劳动及劳动力绝对不是产品的理论逻辑，劳动力绝对不能作为实际的产品物质或商品进入市场，而为工资所购买。

讨论到这里，如果反观前面所研究过的问题，我们多少会有这样一种印象，通过关于第一篇和第二篇诸多问题的讨论，应该说，对于人类生活循环体的三大要素，即“人类生活”“劳动”和“产品”，已经有了一个起码的了解，而且这种了解与我们以往的某些基本规定是有所区别的。在后面的第三篇和第四篇中，本书将在上述人类生活、劳动和产品这三大要素的基础上，进一步讨论有关人类生活循环体内部的第二层逻辑体系，即人类生活循环体的三大关系：“支配关系”“创造关系”和“应用关系”。

第三篇　支配关系和创造关系

在本书的第一篇和第二篇中，已经讨论了“人类生活循环体”中的三个基本元素——“人类生活”“劳动”和“产品”；当研究进一步深入时，很自然地就会把讨论的重点，转移到对这三个基本元素之间的相互关系的分析上来。正如在本书“导论”中所描述的那样，除了人类生活、劳动和产品这三个基本元素之外，人类生活循环体中还包含着三种基本关系，也就是“支配关系”“创造关系”和“应用关系”。在本篇中，将首先讨论其中的前两种关系，即“支配关系”和“创造关系”。

通过对“支配关系”和“创造关系”的研究讨论，我们对人类生活循环体的内部机制和内部矛盾，将会有一个更加深刻的认识。我们还将在讨论中分析、规定一些基本的经济学范畴。这不仅对于后面更深刻地讨论一系列政治经济学的基本问题来说，是一个不可缺少的基础，而且对于构成一个完整的、层层深入的理论体系，亦具有重要的理论意义。在本篇中所要讨论和理解的全部基本经济学概念中，特别具有理论意义的一个概念就是“劳动过程三要素”——“劳动目的”“劳动能力”和“劳动资料”。认识劳动过程中的这三大要素及其相互之间的矛盾关系是理解劳动过程的理论前提，也是理解经济过程的理论前提。在本篇中正是通过对“支配关系”和“创造关系”的研究，来深刻认识劳动过程三要素的。

第十七章
精神对劳动的支配关系

就精神与劳动的关系问题而言，前两个篇章分别就“精神”和“劳动”的有关讨论中，就已经涉及甚至详细地谈论到它们的许多具体内容。例如，在讨论精神问题时，就是把精神作为一种支配人类行为的物质力量来看待的。但是，重点并不在精神与劳动的关系问题上，而仅仅在于分别地阐明精神和劳动的基本概念。由于前面对精神和劳动已经有了一个比较明确的认识和理解，从本章开始，将系统地讨论精神与劳动之间的关系问题，尤其是精神对劳动的支配关系问题。

一　支配关系的概念

要讨论精神对劳动的支配关系，自然首先要弄清楚这种“支配关系”的概念。那么，什么是精神对劳动的支配关系呢？实际上，在本书“导论”关于人类生活循环体的论述中，就已经对此有了一个非常形象化的概念了。

只要把人类生活循环体中的产品元素暂时撇开，即暂时把劳动与产品之间的关系以及产品与精神之间的关系割裂开来，去除产品这个环节，那么，剩下来的就是精神对劳动的支配关系了（见图 17－1）。我们把“精神在根本上决定劳动”的这种本质关系，称为“精神对劳动的支配关系”，简称“支配关系”。

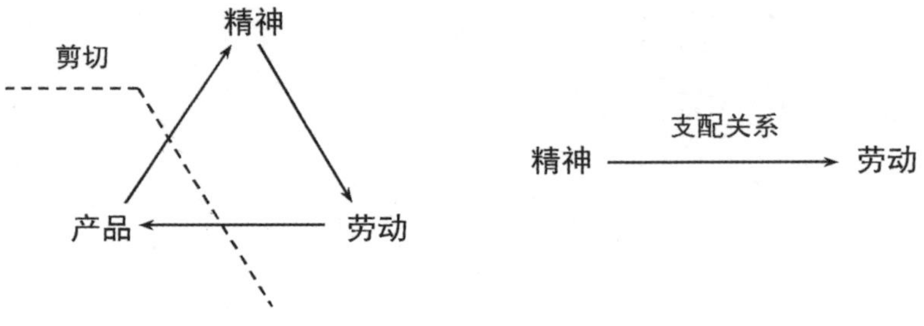

图 17－1

自然，仅仅把对“支配关系”的理解停留在这种形象化的认识上或者局限在这种过于简单的规定上是不够的，还必须从理论上深刻地认识这种支配关系。至少要弄清楚，在精神与劳动的关系问题上，为什么是由精神支配劳动，而不是由劳动支配精神。为了更好地认识支配关系，有必要讨论一下支配关系的生理形式。支配关系的生理形式，可以简单地用图表示出来，见图 17－2。

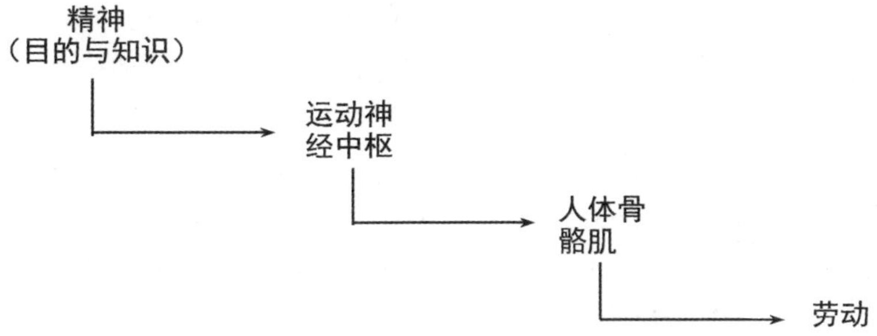

图 17－2

从图中可以直观地看到，以生活目的和生活知识这两大精神要素构成的精神内容，在生理学的意义上是支配劳动从而是决定劳动的。因为，没有特定的精神内容，没有特定的生活目的，就不可能通过运动神经中枢支配人体骨骼肌并形成特定的运动，从而就不可能最后形成以实现目的为依据的劳动。例如，只有当我们形成了创造飞机的目的，并且具备了制造飞机所必需的各种知识之后，才可能在这种精神力量的支配下，形成创造飞机的特定劳动。正是从这种生理意义上，我们才充分认识到精神对劳动的支配地位，从而充分认识到精神对劳动的支配关系。正如本书“导论”中所说的那样：“劳动是依据人类生活（精神）对特定产品物质的需要而进行的，是受人类生活（精神）的支配的；因此，人类生活（精神）对劳动具有一种支配关系。”这就是说，任何劳动的形成无不以一定精神内容（生活目的）的存在为前提，无不为一定精神内容（生活目的）的实现而服务。

从哲学的意义上说，精神对劳动的支配关系本身，并不是一种独立的物质实体，而只能是寓于精神与劳动结合而成的物质统一体中的一种客观关系，它是不能脱离这一统一体而独立存在的。如果缺少了作用的一方精神，或者缺少了被作用的一方劳动，那么两者之间的支配关系就不可能存在。但是，我们并不会因为把精神和劳动看成一个物质统一体的两个矛盾方面，就混淆两者之间的支配和被支配的关系。事实上，精神和劳动结合而成的统一体，在人类生活循环体中仅仅是一个相对独立的统一体，仅仅是一个被思维假定而割裂了的环节，这就使得精神与劳动之间的关系，仅仅表现为一种支配和被支配的关系，而并不直接表现为对立统一、相互作用的关系。这也就是说，在精神与劳动的关系问题上，精神对劳动具有直接的支配意义，劳动则不能对精神具有直接的支配意义或者直接的反作用意义。精神对劳动的支配关系作为一种直接的决定性关系是不可逆的，这是支配关系的一个重要特征。

当然，在支配关系中，否定了劳动对精神的直接反作用，并不等于在人类生活循环体的其他关系中也否定劳动对精神的间接反作用。相反，可以在人类生活循环体内部完整的矛盾运动中，逻辑地看到并肯定劳动对精神的间接反作用，即劳动是通过自己的创造物——劳动产品——去对精神的存在和发展起着某种决定性作用的。事实上，任何具体劳动的存在和发展，都有赖于一定具体精神的支配和控制，从而都决定于一定的具体精神。同时，任何具体精神的存在和发展，都有赖于一定具体劳动所提供的物质资料，从而都决定于一定的具体劳动。关于这一点，在以后的讨论中将得到进一步的认识。

在第一篇的讨论中已经知道，人类精神可以分为两大要素，即生活目的和生活知识[①]。就两者的关系而言，目的和知识是互通的。目的必须依据一定的知识而设定，知识又通过一定目的的实现而得到掌握并积累。构建和实现目的的每一个行为过程，都同时是知识的应用过程；而任何知识的实际应用，则都必然地依据构建和实现目的的要求而起动。脱离目的的知识或者脱离知识的目的都是不存在的。从这种意义上说，精神是目的和知识的统一体。具体的目的必须依据相应的具体知识而设定，具体的知识又必须通过相应的具体目的的实现而掌握和积累。一个总目的或者说一个目的系统的实现过程，往往正是一个在总目的支配下，不断地应用知识形成分别、分类的子目的，并按顺序逐个实现它们的过程。

由于两大精神要素的存在，就使得精神在支配劳动的过程中，表现为两类不同的但又是对立统一的支配关系，其中包括生活目的（劳动目的）对劳动的支配关系，以及生活知识（劳动知识）对劳动的支配关系，这里简称为“目的支配关系”和“知识支配关系”。

关于目的支配关系。任何劳动行为都必须以一定的劳动目的为依据，没有目的的劳动是根本不存在的。因为，从生理学的意义上说，只有在劳动者的头脑中形成一定的劳动目的，才可能在劳动目的的支配下应用相应的劳动知识，才可能构成为实现劳动目的而服务的相应的劳动行为，从而才可能创造出用以实现劳动目的的产品物质。这就是说，劳动创造产品的过程，完全是为实现劳动目的服务的，失去了所要实现的劳动目的，劳动就失去了存在的一切意义，就根本不可能

① “生活目的”和“生活知识”，可以对应地表达为“劳动目的”和“劳动知识”。

形成劳动过程本身。由此可见，劳动目的不仅仅是劳动过程中不可缺少的一个要素，而且是劳动过程中第一的、先决的要素。

值得说明的是，讨论目的支配关系的根本意义，不仅仅在于客观地描述精神对劳动的支配关系，而且还在于从政治经济学的角度，去认识劳动目的在劳动过程中乃至在财富创造过程中的绝对重要性。劳动目的作为精神支配作用的关键所在，成为支配劳动过程的第一要素的原理告诉我们：必须首先从基本原理上，肯定劳动目的在劳动过程中的决定作用，而不是否定这种决定作用。科学家、专家学者、知识分子，正是他们作为知识劳动者设计规划出的日新月异、伟大壮观的生活蓝图，才引导着整个人类社会的进步和发展。我们只有客观地、确切地承认知识劳动者在整个社会劳动过程中的决定性作用和地位，才可能最好地发挥他们的精神力量去为人类的进步作出更大的贡献，才可能全力以赴地推动整个人类社会深化精神的发展。相反，如果我们否定知识劳动者对社会进步所具有的不可取代的领导作用和地位，就会本末倒置、停滞不前，甚至走向灭亡。

除了目的支配关系之外，知识支配关系也是精神支配关系中极为重要的一个组成部分。显然，仅仅有一个良好的劳动目的或理想愿望，而没有能够支持一个完整目的系统的足够知识，是不可能建筑起完整的目的系统而得以实现最终目的的。从这种意义上说，劳动知识对于劳动的支配关系，并非直截了当地，而是通过对于劳动目的本身的形成过程的限制或推动作用，去发挥自己的支配作用的。这就是说，知识作为一种精神要素，并不直接对劳动发生作用；目的是支配人类行为的唯一规定性，任何劳动行为都是以实现一定的目的为根据的，而知识则是形成目的的绝对必要条件，是为目的的形成乃至为目的的实现服务的。在宏观上构成一个总目的需要一定的知识，而在构造或实现一个总目的过程中，又必须由知识不断地建筑起一系列的子目的，并且往往如此，在微观上构成一个得以最终实现总目的的、完整的子目的系统，所需要的知识，无论在深度和广度上都要求具有一个更高的水平。在一个完整的目的系统中，只有通过一系列子目的的实现过程，总目的才能最终实现，否则，总目的的实现将成为一句空话。例如，根据某种需要或基本的知识水平，把制造航天飞机作为一个总目的提出来，并不是一件难事，而根据技术要求把生产和组装每一个零部件的系统目的提出来，则绝非一件易事，它所涉及的学科及系统工程是非常广泛、非常高深的。

不过，精神对劳动的支配力量，归根结底表现为目的对劳动行为的支配力量，纯粹的知识要素在未转化为目的之前，对于人类肌体的运动是绝对不能产生任何支配作用的。如果说“知识就是力量”反映了知识对于劳动的支配作用的话，那么，在知识尚未转化为与生活需要相关的目的之前，也只能是一种潜在的支配力量，只有当它转化为目的，并通过目的与我们的肢体骨骼肌相结合时，才能体现出其本身的现实力量。因此，就精神对于劳动的支配关系而言，劳动知识是一个绝对不可缺少的要素，但也并非是一个能够独立发挥作用的要素，而必须统一于劳动目的的支配作用之中。

二　支配关系的质与量

支配关系作为精神对劳动的决定关系，不仅可以从内容上划分为目的支配关系和知识支配关系，还可以从其内在结构上划分为两个对立统一的要素，即“支配关系的质”和“支配关系的量”。这就使我们得以从质与量对立统一的原理上，去更深刻地理解支配关系本身。正如我们所知道的那样，任何事物都是质与量的对立统一，而关系作为事物之间相互作用、相互影响、相互联系的状态，也必然对立统一地表现为关系的质和关系的量。这就是我们从质与量两个方面，去认识支配关系的哲学基础。从质与量两个方面去认识支配关系，将有助于我们更深刻地理解和认识精神对劳动的支配关系。

那么究竟怎样去认识支配关系的质与量呢?

首先，支配关系在质与量上的基本形式。支配关系就是精神对劳动过程的能动支配和控制的关系。其中，精神的质与量可以分别表现为“精神内容”和“精神时间”，即具体生活目的所具有的具体内容及其具体内容所存在的具体时间；劳动的质与量则可以分别表现为具体劳动和抽象劳动。在事物互相作用、互相影响的过程中，由于作用物的质总是对被作用物的质变产生影响，而作用物的量总是对被作用物的量变产生影响，因而，就使得作用物和被作用物之间，在质与量两个方面构成了对立统一的对应关系。依据这一原理，可以描绘出支配关系在质与量上的基本形式（见图 17 –3）。

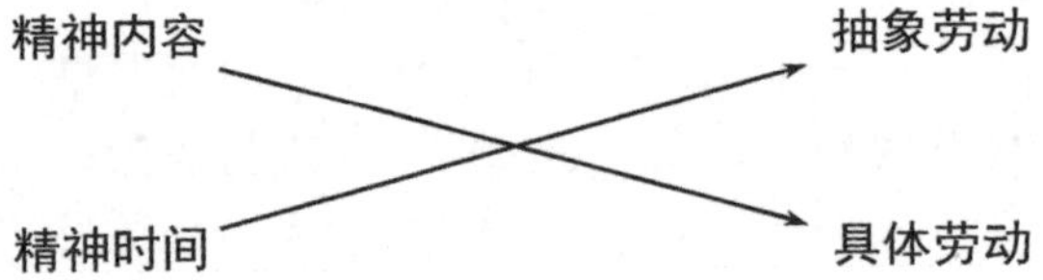

图 17 –3

从图中可以形象地看到，精神内容作为精神的质支配着劳动的质，即所谓具体劳动，而精神时间作为精神的量支配着劳动的量，即所谓抽象劳动，其中，两条相互交叉的引线则表示两种支配关系互相对立、互为存在条件的辩证统一形式。显然，在劳动过程中，只有具备特定内容的精神力量，才可能相应地支配并形成具有特定内容的具体劳动，与此同时，只有当特定内容的精神力量延续一个特定的时间，才可能相应地支配并形成具有特定时间的抽象劳动。例如，要制作五把锄头，制作锄头的目的就指导我们发挥相应的知识，去支配骨骼肌的特定运动，从而构成制作锄头的具体劳动；而制作五把锄头的目的，在实现之前相应地延续下去，就同时使这种特定的具体劳动相应地延续下去，从而构成了制作五把锄头所需的抽象劳动。由此可见，在支配关系中，精神对劳动的支配作用，在质与量的关系上，是相互对应、互为存在前提的。在这里，我们把精神内容对具体劳动的支配关系称为“支配关系的质”而把精神时间对抽象劳动的支配关系，称为“支配关系的量”。

由于支配关系的质与支配关系的量分别为支配关系的两个对立统一的矛盾方面，因此，它们是不可分的，是相互影响、相互制约的。这就是说，只要存在着支配关系的质的方面，就必然存在着支配关系的量的方面；反过来，只要存在着支配关系的量的方面，也就必然存在着支配关系的质的方面。总之，脱离任何一方，支配关系都不可能存在。因此，在研究支配关系的问题时，无论是忽视对支配关系的质的分析，还是忽视对支配关系的量的分析，都是错误的和片面的。要充分地认识支配关系，就必须同时考察其质与量的对立统一关系，否则，就不可能正确地理解具体劳动和抽象劳动的形成过程，就不可能科学地认识劳动本身。

事实上，在同一个支配关系之中，支配关系的质与支配关系的量有着某种必然的对应关系，即一定的质的关系必然规定一定的量的关系，反之亦然，两者互相限制、互相规定。这就是说，实现某一生活目的的具体劳动一定时，与之相应的抽象劳动也就一定；并且，劳动条件（劳动工具、劳动知识、劳动对象、劳动环境、劳动组织等）的变化，会引起的具体劳动的变化，亦必然同时引起抽象劳动的相应变化。我们说，支配关系的质与支配关系的量所具有的这种相互规定的性质，是不以人们的意志为转移的客观规定性。例如，两个制作锄头的铁匠，假定他们各自的劳动目的一样，都是制作十把锄头，并假定他们制作锄头的技术及技术条件一样，如果不考虑劳动强度或其他方面的差异，那么，他们各自完成制作十把锄头所采取的具体劳动在形式上应该大致相同，同时所耗费的抽象劳动在数量上也应该大致相同。

当然，在实际生活中，支配关系的质与量之间的必然对应关系，有其不拘一格的表现形式。第一，如果劳动目的在数量上发生变化，那么，具体劳动保持不变而抽象劳动可以发生变化。例如，就制作锄头的某人而言，在其劳动知识和生产技术条件不变的情况下，其制作十把锄头比起制作二十把锄头，所采用的具体劳动不变，而所耗费的抽象劳动就会发生变化，后者是前者的两倍。因此，劳动目的在数量上的变化，能够引起抽象劳动在数量上的变化。第二，如果劳动目的一定而与之相关的劳动知识发生变化，那么具体劳动和抽象劳动都可以相应地发生变化。例如，就制作锄头的某人而言，其劳动目的都是制作十把锄头，如果他具有较为先进的劳动知识，那么他就可以采取较为优良的具体劳动（假定在劳动资料允许的情况下），从而相应地降低所耗费的抽象劳动；相反，如果他仅具有较为落后的劳动知识，那么他就只能采取较为落后的具体劳动（尽管假定他具有同样的劳动资料条件），从而相应提高所耗费的抽象劳动。因此，劳动知识的不同或变化，能够引起具体劳动和抽象劳动的相应变化。第三，如果劳动目的的内容发生变化而相关的劳动知识一定，那么相对于原有的劳动而言，其具体劳动就一定发生变化，而抽象劳动则可以发生变化或者不发生变化。例如，某个生产者把原来制作十把锄头的劳动目的，改为制作十把锤子，那么他所采取的具体劳动就会发生变化，至于抽象劳动耗费，如果假定在劳动知识一定的情况下，生产一把锄头和生产一把锤子所耗费的抽象劳动一样，那么所耗费的抽象劳动不变，反之则发生变化。

如果精神内容的上述变化错综复杂地混合在一起，那么也将使具体劳动和抽象劳动的变化呈现出错综复杂的情况。但是，无论具体劳动和抽象劳动的变化多么复杂，它们都是寓于精神内容（劳动目的、劳动知识）变化的必然联系之中的，都是受劳动目的和劳动知识的统一支配的。我们可以从这种必然的联系中看到这样一个定律，即劳动在质与量上发生变化的有机性，在根本上是由精神在质与量上发生变化的有机性决定的。这种有机性在生理上，不仅表现为精神可以依据自己的目的和知识，有机地调节人体运动的形式，从而使生产特定产品物质的具体劳动具有了多样和可变的形式，而且还表现为精神可以依据自己的目的和知识，有机地调节人体运动的强度和时间，从而使生产特定产品物质的抽象劳动具有了量上的客观规定性。

值得指出的是，尽管体力的强弱和劳动资料状况等因素，也能在一定程度上（甚至从决定的意义上）影响具体劳动和抽象劳动的变化，但是，并不能因此否定精神对劳动的根本支配作用，它们仅仅作为精神发挥其特有物质作用的外部条件而存在，而一切劳动只能由精神的物质作用所推动。

理解和掌握支配关系在质与量上的这种关系，对于我们研究政治经济学具有重要的理论意义。这种意义至少有两点：第一，它告诉我们，任何劳动在质与量的规定性方面，都是受精神的严格支配和规定的，因此，要改良我们的具体劳动方式或者降低我们的抽象劳动耗费，首要的任务就是要推动我们的精神发展，而不是去限制我们的精神发展。第二，抽象劳动的耗费必然是同一定的精神内容（劳动目的和劳动知识）相对应的，从而必然是同一定的具体劳动相对应的，因此，在讨论抽象劳动的问题时，特别是在应用抽象劳动进行经济分析时，都绝对不可忽视或者撇开对具体劳动的讨论和分析。否则我们将会在理论上，特别是劳动价值理论上犯极大的错误。

以往的价值理论就存在着这样的问题，在规定劳动价值概念的时候，特别是在对劳动价值进行定量分析的时候，往往不注意研究具体劳动对劳动价值的制约作用，甚至有意地回避这种制约作用，不仅不能弄清楚劳动价值概念的本质内容，而且也不能科学地阐述劳动价值的量的规定性。这正是我们以往劳动价值理论较为机械、僵死，而不能科学解释许多经济运动规律的根本原因之一，特别是不能解释现代社会经济现象的根本原因之一。有关运用质与量对立统一地进行劳动价值分析的原理，将在后面的篇章中进行系统论述。

三　支配关系的形式

作为一种客观存在，支配关系必然有其自身的存在形式，即所谓“支配关系的形式”，能够深入地认识支配关系的形式，对于我们从理论上深刻地理解支配关系本身是十分必要的。在前面讨论支配关系概念的时候，我们就已经讨论甚至具体地描述过支配关系的形式问题，但是，仍然有必要在这里对这个问题作一个概括和归纳，哪怕有一点重复也是值得的。

支配关系在形式上至少可以作如下三个层次的具体划分：第一，支配关系的外在形式和支配关系的内在形式；第二，支配关系的生理形式和支配关系的社会形式；第三，支配关系的经济形式。我们下面分别进行讨论。

第一，支配关系的外在形式和支配关系的内在形式。

支配关系的外在形式，就是从人类生活循环体中分离出来的，关于精神与劳动之间决定和被决定的关系形式，它具体表现为这样一种形式：“精神—劳动。”其外在性，不是说这种关系暴露于人体活动的外部，而在于我们对其认识的直观性，它是在人类生活循环体的基础上的，对于支配关系的一种最直观、最简洁的表述形式。其中最关键的意义在于：精神决定劳动，而不是劳动决定精神；而且，这种决定关系是不可逆反的。如果劳动能够对精神产生某种作用的话，也不是作为支配关系内部的一个直接过程，而只能是作为人类生活循环体的循环过程本身，所构成的一种间接作用。

支配关系的内在形式与支配关系的外在形式不同，是从抽象思维的角度，对支配关系内部质与量的对立统一关系的一种认识形式。这就是说，支配关系的内在形式，就是精神的质与量决定劳动的质与量的形式，而这种质与量的决定形式是对立统一的，即精神的质决定劳动的质、精神的量决定劳动的量，换句话说就是，生活目的的具体内容决定具体劳动，生活目的的延续时间决定抽象劳动。其中至关重要的一个理论要点是，在研究劳动创造价值的关系问题时，必须遵循支配关系质与量对立统一的规律，从质与量两个矛盾方面去全面地、综合地进行分析，而不是相反只从某一个片面去进行分析，例如只从抽象劳动的片面进行分析。

第二，支配关系的生理形式和支配关系的社会形式。

支配关系的自然形式，就是从人体解剖生理学的意义上，对支配关系形式的生理描述，是我们全面认识支配关系理论的客观基础。支配关系的生理形式可以表现为："精神—运动神经中枢—人体骨骼肌—劳动。"与之相对应的是支配关系的社会形式。其中，精神的内容又包含着目的、知识两个方面，是目的与知识的对立统一，目的是支配人们行为的唯一动力，而知识则是构成目的不可缺少的材料，并服务于目的的实现，目的实现本身，又往往同时包含着知识的扩展和更新。从某种意义上说，支配关系的社会形式，无非是支配关系自然形式的一种社会表现而已。所不同的只是，支配关系的社会形式已经不仅仅局限在一个单一的或者自然的支配关系之中，而是扩展到社会关系的层面，以多个或无限复杂的支配关系之间的相互叠加碰撞所结成的社会关系体现着自己的社会特征，从而表现为支配关系的社会性质。

支配关系的社会形式具有三种典型的基本形式：（1）独立的支配关系形式，即一种以个人为独立劳动者，为了实现个人生活目的而相对独立、具有纯粹个人性的支配关系形式。这种支配关系形式比较广泛地存在于个人劳动过程之中。（2）协作的支配关系形式，即一种以多人构成的劳动组织，为实现共同目的而处于分工协作状态的支配关系形式。这种支配关系形式广泛地存在于社会协作劳动之中，它表现为人们之间的协作关系，即所谓共同的社会目的决定人们共同的社会行为。（3）对抗的支配关系形式，即在个人与个人之间或者集团与集团之间，为实现敌对性目的而处于敌对状态的支配关系形式，即所谓对抗的社会目的决定人们对抗的社会行为。这种支配关系形式往往存在于对抗性的利益团体之间，特别是在阶级集团之间就更是如此。支配关系的社会形式所包含的重要意义在于，支配关系总是为一定的社会目的服务的，其具体内容无不是一定社会目的的体现，无不是一定阶级目的的体现，无不是一定经济目的的体现。

第三，支配关系的经济形式。

支配关系的经济形式，是支配关系社会形式的升华或具体化，是支配关系社会形式的基础。它更加强调的是支配关系的合理应用，而最大限度地、经济地实现人们的生活目的。事实上，由于人们的劳动能力的有限性①，支配关系并不是盲目地、毫无限制地存在的，而是依据一定的经济要求或经济规律进行的。这种

① 对于这个问题，将在后面关于供求矛盾的篇章中详加讨论。

依据一定经济规律去支配劳动过程的形式，就是支配关系的经济形式。例如，人们之所以进行这种产品物质的生产而不是进行那种产品物质的生产，不仅要考虑具体产品物质对实现自身生活目的的有用性，还要考虑自己是否具有生产这种产品物质的能力，还要进一步考虑哪种产品物质的现实有用性最大。尤其重要的是，还必须从劳动分配的意义上，考虑用多少劳动生产这种产品物质或那种产品物质，以及生产这种产品物质的劳动耗费对于生产别种产品物质的影响和限制等等。

在支配关系的经济形式中，实际上已经包含了劳动价值关系的基本内容，即人们能动地支配自己的劳动去创造产品物质的过程，必然是一个如何合理地、充分地、均衡地使用自己劳动能力的经济过程，其中就包含着对劳动价值的分析比较。因此，支配关系的经济形式，实际上也就是劳动价值形式的一种具体表现形式。当然，一个完整的劳动价值形式，并不能仅仅存在于支配关系之中，而必须同时包括创造关系，即劳动创造产品物质的关系本身。因为，支配关系的最终结果，不可避免地以实际生产过程的最终产品来体现，而关于具体支配关系的经济效益如何，则只能通过其产品物质对特定生活目的的实现作用来规定。本书后面关于劳动价值形式的讨论中，将会对此有一个更加全面的了解。

第十八章
劳动能力

上一章讨论了劳动过程中的第一个要素——“劳动目的”，并且懂得了精神对劳动的支配地位。在本章中，将讨论劳动过程中的第二个要素——“劳动能力”。对劳动能力的深入研究，不仅能使我们系统地认识劳动过程本身，而且能进一步加深对支配关系的认识和理解。

一　劳动能力的概念

关于劳动能力的概念。较为简单地说，“劳动能力”就是劳动所具有的改造外部世界的能力，它表现为劳动作用于外物所产生的物质效应。例如，某个建筑师设计并建造了一所大楼，那么他就具有设计和建造这所大楼的劳动能力；某个科学家研究并著述了一种科学理论，那么他就具有研究和著述这种科学理论的劳动能力。他们各自的劳动能力，都是通过他们的劳动所产生的外部物质效应，如砖石变为大楼、笔墨变为书稿等方式表现出来的。但是，仅仅从表面上去认识劳动能力是不足够的，我们还必须深入地去研究劳动能力本身的内在矛盾，从中挖掘出隐含在劳动能力内部的哲学意义。

要进行一种生产劳动，首先必须要有劳动目的，然后再依据劳动目的的要求，通过劳动目的对劳动过程的支配，从而相应地改造外部世界，进而实现劳动目的本身。在这个过程中，当劳动目的和劳动资料（其中包括劳动工具、劳动对象、劳动环境等外部劳动条件）都已经具备之后，劳动的状况就成为能否实现劳动目的的关键。显然，如果仅仅具有建造宇宙飞船的目的，而没有设计和制造宇宙飞船的全部知识，也就不可能支配我们特定的肌体运动，去设计和制造出实实在在的宇宙飞船来。与此同时，如果我们仅仅具有设计和制造宇宙飞船的知识，而没有足够强壮的体质，或者没有足够的肌体活动能量，也就不可能发挥劳动知识的作用，从而也就不可能现实地设计和制造出宇宙飞船并实现我们的生活目的。从这种意义上说，劳动能力就是劳动知识和肌体能量相互矛盾的统一体，在劳动能力统一体内部，无论缺少劳动知识或肌体能量，都不可能构成劳动能力，两者是不可分的。

实际上，如果把劳动能力的内在矛盾同劳动的内在矛盾有机地联系起来，就能清楚地看到，劳动能力中的劳动知识，是规定劳动中的“具体劳动”的，而劳动能力中的肌体能量则是规定劳动中的“抽象劳动”的。因此，劳动能力内在的两个矛盾方面，也可以相应地表现为“具体劳动能力”和“抽象劳动能力”的对立统一。这样，就为劳动能力内部的两个矛盾方面找到了较为科学的术语。其中，具体劳动能力标志着劳动知识的程度，而抽象劳动能力标志着肌体能量的程度（见图 18 －1）。这就是说，劳动能力是具体劳动能力和抽象劳动能力的统一。

劳动能力
- **具体劳动能力（由劳动知识决定）**
- **抽象劳动能力（由肌体能量决定）**

图 18 －1

在劳动能力的内部尽管存在着上述两个对立统一的矛盾方面，但是它们各自的地位是有所不同的。具体劳动能力有着某种抽象劳动能力所无法比拟的积极意义，它是劳动能力中最活跃的矛盾方面，因而往往处于主要地位。关于这一点，可以从人类生产活动的历史中清楚地看到。千百年来，人类的肌体虽然有了某些重大改善，从而使人类肌体的能量得到了一定程度的提高，但是，真正使人类日益而迅猛地扩大自身劳动能力的根本因素，恰恰是人类迅猛发展的劳动知识本身。人类之所以能从石器时代发展到今天的核能和电脑时代，正是人类劳动知识迅猛发展的结果。显然，没有发达的科学知识而只有健壮的肌体，是不可能使人类获得今天如此巨大的劳动能力的，知识在人类劳动能力的发展史中，无不显示出自己越来越突出的领导地位。从这种意义上说，具体劳动能力通常可以被视作劳动能力统一体内部的主要矛盾方面。在这里，我们进一步看到人类精神对劳动的支配作用。当然，仅仅具有劳动知识而没有相应的体力去发挥劳动知识的作用，劳动能力也就只能化作乌有。例如，一个科学家尽管具有丰富的理论知识，但是，如果没有良好的体魄，就不可能完成他的科学著作或实现他的创造理想。我们说，只有当一个人劳动知识受到劳动能量不足的限制，而不能充分发挥支配作用的时候，抽象劳动能力才转化成为劳动能力统一体内部的主要矛盾。

值得指出的是，劳动能力虽然只能通过劳动的物质结果体现出来，即通过劳动力作用于外部物质所产生的物质效应体现出来，但劳动能力本身并不反过来依据这种物质结果来规定自己的存在与否。这就是说，劳动能力是劳动者本身已经具有的一种特定素质，这种特定素质一旦形成，它就绝不依据劳动结果来规定自己的存在，相反却规定了劳动结果得以存在的可能性。例如，一个人实际上具有制作某种劳动产品的知识和体能，即具有制作这种产品的劳动能力，但我们绝不会因为他还未现实地制作出这种产品，而否定他具有这种劳动能力。正是从这种意义上说，我们才把劳动能力看作劳动过程中的一个相对独立的要素。

作为劳动过程三要素之一，“劳动能力”并不能单独地决定整个劳动过程；它只有同“劳动目的”和“劳动资料”这两个要素统一起来，才能现实地发挥自己在劳动过程中的特定作用，并现实地体现出自己本身。显然，没有劳动目的，劳动知识就不能有效地运用肌体能量，而没有劳动资料，劳动能量所产生的作用力，也就失去了作用对象。因此，尽管劳动能力是一种相对独立的人体素质，但对于整个劳动过程而言，在没有现实地发挥自身作用的时候，它只是劳动者所具有的一种潜在创造能力，它标志着劳动者在现实劳动过程中创造某类实物产品的可能性。比方说，我们通常说某人可以做什么或不可以做什么，或者说要求雇员具有大学学历并且身体健康等，也就是对其劳动能力及其劳动结果的可能性进行评价。

虽然劳动能力的现实发挥受到劳动目的和劳动资料的严格制约，但也反过来决定着劳动资料的变化和劳动目的的实现；没有一定的劳动能力，即使具有再优良完善的劳动资料，它也不能现实地被使用，从而也就不可能最终实现一定的生活目的。因此，劳动能力在完整的劳动过程中，总是占据着自己应有的地位，成为不可缺少的劳动三要素之一。这也是千百年来人类不断追求新知识，努力增强自身体质的内在原因之一。知识劳动者，特别是具有先进科学知识的高级知识劳动者，他们之所以能够发挥出越来越大的社会作用，也正是同他们所具有的优越的劳动能力分不开的。

关于劳动能力，我们在后面的讨论中要特别注意的一个重要问题是，切记要把“劳动能力”和“劳动力”区别开来。在我们以往的理论中，通常是把劳动能力等同于劳动力的。由于本书将依据客观事实，把“劳动力”视为劳动与劳动资料之间的作用关系，而不是作为一种独立的实体，因此，在本书中把劳动能力和劳动力在概念上加以区分，是十分必要的。它们之间的明显区别在于：劳动能力是劳动过程三要素——劳动目的、劳动能力、劳动资料——之一，是一个相对独立的实体；而劳动力则是劳动与劳动资料之间的一种客观关系，即劳动作用于劳动资料的力的关系，是不能脱离劳动和劳动资料的任何一方而独立存在的。本书后面“创造关系”的章节中，将会从关系论的角度出发，去系统地研究“劳动力”这个概念。

此外，需要对“劳动能力”和“劳动”进行区分。劳动能力描述的是劳动者所具有的内在能力或者说潜在的创造能力，而劳动描述的则是人们完整的创造活动。两者的明显区别在于：劳动能力与劳动目的、劳动资料之间的关系是并列的，各自之间是可以相对独立存在的；而劳动则是作为一个完整过程，是劳动目的、劳动能力和劳动资料的结合或统一。没有劳动目的，没有劳动能力，或者没有劳动资料，都不可能形成任何现实意义上的劳动，三者缺一不可。

二 劳动能力的范围

上一节对劳动能力的概念进行了讨论，或者说对劳动能力进行了定性分析。这一节将对劳动能力进行定量分析。

关于“劳动能力的范围”的概念。所谓“劳动能力的范围”就是关于劳动能力的量的规定性，或者较为具体地说，就是某一具体劳动者在一定时期内，其劳动创造能力所能创造出来的具体产品物质的范围，又或者更为概括地说，就是某一具体劳动者在一定时期内，其劳动创造能力所能创造出来的具体产品物质的总和。例如，假定一个制作农具的工匠，依据他所具有的知识和体力，在劳动资料一定的情况下，一年之内只能制作出 200 把锄头和 100 把镰刀，除此而外不再具有别种产品的制造能力，那么，这 200 把锄头和 100 把镰刀就是他在这一年里所具有的劳动能力的范围。自然，一个劳动者在一定时期内所能创造的物质产品在品种上和数量上越多，其所具有的劳动能力范围也就越大；反之，其所具有的劳动能力范围也就越小。实际上，所谓劳动能力范围，说白了就是关于劳动能力大小的问题。一个人劳动能力范围越大，说明其劳动能力越大；反之，一个人劳动能力范围越小，说明其劳动能力越小。

为了更好地认识劳动能力范围，我们有必要深入到劳动能力范围的内部，去研究其内在的规定性。劳动能力是具体劳动能力和抽象劳动能力的矛盾统一体；与之相对应，劳动能力范围也就可以分别表现为“具体劳动能力范围”和“抽象劳动能力范围”的矛盾统一体。如果我们把这两个矛盾方面暂时分解开来，分别考察每一个矛盾方面在劳动能力范围上的特殊性，那么将有助于我们深刻理解劳动能力范围的内在规定性。

首先关于“具体劳动能力范围”。作为劳动能力范围的一个矛盾方面，具体劳动能力范围是由劳动者所具有的劳动知识的状况决定的。一般说来，在一定时期内，某一具体劳动者所具有的劳动知识在深度上和广度上越大，那么，其具体劳动能力范围也就越大；相反，在一定时期内，某一具体劳动者所具有的劳动知识在深度上和广度上越小，那么，其具体劳动能力范围也就越小。具体劳动能力范围作为劳动能力范围的一个方面，由于受具体劳动形式的限制，体现到产品实物之上，就表现为“产品的品种范围”，即一个人在一定时期内所具有的具体劳动能力越强，其可能生产的产品品种也就越多。例如，实践经验丰富的劳动者与实践经验较少的劳动者相比，前者能够生产出更加多样化和更为复杂化的产品物质；具有高等知识水平的劳动者和只具有普通知识水平的劳动者相比，前者能够加入到更具广泛性和尖端性的劳动行业，从而更加具有生产多种产品物质乃至尖端产品物质的能力。

无疑，人的具体劳动行为是受相应的具体劳动知识支配的，没有关于原子核的高深理论知识，绝不可能设计和制作出核电站；没有关于航天技术的高深理论知识，也绝不可能设计制造出航天飞机。由于人们在不同的历史时期内，所具有的知识水平是不尽相同并发展变化的，因而人们具体劳动能力的范围在不同的时期内，也是不尽相同和发展变化的。由此可见，具体劳动能力范围在某种意义上，可以表现为一定时期内劳动者的知识范围。

那么，什么是“抽象劳动能力范围”呢？所谓抽象劳动能力范围，就是一定时期内劳动者所具有的肌体活动能量的范围，或者说，就是一定时期内劳动者所具有的全部抽象劳动能量的总和。假定按一般劳动强度计算，某一劳动者每天的抽象劳动能力为 12 小时，那么，他在一年内的抽象劳动能力范围就是 366 天 × 12 小时 =4 392 小时。这就是说，抽象劳动能力范围是由一定时期内的劳动强度能力和劳动时间能力共同决定的，一般说来，同一强度劳动的延续时间越长，或者同一时间内所具有的劳动强度越大，那么抽象劳动能力的范围就越大，反之越小。比如，两个人以同等的劳动强度进行劳动，其中一人每天能够劳动 12 小时，而另一人每天能够劳动 14 小时，那么后者的抽象劳动能力范围就大于前者；又比如，两个人在相同的劳动时间内进行劳动，一个能以较大的劳动强度进行劳动，而另一个只能以较小的劳动强度进行劳动，那么，前者的抽象劳动能力范围就大于后者。从生理学的角度看，在一定时期内，一个人抽象劳动能力的大小，是由其肌体状况决定的，这是因为肌体的健壮程度决定着肌体活动能量的大小。在一般情况下，肌体越是健壮，那么也就具有越大的抽象劳动能力范围。比如青壮年比起少年或老人，自然具有更大的抽象劳动能力范围。

与具体劳动能力范围不同，抽象劳动能力范围作为劳动能力范围的一个矛盾方面，由于受抽象劳动能量大小的限制，体现到产品实物之上时，则表现为“产品的数量范围”，即一个人在一定时期内所具有的抽象劳动能力越强，其可能生产的产品数量也就越多。例如，在生产同类产品的条件下，体质健壮的劳动者与体质较差的劳动者相比，前者具有生产较多产品物质的能力；而后者则只具有生产较少产品物质的能力。这就是说，一个人的抽象劳动能力，是与其肌体健壮情况，或者说是与其肌体体能的大小成正比的。

具体劳动能力范围和抽象劳动能力范围，虽然有各自的特殊性和表现形式，但是作为劳动能力范围统一体内部对立统一的两个矛盾方面，它们之间是不可分离和相互制约的，无论是谁，只要脱离了对立一方的规定性，就不可能构成现实的劳动能力范围。一方面，具体劳动能力不可能脱离抽象劳动能力体现出来，从而构成具体劳动力范围本身；另一方面，抽象劳动能力也不可能脱离具体劳动能力体现出来，从而构成抽象劳动能力范围本身。例如，一个人如果仅仅具有建造房屋的知识，而不能同时具有建造房屋的体力，那么他根本就不可能建造出房屋来，从而也就不可能获得实际体现自身的产品种类，其建造房屋的具体劳动能力范围的可能性也就同时消失；同样，一个人如果仅仅具有健壮的体魄，而不能同时具有建造房屋的劳动知识，那么他也根本不可能建造出房屋，从而也就不可能获得实际体现自身的产品数量，其建造房屋的抽象劳动能力范围的可能性也就同时消失。

由此可见，具体劳动能力范围和抽象劳动能力范围，作为对立统一的两个矛盾方面，是可以依据不同的情况相互限制、相互规定、相互影响的。具有丰富劳动知识而不具有足够劳动体能，或者具有足够劳动体能而不具有丰富劳动知识，都会在不同的层面上限制实际劳动能力的深度和广度，从而限制整体劳动能力范围。从这种意义上说，所谓劳动能力范围，在根本上是由劳动者的劳动知识和劳动体能共同决定的。这一原理至少从哲学的意义上说明，要扩大劳动能力范围，途径只有两条，一是不断地发展劳动知识，即不断地发展深化精神，二是不断地健壮体魄，即不断地发展强健肌体。然而，人类肌体的发展是相对有限的，而人类精神的发展则可以是绝对无限的。从经济学的意义上说，这里所要思考的一个重要问题是：如何在人类肌体发展的有限性与人类精神发展的无限性之间，找到它们的平衡点或突破点，从而抓住主要矛盾，最大限度地扩展我们的劳动能力范围，把社会生产力推向一个新高度。

三　劳动能力的相对有限性

首先必须弄清楚“劳动能力相对有限性”的概念。在一定历史阶段内，人们的生活目的是多方面的，因而人们对物质资料的需要也是多方面的，并常常在不断提出新的生活目的的同时，不断提出对物质资料的更大需求。但在客观实际中，人们现实的劳动能力，却往往只能相应地满足其中一部分物质资料的生产需要，而不可能满足所有物资资料的生产需要。在人们的劳动能力历史地提高之后，人们对物质财富则又会历史地提出更大的需求，从而使人们的劳动能力总是处于一种相对有限的状况之下。例如，当我们提出对飞机的需求时，可能还不具备制造飞机的劳动能力，而当我们具备制造飞机的劳动能力之后，又可能提出对宇宙飞船的需求，却不具有制造宇宙飞船的劳动能力。劳动能力在创造物质财富的历史过程中，总是不能全面满足人们的物质需要的这种特性，就是劳动能力的相对有限性。一般来说，劳动能力的相对有限性，是由人们的物质需要对自身的劳动能力的“超前要求”造成的，当然，这种超前要求，在客观上往往成为推动技术革命的一个动力源泉。

劳动能力的相对有限性也可以从质与量两个方面去认识。

就抽象劳动而言，尽管随着人们身体健康状况的提高或社会总人口的增加而不断有所提高，可以相应地增加劳动总量，但在一定的历史时期内，抽象劳动的这种增加，对于人们在该时期内所需要的全部物质财富而言，其数量往往是满足不了生产需要的。例如，在某一时期内，我们既想生产这种产品又想生产那种产品，但因为没有足够的抽象劳动而不得不放弃其中一种产品的生产。

就具体劳动而言，尽管人们能够在日益扩大、深化的生活实践中，掌握更多的社会知识和自然知识，从而改良自己的具体劳动形式，提高具体劳动能力，但在一定的历史时期内，具体劳动的这种改良，对于人们在该时期内所需要的全部物质财富而言，其内容也往往是满足不了生产需要的。例如，我们在某一时期内既想生产这种产品又想生产那种产品，但因为没有充分的生产知识而不得不放弃某种产品的生产。

具体劳动能力的有限性和抽象劳动能力的有限性是对立统一的，它们共同决定劳动能力的有限性。这种对立统一关系，至少可以从以下三方面去认识。第一，就生产某种产品物质而言，没有足够的抽象劳动能力和充分的具体劳动能力，就不可能现实地具备这种产品物质的生产能力。这就是说，具体劳动的有限性和抽象劳动的有限性，共同决定生产某种产品物质的劳动能力的有限性。第二，就生产某种产品物质而言，仅有足够的抽象劳动能力，而没有充分的具体劳动能力，也就不可能现实地具备这种产品物质的生产能力。这就是说，具体劳动能力的有限性能够限制抽象劳动能力的运用和发挥，从而构成生产某种产品的劳动能力的有限性。第三，就生产某种产品而言，仅有充分的具体劳动能力，而没有足够的抽象劳动能力，同样不可能现实地具备这种产品物质的生产能力。这就是说，抽象劳动能力的有限性能够限制具体劳动能力的运用和发挥，从而造成生产某种产品的劳动能力的有限性。

劳动能力有限性的原理，对于现实的经济活动具有极为重要的指导意义。因为，劳动能力的有限性，在客观上正是必须考察劳动经济效益的根本所在。它实际上给我们提出了这样一个经济问题，即如何运用有限的劳动能力，去最有效地创造适合人们生活需要的物质财富。显然，如果我们不顾劳动能力有限性的限制，超越劳动能力范围去盲目生产那些我们根本没有能力生产的物质财富，将会极大地浪费我们的劳动能力，从而强化劳动能力的有限性，并最终减少物质财富的生产。例如，当我们既不具备足够的抽象劳动能力，又不具备充分的具体劳动能力的时候，仍盲目地进行某种产品物质的生产，这就不仅不能生产出这种产品物质来，反而还会失去生产别种我们完全有能力生产的产品物质。同样，当我们仅仅具有足够的抽象劳动能力而不具备充分的具体劳动能力，或者相反，仅仅具有充分的具体劳动能力而不具有足够的抽象劳动能力的时候，仍盲目地进行某种产品物质的生产，最终都会使生产半途而废，并失去生产其他我们完全有能力生产的产品物质的机会。这种对劳动能力浪费，在经济上是得不偿失的。因此，要最大限度地运用我们现有的劳动能力，最基本的原则就是："从劳动能力范围内选择最合理、最经济的生产对象。"

那么，怎样确定劳动能力范围并从中选择合理、经济的生产对象呢？有三个基本步骤：第一步，考察具体劳动能力的范围，即从某个时期内所需要的全部或主要的物质财富中，确定那些具体劳动能力能够创造的产品种类，从而确定出一个现实可行的具体劳动能力范围，在假定的这个种类范围中，包括 A、B、C、D、E 五种产品。第二步，考察抽象劳动能力的范围。首先充分地考察具体劳动能力范围之中，每一种产品所需要的抽象劳动量，我们假定生产 A、B、C、D、E 五种产品所需要的抽象劳动量分别为 50、40、30、20、10 小时；然后充分估计自己在这个时期内所能运用的抽象劳动量，从而确定出一个现实可用的抽象劳动能力范围。假定该时期的抽象劳动能力范围是 100 小时。第三步，把现实可行的具体劳动能力和现实可行的抽象劳动能力联系起来进行综合考察，从具体劳动能力范围中选择那些抽象劳动耗费等于或不超过抽象劳动能力范围的产品种类。依据上述假定，可以选择出三组可能的生产方案："A、B、E""A、C、D""B、C、D、E"。如果我们选择其中任何一组进行生产，理论上说就能够顺利地生产出这些产品来。自然，如果从三组方案中选择其中最符合生活需要的一组，那么就能最大限度的满足该时期人们的生活需要。

总之，在一定时期内，在具体劳动所能生产的各种产品物质中，并不是每一种产品物质的生产都能得到充分的抽象劳动，只能是其中的这部分或那部分能够取得足够的抽象劳动。同样，在一定时期内，抽象劳动也只能满足其中某一部分产品物质的生产需要。因此，在选择生产什么产品物质的时候，必须既符合具体劳动能力的可能，又符合抽象劳动能力的可能。当然，在实际生活中，究竟怎样从劳动能力范围中选择合理的生产方案，还必须考察每种产品物质对于我们生活需要的有用性的大小，即考察其"效用"的大小。有关如何依据产品效用大小来帮助确定生产方案的问题，我们将在后面讨论产品效用的篇章中进行研究。

值得特别指出的是，在具体劳动能力有限性和抽象劳动能力有限性之间，各自具有明显不同的本质特征。由于生产知识的增长速度大大超过体力（或者一般地说劳动时间）的增长速度，因此具体劳动能力相对抽象劳动能力而言总是超前的。当越来越广泛、越来越深刻的生产知识，作为精神要素得到确立之后，如何分配有限的抽象劳动量，就成为生产过程中必然碰到的经济问题，并成为人们经济活动中的一个决定性的因素，抽象劳动（劳动时间）亦由此表现出更大的经济制约性。正是由于抽象劳动的这种特性，才使得节约劳动时间成为现实经济生活中的一个重大命题，才把一切经济问题归结到抽象劳动身上去。但是，这也给我们造成一种假象，似乎一切经济问题最终都归结到抽象劳动能力的分配和交换之上。实际上，具体劳动能力也会成为制约经济的至关重要的决定性因素，特别是在尖端技术上，其有限性表现得尤为突出。因此，一切经济问题同样也可以归结到具体劳动能力的应用和交换之上。

四　劳动能力发展的绝对无限性

就一个历史阶段而言，劳动能力是相对有限的，但是就历史的无限延续而言，人类的劳动能力又是绝对无限的。这种无限性表现为，在人类历史的发展过程中，人们提出的任何必要的物质需求，总会随着劳动能力的提高和扩大而得到满足。这就是说，在某一个历史阶段中，受劳动能力的约束而暂时得不到满足的物质需求，总能在之后的另一个历史阶段中得到满足。劳动能力能够在无限的历史过程中不断发展提高，并日益扩大自己的创造范围的这种特性，就是劳动能力的绝对无限性。

劳动能力的大小直接决定着创造财富能力的大小，从而直接决定着满足人们物质需要程度的高低。因此，从理论上认识劳动能力的无限性，特别是认识劳动能力无限扩大化的内在矛盾运动，对于指导我们推动劳动能力的迅猛发展，从而更好地满足我们的物质需要，是具有积极意义的。

劳动能力无限性所要说明的基本原理就是：人类的劳动能力是处于发展壮大的运动过程中的，而且是处于无限地发展壮大的运动过程中的。人类生产力的日益扩大的历史，充分地证明了劳动能力的这一特性。从畜牧耕种到拖拉机耕种，从蒸汽机到内燃机，从非自动化机器到自动化机器，从普通能源到核能等等，人类创造能力的每一次巨大进步，都更进一步地推动人类劳动能力的发展和扩大，并使人类的劳动能力达到一个新的高峰。事实上，人类就是在劳动能力的无限发展之中，获得自身生存和发展的无限空间。没有劳动能力的发展，就没有人类社会的发展。因此，劳动能力无限发展的特性，是人类社会存在和发展的基本条件。劳动能力的无限发展性，对于人类社会所具有的如此关键的意义本身，也就使得最大限度地发展劳动能力成为经济活动中的必然要求。

那么，怎样才能最快最好地提高劳动能力呢？这就要弄清楚劳动能力发展过程中的内在矛盾。正如前文所言，劳动能力是由对立统一的两个要素，即体力和知识构成的。正是由于这两个要素的矛盾运动，才构成了劳动能力的运动变化。在劳动能力的内部，体力和知识是对立统一、互相制约的，只有足够的体力而没有充分的知识，或者相反，只有充分的知识而没有足够的体力，都不可能构成现实的劳动能力。但是，在人类劳动能力发展扩大的过程中，体力和知识各自所起的作用是有所区别的。

就一个人的体力（或者劳动时间）而言，尽管从幼年到壮年有一个较明显的增长期，但仍然是非常有限的，况且还会有一个从壮年到老年的衰减期，这就使得个人的体力表现出明显的有限性。就整个人类社会而言也是这样，尽管随着人口数字的不断增加，可以相应地增加全社会的总劳动时间，但人口的增长，总会受社会生产力和自然环境的制约，而表现出明显的有限性。因此，全社会的总劳动时间也是极为有限的。事实上，当人类的个体肌体素质的提高达到一个极限的时候，或者当人类的绝对人口数量达到一个极限的时候，每一个人或者整个人类社会，每增加一点点劳动强度或每增加一点点劳动时间，所要付出的代价都将越来越大。这就从生理学的意义上规定了人类体力扩大的有限性。这种有限性表现在实际的生产活动中就是，常常感到体力强度的不足或工作时间的不够。这就使得体力这个要素，不仅不能体现为人类劳动能力提高的动力，相反却体现为人类劳动能力提高的制约因素。

那么，是不是劳动能力因此就不能发展了呢？恰恰相反，劳动能力内在矛盾的运动本身，就已经具备了消除体力约束的机能。这就是知识对人类体力的节约效应。人类根据自己的知识所创造出来的各种劳动工具，特别是近百年来，人类所创造出来的日益完备的机器体系，尤其是自动化大机器体系，已经在相当大的程度上，把自然力改变成为服务于人类自身的动力。从最简单的杠杆、畜力的应用，从水电到火电的应用，以及从非自动机械到自动机械的应用等等，都使人类的劳动能力从自身体力的束缚中解放出来，使人类得以用越来越少的体力去创造出越来越多、越来越丰富的物质财富，得以用较小的抽象劳动耗费，创造出以往必须用较大劳动耗费才能创造的物质财富。无疑，这一切都归功于人类知识的发展和扩大，都归功于人类精神的发展和扩大。由此可见，知识是劳动能力中解放人类体力束缚的最积极、最活跃的因素。由此可以得出一个结论，知识进步对于人类劳动能力的推动作用，是与抽象劳动的约束成反比的，而且是与抽象劳动能力的扩大成正比的。这也就是说，知识越是进步，人类受体力的约束就越小，而与之相对应的抽象劳动能力就越大。

知识不仅对于打破体力的束缚，从而提高抽象劳动能力具有兼容性作用，而且对于扩大创造手段，从而提高具体劳动能力具有决定性作用。要生产一种产品物质，除了必须具有足够体力之外，还必须同时具备设计和塑造这种产品的工艺和手段，否则就不可能创造出这种产品。正是人类知识（人类精神）才使人们获得了这种工艺和手段。只有具备越来越广泛、越来越深刻的人类知识，我们才可能设计并塑造出越来越新的、越来越适用的产品物质，才能够从根本上提高我们的具体劳动能力。人类社会的历史已经充分证明：我们今天之所以拥有如此丰富多彩的物质财富，拥有如此广泛和先进的设计能力和塑造能力，无不是人类知识发展的必然结果。这同样说明，知识的进步是与劳动能力的扩大成正比的，即人类的劳动知识越广泛、越深刻，人类的劳动能力就越大。

从以上讨论可以看到，知识的进步和发展，不仅在一方面使劳动能力统一体内部的具体劳动能力得到发展，而且在另一方面解放了体力的束缚，使抽象劳动能力在相对量的意义上也得到发展，并使两者高度统一起来。由此可见，知识是决定劳动能力发展的第一性的要素，知识的深度和广度，不仅决定劳动能力的发展方向，而且决定着劳动能力的提高速度。由于人类大脑机能已经达到了如此高度，以至人类认识世界、总结知识的能力，具有了无限发展的可能性。这也从生理学的意义上说明，知识是劳动能力中最活跃的因素，是人类劳动能力无限发展的唯一途径和根本前提。

因此，要发展和扩大劳动能力，必须首先发展和扩大我们的知识。用我们前面说过的术语就是：必须首先发展我们的深化精神，“百年大计、教育为本”或者“科教兴国”，说的就是这个道理。我们必须批判从前那种轻视知识、轻视教育的错误思想。

第十九章
劳动资料

本章将对劳动过程中的第三个基本要素——“劳动资料”进行讨论。与前两章中讨论的“劳动目的”和“劳动能力”不同，劳动资料不是人本身的内在要素或者说生理要素，而是处于人的生理要素之外的自然要素。但是，我们并不因此否定劳动资料在劳动过程中的地位，相反，必须肯定它是人与自然界相互联系过程中不可缺少的外部条件，是劳动过程绝对不可缺少的要素之一，如图19－1所示。

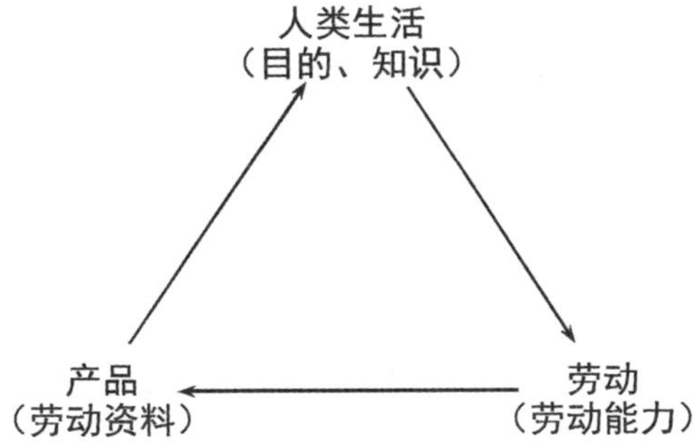

图19－1

劳动资料实际上是人类生活循环体中的一个环节，它受劳动作用后而转化为产品物质本身，缺少了这个环节，人类生活循环体也就破裂而不复存在。因此，我们在本章的讨论中，不仅要弄清楚劳动资料的概念，而且要透彻地认识劳动资料在整个劳动过程中的地位。

一　劳动资料的概念

要讨论劳动资料，自然要从其概念入手。那么，什么是劳动资料呢？我们先来看看劳动过程中劳动改造外部事物的基本过程。劳动过程的最初起点是劳动目的，只有确定了劳动目的之后，才可能凭借这一目的去引导和发挥劳动能力，从而作用于外部事物，并创造出与劳动目的相对应的物质财富。我们从中可以看到，劳动过程实际上可以划分为两个环节，即“内在环节”和“外在环节”。其中，劳动目的对劳动力的支配，并使之成为现实的劳动，就是所谓劳动过程的内在环节；而现实的劳动对外部世界进行改造，使之转化为产品，就是所谓劳动过程的外在环节。

显然，劳动目的和劳动能力作为劳动过程三要素中的两个要素包含于内在环节中。当我们把注意力放到劳动过程的外在环节上时，就看到了劳动过程中的另一个基本要素，即处于人的要素之外的物质要素。例如，要生产棉布，除了必须有生产动机和生产知识等精神条件外，还必须要有织布机、棉纱、厂房等外部物质条件。我们把劳动过程中这些处于人本身要素之外的外部物质条件称为劳动资料。如果非要下一个较为完整的定义，那么，这里的“劳动资料”的概念，就可以这样描述：“所谓劳动资料，就是在劳动过程中，为了实现劳动目的而被施加劳动作用，或为施加这种作用而被使用的全部外部物质资料的总和。”作为劳动过程中的外部物质要素，劳动资料在性能上一般可以划分为三大类别——“劳动工具”“劳动对象”和“劳动环境”。

劳动工具，是人们在劳动过程中，借以对劳动对象进行加工处理，改变其性状（物质性质和存在状态），并使之成为与劳动目的相对应的产品实体的物质手段。一般来说，劳动工具至少具有以下几种作用：第一，节约或扩大人们的体力。即通过运用劳动工具，使人们能够用较少的体力去完成原来要用较大体力才能完成的工作，或者能够用一定的体力去完成原来体力不足而不能完成的工作。例如，空手移动一块大石头要费很大的劲，但用杠杆去撬，就省力多了；空手抬不起一个重物，但用起重机就能轻易地把它吊起来。这类工具主要包括杠杆机械和动力机械。前者如千斤顶、滑轮组、变速箱等，后者如蒸汽机、内燃机、发电机、电动机等。第二，丰富或扩大人们的塑造能力。即通过运用劳动工具完成许多我们单凭双手不能完成的生产工艺，或者简化生产工艺。例如，我们要做一张桌子，如果没有锯子、锤子、刨子，仅用双手是不可能做出来的；我们要在铁板上钻洞，用电钻就比用手摇钻更方便快捷。这类工具主要包括手工工具和机械工具，前者如锉、锯、锤等，后者如车床、钻床、冲床等。第三，丰富或扩大人们的控制能力。即通过运用工具，使我们能够控制许多单凭双手不能控制的物质运动。例如，要制造葡萄酒，如果没有一定的容器把制酒的原料放置其中，仅用双手是难以使葡萄正常发酵而变成酒的；要让中子处于高速运动的状态，没有电子加速器是难以做到的。这类工具包括容器、输送器械、加速器、自动装置、电脑装置等。第四，丰富或扩大我们接触和联系的能力。即通过电话、电视、互联网、卫星通信、光纤电缆、天文望远镜、探索飞船等技术手段，以利于人们之间的交往和获得信息，以此提高人类精神的认识能力和发展水平。第五，丰富或扩大我们的运输能力。例如，通过汽车、火车、船舶、飞机、输油管道等技术手段，有效地提高人类运输物质的能力等。当然，劳动工具所具有的多方面作用，在许多情况下，特别是在发达的现代机器工业社会中，可以部分或全部地集中统一于一个完整配套的机器系统之中。

劳动对象，就是人们在劳动过程中，把自己的劳动作用施加其上，从而改造其性状，并用以实现劳动目的的物质对象。例如，种粮食所用的农田、肥料、种子等，织布所用的棉花、棉纱、染料等。但是，从严格的意义上说，劳动对象是完全可以包括劳动工具在内的。因为，尽管劳动工具的使用是为某一劳动目的服务的，它把人的力量扩大并传送到被改造物上，但劳动工具的使用本身，就已经使自己成为劳动作用的第一对象，并按照劳动者的使用指令运动，相应地实现劳动者的指令性目的。就这种意义而言，在劳动过程中，人们将自己的劳动作用加于其上的所有一切物质对象都是劳动对象。不过，只有把作为改造手段的劳动工具与作为改造对象的劳动对象区分开来，我们才能更好地认识劳动资料的构成。我们说，生产工具尽管首先接受劳动力的作用，但它在一个相对完整的劳动过程中，对于该劳动的目的而言，则仅仅是一种改造手段；它的作用在于把人的劳动力传递到目的对象物之上，从而使之按照人的目的而改变其性状。而劳动对象则是一个相对完整的劳动过程中，全部被作用的物质对象中的一个特类，它的性状变化被要求与该劳动过程的最终目的相对应。例如，我们要制造一把镰刀，火炉、风箱、锤子、燃料是劳动工具，而被加热、塑造的铁块则是劳动对象。当然，如果劳动过程的阶段性有所变化，原来劳动过程中的劳动工具和劳动对象，就有可能发生变化。如上例，如果由专人把火炉烧着，那么对这个人而言，他可以把燃烧的火炉视为劳动目的，而把火炉、燃煤视为劳动对象；而如果所制造的镰刀是为了收割农作物，则收割下来的农作物才是劳动对象。这也就是说，劳动对象往往是一种以劳动目的直接相关的物质对象，都是相对某一阶段性的劳动目的而言的，具体的劳动工具和劳动对象，可以随着具体劳动目的的阶段性变化而相互转化。

从与人发生关系的性质上看，劳动对象可以分为两大类：一类是处于自然状态的劳动对象，另一类是经过人类劳动加工的劳动对象。前者如地下矿藏、海洋资源、自然森林、未开拓的荒地，乃至有待开发的宇宙资源等。它们是自然形成的，从来没有经受过人类劳动的改造。后者如冶炼厂的矿石、纺织厂的棉纱、建筑工地的石料、炼油厂的石油、机械厂的钢材等，它们或多或少经受了人类劳动的作用。有的已经改变自身的性状，如棉花变成了棉纱；有的虽然没有改变其物质属性，却在人的劳动下发生了位移，如石油被从地下采集出来并输送到炼油厂。总之，这类劳动对象总是在某种形式上与人类劳动的作用力相关联。实际上，在现代化的大工业社会生产中，处于自然状态的劳动对象越来越少，而经过劳动加工了的劳动对象，则日益丰富和广泛起来。这一过程还会随着人类生产技术的提高、扩大而继续下去。

劳动环境，是劳动过程的必要场所或辅助条件。在特定的劳动过程中，或者说在特定的劳动目的之下，劳动环境通常不会直接被劳动作用，但发挥着保护劳动工具、劳动资料乃至劳动者本身，从而使之顺利发挥或实现劳动能力的特殊作用。此外，劳动环境的某些成分，往往可能成为限制整个生产过程的不可缺少的条件，没有了这种条件，整个劳动过程就可能停顿而无法进行。劳动环境的具体内容主要包括：必要而适合的厂房车间、存储仓库、道路交通、水力资源、电力供给、销售市场、原料补给、环境卫生、生态绿化、医疗保健、文化场所、运动场所、职工宿舍、职工食堂、职工幼儿园等。从某种意义上说，没有一定的劳动环境，就没有一定的劳动过程本身。适当、良好的劳动环境，是维持一定劳动过程、提高劳动效益的必要的、不可缺少的条件。

值得特别提出的一个问题是，在以往的理论中，“劳动资料”这个词是专门用来指类似上述的“劳动工具”和“劳动环境”的，其中并不包括所谓的“劳动对象”。而我们这里的“劳动资料”则包括了劳动对象，是劳动工具、劳动对象、劳动环境的统称。不过，这种词语上的改变仅仅是为了用词上的划一或方便而已，其中并没有任何实质性的区别，如图 19－2 所示。

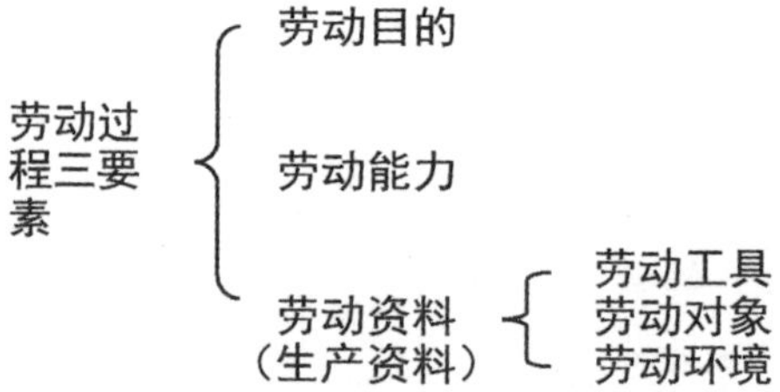

图 19－2

当作了这种改变之后，“劳动资料”的概念就与以往理论中的“生产资料”的概念大致相同了。总之，在本书后面的相关讨论中，“劳动资料”就是劳动工具、劳动对象和劳动环境的总称，亦可以一般地称为“生产资料”。

二 劳动资料在劳动过程中的特殊地位

那么，劳动资料在劳动过程中究竟发挥什么作用，处于怎样的地位呢？劳动资料是劳动能力得以发挥，现实地创造出物质财富，从而实现劳动目的的绝对必要条件，是构成劳动过程的不可缺少的要素之一。对于这个问题，可以从以下两个方面去认识。

劳动资料对劳动能力发挥着强有力的制约作用。劳动过程就是人们运用自己的劳动能力，去改造外部物质、利用外部物质，从而实现劳动目的的过程。在这里，所谓外部物质指的就是劳动资料。如果我们缺少劳动资料这个要素，那么劳动过程的现实存在绝对是难以想象的。例如，我们想做一顿饭吃，并且具有高超的做饭技术，但是没有做饭用的器具（锅）和原材料（米），在这种情况下，无论如何是做不出饭来的。中国有一句老话叫作“巧妇难为无米之炊”，说的就是这个道理。事实上，没有劳动资料，劳动发出的作用力，也就失去了可被作用的对象，而没有作用对象的劳动是根本不存在的。仅从这点意义上看，劳动资料就已经构成了劳动过程的绝对不可缺少的要素之一，它同劳动目的、劳动能力一样，缺少任何一个要素，都不可能构成现实的劳动过程，从而就不可能实现任何一个劳动目的。

由于劳动资料由劳动工具、劳动对象和劳动环境所构成，因此，劳动资料对于劳动能力的发挥所起的制约作用，也就可以分别从这三个方面进行考察。

第一，劳动工具作为劳动过程中改造被作用物的物质手段，其状况制约着劳动能力发挥的状况。如果具有使用某种工具去制造某种产品的劳动能力，但不具备这种工具本身，那么我们所具有的这种劳动能力，就不可能得到发挥。例如，司机没有汽车，他所具有的驾驶汽车的能力就难以发挥出来。从这种意义上说，劳动工具越是充分，相应劳动能力的发挥也就越是充分。由此，还可以引申出这样的道理：越是先进的劳动工具，就越能够推动劳动能力的发挥；而越是落后的劳动工具，也就越限制劳动能力的发挥。例如，从石器、青铜器、铁器到现代机器的发展，每一步都极大地推动了人类的劳动能力，从而创造出更加丰富的物质财富。

第二，劳动对象作为劳动改造的物质对象，其状况也制约着劳动能力发挥的状况。如果仅仅具有改造某种劳动对象的劳动能力和劳动工具，但不具备这种劳动对象本身，那么我们所具有的这种劳动能力，也就不可能发挥出来。例如，纺织工人如果没有棉纱，尽管具有纺织的劳动能力（织布知识）和劳动手段（织布机器），也是不可能发挥出任何劳动能力的。因此，劳动对象越充分，相应的劳动能力也就可以发挥得越充分。此外，良好的劳动对象，有助于推动劳动能力的发展；而劣质的劳动对象，则可以限制劳动能力的发展。例如，用品位高的铁矿石炼铁比用品位低的铁矿石炼铁，更能节约劳动能力。

第三，劳动环境作为劳动过程的辅助条件，其状况同样制约着劳动能力发挥的状况。即使我们具备了生产某种产品的劳动能力，并且拥有相应的劳动工具和劳动对象，但是，如果没有适当的劳动环境，同样会削弱甚至破坏我们的劳动能力。例如，工人在高温环境中生产，就没有在常温环境中那样，具有更好的劳动能力及其持久性。又如，没有适当的厂房和仓库，就会损坏机器、生产原料和产品成品，乃至阻碍和破坏产品物质的生产。再如，没有适当的市场和交通，即使生产出来产品，也不能形成实际的生产效益，甚至生产的再循环都难以维持。由此可见，劳动环境也可以从不同的侧面影响和制约着劳动能力的发挥。

除此之外，劳动资料对劳动目的的实现起着强有力的制约作用，这一点是显然的。因为，劳动目的只有通过劳动能力的发挥，并现实地改造劳动对象之后，才可能创造出与自身相对应的、得以实现内外对应的物质财富，才可能最终实现自己本身。劳动资料没有了，劳动能力就无从发挥，劳动产品就无从形成，从而劳动目的也就无从实现。这就是说，有了劳动目的，有了劳动能力，但如果没有劳动资料，劳动目的也就只能成为空想。

以上分析说明，劳动资料在整个劳动进程中，起着决定性的制约作用，是人与自然发生联系的过程中不可缺少的物质条件，是构成劳动过程的绝对必要的基本要素之一。作为外部物质要素，劳动资料是同劳动目的、劳动能力这两个人的要素并驾齐驱的。这就是劳动资料在劳动过程中所具有的客观地位。

劳动资料除了具有上述客观地位之外，在现实经济生活中还具有一种特殊的经济地位，即劳动资料在社会经济关系中所具有的突出地位。在现实的社会经济关系中，总是能把经济关系乃至阶级关系，归结到人们关于劳动资料（即所谓生产资料）的分配和占有形式，归结到劳动资料的所有制形式，而极少归结到人们的劳动目的和劳动能力之上。那么，为什么劳动资料作为外部物质要素能够具有如此特殊、如此优厚的经济地位呢？这在根本上是由劳动资料自身所具有的自然特性决定的。

就一定的社会历史阶段而言，由于人们对基本劳动知识的学习和掌握是相对均衡和相对稳定的，因此，人们的基本生活目的和基本劳动能力，往往具有相对一致的等同性，在社会生产力越是落后的历史时期中就更是如此；而与此同时，社会中现有的基本劳动资料则是相对有限的，有时甚至可以达到非常贫乏的地步。劳动资料的这种有限性，同人们较为广泛的劳动目的和较为充足的劳动能力相对立，往往成为限制人们劳动能力发挥，从而阻碍人们劳动目的得以实现的首要因素。也就是说，作为人的有机要素的劳动目的、劳动能力的超前性，在这里表现为与作为物的无机要素的有限性的碰撞，形成了相互之间的强烈反差和深刻矛盾。正是在这种情况下，才形成了人们对劳动资料、对财富的普遍追求，并在这种追求甚至斗争中，使劳动资料的分配和占有形式成为人类社会极为重要的政治经济环节。

值得特别强调指出的是，作为无机要素的劳动资料，掩盖了作为有机要素的劳动目的和劳动能力，而成为社会经济问题的归结点，仅仅是由上述矛盾所制造出来的一种假象。从本质上说，决定社会运动的根本因素不是无机的、僵死的劳动资料，而是有机的、活生生的劳动目的和劳动能力。死物无论怎样变化，都只能是死的东西，而活物则可以通过自己的变化，使死物为自己的目的服务。

实际上，任何劳动资料之所以成为劳动资料，都是由劳动目的实现自身的需要而规定的，没有了劳动目的，也就没有了劳动资料存在的依据；而有了劳动目的，有了劳动目的的运动变化，原来不是劳动资料的东西可以成为劳动资料；有了劳动知识，有了劳动知识的丰富和发展，原来不足的劳动资料可以充足起来或被别种物质所取代。因此，社会经济矛盾在本质上，必然归结到有机的劳动目的和劳动能力对无机的劳动资料的追求或争夺之上，必然归结到劳动过程中人的要素对物的要素的追求与争夺之上，而劳动资料的分配和占有形式，则只是这种社会经济矛盾的外部表现形式。这是值得我们深思的一个带有根本性的政治经济问题。

三　劳动过程三要素的辩证关系

在本篇前面已经分别地讨论了劳动过程的三个要素——劳动目的、劳动能力和劳动资料。尽管我们在讨论中已经涉及它们三者之间的关系问题，但为了更系统地认识它们之间互相制约、互相推动的内在矛盾关系，有必要在此节中，综合地讨论一下劳动过程三要素之间的辩证关系。

从静止的角度看，劳动目的、劳动能力和劳动资料，可以被视为劳动过程中三个相对独立的要素。但是，对于一个完整的劳动过程而言，特别是对于一个运动着的劳动过程而言，它们实际上是不可分的、有机联系的。它们之间的不可分性，表现为每一个要素都是现实劳动过程中绝对不可缺少的基本要素，缺少任何一个要素，劳动过程就会瓦解、就不复存在。它们之间的这种有机联系性，表现为每一个要素的存在和发展，都受到另外两个要素的制约或推动，并在不断循环的矛盾运动中，螺旋般地向更高的水平升华。下面将具体讨论这种辩证关系。

第一，劳动目的受劳动能力和劳动资料的制约和推动。从前面的讨论中已经知道，“目的”是一种处于实践状态的精神想象物，它要求改造外部事物以实现自己本身。因此，劳动目的具有强烈的实践性，它要求在劳动过程中，现实地支配劳动能力去改造劳动资料。但是，任何一种具体劳动目的的形成，都难免受劳动能力和劳动资料的限制和规定。显然，没有一定的劳动能力、没有一定的劳动资料，任何劳动目的都是不可能发挥作用的，从而都是不可能实现的。人们在劳动过程中所经受的无数教训，迫使人们在确立劳动目的时，都尽可能依照自己劳动能力和劳动资料的可能，而不是随意地超越这种可能。这就是说，劳动能力和劳动资料的状况，影响和制约着劳动目的的确立。另一方面，劳动能力和劳动资料对劳动目的的规定并不是消极的，当劳动能力不断提高，劳动资料不断充足，原来尚未成为劳动目的的某些愿望，获得了转化的条件而升华成为劳动目的。原来狭窄和浅薄的劳动目的，也逐渐升华成为宽阔和深奥的劳动目的。当然，如果劳动能力下降，或者劳动资料更加短缺，那么则会导致劳动目的更加趋于狭窄和浅薄。这就是说，劳动能力和劳动资料的运动变化，能够制约或引起劳动目的的运动变化。

第二，劳动能力受劳动目的和劳动资料的制约和推动。劳动能力是知识和体力的统一。但是，知识是从哪里来的呢？无疑，它是从劳动实践中不断获得的，是在日益深刻和广泛的劳动实践中积累而丰富起来的。没有日益扩大和深刻的劳动目的，自然就没有日益扩大和深刻的劳动实践，也就没有日益扩大和深刻的劳动能力本身。这就是说，劳动能力的运动变化虽然可以制约和影响劳动目的的运动变化，但是反过来，劳动目的的运动变化本身，又能通过劳动实践成为制约和影响劳动能力运动变化的根据。另一方面，劳动资料对劳动能力的制约和影响也是十分明显的，因为，劳动能力只有利用自然力才能无限地扩大自身，缺乏必需的劳动资料，劳动能力就不能体现为现实的劳动能力。通常，劳动资料的状况越好，就越能发挥人的劳动能力，反之，只能限制人的劳动能力。这就是说，劳动资料的运动变化，能够相应地制约和推动现实劳动能力的运动变化。

第三，劳动资料受劳动目的和劳动能力的制约和推动。劳动资料之所以能够成为劳动资料，无不是因为它得以现实地成为劳动目的的改造对象，成为劳动目的能动地实现自身的利用物，没有劳动目的就没有劳动资料。这就是说，劳动资料是非能动的、死的自然物，它虽然能够从某些方面制约着劳动目的的形成和发展，但劳动目的作为能动的主体，则规定着自然物所以能够作为劳动资料的性质。此外，劳动目的的日益广泛和深刻，使得劳动资料的内容也随之日益广泛和深刻；原来不是劳动资料的自然物可以转化为劳动资料，特别是劳动目的在支配劳动能力的创造过程中，还能够创造出日益丰富的劳动工具、劳动对象和劳动环境。这就是说，劳动目的的运动和变化，可以能动地制约劳动资料的运动和变化。并且，劳动资料也在一定程度上，受到劳动能力的制约和推动。一方面，劳动能力通过对劳动目的的制约，而进一步制约劳动资料；另一方面，劳动能力也可以作为劳动目的的实现手段，创造出日益丰富的劳动资料。在一般情况下，人们的劳动能力越广泛、越深刻，可被利用和改造的物质对象就越多，可被创造出来的劳动资料也就越丰富。

由以上分析可见，劳动目的、劳动能力和劳动资料是互相制约、互相推动的，每一个要素的运动变化，都会在劳动过程的矛盾运动中，相应地引起和限制其他两个要素的运动变化，从而共同构成一个有机的劳动过程统一体，这就是劳动过程三要素之间的辩证统一关系。实际上，当我们讨论到这里的时候，我们对人类生活循环体也就有了更加丰富的认识，即劳动过程三要素的辩证统一关系，实际上是寓于人类生活循环体之中的（见图 19－3）。

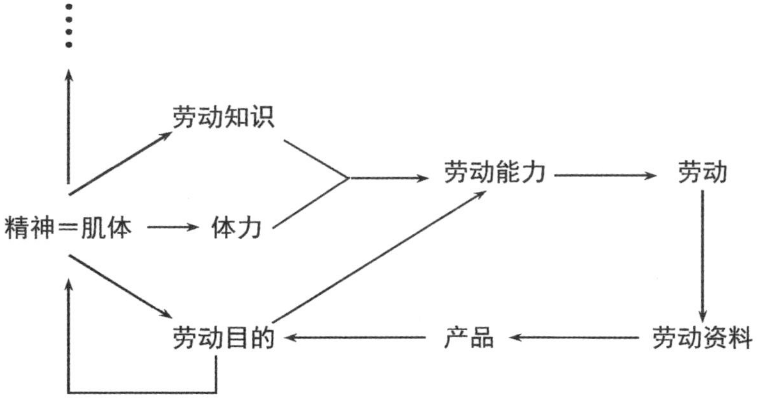

图 19－3

需要说明的是，图中的“＝”并不是我们通常说的“等于号”，而是作为精神与肌体统一于一个整体这种关系的符号表达。在图中，大致上可以把整个循环过程分为四个部分：第一，作为人类生活的精神被分解为两大部分，即劳动目的和劳动知识。其中，劳动知识与肌体分离出来的体力相结合构成劳动能力，劳动目的通过对劳动能力的支配而构成现实的劳动。第二，现实劳动的存在，使自己的作用力在劳动资料（当然包括劳动工具、劳动对象、劳动环境三个方面）上起作用，从而创造出产品物质。第三，产品作为劳动的创造物与劳动目的实现内外对应，从而实现劳动目的本身，并在此基础上现实地满足人类生活的需要，即满足人类精神生活的需要，并在生理上使人类精神乃至人的肌体从这种需要的满足中得到进一步的存在和发展。第四，当人类精神和人类肌体得到进一步的存在和发展之后，整个人类生活循环体的循环过程就进入更高级的循环阶段；而在这个更高级的循环阶段中，每一个要素都将比低级循环中的相应要素有所发展和提高。

值得说明的是，尽管劳动目的、劳动能力和劳动资料都是劳动过程中不可缺少的要素，都能在一个完整的劳动过程中互相制约、互相推动，但这并不等于说它们各自所处的地位和所具有的性质都是一样的。在一个完整的劳动过程中，劳动目的作为整个过程的原动力，是最具有能动性和支配性的因素，它引起并支配着整个劳动过程，是整个劳动过程活的灵魂；劳动能力作为实现劳动目的得以实现的必要条件，只能服从服务于劳动目的的要求，并按照劳动目的的要求去应用和改造劳动资料，创造出得以实现劳动目的的物质对象；劳动资料作为劳动目的的改造对象，是劳动过程三要素中唯一一个非能动的、死的因素，它以自己的被改造，即在劳动力作用下的物理变化和化学变化，而为实现劳动目的或满足人类生活的精神发展要求服务。这也就是说，在根本性的意义上，能动的要素决定着非能动的要素，尽管这种决定是有条件的。

最后要说明的一点是，这里所说的“劳动过程三要素”，是同以往理论中所说的“劳动三要素”有所区别的。以往的理论将劳动者作为一个要素，这样对于我们把劳动目的和劳动能力作为两个具有独立意义的要素进行分析，是极为不利的，它容易使我们忽视劳动目的在整个劳动过程中所具有的能动作用和决定性地位，忽视劳动知识作为活的要素在劳动过程中的关键性作用。只有当我们把劳动者这个要素分解为劳动目的和劳动能力，才可以深刻地分析和认识它们，并在此基础上展开我们关于经济理论的研究。另一方面，在以往的理论中，把劳动过程中除人本身这个要素之外的其他所有外部物质要素，划分为“劳动资料”和“劳动对象”，其中，“劳动资料”又被划分为“劳动工具”和工具以外的其他劳动条件，但没有指出它们之间所具有的相对性和可变性。这种划分的缺点是容易造成我们对劳动工具、劳动对象和劳动环境的混淆。显然，有的物品在这种情况下可以是劳动工具，在另一种情况下则可以成为劳动对象。为了避免这种混淆，这里把劳动工具、劳动对象和劳动环境，作为劳动过程中外部物质条件的总和，统称为“劳动资料”，并规定了他们的相对性，即以某一相对独立的劳动过程中所具有的最终劳动目的为衡量尺度。为了更好地理解上述两种不同划分的关系，我们可以用图直观地进行表达（见图 19－4）。

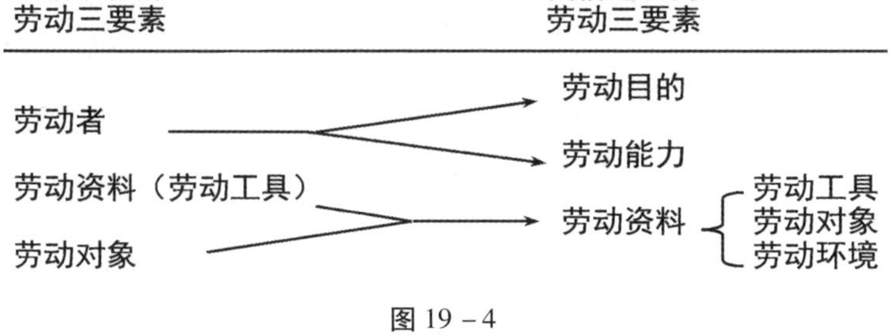

图 19－4

在上图中，以往的劳动三要素中的“劳动资料”和“劳动对象”，作为劳动过程中物的要素，被结合成这里所说的劳动三要素中的“劳动资料”，其中包括了劳动工具、劳动对象和劳动环境。而以往的劳动三要素中的“劳动者”，则作为劳动过程中人的要素，被分解为我们这里的劳动三要素中的“劳动目的”和“劳动能力”。这样，就使得劳动过程三要素表现为两个人的要素及一个物的要素，而不是相反，像以往的理论那样，表现为一个人的要素和两个物的要素。

四　个人劳动资料和社会劳动资料

由于劳动可以划分为个人劳动和社会劳动，因而相对应地，劳动资料也可以划分为“个人劳动资料”和“社会劳动资料”。我们把这种划分称为“劳动资料的社会划分”。这种划分使劳动资料区别于一般的自然物而体现了自身的社会性。

那么，如何给个人劳动资料和社会劳动资料的概念下定义呢？所谓“个人劳动资料”，就是个人劳动为满足个人生活需要，创造个人产品而消费使用的劳动资料；而所谓“社会劳动资料”，就是社会劳动为满足社会生活需要，创造社会产品而消费使用的劳动资料。这看起来，两者之间似乎只是一个定语的差别而已，但实际上，两者在社会意义上乃至在种类规模、范围、形式、内容各方面都是有着明显差别的。

首先，劳动资料的社会性是由劳动的社会性决定的。劳动者直接为自身生活需要而运用个人劳动去创造个人产品，进入这一过程的全部劳动资料都表现为一种直接为个人劳动使用，并直接为个人生活服务的性质；同样，劳动者直接为社会生活需要而运用社会劳动创造社会产品，进入这一过程的全部劳动资料，也就全都表现为一种直接为社会劳动使用，并直接为社会生活服务的性质。例如，一个铁匠的妻子作为家庭主妇在家中把饭做好、把衣服洗好、把卫生搞好，直接的劳动目的是满足自己及家人[①]的需要，其劳动无疑是一种个人劳动，那么，进入其劳动过程的相关劳动资料，诸如柴米油盐、做饭用具、肮脏衣物、洗衣设备和清洁工具等，也就现实地成为个人劳动资料。而这个铁匠在自己的作坊中制作锄头、镰刀，直接的劳动目的是通过满足作为社会生活的他人的需要，并从中换取他人创造的社会产品，其劳动则是一种典型的社会劳动，而进入其劳动过程的相关劳动资料——煤炭、炭炉、钢铁、锤子和作坊厂房等，同样也就成为社会劳动资料。

劳动资料作为一种物，其本身并没有社会性质，只是由于与之相关的个人劳

① 在这里，我们把一个小家庭，而不仅仅是一个独立的经济人，作为一个相对独立的社会经济个体，这也就是说，“个人”的含义包括了“小家庭”的概念。

动和社会劳动的服务对象的不同，才获得了自己的社会性。这是个人劳动资料和社会劳动资料最本质的区别。

其次，个人劳动资料和社会劳动资料在种类的规模、范围、形式和内容各方面也存在一定差别。个人劳动资料作为一种直接为个人劳动服务的物质要素，由于其并不进入社会交换过程，因而其种类及种量的局限性都是比较大的。这就如同我们以往所说的那样，个人劳动资料的消费表现为一种“生活消费”。而就一个相对独立的家庭或个人来说，其生活消费的种类和种量都是非常狭小的。相反，社会劳动资料作为一种直接为社会劳动服务的物质要素，由于采用了社会交换形式，因而其种类及种量的局限性就相对要小。这就如同我们以往所说的那样，社会劳动资料的消费表现为一种“生产消费”。而就一个国家、一个地区或者一家工厂来说，其生产消费的种类和种量相对家庭、个人而言，无疑要大得多。

当然，这种现象在历史上也不是绝对的，可以随着时代的变化而发生变化。在经济落后的时代，有的时候，社会劳动资料并不比个人劳动资料丰富得了多少。例如，早期的封建社会，社会经济形式主要表现为家庭经济，商品交换比较落后；农民家庭劳动中用于交换的社会劳动比重相对较小，主要表现为一种自给自足的劳动消费方式。而在商品经济发达的现代社会，尽管社会劳动资料的种类和种量以更大的规模发展扩大，但是，个人和家庭消费的个人劳动资料，在种类和种量上也得到了日益加速的扩大和发展。例如，新中国成立初期，广大群众主要解决的是温饱问题，生活用品极为简单；而到今天，越来越多的人进入小康的生活方式，享受和使用着日益丰富多彩的社会物质产品，诸如现代化的住宅、汽车、电脑、通信设备等。

如果能把某个经济范围的某个时期的个人劳动资料和社会劳动资料做一个总体上的统计，那么我们对个人劳动资料和社会劳动资料在种类、种量规模上的区别，也就有了数量上的直观性。这里涉及一个社会积累和个人积累，以及两者积累比重的问题。社会劳动资料的扩大，表现为社会财富积累的扩大；个人劳动资料的扩大，表现为个人财富积累的扩大。

劳动资料的社会性，不仅在形式上表现为个人劳动资料和社会劳动资料的划分，而且更重要、更深刻地表现在个人劳动资料和社会劳动资料之间的辩证统一关系之上。这种辩证统一关系，主要体现为个人劳动资料和社会劳动资料的相互转化关系。实际上，任何劳动资料都是个人劳动资料和社会劳动资料的统一，都同时包含了个人劳动资料和社会劳动资料这两个相互对立统一的矛盾片面，都同时具有个人性和社会性。所不同的只是，这一对矛盾体现在不同劳动资料之上时，表现为其各自矛盾主次地位的不同及其互相转化方式的不同而已。这就是说，任何劳动资料都可以在特定的条件下，从社会劳动资料转化为个人劳动资料，或者从个人劳动资料转化为社会劳动资料。不是作为社会劳动资料的片面，成为主要矛盾方面，而使劳动资料表现为社会性，就是作为个人劳动资料的片面，成为主要矛盾方面，而使劳动资料表现为个人性，二者必居其一。并且，劳动资料的社会性和个人性总是并存的，互为存在前提。这种体现在劳动资料上的社会性质，称为“劳动资料的社会二重性”。

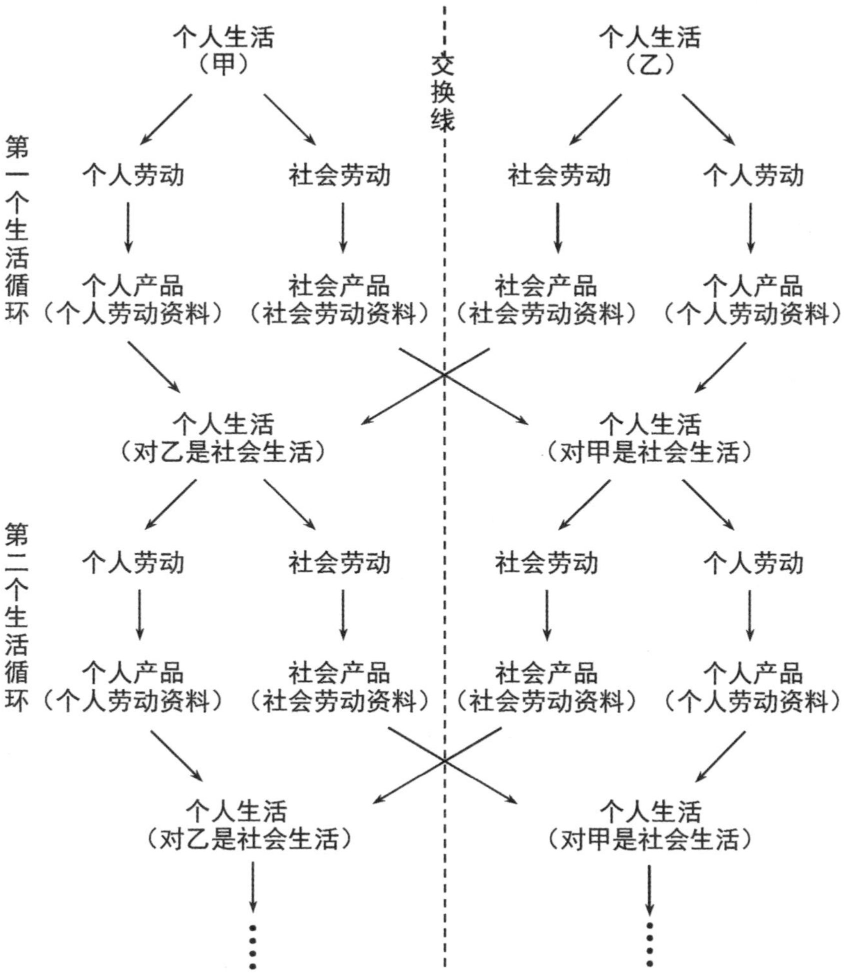

图 19－5

为了更好地弄清楚劳动资料社会二重性的特征，可以通过图 19－5 详加解释。从图中可以看到，个人劳动资料可以在下一个循环中转化为个人劳动资料或者社会劳动资料，而社会劳动资料则可以通过交换线并在下一个循环中转化为交换对方的社会劳动资料或者个人劳动资料。显然，通过交换而进入到个人劳动过程的社会产品，尽管它来源于社会劳动，但在新的劳动循环中，一旦进入个人劳动过程，也就现实地成为个人劳动资料，比如家庭主妇使用的洗衣机、学生在家使用的电脑等。通过对个人劳动资料的使用而扩展和引申出来的社会劳动，以及这种社会劳动所创造出来的社会产品，又会在新的循环过程中表现为对社会劳动资料的使用，比如铁匠吃了妻子做的米饭，从而有力气生产出锤子、镰刀，以供社会生活需要。

从中可以明白，如果把整个社会生产活动看成一个承上启下的过程，而不是看成一个被割裂的片断，那么，劳动资料就会体现出活生生的社会性，就会充分表现出个人劳动资料和社会劳动资料相互转化的辩证统一关系。具有直接个人性的劳动资料（个人劳动资料），可以在下一个生活循环中体现其间接的社会性，而具有直接社会性的劳动资料（社会劳动资料），也可以在下一个生活循环中体现其间接的个人性。因此，任何劳动资料，如果不是直接社会劳动资料和间接个人劳动资料的统一，那么就是直接个人劳动资料和间接社会劳动资料的统一，从而无不是社会性和个人性的统一。

劳动资料的社会二重性原理，在政治经济学上具有极为重要的理论分析意义。特别是由此而引申出来的“公共财富原理”，对于科学地解释有关人类社会劳动资料（生产资料）所有制发展运动的内在形式及规律，是一种十分方便的分析工具。本书第二卷《财富的分配与使用》中将要讨论的“公共财富原理”，正是依据劳动资料社会二重性的原理，首先把人类社会的全部财富（无论是私有的还是公有的）看作一种“公共财富”，即看作一种为整个人类社会共同拥有的劳动资料，并在此基础之上，具体地、历史地分析体现在“公共财富”之上的社会二重性，及其在具体历史条件下运动变化的规律。事实上，“公共财富”所以在人类社会发展的历史上，依次表现为原始社会的共同所有制、奴隶社会的奴隶主占有制、封建社会的土地占有制、资本主义社会生产资料的私人占有制、社会主义社会的全民所有制和集体所有制等，只是公共财富社会二重性在社会生产力发展的不同历史背景下，体现为某种对立统一的特殊方式而已。在社会生产力发展的特定历史背景下，只有采用特定的劳动资料所有制，才能将当时社会的个人利益和社会利益统一起来，才能使当时社会的人与人之间的经济关系维持特定的分工、协作、平衡，从而维持并推动社会生产力的发展。例如，在我国社会主义初级阶段的发展过程中，依然保留着一定数量、一定比例的私有经济，如果用公共财富原理去解释，这完全是社会主义初级阶段生产力的发展水平还不够发达的必然结果。但是，这种私有经济并不可怕，其中作为私人所有的社会劳动资料，尽管其在所有权上归个人所有，但在实际的社会效应上，则具有间接的社会性，并因此表现为一种间接的社会所有。在某种意义或某种程度上，这种私有经济所提供的产品物质，最终只能为社会生活服务，它所容纳的社会劳动者，亦因此成为使用这种间接社会劳动资料，并从中谋求生活条件的受益人。只要我们的社会主义经济处于主导地位，并且合理地制定一系列相应的限制措施，社会主义初级阶段的私有经济，就能为社会主义的发展作出应有的贡献。比如，在限制私有经济方面，要有效地应用税收手段，限制私有社会劳动资料（在本质的另一方面亦是一种公有社会劳动资料）被其所有者任意转为私人用途的挥霍浪费；被转作私人用途的私有社会劳动资料，要按一定比例缴纳公共财富转移税；私有社会劳动资料的赠送、继承，也要相应按一定比例缴纳公共财富赠送税、继承税等，以此保证私有社会劳动资料的正确使用，并在一个社会主义经济发展的历史过程中，逐渐转化为社会主义公有财产。有关公共财富社会二重性的原理，将在本书第二卷《财富的分配与使用》中进行系统的分析和讨论。

最后，一个值得说明的问题是，个人劳动资料和社会劳动资料的划分，好像使人感到丢失了“生活消费资料”一样，在这里，生活消费资料好像变成了“个人劳动资料”。那么，人们的全部活动就都成了生产活动，而生活消费又去了哪呢？这的确是一个有趣的话题。其实，从宏观社会经济的角度看，通过产品交换而得到的个人劳动资料，往往可以表现为所谓的“个人消费资料”，但这只是一种假象。实际上，从人类劳动的最一般定义出发，无论是作为个人劳动者，通过个人劳动创造的仅供满足自身生活需要的生活资料，还是作为社会劳动者，通过社会劳动及产品交换取得的仅供满足自身生活需要的生活资料，在实现个人的生活目的的过程中，必然通过对这些生活资料的劳动加工过程，使之在本质上表现为不同形式的个人劳动资料。从这种意义上说，生活消费也是一种生产消费，消费过程也就是一种生产过程，这就如同生产过程可以被看作一种消费过程一样。如果从“精神的存在和发展”这一人类生活的本质去看问题，我们实际上不难发现，无论是生产消费还是生活消费，都是人类生活的实践活动，都是人类生活的创造过程，都是为实现人类生活的目的服务的，有所区别的只是，它们所处的实践活动场所的不同，以及所要实现的生活目的的不同。归根结底，无论对个人劳动资料或社会劳动资料的消费如何，最终结果还是为了实现人们的生活目的，实现人类精神的深化发展，实现每一个人的生活意趣，乃至在根本上实现人类物种的永生。

第二十章
创造关系的形式

前面的两章讨论了人类精神对劳动的支配关系，本章开始将讨论人类生活循环体中的另一个基本关系——“创造关系”，即劳动与产品之间的创造和被创造的关系问题。在本书“导论”中分析有关“人类生活循环体”的内部关系时，就曾经说过：“产品作为劳动改造自然外物的成果，是劳动创造的新的物质形式；因此，劳动对产品具有一种创造关系。”研究创造关系的关键意义在于：由于在实际的创造活动中，人们不仅以各种日益发展的技术手段改造着自然物，还以各种日益发达的社会手段扩大自己的创造能力，这就使得创造关系包含了极为丰富的政治经济内容，它几乎包括人类一切创造活动，所构成的全部技术性和社会性的活动内容，以及技术性和社会性相互推动、相互制约的对立统一关系。从理论上深刻地认识创造关系，特别是深刻地认识创造关系内部的矛盾形式，不仅会使我们进一步掌握一些至关重要的经济学范畴，而且将会使我们对人类生活循环体的整体运动过程，形成一个更为深刻地认识。这对于完整理解本书所要构建的经济学体系，是极有意义的。

一 创造关系的外部形式

所谓“创造关系”指的就是劳动与产品之间的创造和被创造的关系，即劳动创造产品或者产品为劳动所创造的，这种不可逆转的必然关系。如果想要直观地认识创造关系，可以暂时把人类生活循环体中精神与劳动之间的支配关系，以及产品与精神之间的效用关系割裂开来，撇开精神这个环节，那么剩下来的就是劳动对产品的创造关系了（见图 20－1）。注意，图中的箭头具有重要意义，它指明和规定了劳动与产品之间的创造和被创造的客观关系，即劳动创造产品而不是产品创造劳动。这种铁一般的客观关系是不可逆转的，而这种不可逆转性，恰恰正是人类生活循环体三大要素之间相互作用方向不可逆转性的本质表现。如果说，产品反过来也要对劳动产生某种作用的话，那么，它只能回到完整的人类生活循环体中去，从运动变化的意义上，通过对精神的作用间接地影响劳动本身。

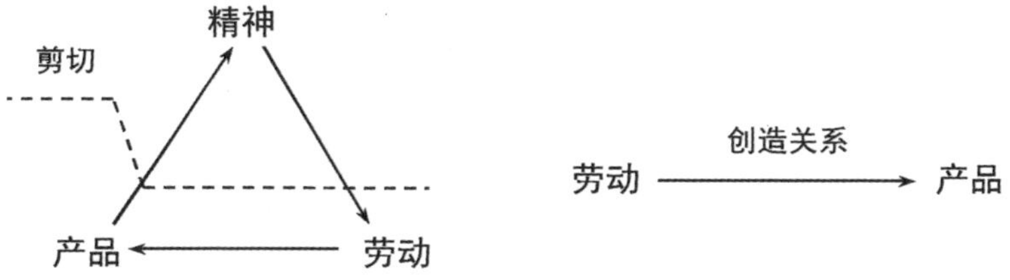

图 20－1

在实际的劳动创造过程中，劳动所形成的作用力，往往并不是直接作用在产品之上，而是首先作用于劳动资料，并通过对劳动资料（特别是其中的劳动对象）的改造①，而使之转化为产品实物。例如，工人在厂房中使用机器对一个金属原料进行加工，这个过程就是劳动对劳动环境、劳动工具、劳动对象的综合应用，而只有当其中的金属原料被加工完毕之后，才能成为现实的产品物质。这样，我们就获得了关于创造关系的更为具体的表现形式（见图 20－2）。

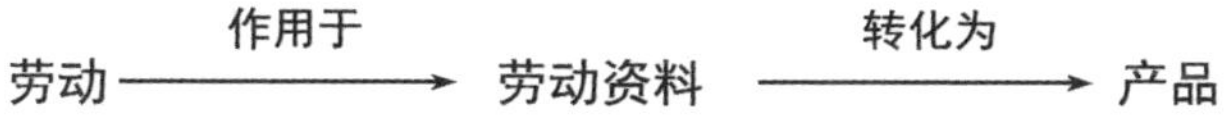

图 20－2

那么，什么是“创造关系的外部形式”呢？从图 20－2 中可以看到，创造关系实际上就是劳动作用于劳动资料，并使之转化为产品物质的力的关系；简单来说，也就是“劳动力关系”。在这里，劳动力关系是显而易见的，我们把创造关系的这种直观的表现形式称作为创造关系的外部形式，即劳动力关系就是创造关系的外部形式。这样，对于创造关系的认识也就又深入了一步（见图 20－3）。

当然，劳动力关系并不是一般意义上的力的关系，而是人类劳动所构成的特殊的力的关系，在本质上是与普通自然物之间的力的关系明显不同的。

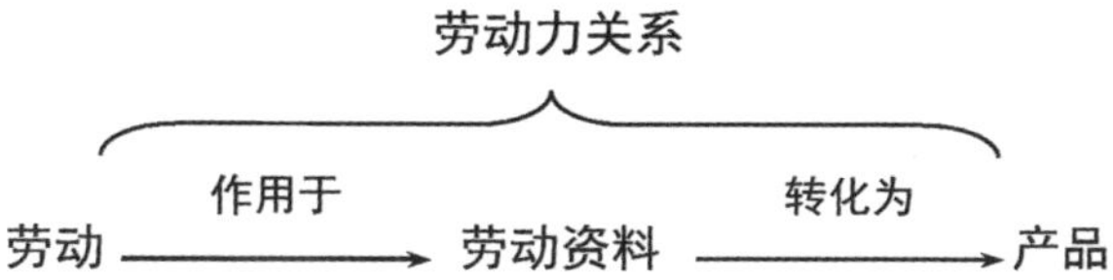

图 20－3

① 也就是使劳动资料的物质存在形式按照劳动者的劳动目的运动变化。

在图 20－3 中，箭头所指方向也就是劳动力的作用方向。这种创造和被创造的力的方向，在逻辑上是不可逆转的。其中，劳动力就是劳动对劳动资料，进而对劳动产品所构成的作用力，劳动正是通过自己的这种作用力同劳动资料构成作用关系，并进而同劳动产品构成创造关系的。因此可以说，劳动力（或者说劳动力关系），实质上就是创造关系的外部存在形式。相对于作为创造关系外部形式的劳动力而言，创造关系还有其特殊的内部形式，即包含于劳动力关系内部的“技术关系”和“社会关系”的辩证统一形式。关于这个问题，我们将会在后面进行讨论。

作为创造关系的外部存在形式，劳动力关系有什么特性呢？从最一般的意义上说，劳动力首先只能是一种关系，而不可能是一种独立存在的物质实体；认识这一点非常重要，是客观地认识劳动力概念的关键所在。在物理学中，作用力从来不是指作用物本身，而是指作用物与被作用物之间的作用关系。劳动力作为一种特殊的作用力也是一样，它不是指劳动（或者说受劳动目的支配的人体运动或运动着的人体）本身，而是指劳动的动能，作用于劳动资料而形成的力的关系，这种力的关系，必然只能由劳动与劳动资料来构成，任何一方都不可缺少。显然，作用物的力只能依据被作用物而存在，也只能通过被作用物的运动变化反映出来；仅有作用物而无被作用物的任何力的关系都是不存在的。因此，劳动力首先是一种物质关系。

自然，劳动力并不是普通的物质关系，而是劳动对劳动资料发生作用的特殊的物质关系。正如图 20－2 所示，在劳动力关系的两头，必须存在着两个相对独立的物质实体——劳动（精神支配下的人体运动或运动着的人体本身）和劳动资料（劳动工具、劳动对象、劳动环境），缺少其中任何一方，劳动力都将不复存在。因此，作为物质关系，劳动力绝不可能从劳动和劳动资料中独立出来，而成为另外一种物质实体；相反，只能依附于劳动与劳动资料的结合之中，成为劳动与劳动资料发生关系的纽带。也就是说，劳动力的这种物质性，实质上就是劳动与劳动资料之间的联系性，而这种联系性，则表现为劳动对劳动资料的改造过程，并最终体现为劳动产品本身。

劳动力虽然不像劳动和劳动资料那样，是一种相对独立的物质实体，但是，只有劳动力才能把劳动与劳动资料结合为一个紧密相关的物质统一体。从这种意义上说，劳动力才可以被看作劳动与劳动资料的统一。由于劳动过程是以劳动耗费去消耗劳动资料，从而创造出劳动产品的过程，因而，劳动力又可以看作劳动耗费与劳动资料耗费的统一。劳动力所具有的这种统一形式，完全是建立在劳动力所具有的客观联系性的基础之上的。

在现实的生产活动中，由于所生产的产品内容十分广泛，因而劳动的具体形式是多种多样的。这就使得劳动力也表现为多种多样的具体劳动力形式——它们或者构成生产零部件的劳动与用于生产零件的机器之间的关系，或者构成生产粮食的劳动与用于生产粮食的土地之间的关系等。这也就是说，只有具体的劳动和具体的劳动资料的联系，才能构成具体的劳动力关系。但是，如果抛开劳动力的具体内容并从其社会联系的方面去看，劳动力则可以一般地归纳为两种基本的社会形式，即“单一劳动力”和“复合劳动力”。

所谓“单一劳动力”，就是单个劳动者的独立劳动对劳动资料的作用关系。例如，一个制作皮鞋的工匠独自制作皮鞋的劳动，其中工匠的劳动与劳动资料之间的作用关系就是单一劳动力。而所谓“复合劳动力”就是由多个劳动者的共同劳动对同一劳动资料的作用关系。例如，几个搬运工共同搬起一件重物，他们复合在一起的劳动对该重物的作用关系就是复合劳动力（见图 20 -4）。

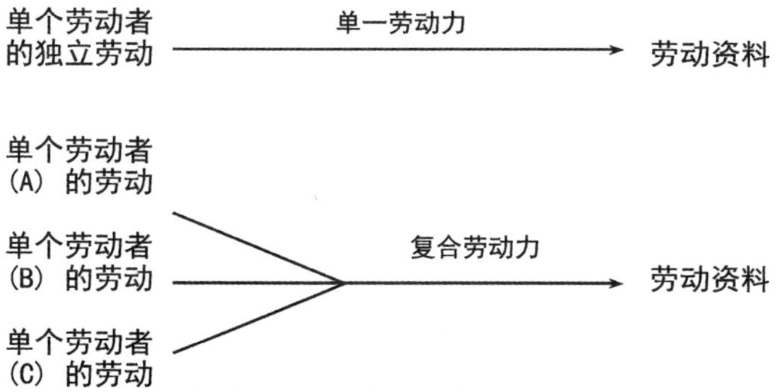

图 20 -4

尽管从理论上能够明确地区分单一劳动力和复合劳动力，但在实际的生产过程中，单一劳动力和复合劳动力往往是互相包含、互相融合的。例如，生产一部机器，其中的各种零部件可以采用分工劳动的形式，分别由不同的劳动者去完成。这样，从分工的角度去看，每个人独立完成各自的生产活动，其中所包含的劳动力，也就具有了单一劳动力的性质，但是，从协作的角度去看，或者说从整体的意义去看，每个人的劳动又是有机联系的，都是最终生产出整部机器的全部劳动的组成部分，因而，其中所包含的劳动力则具有了复合劳动力的性质。又如，一个工匠单独制作皮鞋的劳动，其中包含的劳动力关系，直接地看是单一劳动力，但用于制作皮鞋的各种生产原料和工具，可以是由其他劳动者制造或加工过的，因而就其最终产品而言，体现在该皮鞋之上的劳动力关系，则间接地具有了复合劳动力的性质。

单一劳动力和复合劳动力之间所具有的互相联系、互相融合的关系，体现了劳动力关系的有机性。这种有机性，使得单一劳动力成了劳动力关系的细胞形式，而使得复合劳动力成为劳动力关系的扩大形式。在任何复合的劳动力中，单一劳动力都是不可缺少的，都必然以单一劳动力为自己的基础。但是，单一劳动力只有在结合为复合劳动力的条件下，才可能更加充分地发挥自己的作用，才能发挥集体协作劳动所具有的无限的创造能力。实际上，人类社会生产力的发展，不仅是在改造每一个劳动者的个人劳动技术的过程中，而且是在改造每一个劳动者之间的劳动力关系的过程中取得的。

二　关于劳动力概念的辨析

这里所规定的劳动力关系，与以往理论中的“劳动力”相比较，在概念上显然是具有本质区别的。在以往的经济理论中，劳动力指的是人的劳动能力，是人们在劳动过程中所运用的体力和脑力的总和。而在这里所重新规定的劳动力概念，则是依据物理学及哲学的原理，把它客观地规定为劳动对劳动资料的作用关系，即人类通过自己的劳动去改造外部世界的特殊物质关系。

把劳动力作为“体力和智力的总和”，这种定义好像与前面所说的劳动过程三要素（劳动目的、劳动能力、劳动资料）中的“劳动能力”类似。不过，所谓智力，不仅包括劳动知识，而且包括劳动目的。如果一个人有了许多知识素材，但不能依照生活需要去应用，并从中形成有利于自身生存的生活目的，那么，并不能表示这个人的智商或者智力就高。从这种意义上说，以往的那种“劳动力”概念，并不能简单地等同于上述的“劳动能力”。因此，以往理论中的“劳动力”概念，不仅是与本书所规定的“劳动力关系”的概念根本区别的，而且是区别于本书所规定的“劳动过程三要素”中的“劳动能力”概念的。

劳动力作为创造关系的外部形式，被视为一种特殊的物质关系，这种全新的认识角度具有极为重要的经济学意义。它至少从经济学原理上把劳动力与以往的“劳动”或“劳动能力”确切地区分开来，特别是把劳动力与“劳动过程三要素”乃至“产品物质”严格地区分开来，从而为人们更科学、更准确地研究经济科学，奠定了客观的理论基础。

例如，在以往的理论中，总是存在一个“劳动力是不是商品”的问题，并在这个问题上争论不休。有的学者甚至还设想建立一种所谓的“社会主义劳动力商品论”，用以支持建立社会主义市场经济的方针政策；有的学者则认为“劳动力成为商品”只能是资本主义社会中的现象。实际上，当我们从理论上确认劳动力仅仅是一种物质关系，而不是什么独立的物质实体之后，我们还在进行这种争论，那就显得有点不可思议了。商品无非是产品的一种特类，它必然是一种物质实体，而且必然是劳动所创造的物质实体，而劳动力则只是一种物质关系，是劳动对劳动资料的作用关系。这样，它又怎么能够成为产品物质，进而又何以能够成为商品物质呢？显然，把劳动力视为商品的观点是不正确的，至少是不符合辩证逻辑的。因此，无论在资本主义社会和社会主义社会，纯粹意义上的劳动力是绝对不可能成为商品的。

更进一步说，劳动力不仅作为一种物质关系不能成为商品，而且就算作为“劳动能力”也绝对成不了商品。劳动能力作为劳动知识和人体体力的统一体，仅仅是劳动者所具有的潜在劳动能力，仅仅是劳动过程三要素中的一个要素，它只有在劳动目的的支配下，才可能转化为现实的劳动能力，才可能发挥出改造劳动资料，从而创造产品财富的客观作用。实际上，劳动产品只能是劳动目的、劳动能力和劳动资料统一运动的最后结晶。因此，劳动能力只能是创造劳动产品的一个必要要素，而绝不可能成为劳动过程的最后结晶产品物质本身，自然也就不可能成为商品物质本身。

在资本主义社会中，劳动资料的资本主义私人占有制使工人成为资本家的雇佣劳动者。在这种情况下，产品的分配方式突出地表现为，雇佣劳动者在为资本家干完一定的活后，相应地取得一定的收入，并由此给我们一种以劳动交换收入的假象。这种假象引导我们把雇佣劳动者的劳动（或者说劳动力、劳动能力）看成一种可供交换的商品。然而，这种把劳动看成商品的观点是错误的、不科学的，而且在政治经济理论研究中是极为有害的。

首先，在上面的讨论中已经阐明，劳动、劳动力及劳动能力，都根本不能成为产品物质乃至商品物质本身；其次，如果硬要把雇佣劳动者的劳动或劳动力说成是商品的话，那么，唯一的理论前提就是，必须首先否定雇佣工人的人格，即把工人的劳动或劳动力视为一种非人性的自然物质运动活动或自然力，或者直截了当地说成是一种非人性的牲畜活动和畜力。然而，这在人文科学中是反人道和反科学的，也是难以为正直的人们所接受的。事实上，只有首先把雇佣工人看成一种具有完整人格意义的人，看成一种具有完整政治经济地位的人，才可能谈得上研究他们与另一种具有完整人格意义的人——资本家——之间的政治经济关系，进而才可能真正地、客观地、本质地认识这种政治经济关系。再者，我们只有确认劳动力不是产品或商品这一观点，科学地把劳动力作为一种经济关系去进行深入研究，才可能科学地认识一系列与此密切相关的经济学原理，进而才可能科学地认识资本主义社会、社会主义社会乃至共产主义社会中各种经济关系的存在形式和内在运动规律。

实际上，人类社会的生存和发展，是建立在一种共同的物质基础之上的。这种物质基础作为整个社会的劳动资料（生产资料），之所以在不同的历史阶段中采取不同的占有形式，乃至依据不同的占有形式而采取不同的产品分配方式，完全是人类社会共同生存和发展在每一特定历史阶段中的必然要求。从奴隶社会到封建社会，从封建社会到资本主义社会，从资本主义社会到社会主义社会，乃至将来从社会主义社会到共产主义社会，与每一个社会阶段相对应的劳动资料占有形式，以及与此相对应的劳动产品分配方式，都曾在历史上为适应整个人类社会经济不断发展的共同需要，为整个人类社会的存在和发展，发挥过积极的推动作用；同时，亦会在新的历史阶段中，失去其本身的适应性而最终消亡。人类社会的这种内在运动，是劳动力商品论所不能从根本上加以解释的，相反只会妨碍我们对这种内在运动的科学认识。

以往那些把劳动力或者劳动能力说成是商品的学说，不仅把资本主义社会中的劳动力说成是商品，甚至还习惯性地把社会主义社会中的劳动力也说成是一种商品，似乎只有“劳动力商品论”，才能合理解释社会主义社会中仍然广泛存在的人与人的商品交换关系，这种观点实际上是与劳动力关系的客观事实和科学原理相矛盾的。必须在理论上首先确立劳动力只能是一种物质关系的概念，彻底否定把劳动力视为一种产品或一种商品的观念，才能使我们更加科学、更加充分地运用“劳动力”这个范畴，去正确地分析一系列复杂的社会经济问题。总之，必须抛弃“劳动力商品论”，用“劳动力关系论”作为认识劳动力问题、研究劳动力问题的基础。

三　创造关系的内部形式

创造关系除了以劳动力关系作为自己的外部形式之外，还有其自身的内部矛盾形式，即“技术关系”和“社会关系”的对立统一形式。技术关系和社会关系作为创造关系内部对立统一的两个矛盾方面，是创造关系得以运动发展的基础。它们之间是相互制约、互为存在前提的，其对立统一的矛盾运动决定和制约着整个创造关系的存在和发展。我们把技术关系和社会关系的这种对立统一的存在形式，称为“创造关系的内部形式”。在技术关系和社会关系的对立统一运动之中，包含着极为丰富的政治经济关系，是我们得以从原理上认识和理解社会政治经济关系发展变化的一个关键环节。

下面就来讨论一下什么是技术关系和社会关系，它们之间又是如何对立统一从而构成创造关系的内部形式的呢？创造关系在其外部形式上，一般表现为劳动作用于劳动资料的力的关系。但是，在实际的生产活动中，特别是在极为复杂的社会化大生产中，人们创造物质财富所采取的劳动形式是复杂多样的。这不仅表现为，为了生产某些不同的产品，人们必须相应地采取特殊的劳动方式，应用特殊的技术手段，去处理、去加工劳动资料，而且还表现为，为了扩大某种物质财富的创造能力，人们必须相应地结成特殊的劳动组织，应用社会组织的力量，去实现对劳动资料的改造。由此，我们可以归纳出创造关系中所包含的两种最基本的关系，即“技术关系”和“社会关系”。

所谓“技术关系”，就是人们在改造劳动资料的过程中，把自己的劳动能量以某种具体形式施加在劳动资料之上的作用关系。从这种意义上说，技术关系是由人们的技术行为以及与之相关的劳动资料所构成的，它突出地表现为劳动过程中人的要素与物的要素的直接关系。人们的技术行为使外部自然物按照人们的意志运动变化，而技术关系就存在于技术行为与被作用的劳动资料之间。例如，用织布机织布，劳动对织布机的操作就构成了劳动对织布机乃至对棉纱的技术关系。技术关系是技术能力和技术手段的统一，也就是劳动能力和劳动资料的统一；因此，劳动能力和劳动资料的状况构成了技术关系的状况。

所谓“社会关系”，就是人们在应用劳动资料去创造物质财富的过程中，为了扩大共同的劳动能力，最好地发挥集体的技术知识和最充分地利用现有的劳动资料，用以提高社会劳动的经济效益，最大限度地实现共同的劳动目的，而互相协作劳动所构成的人与人之间的劳动组织关系，以及影响和支配这种劳动组织关系的其他一切人与人之间的政治经济关系。社会关系是由人们之间的社会行为构成的，人们的社会行为互相联系、互相影响，构成了社会关系的实体，它突出地表现为劳动过程中人与人的直接关系。例如，织布工人为了提高织布能力，在确定了某种分配关系的基础上，进行纺纱、织布、染布及卖布的分工，使每个劳动者的劳动行为和劳动利益相互结合而不可分割，这就构成了劳动者之间的社会关系。

当然，就纯粹的劳动力形式而言，单一劳动力是一种仅仅具有技术关系而不具有社会关系的劳动力，只有复合劳动力才同时具有技术关系和社会关系。然而，就现实的社会经济活动而言，与社会经济活动毫无联系的、纯粹的单一劳动力几乎是不存在的。相反，复合劳动力则成为人类社会最普遍和日益复杂化的劳动力形式。实际上，尽管在生产力极不发达的原始社会的生产活动中，就已经存在广泛和严密的群体活动。例如，原始人的集体狩猎，就已经具有了某种分工协作的社会劳动组织形式。所以，从普遍的意义上看，在人类的一切劳动力中，都可以看到技术关系和社会关系共存一体的特性。从这种意义上说，创造关系是技术关系和社会关系的统一。

在任何一个劳动过程中，特别是在现代社会的任何一个劳动过程中，都必然包含着技术关系和社会关系。在整个劳动过程中，尽管技术目的和自然知识可以相对独立地支配技术行为，或者社会目的和社会知识可以相对独立地支配社会行为，但是，这两种行为又总是结合在一起，共同地、对立统一地为改造劳动资料及为实现劳动目的服务的。例如，在一个共同生产某一产品的劳动组织中，必须要求每个劳动者发挥各自的技术手段去创造共同的产品物质，然而，只有把每个劳动者的技术能力和技术手段按照某种特定的生产方式合理地组合起来，充分发挥每一个劳动者的生产协作精神，才能够具有足够的创造能力，才能够现实地创造出这一产品。在这种情况下，没有一定的劳动组织、没有一定的社会关系，就不可能构成足够的集体劳动能力，从而就不可能最终实现共同的技术目的。另一方面，我们建立一种劳动组织，或者说确立一种社会关系，目的是要通过这种组织关系发挥和扩大集体劳动能力，实现关于生产某种共同产品的创造目的。但是，假如不具备创造这种产品的足够技术能力和技术手段，那么这种劳动组织关系也就失去了存在的必要和可能，而建立这种劳动组织的社会目的也就自然不能实现。这也就是说，在具体的生产活动中，只有当相应的技术关系和社会关系合理地统一起来的时候，才可能综合地实现技术目的和社会目的，从而为我们的生存和发展提供所需的物质财富。

任何技术行为必须在一定的社会行为之下才能发挥其生产技术的劳动效益，而任何社会行为又必须在一定的技术行为之下才能发挥其社会协作的劳动效益①。因此，技术行为和社会行为是对立统一、互相制约、互相作用、互相决定的。由于人们的劳动处于一种互相影响并结合于一体的状态，是个人劳动和社会劳动的统一，所以任何技术行为都必然地与一定的社会行为相联系；反过来，任何社会行为又必然与一定的技术行为相联系。每一特定的技术行为都必然建立在一定的社会行为的基础之上，而每一特定的社会行为亦无不包含着一定的技术行为。因此，劳动行为是社会行为和技术行为的统一。

作为对立统一的两个矛盾方面，技术关系和社会关系是不可分的、互为存在前提的，同时又是互相对立、互相矛盾的。要建立一定的技术关系，必须相应地建立一定的社会关系，同样，要建立一定的社会关系，就必须以一定的技术关系为依据。否则，两方面的不适应，都不可能构成得以实现技术目的和社会目的的劳动能力。此外，技术关系和社会关系又是互相促进的，技术关系每向前发展一步，都会要求社会关系依据自身的变化而相应发生变化；反过来，社会关系每向前发展一步，又会为技术关系的发挥创造条件，进一步推动技术关系的发展。创造关系中的这对内在关系的矛盾运动形式，是社会生产活动中最基本的运动形式。因此，要认识和理解社会生产活动，就必须深刻地认识和理解这一对矛盾关

① 在以往的理论中，认为生产力决定生产关系，生产关系反作用于生产力。其中混淆了技术关系和社会关系，实际上，技术关系和社会关系的统一构成了生产力，技术关系和社会关系之间对立统一的矛盾运动，从内部推动生产力的运动和发展。

系。实际上，在技术关系和社会关系这一对矛盾关系中，包含着极为丰富的政治经济学内容。比方说，劳动资料的占有形式、劳动产品的分配形式和劳动组织的社会形式等。关于这一点，本书将在后面的章节中专门进行讨论。

关于创造关系的内在形式的讨论，将有利于深化我们对人类生活循环体的认识。为了对此有一个更加直观的认识，我们可以把前面有关人类生活循环体的概念在这里用图示综合地加以概括和表达（见图 20－5）。

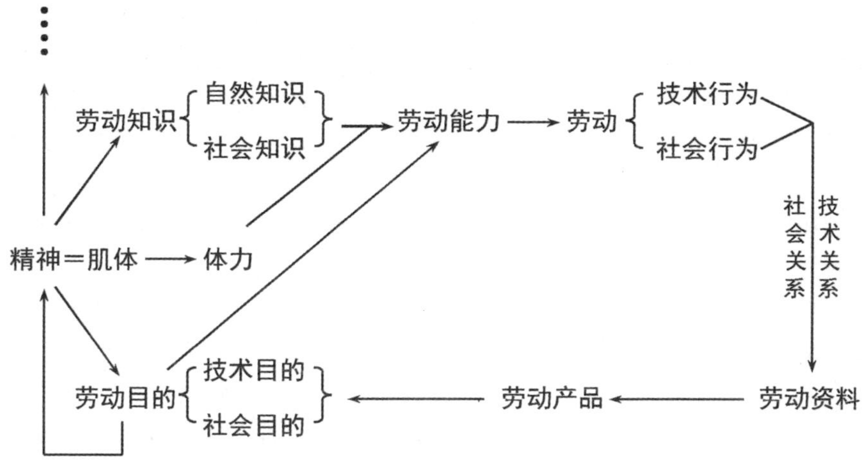

图 20－5

从图中可以看到：(1) 劳动知识被分解为“自然知识”和“社会知识”。其意义在于说明，劳动能力是自然知识和社会知识，作为劳动知识的两个矛盾方面，对立统一地与体力相结合的结果。(2) 劳动目的被分解为“技术目的”和“社会目的”。其意义在于说明，劳动的技术目的与劳动能力中的自然知识相结合，而相对应地决定技术行为；劳动的社会目的与劳动能力中的社会知识相结合，而相对应地决定社会行为。(3) 劳动被分解为“技术行为”和“社会行为”。其意义在于说明，劳动行为是技术行为和社会行为的对立统一，它们对立统一地与劳动资料相结合，并相对应地构成“技术关系”和“社会关系”。(4) 创造关系被分解为“技术关系”和“社会关系”。其意义在于说明，创造关系是技术关系和社会关系的对立统一，作为创造关系的两个矛盾方面，技术关系和社会关系共同作用于劳动资料，从而共同决定劳动产品的创造过程。(5) 劳动资料在创造关系（技术关系和社会关系的统一体）的作用过程中转化为劳动产品，以此适应技术目的和社会目的的要求，与之实现内外对应，最终满足人们的生活需要并推动人类精神的发展，使之进入一个更高的循环过程。

在对立统一的矛盾运动过程中，社会关系和技术关系作为两个矛盾方面，其各自的主次地位是经常发生变化的，当社会关系不适应生产力发展的要求时，社会关系就成为生产力发展的主要矛盾方面；相反，当技术关系不适应生产力发展的需要时，技术关系就成为发展生产力的主要矛盾方面。技术关系与社会关系的对立统一，尽管可以作为生产过程的一个内在矛盾关系而存在，但是，从整个生产过程的根本制约因素而言，最具根本性的要素仍然是支配整个生产过程的劳动目的。劳动目的要求技术关系和社会关系高度统一起来，以最经济、高效的形式，创造出用以实现自身的产品物质。因此，劳动目的的发展，乃至相关的社会知识、自然知识的发展，本质上还是人类精神的发展，是现实技术关系和现实社会关系变化发展的根本动力。无论技术关系还是社会关系，其发展运动的原动力，从根本上说，无不来自人类生活对物质资料需求的发展，无不来自人类精神的发展本身。

就创造关系的内部形式而言，除了技术关系和社会关系这一对矛盾关系之外，还有另外一对矛盾关系，即“具体劳动力关系”和“抽象劳动力关系”，简称为“具体劳动力”和“抽象劳动力”。我们知道，劳动可以从内部形式上划分为具体劳动和抽象劳动，这就是所谓关于劳动的质与量的规定性。同时，产品也可以从内部形式上划分为产品属性和产品数量，这就是所谓关于产品的质与量的规定性。正是由于它们两者都包含着质与量的两个矛盾方面，因而使得作为劳动与劳动资料之间的作用关系（劳动力关系）也就同时具有了自己的质与量的规定性。劳动力的质与量的规定性，在形式上表现为劳动与劳动资料（或者进一步说是劳动产品）之间在作用关系上的质与量的对应关系（见图 20－6）。

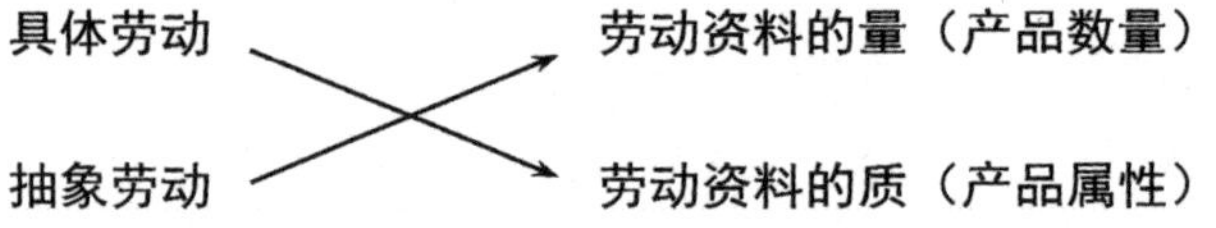

图 20－6

其中，具体劳动与劳动资料的质（或者说产品属性）之间构成的关系，就是具体劳动力关系；抽象劳动与劳动资料的量（或者说产品数量）之间构成的关系，就是抽象劳动关系。具体劳动力和抽象劳动力作为劳动力内部区别于技术关系和社会关系的另外两个矛盾方面，同样也是不可分离的，它们总是从质与量两个方面，对立统一地构成劳动与劳动资料之间的作用关系。

研究抽象劳动力和具体劳动力的经济学意义在于，能使我们分别从质与量两个方面，去更加细致地考察劳动与劳动资料乃至劳动产品之间的关系，从而使我们对劳动这个要素在人类生活循环体中的地位和作用，形成一个更加具体、深刻的认识。比方说，依据劳动的质与量同劳动产品的质与量相互对应的原理，可以比较深刻地理解现实生产活动中的这种现象：当具体劳动一定时，产品的质就一定；当抽象劳动一定时，产品的量就一定；如果具体劳动不变，抽象劳动增加，则同质的产品在数量上就增加。例如，制造酒的劳动，其产品自然只会是酒，而在一定技术条件下，造酒所花费的抽象劳动越多，酒的数量自然也就越多。这就是说，在一定的条件下，劳动与劳动产品之间的作用关系表现为：具体劳动相应地决定着产品的质，抽象劳动相应地决定着产品的量。

此外，从反映论的角度看，劳动力在质与量上所具有的上述对应性，使我们得以通过劳动产品的质与量去体现劳动的质与量，这也就是说，使得我们能够通过产品的质与量去考察劳动的质与量。这种体现可以从两个方面去看：第一，劳动产品的质与量能够体现劳动能力的质与量。劳动产品的技术性能越先进、数量越大，说明生产者生产这种产品物质的劳动能力越大。第二，劳动产品的质与量能够体现劳动目的的质与量。某种产品的特殊性状，反映了劳动者对这种产品在质上的需求；而某种产品数量的大小，反映了劳动者对这种产品需求在量上的规模。

由此可见，上述有关具体劳动力和抽象劳动力的原理，是进行基础经济原理分析的一个必要手段。

第二十一章
社会经济关系

如果以实际的创造关系来看，体现在技术关系和社会关系之上的具体内容是极为丰富的。比如技术关系，它既可以表现为劳动者使用手工工具去改造劳动对象，也可以表现为劳动者使用机器去改造劳动对象。特别是各种具体生产目的的不同，乃至各种具体劳动对象的不同，都可以使技术关系表现出极为丰富、形形色色的具体形式，从而使技术关系包含了极为广泛的具体内容。但是，政治经济学是专门研究人与人之间政治经济关系的学说，因此，有关技术关系的具体内容，除了特别需要进行具体研究的之外，本书不作过细讨论。此类问题应属于技术科学或者产品学研究的范畴。然而，对于社会关系，我们却不能停留在一般概念上，而必须作较为具体的研究和分析。在本章中，我们所要讨论的社会关系，也仅仅是对其丰富的内容做一些最基本的概括，以便使我们对社会关系这个概念，特别是社会经济关系这个概念，形成一个稍为具体一些的认识。

从广义上说，社会关系应当包括人们在共同的社会活动过程中彼此之间结成的一切关系。除了形形色色的经济关系外，还包括各种各样的政治关系、文化关系、民族关系，乃至血缘关系等，但是，在所有一切社会关系中处于最主要、最根本的地位，并且普遍存在的是社会经济关系。社会经济关系构成了社会的经济结构，是整个社会得以存在和发展的基础，并同时对体现在政治、法律、意识形态等社会存在之上的其他社会关系，起着强有力的制约作用。特别是在经济学中，社会经济关系更是突出了自身的地位，成为政治经济学必须深刻讨论的对象。所以，从狭义上说，我们这里所要专门讨论的“社会关系”，主要指的是作为社会关系基本内容的社会经济关系，亦可简称为“经济关系”。

那么，作为狭义上的社会关系，经济关系究竟有哪些基本内容呢？我们说，社会关系作为生产活动过程中人与人之间结成的一种经济关系，它在基本内容上可以大致地划分为以下五个层次或方面：第一，劳动过程的组织关系；第二，劳动产品的分配关系；第三，劳动资料的所有关系；第四，劳动产品的交换关系；第五，劳动产品的消费关系。见图 21 – 1。

- 创造关系
  - 技术关系
  - 社会关系
    - 经济关系
      - 劳动过程的组织关系
      - 劳动产品的分配关系
      - 劳动资料的所有关系
      - 劳动产品的交换关系
      - 劳动产品的消费关系
    - 非经济关系

图 21－1

从图中可以看到，这五种基本经济关系是从创造关系中逐渐分解出来的。这五种经济关系虽然各有不同，但都能在实际的劳动过程中，直接或间接地制约着劳动者之间互相联系的创造活动，进而制约着人类社会的生存和发展。下面，我们分别就这五种最基本的经济关系进行讨论。

一　劳动过程的组织关系

劳动过程的组织关系，就是人们在共同创造物质财富的过程中，彼此之间结成的劳动分工和劳动协作的社会经济关系，简称为“组织关系”。它具体表现为人们在劳动过程中所结成的一定的分工、协作形式。其意义在于，通过劳动分工和劳动协作，去综合利用每一个人的劳动能力，最大限度地发挥和扩大集体劳动的能力，从而最经济地实现共同的劳动目的。

人们之所以采取劳动分工和劳动协作的方式构建自己的劳动组织，并把相互之间的分工关系和协作关系寓于其中，很大程度上是由人们劳动能力的相对有限和对物质需求的绝对无限之间的矛盾所规定的。事实上，人们越来越丰富、越来越广泛的物质需求，要求人们最大限度地发挥自己的劳动能力，以尽可能小的劳动耗费去获取尽可能多的物质财富，而适当地、科学的分工和协作，恰恰是实现这一要求的不可逾越的社会手段。因为只有这样，人类才可能摆脱个人劳动能力的局限性，从而获得人类共同劳动能力的无限空间。

劳动过程的组织关系，不仅是扩大和发挥集体劳动能力的必然形式，而且是劳动过程得以实现的必不可少的条件。在现实的社会生产活动中，没有劳动分工和劳动协作，就没有劳动的组织关系，从而也就没有社会劳动过程本身。如此这样，创造共同的社会财富乃至实现共同的社会生活目的，也就成为空话。这就是组织关系对社会劳动过程的最直接的、最表面化的规定性。

劳动分工和劳动协作作为劳动组织关系的具体形式，之所以对劳动过程具有如此直接的制约作用，是由劳动分工和劳动协作能够极大地发挥和扩大人们社会劳动能力的本质特性决定的。

就劳动分工而言，它把原来由同一劳动者生产多种产品的总过程，细化为多个分过程，分别由不同的劳动者去专门完成其中一种产品的生产过程；或者，它把原来由同一劳动者生产某一种产品的总过程，细化为多个分过程，分别由不同的劳动者去专门完成该产品之中的某一个部分的生产过程。劳动分工给人们带来的最大好处就是：为推动社会劳动专业化，从而为提高劳动者的劳动技能和劳动效率，提供了唯一可行的途径。这种途径的唯一性，使得劳动分工成为人类劳动能力发展过程中一种必然现象，并由此获得了其本身存在和发展的必然性。人类的劳动能力就是在越来越广泛、越来越细致的劳动分工的必然过程中迅速发展起来的。人们通过劳动分工扩大了自身的创造能力，使每个参与分工的劳动者得以用较小的劳动耗费获得较多的物质财富。这也正是不同的劳动者之间得以建立劳动分工关系的经济基础。

就劳动协作而言，它表现为不同劳动者在某一局部的生产过程中，或者在社会化的生产过程中，合理地进行分工并积极地协同劳动，它是人们实现分工和充分发挥分工作用的必要条件。显然，在提高劳动技能及劳动效率从而提高人类的劳动生产力上，分工能够发挥巨大作用，但盲目分工则可能限制和破坏这种作用。例如，生产某种产品，生产该产品某一部分零件的人员过多，而生产另一部分零件的人员过少，就会形成分工的不协调而降低该种产品的成品量。社会生产也是这样，如果各类生产部门的生产能力不能相应地与社会的需求结构和消费能力相适应，那么就可能因为某种产品的社会劳动量投入太多而出现产品过剩，或者因为某种产品的社会劳动量投入太少而出现供给不足。特别重要的是，尽管从纯粹技术的意义上看，某种分工已经趋于合理化或科学化，但是如果该分工群体中的某一环节出现不合作的情况，就会影响整个生产过程，从而削弱或破坏分工本身固有的经济作用。例如，在一个现代化工厂中，分工已经达到了极高的水平，但只要其中某一个生产环节的劳动者不合作，就可能使整个工厂的生产处于混乱和瘫痪状态。社会生产也是这样，如果某个行业的劳动者采取不合作态度，出工不出力甚至举行罢工，那么就可能影响其他行业生产，甚至使整个社会生产处于混乱和瘫痪状态。

由此可见，只有建立在合理分工和积极协作基础上的社会分工，才可能现实地发挥扩大社会劳动能力的经济作用。因此，劳动分工和劳动协作的统一是社会关系得以在创造关系中发挥积极作用的绝对必要条件。没有合理分工和积极协作，就不可能建立起协调而积极的劳动组织，从而也就不可能最大限度地提高劳动能力，并最大限度地满足人们的生活需要。

在以往的理论中，尽管已经讨论了分工和协作的问题，但从来没有把它们作为劳动组织关系的基本形式，突出地、明确地看成生产过程中的一种基本经济关系。实际上，只有首先在理论上明确劳动过程的组织关系，我们才可能以此为出发点，顺理成章地深刻地研究和认识其他基本经济关系，对整个劳动过程的制约作用。此外，在以往的理论中，有关分工和协作之间的关系问题是不够明确的，它们似乎成为两个决然分离、各自独立的概念。实际上，分工和协作是相互关联和对立统一的。“分工”突出地强调了分工对于提高社会劳动能力的客观作用，即突出了分工的必要性；而“协作”则突出地强调了协作是实现分工的必要条件，即突出了协作的可能性。这就是说，如果我们以提高社会劳动能力为目的，那么分工和协作就总是同时存在并互相融合的，没有分工就无所谓协作，而没有协作，分工也就丧失原有的经济意义。

从运动变化的意义上说，劳动过程的组织关系，也有一个从简单到复杂、从低级到高级不断发展的必然过程。由于劳动的组织关系，能够具体的表现为人们在劳动过程中所结成的分工形式和协作形式，因而，劳动组织关系的这种发展变化过程，也就可以具体地表现为分工形式和协作形式的发展变化过程。

一方面，就分工的发展变化而言，推动其运动的根本动力，乃是人们在种类和种量上对物质财富所提出的越来越高的需求目标。这种日益扩大的需求目标，引导或迫使人们依据现有生产手段（劳动资料）的可能，采取更为合理的分工，最大限度地发挥现有劳动能力和劳动资料的作用，以创造出更多更好的物质财富。没有日益扩大的生活目的和与之相适应的物质需求，就不可能推动任何劳动分工的发展变化。分工的发展在任何情况下，都首先是受生活目的发展的支配而产生并为实现人们发展了的生活目的而服务的。这就是说，生产过程是由为人类生活目的服务的基本原理所规定的。

但是在另一方面，分工又受到现有劳动资料的严格限制。因为分工必然使每个劳动者处于各自特定的生产环境中，并相应使用各自特定的劳动资料。如果现有劳动资料所具有的可能性，并不能适应实现生活需求目的的要求，那么，无论人们的生活需求目的发展到多么高的水平，都不可能现实地建立起超出劳动资料允许范围的分工关系。所以，分工的发展变化是由生活需求目的这个主观要素和劳动资料这个客观要素对立统一而规定的，前者是根本动力，后者是限制条件。

在人类历史的早期，就曾经有过三次较为明显的社会大分工。第一次是游牧业同农业的分离；第二次是手工业同农业的分离；第三次是产业和商业的分离。这一社会分工发展的历史过程，正是同人们日益扩大的生活需求目的，以及劳动资料的发展过程相一致的。每一次的社会大分工都提高了人类创造物质财富的能力，并在一定程度上相应地满足了人类发展了的生活需要，同时，每一次社会大分工都是建立在扩大了的劳动资料的基础之上的。同样，在现实的社会化大生产中，无论是各种生产部类的分工，还是同一生产部类中不同工种的化细分工，都必须受到来自需求目的和劳动资料两个方面的严格规定，并随着这种规定条件的发展变化而发展变化。

分工和协作一方面都具有明确的社会性质，但在另一方面则都以实现一定的技术目的为依据。任何社会分工和协作，都必须依据一定的技术条件、技术要求、技术关系来规定，从而使相关的劳动者合乎技术逻辑地、相对稳定地处于一种必要的分工协作关系之中。而且，为了确立一种社会分工和协作，用以实现特定的技术目的，相应地确立某种与之相适应的社会契约是绝对必要的，分配契约就是如此。

二　劳动产品的分配关系

尽管劳动过程的组织关系表现为财富创造过程中必须具备的经济形式，然而它并不是孤立地存在的，而是受其他基本经济关系制约的。由于人类的生产绝不是单纯地为生产而生产，而是为实现自身生活目的服务的，因此对劳动过程的组织关系具有最直接制约作用的，就是“劳动产品的分配关系”。

所谓劳动产品的分配关系，就是人们在共同劳动创造出产品之后，按一定的原则、规定或契约，对共同创造的产品物质进行分配而结成的社会经济关系，简称“分配关系”。这种关系具体表现为人们在分配产品时所采取的分配形式，即参加共同劳动的人们，依据某种特定的分配原则进行分配，使每个劳动者都相应地取得自己的一份产品，从而构成了劳动者之间的产品分配形式。例如，按照抽象劳动耗费的多少进行产品分配；按照创造财富的多少进行产品分配；按照所占劳动资料的多少进行产品分配；或是结合各个方面的因素进行产品分配等。由于分配原则的不同，可以构成不同的分配关系，并表现为不同的分配形式；同时，无论采取什么形式进行产品分配，分配关系最终通过劳动者取得多大比例的产品实物或者货币金额来体现。

劳动产品的分配关系与劳动过程的组织关系一样，对于劳动过程的实现具有极为重要的制约作用。它在很大程度上影响着人们的社会行为，从而影响着社会生产力。所不同的只是，它不像劳动过程的组织关系那样，直接地制约劳动过程，而是通过劳动过程的组织关系去发挥自己的制约作用。劳动产品的分配关系之所以能够制约和规定生产过程，根本上是由生产者参与社会劳动的目的性决定的。显然，人们进行劳动的目的无非是通过劳动取得相应的物质财富，从而实现自身一定的生活目的，满足自身一定精神发展的需要。如果一种劳动过程之后不能从中取得任何能够满足一定生活需要的物质财富，那么这种劳动就必然失去全部意义。同样，人们参加到一个劳动组织之中并进行共同的社会劳动，最基本的目的就是要在共同的劳动中，通过扩大了的集体劳动创造能力去扩大自身的劳动创造能力，并从中获得个人劳动在质量上和数量上所不能创造的物质财富。如果一个人参加一种集体劳动，而最终分配给他的产品在质量和数量上，都不如他自己独自生产所获得的那样好、那样多，那么他将丝毫没有再参加这种集体劳动的必要和兴趣。

特别重要的是，产品分配的合理与否，会在极大程度上，甚至在决定性的意义上制约着生产过程。当一个劳动集体的产品分配，不能满足参加者的基本劳动目的或者基本分配要求时，人们之间的劳动协作的稳固性就会动摇，人们就必然相应地采取某些不合作的态度，从而削弱劳动组织的生产能力；在物质利益得不到相应保证的情况下，人们之间的劳动协作就会分化瓦解，甚至形成对抗，人们可以退出劳动组织而使之破产，甚至可以使用暴力摧毁这种劳动组织。劳动者的这种行为，无疑会影响整个生产过程，甚至给整个集体生产过程乃至整个社会生产过程造成巨大破坏。例如，在资本主义社会中，随着社会经济的发展和人们生活水平的提高，广大工人群众的基本分配要求也会相应提高。当这种分配要求的提高，一旦发展到要求主要按照劳动而不是主要按照资本进行产品分配时，资本主义的分配制度就会同广大工人群众的基本分配要求产生根本矛盾，从而导致工人阶级的罢工和起义。工人阶级与资本家的对抗严重地破坏了资本主义的分配关系，从而打击了资本主义的生产组织和生产过程，极大地破坏了资本主义社会的经济基础。在这种情况下，只有建立新的、符合工人阶级基本分配要求的分配制度，即建立社会主义按劳分配的分配制度，才可能使广大劳动者建立起更加科学的劳动分工，以及更加紧密、积极的劳动协作关系，并由此推动人类社会经济的迅猛发展。因此，分配关系是制约整个劳动过程的基本经济关系之一。

在以往的理论中，通常认为分配是联结生产和消费的中间环节，从而引申出“没有生产就没有分配、生产决定分配”的理论。就产品的实际分配（实物分配）而言，这种理论是没有任何问题的，显然，没有现实可供分配的产品，实际的产品分配并不可能存在。但是，就产品的分配期望而言，上述理论就不那么确切了。因为，任何劳动者在参加一个劳动集体时，无不首先考虑到生产活动之后的分配关系和分配形式。只有当某种分配原则或分配契约符合他们的劳动目的的需要时，他们才可能加入这个劳动集体，并在其中发挥作用，否则，他们将摆脱这一劳动组织。事实上，分配契约本身就是构成劳动分工和劳动协作的前提条件。这样，我们就得出一个相反的结论：“不是生产决定分配，而是分配决定生产。”由此可见，在分配与生产的关系问题上，我们必须明确区分“产品的实物分配”（实际分配）与“产品的期望分配”（理论分配），前者是分配的实际过程，后者则是分配的原则、方式等理论过程。它与劳动目的相结合于生产过程之前，并以此制约和决定着实际的生产过程。当然，分配原则和分配契约可以构成劳动组织的基础，但是，如果实际分配的结果与分配期望的目标不符合或相违背，就可能摧毁这一基础本身。

实际上，从生产循环的意义上看，即使是劳动产品的实际分配，也直接地决定和制约着下一个生产的再循环过程。当实际的产品分配得以实现，或者高于劳动者在生产过程之前的分配期望时，它将鼓励和巩固劳动者之间的分工协作，并使之积极地进行下一个生产过程；反之，当实际的产品分配不能实现或者低于劳动者在生产过程之前的分配期望时，它将使劳动者与其劳动组织产生离心作用而脱离出去，进而使下一个生产过程流产。因此，实际的产品分配一旦与分配期望相结合，也就同时成为规定和制约新的生产过程的基本因素。

劳动产品的分配关系，虽然凭着与劳动目的的密切关系，对劳动过程的组织关系具有特别重要的制约作用，但是在相反的方面，它也会适应劳动组织关系的发展变化而改变自身，并由此形成自身从低级走向高级的发展过程。

在实际的生产活动中，任何劳动组织的组成，都必须建立在一定的分配原则或分配制度上。然而，生产组织一旦建立起来，其组织关系所具有的活跃性，往往能够在分配关系所能给予或可容纳的一个相当范围内得到发挥，并在最大限度扩大生产力的要求下，不断完善自身。劳动组织关系的活跃性是由最大限度获得物质财富的劳动目的，以及新的生产技术的形成和劳动资料的日益丰富所赋予的。在一般情况下，只要新的生产技术的形成和新的生产资料的丰富，能在某种新的劳动组织中产生更大的生产力，那么，旧的劳动组织就可以自然地或积极地向新的劳动组织过渡。当然，这种过渡往往只是在一定的产品分配关系的约束范围内进行。正是由于分配关系在很大程度上表现为分配原则和分配制度，从而给劳动组织关系提供可以相应自我发展的活动空间。不过，当劳动组织关系的发展使生产力达到一个极限的时候，原有的分配关系就会强制地限制生产力的发展，甚至彻底破坏它。这种极限表现为，随着生产力的提高而引起的劳动者分配要求的提高，与原有分配原则和分配制度的不可调和的对抗。这种对抗的形成，根本上是由人们的生活需求的日益丰富和扩大决定的。无疑，随着社会生产能力的日益扩大，人们的生活内容也会日益扩大和丰富起来。而要满足人们日益丰富的生活内容，实现人们日益丰富的生活目的，就必然地要求获得更多、更丰富的物质财富。尽管一定的社会生产水平能够使人们对其物质财富的要求保留在一定的水平之上，但是，如果社会生产水平达到了一个新的高度，而旧的分配制度仍然使人们获得物质财富的水平保持不变，或不能相应地得到足够增长，就必然使劳动者的新的分配要求与旧的分配制度形成对抗，而这种对抗的必然结果，就是劳动者对其劳动组织采取不协作的态度，乃至通过暴力破坏原有的劳动组织。

那么是不是说，分配关系就因此而绝对限制劳动组织关系，乃至限制生产力的发展呢？这当然是不可能的。因为人类精神发展从本质的意义上，要求社会生产力最大限度地乃至无限地扩大和发展，它绝不会用自己的停顿去适应固有的分配制度，而只能以自己的蓬勃发展，强制性地改变旧的分配制度，使之适应自身的发展需要。正是由于这一本质规定，劳动组织发展所具有的活跃性，在新的分配要求达到了旧的分配关系所不能容纳的地步时，它就要求冲破旧的分配关系，并在新的分配关系中获得自身存在和发展的空间。也正是在这种矛盾运动过程中，分配关系才获得了改变自身的原动力，并适应劳动组织关系的发展而从低级形式走向高级形式。

产品分配关系的发展变化，具体表现为分配制度和分配原则的发展变化。例如，在人类历史上，就曾出现过分配关系上的几次特别突出的发展变化。在原始部落内部，由于生产力水平的极端低下，所创造的财富仅仅能够维持部落极低水平的生存需求，几乎没有剩余产品，因此，在分配原则上就表现为一种原始的平均分配。随着社会生产力提高到能够创造出相当的剩余产品的时候，特别是由此形成了私有制之后，原始社会的平均分配就为奴隶社会的分配原则所取代，从而表现为奴隶所创造的剩余产品归奴隶主所有的分配制度。此后，由于铁制农具的广泛使用，使奴隶社会的生产力得到了极大地发展，在社会财富大为丰富的条件下，奴隶阶级为获得更多物质财富的反抗斗争，最终推翻了奴隶主义的分配制度，从而建立起了更为进步的封建主义分配制度，即在一定的契约下，佃农向地主交纳一定的地租（实物或货币）后，其剩余产品归佃农所有的分配制度。

大机器生产的出现，使封建社会末期的生产力获得了极为迅猛的发展，当封建社会的分配制度阻碍社会生产力进一步向前发展的时候，新兴的资产阶级为获得自身更大的经济利益，领导人民群众推翻了封建主义的分配制度，从而建立起资本主义的分配制度，即在一定的契约下，雇佣工人所获工资之后的全部剩余产品归资本家所有。此后，资本主义社会大生产的迅猛发展，创造出了前所未有的社会生产力，社会财富日益丰富，社会财富的积累急剧扩大；另一方面，社会财富的分配日益悬殊，导致了无产阶级与资产阶级的不可调和的矛盾。共产党人为了维护广大人民群众的利益，领导工人阶级推翻了资本主义的分配制度，从而建立起了社会主义的分配制度，即劳动者按劳取酬后的剩余部分归全民所有。分配制度的每一次巨大变化，都使社会的分配关系与社会生产力的发展要求相适应，从而巩固和推动了社会生产力的发展。这充分体现了分配关系在生产过程中的地位和作用。

产品分配关系的发展和变化，不仅能够从宏观上具体表现为分配制度和分配原则的社会大变革，而且可以从微观上更加具体地表现为产品（报酬）分配份额上的变化。分配制度和分配原则可以在总的方面规定社会的一般分配方式，并从总的方面制约社会生产力的发展，然而，在一定分配制度下产品分配份额的变化，也能从分配关系的意义上强有力地制约社会生产力的发展。例如，在资本主义社会中，当社会生产力和人们的生活水平有较大提高时，工人阶级必然会相应地提出较高的分配要求。在这种情况下，如果资本家不相应地增加工人的工资，必然会导致工人阶级为增加工资而进行反抗，甚至罢工、起义乃至推翻资本主义制度。相反，如能在一定程度上相应地满足工人阶级的分配要求，那么，就有可能在资本主义的分配制度所给予的一定空间范围内发展社会生产组织，并使社会生产力得到一个相对稳定的增长。比如目前的美国、日本等发达资本主义国家，从某种意义上说，无非是通过不断地改善工人的生活水平而实现其社会制度的相对稳定以及社会生产力的高度发展的。可见，产品分配份额的改善，亦能改善或维持人们之间的分配关系，从而制约着社会生产的整个过程。

三　劳动资料的所有关系

劳动产品的分配关系，虽然凭借其与劳动目的的直接联系，而在生产过程中起着极为重要的制约作用，并且以最直接、最具体的方式表现着对劳动组织的制约作用，但是，在它的背后，或者说在经济关系的更深层次的内部，却存在着一种能够强有力地制约着产品分配关系的经济关系。这种经济关系就是“劳动资料的所有关系”。

所谓“劳动资料的所有关系”，就是人们在生产过程中，关于劳动资料归谁所有，以及由此引申出来的生产支配权和产品分配权归谁掌握，而结成的社会经济关系，简称“所有关系”。这种经济关系表现为人们对劳动资料的占有形式，以及表现为依据这种占有形式而形成的、对生产过程的支配权和对产品物质的分配权；或者更加直截了当地说就是，表现为参与劳动过程的劳动者，各自在生产过程和分配过程中，所具有的支配地位和经济地位。例如，劳动资料是归个人所有还是归集体所有，在生产什么、如何生产、如何分配劳动成果的问题上，是由占有劳动资料的个人支配，还是由共同占有劳动资料的集体支配等。

劳动资料的所有关系对社会生产过程的制约作用，是通过两个不同途径加以实现的。第一个途径是，劳动资料的所有关系可以通过劳动资料的占有形式，直接对劳动过程的组织关系产生制约作用。在劳动组织中，劳动资料的所有者，通常具有对生产过程的最高支配权。他不仅可以按照自己的意志决定生产什么产品，而且可以决定以何种组织形式生产这些产品。这样就使劳动资料的所有者拥有了对劳动组织的生产对象、生产方式和生产规模的支配权，从而成为控制劳动过程的主宰。劳动资料的所有关系，就是这样直接影响着劳动组织的形式，并规定着劳动组织中每个成员在生产过程中的经济地位的。

第二个途径是，劳动资料的所有关系可以通过劳动资料的占有形式，直接对劳动产品的分配关系形成制约作用。在劳动组织中，劳动资料的所有者通常可以凭借对劳动资料的所有权而拥有对劳动产品的最高分配权。他不仅可以凭借对劳动资料的所有权取得较大比重的劳动成果，而且可以决定如何在劳动组织的成员之间进行产品分配。这样就使劳动资料所有者拥有了对劳动产品的分配权，使之成为控制产品分配、控制劳动过程的主宰。相反，劳动组织中的非劳动资料所有者，则不能自主地拥有这种分配权，从而只能成为分配过程的服从者。劳动资料的所有关系，就是这样直接制约着劳动产品的分配关系，并由此规定着劳动组织中每一个成员在分配过程中的经济地位的。

劳动资料的所有关系，之所以能与生产支配权及产品分配权联系起来，并由此规定人们之间各自在生产和分配中的经济地位，从原理上说，是由劳动资料作为劳动过程三要素之一的特殊地位决定的。正如我们已经知道的那样，只有劳动目的和劳动能力这两个人的要素，而没有劳动资料这个物的要素，就不可能构成任何实际的劳动过程。因此，劳动资料就成为劳动过程中绝对不可缺少的要素之一。当劳动资料的一定归属形式（或者说劳动资料的所有制形式）成为现实的社会经济形式，并作为某种社会契约为一定的社会经济关系所承认时，谁占有劳动资料，谁就等于把握住了生产劳动过程的一个基本要素，把握住了构建生产劳动过程的命脉。劳动资料的所有者，正是凭借劳动资料在劳动过程中的这种特殊地位获得对生产和分配的支配权的。

例如，一个拥有劳动资料的人可以同一个不拥有劳动资料的人合作劳动，共同利用前者所拥有的劳动资料进行生产。但两者在生产中的地位，因对劳动资料的不同所有权而形成明显区别。其中，前者具备了劳动过程的三个要素——劳动目的、劳动能力和劳动资料，后者只具有劳动过程的两个要素——劳动目的和劳动能力。在这种情况下，前者已经具备了进行生产的基本条件，只是为了扩大劳动能力从而增加劳动收益才与后者协作，一同使用自己所拥有的劳动资料。如果两者协作劳动的结果不能给前者带来更大的物质利益，他就可以放弃或解除与后者的协作劳动，从而把后者排挤出劳动过程而使之陷于困境。后者则因为没有劳动资料而不能独自进行生产过程，从而形成对前者劳动资料的依赖，并进而转化为对前者本人的依赖。因此，劳动资料的所有者往往能够利用自己所掌握的所有权，迫使非劳动资料所有者按照自己的生产意志和分配意志行事。而非劳动资料所有者，为了实现自己的劳动目的和发挥自己的劳动能力，则只能向劳动资料所有者就范，往往愿意在一定程度上服从劳动资料所有者的生产意志和分配意志。劳动资料所有者就是这样凭借掌握劳动资料这个物的要素，获得生产支配权和产品分配权，并进而建立对劳动生产过程的支配地位。

由于劳动资料的所有关系，能够从两条途径直接或间接地规定和制约着劳动过程的组织关系，从而规定和制约着整个劳动过程的实现，所以，劳动资料的所有关系是全部经济关系中最具根本性和最具决定意义的关系之一。它从根本上决定和制约着社会生产过程，是一切经济关系的出发点和基本点。生产过程的组织关系、分配关系、所有关系，有一个层层约束的内在关系。这种内在关系可以用图表示出来，见图 21 –2。从图中可以看到，没有建立起一个实际存在的劳动组织及其一定的分工协作关系，就不可能形成现实的产品生产过程；没有确立劳动者之间一定的产品分配契约，也就失去了建立劳动组织的社会经济基础；而没有一定的劳动资料所有关系，产品的分配关系也就无从确立，并且会通过这种连锁关系最终影响到实际的生产过程本身。

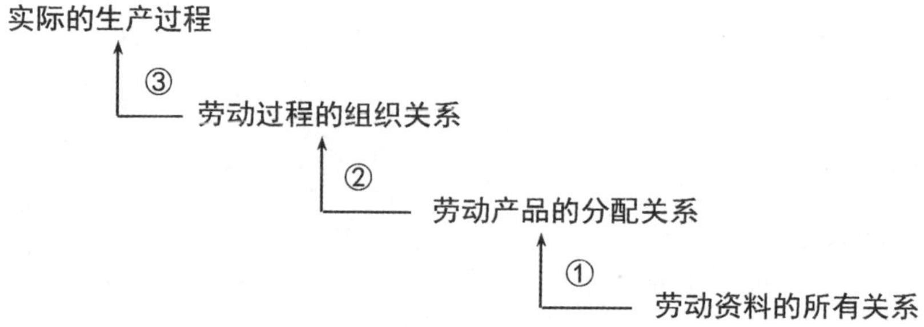

图 21 –2

值得注意的是，劳动资料的所有关系或者说它的表现形式——劳动资料所有制，虽然对社会生产过程具有根本性的制约作用，但这并不等于说它能绝对地、一成不变地规定和限制社会劳动过程。在一定的条件下，它同样会为劳动组织关系乃至产品分配关系的积极运动所冲破。换句话说，为社会生产力的发展及人们不断扩大的生活需求所冲破，从而被迫改造自身，以适应劳动组织关系和产品分配关系的发展。这种来自相反方面的规定意义，使劳动资料的所有关系呈现出发展运动的必然过程。

在人类早期的原始社会中，由于劳动资料和劳动技能的贫乏，人们的劳动组织是极端简单和低级的。这就使得原始社会的生产力水平极为低下，任何个人都没有能力脱离整个部落或氏族的群体生活而独立生存，而只能以氏族或部落为基本劳动单位进行共同劳动。这就决定了劳动资料的氏族公有制或部落公有制。因此，原始氏族或原始部落中的人们，在劳动资料的所有关系上是平等的，谁也不能单独地凭借劳动资料的所有权去支配生产过程和产品分配，而只能按照共同的生存需要进行集体劳动，并按人头对产品进行平均分配。① 原始社会的劳动资料公有制，一方面既是原始社会极端低下的生产力的必然结果，另一方面又是建立原始社会劳动组织关系和产品分配关系的客观基础。

直到原始社会末期，人们在生产实践中，不仅创造和发现了愈来愈多可供使用的劳动资料，而且提高了自己的劳动技能。于是，劳动组织也就日益发达起来，劳动分工越来越细，劳动组织也趋于严密，原始社会的生产力也就随之发展起来。当社会生产力的发展达到了让原始公社获得足够剩余产品的时候，特别是达到每个家庭可以独自生产并自给自足，而不需要依赖整个部落共同生产的时候，每个家庭独立的经济利益就突出地表现出来，他们要求自己独立地进行生产，并要求自己创造的产品归自己所有。随着私有物品乃至私有劳动资料的日益积累和明确化，原始社会的劳动资料公有制，以及建立在此基础上的共同劳动组织和平均分配也就开始走向瓦解，劳动资料的私有制在部落内部开始产生，并在此基础上产生了独立的家庭经济。

私有家庭经济的产生和扩大极大地推动了原始社会末期的生产力，并在此基础上引发了越来越大规模的部落与部落之间的掠夺战争。由于剩余劳动的出现，这时期的战争已不仅仅掠夺财富，而且还掠夺战俘本身。战俘不再是被杀死或被吃掉，而是作为奴隶，被俘获者强迫劳动并占有其全部剩余产品。在劳动资料私有化的过程中，氏族和部落的上层人物利用职权，越来越多地霸占劳动资料并拥有更多的战俘。氏族或部落中的一部分家庭逐渐贫困而沦为部落贵族的附庸，即平民。财富的两极分化，最终形成了少数奴隶主占有社会中的大部分劳动资料，并据以统治多数奴隶及占有奴隶全部剩余产品乃至奴隶本身的社会经济形式，即奴隶社会的经济形式。

劳动资料的奴隶主所有制以及由此规定的奴隶社会的经济形式，客观上推动了人类社会生产力的大发展。一方面，它能在奴隶主的统治下集中大批奴隶从事较大规模的生产和建筑活动，并为满足奴隶主的生活需要而划分出多种多样、分门别类的制造工艺和手段；另一方面，它能通过把剩余财富大量地集中于少数人

---

① 值得说明的是，原始共产主义社会并不像我们一般想象的那样美好，它与马克思的科学共产主义有天壤之别，毫无共同之处。据有关考古学发现，在原始社会中，普遍存在着人吃人的现象，也就是当食物绝对不足时，为了种群的生存而牺牲那些弱者并把他们作为食品吃掉。这还有何平等可言呢？可以说，原始社会是整个人类社会中最野蛮的一段时期。事实上，原始社会早期的人类精神生活，是绝对单纯和低下的，几乎是一片空白；而原始社会早期的生产资料，也是如此的贫乏，以至失去了对其公共占有的直接经济意义。从这种意义上说，原始社会的所谓公有制，只不过是一种表面形式上的公有制，并不是一个值得共产主义者引为自豪的历史阶段，其所谓的“原始共产主义”也只是今人强加给它的概念，与当今的“科学共产主义”在本质上是完全不同，甚至是根本对立的。

手中，从而使得奴隶主阶级中的一些人得以从事政治、经济、战争、天文、地理、艺术等的科学研究和实践。这两方面都在客观上极大地推动人类社会生产技术和科学文化的发展，而这种发展是原始部落极为低下的生产组织所绝对做不到的。

随着奴隶社会生产技术的不断发展以及由此而导致的劳动组织关系的不断发展，奴隶社会的社会生产力也不断发展起来。当社会生产力达到一定水平时，奴隶阶级必然要求改变与奴隶主之间的分配关系，以满足自身发展对产品物质日益扩大的生活需要。奴隶阶级的这种要求，是通过对奴隶主阶级越演越烈的奴隶战争实现的，通过奴隶战争，奴隶阶级获得了自身作为人的权利，获得了拥有生产资料的权力。奴隶战争极大地破坏了奴隶社会的劳动组织关系和产品分配关系，最终推翻了奴隶社会的劳动资料所有制，而由新兴的地主阶级建立起封建社会的劳动资料所有制，即封建社会的土地所有制。

在封建社会劳动资料所有制的基础上，封建社会的劳动组织关系和产品分配关系以全新的形式出现。奴隶在战争中获得了归自己所有的土地等劳动资料而转化为平民，即使作为雇佣农民租种地主的土地，由于交租后的剩余部分归自己所有，使他们在实际收益上获得了比奴隶社会大得多的利益。分配关系上的矛盾的缓和使封建社会的劳动组织巩固和发展起来，并推动了封建社会生产力的发展。

劳动资料所有制关系的发展并没有到此而停止，随着封建社会生产技术和劳动组织关系的发展，特别是机器的使用及工业组织的形成，极大地提高了社会生产力，这又使得封建社会的所有制形式和分配关系出现了不可调和的矛盾。新兴资产阶级与地主阶级的矛盾斗争，迫使封建主义劳动资料所有制转化为资本主义劳动资料所有制，以适应劳动组织关系和产品分配关系的发展需要。

资本主义生产方式下的大机器工业生产，不仅要求获得大量的土地以兴建厂房和原料生产基地，而且要求获得大量失去土地等农业生产资料的劳动者——工人。而封建社会的土地所有制，以及封建贵族对资本主义经济的压制，却极大地限制了机器工业生产的发展。在这种情况下，资产阶级为了获得自身的更大利益，必然要求推翻封建社会的劳动资料所有制。而从机器工业生产中获得比租借土地更大利益的工人群众，以及那些要求从地主土地中解放出来的农民大众，就在资产阶级的领导下展开了与封建地主阶级的斗争，最终推翻了封建社会的劳动资料所有制，建立起了资本主义社会的劳动资料所有制，即劳动资料的资本家私人占有制。

在资本主义劳动资料所有制条件下，大机器工业生产组织不断发展壮大，特别是在社会生产自由竞争中，财富大量积累并集中在少数资本家个人手中，为更大规模、更高效率的机器生产奠定了基础。这使得资本主义社会在很短的时期内，就形成了巨大的社会生产力。在社会财富迅速扩大的同时，工人阶级发展自身生活的物质需求必然也会日益扩大。但是，资产阶级为了积累财富，为了自身的阶级利益，凭借对劳动资料的所有权，最大限度地限制工人的工资收入，甚至以大机器生产排斥就业工人。这就进而形成了工人阶级与资产阶级之间，在分配关系上的巨大矛盾。另一方面，劳动资料的资本主义私人占有制与社会化大生产的矛盾，造成了周期性的资本主义经济危机，也从社会劳动组织的意义上阻碍着整个社会生产力的发展。工人阶级为了维护自身的经济利益，以及为了建立更发达的社会生产组织，必然起来反抗资产阶级的剥削压迫，以无产阶级革命推翻资本主义的劳动资料所有制，建立起社会主义的劳动资料所有制，即社会主义劳动资料归全民所有。劳动资料的全民所有制，使社会劳动资料的所有关系适应了有计划按比例地进行社会化大生产的劳动组织需要，特别是适应了广大工人群众普遍就业和按劳分配的要求，从而强有力地推动了社会生产力的发展。

从以上分析可以看到，尽管劳动资料的所有关系能够在一定程度上制约和决定着劳动组织关系和产品分配关系，但是，它并不是一成不变的，也不是绝对地、无限制地制约着劳动组织关系和产品分配关系的，而是在适应劳动组织关系和产品分配关系的一定范围内发挥其制约作用的。如果分配关系不能随着社会生产力的发展，而相应地在一个可被接受的起码范围内得到维持，那么，非劳动资料所有者就会解除与劳动资料所有者之间的劳动协作关系，破坏原有的劳动组织，甚至以暴力打击劳动资料占有者，直到剥夺他们的劳动资料所有权，而建立新的劳动资料所有制关系。

当然，劳动资料的所有关系，特别是带有社会本质意义的劳动资料所有关系，对劳动组织关系和产品分配关系的制约或决定作用，总的说来是相对稳定的，往往可以在一个相当长的历史过程中，保持一种相对稳定的社会形态。其主要原因在于，劳动资料所有关系，对于劳动组织关系和产品分配关系而言，往往具有一个较大的容纳空间或适应范围。例如，人们在生产力不断扩大的时候，尽管劳动资料的所有制没有发生质的变化，而人们的劳动收入可以在量上不断地有所增加。分配关系的这种量变，只要能够在一定的程度上满足生产者日益扩大的物质需求，就能使他们维持一定的生产协作意愿。但是，持续的量变能够引起质变。当分配关系的量变，发展到不彻底改变劳动资料所有制关系便不能满足生产者的起码生活需要的时候，它就必然通过劳动者的反抗，迫使劳动资料的所有关系发生变化，以适应自身质变运动的需要。

四　劳动产品的交换关系

如果把劳动过程看作一个循环的或者说再生产的过程的话，那么，除了一环紧扣一环、对立统一、互相制约、互为存在前提的组织关系、分配关系和所有关系外，在劳动过程中同时还包含着另外两层经济关系，即劳动产品的交换关系和劳动产品的消费关系。

所谓“劳动产品的交换关系”，就是人们在互相交换劳动产品的过程中所结成的社会经济关系，简称“交换关系”。交换关系在本质上表现为人们在生产过程中互相依存、互相协作进行生产的经济关系，即人们之间劳动能力的交换关系。它可以具体地表现为人们在交换产品时所采取的交换方式、交换规模，以及人们在交换过程中所处的经济地位等。例如，是采取实物交换还是采取货币交换，反映了人们之间所采取的交换方式的不同；交换物在种类和种量上的规模大小，反映了人们之间劳动能力交换关系在规模上的大小，从而反映了人们之间在经济上相互依赖程度的大小；而人们在交换过程中处于有利地位还是不利地位，则反映了人们在交换过程中的经济地位，从而反映了人们在社会经济生活中的政治经济地位等。从这种意义上说，交换关系就是体现在交换过程中的人与人之间相互依存、相互协作的经济关系。

劳动产品的交换关系之所以包含于劳动过程之中，是由其作为再生产活动所必须具备的基本条件之特殊地位决定的。从劳动组织关系的意义上说，当劳动组织内部出现了分工，特别是当相对独立的劳动组织，表现为一种社会分工时，它就同时必然地使人们之间的产品交换，成为绝对必要的经济过程。因为，在分工状态下，人们分别从事不同的生产活动，各自生产不同的产品，而人们的生产需要和生活需要又是多方面的，他们唯有通过互相交换各自生产的产品，才能满足其多方面的需要，才能实现自己的社会劳动目的。由此可见，尽管社会分工的产生和细化表现为生产力发展的要求所使然，但是，如果没有产品交换（商品交换）所构成的人与人之间的经济关系，那么，任何社会分工以及由此构成的劳动组织关系，特别是与此相关的分配关系和所有关系，都将失去全部经济意义而不复存在。仅此而论，产品交换关系作为劳动组织的经济条件，就已经成为制约整个劳动过程的重要因素。

交换关系对劳动过程的制约作用，具体表现在社会生产的循环过程中。对于这一点，我们可以分别通过产品交换（其中包括劳动资料的交换和生活资料的交换）对于社会再生产的制约作用去加以认识。

就劳动资料的交换而言，尽管可以假定，最初的分工组织在生产活动中可以脱离劳动资料的交换而独立存在，但如果这种分工的形式决定每一分工组织所需的劳动资料，都或多或少地必须由别的分工组织提供，那么，他们之间进行劳动资料的交换，也就成为再生产过程不可缺少的条件。例如，织布厂必须由棉农不断地提供棉花，才能连续地生产出布匹；钢铁厂只有由煤矿场不断地提供煤炭和矿石，才能连续地生产出钢铁。只要一个分工组织所必需的劳动资料不是由自身提供，那么，它就必须通过商品交换去不断地获得这些劳动资料，否则，生产过程就会停顿和中断，相应的劳动组织也必然解体。正如我们已经知道的那样，劳动过程必然是劳动目的、劳动能力、劳动资料的三者统一，如果缺少劳动资料，那么，劳动过程就失去了成立的条件。正是在这种约束之下，如果劳动资料的交换是分工组织获得所需劳动资料的唯一途径，那么，劳动资料的交换就同时成为劳动过程得以继续下去的制约条件。

就生活资料的交换而言，尽管同样可以假定最初的分工组织在生产活动中，可以脱离生活资料的交换而独立存在，但如果这种分工的形式决定每一分工组织所需的生活资料，或多或少地必须通过别的分工组织获取，那么，他们之间进行生活资料的交换，也就成为其再生产过程不可缺少的条件。因为，生活资料是劳动者自身赖以生存和发展的首要的物质条件，从而是劳动能力得以存在和发展的首要物质条件。如果织布工人得不到农民的粮食，或者农民得不到织布工人的衣物，那么，他们的生活条件将不足以让劳动能力得到再生，进而也就不可能继续分工条件下的再生产。因此，只要一个分工组织所必需的生活资料不是由自身供给，那么，它就必须通过产品交换去不断地获得这些生活资料，否则劳动者的劳动能力的消亡，自然会使再生产过程停顿和中断。这同样也是劳动过程三要素缺一不可的原则所规定的。如果生活资料的交换是分工组织获得所需生活资料的唯一途径，那么生活资料的交换，也就同时成为劳动过程得以继续下去的制约条件。

总之，在分工组织之间，无论是生产资料与生产资料的互换、生活资料与生活资料的互换，还是生产资料与生活资料的互换，只要它们作为交换关系，都会实际制约着分工组织中劳动过程三要素的任何一个要素，从而将强有力地制约着分工组织的再生产过程。

在以往的理论中，往往把生产过程同交换关系对立起来，片面地强调交换对生产的依附，即所谓“生产决定交换”，似乎没有生产出来的商品，何来商品交换呢？实际上，交换关系完全存在于社会生产过程之中，是社会生产活动所构成的全部经济关系的一个有机组成部分。不错，从形式逻辑上看，没有生产劳动首先创造出可被用来交换的产品，就不可能有实际的产品交换，但是，从辩证逻辑上看，没有产品交换的社会环境，没有产品交换的可能性，货币分配及以交换为目的的社会生产都将失去其存在的经济意义而不复存在。这就是说，只要存在着生产的社会分工，那么，产品交换的可能性就同时成为必不可缺的条件，否则，任何社会分工都是不可能存在的。因此，只有从经济的意义上去考虑，所谓产品的生产活动与产品的交换活动，也就对立统一于一个整体性的经济过程之中，而并不存在前者必然“决定”后者的机械关系。

值得特别强调的是，交换关系仅仅描述的是人们在交换活动中结成的互相依存、互相协作的经济关系，而不是指纯粹的交换活动本身，例如商业活动。从前面讨论过的“抽象产品”概念中，我们已经得出的一个重要结论是“产品无非是劳动创造的物质的运动，或者说是劳动创造的运动的物质”，因此，任何商业性的交换活动本身，实际上也就同时表现为生产活动，无非是生产活动的一种特殊形式。以往所谓的“产品创造活动”，仅仅是全部生产活动的一部分；由于这种生产活动主要表现为把某种性状的物质形式转化为别种性状的物质形式，其创造产品物质的性质，在形式上更容易被人们所认识所接受；我们可以把这种生产活动称为“成形性生产活动”。而所谓的“产品交换活动”以及其他为此服务的一切活动，同样是全部生产活动的一部分；由于这种活动主要表现为，通过交换的形式把已经成形了的产品物质，在不同所有者之间进行一般性位移，其创造产品物质的本质性功能，则不太容易为人们认识和接受；我们可以把这种生产活动称为“交换性生产活动”（或者说“位移性生产活动”）。但是，它无论在客观事实和哲学原理上，都只能是一种实实在在的生产活动本身。综上所述，我们无论如何也不能把产品的交换活动及其所构成的交换关系同产品的生产过程对立起来。显然，被包含物只能是包含物的内部存在形式，而绝不可能成为包含物的外部对立物。

在分工生产条件下，交换关系虽然表现为社会经济活动中不可缺少的经济关系，但是，它并不是孤立地发挥作用的，而同样受其他经济关系的制约，并在与其他经济关系相互制约的对立统一中发展自身的。

首先，交换关系是受组织关系制约的。这不仅仅表现为劳动组织的分工关系是交换关系得以存在的必要条件，即没有劳动组织的分工关系，就没有交换关系的存在必要，而且，表现为交换关系的发展是以组织关系的发展为依据的。就交换关系的规模而言，无论从交换产品的种类和种量来看，其规模的不断扩大，都是在劳动组织关系的不断细化和精密化的基础上实现的。在生产技术日益发展以及人们的需求日益丰富的情况下，社会劳动组织关系的专业化水平必然相应地得到发展，并由此生产出越来越丰富的物质财富。为了适应劳动组织关系的这种发展，交换关系也就必然相应地扩大自己的规模，表现为劳动产品在种类上和在种量上，都以日益扩大的规模在交换者之间成为交换物。没有劳动组织关系的发展，就没有物质财富的扩大，也就没有交换关系规模的扩大。而这种交换关系的发展，恰恰在本质上表现为人们之间互相依存、互相协作关系的深化。

就交换关系的形式而言，其发展过程也是直接受制于劳动组织关系的发展的，或者说，其发展是直接为劳动组织关系的发展服务的。当劳动组织关系发展到一定水平时，究竟采取怎样的交换形式，才能最好地实现生产者之间的产品交换，才能最有利于社会生产的进一步发展？事实上，当劳动组织发展到某一特定水平时，乃至当社会生产物的规模发展到某一特定水平时，交换关系往往会变换自己的形式，用以适应这种发展的需要。例如，历史上已经经历过物物交换到货币交换，金属货币交换到纸币交换，乃至从纸币交换到电子货币交换的转变过程，还经历过在自由经济条件下的商品交换，到计划经济条件下的产品交换的转变过程等，而每一次的转变都是为了适应新的、扩大了的社会劳动组织关系而产生的。

其次，交换关系不仅受制于组织关系，而且更深刻地受制于分配关系和所有关系。正如我们前面已经知道的那样，组织关系的存在和发展，完全是受其背后的分配关系乃至更深层的所有关系制约和规定的，即所谓没有一定的所有关系和分配关系，就不可能构成一定的组织关系。因此，分配关系和所有关系都必然地通过组织关系间接地制约和规定着交换关系本身。分配关系和所有关系对交换关系的这种间接的制约作用，在一定程度上规定了交换关系的规模和形式，这体现了交换关系的自然方式，然而，分配关系和所有关系却以自己的独立存在，从另一方面直接对交换关系产生作用，并从人与人在交换活动中的政治经济地位上，规定了交换关系的社会性质本身。

就分配关系对交换关系的社会规定性而言，在分配过程中获得较多财富的人，往往得以从事较大规模的交换活动，从而使其处于社会交换关系中较为主要的地位；相反，分配过程中获得较少财富的人，往往只能从事较小规模的交换活动，从而使其处于社会交换关系中较为次要的地位。这种主次地位的存在，反映了人与人之间在交换关系中的不平等，进而反映了人与人之间在经济上乃至政治上的不平等。由于分配关系在极大程度上或者说在根本上是直接由所有关系加以制约和规定的，因此，交换关系的社会规定性，也就从根本上表现为所有关系本身的社会规定性。

例如，从奴隶社会到封建社会，从封建社会到资本主义社会，乃至从资本主义社会到社会主义社会，由于所有关系在性质上的不同，其各自交换关系的社会性质也就有所不同。在奴隶社会中，劳动资料高度集中在奴隶主手中，奴隶主在产品分配中占据了支配地位。他们不仅决定生产什么和交换什么，甚至还把奴隶本身当作自己的财物进行买卖。而奴隶除了得到仅够维持最低生活需要的物质资料之外，几乎没有任何可供交换的东西，因而在交换关系中的地位是极端低下的。在封建社会中，尽管地主阶级占有较大部分的劳动资料，并且由此占据较大部分的社会产品，但是，农民阶级也相应获得了一定的劳动资料，并且有了由自己支配的剩余产品。在这种情况下，虽然封建地主阶级依然占据社会交换活动的主要地位，但是，农民阶级在社会交换关系中的地位比起奴隶社会则有了很大的改善。

在资本主义社会中，特别是在资本主义大工业社会中，尽管社会劳动资料高度地、大规模地集中在少数资本家手中，使之得以支配生产过程中的劳动资料及劳动产品的交换活动。但是，由于社会生产的高度社会化和商业化，工人等劳动阶级所获得的工资，在实际的购买活动中，构成了社会交换活动的极为重要的方面，其参与产品交换的规模，在种类上和种量上都大大超过了封建社会的农民阶级，这使得他们在社会交换关系中的地位和作用也大大超过了封建社会的农民阶级。而在社会主义社会中，劳动资料的社会公有制，使得公有制内部的任何人都不能凭借劳动资料的占有权获得自己在社会交换中的特殊地位。从原则上说，社会主义社会的每一个劳动者，在生产关系乃至交换关系上的地位都是平等的，这在本质上区别于以往的任何社会。当然，在社会主义社会的交换关系中，仍然存在着某些不平等的方面。例如，国有劳动资料在不同的劳动集体之间的分配使用上，仍然存在着某些不平等，客观上使得某些生产组织的经济效益较好而工资收入较多，某些生产组织的经济效益较差而工资收入较少。不平等的工资收入，使得社会主义社会的劳动者之间，在实际的社会交换关系中，仍然不可避免地存在着一定的不平等关系。

交换关系的这种变化，表明人类的交换关系也有一个从低级走向高级而逐渐改良进化的过程。值得注意的是，交换关系并不总是被动地受制于组织关系、分配关系和所有关系；相反，它总会在一个量变的过程中，成为推动组织关系、分配关系、特别是所有关系发展运动的积极力量。在一定的组织关系、分配关系和所有关系条件下，如果生产力的发展使得社会交换关系，表现为社会劳动交换的严重不平等时，必然会引起受压迫、受剥削者的反抗，从而以大规模的社会革命或阶级斗争，推翻旧的组织关系、旧的分配关系乃至旧的所有关系。

五　劳动产品的消费关系

劳动产品的消费，指的是人们为实现某种生活目的或满足某种生活需要而对劳动产品的使用和耗费；而所谓劳动产品的消费关系，指的就是人们在使用和耗费劳动产品的过程中所结成的社会经济关系，简称“消费关系”。

劳动产品的消费关系，可以具体地表现为人们在消费过程中所形成的消费水平和消费方式，亦可表现为人们之间一定的消费结构和消费倾向。例如，人们之间消费能力在质量和数量上的区别，从消费水平上反映了人们之间不同的消费地位，乃至不同的经济地位；是采用计划经济形式消费社会劳动资料，还是采用自由经济形式消费社会劳动资料，则从消费方式上反映了人们之间的社会经济关系；而不同的社会消费结构和社会消费倾向，亦可以在另一个侧面，反映人们之间不同的物质消费状况以及这种消费状况的发展趋向等。

劳动产品的消费，如果作为一种社会性的消费，可以从现象上划分为两类不同的消费形式，即所谓的“生产消费”和“生活消费”。一般而言，生产消费是人们在社会生产活动中，为满足社会生活需要而对劳动资料的使用和耗费；生活消费则是人们为直接满足家庭生活或个人生活需要，而对各种生活资料的使用和耗费。

实际上，劳动产品的这两类消费形式的划分，并非尽善尽美，特别是从理论的意义上说就更是如此。因为，根据本书前面章节所讨论过的关于“个人劳动和社会劳动”“个人产品和社会产品”的原理，所谓“生活消费”，实际上也就是一种生产消费，只是在社会性质上与所谓“生产消费”有所不同而已，即前者是“个人劳动”对“个人劳动资料”的使用和耗费，后者则是“社会劳动”对“社会劳动资料”的使用和耗费。从这种意义上说，如果我们把“生产消费”和“生活消费”的概念换名为“社会消费”和“个人消费”，将更有利于我们理解体现在消费关系中的人与人之间的经济关系。

社会消费和个人消费在本质上都是一种生产消费，任何社会消费过程或个人消费过程，在本质上都是一种生产消费过程。其中，社会消费就是社会劳动对社会劳动资料的使用和耗费，是社会劳动的生产过程，其产品往往是通过一定的交换方式，为社会生产或社会生活服务的；个人消费就是个人劳动对个人劳动资料的使用和耗费，是个人劳动的生产过程，其产品往往直接由个人劳动者自己使用和耗费。除了个人劳动生产的产品直接表现为个人消费外，社会消费过程所生产的社会产品，则可以较为明显地划分为“生产资料”和“生活资料”两个部分。其中，从社会化的意义上看，社会生产资料仍然会通过一定的社会交换形式，进入社会生产过程而成为社会生产消费品，即表现为社会生产对社会生产资料的消费；由社会生产过程创造的生活资料，则会通过一定的社会交换形式，进入个人生活过程而成为个人生活的消费品，只有最终进入个人生活过程的社会产品才是生活资料，或者直截了当地说，只有最终转化为个人生产资料的社会产品才是生活资料，从而表现为个人生产对生活资料的使用和消费。

由于消费可以划分为社会消费和个人消费，而社会消费又能划分为“生产资料消费”和“生活资料消费”，因此，体现在消费过程中的消费关系，也就可以从这两层意义上去探讨。其中，一是社会消费和个人消费之间的关系问题，二是生产资料消费和生活资料消费之间的关系问题。我们首先讨论体现在生产资料消费和生活资料消费之上的人与人之间的经济关系。

在生活资料消费的过程中，消费水平是消费关系中最能表现人们之间经济关系的一个方面；在货币经济环境中，消费水平直接表现为人们之间货币收入的多寡。在一定的社会经济条件下，由于每个人的生产能力的不同，特别是由于每个人的社会经济地位的差别，必然表现为人们之间消费水平亦即生活水平的差别，而这种差别则反过来体现了人们之间经济地位的差别。通常，劳动能力强或占有较多劳动资料，从而在产品分配中占据较为有利地位的人，其在社会经济关系中获得的财富就较多，生活水平也就相应较高；反之，劳动能力弱、占有较少劳动资料或者根本不占有劳动资料，从而在产品分配中处于较为不利地位的人，其在社会经济关系中获得的财富就较少，生活水平也就相应较低。与此相对应，前者的社会经济地位也就表现为高于后者。就一般概念而言，在一定的社会经济生活中，人们普遍的消费水平越是趋于平均，那么，人们之间的经济地位也就越是趋于一致，体现其中的人与人之间的经济关系也就越是平等；反之，人们普遍的消费水平越是趋于两极分化，那么，人们之间的经济地位也就越是趋于两极分化，体现其中的人与人之间的经济关系也就越是不平等。

由于社会生产过程所产生的物质财富，最终必须通过使用和消费去满足人们的生活需要，因而生产过程的一切经济关系，最终都必然地集中反映到人们的消费水平之上，或者说寓于消费水平所表现的消费关系之中。在一定的社会经济环境中，每一个人的消费水平，不仅可以通过他们各自经济收入的情况体现人们之间一定的分配关系和所有关系的差别，而且可以通过他们各自经济收入的下降或提高，反映人们之间一定劳动组织关系的运动变化。社会化的生产组织越发达，社会生产力水平就越高，人们普遍生活水平的提高也就相应越快。由于人类经济特别是发达的人类经济，是建立在社会化大生产基础之上的社会经济，人们通过社会化的产品生产和产品交换，最终实现自己的生活消费，并使这种生活消费建立在人们相互依存的经济关系之上，即以社会分工为前提的产品交换关系之上，因此，消费水平所表现的消费关系中也包含着交换关系。社会生产组织越发达，社会产品交换越发达，人们的消费水平就越发达，人们之间的经济关系也就越深刻。由此可见，消费水平作为消费关系的具体表现形式，的确反映了人们之间的经济关系。

除消费水平外，消费结构和消费倾向，也可以从某些方面反映人们之间的生活消费关系。

第一，作为反映人们之间相对稳定的消费内容或消费状况的消费结构，可以更为具体地表现不同消费者的生活水平，从而反映他们之间的社会经济关系。例如，从一定时期的社会消费结构来看，一部分人的消费内容仍停留在以吃、穿、住等基本生活需要为主的低消费水平，而另一部分人的消费内容则达到了以娱乐、享受、奢华，抑或以文化艺术、科学技术以及为实现某种高尚社会目的等为主的高消费水平，那么，这两部分人在消费过程中所构成的社会消费结构，就从内容上反映出两部分人的经济条件或经济地位的差别，并由此从根本上反映出他们之间的社会经济关系。在封建社会中，特别是在奴隶社会中，社会消费结构极端悬殊，消费品占有的两极分化反映出统治阶级和被统治阶级的政治经济关系。

第二，作为反映人们之间消费内容或消费状况发展趋势的消费倾向，可以从动态的意义上，表现不同个体消费过程之间的生活水平的发展趋势，从而反映出他们之间的社会经济关系的发展趋势。例如，在一定的社会经济环境中，当人们的消费内容普遍有所下降并趋于两极分化时，人们之间的社会经济关系有所恶化。在资本主义社会的初期，由于社会财富高度集中在少数人手中，资本家又以较为极端的方式积累财富，使得资产阶级与工人阶级之间的消费水平表现为极大的不平等和两极分化。随着资本主义社会生产力的迅猛发展，以及工人阶级为争取自身利益的不断斗争，社会财富的增加和社会福利制度的建立，客观上使得广大劳动群众的消费水平有了一个普遍提高的发展过程。这反映了在资本主义经济的发展过程中，工人阶级与资产阶级的政治经济关系有了某种程度的改善。尽管如此，资本主义所有制的存在，从根本上决定了工人阶级与资产阶级在消费水平上的极大的不平等。只是到了社会主义社会阶段，由于劳动资料公有制的建立，才为全部社会成员在消费内容或消费状况上的平等化创造了前提，并在生产力不断发展的条件下，一步一步地消灭人们在消费关系上的各种差别——城乡差别、工农差别、知识劳动者与普通劳动者之间的差别等，这反映出，在社会主义经济条件下广大劳动群众之间政治经济关系的根本改善。由此可见，社会消费倾向是人们之间社会经济关系运动变化的一个表现形式。由于一定的消费内容必然采取一定的消费方式，因而人们各自的生活消费方式也就在一定程度上，反映出人们之间的经济关系，这是不言而喻的。

除了生活消费能从以上诸多方面反映人们之间的社会经济关系外，生产消费亦能在消费水平、消费结构、消费倾向以及消费方式等诸方面反映人们之间的社会经济关系。

就社会生产消费的水平而言，在一定社会中，它可以表现为各个劳动组织分别使用和耗费的各类劳动资料的内容和规模，亦可表现为各个劳动组织所使用和耗费的各类劳动资料，在内容和规模上的总和。从微观的角度看，在同一社会中的不同劳动组织之间，在使用和耗费劳动资料的内容及其规模上的差别，可以反映出它们之间社会经济地位的差别。通常，生产消费的内容较为简单、落后且规模较为狭小的劳动组织，其社会经济地位就相对较低；反之，生产消费内容较为精密、先进且规模较为庞大的劳动组织，其社会经济地位就相应较高。例如，个体小生产组织与资本主义大企业在生产消费水平上的差别，反映出它们之间不同的社会经济地位，从而体现了它们之间的社会经济关系。从客观的角度看，一定社会总的生产消费内容越发达，以及总的生产消费规模越大，人们的社会经济关系就越密切，人们互相依存的水平就越高；反之，一定社会总的生产消费内容越简单，以及总的生产消费规模越狭小，人们之间的社会经济关系就越疏远，人们之间互相依存的水平就越低。例如，以封建土地所有制为基础的分散的农业小生产，相较于以资本主义所有制为基础的社会化大生产，无论在消费内容和消费规模上，前者都大为落后于后者，因此，在封建社会中，人们之间的经济关系表现为相对疏远，而在高度发达的资本主义社会中，人们之间的经济关系则表现为相对密切。

社会生产消费的消费结构和消费倾向，能够表现不同的社会经济状况，从而表现一定的社会经济关系。例如，一定社会或一定国家的社会生产，是以落后的农业家庭小生产消费为主，还是以发达的社会工业生产为主；是以民用工业生产消费为主，还是以军用工业生产消费为主，等等。就能反映出一定社会或一定国家中某方面的社会经济关系。封建社会占绝对优势的农业生产消费与资本主义社会占绝对优势的工业生产消费相比，不仅体现了两种社会不同的生产消费方式，而且反映了两种社会不同的社会经济基础。同样是发达的工业国家，一个是以民用工业生产消费为主，另一个是以军事工业生产消费为主，这不仅表现了不同国家所具有的不同的生产目的，而且反映了不同国家人与人之间的政治经济关系。社会主义国家经济，应该以最大限度地满足全体社会成员的生活需要为原则，因而，除了必要的国防需要外，较为注重民用工业的生产消费。而某些资本主义大国，则是以满足资产阶级自身的集团利益为原则，为了谋求世界霸权，往往注重军事工业的生产消费，从某种意义上说是与本国人民和世界人民的长远利益相对立的。

在社会生产消费中，最能从总的方面突出地反映社会经济关系的是社会生产消费方式。这里所说的社会生产消费方式，不是指具体生产资料的使用方式，而是指一个国家对社会财富的总的使用形式。例如，是以封建主义小生产经济形式为方式的社会生产消费，还是以资本主义自由经济为方式的社会生产消费，或是以社会主义计划经济为方式的社会生产消费，就从根本上反映了不同社会内部的经济基础和经济关系。在封建社会中，社会生产力落后，使社会生产消费的方式表现为分散的、小规模的农业生产消费和小手工业生产消费，人们之间的社会经济关系自然表现得极为疏离和落后，从而极大地阻碍了社会经济的发展。在资本主义社会中，社会大机器工业的形成，使社会生产消费日益集约化和扩大化，人们之间的社会经济关系日益密切，但是，资本主义私人所有制的存在，使社会财富的使用表现为资本家的自由支配，在此情况下形成了资本主义社会自由经济和社会化大生产的深刻矛盾，并在此基础之上形成了工人阶级与资产阶级的深刻矛盾。在发达的社会主义社会中，社会化大生产不仅得到了极大发展，而且由于劳动资料的全民所有制的确立，使得社会生产消费能在统一的计划经济指导下进行，从而克服了资本主义社会的基本经济矛盾，使社会生产得到了顺利发展的条件，并在此基础之上形成了人与人之间广泛合作的经济关系。

从以上讨论可以看到，消费关系的确是社会经济关系中极为重要的一个方面。那么，消费关系与组织关系、分配关系、所有关系乃至交换关系之间，又存在着怎样的关系呢？我们说，消费关系是同这四种经济关系对立统一、互相决定的。

就消费关系与组织关系的对立统一而言，由于消费总是对现实产品的消费，即只有生产什么才能消费什么，从这个意义上说，生产决定消费。由于生产是由劳动组织进行的，因此，社会劳动组织的状况，必然在一定程度上制约着人们的社会消费水平。通常，社会劳动组织越发达的社会，社会生产所提供的产品物质在种类和种量上也就越多，而人们的社会消费水平就越高。从这个意义上说，组织关系制约和规定着人们之间的消费关系。但是，由于生产总是以消费为目的的生产，即有怎样的消费目的，才会有怎样的生产过程，从这个意义上说，消费决定生产。由于劳动组织总是依据社会提出的消费需求或者消费倾向而组织起来，因此，人们的消费需求，必然在一定程度上制约着社会劳动组织的形成和发展，换句话说就是消费关系制约和影响着组织关系。在这里，劳动组织关系只解决了一个如何生产的问题，消费关系却提出了一个生产什么的问题，而具体的消费需求则体现出一个为谁生产的问题。因此，消费关系以消费结构和消费倾向的形式，引导和规定社会生产，从而制约和规定着组织关系。

事实上，在社会经济活动的循环过程中，生产和消费之间，从来就不存在一方从根本上决定另一方的问题。如果说一方可以决定另一方，也只能是相对的和有条件的，即具体的消费或具体的消费需求决定具体的生产，具体的生产或具体的产品决定具体的消费，两者之间是在互相作用、互为前提的条件下循环发展的。没有一定的消费需求，就不可能有相应的生产过程，同时，没有一定的生产成果，也就不可能有相应的消费。同样，没有一定的消费关系，就不可能有相应的组织关系；而没有一定的组织关系也就不可能有相应的消费关系。因此，消费关系和组织关系总是在相互推动、相互依存之中存在和发展的。

消费对生产的作用是显然的：第一，使用和耗费劳动资料的过程本身就是一个生产过程，因此，生产消费过程是与劳动过程相一致的；没有生产消费就没有劳动过程本身。第二，生活消费是与劳动能力、劳动目的得以形成和巩固的过程相一致的，没有生活消费就没有劳动目的和劳动能力的存在和发展，从而也就没有生产过程本身，而生活消费恰恰是保证生产过程延续和扩大的前提条件。总之，在一个运动变化的循环过程中，生产和消费都可能分别成为具体过程的起点和终点。那种总是强调生产决定消费，而否定消费决定生产的观念无疑是片面的。

除了组织关系之外，与消费关系具有直接相关意义的是分配关系。在社会化生产经济中，分配是消费的前提，有了现成的产品物质，如不进行分配是不能实现任何消费的。从这种意义上说，分配决定消费。然而，如何在人们之间进行分配，必然制约着人们之间的消费关系，因此，分配关系在这里决定和制约着消费关系。由于所有关系是从根本上制约分配关系的，因此，所有关系又是从根本上或者间接制约着消费关系的。但是，消费关系并非被动地受制于分配关系乃至所有关系，当社会消费关系处于高度矛盾状态时，例如，社会消费水平两极分化达到一个极端的程度时，受压迫剥削的消费者，就会起来为争取平等的消费权利而斗争，从而以自己的反抗改造所有关系并进而改造分配关系。因此，在特定的条件下，消费关系完全可以表现出制约、规定分配关系和所有关系的作用。它们之间的关系亦是对立统一、互相作用的。此外，由于所有关系和分配关系，在一定程度上制约和决定着组织关系，因此，消费关系亦能通过对分配关系和所有关系的改造，发挥对组织关系进行改造的作用。

至于消费关系与交换关系之间的对立统一关系，也是显而易见的。一方面，在社会化生产经济中，劳动资料的交换是劳动组织得以存在的前提，从而也是生产消费（社会消费）得以存在的前提，而生活资料的交换则是人们之间生活消费（个人消费）得以存在的前提。从这个意义上说，交换决定消费；没有一定的交换关系就没有一定的消费关系。另一方面，由于消费关系能从极其广泛的意义上制约和影响着组织关系的存在和发展，而组织关系的发展变化，又必然会导致交换关系的发展变化，因此，消费关系完全可以通过组织关系间接地制约交换关系。由于消费关系能在一定的条件下，对分配关系乃至所有关系产生制约作用，因此，消费关系亦能通过分配关系和所有关系去制约交换关系。

从以上分析可见，消费关系与组织关系、分配关系、所有关系和交换关系之间，是对立统一、互相制约、互为存在前提的。不仅如此，消费关系实际上是上述其他四种经济关系的综合形式或者说集中体现，是这四种社会经济关系的最终结果。在一定的历史条件下，消费关系不仅能够单一地对某一社会经济关系发生制约作用，而且可以综合地对四个经济关系发挥制约作用，推动它们的运动，这是由消费是一切社会经济行为的最终目的的性质所决定的。正是因为这样，社会的消费水平、消费方式、消费倾向和消费结构状况，总是从根本上反映出其他四种经济关系的状况。因此，消费关系的状况，是衡量一个社会经济状况乃至政治状况的综合尺度。

上面已经讨论了社会关系中的五大经济关系，及其相互之间对立统一的原理。政治经济学是研究社会经济关系的科学，因此，我们所要研究的经济问题，几乎都寓于上述五大社会经济关系之中。所不同的只是，在本章中只是粗略地提出五大社会经济关系的一般概念和相互关系，而我们后面讨论所涉及的社会经济关系，正是对这五大社会经济关系的具体化和深入化。

第二十二章
技术关系和社会关系的对立统一

关于技术关系和社会关系对立统一的问题，已经在第二十章的“创造关系的内部形式”一节中有所论述。创造关系的内部基本形式，表现为技术关系和社会关系的对立统一。第一，作为对立统一的两个矛盾方面，技术关系和社会关系是不可分的、互为存在条件、互相制约的。要建立一定的技术关系，必须相应地建立一定的社会关系，同样，要建立一定的社会关系，也必须相应地以一定的技术关系为依据。否则，两方面的不适应，都不可能构成最优的劳动创造能力。第二，作为对立统一的两个矛盾方面，技术关系与社会关系又是互相促进的。技术关系每向前发展一步，都会要求社会关系依据自身的变化而相应发生变化，从而推动社会关系的发展。相反，社会关系每向前发展一步，又会为技术关系的发挥和革新创造条件，从而进一步推动技术关系的发展。这就是有关技术关系和社会关系对立统一关系的一个基本概括。

但是，仅仅把技术关系和社会关系的对立统一关系停留在这样一个概括之上，显然是过于抽象和过于简单的。将社会关系具体地划分为五大类——组织关系、分配关系、所有关系、交换关系和消费关系，这就使得我们至少可以从这五个方面，具体地分析讨论技术关系和社会关系之间的对立统一问题。

尽管政治经济学是专门研究社会政治经济关系的科学，但是，如果要综合地研究社会经济关系的运动规律，就必须全面地考察创造关系，从社会关系和技术关系的对立统一关系中，去更加深刻地认识社会关系本身。技术关系的具体内容形形色色、万分复杂，不是本书的研究对象，但是，由于技术关系总是从对立的方面给予社会关系极大的制约或推动，因而，我们极有必要把技术关系作为一种社会关系运动变化的动因，研究其对社会关系的作用意义，从而使我们更好地理解作为社会关系进步原动力的技术关系本身。

正如在前面的章节中所定义的那样，技术关系是人们在改造劳动资料的过程中，把自己的劳动能量以某种具体形式施加在劳动资料①之上的作用关系。显然，技术关系的实体形式可以凭借两个方面的联系体现出来（见图 22－1）。

技术能力 ←— 技术关系 —→ 技术手段

图 22－1

一个是劳动者的技术能力，它主要表现为劳动者所掌握的自然科学知识和使用劳动工具的经验；另一个是劳动者的技术手段，它主要表现为劳动者所能运用的劳动资料②。只有当这两方面的因素统一起来时，才可能构成现实的技术关系。这样，就明确了技术关系的体现形式，即技术能力和技术手段的结合。所以，当我们具体研究技术关系和社会关系的对立统一问题时，就可以具体地从技术能力和技术手段这两个方面去考察它们对具体社会关系的影响，以便我们更好地认识技术关系对社会关系的制约作用；同时，也便于我们从相反的方面考察社会关系对技术关系的制约作用。

在本章中，将从社会经济关系的五大方面，讨论技术关系和社会关系对立统一的具体形式。

一　技术关系和组织关系的对立统一

我们首先讨论技术关系与劳动组织关系的对立统一问题。技术关系对组织关系的制约作用，主要可以从两个方面去认识。

第一，技术关系是规定劳动组织关系的重要方面，是建立劳动组织关系的前提条件。显然，任何一个劳动组织的建立，除了依据一定的生产目的之外，还有一个很重要的方面，就是依据劳动者的技术能力和现有的技术手段，并参照劳动目的的要求，去安排劳动者之间的分工和协作，从而建立起有利于实现生产目的的劳动组织。实际上，即使就生产目的而言，它也不是随意形成的，在一定程度上必须依据技术能力和技术手段的现实状况而设定。如果脱离了劳动者的技术能力，脱离了现有的技术手段，也就脱离了劳动组织得以形成的客观依据，也就不可能建立起实用、合理的劳动组织关系。

值得指出的是，技术关系在规定组织关系的时候，从来就是由技术能力和技术手段一起发生作用的，缺一不可。因为，仅仅具有一定的技术能力，而没有可

① 在本书中，“劳动资料”是劳动工具、劳动对象、劳动环境的总和。

② 技术手段是技术能力得以发挥的全部外部条件的总和。

供使用的技术手段，劳动者之间的任何分工也就失去存在的意义和可能，更无法具体地依据每个劳动者的技术能力，把他们安排在合适的生产位置上。同样，仅有可供使用的技术手段，而没有具有一定技术能力的劳动者，也就更加谈不上劳动者之间劳动分工和劳动协作的问题。在实际的生产实践中，人们总是依据自己的技术能力和技术条件的可能，去设计自己的生产目标，并尽可能合理地把每一个劳动者安排在最适当的位置上，以便发挥他们实现生产目标的最大效能。这里不仅要考虑每个劳动者技术能力①的状况，而且还要考虑现有的技术手段②的状况，如机器的类型、性能，原料的种类和种量，劳动的场地及市场环境是否有利于运输、销售等。只有这样，才能使各方面的因素加以合理的分工、组合、搭配，从而构成实现生产目标的最大能力。

技术关系对劳动组织关系的规定性，不仅仅反映在局部或者微观的劳动组织之中，还反映在整个社会的或者宏观的劳动组织之中。社会出现的各种生产部类的分工以及各种劳动职业的分工，无不建立在一定的社会技术能力和社会技术手段的基础之上。没有农业技术知识和牧业技术知识的相对独立化，没有农业生产手段和牧业生产手段的相对独立化，也就不可能有历史上农业和牧业的社会大分工；同样，没有农业技术知识和手工业技术知识的相对独立化，没有农业生产手段和手工业生产手段的相对独立化，也就不可能有农业和手工业的社会大分工。因此，无论从微观上或宏观上看，技术关系对劳动组织关系都起着根本性的制约作用。

第二，技术关系的发展能够推动劳动组织关系的发展，是劳动组织关系发展的根本动力。技术关系对组织关系的制约作用不是机械的，而是在自己的发展过程中不断地改良和完善劳动组织关系的。正是由于技术关系有一个从简单到复杂、从低级到高级的不断发展过程，组织关系也才有了一个从简单到复杂、从低级到高级的不断发展过程。由于劳动组织关系可以具体地表现为人们在劳动过程中结成的分工形式和协作形式，因而，劳动组织关系的这种发展过程，也就可以具体地表现为分工形式和协作形式的发展过程。

就分工形式的发展而言，技术能力和技术手段的每一次进步，都会相应地推动劳动组织关系的进步。例如，人类历史上曾经有过的三次较为明显的社会大分工，即牧业同农业的分离、手工业同农业的分离、商业同产业的分离，每一次的社会大分工，无不是以人类在技术能力和技术手段上的发展为基础的。同样，在现代化社会大生产中，无论是新的生产部类的形成，还是同一生产部类中不同工

① 技术能力是劳动能力的组成部分，包括书本知识和实践经验等。

② 技术手段是技术能力得以实现的外部物质条件，也就是劳动资料本身，包括劳动工具、劳动对象和劳动环境等。

种的细化，都是与相应地技术能力和技术手段的发展为基础的。没有建立航天飞机和核工业的技术能力和技术手段，就不可能形成航天工业体系和核工业体系，就不可能形成这种新兴工业体系的社会分工。

协作形式的发展同样是以技术能力和技术手段的发展为基础。尽管分工和协作具有不同的意义，但两者是紧密相连的。分工形式的每一步发展，都要求人们之间的协作形式相应地有所发展。分工越是建立在高技术能力和高技术手段的基础上，就越是要求劳动者之间具有更为复杂、更为精细的协作形式。没有相应提高的协作形式，分工的发展也就失去了全部可能。这种协作形式的发展，不仅表现为劳动分工的合理化、科学化，而且还深刻地表现为劳动者之间协作精神的进一步发展。比如，直接影响到劳动者之间的协作关系的产品分配形式，就必须随着一定社会分工的变化而发生变化，以加强劳动者之间的协作关系。在这里，劳动者之间的协作形式的发展，也就表现为产品的分配形式和所有形式的发展。由此可见，技术能力和技术条件的发展，不仅直接引起分工的发展，而且还连带地推动协作的发展。因此，技术关系的发展是组织关系发展的原动力。

尽管技术关系对组织关系具有上述的制约作用，但我们必须避免把这种制约作用绝对化，而应该从相反的方面去考察组织关系对技术关系所起的制约作用。组织关系对技术关系的制约作用，可以从以下两个方面去认识。

第一，劳动组织关系是技术关系和社会关系得以实现的必要条件。显然，组织关系必须依据实际的技术能力和技术手段，才可能现实地在劳动过程中发挥作用，才可能在实际的劳动过程中构成实际的技术关系。没有相应的劳动分工和协作，无论具有多么高超的技术能力和技术手段，都不可能发挥出任何创造财富的能力，也不可能构成任何现实的技术关系。一定的技术能力和技术手段一旦成为现实，它就成为一定劳动组织关系得以形成的根据；而一定的劳动组织关系一旦成为现实，它就成为发挥技术能力和技术手段的创造能力的前提条件。因此，没有组织关系这个必要条件，技术关系和社会关系也就完全失去了存在的可能。

劳动组织关系对技术关系的这种制约作用，说明技术关系和组织关系尽管互相具有相对独立的制约作用。但是，它们之间是并存的，甚至是混为一体的，谁也脱离不了谁。没有一定的技术关系，就没有一定的组织关系；反之，没有一定的组织关系，也就没有一定的技术关系。它们总是对立统一地影响着生产过程，从而影响着财富的创造过程。只有当二者高度地统一起来的时候，即只有当组织关系最合理地适应技术关系的时候，才可能塑造出最大的创造能力。

第二，劳动组织关系并不是机械地随着技术关系的发展而发展自身，相反，组织关系的发展和完善，亦可以积极地推动技术关系的进步和发展。在一定的技术能力和技术手段的条件下，合理地改善劳动组织关系，最大可能地实现劳动者之间的优化组合和良好合作，就能更好地发挥现有技术能力和技术手段的潜力，扩大和改良技术关系，使之更有利于财富的创造。就整个社会生产而言，社会分工和社会协作的改良和革命，对整个社会的技术关系的发展起着极为巨大的推动作用。例如，从奴隶制度到封建制度的革命，乃至从资本主义制度到社会主义制度的革命，每一次社会协作形式的大变革，都在极大的程度上，释放了社会技术能力和技术手段所具有的生产潜力，进而推动技术关系更进一步的变革，使人类技术关系达到一个更新的高度。由于人们的生产技术知识是在实际的生产活动中不断地发展和积累起来的，同时，人们的技术手段亦是在实际的生产活动中不断地创造和扩大的，而技术关系的每一次革命，都会引起人类社会劳动能力和技术手段的巨大提高和改良。因此，社会经济关系对社会技术关系的推动极具积极意义。

二 技术关系和分配关系的对立统一

分配关系是人们在产品分配过程中，形成的人与人之间的社会关系。那么，技术关系作为人与物的关系，是怎样决定或影响着分配关系的呢？反过来，分配关系又是怎样决定或影响着技术关系的呢？下面将就这一问题进行讨论。

从最直观的意义上说，分配首先是产品物质的分配。产品物质的形成与技术关系有着极为密切的联系，产品物质的创造过程，实际上就是技术关系和组织关系相互结合的过程。因此，没有技术关系，就没有可供分配的产品物质，也就没有分配关系本身。正是从这种意义上说，技术关系和社会关系的状况直接决定着产品分配的状况，技术关系的存在是分配关系得以存在的不可缺少的必要条件。主要可以从以下两个方面去认识技术关系对分配关系的决定作用。

第一，技术关系的内容和规模，决定着分配关系的内容和规模。产品是人们劳动直接作用于劳动资料并改造劳动资料的产物，当技术能力的内容越广泛、越深刻，人们所能创造的产品物质在种类上也就越广泛、越深刻，从而可供分配的产品物质在种类上也就越广泛、越深刻。同时，当人们的技术能力与技术手段相结合的规模越大，人们所能创造的产品物质在种量上的规模就越大，从而可供人们分配的产品物质在种量上的规模也就越大。例如，就所谓消费资料的分配而言，在19世纪时还没有电视机、电冰箱、洗衣机这类家庭电器产品可供分配，随着相关技术能力和技术手段的深化发展，这些种类的产品，在今天已经成为社会生产力的重要创造内容，并且新一代的家用电器，已经逐渐普及。20世纪五六十年代时，电视机、电冰箱、洗衣机这些消费品，就社会生产而言，其技术规模是比较小的，可供社会分配的此类产品在种量上的规模也就较小，而到今天，随着生产此类产品的技术关系规模的扩大，已经使这些过去仅能供给少数人分配使用的产品物质，成为大多数普通家庭得以分配使用的日常家庭用品。这就从质与量的意义上说明技术关系对分配关系有着不容置疑的决定作用。

第二，技术关系制约和规定着分配关系的社会性质，技术关系的发展决定着分配关系中分配原则、分配方式的发展。人们之间的分配关系，不仅表现为可供分配的产品物质在种类和种量上的多少，而且更为深刻地表现为人们之间在分配过程中的社会经济地位，或者说相互之间体现在分配上的经济关系。这种经济地位具体表现为分配过程中的分配原则和分配方式，对每一个合作者经济状况所作的规定，也就是一个如何进行分配、根据什么进行分配的问题。那么，技术关系是怎样对分配关系的社会性质发生作用的呢？由于技术关系在实际的生产活动中直接表现为与组织关系的对立统一，因此，技术关系对分配关系的这种决定作用不是直接发生的，而是通过组织关系间接地发生的。

在实际的社会生产过程中，任何技术关系的发挥和实现，都以一定的组织关系为条件，没有一定的组织关系也就不可能存在任何技术关系。但是，生产过程的组织关系，并不单纯地以技术关系为自己唯一的存在条件，同时，还会在根本上以人们在产品分配过程中的分配利益为存在条件。因为唯有在一定的分配利益或分配契约的条件下，才能使人们结合在一定的生产组织中去进行社会生产。在这里，纯粹技术关系的具体要求，只能成为组织关系具体形式的依据；而人们之间的分配利益关系，则成为组织关系能否按照技术关系的要求建立起来的依据。正是由于这种内在矛盾的存在，技术关系才得以通过组织关系去制约和决定分配关系的社会性质，并通过自己的发展去推动分配关系社会性质的发展。

某一种特定的技术关系，如果它对人们的社会生活具有积极意义，就会要求人们按照自己的需要，以相应的组织形式结合起来，并构成和实践这种技术关系。在这一过程中，如果分配关系不适应或者阻碍着这种组织关系的建立，那么，这种技术关系也就会以自己对人类生活的积极作用，通过人类趋利避害的能动生理机制，强制性地改良或变革这种分配关系，使之与自己的现实相适应。例如，一个织布作坊，在实现生产布匹这种技术关系全部过程中，除了作坊的管理者外，还需要有纺纱工、织布工、染布工等，只有当这些工人在一定的分配契约条件下，合理地、积极地组织起来，才能最终完成整个生产过程。如果有人不能接受这种分配契约而退出生产组织，整个生产过程就会瘫痪，只有重新制定可令人接受的分配契约，才能使生产组织重新建立起来。

从整个社会的分配原则或分配方式的运动变化来看，它们更能体现技术关系对分配关系社会性质的规定性。在人类社会的整个历史过程中，每一社会阶段特定的分配原则，不仅以该社会阶段的技术关系和社会关系为依据，而且，技术关系的每一次重大进步，都会凭借其为社会提供的更加丰富的物质产品，推动人们分配原则的变革。人类社会各个特定历史阶段的分配方式，会从奴隶社会的按奴隶主意志进行分配的分配方式，改变为封建社会的地主占有并出租土地，佃农交租的分配方式；从封建社会的分配方式，改变为资本主义社会的资本家占有劳动资料，并向雇佣工人发放工资的分配方式；乃至从资本主义社会分配方式，改变为社会主义社会劳动资料归集体所有，根据按劳分配原则进行分配的分配方式等，无不是社会技术进步的推动使然。例如，18 世纪的西方工业革命，特别是机器的广泛使用，使整个人类社会的技术关系发生了极为重大的变化，社会产品物质和社会财富的迅猛扩大，为人们之间更高更广的分配要求奠定了物质基础；与此同时，社会化大机器生产，要求劳动者之间具有更高水平的分工组织和协作精神，而如何维护这种协作精神，自然就会提出改良甚至变革原有的分配方式和分配原则的要求。这一切使得封建土地占有下的分配方式，极不适应社会技术关系的发展，从而推动了资本主义分配方式的形成和巩固。

由此可见，技术关系的运动变化是分配关系运动变化的规定性，这种规定性是技术关系通过组织关系去发生作用的，即技术关系把自己对组织关系的要求，强制性地迫使分配关系适合组织关系的存在需要，从而适合自己本身的存在需要。技术关系每向前发展一步，特别是技术关系的每一次社会大革命，都会要求组织关系适应自己的变化而变化。组织关系的变化，不仅包括分工关系的变化，而且还必须以协作关系的变化为基础，要求人们有更高的协作精神。然而，要保证日益加强的协作关系，就必须不断地改良分配关系，因为人们参加一个劳动组织，其协作的前提条件就是从这个协作中获取一定的分配利益。当技术关系发展到一定阶段，产品物质的丰富程度也就达到一个新的度，都会在种类和种量上引起人们改变产品分配的新要求。唯有当人们日益变化的分配利益合理且充分地得到保障和实现，人们之间的经济效益关系才能得到良好协调，从而巩固和提高相互之间的协作精神。

技术关系对分配关系的制约和规定作用并不是单向的，相反，分配关系也会在很大的程度上制约和规定技术关系。这至少可以从以下四个方面去认识。

第一，一定的分配关系是一定的技术关系的基础。任何技术关系都不可能脱离一定的分配关系而存在，这是显然的。人们的协作以一定的分配利益为前提条件，否定了这种利益关系，就否定了劳动组织内部协作的可能性，同时就否定了劳动分工的可能性，并由此使得任何技术能力和技术手段都无从发挥，产品物质或物质财富的生产也就成为一句空话。在社会生产活动中，分配关系对于技术关系的这种规定性是不可抗拒的。

第二，在一定的历史阶段内，分配关系在方式和原则上的相对稳定，是保证人类社会技术关系稳定发展和日益扩大的必要条件。技术关系的发展必须以某种相对稳定的分配关系为基础，特别是在分配原则和分配方式上就更是如此。只有在一个相对稳定的分配关系环境中，人们的协作关系乃至分工关系才能维持相对稳定，而这种稳定正是技术关系得以存在和发展的基础。从历史上看，在数千年历史过程中，尽管人们的分配关系在分配的产品种类或产品种量上不断地扩大而发生变化，但是，人类社会的分配关系在主要的社会性质方面，仍然是比较稳定的；在技术关系发展比较缓慢的社会阶段中，这种稳定性就越是突出。奴隶社会和封建社会分配制度的稳定性，使人类社会的技术关系得以逐渐发展起来；资本主义社会和社会主义社会的分配制度，使人类社会的技术关系得以迅速地爆炸式地壮大起来；如果失去了分配制度的相对稳定性，任何社会中的技术关系都不可能得到稳定的发展，甚至不可能获得赖以存在的空间。

第三，在一定的历史条件下，分配关系的变革是技术关系得以解放的必不可少的条件。分配关系的相对稳定，是一定范围或者一定历史阶段的技术关系得以存在和发展的必要条件。但是，当技术关系的发展突破了一定分配关系的适应范围，分配关系的变革就成为技术关系得以进一步发展的前提条件。这一点特别突出地表现在社会生产过程中分配关系社会性质的变革上。例如，随着机器的广泛使用和生产力的迅速提高，以封建社会土地占有为基础的封建主义分配方式，严重地阻碍了社会先进技术关系的发展，只是在资本主义分配方式确立之后，才极大地促进了机器大工业的发展。

第四，从循环的意义上看，分配关系还可以通过消费过程间接地影响技术关系的发展。因为人类的精神发展，人类的技术能力发展，乃至人类对更广泛、更深刻的技术手段的发明和创造，无不都是在对劳动产品的消费过程中得以实现的。而分配是消费的前提，没有分配就没有消费，也就没有人类技术能力和技术手段的发展。分配关系的性质必然影响和规定着消费关系的性质，并由此影响人类精神的发展状况，进而影响人类技术能力和技术手段的发展状况。例如，在奴隶社会中，分配由奴隶主的意志决定，奴隶主占有大量财富，而奴隶只能得到维持基本劳动力的物质条件。由此而引起的是奴隶主阶级使财富的创造过程，特别是使新形成的技术关系，主要地表现为服务于奴隶主阶级穷奢极欲的生活需要。

从以上讨论可以看到，技术关系与分配关系是对立统一、相互作用的。一方面，技术关系的发展对组织关系的特定要求，决定着分配关系必须适应这种要求的需要；另一方面，分配关系对技术关系也具有决定作用，它是否适应技术关系对组织关系的要求，能起着促进或延缓技术关系发展的作用。值得指出的是，无论是技术关系还是分配关系，都不存在谁从根本上决定谁的问题，而只能是具体的技术关系决定具体的分配关系，或者反过来，只能是具体的分配关系决定具体的技术关系的问题。

三　技术关系和所有关系的对立统一

所有关系，指的是人们在生产过程中关于劳动资料归谁所有，以及由此引申出来的关于生产支配权和产品分配权归谁掌握，而由此结成的社会经济关系。因此，当我们考察技术关系与所有关系的对立统一问题时，除了可以从技术关系与所有制之间互相作用的关系中去加以分析外，亦可以比较具体的从技术关系分别与生产支配权和产品分配权之间互相作用的关系中去加以分析。

首先讨论技术关系对所有关系的制约作用。技术关系的发展所导致的组织关系的发展，要求生产的支配权和产品的分配权，并进而要求劳动资料的所有权，都必须适应自己的需要。正如我们已经知道的那样，人们对劳动资料的占有权，之所以能构成对生产的支配权和产品的分配权，是由劳动资料作为生产过程三要素①中的物的因素，而绝对不可缺少的客观地位所赋予的。劳动资料的占有者，凭借自己对劳动资料的占有权，要求生产和分配符合自身的利益要求，否则可以主动放弃或解除与他人的劳动合作。而劳动资料的非占有者，由于失去生产过程所必需的物的要素，为寻求合作，在一定的物质利益条件下，则被动地将生产支配权和产品分配权交给劳动资料的占有者。但是，在不断发展变化的生产过程中，劳动资料的所有权乃至由此产生的对生产的支配权和对产品的分配权，并不是一成不变的，而是依据技术关系的发展变化而不断地改造自身。所有关系的这种变化，不是直接地适应于技术关系的发展需要，而是通过维持、巩固、重建劳动组织的需要，间接地去适应于技术关系的发展需要。

其次就生产支配权而言，它至少包含了生产什么和如何生产这样两层内容。这两个问题本身是与劳动组织参与者的切身利益密切相关的，这不仅包括劳动资料的占有者，同样包括劳动资料的非占有者。生产的产品种类是为了满足少数人的需要，还是为了满足全体劳动者的需要，产品的社会适应性或者说社会需求的情况如何，是否最经济、最高效益地进行生产，如何以尽可能小的劳动耗费（成本支出）获得尽可能多的物质产品（利润收益）等，这些问题最终都会与劳动者们的分配利益密切相关。显然，生产的产品种类越是符合多数人的利益，产品越是大量地生产出来并得到社会的消费，劳动者的分配利益也就越大。在这里，生产的支配权实际上是一种对劳动组织的支配权，如果对这种支配权的不合理运用达到一定的度，就会严重阻碍社会技术关系的发展，破坏劳动组织得以结成的基础，由此可能引起劳动组织的解体，甚至引起对生产支配权的争夺，并进而改

① 其中包括劳动目的、劳动能力、劳动资料三个要素。

变对劳动资料的占有权或所有关系的性质。

例如，在奴隶社会末期，社会生产力已经达到了一个相当高的水平，但是，奴隶主阶级凭借他们对劳动资料的所有权，取得了对生产过程的绝对支配权，强迫奴隶大量地为奴隶主生产奢侈品，大规模地修建宫殿、陵墓，而奴隶们的生活水平则长期得不到明显改善。此外，由于受奴隶制的限制，许多先进的生产技术得不到应用和推广，严重束缚了社会生产力的发展，最终导致奴隶阶级为推翻奴隶主阶级的起义和战争。此后，奴隶社会的劳动资料所有制逐渐改变为封建社会的所有制，多数人获得了自己的劳动资料（以土地为主），赢得了自己对生产的支配权，相应地发展了社会的劳动组织关系，从而极大地适应了技术关系的进步要求，推动了社会生产力的发展。尤其在社会主义所有制取代资本主义所有制的过程中，突出地表现为对社会劳动组织支配方式的变革上。在资本主义社会中，社会技术关系迅猛发展的结果，最终形成了社会化大生产与资本主义劳动资料私人占有制之间的矛盾，而这一矛盾所导致的资本主义社会周期性经济危机，正是社会劳动组织关系不适应技术关系发展需要的产物。社会主义社会中，以劳动资料公有制为基础的社会化大生产，使得社会主义社会的劳动组织，得以在自身特有的计划经济[①]与市场经济有机结合的条件下运行，从而最大限度地适应社会技术关系的发展，把社会经济危机的风险降至最低，甚至可以从根本上消除经济危机的可能性。

产品的分配权与劳动组织参与者个人的切身利益更是密切相关，无论劳动组织具有多么大的产品生产能力，如果掌握产品分配权的人，不能依据人们以一定的社会生产技术关系为背景而提出的物质需求，采取合理且适当的利益分配方式。那么，就会损害劳动组织参与者的自身利益，使之不能在应该、合理、适当的范围内获得自己所期望的个人利益，从而打击他们参与合作劳动的积极性或协作精神。在这里，产品的分配权实际上是一种对合作劳动的最终结果及体现其上的合作利益的分配权。由于获取合作利益是组成劳动组织的基本目的所在，如果

---

① 这里所说的社会主义社会的计划经济，与以往那种盲目的、强制性的计划经济完全不是一回事，而是一种与市场经济相结合的并客观地反映社会主义优越性的计划经济形式。在社会主义社会的初级阶段中，计划经济只能在较为宏观的方面由国家加以实施，更加广泛的经济领域则表现为由市场经济规律调节或支配。正如邓小平同志所说的那样：“资本主义有计划，社会主义也有市场；社会主义经济是有计划的市场经济。”所不同的只是，社会主义计划与资本主义的计划在方式、范围、程度、规模上有着本质区别；特别是随着社会主义社会从初级阶段到高级阶段的发展，这种本质区别也就更加明显。有关社会主义社会计划经济与市场经济对立统一的矛盾关系，我们将会在后面有关的篇章中进行讨论。在高度发达的社会主义社会经济条件下，社会生产的高度计划性将成为区别于传统资本主义社会经济的一种典型特征。当然，那时高度发达的计划经济并非采取强制的行政命令方式，而是与社会高度发达的自动化大机器生产密切相关的一种非常自然和谐的计划经济形式。并不因为我们今天强调社会主义市场经济，而失去对于未来高度发达的社会主义历史阶段的计划经济进行研究的理论意义。

对这种分配权的不合理运用达到一定的程度，亦会通过对劳动组织的破坏而严重阻碍社会技术关系的发展，轻则出现劳动者的怠工或不合作而导致劳动组织的涣散或解体，重则导致对劳动资料所有权的争夺，以改变相互之间对劳动资料所有关系的性质，并进而改变协作劳动者之间的分配关系。

例如，在奴隶社会末期，社会技术关系已经达到一个相当高的水平，社会产品无论在种类和种量上都有了很大发展；但奴隶主阶级凭借其拥有的产品分配权，仍然严重限制奴隶们随生产力发展而提高了的利益分配要求，极少改善奴隶的生活条件，这就迫使奴隶拒绝劳动协作，从破坏较为先进的劳动工具到最终发动奴隶起义，都沉重地打击了奴隶主的分配制度，最终变奴隶主义所有制为封建主义所有制，由奴隶转化而来的农民最终获得了自己的土地，并由此相应地获得了一定的产品分配权。这种适应社会技术关系发展需要而变革社会组织关系的形式，极大地推动了社会生产力的发展，从而改善了多数人的生活水平。在资本主义社会中，产品分配制度曾一度适应发展了社会技术关系及雇佣工人的基本利益需求，极大地推动了社会生产力的发展；但是，当社会技术关系发展到高度社会化大生产的时代，产品分配权的贫富悬殊和广大工人日益增长的物质利益需要相矛盾，则成为工人阶级改变劳动资料占有形式，夺取产品分配权的主要动因。社会主义劳动资料的公有制，依据按劳分配原则进行产品分配，消除了凭借个人劳动资料所有权而取得劳动产品分配权的条件[①]，从而使得在根本上解决资本主义社会劳动资料私人占有制与工人阶级日益增长的物质需要之间的矛盾成为可能。

技术关系对所有关系的制约作用不是单方面的，在一定的条件下，所有关系亦可以对技术关系发生制约作用。当技术关系在一定所有关系所规定的空间范围内不断发展，而达到这个空间范围所不能容纳的程度时，技术关系就成为一种革命力量，推动劳动资料的所有关系的变化发展，以适应自身发展的需要；另一方面，当所有关系成为限制甚至破坏技术关系而严重阻碍社会生产力发展的现实力量时，变革或改良所有关系就成为技术关系得以继续向前发展的一个前提条件。因此，所有关系可以反过来作为技术关系的制约因素，是不言而喻的。

就对生产过程的支配权而言，如何使用劳动工具、劳动对象、劳动环境这些劳动资料，对于技术关系的发挥、扩展乃至革命，无疑具有重要的规定意义。在一定的技术条件下，只有依据社会生活的客观需要，适当、合理、科学地使用生产支配权，建立起合理科学的生产劳动组织，才能最大限度地发挥现有技术关系，创造出尽可能多的物质财富，否则就只能生产出背弃社会生活需要的无用产

① 与现实情况不同的是，由于社会主义初级阶段生产力发展的需要，在一定范围内允许私人经济的存在，从而使得社会主义初级阶段的分配制度表现为一种不仅按照按劳分配原则进行分配，同时也按劳动要素进行分配的方式。

品，或者降低有用产品生产的劳动效率。在一定的技术条件基础上，只有依据社会生活对技术关系发展的要求，适当地使用生产支配权，组织必要的科研组织，研究和建立起新的技术关系基础，改善并合理搭配劳动工具、劳动对象、劳动环境，才能最大限度地发展现有的技术关系，否则就会阻碍技术关系的发展，使社会产品的生产停滞不前。

例如，在技术关系高度发达的资本主义社会中，劳动资料的私人占有制使得社会化大生产的支配权分散在资本家个人手中，从而形成了资本主义生产的盲目性，导致周期性的经济危机。而在理想的社会主义社会中，社会技术关系的高度发达，劳动资料的社会主义公有制，使得社会生产的支配权归全社会共有，并在高度发达的自动化信息系统的条件下，社会主义计划经济得以最大限度地避免社会生产的盲目性，最大限度地发挥现有技术关系的财富创造能力。又如，在封建社会中，封建土地所有制下的劳动资料私人占有制使社会劳动资料分散在地主和大量小农户手中。当封建社会的技术关系发展到一定高度时，封建社会过于分散的生产支配权，就严重束缚了社会技术关系的发展。而在资本主义社会中，资本家通过原始积累等方式集中社会财富，并把普通农民转化为工人，成为资本家的雇佣劳动者。资本家获得了较大的生产支配权，从而使得运用大机器进行社会化大生产成为可能，劳动者的专业技术水平和生产技能，亦在大机器生产的过程中得以迅速提高。这一切都极大地推动了社会技术关系的发展。18、19 世纪乃至 20 世纪的技术革命，无不是在优化了的社会生产组织关系的条件下实现的。

由于一定技术关系的发展必须以一定的组织关系的发展为条件，而一定的组织关系的建立，又必须以一定的分配关系为前提。因此，产品分配权亦可以在一定的范围内影响和制约技术关系的发展。掌握分配权的个人或集团，是以耗费劳动量的大小进行分配，还是以创造财富的多少进行分配；是以劳动资料占有量的多少进行分配，还是以拥有的其他生产要素进行分配；抑或是以上述各方面的具体情况进行综合性的分配，都直接关系到劳动合作者之间的分配关系，从而都直接关系到劳动合作者之间在劳动组织中的协作关系。在一定的社会生产力条件下，如果产品分配权得不到合理使用，尤其当其不合理性达到一个相当程度的时候，就会从根本上破坏劳动者之间在一定生产力条件下达成的分配契约，就会使不满足分配现状的劳动者脱离劳动组织或者采取对抗态度，从而破坏技术关系的实现和发展。当整个社会的产品分配关系与技术关系的矛盾达到一定程度时，作为分配利益受损害的劳动阶级，甚至可以通过社会革命，争夺劳动资料的所有权，从而获得产品分配权。而产品分配权的每一次变革乃至利益分配关系的每一次优化，又极大地推动了社会分工和社会协作的发展，巩固了社会劳动组织，从而极大地推动了技术关系的发展。

例如，在资本主义条件下，劳动资料的私人占有制以及由此规定的资本主义分配制度，曾经为资本主义的财富集中和积累创造了条件，进而为资本主义生产技术的飞速发展创造了条件，并在这个过程中大大地改善了由农民阶级转变而来的工人阶级的实际生活水平。但是，资本主义的分配制度所造成的社会财富两极分化，又与工人大众日益增长的生活需要形成不可调和的矛盾，最终导致了工人阶级的罢工和起义，从而成为资本主义所有制逐渐消亡的内在动因。在社会主义社会中，劳动资料的全民所有制，使得社会财富的所有权、生产过程的支配权以及劳动产品的分配权，完全摆脱了资本主义私人占有制的束缚。对于物质财富而言，生产什么以及如何分配，不再依据个人对劳动资料的所有权的大小，而是依据全社会共同进步的综合需要，有计划按比例地进行生产，最终根据所创造的劳动效益的大小进行分配，从而在一个更大的范围内，消除因分配不公而导致的劳动者之间的协作关系，消除不能充分适应社会技术关系发展的现象。

从以上分析可以看到，劳动资料的所有关系与生产过程的技术关系之间，的确存在着一种互相制约、互相推动的对立统一关系。同样，这种关系亦不存在谁第一性谁第二性的问题，而是具体的技术关系在一定的历史条件范围内决定具体的所有关系，而具体的所有关系又会在一定的历史条件范围内决定具体的技术关系。它们之间互相制约、互相推动的对立统一关系，从来就是历史的和具体的。此外，所有关系的方式，既是构成生产支配权和产品分配权而形成的劳动者之间一定利益关系的方式，又是构成组织关系而形成的劳动过程中一定技术关系的方式。关于这些问题，本书将会在之后的卷章中进行详细讨论。

四　技术关系和交换关系的对立统一

交换关系是体现在产品交换过程中的人与人之间互相依存、互相协作的经济关系，这种经济关系不仅可以具体地表现为产品交换的方式和规模，而且可以表现为人们在交换中的经济地位。因此，技术关系与交换关系亦可以从这些比较具体的方面进行分析。

技术关系在很重要的方面制约着交换关系，特别是当技术关系发展到一定高度并由此形成劳动社会分工的时候，这种制约作用就表现得更加明显和突出。正如我们已经知道的那样，人类社会的两次大分工——农业与畜牧业、农业与手工业的社会大分工，都是随着技术的发展而达至专业化，并由此推动较高生产效率的形成。社会分工是技术关系发展过程中不可避免的产物；然而，社会分工的出现使得人们之间的产品交换成为必然。因为，只有通过交换，才能最终实现社会分工所带来的更加丰富的财富和消费。从这种意义上说，没有技术关系的发展，就不可能出现分工，从而就不可能出现产品交换，而体现在产品交换之上的人与人之间的社会关系，也就不可能存在。因此，一定技术关系是一定交换关系存在的前提条件。

技术关系对产品交换的规模和方式所具有的影响是显而易见的。就产品交换的规模而言，随着技术关系的发展，人们创造的物质财富无论在种类上还是在种量上，都在以越来越大的规模呈现在我们的眼前，因而，可供交换的产品规模必然随着技术关系的发展而得到扩大。例如，封建社会时代可供人们进行交换的产品，无论在种类和种量上，都是与现代资本主义大机器工业的成果无法比拟的，无论在社会劳动资料或社会消费资料上的交换都是如此。

然而，技术关系的发展又使得社会分工朝着日益细化乃至无限化细的方向发展，由此使得人们之间的交换活动，同时存在一个从简到繁、从小规模向大规模的发展过程，这就推动了交换方式的发展变化。例如，从人类社会早期的物物交换发展到后来的货币交换，货币交换又从早期的金属货币交换发展到后来的纸币交换；随着现代化电脑技术的发展，又出现了信用卡等电子货币的交换方式等。交换方式的每一次进步，无疑都是为了适应技术关系发展，及其所导致的日益扩大、繁杂的产品交换需要，这使得产品交换更加方便和迅捷。产品交换规模的扩大和交换方式的进步，体现了人们之间交换关系的扩大和进步，表明人们之间互相依存、互相协作的关系日益加深；而这一切不能不说是技术关系发展的结果。总之，技术关系的发达推动了交换关系的发达。

技术关系的发展，除了在产品交换规模和交换方式的发展上具有规定意义，同时，亦在交换关系社会性质的发展变化上具有规定意义，即对人们在不同历史时期的交换地位具有规定性。技术关系的发展运动，对于社会的劳动组织关系、产品分配关系乃至劳动资料的所有关系的发展运动，都是具有一定的制约作用的。每一时代的技术关系的状况，都会在其特定的范围内，规定着该历史时期的所有关系、分配关系和组织关系；而处于每一历史阶段的劳动者之间，由于各自经济地位的不同，他们之间的交换关系也就带有了不同历史阶段的政治色彩。

例如，在技术关系极为落后的原始共产主义社会，劳动分工基于非固定的和极原始的共同劳动基础之上，社会产品的极其有限，只能供部落的劳动者们维持简单生活。产品的平均分配，使得寓于其中的产品交换基本上不考虑劳动者的劳动能力和贡献的大小，表现为一种“无价交换”。这种无价交换，抹杀每一独立个人在交换活动中的经济地位，似乎每一个人都在形式上具有一种天然平等的交换地位，而在实际上却是一种最不平等的交换关系。这种强制性的平均分配的交换关系，把个人独立的交换利益压制在部落的共同生存之中，而完全否定了个人发展的独立性，这就是原始社会交换关系的特点。在奴隶社会中，随着技术关系的发展和社会分工的广泛化，社会产品的交换，只能建立在交换双方各自独立的交换利益基础之上，从而表现为一种“有价交换”。但是，在奴隶社会所有制的条件下，社会产品交换集中突出地表现为奴隶主之间或者平民之间的产品交换，而奴隶则因不能支配任何剩余产品而被排斥在实际的产品交换之外，从而失去参与产品交换的经济地位。奴隶主与奴隶之间的交换关系，则扭曲地表现为奴隶主拥有全部劳动资料，甚至拥有奴隶本身，并凭借这一特权掠夺奴隶的全部剩余产品的极不平等的阶级关系。在以后的封建社会、资本主义社会乃至社会主义社会中，由于技术关系的向前发展而推动的社会关系的日益改良和优化，使得人们之间的交换关系一步步地走向平等，从极大的不等价交换到相对的不等价交换，又从相对的不等价交换到高度的等价交换，人们越来越从相互的交换关系中取得自己日益扩大的和日益平等的经济利益。共产主义社会的交换关系将基于社会劳动资料公有制之上，社会产品的极大丰富，使得表现为凝结在社会产品物质之上的抽象劳动趋于无限小，从而使得人们之间在交换此类产品的时候表现为一种无价交换，并由此实现劳动者之间交换关系的高度平等。

技术关系对交换关系的制约作用是显而易见的，但在相反的方面，交换关系对技术关系的制约作用也不可忽视。从起因看，交换本身是分工的产物，从而是技术关系发展进步的产物；但是，交换作为一种可能性或者必要条件而言，又是技术关系得以发展的前提。显然，没有交换的可能性，就不可能出现以交换为目的的社会生产，从而就不可能引发和推动社会生产的专业化。实际上，交换起源于技术关系的发展所带来的剩余产品，而以交换为目的的社会分工则基于交换这一必要条件。生产资料（社会劳动资料）和生活资料（个人劳动资料）的生产部门，一旦失去可供交换的市场，一方面，会因为得不到生产所需的原材料而被迫停顿生产，另一方面，会因为产品不能实现交换而失去全部经济意义。因此，交换所提供的可能性不是可有可无的，而是绝对不可缺少的。

从形式上看，交换关系表现为人们之间产品物质的交换；但是从本质上看，交换关系则表现为人们之间社会劳动的分工和协作，是人们之间社会劳动的交换。交换关系的先进与否，决定着社会劳动分工组织的先进发达与否，从而决定着社会技术关系的先进与否。可以说，没有日益先进的交换关系，就没有日益先进的技术关系；没有逐渐改良的交换方式，没有日益扩大的市场规模，就不可能为日益发展扩大的分工生产提供条件，相反只能限制社会技术关系的发展。当物物交换极大地限制社会交换的时候，货币的出现则极大地推动了交换的速度和区域，从而推动了分工的发展及其技术关系的发展。早期资本主义社会的盲目生产脱离市场交换的可能性，便遭受打击，使工厂停工和破产，社会技术关系则相应萎缩。这些都是交换关系制约技术关系的明显例子。

交换关系不仅作为社会分工组织得以存在的必要条件，制约技术关系的存在，而且还可以作为一种社会力量，推动技术关系的发展。交换关系中直接包涵着交换者的经济利益，交换关系的合理与否，必然要通过分配关系、所有关系去影响劳动组织关系，从而影响技术关系。在一定的生产力条件下，如果交换关系的不合理、不平等达到一定的度，并导致劳动组织协作者之间社会利益的不平等时，交换利益受损害的劳动者，就会要求改变分配制度和所有制度，甚至通过社会革命去实现这种改变。这种革命性的力量，将会建立起更加稳固的劳动组织的分工协作形式，从而推进技术关系的发展。就历史事实而言，社会技术革命的每一次大发展，社会技术关系的每一次突飞猛进，都是在劳动资料所有关系、产品物质分配关系以及由此导致的劳动组织关系的巨大变革的条件下实现的，而这些巨大变革的动因，无不与人们改变不合理的交换利益的要求密切相关。

值得明确的是，技术关系与交换关系之间，并不存在谁在根本上决定谁的问题，它们之间是对立统一的，在一定的条件下是互相决定、互相制约、互相推动的。其对立统一的意义在于，具体的和历史的技术关系决定具体的和历史的交换关系，而具体的和历史的交换关系决定具体的和历史的技术关系。这就是说，有了什么样的技术关系，才可能有什么样的交换关系；而有了什么样的交换关系，才可能有什么样的技术关系。

五　技术关系和消费关系的对立统一

“消费关系”是人们在使用和耗费劳动产品的过程中，结成的人与人之间的经济关系。无论是对生产资料或生活资料的消费，无论是对社会产品和个人产品的消费，无论是对社会劳动资料或个人劳动资料的消费，都是人们结成相互依存、相互协作经济关系的必然过程。消费关系可以具体地表现为人们的消费规模、消费构成、消费倾向和消费方式等，亦可以表现为人们在社会消费过程中的不同经济地位。因此，当我们讨论技术关系与消费关系的对立统一问题时，可以从这些具体表现形式入手。

与前述四种社会关系与技术关系对立统一的形式有所不同的是，消费过程本身就是生产过程，其中就已经包含了技术关系本身。显然，对生产资料的消费实际上就是一种生产过程，要生产就必然要消费生产资料。例如，用大米做酒，消费大米的过程就是生产酒的过程。在这里，消费生产资料的同时就是生产过程本身。而对生活资料的消费，实际上亦存在着另外一种生产过程，只不过当生活资料进入个人生活领域之后，这种生产过程表现为个人生产过程。例如，用大米做饭，消费大米的同时就是生产米饭的过程。然而，这种消费过程本身就是生产过程的现象，仅仅是一种表面现象而已，两者之间实际上是有本质区别的。否则，混淆了两者，就不可能科学地分析体现在生产过程中的技术关系与体现在消费过程中的消费关系的对立统一问题。

实际上，生产过程的着眼点在于提供可供使用的产品，以满足消费的需要，而消费过程的着眼点则在于使用现有的产品物质，以实现生活目的。至于生产过程中包含着对原有生产过程所生产出来的生产资料的消费过程，而消费过程中又包含着新的生活需要所引发的进一步的生产过程，不过是人类精神生活在消费过程中实现自我目的并向前发展的不断演进而对生产和消费提出的要求。从形式上看，生产过程和消费过程是结合在一起的，而在实质上，却是一个与生活目的的历史变化密切相关，且具有历史阶段性的、承上启下的循环或演进过程；而此种历史阶段性，则具体地把生产和消费区分开来，即此时的消费表现为进一步的生产，而彼时的生产则表现为进一步的消费。例如，为了实现制作锄头的目的，必须首先生产出钢铁，而要生产出钢铁又必须首先生产出煤炭和铁矿石，更进一步地说，要生产出煤炭和铁矿石，又必须首先生产出所必需的采掘工具等。作为最终目的的锄头就由一系列的阶段性目的所构成，生产采掘工具的目的是为了满足采掘铁矿石的目的需要，消费采掘工具而挖掘出铁矿石则实现了这一目的需要，同时本身又是为进一步满足生产钢铁的目的需要等。因此，从阶段意义上说，消费并不简单地与生产相统一，一定的消费比起相关的生产更接近生活目的的需要，因为，生活目的只有通过消费才能实现，而生产只是为此准备了物质条件。可以这样说，一方面，消费是对其所消费的前一个生产过程的产品物质的实现，同时又是以进一步的生产过程为进一步的消费需要提供产品物质；另一方面，生产是为进一步的消费需要提供产品物质的过程，同时又表现为对前一个生产过程的产品物质进行消费而使之得以实现。

生产产品的过程存在着技术关系，而对产品的消费过程亦存在着技术关系，那么，如何在这种杂糅的关系中，去分析消费关系同技术关系的对立统一呢？实际上，当把技术关系看成是一种人与物的纯粹关系而舍弃其社会性时，就把体现在生产过程中的人们对劳动资料和劳动产品的消费关系，作为其对立统一的一个方面而独立出来。这就使我们有可能把技术关系与消费关系，作为对立统一的两个方面去考察。就技术关系对消费关系的制约作用而言，可以从以下几个方面去加以认识。

第一，没有一定的技术关系，就没有一定的消费关系。因为，消费是对现实产品物质的消费，从而消费过程中构成的全部消费关系，必须以现实的产品消费为基础，而被现实消费的产品物质又是一定技术关系的产物。这就是说，任何一种实际的产品消费，乃至体现其中的人与人之间的经济关系，都是以一定的技术关系为基础的。

第二，一定的技术关系决定着一定的消费规模和消费构成。人们消费何种产品物质，以及消费各种产品物质的数量多少，都只能以现实存在的产品种类及产品种量①为基础，绝不可能存在超越现有产品种类和产品种量的任何消费现象。一定技术关系的质决定着一定产品物质的种类，一定技术关系的量决定着一定产品物质的种量，一定的消费构成只能以一定的产品种类为根据，而一定的消费规模亦只能以一定的产品种量为根据。因此，人们之间不同的消费规模及不同的消费构成所体现的不同的消费关系，都是以一定的技术关系为基础的。人们消费的产品种类范围越广，消费的产品种量规模越大，说明人们之间互相依存的经济关系就越深厚。

第三，一定的技术关系影响着一定的消费倾向。消费倾向是人们对于产品物质消费需求的一种期望或追求目标。消费倾向不是凭空而来的，而是在社会消费过程中形成的一种较为具有代表性的、表现为某种倾向特征的消费需求。没有一定的消费，就不可能形成一定的消费倾向；不同的消费倾向所体现的不同的消费关系，亦是以一定的技术关系为基础的。社会的消费倾向越是有利于社会的进步和发展，说明由消费所构成的人们之间的经济关系越是具有健康性；反之，越是不利于社会的进步和发展，则说明由消费所构成的人们之间的经济关系越是具有没落性。

第四，一定的技术关系制约着一定的消费方式。消费方式是人们消费生产资料和生活资料的社会方式。例如，对生产资料的消费是采取计划经济条件下的计划消费方式，还是采取自由经济条件下的自由消费方式；对生活资料的消费是采取配给制经济条件下的配给消费方式，还是采取市场经济条件下的市场消费方式等等，体现了消费方式的具体形态。体现在消费方式之中的人们之间的消费关系是显而易见的，不同的消费方式都是建立在不同的技术关系基础之上，并由建立在这个基础之上的特定的组织关系、分配关系、所有关系和交换关系所制约、所规定的，它反映了人们在不同技术关系条件下的社会经济关系。每一种社会阶段的具体消费方式，不仅是该社会阶段人与人之间经济关系性质的反映，而且是该社会阶段技术关系水平的反映。因此，消费关系作为五大经济关系中的最终表现形式，同样是以技术关系为基础。

---

① 产品种类和产品种量是两个密切相关的概念，前者指的是产品类别的数量，比如共多少种产品，所要表达的是产品种类的范围；后者指的是单类产品的数量，比如这种产品有多少个，所要表明的是某种产品数量的范围。值得说明的是，产品数量和产品种量的概念是不尽相同的，产品数量往往是指各种产品在量上的总和，而产品种量则是特指某类产品的数量总和，是一个关于不同产品种类之间数量构成的概念。

第五，一定的技术关系决定着一定的消费地位。消费地位是人们在社会消费中所处的社会经济地位，它具体表现为人们对产品物质享有的消费水平或消费能力。体现在消费地位之中的人与人的经济关系是十分明显的。显然，对产品物质的占有和使用，是直接与分配关系乃至更深层次的所有关系密切相关的。每个人在生产过程中所起作用的不同，对劳动资料占有权的不同，乃至因此在产品分配地位上的不同，都直接影响着他们在产品物质消费地位上的不同。在阶级社会中，每一个人的消费地位都与其阶级所处的经济地位密切相关。经济地位较低的阶级，其在所有关系和分配关系中的地位就较低，所获得的产品物质就较少，从而其消费地位也就较低；相反，经济地位较高的阶级，其在所有关系和分配关系中的地位就较高，所获得的产品物质也就较多，其消费地位自然也就较高。例如，在资本主义社会中，工人阶级的消费地位就远远低于资产阶级的消费地位。由于一定的技术关系决定或制约着一定的分配关系和所有关系，因此，一定的技术关系又可以通过分配关系和所有关系，影响和决定着人们一定的消费地位。

反过来，就消费关系对技术关系的制约作用而言，亦可以从上述五个方面的相反方面去加以认识。

第一，没有一定的消费关系，就没有一定的技术关系。尽管现实的消费是对现实产品物质的使用，然而，任何产品的生产都是以一定的消费目的为依据，都是为一定的消费需要服务。这就是说，消费作为生产的前提条件，是生产所以能够成为现实生产的规定性，任何脱离消费目的的生产都是不存在的，无论这种生产的最终结果，是否能够在消费中得到实现都是如此，没有一定消费可能的期盼，任何相关的产品生产都不可能进入实际过程。

第二，一定的消费规模、消费构成规定着一定的技术关系。由于消费对生产有客观的规定作用，因此，人们对于产品种类和产品种量上的消费需求，亦会从总的方面规定着社会生产，使之适应这种需求而相应投入劳动资料和劳动能力。各类产品的品种类别只有符合社会不同消费需要的种类构成进行生产，同时各类产品的数量总和，亦只有符合社会不同消费需要的种量构成进行生产，生产出来的产品物质才能最终通过实际消费得以实现。否则，生产不是不能满足社会消费需要而供给不足，就是超出社会消费需要而生产过剩。一旦出现这种情况，社会的实际消费结构和消费规模，总会以自己的规定性改变社会生产的这种不适应，使之朝着有利于满足消费需要的方向发展。例如，资本主义社会生产，往往因为自由竞争出现生产过剩，甚至导致严重的经济危机；而社会本身具有的实际消费结构和消费规模，最终总是强有力地改变这种现象，促使社会经济得以复苏。因此，一定消费关系的种类和种量规模，能在一定条件下规定和限制一定技术关系的种类和种量规模。

第三，一定的消费倾向引导着一定的技术关系的发展。由于消费关系能够规定技术关系，因此，消费关系的发展就能够规定技术关系的发展，引导技术关系朝着适应消费关系发展需要的方向运动。一定的消费倾向作为社会消费总的、突出的发展方向，为相应的生产过程提供了实现自己的社会可能性，从而引导社会生产朝着这一消费倾向，而在规模上和构成上向前发展。例如，从某种意义上说，社会主义社会的精神风尚，在本质上规定的人们之间俭朴、进取的消费倾向，引导社会生产朝着健康的方向发展。而资本主义社会的精神风尚，在某些方面形成的人们之间纸醉金迷的、消极的消费倾向，则引导社会生产朝着没落的方面发展。这都说明消费倾向作为一种消费关系规定着技术关系。

第四，一定的消费方式制约着一定的技术关系。技术关系能否顺利的扩大发展，与一定的消费方式有着密切联系。当生产达到一定的水平时，只有采用与之相适应的社会消费方式，才能推进社会生产的发展。例如，在高度的社会化大生产条件下，对于社会劳动资料的消费，只有采用有计划按比例的社会消费方式，才能避免盲目竞争造成的社会生产浪费，从而推进社会生产，使之更加符合社会生活的需要。在高度技术发展的条件下，只有采用社会劳动资料的相对集中的消费方式，才能把有限的技术能力集中地发挥出更大的技术作用，从而扩大整个社会的生产力。此外，对于生活资料的消费而言，是以社会主导的方式进行消费，还是以个人主导的方式进行消费，亦会对社会生产的性质产生巨大影响。如果社会以健康的消费方式引导人们的生活消费，就能使社会生产朝着健康的方向发展；如果个人以自我的消费方式自发地、随意地进行消费，就可能引导社会生产朝着非健康的方向发展。例如，社会通过立法严禁吸毒贩毒、卖淫嫖娼等，就是一种社会主导的消费方式，它无疑沉重打击了毒品、色情行业。这就说明了消费方式对技术关系的规定作用。

第五，一定的消费地位决定着一定的技术关系。人们对于产品物质所具有的一定的享有权和使用权，无疑是在一定的技术关系条件下形成的，技术关系是社会关系的基础。但是，当技术关系达到或即将超出一定的消费关系所能容纳的范围时，不改变人们之间的消费关系，就会阻碍甚至破坏技术关系的发展。因为，消费关系是以分配关系，更进一步说是以所有关系为基础的，当人们之间的消费地位随着技术关系的发展而日益不合理，并且达到一定的程度时，改变消费地位的要求就成为生产进一步发展的前提条件。例如，在早期资本主义社会的革命时期，工人阶级的消费地位总体上比起封建社会的雇佣农民有所改善，但是，随着社会技术关系的发展，工人阶级与资产阶级之间的消费地位日益悬殊，最终导致了工人阶级的起义和革命。他们以罢工甚至武装起义的方式，强制性地改变分配关系和所有关系，从而改变自身的消费地位。社会主义社会生产之所以能够得到较快的发展，从某种意义上说，就是通过工人阶级的这种改变自身消费地位的革命得以实现的。

技术关系与消费关系之间的这种互相制约、互相规定、互相影响的关系，都是在一定的条件下形成的，双方不存在谁在根本上决定谁的问题，它们之间的互相决定关系，都只能是一定条件下的历史的和具体的。这也就是说，一定具体的和历史的技术关系决定一定具体的和历史的消费关系，反过来，一定具体的和历史的消费关系决定一定具体的和历史的技术关系。

尽管在以上的分析中，可以从理论上把技术关系和社会关系分解开来，对两者之间的对立统一关系进行分析研究，甚至可以把社会关系分解为五种基本经济关系，分别相对技术关系进行对立统一的分析研究，但是，在实际的生产过程中，技术关系与社会关系从来都是不可分割的，而五大社会关系又从来都是叠加并集合在一起的，往往总是综合地对技术关系构成对立统一的关系。技术关系和社会关系所结成的统一体，构成了人类生活循环体的创造关系；技术关系和社会关系作为创造关系内部对立统一的两个矛盾方面，构成了创造关系运动发展的原动力。创造关系又是社会行为和技术行为的统一所构成的客观关系，是这两种行为互相对立、互相限制、互相协作、互相推动的过程本身。技术关系和社会关系的对立统一，乃至技术行为和社会行为的对立统一，每一个矛盾方面在规定或限制另一个矛盾方面的时候，都是具体的和历史的，都必须依据具体条件和历史条件的不同变化，而改变其具体的和历史的决定地位。

特别值得指出的是，从关于技术关系和社会关系对立统一的理论分析中，可以看到一种关于社会基本矛盾问题的新的理论模式。以往的理论总是把“生产力”和“生产关系”看成是人类社会的一对基本矛盾关系，但在这里，社会关系作为“生产关系”的换言词，并不直接与生产力构成矛盾统一体，而是与技术关系构成矛盾统一体，社会关系和技术关系共存于创造关系之中，并对立统一地构成创造关系。而在事实的另一方面，生产力作为人类劳动满足自我生活需要的能力，并非仅仅像技术关系那样简单，而是体现在创造关系和效用关系的结合之中的，是这种结合的矛盾过程。生产力问题所考虑的不仅仅是可以生产出什么，还必须考虑生产出来的产品，能否最大限度地适应人们生活的需要，能否最大限度地实现人们的生活目的，能否最大限度地推动人类精神的发展。从形式上说，生产力作为一种客观关系，在人类生活循环体中，可以表现为“劳动—劳动产品—生活需要”三者合一的关系。其中，劳动与劳动产品之间包含着创造关系，以及劳动产品与生活需要之间包含着应用关系（见图 22 –2）。

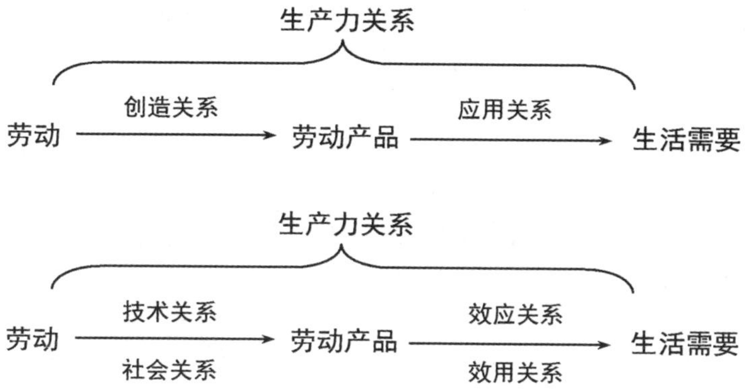

图 22－2

社会关系和技术关系仅仅构成生产力关系内部一个相对独立的矛盾统一体，分别只是创造关系统一体中的两个不同的矛盾片面。因此，技术关系和社会关系只是作为生产力关系的内部动因，而不是作为生产力关系本身的对立面而存在的。这一点与以往的理论是有区别的。有关生产力概念的问题，会在本书人类社会基本矛盾的篇章中专门进行讨论。

第二十三章
劳动生产率

创造关系作为劳动应用劳动资料，从而创造产品物质生活资料的过程，其本质上是由技术关系和社会关系对立统一地构成的。因此，体现在创造关系之中的劳动创造能力，作为创造关系的量的规定性，其中，不仅具有技术关系的规定性，同时也具有社会关系的规定性。这就是说，一定的创造关系能够创造出何种产品，及其所创造的产品的数量的多少，是由其中所包含的特定的技术关系和社会关系共同规定的。要全面地认识创造关系，不仅要从质的意义上，认识创造关系内部所具有的技术关系和社会关系的对立统一性，而且要从量的意义上，认识创造关系外部所体现在创造物之上的劳动创造能力。劳动创造能力作为创造关系的量的规定性，在绝对值上，是通过一定时期所创造的产品种类的多少和产品种量的多少体现出来的；而在相对值上，则是通过劳动生产率来表达的。本章专门就这个问题进行讨论。

一 劳动生产率的概念

首先，关于“产品种类”和“产品种量”这两个概念。所谓产品种类就是人们在一定的生产时期内和一定的劳动组织范围内，所生产出来的产品类别在数量上的总和。例如，一家工具制造厂，在某一年中可以生产出锤子、镰刀、斧头，那么它的产品种类就是三种。所谓“产品种量”就是人们在一定的生产时期内和一定的劳动组织范围内，所生产出来的某类或某种产品在数量上的总和。例如，这家工具制造厂在这一年中总共生产了500把镰刀，那么，镰刀的产品种量就是500把。因此，产品种类和产品种量在统计过程中是有严格的时间和范围限制的。这个时间限制可以是一个月、一年或十年等等，而范围限制则可以是一个工厂、一个集团公司或是一个国家等。

那么，劳动生产率与产品种类和产品种量究竟有何关系呢？

劳动生产率是关于创造关系的量的规定性，是技术关系和社会关系相结合而形成的劳动创造能力的相对表现形式，它比较便于对人类社会不同时期的劳动生产力发展状况进行分析研究。劳动生产率不仅是技术关系创造能力的量的规定性，同时又是社会关系创造能力的量的规定性，是技术关系和社会关系创造能力的综合反映。从根本上说，一定的劳动生产率是由一定的技术关系和社会关系共同决定的。由于人类的劳动能力可以从产品种类和产品种量两方面体现出来，因此，劳动生产率亦可以相应地表现为两种形式，即"劳动种类生产率"和"劳动种量生产率"。

"劳动种类生产率"是劳动者在单位劳动时间①内所生产的产品种类数量的比率。即"劳动种类生产率 = 产品种类数量/单位劳动时间"，其中的"单位劳动时间"可以是年、月、日等。它反映了劳动者在一定时期内创造不同类产品物质的能力。劳动种类生产率越高，说明具体的技术关系的水平越高、内容越丰富，同时说明具体的社会关系越先进。显然，每一种特定种类的产品生产，必然有其特定种类的技术关系的存在，同时必然有其适应这种技术关系的、特定的劳动组织等社会关系的存在。因此，在一定的时期内，人们生产的产品品种越多，说明人们创造不同产品的能力越强。例如，甲劳动者一年内只能生产三种产品，而乙劳动者一年内可以生产出十种产品，那么，乙劳动者的劳动种类生产率就高于甲劳动者。劳动种类生产率的提高，意味着人们的具体创造能力的提高，其在本质上表现为人们的精神创造能力在内容上的提高，在劳动形式上表现为具体劳动的丰富化，在产品种类上表现为产品物质内容的丰富化，是人类社会进步及繁荣程度的一种极为直接的表现形式。

$$\text{劳动种类生产率} = \frac{\text{产品种类数量}}{\text{单位劳动时间}}$$

就整个社会生产或者宏观的社会经济而言，劳动种类生产率有其明显的发展趋势。随着全社会技术能力的发展及社会条件的进步，人类创造的产品种类将日益增长甚至飞速发展，以此满足人类日益发展、扩大的生活需要。就人类社会总的发展趋势而言，这是一种绝对的发展趋势。例如，资本主义时期的英国比起其早期封建时代的英国，其每年创造的产品种类无疑极大地超越了后者，其产品种类的丰富亦是后者所绝对不能比拟的。可以把这种宏观劳动组织②的劳动种类生产率的历史发展趋势用图表示出来（见图 23 -1），并称为"社会劳动种类生产率曲线"或者"宏观劳动种类生产率曲线"。从图中可以看到，随着人类社会的

① 单位劳动时间可以从抽象劳动的意义上转化而来。

② 这种所谓宏观劳动组织，就是从国家或整个人类社会的整体经济意义上去看待的劳动组织。

发展，人类创造产品种类的能力越来越高，从一个漫长而缓慢的增长过程逐渐转化为一种日趋直线上升的增长过程。如果从整个人类社会由原始社会、封建社会乃至发达的现代工业社会去看，这个曲线模式就更为明显。

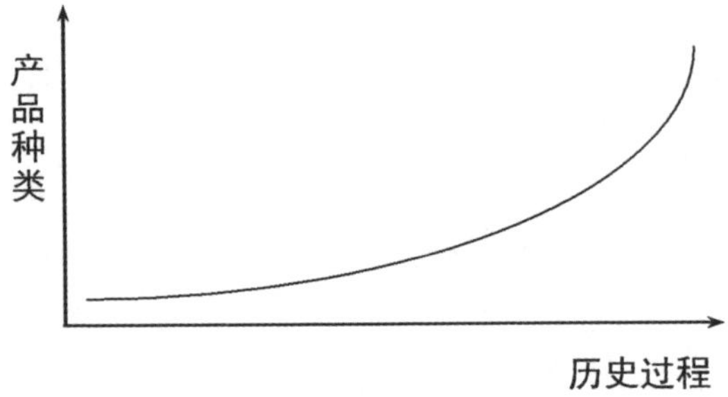

图 23－1

从某种意义上说，劳动种类生产率能够反映出一定社会或者一定国家的生产能力的水平，特别是所生产的尖端产品种类的多寡，更能直接地体现一个国家社会生产力的水平。如果把产品种类区分为“普通产品种类”和“尖端产品种类”，那么，相应地分析产品种类生产率，就能更加突出地从种量上反映出劳动创造能力的状况。如果一个国家所生产的尖端产品种类越多，说明这个国家尖端产品种类的生产能力越强，或者说创造这类产品的具体劳动能力越强。因此，研究不同社会形态或不同国家在不同时期的劳动种类生产率，可以从一个方面反映出创造关系的发展水平和发展力度。

在前面的章节中曾经讨论过“种类产品抽象劳动比”的概念，即某种产品抽象劳动量与全部产品抽象劳动量的比值，种类产品抽象劳动比越小，说明体现在某类产品生产上的抽象劳动耗费就越小。从这种意义上说，“种类产品抽象劳动比”与“劳动种类生产率”成反比。在一般情况下，劳动种类生产率越高，即产品种类越多，全部社会抽象劳动分配到每一产品种类之上的抽象劳动量就越小，这也同时表明种类产品抽象劳动比的下降。因此，种类产品抽象劳动比是劳动种类生产率的另一种表现方式。

值得指出的是，就微观的生产组织特别是就个人劳动而言，其劳动种类生产率，会呈现出与社会劳动种类生产率完全相反的发展趋势。随着整个社会技术关系和社会关系的进步，生产组织必然朝着专业化的方向发展，推动原来生产多种产品的生产组织，分化为生产较少产品种类甚至单一产品品种的生产组织，从而使其种类生产率在它们身上表现为下降的趋势。例如，封建时期自给自足的家庭经济发展到资本主义社会时期，分化为高度社会化的专业生产，人们不是在一个家庭经济中生产多种简单的产品，而是在一个专业生产组织中生产较为单一，同时又较为先进的产品物质。对于这种微观劳动组织劳动种类生产率的历史发展趋势，可以用图表示出来（见图23－2），并称之为“微观劳动种类生产率曲线”。

不过，这种相反的发展趋势从技术关系和社会关系进步的意义上看，却是与宏观劳动种类生产率相一致、互为背景的，所不同的只是在比率上呈现出相反的趋势。因此，劳动种类生产率的提高与创造关系进步的一致性，则仅仅适用于对全社会创造关系的分析。特别是商品经济条件下，社会劳动之间的转换，实际上使生产单一产品的劳动者能够享用多种乃至越来越多种的交换产品。从某种意义上说，这也是其创造能力通过社会交换得以无限发展的表现形式。因此，适合社会需要的劳动种量生产率的提高，实际上意味着该劳动者可能消费的产品种类数量的提高。

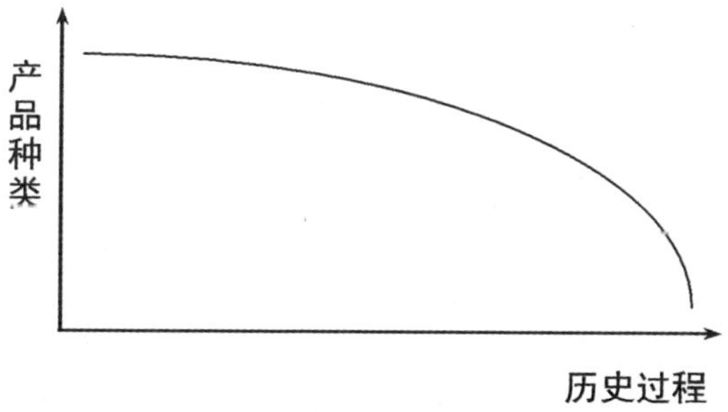

图23－2

实际上，在专业分工基础上形成的微观劳动种类生产率的下降，是以产品质量的提高和产品数量的增加为前提的。一方面，生产的分工细化，不仅使产品的质量有所提高，亦可形成新的产品种类；另一方面，专业技术的提高，又会使产品种量有所增加。其中，产品种类创造能力的发展变化，已经可以通过“劳动种类生产率”表现出来，而产品种量创造能力的发展变化则是通过“劳动种量生产率”表现出来的。这就使得对“劳动种量生产率”分析成为认识微观经济创造关系的必要补充。

“劳动种量生产率”，是指劳动者在单位劳动时间内所生产的某类产品数量的比率，即劳动种量生产率＝某类产品数量/单位劳动时间。它反映了人们在一定劳动时间内创造同类产品的能力。生产某种具体产品的劳动种量生产率越高，表明相关劳动过程的具体技术关系越先进，同时表明相关劳动过程的具体社会关系越先进。例如，甲劳动组织平均每人每月生产一辆汽车，而乙劳动组织平均每人每月生产两辆汽车，显然，乙劳动组织的劳动种量生产率高于甲劳动组织，从而表明乙劳动组织在生产汽车上的技术关系和社会关系较先进于甲劳动组织。

$$劳动种量生产率=\frac{某类产品数量}{单位劳动时间}$$

在公式中，“单位劳动时间”是一个可用特殊指标灵活替代的东西。既可以用年、月、日甚至小时作为一定劳动时间的量的规定性；在货币经济条件下，亦可以用“资本投入总额”或“生产成本总额”作为一定劳动时间的量的规定性。但如果进行比较分析，则必须采用相同的指标进行运算。

实际上，由于各种产品物质之间在质量上的区别，不同种类产品之间的劳动种量生产率是不具任何可比性的，因而，劳动种量生产率仅适合于对某类具体产品物质生产能力的微观分析。通过对生产同类产品的不同厂家在同一时期内各自的劳动种量生产率进行横向比较，或是对同一厂家在不同时期内的劳动种量生产率进行纵向比较，可以反映出它们各自对于该种产品物质的劳动创造能力的大小及其运动变化情况。劳动种量生产率的提高，意味着人们创造同类产品的劳动时间的节约，其在本质上反映了人类精神创造能力的扩大，在形式上反映了人们节约抽象劳动的要求，在效果上则表现为产品物质在数量上的增加。

值得注意的是，劳动种量生产率与单个产品抽象劳动的比率是呈反比的，但所表达的经济意义则是相同的。如果劳动种量生产率越大，即等量的抽象劳动耗费能够创造出更多的产品物质；相反，体现在该种产品个体之上的抽象劳动比就越小，即凝结在每一个产品之上的抽象劳动量就越小。因此，单个产品抽象劳动比亦可以作为劳动生产率的表现方式之一。

种类生产率和种量生产率，虽然从不同的角度对创造关系的创造能力进行量的分析，但在总体上，或者说从整个社会经济的综合意义上看，两者之间却是统一的。随着技术关系的发展和社会关系的进步，人类社会的创造能力不仅会在种类上表现为日益繁多而使得种类生产率得以提高，而且会在种量上表现为每种产品的劳动耗费日益下降，而使得种量生产率得以提高，它们必然融合于同一过程之中。所不同的只是，它们从不同的侧面揭示了创造关系的量的规定性，并合二为一地、综合地反映了创造关系的量的规定性。

以往的理论在讨论生产率问题时，实际上通常考察的仅仅是劳动种量生产率，这只不过反映了人们创造能力的一个方面，即创造能力与产品数量的关系。这当然是不够的，还必须无遗漏地考察创造能力与产品质量的关系。只有这样，才能全面地揭示创造能力，从而全面地揭示创造关系本身。实际上，在现实生活中，人们早就热衷于对产品种类的比较分析。国家与国家之间、地区与地区之间，甚至个人与个人之间，往往都以各自产品品种的多寡，以及产品品种先进程度的状况进行比较，以体现自己的创造能力的丰富性、优越性和尖端性。历史学上亦用这种比较来表现社会经济及社会文化发展的程度。总之，只有从质与量两个方面去全面考察劳动生产率，才能真实地反映一个社会的总体劳动生产能力及其发展变化的状况。

二 人类精神对劳动生产率的制约作用

劳动生产率是关于创造关系的量的规定性，但是这种规定性并不是要单纯地考察已经生产出来的产品物质在空间中有多少种或每种产品有多少个，而是在于从量的意义上，考察产品种类和产品种量与相应的劳动能力之间的关系问题，从而使我们认识其内在的矛盾性。从形式上看，能够生产出什么种类产品以及能够生产出多少种类产品，完全取决于劳动和劳动资料的状况，从而相关的劳动生产率也是由劳动和劳动资料的状况决定的。然而在本质上，任何生产劳动的结果，乃至由此体现出来的劳动生产率，都直接或间接地由人类精神的支配作用所决定。直截了当地说就是，创造关系完全是由支配关系所决定的，是支配关系的必然结果和延伸。因为，精神对劳动的支配是一切产品得以形成的必然前提。人类精神对劳动种类生产率的制约作用，我们可以从以下四个方面去加以认识。

第一，劳动过程中的技术行为是在技术目的的支配下实现的。生产任何一种具体产品，都必然在一定的具体技术目的的支配下进行。在具体的生产过程中，采用什么工具，采用什么原料，采用什么必要的辅助手段等，都是由一个技术目的系统综合地支配技术行为而构成的。这个目的系统既包括创造产品物质的最终目的，亦包括创造产品物质的每一顺序的阶段性目的。而这些技术目的的形成又都是以一定的技术知识为基础的。任何具体产品的形成必须以相应的技术知识和技术目的为背景。因此，产品种类在根本上是由技术知识的种类乃至技术目的的种类来决定的；同时，产品种量在根本上亦是由技术知识的种量乃至技术目的的种量来决定的。当然，这种决定作用必然以一定的劳动资料的状况为条件，失去必备的劳动资料，任何技术目的都不可能支配现实的劳动而得以实现。但是，仅有劳动资料而没有人类精神的支配作用，没有人类生产目的的支配作用，任何产品生产过程也都不可能现实存在。

特别具有意义的是，技术知识的深化及由此而来的技术目的的深化，可以推动产品种类的丰富化，而在这一过程中，对劳动工具、劳动对象、劳动环境的改善，又使得生产同类产品的劳动时间、生产成本等得到节约。由此可见，劳动种类生产率和劳动种量生产率的提高，都是与技术知识和技术目的的深化密切相关的，都是在技术目的和技术行为的支配下得以实现的。

第二，劳动过程中的社会行为是在社会目的的支配下实现的。劳动过程中的任何技术行为并不是一种纯粹的技术过程，而是毫不例外地与社会行为统一于一体，并共同对生产产品的劳动过程发挥作用的。在具体的生产过程中，采用什么形式的劳动组织，采用怎样的分工、协作方式，采用什么样的产品分配方式，乃至采用其他一切与之相关的政治、法律等社会行为方式，都是由一定的社会目的系统综合地支配人们的社会行为进行的。其中包括分工协作实现共同的技术目的的社会要求，以及提高生产效益、获得最大限度经济利益的社会要求等。自然，这些社会目的的形成亦都是以一定的社会知识为基础的。事实上，任何技术行为的实施乃至任何具体产品的形成，都毫不例外地以一定的社会知识乃至社会目的为背景。因此，无论是产品种类或产品种量，都不可避免地受到社会知识和社会目的制约。社会产品种类的日益繁多，必然要求社会分工的日益细化，而社会产品种量的日益提高，又必然要求社会分工的科学合理和协作功能的巩固和提高。在一定社会目的支配下的一定的社会行为，是一定技术关系得以实现并创造出一定产品种类和产品种量的绝对不可缺少的必要条件。同时，技术关系每向前发展一步，都是相应以社会关系每向前发展一步为必要条件的，任何先进技术关系的形成和发展，无不需要一个与之相适应的、更为优良的社会关系环境。在这里，社会知识和社会目的作为人类精神，对劳动过程的存在和发展，从而对产品种类生产率和产品种量生产率的提高，都起着极为重要的制约作用。

第三，劳动资料的存在和发展与人类精神的存在和发展密切相关。劳动资料作为劳动过程三要素①中的物的要素，包括劳动工具、劳动对象、劳动环境等外部物质因素，其在实际的生产过程中具有极为重要的地位。有了一定的劳动知识和劳动目的——技术知识和技术目的、社会知识和社会目的，如果没有一定的劳动资料，任何实际的创造关系都不可能存在，任何产品物质都不可能生产出来。相反，有了一定的劳动资料，如果没有一定的劳动知识和劳动目的，没有人的技术行为和社会行为，没有人类精神支配下的劳动本身，劳动资料就只能成为一堆死物，就不能与人类劳动构成任何创造关系，就不能转化为任何现实的产品物质。因此，就提高产品种类生产率和产品种量生产率而言，深化我们的劳动知识及劳动目的，同改善现有劳动资料的应用乃至扩大劳动资料的种类与种量，都是不可缺少的必要条件。此外，如何改善劳动资料的应用，扩大劳动资料的种类和种量，实际上又是一个与发明创造相联系的问题。我们可以这样说，人类的生产活动越是朝着不断进步的方向演化和发展，人类对于劳动资料的改善就越是依靠人类本身的劳动创造去实现；无论是新机器的制造，新原料的发明，还是新环境

① 其中包括劳动目的、劳动知识、劳动资料三个要素。

的开发，都在人类精神的支配下通过生产过程去加以实现。因此，以改善劳动资料而获得的种类生产率和种量生产率的提高，即劳动生产率的提高，同样都是人类精神支配作用的结果。

第四，社会需求对劳动生产率的影响亦离不开人类精神的制约作用。生产总是为满足一定社会需要而进行的生产，因此，社会需要往往成为社会生产向前发展的导向。社会需求在质上的扩大化，引导和推动社会生产朝着种类多样化发展；而社会需求在量上的扩大化，则引导和推动社会生产朝着种量扩大化发展，并在这一生产发展的过程中，实现劳动种类生产率和劳动种量生产率的提高。然而，社会需求的背后，实际上正是人们精神发展对物质资料的需求。这就是说，人类精神存在和发展的要求，是推动产品种类多样化和产品种量扩大化的根本支配要素；人类精神发展的方向，实际上是产品种类多样化和产品种量扩大化发展方向的客观规定性。

值得指出的是，尽管现实的产品物质（包括所有现实的劳动资料）都是人们劳动的结果，从而都是人类精神的创造结果；但在另一方面，又是人类精神得以在原有物质基础上，向前发展的必要条件。人们正是在对现有产品物质进行消费、使用的实践过程中，去发展自身的深化精神，并以更加伟大的精神力量去创造出推陈出新的物质财富的。人类精神与物质财富之间，两者依据条件、时间的变化，互相制约、互为前提、对立统一地从低级向高级发展。具体的和历史的人类精神，决定和制约着具体的和历史的产品物质生产，反之亦然。当然，尽管人类精神是在物质财富的创造过程或者消费过程中得以发展自身的，但是，人类精神从来就是全部过程的主动者，以及全部过程的灵魂。这一点是不容置疑的。

人类精神对提高劳动生产率所具有的如此重要的规定作用，使得发展每个劳动者的深化精神乃至发展整个人类的深化精神，成为提高社会劳动生产率的绝对的、不可逾越的前提条件。正如现实的劳动资料对生产过程起着极为重要的制约作用那样，人类精神的深化发展本身，亦不可以任意超越现有物质财富的允许范围发生作用，而只能在现有物质财富所能容纳的客观范围内，尽可能合理地、经济地加以应用，从而最大限度地发展每一个人乃至整个社会的深化精神，并以发展了的人类精神，去最经济、最有效地使用现有的物质财富，创造出新一代的、能以最大限度满足个人生活乃至整个人类精神发展需要的物质财富。这是最大限度提高劳动生产率的唯一可行的手段和根本目的所在。

三　劳动生产率与劳动生产力的关系问题

劳动生产率作为创造关系的量的规定性，从质与量两个方面反映或表现了劳动创造能力的大小。这种规定性仅把它自己限制在劳动与被创造物之间的关系问题之上，而没有进一步地与人们的生活需要结合起来。劳动生产率一旦与人们的生活需求相结合，就使自己表现出经济意义上的局限性和盲目性。这就是说，劳动生产率并不能够完全地表达经济关系，它并不是一个绝对化的经济指标。例如，一种产品如果对人们的生活需要失去了自身的有用性，无论生产这种产品的种量生产率有多高，实际上并不具有任何正面的经济效益；或者一种产品虽然在种类上为人们的生活所需要而具有一定的有用性，但因生产过剩而在种量上超出社会生活需要，其中超出的部分无论再多也是不具有任何经济效益的。

尽管产品生产总是以一定的生活需求为目标，但是，产品的创造过程乃至形成了的产品物质，在现实地与人们的生活需要结合之前，或多或少都具有一定的风险性。特别是在社会化生产中，例如商品生产，就更是如此。因为，人们相对分离的社会生产过程，使人们的社会生产往往只是依据对社会需要的主观的或相对片面的认识而加以实施。这样，一方面难以确定某一产品种类的生产必定恰好为社会生活所需要，另一方面则更加难以确定某类产品的生产种量是否恰好符合社会生活的需求数量，从而存在产品生产种类和种量过剩而造成浪费生产要素的可能性。因此，从经济分析的意义上说，我们不能简单地把提高劳动生产率作为一种直截了当的、简单的经济原则，而必须把提高劳动生产率与人们的社会生活需要相结合，使提高劳动生产率的过程与最经济地满足人们生活需要的过程统一起来。“劳动生产力”恰恰就是把这两者彻底统一起来的一个概念。

劳动生产力就是人们应用自身的生产劳动，去改造外部世界、创造并获取物质财富，从而满足自身生活需要的能力。劳动生产力越高，表明人们改造自然以适应自身需要的能力越高。在劳动生产力概念中，不仅包含着一个能够生产出多少产品种类和产品种量的技术问题，而且同时存在着一个能否最大限度地适应人们生活需要的经济问题。在人类生活循环体中，劳动生产率只是劳动与产品之间的创造关系，而劳动生产力则体现为创造关系的延伸及与应用关系的结合；它在形式上表现为“劳动—产品—需求”这样一条关系链。其中，劳动与产品之间构成创造关系，产品与需求之间构成应用关系，而应用关系本身又包含了效应关系和效用关系。显然，人们改造自然的目的，绝不是单纯地为了改造自然而改造自然，而是为了满足人们的生活需要，从根本上说是为了满足作为人类生活本质的精神发展的需要。如果被改造的自然界不能更好地满足人类生活的实际需要，无论自然界在人们的劳动作用下发生何种质与量的变化，都不能说是劳动生产力的提高。这也就是说，劳动生产力的大小，不是孤立地由被改造的自然界及其变化的形式和内容来决定的，而是由这种形式和内容的变化，对于人类生活需要的有用性程度来决定的。这就是劳动生产力与劳动生产率之间的本质区别。只有当具体的劳动种类生产率或劳动种量生产率的提高符合人们的社会生活需要的时候，这种劳动生产率的提高才与劳动生产力的提高相一致并统一起来。

在以往的理论中，“生产力”指的是人们改造自然界并从中获取物质资料的能力，它表现为生产活动中人与物、人与自然界的关系，其中并不包含生产出来的劳动产品，是否能够适应人们生活需要的意义。这种关于“生产力”的概念，与前面的章节中讨论过的“创造关系”概念非常类似，因而，用“创造能力”这个术语来表达以往那种“生产力”概念，或许更为准确一些。值得强调的是，之所以要把“劳动生产力”同“创造关系”严格区分开来，是因为劳动生产力概念绝不仅仅是一个涉及人的要素“劳动”与物的要素“劳动资料”之间关系的问题，而是一个人的要素“劳动”通过物的要素“劳动资料”，与另一个人的要素“需求”之间关系的问题。或者换句话说，是一个涉及劳动与产品的“创造关系”，同产品与生活需求的“应用关系”如何相互结合、相互统一的根本问题。劳动生产力与劳动生产率的本质区别在于：劳动生产力不仅要求我们考察人们劳动创造产品种类乃至产品种量的能力和范围，而且更重要的是，要考察人们劳动所创造的产品物质，对于人们生活需要乃至对于整个人类物种存在和发展的作用效果。如果“劳动生产力”仅仅指的是“创造关系”，那么“发展社会生产力”就不是一个严谨科学的经济术语，因为，创造关系是由技术关系和社会关系的对立统一构成的，其中必然受到人类生活的具体目的，从而对具体商品物质需求的严格制约。脱离人们的生活需要而盲目实施和发展的创造关系，并不总会对人类生活需要形成积极的经济意义，相反，往往只能给人类生活需要带来严重的经济损失和负面影响。“发展社会生产力”作为一个响亮口号，要求我们必须以人们的生活需要为依据，必须以人类社会整体进步的结构性需要为依据，合理、科学、有比例地规划产品种类和产品种量，从而最经济、最有效地满足人们的生活需要，满足人类精神的发展需要。

劳动生产率与劳动生产力之间，实际上并不总是呈现出一种正比关系，有时可以表现出反比的现象。从社会经济效益的意义上说，我们甚至有必要限制某些具体产品种类的劳动生产率的提高。例如，在形成了规模生产之后，如果提高劳动生产率就会不可避免地出现生产过剩的话，那么，为了实现某种程度的充分就业，适当地限制劳动生产率的提高也就成为必要；否则，在一定的条件下，劳动生产率的提高对于社会劳动者的就业排斥，则可能形成某种影响整个社会政治经济的问题。又如，在某种情况下，当一条生产线仍然能够生产足够满足现有社会生活需要的产品物质时，如果单纯为了提高劳动生产率去扩建另一条更加先进的、生产率更高的生产线，那么对于原有投资的浪费或大量的产品过剩，则是与发展劳动生产力的本质要求背道而驰的。

值得特别指出的是，当我们重新定义以往那种关于“生产力”的概念，并用“创造关系”这个术语来取代它时，可以从中看到，以往关于“生产力和生产关系的矛盾”（其中的“生产关系”就是本书所说的“社会关系”），实际上无非就是本书前面已经讨论过的“技术关系和社会关系的矛盾”，这对矛盾统一于人类生活循环体的创造关系之中，并在与人类生活需要相结合的过程中，推动社会生产力的发展。由此可见，“生产力关系”内部，包含了技术关系和社会关系的对立统一关系，而且，技术关系和社会关系仅仅只是生产力关系中的一个部分，即“创造关系”内部的一对矛盾（见图 23－3）。

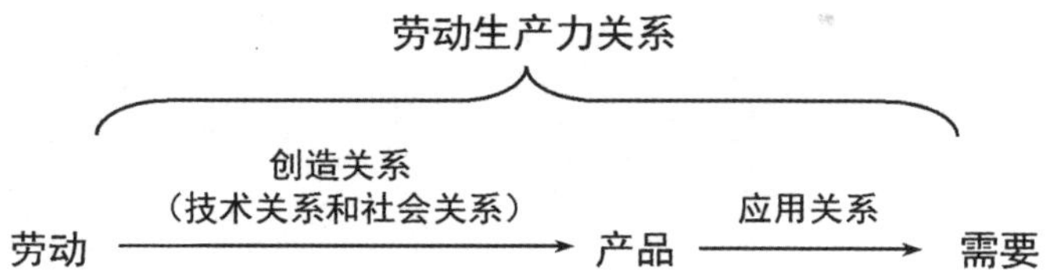

图 23－3

由于劳动生产率是技术关系和社会关系对立统一的量的规定性，因此，劳动生产率也就包含于创造关系过程之中，并在劳动生产力关系的内部，在与应用关系相结合的过程之中，通过技术关系和社会关系的矛盾过程，影响和制约着生产力的变化和发展。

就劳动生产率与劳动生产力的关系而言，劳动生产力的提高依赖于劳动生产率的运动，却要求用人类生活的实际需要，按照种类和种量的比例搭配的经济原则，规定劳动生产率的运动，使之最经济、最有效地服务于生活目的的实现。显然，只有提高某种产品的劳动生产率，才可能把节约出来的劳动用于其他产品种类或产品种量的生产，从而更广泛、更深刻地满足人们的生活需要，实现创造关系与应用关系的统一，并由此实现劳动生产力的提高。如果脱离经济原则去盲目地提高劳动生产率，那么，这种劳动生产率的提高，不仅不能表现为劳动生产力的提高，相反会表现为劳动生产力的下降。第一，当一种产品种类为社会生活所需要，但其种量上供给不足、满足不了人们的生活需要；这时改进生产手段和生产方式，尽量以较少的劳动耗费创造出较多的此类产品，这种情况下劳动生产率的提高意味着劳动生产力的提高。相反，当一种产品种类为社会生活需要，但是其在种量上供给充足甚至过剩，此时，仍然以提高劳动生产率节约出来的劳动时间强化或超出社会需要生产此种产品，那么，超出的部分就表现为劳动时间的浪费，尽管劳动生产率有所提高，却表现为劳动生产力的下降。第二，当一种产品种类不为社会生活所需要，仍然生产或继续生产这种产品，甚至设法提高这种产品的劳动生产率，必然表现为社会劳动的浪费，从而表现为劳动生产力的下降；相反，取消或减少这种产品物质的生产，而把节约出来的劳动力用于生产新式的或别种供给不足的产品物质时，则表现为劳动生产力的提高。第三，对于社会需要的各种产品物质，把提高劳动生产率节约出来的劳动时间和劳动能力，用于生产社会生活需求的产品物质，其劳动生产力就表现为上升；相反，用于生产社会生活不需要的，甚至是有害于社会整体利益的产品物质，其劳动生产力就表现为下降。由此可见，劳动生产率的提高只有符合人们的生活需要，才真正具有提高劳动生产力的经济意义。

有关劳动生产力的问题，本书还将在后面的篇章中专门进行讨论。“劳动生产力”作为劳动通过其产品与人类生活需要相结合的一种客观关系，实际上是创造关系与效用关系的统一；当这种统一表现为经济效益的要求时，劳动价值关系也就体现在其中了。

第四篇　效应关系和效用关系

上一篇讨论了支配关系和创造关系的基本原理，展示了人类精神能动支配劳动，从而创造物质财富（产品物质）的最一般的内在矛盾形式。在本篇中，我们继续沿着人类生活循环体所指出的思维轨迹向前探索，把研究的重点放到人类生活循环体中的第三个基本关系“产品—人类生活”的关系上来，即把研究的重点放到劳动产品如何满足人类生活需要的关系上来，以及放到人类生活需要如何评价劳动产品有用性的关系上来。

在产品与人类生活之间，人们通过对产品的应用，使产品满足人们的某种需要或者实现人们的某种目的，在这一过程中，使产品发挥其物质的效应性，并表现出其本身对人类生活的有用性。因此，产品对于人类生活具有一种被应用的关系，即所谓“应用关系”。这里的“应用”一词，本身就包含着“使用”和“适合使用”的双重意义。与之相对应，人类生活对劳动产品的应用，也就相应地包含了两层意思：第一，人们使用某种产品物质，首先是因为这种产品物质对人们的生活需要具有某种固有的效应性，是对这种产品物质效应的使用。因此，产品与人们生活需要之间存在着一种“效应关系”。第二，这种产品物质的效应性能否满足人们特定的生活需要，则表现为这种产品物质是否适合使用的性质，从而构成人们依据自身的生活需要和所要实现的生活目的，而对产品有用性的评价，也就是对产品效用的评价。因此，产品与人们的生活需要之间又存在着一种“效用关系”。

在人类生活应用或消费产品物质的过程中，效应关系和效用关系必然体现为其中的一对孪生关系，是应用关系中两个对立统一的矛盾方面。其中，效应关系是效用关系的物质基础，而效用关系则是效应关系得以存在的原因。没有一定的效应关系，就没有一定的效用关系，而没有一定的效用关系，效应关系也就失去存在的必要。系统地分析产品效应和产品效用，以及它们之间的辩证统一关系，是正确理解劳动价值原理的重要渠道，亦是建立科学劳动价值理论体系的重要组成部分。除此之外，在本篇中，通过对产品效应和产品效用的分析，从根本上去把握财富的概念，这对于认识社会经济的原动力及其运动发展的方向至关重要。

例如，当讨论产品效用大小[1]的问题时，也就是当对产品效用进行定量分析的时候，产品物质作为财富的概念就从量的意义上突显出来。显然，只有具有较大效用的产品物质，其财富的性质才从量的意义上表现得更为显著。

下面就效应关系和效用关系进行分析。

---

① 在这里，效用不是产品物质自然属性对人类生活需要所产生的效应性，而是使用产品物质的人们，对这种效应性是否有用或者有用性大小的评价或规定。效用量的大小，是由与之相关的劳动和劳动资料的分配，或者由支付能力的分配体现出来的。

第二十四章
效应关系

效用关系作为应用关系的一个方面，在应用关系中的地位是极其重要的。要正确地认识应用关系的全部内容，特别是要正确地理解效用关系的客观实在性及其在经济分析中的重大理论价值，必须先从对效应关系的分析入手。可以这样说，不先弄清楚效应关系，也就无法弄清楚效用关系本身。因此，本章首先讨论的就是效应关系。

一　产品效应的概念

“效应”一词，在基本含义上指的是物质之间物理或化学作用所产生的效果。具体可以表现为由某种动因或原因所产生的某种特定的自然物质现象。例如，煤燃烧会形成放射热能的热辐射效应；而用燃烧的煤所产生的辐射能去烧水壶中的水，会把水加热从而形成热传递效应；如再把水加热到一百摄氏度以上，会使水转变为蒸汽而形成汽化效应等。显然，效应不过是某种物质的物质本质及其所具有的物质属性，在一定的作用条件下，对另一物所产生的作用效果。

那么，什么是“产品效应”呢？从效应的一般规定中可以推论，所谓产品效应，就是人们劳动创造的产品物质，对人们生活所产生的物理的或化学的作用效果，它体现了产品物质对人们生活在物理上、化学上乃至生理上的作用关系。煤在燃烧的状态下，可以给人们的生活提供热能，使人们得以生活在温暖舒适的环境之中而不至于冻死；亦可以使人们得以把生的食物变为熟的食物，这既有助于消化又有助于灭菌而保证人体的健康发展。又如，汽车在运动的状态下，可以使人较快而且省力地从一地到达另一地，从而使人们减少时间和体力的耗费；电视能使人们较方便、迅速、广泛地获得各种信息，从而有利于人们的精神发展等。

就产品效应的具体化而言，同一产品的使用可以对人们生活产生多种不同的效应。由于同一种产品物质本身可以具有多种自然属性，人们的使用方式或使用手段的不同，都可使同一产品在人们的具体生活消费中，相应地产生不同的产品效应。例如，人们从矿石中冶炼出钢铁这种金属产品，如果把它做成机车，就能产生运输的效应；如果把它做成刀子，就能产生切割的效应；如果做成枪炮，就能产生杀伤的效应。又如大米，由于加工和使用方式的不同，除了可以做成米饭，还可以分别制作成酒精、淀粉、味精、糨糊等一系列工业品。因此，除了不同的产品物质可以满足人们生活的不同需要之外，同样的产品物质亦可以满足人们生活的不同需要，甚至不同的产品物质也可以满足人们生活的类似需要，如羽毛可以保暖，羊毛也可以保暖。因此，从这种意义上说，产品效应就是产品物质固有的自然本质，在一定的使用条件下，所体现出来的物质属性，及其物质属性在人们生活中构成的生理效果乃至社会效果。这种物质属性可以随使用条件的变化而发生变化，并受其产品物质固有的自然本质所规定。

由于产品效应以产品物质本身固有的自然本质为其存在的客观基础，又以特定的物质条件为其体现物质属性的依据，因此，当产品物质及使用条件一定时，产品效应的存在与否，是不以人们的意志为转移的。这就是说，一种具体产品物质效应的状况如何，只能以其特殊的物质本质为存在的基础，其所能体现的某种或多种物质属性，亦只能在这一物质本质所规定的范围内，依据外部具体物质条件的变化而变化。人们绝不可能脱离其物质本质和所能体现其自然属性的作用条件，去主观臆想地规定其客观效应的状况。例如：电视机具有接收电视信号并使之转化为图像的本质属性，这一属性是以电视机的特殊物质构造为基础的。但是，电视机要体现这种本质属性又必须有其外部条件，一是适合的电源，二是适合的电视信号。相反，不可能让一块石头具有电视机的本质属性，亦不可能脱离电源和电视信号，而令电视机体现出传递信息的属性，自然也就不能实现电视机对人们生活所能产生的物质效应。因此，任何产品物质可能具有的物质效应，都是有其严格的客观规定性的，都是产品物质在一定条件下的自然属性的体现。

指出产品效应的客观规定性，并不是否定人们在创造和应用产品效应上的能动性。既然特定的产品物质效应，只能由产品物质特定的本质存在形式和特定的外部条件来决定，只有通过劳动，才能相应地创造出所需物质产品特有的本质存在形式，及发挥其物质属性的必要外部条件，才能在消费过程中使两者结合起来，进而体现出其本身特有的物质属性，并实现其特有的产品效应。实际上，任何产品物质及其所能体现出来的产品效应，都是人们创造活动和消费活动的结果。产品效应和自然物质效应，在本质上都是由各自物质的本质存在形式决定的，而产品效应的存在和发挥与人们能动的劳动行为密切相关，任何产品物质都是人们的劳动行为创造的，从而都是以人们生活需要的一定目的性为转移的，而自然物质效应则是自然产生、毫无目的，就好像冷热变化使大地变为沙漠，月球的运行使海潮涨落那样。总之，尽管特定产品效应的存在，只能以特定产品物质本身物理的和化学的自然关系为基础，而并不以人们的需要为基础，但是，人们可以为了满足自己的生活需要，有选择地创造和利用产品物质及其效应关系，从而丰富自己的生活，推动人类精神的发展，保障人类物种的永存。

必须明确的一个问题是，任何物质效应都只能存在于物质的有条件的运动变化之中，产品效应同样只能存在于产品物质的有条件的生产和使用的过程之中。这就是说，产品效应既不是具有某种物质本质的产品物质本身，也不是产品物质所具有的属性本身，而是这些产品物质有条件的运动变化，对他物或人类生活发生作用而产生的结果，体现为一种物与物之间的作用关系。把产品效应作为一种物质关系来看待的意义在于，即使是现实的产品物质，如果不去加以使用或者不去合理地加以使用，就不可能对人们生活构成任何效应关系，或者说不可能构成任何有益的效应关系。例如，粮食生产出来之后，能够提供其使人生存的可能性，只有通过对粮食的实际使用，才能使这种使人生存的物质效应得以存在并成为现实。如果粮食存放不妥而霉变，其使人生存效应的可能性也就随之消失。作为一种物质关系，产品效应与自然物质效应的本质区别在于，其作为一种可能性，产生并存在于人们对产品物质的生产活动之中。同时，其作为一种现实性，产生并存在于人们对产品物质的消费过程之中，完全不像自然物质效应那样，是一种纯粹自发的自然现象。产品效应所标志的正是产品物质与人们生活——在本质上是人类的精神生活相结合的客观关系，其终结点在于对人们生活所起的物质效果。

从纯经济学的角度看，研究每一种具体产品物质所具有的具体物质效应关系，是没有意义的，它应该属于商品学或产品学的范畴。之所以要对产品效应作一般性的分析，关键意义在于研究产品与人们生活相结合的一般方式，并从中深刻地认识与之密切相关且至关重要的产品效用关系。实际上，如果要更加深刻地认识产品效应的问题，还必须把对产品自然物质效应的一般认识，上升到对产品生理效应的特殊认识上来。

二 产品的生理效应

产品作为物的一类特殊存在形式，必然存在着一般物质所具有的物质特性。如果撇开产品的社会性质，即撇开产品与人类生活的关系问题，那么，产品物质同样可以作为自然物而依据各自的物质本质和特性，在一定的条件下对他物产生一定的物质效应。例如，煤在燃烧的条件下形成热效应而使他物加热；衣服能够限制热传递而使人体保温。产品物质所具有的这种物质效应称为“产品自然效应”。与产品自然效应相区别的另一种产品效应是“产品生理效应”。

那么，什么是“产品生理效应”呢？直截了当地说，“产品生理效应”是产品自然效应与人类生活的结合，是产品自然效应在人类生活上的反映，就是产品自然效应对人类生活的存在和发展所构成的作用关系。产品生理效应的基础是产品物质的自然效应，所不同的只是，自然效应是一种关于自然物与自然物之间的效应，而产品生理效应则要求把产品物质的最终作用与人们的生存和发展联系起来，去研究产品物质对人们生存和发展的作用形式和作用意义，从而使产品物质与人类社会的关系突显出来，并获得自己的社会性。

在这里，“生理”一词与一般意义上的动物生理或医学生理的概念有所区别，所要表达的是人类乃至人类社会存在的生命形式和过程。因此，产品的生理效应在人类的生存和发展的过程中，可以体现为两类具体形式，即“产品肌体效应”和“产品精神效应”。

所谓“产品肌体效应”就是指产品物质对人类肌体或人类物种的生存和发展所起的物质效应关系。例如，粮食能使人生存，衣服能使人保暖，房子能使人御寒，药物能使人去除疾病等，并由此营造出人类物种赖以生存和发展的物质环境。这种通过对产品物质的使用，使产品物质对人类肌体乃至人类物种的存在和发展所产生的直接生理作用，是产品生理作用中最基本的，也是最原始的生理作用。在动物界中，一般性地谋求肌体或物种的存在和发展，都是以比较简单地获得食物和生活环境为形式的。所以，“产品肌体效应”又可称作“产品低级生理效应”。

而“产品精神效应”与“产品肌体效应”有着本质的区别，它使产品与人类生存和发展的关系，不是直接地表现为产品物质对人类肌体的存在和发展的作用关系之上，而是直接地表现在产品物质对人类精神存在和发展的作用关系之上。这就使得人类产品，从少数几种与人类肌体生存直接相关的简单产品种类，在人类精神发展的要求和作用之下，大规模地演变为与人类精神直接相关的无限丰富多彩的产品种类，并由此构建起人类精神无限发展的物质基础①。另外，人类精神又以自己创造的并且客观实在的产品物质及其产品效应，作为自己神圣存在及其伟大创造力量的体现物和实现物，从而使人类生活与产品之间的关系发展并升华为极具丰富性和广泛性，并处于主导地位的一种必然的物质关系。所以，“产品精神效应”又可称作“产品高级生理效应”。简而言之，产品精神效应就是产品物质对于人类精神存在和发展的物质效应关系。

产品精神效应的形式和产品肌体效应的形式有着极大区别，它不像肌体效

① 这种现象同样证明“精神的存在和发展是人类生活的本质”的原理。

应，以摄取基本食物及寻求基本外部环境来满足肌体的生存，而是通过对产品的创造过程去体现人类精神的存在和发展，并进而通过对产品的使用过程去实现人类精神的认识性目的和创造性目的，从而实现人类精神的日益发展本身。认识性目的和创造性目的，凭借对产品物质的创造和使用而实现内外对应，恰恰正是产品精神效应的基本形式。例如，对显微镜和天文望远镜的使用，使人们关于微观世界和遥远宇宙空间的认识性目的得以实现；原子弹的爆炸及核电站的建设，使人们关于建立新能源的创造性目的得以实现，等等。

产品精神效应在内容上是极为广泛的，任何具体产品物质都能在一定的条件下，对人类精神产生一定的具体物质效应；任何产品物质都能在一般的意义上，具备两种精神上的效应性，并表现为对于人类精神的“实现性”和“体现性”。人类精神的认识性目的和创造性目的，只能通过人们劳动创造的产品物质去加以实现，没有创造出来的具体产品物质，相应的具体目的就不可能找到自己的对应物，从而不可能实现内外对应。因此，现实的产品物质对于人类生活目的的实现，具有严格的约束性，是人类生活目的得以实现的不可缺少的客观条件，这就是产品物质所具有的“实现性”。同时，由于人类精神是劳动背后的支配力量，只有具体的精神内容或劳动目的，才可能构成具体的劳动行为，从而才可能创造出具体的劳动产品。产品物质作为人类劳动的创造物，体现了人类精神的存在和发展，体现着人类精神的伟大物质力量，这就是产品物质所具有的“体现性”。在实际生活中，产品物质的实现性和体现性作为产品精神效应的特殊形式，成为支配人们经济行为的内在机制。实现性决定着人们为获得所需要的生活资料而劳动，体现性决定着人们为体现自身精神的存在和发展而创新，而隐藏在产品精神效应背后深处的产品生理效应，则在产品精神效应的实现及体现的过程中，获得了自己现实存在的物质形式。

为了描述上的方便，“产品肌体效应”和“产品精神效应”可分别简称为“肌体效应”和“精神效应”。在本书后面的讨论中，“肌体效应”和“精神效应”将成为两个关于产品效应的专用名词。

三　肌体效应和精神效应的辩证统一关系

肌体效应和精神效应作为产品物质对于人类生活的生理效应的两类基本形式，虽然有着本质区别，但又是互相联系、互相依存、互相促进的，在任何一种产品身上，都能直接或间接地表现出其相应的肌体效应和精神效应。从这种意义上说，产品物质的生理效应是肌体效应和精神效应的统一。

肌体效应是体现在产品物质之上的一般动物所具有的较为低级的同时又是最

基本的生理效应，人类作为高级动物，仍然保留着而且将永远保留着这种起码的生理过程。没有人类肌体的存在和发展，人就不成其为人，就没有人类本身的存在和发展。精神效应作为体现在产品物质上的人类独有的高级生理效应，起源或依托于肌体效应的存在和发展，并以肌体效应为自己存在和发展的载体和意义所在。讨论人类生活本质的时候就已经论述过，人类精神的产生，是随着动物神经系统的产生及其发展到人类大脑的高度而产生的，精神是人类大脑特有的物质实在和物质属性。因此，没有动物物种之肌体的存在和发展，就不可能最终形成人类肌体，就不可能最终形成人类大脑，也就不可能最终造就出万物之灵的人类精神本身。就是在人类精神现实存在之后，乃至人类精神广泛生动地发挥自己伟大创造力量和支配力量的今天，亦都离不开人类肌体的存在和发展。一方面，人类精神作为能动性的主宰，把人类肌体视为自己存在和发展的物质外壳和载体；另一方面，又反过来作为人类物种永恒生存的要素，把人类肌体的存在和发展视为自己存在和发展的意义所在，即服务于人类肌体的存在和发展。作为低级生理效应的肌体效应，是作为高级生理效应的精神效应的基础和根据；同时，精神效应又是肌体效应得以在新的条件下存在和发展的必要条件，是肌体效应不可超越的物质形式——没有人类的精神效应，就没有人类的肌体效应。

值得指出的是，当人类精神从摇篮中诞生而成长为一种在形式上，超越和凌驾于人类肌体的具有能动力量的特殊物质，并因此而升华为人类物种存在和发展的本质时，就使得产品效应无不在本质上和形式上，首先都表现为精神效应。显然，无论何种产品物质，首先都是人类精神支配劳动的创造物，而且都是以实现人类一定的生活目的为服务对象的。因此，产品物质的形成过程，不仅是精神力量发挥作用的过程，而且是人类精神得以实现、证实、发展的过程。任何产品都必然以一定的方式作用于人类精神，从而产生一定的精神效应。人们不是从成功的创造过程中，实现自己的认识性目的和创造性目的，从中总结成功的经验，就是从失败的创造过程中，否定不符合实际的认识性目的和创造性目的，从中总结失败的教训。实际上，人类从来就是把自身的存在意义，体现于通过劳动去创造产品物质，进而实现自我目的的过程之中，并依据自我目的的实现情况，表现出喜、怒、哀、乐、爱、恨等人类情感。例如，粮食、衣物、医药等，在被人们生活使用的过程中，表现出自己的肌体效应。然而，这些产品物质的生产过程及其使用过程，都是以实现人类的一定生活目的为依据的，因而又必然突出地体现出自身的精神效应。在这里，产品的肌体效应是通过精神效应起作用的，即产品的肌体效应寓于产品的精神效应之中，寓于人类生活目的的实现过程之中。

另外，并不是任何产品都能直接地表现为肌体效应，相反，实际的情况是，越来越多的产品似乎正大规模地走向肌体效应的反面。例如，电视机、天文望远镜、电脑、科学书刊等，都不能像粮食那样可以直接地表现为肌体效应，而只能直接地表现为精神效应。但是，从联系的意义上说，在任何产品身上又必然地表现为肌体效应，因为，尽管精神效应是在精神升华为高级生理形式，并成为体现人类生存本质的神圣物之后，才得以产生，其最终的生理作用，仍是为人类物种的存在和发展服务的。人类在不断地认识世界的同时，不断地为自己的肌体生存创造着日益完善的生存环境，从而使产品的精神效应最终表现为产品的肌体效应。事实上，精神效应本身就是一种生理效应，所不同的只是它已经成为一种超出一般生理效应，而升华为人类生活本质的高级生理效应。例如，人们对宇宙空间和对其他星球的探索认识过程，表现为精神效应，而把对宇宙的研究和认识应用到人类向更大的宇宙空间迁移而获得人类物种的永生，又表现为实际的肌体效应，即人类物种得以永恒存在和发展的物质效应。因此，肯定一切产品物质的精神效应的同时，又必然地肯定一切产品物质的肌体效应。精神效应无不直接地或间接地与一定的生理效应相联系，并以一定的肌体效应为依据。例如，汽车和空调器的发明，虽然不像粮食那样直截了当地表现为肌体效应，但实际上却起着节约体力和保持合适体温的作用，尽管在实际生活中，汽车和空调器的使用具有多方面的精神效应，如为了更好地实现其工作目的、获得舒适的感觉或者用以显示自己的生活地位等等。

总之，精神不过是人类生活机能的高级形式，从这种意义上说，精神效应在本质上无非也是一种生理效应，所不同的只是在形式上不同于简单、低级的肌体效应而已，精神效应表现为人类物种存在和发展所具有的高度的能动性和适应性。绝不能因为强调精神所具有的人类本质的特性，而否定产品物质所具有的肌体效应的基础性质，亦不能因为强调产品物质肌体效应所具有的基础性，而否定产品物质所具有的精神效应的支配性和本质性。从这种意义上说，精神效应和肌体效应是不能独立存在的，只是产品效应内部两个既相互独立又相互统一的矛盾方面，它们是共存的、互为存在的依据和前提。当然，由于人类精神升华为人类生活的本质，使得精神效应在许多情况下，处于两者之间的主要矛盾方面，而肌体效应则处于次要矛盾方面。

从以上的分析中可知，作为人类高级生理效应的精神效应，是从作为低级生理效应的肌体效应中脱胎而来的。在精神升华为人类生活的本质之后，任何肌体效应同时都具有了精神效应的特点，并寓于精神效应之中，从而使得精神效应表现为产品效应中占主导地位的、最明显的、最具代表性的存在形式。这种生活效应的高级形式，在日益进步发达的人类社会中，表现得更为突出，甚至掩盖了低级的同时也是基础的生理形式——肌体效应，往往在许多产品物质身上看不到体现其上的肌体效应的踪影。

讨论产品物质的生理效应，特别是从根本上认识产品物质的精神效应的客观实在性，对于政治经济学的研究有着极为重要的理论意义。如果不能理解产品的精神效应，也就不可能真正理解产品效用的问题，特别是产品效用背后的客观规定性，从而也就不可能真正理解与产品效用密不可分的劳动价值的问题。从这种意义上说，肌体效应和精神效应的原理，是关于产品效用原理和劳动价值原理的理论基础。有关产品精神效应与产品效用的关系问题，以及有关产品效用与劳动价值原理的问题，将会在后面的篇章中做专门讨论。

四　产品效应的质与量

产品效应作为一种客观的物质关系——产品物质与人类生活之间的关系，或者更直接地说，就是产品物质与人类精神之间的关系，也是有其质与量的规定性的。产品效应的这种质与量的规定性，在形式上表现为产品物质与人类生活之间的质与量的对应关系，即产品物质的属性与人类生活内容的关系，以及产品物质的数量与人类生活时间的关系，见图 24－1。

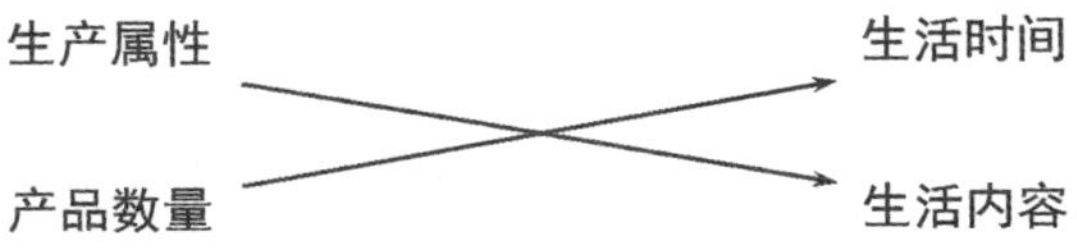

图 24－1

在这里，作为产品物质的质与量的两个元素——产品属性和产品数量，同作为人类生活的质与量的两个元素——生活内容和生活时间，对立统一地联系起来。这就是说，产品物质的质，决定或影响着生活内容（生活目的的内容）的实现与否；而产品物质的量，则决定或影响着生活时间（生活目的的持续时间）的实现与否。当产品物质的质量一定时，它只能满足一定生活内容的需要，而不能超越其属性的规定范围，去满足其他方面生活内容的实现需要。例如，大米通常只能作为碳水化合物满足人们生存目的的实现需要，却不能作为天文望远镜去观察宇宙。当产品物质的数量一定时，只能满足一定生活时间的实现需要，而不能超越其数量的规定范围，去满足其他生活时间的实现需要。例如，五斤大米使人生存的时间与十斤大米使人生存的时间就有很大区别，如果五斤大米只能满足某人生存十天的需要量，那么它就不可能超越这个天数而满足该人生存二十天的需要量。

生活内容的满足与否决定于产品属性的关系，或者说一定的产品属性只能满足一定的生活内容的关系，就是效应关系的质的方面或者质的规定性。而生活时间的满足与否，决定于产品数量的关系，或者说一定的产品数量只能满足一定的生活时间的关系，就是效应关系的量的方面或者量的规定性。值得说明的是，产品的质与量同人类生活的质与量的对应关系，从来就是不可分离的，而是对立统一地构成效应关系的。因为，质与量是任何物质实体所必然具有的两个矛盾方面，而效应关系是产品统一体与人类生活统一体（亦即人类精神统一体）之间的物质关系，故此，它们之间所具有的质与量的对应关系是辩证统一的和不可分的。

在图 24 -1 中，之所以不是采用两条平行的连接线，而是采用两条交错的连接线，把产品物质的质量要素对应地与人类生活的质量要素连接起来，所要表达的就是产品物质的质与量同人类生活的质与量各要素之间，对立统一、不可分割、互为存在前提的辩证关系，并以此形象地说明产品效应所具有的质与量的规定性。

产品效应的质与量作为一种客观关系，不仅表现为其本身所具有的对立统一的不可分性，而且表现为其本身所具有的对立统一的可转化性，即在一定的条件下，产品效应的质可以转化为产品效应的量，而产品效应的量亦可转化为产品效应的质。这是辩证唯物主义关于质量互换的原理所规定的。当某一具体产品的量少于或多于一定的度时，其物质的质所体现的某些物质属性就会相应失去，从而体现其上的某些产品效应也就会相应失去。例如，药物有治病的物质属性，如果按一定量服用它，就能使之产生治愈的效应。但是，如果服用某种药物的量，少于或者多于一定的度，尽管其物质的质没有发生任何改变，服用后并不能把病治好，甚至会致人于死命，从而失去原本可能把病治好的产品属性，而体现其上的可以把病治好的产品效应也就同时失去。事实上，如果吃饭吃过了量，也是可以把人撑死的；如果仅仅只吃几粒米，则丝毫不能解决饥饿问题。在这里，由于产品效应在量上的不足或过度，而使得产品效应在质上达不到特定的效果而变质。由此可见，产品效应的质是可以由产品效应的量加以限制而发生转变的。要保持或实现某种产品物质对人类生活特有的物质效应，必须在合理的度的范围内加以使用，从而发挥出产品物质应有的效应和效用。

理解产品效应质与量规定性的一个现实而重要的意义在于，产品效应质与量可变性的原理表明，在进行经济分析的时候，绝对不能简单地把产品效应与产品物质的质等同起来，其中必然要求严格地考察产品物质的量。例如，一斤大米和十斤大米，在纯粹物质的质上都是一样的，都是一种可以使人生存的碳水化合物，但它们在量上的区别，却使得两者之间在效应上的作用就具有了本质区别，这一本质区别极大地影响或决定了人们关于生存目的的生活内容和生活时间，甚至因此影响或决定着人们其他方面的生活内容，从而反映出截然不同的经济意义。显然，一斤大米能让一个人生存两天，而十斤大米可以让一个人生存二十天。生存两天和生存二十天对于人类生活而言，其区别在表面上看来好像只是量的区别，而在实际上却包含着决定人类生活内容的深层的本质规定。假定，完成某项创造活动，仅仅只有两天的食物是绝对不够的，而必须保证有二十天的食物才能全面完成。这样，食物在量上的限制，也就成为对其创造活动能否完成的限制，这就使得同类产品物质在量上的区别，表现为质上的分野。

又如，110 伏特的电压和 220 伏特的电压相比较，在物质本质上都是产生电流的条件，但是，由于电压的不同，却体现出不同的物质属性和物质效应。一台本该使用 220 伏特电压的电视机，如果使用 110 伏特的电压，电视机就不可能接收电视信号，并使之转化为可视图像的物理效应，表明 110 伏特的电压并没有使 220 伏特电视机发挥功能的物质属性及物质效应性；反之，一台本该使用 110 伏特的电脑，如果误用了 220 伏特的电压，就会被烧毁，这不仅不能体现出 220 伏特电压使电脑发挥功能的效应性，相反表现出破坏电脑原有属性的反效应。因此，在实际的经济分析中，同质而不同量的产品物质，其物质属性和对人类生活可能产生的物质效应，都是不尽相同的，且具有一定的本质区别的。这或许就是人们在生产过程和交换过程中，不仅强调产品质量，而且必须强调产品数量的本质原因。

就不同的产品物质而言，其产品效应的质与量具有一个共同特点，就是质上的多样性和量上的不可比性。产品效应多样性的特点，是由产品本身固有的物质本质或物质内容的多样性，以及体现产品属性的外部物质条件的多样性决定的。不同的产品物质能够产生不同的物质效应，同一产品物质在不同的物质条件下，亦可以产生不同的物质效应；不同产品物质的结合可以产生多种多样的物质效应，同一产品物质的分解亦可以产生多种多样的物质效应。有时不同的产品物质之间，还可以产生相类似的产品效应，即所谓的替代效应。由于形形色色的产品物质效应具有极为丰富的具体内容，并且互相之间的效应性表现为广泛的差异性，从而使得不同质的产品效应之间难以进行量的比较，即使有量的比较也是没有任何经济意义的。因此，关于产品物质效应的量的分析，必须建立在一定的同质可比的基础之上。这也就是说，在对具体产品物质效应关系进行定量分析的时候，往往是就某种同质的产品物质而言的。当然，把不同产品物质的效应计量，采取某些具有同质可比性的方式，转化为效用计量乃至转化为货币计量等，则是经济分析的另一回事。

研究产品效应关系的质与量的规定性，在经济学的研究上具有十分重要的理论意义。其主要的理论意义在于，把产品效应尤其是把产品的生理效应，与产品物质本身的质，及其在一定条件下所体现出来的产品属性，从本质上区分了开来。具有特别意义的是，有关产品生理效应的理论，揭示了一切产品物质所共同具有的精神效应的基本形式，从而使得产品物质对于人类生活所具有的共同属性，表现为对人类精神存在和发展的效应性。这就是说，任何产品物质都会以一定的方式、一定的联系，而对人类精神的生存和发展构成物质效应，即产品精神效应。产品精神效应是产品物质对人类生活效应的最高形式，是产品物质属性对人类生活的最一般、最普遍的表现形式。任何产品物质，只要进入人类生活的使用过程，都会以其特有的方式在人类大脑中形成一定的精神效应，所不同的只是反映的具体内容或具体形式的区别。

同时，产品物质内容的丰富性乃至由此形成的产品物质属性的丰富性，又使得产品物质的精神效应表现为极大的丰富性。一定的产品物质，只能产生一定的精神效应，满足一定的生活需要，实现一定的生活目的。其关键意义是，由于人们各自的生活目的的不同，同样一种产品物质对于不同人的精神效应，在形式和内容上可以是一致的，却不能满足不同的生活目的，不能与不同的生活目的实现内外对应。实际上，产品的物质效应包括的精神效应只是问题的一个方面，而产品物质所具有的特定的精神效应，能否满足人们生活的特定需要则是问题的另一方面。这就从理论上自然地引申出“产品效用”的概念，即人们必须按照实现自己生活目的的特殊需要，对具体产品的质与量乃至具体产品的物质效应，做出符合自身实际需要的客观选择，而做出这种选择的不可缺少的一个必要工具就是产品效用。效用作为产品物质对于人们生活有用性与否乃至有用性大小的规定性，使得任何产品物质在效用的意义上获得了质的一致性，并由此获得了量的可比性。正是因为这样，产品效用的概念，才成为产品价值分析的不可缺少的尺度之一。

在以往的理论中，用“使用价值”这个概念，把产品的质、产品属性、产品效应、产品效用这四个完全不同的概念杂糅、混淆在一起，在理论上带来极大困惑。产品的质是产品物质特定的物理的和化学的内在存在形式；产品属性是产品的质在一定的条件下的外在表现形式；产品效应是产品的质在一定的条件下通过其属性的发挥而对他物的作用结果；而产品效用则是人们依据生活目的的要求以及实现生活目的的需要，对产品物质效应有用性进行评价，从而用以取舍对具体产品物质的生产、交换和消费。混淆了上述四者之间的区别，就不可能科学地认识产品物质本身，认识体现在产品物质身上的效应关系和效用关系，从而也不可能真正解开价值理论的秘密。关于这些问题，本书将在后面的章节中详加讨论。

五 产品效应的社会性

从广义的角度看，产品效应[①]具有与世界万物之物质效应的普遍一致性，无非都是物与物之间的作用关系及其结果。但是，产品效应由于劳动的社会性、产品的社会性乃至人类生活的社会性，从而获得了自身的社会性。这就是说，产品效应作为一类特殊的物质效应，不是天然固有的，而是人类劳动的结果。它以人们能动创造的产品物质为客观基础，又以人们对消费产品物质的能动选择为存在前提。没有人类对产品物质的生产和使用，任何产品效应也就失去了存在的条件，这就是产品效应最一般的社会性质。

由于人类生活的社会性，可以在最一般的形式上，表现为个人与社会互相依存、互相制约、互相推动的对立统一关系，因此，产品效应的社会性也就如同劳动、产品、人类生活一样，自然地被这种个人性和社会性格式化，使之具体地表现为产品的个人效应和产品的社会效应，即"个人产品效应"和"社会产品效应"。为了描述上的方便，亦可以分别简称为"个人效应"和"社会效应"。在后面的讨论中，"个人效应"和"社会效应"将会作为产品效应社会性划分的专用名词。

所谓"个人效应"，就是个人产品在一定的条件下发挥其物质属性而对个人生活发生作用的结果；就是个人产品满足个人生活需要或实现个人生活目的的结果；就是这种结果所体现的个人产品与个人生活之间的作用和被作用的客观关系。例如，一个人为了满足自己进食的需要，以实现解除饥饿或享用美味的目的，通过自己的劳动把各种食物原料加工成美味适口的饭菜，再通过对饭菜的实际享用，去满足和实现自己的生活需要和生活目的。产品物质是为个人生活需要而生产的，它所要满足和实现的生活目的是生产者本身。由此可见，个人效应的社会性是由劳动的个人性、劳动产品的个人性以及生活目的的个人性所规定的。

所谓"社会效应"，就是社会产品在一定的条件下发挥其物质属性而对社会生活发生作用的结果；就是社会产品满足社会生活需要或实现社会生活目的的结果；就是这种结果所体现的社会产品与社会生活之间的作用和被作用的客观关系。例如，一个布匹生产者为了满足社会生活对布匹的需要，生产出直接满足社会生活的社会产品——布匹，并通过交换将布匹投入社会，为社会生活所消费，从而实现社会生活关于使用布匹的生活目的。产品物质所要满足和实现的生活目的是社会的而不是自身的，生产劳动及其产品的直接服务对象是社会的交换者，

① 或者更确切地说，产品效应是产品物质对于人类生活乃至人类精神生活的作用结果，以及这种结果所体现出来的产品物质与人类生活的关系。

而不是劳动者本人。由此可见，社会效应的社会性质亦是由劳动的社会性、产品的社会性以及所要实现的生活目的的社会性所规定的。

正如在关于个人劳动和社会劳动、个人产品和社会产品的讨论中所论述的那样，任何劳动都是个人劳动和社会劳动的统一，任何产品都是个人产品和社会产品的统一。同样，产品效应也具有同样的对立统一关系，是个人效应和社会效应的对立统一，这种对立统一关系首先表现在个人效应和社会效应的相对性之上。

从联系的意义上看，任何直接的个人效应都会在人类生活的循环过程中，通过个人生活的存在和发展，影响他们各自的社会劳动、社会产品和社会生活，间接地表现为一定的社会效应。例如，一个人吃饱饭是为了更好地从事一项社会生产劳动，其中，自己动手做饭吃的过程是形成直接个人效应的过程，而吃饱饭是从事社会劳动的前提，从而使得吃饱饭变成一种同时为该项社会劳动服务的间接社会效应过程。通过该项社会劳动所创造的社会产品及其被社会生活的现实消费，吃饱饭的直接个人行为最终转化为间接的社会行为，而体现在“饭”上的物质效应，也就从原来的直接个人效应转化为间接的社会效应。因此，任何个人效应都是直接个人效应和间接社会效应的统一，都是由作为主要矛盾方面的个人效应和作为次要矛盾方面的社会效应结合而成的。

同样，任何直接的社会效应亦可以在人类生活的循环过程中，通过社会生活的存在和发展，影响他们各自的个人劳动、个人产品和个人生活，间接地表现为个人效应。例如，一个人为社会生活需要生产粮食，目的是为了换取一块布料做衣服。其中，为社会生活生产的粮食，一旦为社会生活所消费，那么它所产生的产品效应就表现为直接社会效应；另一方面，此人生产的粮食是换取布料的前提，又是为其制作衣服的个人劳动服务的，并通过制造衣服的个人劳动以及个人产品——衣服，最终转化为间接个人效应。因此，任何社会效应都是直接社会效应和间接个人效应的统一，都是由作为主要矛盾方面的社会效应和作为次要矛盾方面的个人效应结合而成的。

为了更好地理解上述社会效应与个人效应的辩证统一关系，或许可以从图24－2中得到启发。关于此图的基本内容，在本书第二篇第十一章论述个人劳动和社会劳动的辩证统一关系时就已提出，但其作用不仅于此，这个图示对于认识产品物质的社会性、产品效应的社会性乃至产品效用的社会性，同样具有直观的启发意义。其中，至关重要的环节就是超越交换线的社会产品的交换过程。在这个过程中，直接社会效应和间接个人效应的对立统一关系，或者直接个人效应和间接社会效应的对立统一关系，在此获得了建立相互关系并使之共存的社会条件。没有这个交换过程，也就没有产品的社会性，从而也就没有产品效应的社会性。

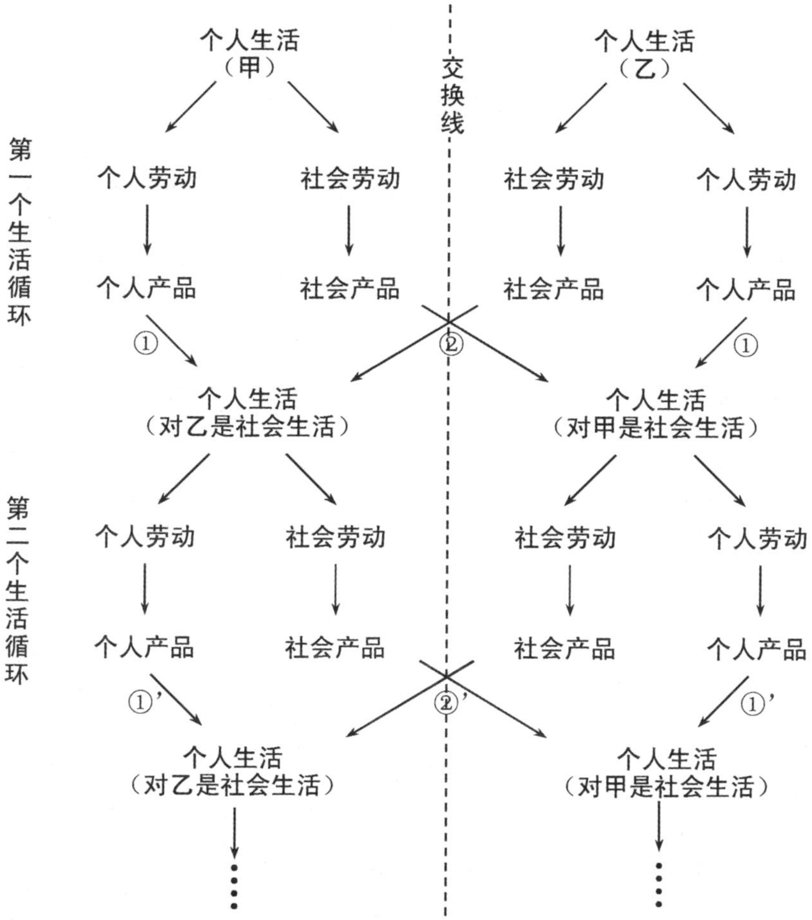

说明：
① ＝直接个人效应
② ＝直接社会效应
①'＝包含了间接社会效应的直接个人效应
②'＝包含了间接个人效应的直接社会效应

图 24－2

从图中可以看到，在第一个生活循环中，个人生活（甲）及个人生活（乙）通过对各自个人产品的消费而构成个人效应，并且通过双方交换并消费对方的社会产品而构成社会效应。双方所获得的个人效应和社会效应都具有明显的直观性，即表现为“直接个人效应”和“直接社会效应”。但是，经过双方各自消费过程的综合，在第二个生活循环中，尽管在形式上产品效应仍然直观地表现为“直接个人效应”和“直接社会效应”，但是在实质上，它们各自已经同时相应地包含了“间接社会效应”和“间接个人效应”的性质。从循环运动的意义上说，在第二个生活循环中，个人生活（甲）及个人生活（乙）通过对各自个人产品的消费而构成个人效应，乃至通过交换并消费对方的社会产品而构成社会效应，其中的效应关系实际上是上一个生活循环中个人效应和社会效应的一种混合延伸，从而使得上一个生活循环中的“直接个人效应”和“直接社会效应”分别对应地表现为“间接社会效应”和“间接个人效应”，并进而使得自己本身成为“直接个人效应”和“间接社会效应”或者“直接社会效应”和“间接个人效应”的统一体。在一个连续的循环过程中，所有一切效应关系都在根本上表现为个人效应和社会效应的对立统一。个人效应和社会效应的对立统一关系，不仅表现在它们之间互为存在的前提，而且还深刻地表现在它们之间互相制约、互相推动的矛盾运动过程。

第一，个人效应是社会效应的基础形式。没有一定的个人效应，也就没有个人生活的存在和发展及个人与个人之间的社会关系，从而也就没有社会生活的存在和发展。社会是由无数个人集合而成的，体现在每个人身上的个人效应的发展状况，都可以在个人与社会的联系过程中，直接地制约或推动社会效应的发展状况。个人效应越是深化、越是进步，就越能够造就深化和进步的个人生活，并在此基础之上焕发出巨大的社会创造力，推动社会效应和社会生活的深化和进步。反之，个人效应的没落和腐朽，则会形成没落腐朽的个人生活，进而演化为社会生产的破坏力，导致社会效应的没落和腐朽，从而导致社会生活的没落和腐朽。

第二，社会效应是个人效应的扩大形式。没有直接广泛的社会效应，就没有丰富多彩的个人效应，就没有个人生活依赖于社会生活而得到的大踏步的深化发展。每个人的劳动创造力极为有限，只有通过社会分工和社会协作，才能最大限度地提高劳动生产率，从而获得更为丰富的物质财富，并在社会产品的交换和使用过程中，实现日益丰富多彩的个人效应和以此为基础的个人生活的迅猛发展。社会中每一个劳动者在互相的产品交换中，接受内容广泛、多姿多彩的社会产品效应，推动着每一个劳动者个人生活的发展，并由此构成整个社会生活的发展。

由此可见，直接个人效应是间接社会效应的基础，而直接社会效应又是间接个人效应的扩大，它们之间互为依据、互为条件、对立统一，并在相互的矛盾运动中不断发展。

值得指出的是，产品的社会效应对于人类的存在和发展具有极为重要的意义，特别体现在社会效应之上的精神效应，更是使人类生活、使社会中每一个人的个人生活，得到无限的、越来越迅猛的发展。人类正是创造并应用社会分工和社会协作的生产形式，才创造出日益丰富的物质财富，获得了人类精神得以迅猛发展的物质条件，使人类精神在社会的联系中获得了无限而又日益加速发展的可能，同时使得人类获得了自己特有的社会性。人类创造的社会产品，不仅能以日益丰富的实物产品满足人们越来越丰富的生活需要，实现人们越来越丰富、越来越深化的精神发展目的，同时还能够以日益丰富的“非实物产品”（信息产品①），传播人们之间的社会知识和自然知识，最经济、最迅速地推动每一个人深化精神的发展，以此焕发出人类日益广泛和深刻的认识性目的和创造性目的，以及在此基础之上无限的物质创造能力。

这就是说，体现在社会产品效应之上的精神效应，无论是信息产品或非信息产品，都能直接地表现出实现认识性目的和创造性目的，从而推动人类精神深化发展的精神效应，是人类社会所以具有社会性的本质规定。唯有以社会分工和社会协作的生产方式，才能最经济、最迅猛、最大限度地发展每一个人的深化精神，从而最有效地发展整个社会的深化精神，这是人类物种得以永恒存在和发展的本质要求。通过社会产品的交换和消费，得以获得推动精神发展的巨大力量，并借此使自己的存在和发展建立在一个更为优良的基础之上。

人类历史的发展过程表明，从原始社会到奴隶社会，从奴隶社会到封建社会，从封建社会到资本主义社会，乃至从资本主义社会到社会主义社会，每一个旧的社会阶段进化为新的社会阶段，其所花费的历史时间，无不比前面的社会形态更大规模地减少，而这正是基于一个完全相反的历史事实，即每一个新生的社会阶段的人类精神及其所创造的物质财富，都比前一个消亡的社会阶段大规模地丰富了。原始社会的人类精神处于启蒙时期，因而原始社会的劳动生产力是极为低下的，所创造的产品物质也十分贫乏，社会产品的交换形式和消费形式都极端狭窄，原始社会的人类精神发展受到极大限制，这正是原始社会经历了几百万年的原因所在。随着人类精神的日益发展，社会产品也随之日益丰富起来，人们在社会产品的生产和消费中又进一步推动深化精神的发展，特别是到了拥有社会化大机器生产的资本主义社会和社会主义社会阶段，人类精神已经拥有了空前的发展基础，并朝着共产主义的信息时代大踏步地进军。在这一过程中，社会形态变更的历史时间表现为一种日益缩短趋势，奴隶社会经历了上万年，封建社会经历了几千年，而资本主义社会才经历了几百年。可以相信，从社会主义社会到共产主义社会②的过渡，或许并不会像以前所想象的那样遥远，当然也不会像“土豆烧牛肉”那样随手可得。

---

① 信息产品也是一种客观实在的物质产品，所不同的只是它的存在形式，与通常的产品物质的存在形式相较有其特殊性。在本书前面的章节中讨论过的“抽象商品”概念，对此已经有所交代。

② 共产主义社会形态究竟是什么样的？实际上并不像以前所说的那样，什么东西都按需分配。信息社会作为共产主义社会形态的基本特征，使得共产主义社会能够按需分配的产品物质，主要表现为信息产品。有关的理论问题将会在本书第三卷“共产主义社会形态”中详加论述。

总之，从本质上深刻地认识社会产品的精神效应，对于人类社会存在和发展的规定性，对于认识人类社会存在和发展的内在形式，具有深刻的理论意义。此外，从经济学的意义上说，研究个人效应和社会效应，除了从理论上认识二者对立统一关系之外，还为后面去讨论个人效用和社会效用，乃至进一步讨论个人劳动价值和社会劳动价值奠定了理论基础。

第二十五章
效用关系

在产品与人类生活的关系之中，除了产品对人类生活的“效应关系”之外，还有一个产品与人类生活之间的“效用关系”。当对效应关系有了一个较为深入的认识之后，再来讨论效用关系，也就有了客观依据和理论基础。值得注意的是，这里所要论述的“效用”，将与以往通常所理解的“效用”不尽相同，是有其自身特定内涵和规定性的，在效用量的规定性上更是如此。在本章中，将专门讨论效用关系的基本概念，至于其他一些关于效用关系的重要问题，例如效用关系的社会性、效用关系的量的规定性等，将在后面的章节中进行讨论。

一　产品效用的概念

在普通的词义上，“效用”指的是物质所具有的功效和作用。其中的“功效”多指一种事物对另一种事物发生作用而所具有的预期结果，或者指用最少的消耗而形成预期效果的能力，而其中的“作用”则指的是一种事物对另一种事物所产生的影响，以及这种影响所产生的功能和效果。从“功效”的意义上说，多少包含了一些上一章中所说的“效应”的含义，但它更强调的是发生作用的预期性。正是这种预期性，使得“效用”这个概念具有了人格化的“主观性”，而从“作用”的意义上，则更加明显地包含着“效应”的含义。

在经济学中，“效用”与“效应”有着截然不同的本质区别，其本质含义应该指的是人类对物质效果或物质效应的使用，更直截了当地说，是对产品物质效应的使用，同时，这种使用不是被动的、盲目的，而是依据人类的生活需要，对产品物质效应预期结果进行评估，主观能动地选择和取舍的。因此，效用本身要求物质效应适合使用者的生活需要，是一个与使用者生活需要密切相关的概念。例如，水和面包对于人们的生活而言有解渴和充饥的效应，但是，只有当人们饥渴时才会确认这种效应的适用性或有用性而去使用它们，而当人们非饥渴时，就可以否定这种物质效应的适用性而舍弃对它们的使用。

事实上，在以往的经济理论中，对于“效用”的解释是多种多样的，其中最为典型的是西方经济学中的边际效用学说，以及对边际效用学说的有关批判。为了理解上的条理性，暂且把诸家学说放在一边，而独立地依据客观事实和辩证逻辑，对“产品效用”下一个新的定义。至于从前的效用概念，将在后面的章节中专门加以分析和解释。

那么，什么是产品效用呢？简单地说，产品效用就是人们依据各自在一定历史时期内的具体生活需要，对具体产品物质的有用性与否、有用性程度大小的评价，既是人们能动地选择、取舍、创造适合自身生活需要的产品物质的理论依据和分析手段，也是对产品物质在特定条件下所具有的产品效应的取舍，并加以使用的过程本身。但是，从深刻分析理解的意义上说，产品效用本身所包含的内容并非如此单纯，仅从这个概念的表面内容看，可以从以下几个方面去加深对产品效用的认识。

第一，产品效用首先是一种物质关系。产品效用作为产品物质对于人们生活需要的适用性，并不是产品物质本身固有的，而是与人们的生活需要相结合的产物。例如，一部电脑的物质存在形式是固有的，其物质效应在一定的条件下是一定的，但其效用对于不同的使用者而言，却有极大的区别。对于需要使用它的人而言，它的效用比较大；反之，对于不需要它的人而言，它的效用就相对较小，甚至没有任何效用。因此，产品效用首先表达的是产品物质与人们生活需要之间的客观关系，是“产品应用关系”之中与“效应关系”并存的一对关系之一。其中，“产品效用”可以作为“效用关系”的同义词。之所以强调产品效用的物质性，是因为产品效用作为产品物质与人们生活需要的关系，是一种不以人们意志为转移的客观实在，有其严格的客观规定性。在现实生活中，产品效用的客观实在性，不仅广泛地表现为人们对不同产品物质进行生产或加以使用的取舍态度，而且在本质上表现为产品效应与人类精神的关系。

第二，产品效用作为一种物质关系，在本质上表现为产品物质与人类精神之间的关系。产品效用作为产品物质与人类生活需要的关系，不是产品物质的低级生理效应与人们肌体简单生存的关系，而是产品物质的高级生理效应与人类精神，特别是与人类生活目的之间的关系。这种本质规定的意义在于，产品物质的适用性与否，或者说效用的有用性及其程度如何，是由其物质效应能否实现或如何实现人类生活目的的客观状况来决定的。例如，当人们确立了建造一座房子的目的之后，能够实现这一目的的产品物质，就只能是一座相对应的房子，而不能是其他。当然，在现实地建造出房子的过程中，不可缺少的是对各种必需的建筑材料的选用，以及一系列与建造房子总目的有关的子目的，都必须由具体的产品对象来实现内外对应。由于精神作为人类高级生理形式所具有的高级的精神生理效应，扬弃了非精神的低级肌体生理效应，精神的升华就使得效用关系在本质上直接地表现为产品物质与人类精神之间的关系，表现为产品物质作为自然物与作为人类生活本质的精神物之间的超自然的高级关系。这一点至关重要，是解开“效用关系”之谜的关键所在。

第三，产品效用作为产品物质与人类生活之间的客观关系，是一个能动反向的精神过程。产品效用和产品效应不同，产品效应表达的是产品物质在人类生活中所起的物理的、化学的乃至生物的作用，体现为产品物质对人类生活构成物质作用的“效应性”；而产品效用表达的是人类生活对产品物质的能动的选择性，体现为产品物质对人类生活需要的“有用性”。在人类生活循环体的图示（图25－1）中，产品效用的这种能动选择性，可以表示为与效应关系相反的作用方向。这种能动反向性所要表明的是，只有首先通过人类生活对产品物质的能动选择和使用，产品效应才可能现实地形成并体现于人类生活之中，并在这种体现中推动人类生活循环体的下一个循环过程，也只有通过人类生活对产品物质的实际运用，产品效用才能最终得到实现。因此，产品效用作为一种客观物质关系，又是人类生活自主能动地评价产品物质有用性与否，选择并使用产品物质的一个客观实在的物质过程。

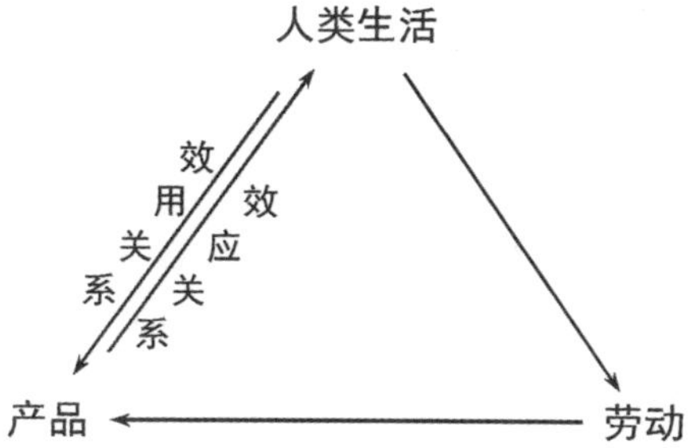

图25－1

第四，产品效用作为人类生活对产品有用性大小的量的规定性，是人类生活的一个经济手段，同时又是人们依据自己的生活需要——在本质上表现为实现生活目的的需要，对产品物质效应是否适用的性质及其有利程度或有害程度，进行评价的一种认识关系。这种通过对产品物质利害关系进行评价的量的规定性，具有明显的经济意味。通过量化的分析，其结果表现为人们对产品物质进行生产、交换、消费的取舍行为，在最大限度地并且最经济地满足或实现生活目的的要求下，以最佳的选择方式，趋利避害，决定自己做什么或不做什么，先做什么或后做什么，以求自己的生活目的得到最优化的实现。事实上，没有效用关系的量化分析及这种分析对人们行为的制约作用，就没有人类有目的的经济活动，人们的生产和消费将是杂乱无章的，从而人类的社会经济基础就会彻底毁灭。因此，人类在生产、交换和消费产品物质的过程中，产品效用作为进行趋利避害的量化分析工具，是人类生活中最基本的经济手段之一，是一切经济关系的起始点和归结点。关于效用关系在量上的规定性，将在后面的章节中专门讨论。

第五，产品效用作为人类经济生活的量化分析手段，具有同质可比的显著特性，这是产品效用所以能作为人类经济生活量化分析手段的客观基础。不同的产品物质在特定的条件下对人们生活所产生的生理效应，在形式上和在内容上不尽相同，甚至存在巨大差别。例如，在大米和燃煤之间，大米所具有的使人得到营养而生存的效应，是燃煤所不具有的；燃煤所具有的使人得到温暖而感到舒适的效应，则是大米所不具有的（当然，大米亦可燃烧放热，这里只是举例）。由于两者之间在物理化学效应上存在着质的极大区别，因而两者之间在效应量上的比较，其实并不可能找到合适的同质可比手段。产品效用则不同，它可以使任何不同质的产品物质及其不同质的产品效应，在与人们的生活目的需要相结合的过程中，以人类特有的抽象认识方式转化为同质可比的概念，获得了共同一致的质的规定性。有用还是没用，有利还是有害，这是同质性的问题，而程度的大小则是可比的量化分析问题。这就是说，无论不同产品物质效应的具体形式如何，人们都可以凭借其物质效应对自身生活有用与否的认识，来为其有用性或有害性进行定性，并且都可以凭借其物质效应对自身生活有利程度或有害程度的认识，来为其有利性或有害性进行定量。这就使得产品效用成为体现在任何产品物质之上的、由人类生活对产品物质的选择性所规定的同质可比的要素，并因此得以成为人们对经济活动进行量化分析的手段。例如，在同一时期内，当一个人正处于饥饿状态而需要营养时，大米的效用程度就会高于燃煤；而当一个人正处于寒冷状态而需要取暖时，燃煤的效用程度就会高于大米。可以设想，如果没有效用的同质可比性，人们对产品物质进行生产、交换和消费的选择性就无从而论了。

第六，产品效用作为产品物质对于人们生活需要有用性与否的评价，以及对有用性大小的量的规定性，无不都是具体的和历史的，体现在一种具体产品身上的效用和效用量，是依据一定历史时期内，其具体使用者的各种具体生活需要的主次性来决定的。随着历史时期的变化及具体使用者的各种具体生活需要的主次性的变化，体现在同一产品物质上的效用量，可以存在一定区别，有时甚至截然相反。例如，一本中学数学教科书对于一个中学生而言，其效用相对较大；当这个中学生进入大学阶段，同样一本中学数学教科书对他而言，其效用也就相对较小，甚至完全失去效用。因为，他的具体生活需要的主次性，已经随着历史的发展而有所改变。效用和效用量的这种具体的和历史的规定性，不仅表现在同一产品对同一人不同历史时期的不同生活需要的关系之上，而且还广泛地表现在同一产品对不同人乃至同一产品对不同人的不同历史时期的不同生活需要的关系之上。这就是说，同一产品的效用量，在同一时期对不同人而言，其大小是不尽相同的，甚至是有巨大差别的；同一产品的效用量，在不同时期内对不同人而言，其大小亦会发生错综复杂的变化。产品效用量的历史的和具体的规定性，是导致人们在选择生产、交换和消费同种产品时，具有千差万别的选择态度的基本因素。

第七，产品效应是产品效用的客观基础，失去了产品效应也就失去了对产品效用进行有用性评价的对象。因为，效用评价是以产品效应，特别是以产品的精神效应为基础的，人们只有在对产品物质的使用和消费中，现实地感受产品物质对自身生活的物质效应，才可能从中辨别这种物质效应，对自身生活需要、对实现特定生活目的的有用性与否，根据这种有用性与否的程度，去比较客观地分析和认定产品物质的效用。从某种意义上说，效应和效用都是产品与人类生活之间的一种客观物质关系，但又是两种性质完全不同的物质关系。效应关系是产品物质对人们生活的自然关系，它按照自然法则发生作用；效用关系则是人类生活对产品物质有用性与否的认定，它表现为人们依据自己的生活需要，对产品物质的能动选择性，换句话说就是对效应关系的能动选择性，它按照社会法则，或者从根本上说按照人类精神发展的法则发生作用。

从以上的讨论中，大致能对产品效用的概念有了一个比较明确的认识。然而，对于效用关系的全部内容而言，这仅仅是最基本、最一般的概念而已。因此，有必要对效用关系作更为详细深入的分析研究。

二 产品效用的客观规定性

“产品效用”作为人们对产品物质有用性及其程度大小的评价，在以往的理论中，通常被认为是一种主观唯心的东西，是不可捉摸、更不可量化，甚至是庸俗的和反动的东西。这种全面否定效用学说的观点是片面的，自然也是不足取的。因为，产品效用作为一种客观的物质关系，其中必然存在着自身的客观规定性和规律性，只是以往没能从根本上正确地认识这种客观规定性罢了。实际上，效用关系是真正解开劳动价值之谜（劳动创造价值之谜）的一把极为重要的钥匙，如果不能首先理解效用关系的客观性，而盲目地否定产品效用的经济分析意义，也就难以科学、正确地认识劳动价值关系，无法通过劳动价值这个得以全面认识人类经济关系的必由之路的大门。因此，有必要在此对效用关系的客观规定性详加分析。

那么，什么是产品效用的客观性？产品效用的客观性，指的就是产品效用作为一种客观存在的、不以人们的意志为转移的物质关系的实在性。由于产品效用关系本身所具有的物质实在性的存在，使其本身所具有的质与量的物质规定性，获得了铁一般的客观依据而同时存在，因为根据辩证唯物主义的基本原理，任何物质无不都是质与量的统一体。可以从以下几个方面认识产品效用的客观性。

第一，产品效用是产品物质与精神物质之间的客观关系，其存在是不以人们的意志为转移的。本书第一篇就已经对精神本身的物质性作了充分的哲学分析，明确了“精神本身的物质性同精神与外物的对应性是两个根本不同的哲学问题”这个带有根本意义的概念，懂得了精神作为高级人体生理机能的物质实在，而对人类生存和发展所具有的高级生理效应。还在广义精神和狭义精神的分析中，用狭义精神概念规定了精神的物质存在形式，即按特定规律排列组合的感知细胞的兴奋或在特定兴奋组合状态下的感知细胞本身，特别是从哲学的意义上，论证了精神与任何其他具体物质一样，都具有质与量、时间和空间、运动和静止、作用和反作用等普遍的物质规定性和共同点。由于有了这个关于精神本身是物质的科学论断，才得以确定效用关系作为产品物质与精神物质之间的关系，只能是一种客观实在的物质关系，而不是“物质的东西与非物质的东西”之间的关系，从而为深刻理解效用关系的客观性，奠定了科学的理论基础。懂得精神本身的物质性后，如果仍然否定效用关系的客观性，就可能真正陷入主观唯心主义。效用关系在人类生活中是普遍存在的、不以人们意志为转移的客观关系，否认了这种客观关系的客观实在性，也就等于否认了人类社会特有的经济活动的客观实在性。

第二，效用关系作为人们依据自己的生活需要，对产品物质有用性及其有用程度的评价，从而形成的对具体产品生产、交换和消费的选择性，有其背后严格的客观规定性。由于产品效用是由人们依据各自特殊的生活需要（实现各自具体生活目的的需要）能动地给予评价的，这就使得产品效用在表面形式上披上了“主观评价”的面纱，似乎效用的评价没有任何客观依据，仅仅是凭借游移不定、千差万别的个人意志来随意评定，从而使得这种主观评价成为一种不可捉摸的虚无缥缈之物。但实际上，在效用关系的本质内部，效用关系所表现出来的主观形式的背后，却有其严格的客观规定性；相反，其所具有的千差万别、游移不定的特点，恰恰正是这种客观规定性本身固有的特点所决定的，因而其肯定是可以捉摸的，其发展变化的规律性也是可以认识的。可以从以下三个方面去认识隐藏在效用背后的客观规定性。

首先，人们特定的生活目的与外部特定产品物质所构成的内外对应，是人们评价产品效用的客观依据。人类精神作为一种高级生物的生理形式，以构成目的的特有形式来表达人类生活对外部对应物的需要，又以实现目的的形式来满足、实现人类生活的物质需要。通过对产品物质的实际使用和消费，使得人类精神生活不断向深化发展，而整个人类物种则得以借此生存、繁衍下去。其中，实现目的的形式和过程，就是目的所包含的精神物（精神想象物）与外部产品物质（精神创造物）之间构成或实现内外对应的形式和过程。① 而且，特别关键的意义在于，这种内外对应绝对不是杂乱无章、随意凑合的，而是被明确规定了的，即某种特定的、具体的生活目的（精神想象物），只能由某种相关的、特定的、具体的外部产品物质（精神创造物）去与之实现内外对应，而绝对不能由他种不相关的产品物质去实现其内外对应。

例如，一个人要实现对月球表面地质状况有所了解的认识性目的，只有使用有关月球表面地质状况的图文资料、观察月球表面的天文望远镜，甚至登月飞船等，并通过对这种产品物质的实际使用，把有关月球表面地质状况的知识输入大脑，才能达到内外对应并实现其特定的认识性目的；相反，如果仅仅面对一堆黄金，他是无论如何都不可能对月球表面的地质状况有所认识的，自然也就不可能实现其关于月球的特定认识性目的。又如，一个人要实现建造一所房屋的创造性目的，只有使用相关的建筑材料，并通过这种使用把建筑材料构造成房屋，从而达到内外对应并实现这一建造房屋的创造性目的。更简单的例子，一个人渴了，只有通过喝水才能实现解渴的目的；一个人饿了，只有通过吃饭才能实现充饥的目的。这就说明了一个无可争辩的事实，人们各自所以选择生产、交换和消费这种产品物质而不是其他的别种产品物质，绝对不是任意取舍、盲目行事的，而是依据实现自己生活目的的客观需要，依照内外对应的客观物质定律，有针对性地去选择、取舍和使用，这正是人们得以实现自身特定生活目的的必由之路。人类生活目的的实现必须以相应的产品物质作为内外对应的对象物这一客观规定性，正是人们有目的地选择和取舍特定产品物质这样一种特殊现象的客观的规定性，从而也就是人们认定产品效用的最基本的、最有效的客观规定性。内外对应作为人类生活目的得以实现的必然形式，是产品效用客观性的客观基础，是人们评价产品物质是否有用的客观依据和尺度。从哲学意义上说，产品效用背后的这种铁一般的客观规定性，是不以人们的意志为转移的，它所表达的正是效用关系本身的客观实在性。

其次，人们生活目的的主次性的客观实在性，构成了人们对产品物质效用大小或有用程度高低的主观评价的客观性。不同的人可以在某一共同的历史时期中具有相同或不同的生活目的。同一个人也可以在某一历史时期中具有多种不相同的生活目的；但是，在一个特定历史时期内的不同的生活内容之间，从各自的重要性来看，并不都是等量齐观的，而总是有主次之分的，② 这就是人类生活目的

---

① 参见本书第四章有关内外对应的原理。

② 参见本书第六章第三部分“精神生活内容的主次性”。

所具有的主次性。在一个特定历史时期内的一个目的系统中，人们总是根据自己的生活实践和生活需要，把其中某些生活目的认定为最主要的或较为主要的生活目的，而把其中某些生活目的认定为最次要的或较为次要的生活目的。人们通常会认为，最主要的或较为主要的生活目的，体现并代表着自身生存和发展的最根本的或较为根本的要求，因而会更加强烈地要求实现它们。例如，一个核能科学家，力图在五年的时间内完成某项核能利用的新技术，那么，他在这五年中的最主要的生活目的就是实现这种新技术，而其他有关衣食住行等日常生活目的，则是次要的生活目的，是为主要生活目的服务的。人们在一定时期内的不同生活目的所具有的主次性的特点，同样是一种客观存在的事实，亦同样是不以人们的意志为转移的。如果一个人的全部生活目的都失去了相互之间的主次性，那么他将同时彻底失去有序的、有针对性的劳动行为本身。

由于生活目的存在着主次性这一客观特点，使得人们关于产品物质有用性程度的评价，具有了客观上的规定性。根据只有特定的产品物质才能实现特定的生活目的的铁一般的定律，人们为了实现主要生活目的，就必然地认定那些能够实现其主要生活目的的产品物质具有较大的效用；相反，只能实现较为次要生活目的的产品物质则只能具有较小的效用。在同一时期内，不同的个人之间由于各自具体生活需要的不同，对于同一种产品物质可以形成不同的效用评价；或者同一个人在不同时期，对于同一种产品物质可以形成不同的效用评价。这些现象并不是随意强加而不可捉摸的，而是由其各自生活目的在特定历史条件下的主次性的不同所决定的，有其背后严格的客观规定性。

再有，人们的生活目的，无论是在同一历史时期具有内容上或主次性上的广泛差别，或是在不同历史时期具有内容上或主次性上的广泛差别，都是他们各自在特定的历史条件下，依据各自的生存发展需要，在实际的生产、交换和消费实践中形成的。人们的生活目的，不可能脱离客观的实践活动、特定的历史条件而随意设定，总是留有其在一定社会历史条件下谋求生存和发展的客观烙印。任何生活目的都是特定历史条件下，人类生存和发展的内在要求的表现形式。因此，实践活动的客观性也就规定了人类生活目的的客观性，而生活目的的客观性，进而又规定了人们对相关产品物质进行效用评价的客观性。由此可见，人们对产品物质的效用评价并不是主观臆断的，有其背后严格的客观规定性。

第三，产品效用的客观性，不仅表现为人类生活目的本身的物质性及其主次性特点的客观实在性，而且还表现为劳动创造能力对人类生活目的能否实现所具有的客观制约性，从而表现为对生活目的的确立及生活目的的主次性的排序所具有的客观制约性，并归根结底表现为对产品效用评价所具有的客观制约性。生活目的的确定，不仅依据人们的生活需要而产生，而且受人们劳动创造能力所制约。

只有当一种生活需要与劳动创造能力的可能相结合时，这种生活需要才能转化为支配劳动行为的现实目的。由于劳动创造能力是劳动知识、肌体能量和外部生产条件（劳动资料）的综合反映，从而具有不以人们的意志为转移的、严格的物质规定性，因而现实生活目的的形成也就具有了劳动能力的物质规定性。这也就是说，在社会生活中，没有一定的劳动创造能力，实际上也就不可能产生相应的现实生活目的，进而也就不可能产生与之密切相关的、以之为依据的产品效用本身。

事实上，只有当一种产品物质能够实现人们最主要的生活目的时，人们才会最优先、最大量地投入自己的劳动能力，去实施对该种产品物质的创造实践。由于劳动能力往往被局限在一定的知识选择范畴内，因而使之更多地表现为抽象劳动或者“劳动时间”的限制，而对劳动资料的使用又可以理性地视作对“物化了的抽象劳动”的使用，从而使得劳动能力的限制可以简略地表现为抽象劳动能力的限制。在充分利用有限的劳动能力按主次顺序实现生活目的的要求之下，生活目的的主次性在与劳动能力的矛盾运动中，可以表现为越是具有主要地位的生活目的，人们所投入的抽象劳动量就越多；反过来，又可以因为投入同一产品生产的抽象劳动量的减少，而使其主要地位相应下降。这就是说，产品效用量的规定性，在生活目的主次性与劳动能力之间互相制约、互相推动的矛盾运动过程中，可以一般地表现为抽象劳动量的规定性。劳动能力以抽象劳动的形式对产品效用的规定性，是产品效用客观性的重要依据，亦是理解一系列效用问题的关键所在。其中包括：如何科学地确立产品效用的基本概念，如何理解产品效用在劳动能力的制约下运动变化，如何在这种运动变化之中灵活有效地支配人们对产品物质的生产和消费等深层问题。关于这个问题，本书将在后面有关“产品效用的量的规定性”的章节中，以及在讨论劳动价值量的规定性问题时作深入研究，从而对产品效用的客观性有一个更为深刻的认识。

三　正效用和负效用及其对立统一关系

实际上，效用关系不仅仅反映对人们生活具有“有用性”的产品物质的效用特征，同时亦会反映对人们生活具有“有害性”的产品物质的效用特征。人们依据各自生活目的得以实现的客观需要，对产品物质进行有用性分析时，最基本的分析就是关于某种产品物质对于实现自身具体生活目的，究竟是有害的还是有利的，然后才能量化地分析其有用性程度或有害性程度的大小。从生物学的角度看，动物生活从来都是“趋利避害”的，作为高等动物的人类，同样逃脱不了这种生物活动的普遍规律，所不同的只是人类的趋利避害已经达到了“精神升华”的高度。显然，从正反两方面去考察产品物质的有用性与否，正是人们认识具体产品效用关系，进而有效趋利避害的基本方式之一。从效用概念中，引申出了“正效用”和“负效用”这一对辩证统一的效用概念。

那么，如何给“正效用”和“负效用”下定义呢？所谓“正效用”，就是人们依据自身实现某一具体生活目的的需要，对与之相关的具体产品物质及其在一定的条件下所具有的具体产品效应，在实现这一生活目的过程中所具有的适用性或有利性的认定，就是对这种适用性或有利性程度大小、预期状况、现实状况的评价。与之相对应，所谓“负效用”，就是人们依据自身实现某一具体生活目的的需要，对与之相关的具体产品物质及其在一定条件下所具有的具体产品效应，在实现这一生活目的过程中，所具有的非适用性或有害性的认定，就是对非适用性或有害性程度大小的评价，就是对非适用性或有害性程度的预期状况和现实状况的评价。

从正负两个方面去对产品效用加以认定并给予量的评价，并不是故弄玄虚、多此一举，而是人们对产品效用进行总体评价，从而全面认识产品效用的必然的认识过程。在现实的生活实践中，特定的产品物质对于实现特定的生活目的而言，往往总是存在着正反两方面的作用关系，其有利的方面和有害的方面，都是相对的而不是绝对的，统一于同一具体产品效用之上的。如果我们要正确地应用效用概念，并把它作为一种经济手段去指导生产行为和消费行为，就不可避免地要从正反两方面，对产品效用进行全面、综合的分析。可以从以下几个方面加以认识。

第一，由于人们的认识水平并不都能完全符合客观实际，所创造出来的产品物质可能会与生活需要相脱节，而出现完全失去正效用的情况。例如，假定一个人企图创造一种“永动机”，但在实际上，由于能量在转换过程中的损耗，“永动机”是绝对不可能创造出来的。因此，他制作出来的所谓“永动机”的样机，并不可能“永动”，从而也就不可能真正实现其创造“永动机”的目的。同时，由于生产所谓“永动机”对劳动资料和劳动能力的浪费，还会损害或降低他实现其他生活目的的可能性。对该产品的负效用的现实认定，可以指导他在下一步的生产活动中放弃不可实现的生活目的，而把有限的劳动资料和劳动能力，应用到其他有可能实现的生活目的之上。显然，对此类产品物质负效用的分析，能在进一步的生产过程中放弃无效劳动而尽可能节约劳动能力。

第二，某一种产品往往可以同时具有正效用和负效用，在这种情况下，有关正效用和负效用谁大谁小的认定和分析，则直接关系到我们对该产品进行生产、交换和消费的选择性。例如，一种药物的使用，一方面可以治病，另一方面也可以因某种副作用而使人生病。是否选择使用它，就得比较分析正效用和负效用谁大谁小，从中选择正效用比较大的一方。又如，一个农药厂生产的某种农药可以用来消灭害虫，具有一定的正效用，但是，在生产和使用农药的过程中所形成的废气、废水、农药残留等又会污染环境，从而具有一定的负效用。因此，如何衡量正效用和负效用两者之间的利害关系，也就提供了是否生产该种农药的依据。

第三，由于人们在生产技术上并不都能绝对精确化，因而在生产过程中既可以生产出合格的产品物质，又可能生产出次品和废品。显然，正品具有较大的正效用，次品则具有较小的正效用或者较小的负效用，废品则具有较大的负效用。对于次品和废品负效用的认定和评价，可以在新的生产过程中改进生产技术，尽量避免或减少生产出次品和废品，从而提高劳动生产率，并把节约出来的劳动能力应用到其他方面的生产中去。

第四，由于人们对市场的发展趋势难以做到绝对准确的预测，因而使得某种目前看来期望利润很高的生产投资，同时可能存在着巨大的市场风险。在这里，对可能获得巨大利润的效用评估，使这种投资行为表现为一种期望并且巨大的正效用；相反，对市场风险可能造成巨大投资损失的效用评估，又使这种投资行为表现为潜在并且严重的负效用。投资者只有对这两方面作综合分析，权衡利弊之后，才能较为客观地实施投资行为，并实现自己的投资目的。

在日常的经济活动中，可以应用正效用和负效用进行经济分析的例子不胜枚举。总之，只有通过对产品物质正负效用的综合分析，权衡利弊，才能全面地引导人类趋利避害的政治经济行为，最经济、最科学地发挥人类现有的劳动能力，从而最大限度地满足人类本身的生活需要。

一般而言，越是能够满足较高层次生活需要，或者说越是能够实现较高层次生活目的的产品物质，其在产品效用序列中的主次地位就越高，人们对其正效用的评价就越高；越是妨碍和破坏较高层次生活需要的满足，或者妨碍和破坏较高层次生活目的的实现的产品物质，其在产品效用序列中的主次地位就越低，人们对其负效用的评价就越高。但是，当体现在某种产品物质之上的正效用和负效用共存的时候，两者可以互相抵消，较大的正效用可为较小的负效用抵消而转化为较小的正效用；反之，较大的负效用亦可为较小的正效用抵消而转化为较小的负效用。从有利的意义上来说，能够单方面满足较高层次生活需要而具有较大正效用的产品物质，可以为体现在该产品之上的其他负效用，即对别种生活需要的限制作用或破坏作用，所抵消而成为正效用较低的产品物质。可以依据这种综合评价，放弃相关的生活目的或生活需要，或者降低某些相关生活目的或生活需要的层次和等级，并使之处于一个合适的、符合经济逻辑的位置。

正效用和负效用之间的这种互相抵消、互相限制的对立统一关系，是体现在产品效用之上极为普遍的现象，也是对产品效用关系进行分析的重要原理。在现实的经济生活中，往往存在着许多原来被认为是极为重要的生活目的，却因为受多方面的限制而不能作为现实的生活目的得以实现，甚至不能作为近期的现实生活目的加以实践。

例如，用核反应堆发电是一种先进而有效的发电方法，本应把建造核电站作为相当重要的创造目的，但由于暂时未能解决核废料及反应堆的绝对安全等技术问题，盲目建造核电站可能会带来极为严重的负面影响；又或者在财力物力极为有限的情况下，如对核电站投资过大，亦有可能导致其他生活内容的投资短缺，从而对总体生活需要的其他方面产生极为严重的负面影响等。在充分考虑到这些负效用形成的可能预期之后，暂时放弃建造核电站的创造性目的是明智的。只有当技术和财力达到了能以最大限度地消除原有的负效用，并可能带来极大的正效用的时候，建造核电站就成为现实可行的创造性目的而加以实践。又如，吸食鸦片会给人一种奇特的幻觉，因而可能有人想去试一试或因此而上瘾，似乎鸦片对他们来说具有很大的正效用，但是一旦犯上毒瘾，不仅会损害身体健康，还会浪费大量钱财，甚至贻害社会而为世人所唾弃。其负效用之大，是那些精于比较利害关系的聪明人不会涉足其中的原因。

由此可见，有关正效用和负效用的分析，对于深刻认识人们有选择地进行生产行为、交换行为和消费行为，具有重要的理论意义。这就是说，一种生活目的的实践和实现，必然占用一定的资财和劳动时间，由于社会劳动资料及人们劳动时间的有限性，这一占用本身又必然地影响或限制其他生活目的的实践和实现。因此，对实现该种生活目的的劳动对象物（产品物质）的效用评价，不可能回避包含其中的负效用，而必然把正效用和负效用进行综合考虑，才能选择最经济的产品物质，以此最大限度满足整体生活需要。事实上，在任何产品身上，不含负效用的正效用是不存在的，同样，不含正效用的负效用也是不存在的，任何产品效用都是正效用和负效用的对立统一。如果一种产品物质的直接效应不会带来任何负效应，从而带来任何负效用的话，那么对这种产品物质进行生产所耗费的劳动能力本身，也就同时使它在生产过程中具有了限制、影响甚至破坏其他产品物质生产或其他生活目的实现的性质，从而表现为一定程度上的负效用。

四　正效用和负效用的相对性

正效用和负效用除了具有对立统一、互相限制的关系之外，还有一个相对性的问题，即体现在一个具体产品身上的正效用或负效用，是相对于具体个人、具体社会、具体历史条件等因素而言的，从而是可变的、非绝对化的。正效用和负效用所具有的相对性，表现在以下三个方面。

第一，同一产品物质对于不同的人来说，既可以具有正效用，也可以具有负效用。由于每个人的生活需要或者生活目的不尽相同，甚至在某些方面是区别很大，在实践自己的生活目的时，必然依据自己的特殊需要而对特定的产品物质进行取舍，这就形成了人们对同一产品物质的效用评价的广泛差异性。同一个产品，对于一个人的生活需要是适用或有利的，从而具有正效用；对于另一个人的生活需要是不适用或有害的，从而具有负效用。同时，同一个产品又可以依据不同人的不同情况，对一个人的正效用大些而负效用小些，而对另一个人的正效用小些而负效用大些。例如，购买一把猎枪，对于一个以打猎为谋生手段的猎人来说，无疑具有较大的正效用，他购买猎枪所花费的金钱，对于他在其他方面的生活目的影响——假定因而不能购买一部作为娱乐用途的自行车，所产生的负效用则相对较小，在这种情况下，他更愿意少抽烟、少喝酒、节衣缩食，而尽力购买一把猎枪。而对于一个热衷于电脑研究的人来说，猎枪作为一种体育娱乐的器械，其正效用比起拥有一部电脑也就相对较小，他购买猎枪所花费的金钱，对于他在其他方面的生活目的的影响——假定因而不能购买一部作为主要生活目的需求的电脑，所产生的负效用则相对较大，在这种情况下，他更愿意把买猎枪的金钱用到购买电脑之上。

第二，同一产品物质对于个人和社会而言，既可以具有正效用，又可以具有负效用。由于个人的生活目的与社会共同的生活目的是不尽相同的，甚至是区别很大的，因而，两者之间对于同一产品的效用评价，可以出现极为广泛的差异性。同一种产品物质，如果对于某个人是适用的，相对他的个人生活而言具有一定的正效用；如果对于社会是不适用的，相对社会生活而言则具有一定的负效用。亦可以依据个人和社会的不同情况，对个人生活需要的正效用大些，而对社会生活需要的正效用小些；或者对个人生活需要的正效用小些，而对社会生活需要的正效用大些。还可以在一定的条件下，对个人生活需要和社会生活需要，具有同样大小或者较为一致的正效用和负效用。例如，毒品（大麻、鸦片、海洛因、吗啡等等）对于某些瘾君子来说，为了满足其过毒瘾的目的，是具有较大的正效用的，而对于要求健康发展的社会生活目的来说，则是极具负效用的。但是，特别是在医药用途上，作为毒品之一的吗啡，又可以作为一种镇静剂或止痛剂，对需要它的病人构成一定的正效用。又如，一个人要实践对某种高科技知识的认识性目的，他所要使用的相应的产品物质对其本人来说就具有正效用，如果他个人的这一实践行为对社会的总体利益是有益的，是有利于社会深化精神发展的，那么，体现在其产品物质之上的社会效用也表现为正效用等。

第三，同类产品物质无论对个人或社会，体现其上的正效用或负效用都可以由于历史条件的变化而变化。这就是说，在这个时期对某一个人的生活需要而言，正效用较大和负效用较小的产品物质，可以在另一个时期对同一个人的生活需要，构成较大的负效用及较小的正效用，或者其正效用可以变得更大而负效用变得更小，反之亦然。例如，一本中学历史教科书，对于一个中学生而言，其正效用较大而负效用较小，而当他成为历史学家的时候，同样一本历史教科书对这个时候的他而言，其正效用较小而负效用较大。又如，在20世纪六七十年代，为了实现争霸世界的目的，核武器对于美、苏两个超级大国而言，具有较大的正效用而具有较小的负效用，因而互相竞争、投入大量人力物力去扩充核军备，但是到了八九十年代，核军备竞赛对美、苏两国乃至对整个人类社会的经济发展和安全保障，构成了日益严重的威胁，使得体现在核武器之上的负效用日益增大，从而导致美、苏（俄）两国谈判停止核武器生产、禁止核武器试验，甚至开始销毁部分核武器。

由以上三个方面的讨论可见，上述三种情况对产品物质正效用和负效用的影响错综复杂、互相渗透、互相限制，由此表明人类社会生活与产品物质之间效用关系的极端复杂性。在本质上，这种复杂性是由人们各自的个人生活目的乃至社会生活目的的多样性和可变性所决定，也是由人类生活中的个人生活目的和社会生活目的普遍具有的具体性和历史性所规定。因此，要全面分析和认识产品效用关系的有利方面和有害方面，而真正做到权衡利弊、趋利避害，就必须从各种错综复杂的限制条件中，去全面地、具体地、历史地把握各种产品物质的正效用与负效用之间的辩证统一关系，及其运动变化的规律。这是最大限度地、最经济地发展自我和社会的重要途径之一。

从某种意义上说，全面地、具体地、历史地理解和把握效用关系，是科学地认识效用关系的活的灵魂；否则，便不可能绕出眼花缭乱、纷繁多变的效用怪圈，最终达到为效用关系进行科学定量的彼岸，从而无法从根本上解开效用关系及效用量问题之谜。因此，正确地认识效用关系的客观规定性，对于政治经济学的分析研究至关重要。

五　效用关系的转移

关于产品效用的问题，以往的理论往往习惯于把产品效用仅仅与产品物质所具有的物质属性联系在一起，甚至简单地把产品物质属性看作为产品效用本身，这就局限了我们对效用关系的全面认识。只有把产品效用科学地规定为产品物质属性在特定条件下所构成的产品物质效应对于人们生活需要的有用性之后，对于产品效用的认识才会有一个更加广阔的天地。其中一个十分重要的概念就是“效用关系的转移”。

那么，什么是效用关系的转移呢？所谓效用就是具体的产品物质效应对于实现人们具体的生活目的的有用性，效用关系只能通过人们生活中对于产品物质效应的选择方式体现出来。从这种意义上说，一种具体的产品效用，只能是一种具体的产品物质效应与一种具体的生活需要相结合的产物。但在实际的交换活动中，有的情况并非如此，人们交换某种产品物质的目的不是直接地使用其特定物质属性所具有的突出效应，而是把它作为交换其他产品物质的手段或媒介。例如，大米生产者（甲）通过交换从镰刀生产者（乙）手中获得镰刀，其目的并不是要直接使用镰刀割稻子的效应，而是要以这种间接、迂回的方式，用换取而来的镰刀再次通过交换，从布匹生产者（丙）手中获得布匹，最终实现自己穿衣的需要。如图 25 -2 所示。

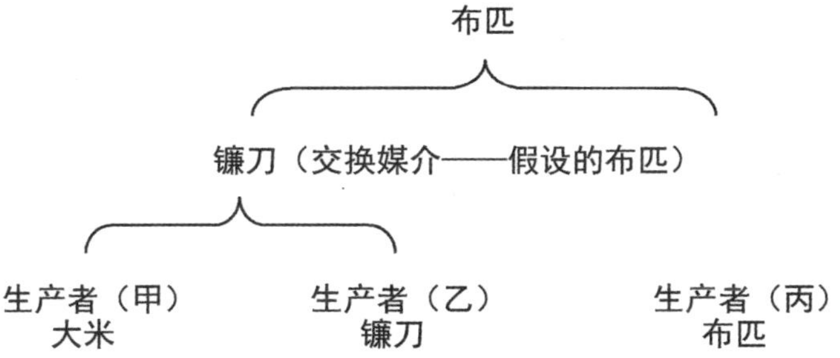

图 25 -2

生产者（甲）的生活需要最终表现为布匹，由于交换过程的需要，他不能直接换取布匹，只能通过镰刀这个交换媒介加以实现。在与生产者（乙）交换镰刀的时候，他对镰刀的效用评价，不是面对镰刀所固有的物质属性，并把这种属性与自己穿衣的需要联系在一起，而是在认定镰刀能够交换布匹的情况下，在头脑中仅仅把镰刀作为一种交换媒介，把布匹所固有的物质属性假设地转移到了镰刀的身上，就好像他面对的就是布匹本身。镰刀的效用转移成布匹的效用，这种现象称作“效用关系的转移”。

如果非要给效用关系的转移下一个较为完整的定义的话，那么，可以这样说：所谓效用关系的转移，就是人们在市场上交换一种产品物质的直接目的，不是为了使用和消费这种产品物质本身固有的物质属性，而是利用这种固有属性对于其他交换者的有用性，把它作为一种过渡性的交换媒介去进行再次交换，从而最终获得适合自己生活需要的产品物质。在这个过程中，这种过渡性的交换媒介在进入实际的交换行为时，其对获得者的有用性由其可能换取的产品物质的有用性所代替，或者说其对获得者的有用性转移到其可能换取的产品物质的身上。

从形式上看，效用关系的这种转移无疑是一种十分合乎逻辑的思维过程，但是如果深入地研究这种转移，就会惊讶地发现，效用关系的转移原来不过是一种表面的，甚至是虚假的现象而已。前面所举的例子，对于大米生产者（甲）的生活需要而言，镰刀也具有实实在在的效用性，所不同的只是镰刀的效用性并不简单地表现为镰刀可以收割稻子的效应性，而是从另一个侧面表现为镰刀可以换取布匹的效应性。大米生产者之所以愿意交换镰刀，本质上就是肯定并承认镰刀所具有的这种特殊效用的结果。在这里，产品交换物本身的“固有属性”好像并没有被消费，但是，社会经济活动所赋予它的特有属性——能够换取其他产品物质的客观效应性则被消费了，正是因为作为交换媒介的产品物质，具有了其本身的这种物质效应性，才具有了对于交换者的效用性，从而才可能现实地成为交换对象。

这就是说，效用关系在整个交换过程之中实际上并没有转移，只不过是首先交换了一种可供进一步交换他物的交换物，并在进一步的交换活动中应用并消费了其所具有的交换性。事实上，任何交换物（无论是作为被直接使用的产品物质还是作为交换媒介的产品物质）身上都必然有其特定的物质效应性，这种物质效应性与人们的生活需要结合而成的效用关系，是一切交换活动的基础。值得注意的是，这种物质效应性，并不总是一般地表现为产品物质本身所具有的直观的物质效应性，往往可以在交换活动中表现为其可以现实地换取其他产品物质的社会效应性。从这种意义上说，效用关系的转移在本质上是效应关系转移的结果，没有一定的产品效应，就没有一定的产品效用，从而就没有一定的交换关系，效用关系的转移也就无法实现。

尽管效用关系的转移在本质上与事实相反，但在现实的经济活动中，效用关系的转移却是人们惯用的一种关于产品效用的思维方式。例如，在交换活动中，人们往往习惯于将一种目的产品的效用假设为过渡产品（用于交换的产品或媒介）的效用，进而把这一过渡产品作为目的产品的替身去进行效用分析，使之成为交换过程中价值分析的依据。事实上，货币正是这种现象的突出表现形式。换取一定数额的货币，正是因为这些货币本身具有某种效用，其效应性表现为可以购买其他产品物质的效应性，其效用性或者说效用程度的大小，则由所能购买到的产品物质的效用程度的大小所决定。这也正是货币为什么可以作为一种商品，在市场上进行交换、买卖的本质原因之一。当然，纸币作为货币的特殊形式，还有一个关于“信用”的社会本质问题。

效用关系的转移现象，归根到底决定于交换场所的分离，是社会分工日益细化的必然产物。由于市场交换条件的某些限制，使得交换往往并不直接表现为对于产品物质固有属性的交换，而是表现为对产品物质所具有的社会属性的交换。这种所谓的“社会属性”，是产品物质在社会交换中的特定条件下产生的，但在本质上仍然以产品物质的固有属性及其对人类生活的有用性为依托。失去了产品物质固有属性和有用性，任何东西也就同时失去自己的交换性，也就同时失去效用关系转移的基本条件。

效用关系的转移，不仅可以存在于产品交换的效用分析过程之中，而且可以存在于产品生产使用的效用分析过程之中。例如，交换一物的目的是为了进一步交换另一物，生产一物的目的是为了生产另一物。此外，交换过程也是一种消费过程，是一种对交换能力的消费或者说是对购买能力的消费，总会在一个换出换入、买进卖出的过程中，有步骤地实现不同的生活目的——卖出去的目的实现了，然后再实现买进来的目的。

之所以说效用关系的转移是一个非常重要的经济学概念，这是因为从效用学说的意义上揭示了人类产品交换（当然包括商品交换）的秘密，即任何形式的产品物质交换，都是产品效用与产品效用之间的交换，都是构成某种效用性的产品物质效应性的交换，并且几乎在所有连锁交换过程中的每一个环节都是如此。如果我们不能正确地认识效用关系转移的本质意义，也就无法解开以媒介形式存在的商品交换，特别是货币交换的秘密，从而也就无法正确地认识劳动价值的整个分析过程。

第二十六章
个人效用和社会效用

了解了效用关系的基本概念后，还必须对效用关系的社会性质作进一步的研究，即对体现在产品效用之中的个人规定性和社会规定性进行分析。这种规定性使产品效用表现为两个对立统一的矛盾方面，即“个人效用”和“社会效用”。个人效用和社会效用，实际上是关于效用关系本质内容的深化认识。通过对个人效用和社会效用概念的分析，特别是对个人效用和社会效用辩证统一关系的分析，不仅能使我们对效用关系的内在矛盾有一个较为深刻的认识，而且对于应用效用理论去正确地分析劳动价值原理和社会经济过程，都具有极为重要的理论意义。本章的主要内容就是讨论研究个人效用和社会效用的问题。

一　个人效用和社会效用的概念

在本书第十六章中，依据产品物质的生产者和使用者的不同，把产品物质在最一般的社会性质上划分为个人产品和社会产品。对任何生产者而言，如果其产品的直接使用者就是生产者本人，那么其产品就表现为个人产品；如果其产品的直接使用者不是生产者本人，而是通过交换为社会其他人消费，那么其产品也就表现为社会产品。

在这里，需要补充说明的是“社会”这个概念。从广义上说，社会就是一定经济基础上的人与人之间关系的总和，是这种总和所构成的人类群体，而“个人”则是构成社会群体的细胞，是一定社会关系中相对独立的经济个体。但是，从经济学的特殊狭义上说，“社会”则特指“自己”与“他人”的特定经济关系，也就是说，当把“自己”作为相对独立的经济人，放到社会经济关系之中去审视时，“自己”也就是“个人”，而与“自己”发生经济关系的“他人”就是“社会”。“他人”可以是与自己发生经济关系的某个人，也可以是与自己发生经济关系的某些个人或者这些个人所构成的经济群体，并且其中并不包括作为“个人”的“自己”本身。例如，某一社会产品既可以是其非生产者的其他个人所直接消费使用的产品，又可以是这些其他个人的总和所直接共同使用的产品。这种狭义上的社会概念，是科学划分个人产品和社会产品的基础理论，同样是深入研究个人与社会之间政治经济关系的基础理论。

由于产品社会划分的现实存在，也就使对产品效用的社会划分顺理成章。个人产品和社会产品在本质上的划分，是以产品物质的生产者与产品物质的使用者之间的不同特点或不同关系为依据的，而其中对产品的使用关系本身，就必然包含了一定的效用关系，并且这种使用关系在社会性质上的不同，必然体现为效用关系在社会性质上的不同，正是由此引申出了“个人效用”和“社会效用”的概念。

那么，究竟什么是“个人效用”和“社会效用”呢？所谓“个人效用”，就是个人产品对其生产者的生活需要的有用性，是个人产品使用者对使用自己生产的产品物质所具有的有用性及其程度大小的评价，或者说，就是体现在个人产品之上的关于其生产者个人生活需要的效用关系，是个人产品与个人生活之间所构成的效用关系的标志。与此相对应，所谓“社会效用”，就是社会产品对其生产者之外的其他使用者的生活需要的有用性，是社会产品的使用者对使用他人生产的产品所具有的有用性及其程度大小的评价，或者说，就是体现在社会产品之上的关于其社会使用者生活需要的效用关系，是社会产品与社会生活之间效用关系的标志。例如，一个自耕农生产的大米，不是用来与其他人交换别种生活用品，而是直接用来满足自己的食用需要，其与其大米的效用关系或其对其大米的效用评价，就表现为个人效用；而一个商业农民生产的大米，不是用来满足自己的食用需要，而是用来与其他人交换别种生活用品，其交换方与其大米的效用关系或对其大米的效用评价，就表现为社会效用。

由此可以看到，体现在个人产品身上的效用评价和体现在社会产品身上的效用评价，在形式上是有极大区别的，前者表现为生产者和消费者的统一，生产者可以清楚了解自己个人生活的需要，对个人产品的效用评价是直截了当的。后者则表现为生产者和消费者的分离，生产者并不可以设身处地地直接代替消费者去认定社会生活的需要，对自己创造的社会产品的效用评价只能是间接的。

必须注意到，社会产品的社会效用是直接由其使用者作为具体的社会生活来承受、评价的。这一点在交换价值理论中至关重要。由于产品生产者和产品使用者的分离，关于社会产品效用的评价出现了极为特殊的情况。一方面，社会产品的生产者不能代替社会产品的使用者，去对社会产品进行效用评价，从而不能依据这种效用评价来直接地支配自己的社会产品生产，只能通过交换实践，并依据交换回来的社会产品对自己生活需要的有用性及其程度大小，来间接地认定自己生产的社会产品的社会效用的大小，并以此支配自己的社会产品生产。另一方面，社会产品的使用者也不能代替社会产品的生产者，去对其所生产的社会产品进行效用评价，不能依据这种效用评价，来直接支配自己的社会产品的生产和交换，并且只能通过交换实践，依据交换回来的社会产品对自己生活需要的有用性及其程度大小，来间接地认定自己生产的社会产品的社会效用的大小，并以此支配自己的社会产品生产。

例如，生产大米的农民和生产布匹的工人进行产品交换，农民不可能代替工人对大米的效用进行评价，反之，工人亦不可能代替农民对布匹的效用进行评价；农民只能通过交换回来的布匹，及其对自身生活所具有的实际效用评价，去认定自己生产的大米的社会效用，并以此支配自己的大米生产；而工人亦只能通过交换回来的大米，及其对自身生活所具有的实际效用评价，去认定自己生产的布匹的社会效用，并以此支配自己的布匹生产。

正是由于对社会产品的社会效用的间接认识，对社会产品的效用评价往往带有一定的片面性，造成社会生产的某种混乱或危机，表现为生产出来的社会产品并不一定为社会生活所需要。特别是在现代资本主义工业社会中就更是如此，例如盲目生产导致生产过剩或供给不足等。当然，产生这种危机的关键在于对社会产品效用的片面认识，然而，这种偏见是可以在不断地交换实践中得到改善的[①]。相反，个人产品的效用可以依据个人生活的需要进行直接的效用评价，就较少出现类似社会产品生产的盲目性。

由于个人产品和社会产品的使用对象的不同，因而评价个人产品效用和社会产品效用的客观依据亦有所不同。

就个人产品效用而言，必须以其生产者现实存在的个人生活目的及其主次序列为客观依据。在一定的历史时期内，越是能够满足较主要的个人生活目的实现需要的个人产品，其个人效用值就越高；相反，越是只能满足较次要个人生活目的实现需要的个人产品，其个人效用值就越低。从理论的意义上说，由于人类生活的本质是精神的存在和发展，特别是深化精神的存在和发展，因此，个人产品效用在程度上的大小与否，在本质上是与个人深化精神发展的客观要求密切相关的。这也就是说，越是适应个人深化精神发展需要的个人产品，其个人效用值就越大，特别是越是适应个人深化精神较高层次发展需要的个人产品，其个人效用值也就越大；反之，越是不能适应甚至破坏个人深化精神发展需要的产品，其个人效用值就越小，甚至表现为负效用。比如说，某个人要建造一所房子或认识一门新科学是他在一定时期内的最主要的生活目的，那么，能与其生活目的的实现内外对应的个人产品物质——由他自己建造的房子和获取的知识信息就具有最大的个人效用，而关于这一效用评价的认定，就会在其实现创造性目的和认识性目的的

---

① 关于这一点，本书将在后面关于“主观效用”和“客观效用”的章节中专门进行讨论。

的劳动实践中，支配其个人劳动的分配和使用，并把主要的个人劳动能力，应用在实现主要的生活目的之上。

同样，就社会产品效用而言，必须通过社会产品的交换与其社会使用者相结合之后，才能以其社会使用者之现实存在的社会生活目的，及其主次性序列，为其效用评价的客观依据。在一定的历史时期内，越是能够满足较主要社会生活目的实现需要的社会产品物质，其社会效用就越高；相反，越是只能满足较次要社会生活目的的实现需要的社会产品物质，其社会效用就越低，当这种社会效用低到一定的程度时，甚至可以转化为负效用。同样道理，由于人类精神的存在和发展是人类生活的本质特征，因此，社会产品效用的大小也就在本质上表现为：越是适应社会深化精神发展需要的社会产品，其社会效用就越大。反之，较不适应甚至破坏社会深化精神发展的产品，其社会效用就较小，甚至为负效用。例如，当一个国家需要建造一架太空飞船，并把此目的确立为国家某一时期内的主要奋斗目标时，有关建造此太空飞船的原材料（特别是高精尖的原材料）和设计理论、图纸等信息资料，其社会效用就相应较大。又如，当进入家庭电脑日益普及的时代，社会生活对家庭电脑的强烈需求，就使得家庭电脑具有较大的社会效用。作为社会生活需要对社会产品效用的评价，会在社会产品的交换中，通过其较大的交换价值把这种效用评价，传递到社会产品生产者的头脑中，并由此支配或引导社会产品的生产投入和社会劳动的分配，使之朝着最有利于实现社会生活目的的方向发展。

值得指出的是，无论个人产品效用或是社会产品效用，都会因具体个人产品和具体社会产品的不同，以及具体个人生活需求和具体社会生活需求的不同，而表现为各种彼此不同的、纷繁多样的、有时甚至是截然相反的效用评价，对于社会产品的效用评价更是如此。同样一种社会产品，面对社会生活中具有不同生活目的及其不同主次排列的无数消费者，来自各方面对它的效用评价，就更是呈现出多姿多彩，甚至杂乱无章的现象。但是，这种多姿多彩和杂乱无章，并不会导致对社会产品生产和消费的杂乱无章，因为只有现实地支配人们交换活动的社会产品效用评价，才可能现实地对社会产品生产和消费产生影响，而且这种影响的背后必然受着劳动价值规律的规定，并由此表现为一种经济的相对有序性。有关这个问题，本书将在论述劳动价值的篇章中专门讨论。

二 个人效用和社会效用对立统一的形式

体现在个人产品之上的个人效用和体现在社会产品之上的社会效用，看起来是截然分离、互不相干的。但是，个人与社会互相依存、互相促进、对立统一的普遍规律，又使得个人效用和社会效用，在一定的社会生活循环过程中，形成某种互相渗透、互相依存、互相促进的有机联系，从而使得效用关系表现为个人效用和社会效用的对立统一关系。

就个人效用而言，生产者使用自己生产的产品物质，从形式上孤立地看，体现在个人产品之上的个人效用与社会中其他人毫无关系。但是，个人从对个人产品的使用中所形成的自我发展状况，以及对他人生活所形成的“泛效应”①，都必然地在新的循环中间接地对社会生活产生影响。例如，一个人使用自己加工的食品，能够满足自我肌体生存和发展的需要，首先存在着直接的个人效用关系（简称“直接个人效用”），而肌体的现实生存和发展作为其进行社会产品生产的基本条件，就使得使用自我加工食品这种个人产品的效用关系，具有间接的社会性质，并转化为间接的社会效用关系（简称“间接社会效用”）。又如，一个科学家对自己的劳动产品（如各种各样的研究资料和研究文稿等）的使用，能够使之对自然科学和社会科学产生更深、更广、更系统的认识，这当中首先体现了个人效用关系；而当科学家用自己的认识，去创造适合社会生活需要的新产品，或者去建立符合大众根本利益的社会规则，那么，其个人产品的直接个人效用就会在新的循环中转化为间接的社会效用。再如，一个人生产或使用某种个人产品的过程中所产生的副产品——空气污染、噪音污染、水源污染、资源浪费等，完全可以对社会生活构成间接的物质效应关系，从而建立起间接的社会效用关系。这些所要说明的一个基本原理就是：就任何生产者个人对其个人产品的使用过程而言，包含其中的效用关系都会首先直接地表现为个人效用关系，并同时间接地表现为社会效用关系，是直接个人效用和间接社会效用的统一。

就社会效用而言，从形式上孤立地看，体现在社会产品之上的社会效用，表现为社会产品与作为社会生活的社会使用者之间的关系，而与作为个人生活的社会产品生产者没有关系。但是，个人生产的社会产品一旦进入交换过程，并从他人手中换回适合自己使用的社会产品，所换回的社会产品就作为间接的个人产品，而与个人生活发生间接的个人效用关系。例如，一个生产商品粮的农民，他把自己生产的粮食拿到市场上用来交换棉布。当他的粮食交换给别人之后，必然会与粮食的社会使用者之间构成直接的效用关系。但是，这并不是全部过程的结束，与之同时存在的是，交换过程中换回的棉布，亦会与粮食生产者的个人生活发生效用关系。对于粮食生产者而言，棉布是他社会劳动所获得的间接个人产

① “泛效应”指的是使用产品物质时，除了有目的地应用其主要产品效应外，还会同时存在一些次要的或者不为使用者在意的其他产品效应。例如，使用化肥造成的水源污染。泛效应可能会给人们的生活带来好处，也可能带来坏处。有关泛效应的概念，本书会在后面有关“泛效应和泛效用”的章节中进行专门讨论。

品，而体现在这个间接个人产品之上的个人效用，就成为间接个人效用，反之亦然。对棉布生产者而言，粮食具有间接个人效用，棉布则具有直接社会效用。这就是说，任何社会产品，不仅可以直接地与其社会使用者构成直接的社会效用关系，还可以通过产品交换间接地在社会产品生产者之间构成间接个人效用关系。因此，体现在社会产品身上的效用关系，就在本质上表现为直接社会效用和间接个人效用的统一。

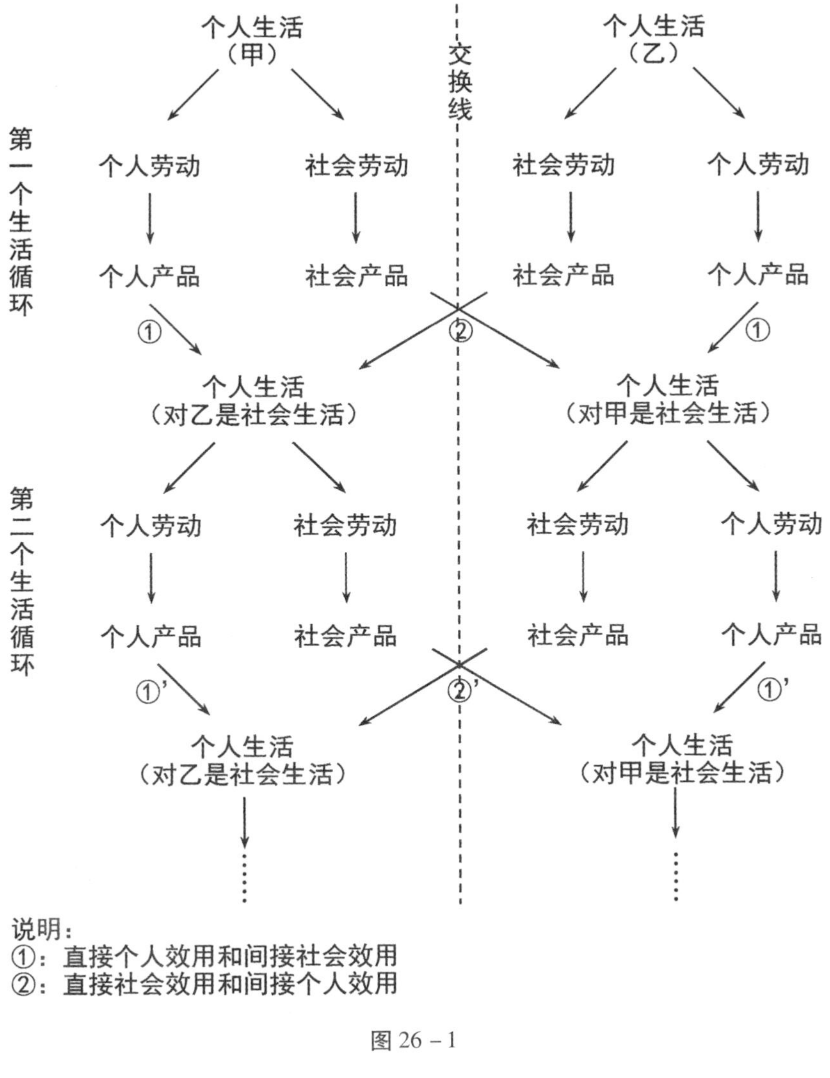

图 26－1

体现在个人产品和社会产品之上的个人效用和社会效用的对立统一关系，称为“产品效用的社会二重性”。在整个人类社会的历史过程中，任何产品物质都必然地同时具有个人效用和社会效用的二重属性，所不同的是，个人产品和社会产品在体现其个人效用和社会效用的过程中，具有直接的或间接的不同表现形式。其中，个人产品效用表现为直接个人效用和间接社会效用的对立统一，而社会产品效用则表现为直接社会效用和间接个人效用的对立统一。为了对体现在产品物质之上的个人效用和社会效用的统一关系有一个更加直观的认识，可以用图示加以说明（见图 26 -1）。

从图中可以看到：第一，甲乙双方各自的个人劳动所创造的个人产品，与他们各自的个人生活结合而构成各自的直接个人效用关系。第二，甲乙双方各自的社会劳动所创造的社会产品，通过产品交换转移到对方手中，为作为社会生活的交换对方所使用，从而构成各自社会产品的直接社会效用关系。第三，在新的生活循环过程中，无论是各自的个人产品或交换回来的社会产品，都直接、交错、混合地与甲乙双方各自的生活需要相结合，满足其一定的生活需要（肌体生存和精神发展的需要），并由此衍生出新一代的个人劳动和社会劳动，从而生产出新一代的个人产品和社会产品。在这个过程中，甲乙双方前面分别使用的个人产品，其物质效应通过生活循环过程，对后面形成的社会劳动和社会产品产生间接影响；而甲乙双方前面分别使用交换回来的社会产品，其物质效应通过生活循环过程，又会对后面形成的个人劳动和个人产品产生间接影响。这就使得直接个人效用的背后隐含着下一循环的间接社会效用，并使得直接社会效用的背后隐含着下一循环的间接个人效用。

实际上，体现在社会产品之上的个人效用和社会效用的对立统一，比起体现在个人产品之上的个人效用和社会效用的对立统一，更为直接、更为明确，往往只在同一个生活循环中即可体现。体现在社会产品之上的直接社会效用关系和间接个人效用关系，一旦当产品物质通过交换线进行交换之后，也就立刻对立统一地得以构成，而且可以在新的生活循环中进一步演化为更深层次的间接个人效用，进而还可以从间接个人效用转化为直接的社会效用。而体现在个人产品身上的个人效用和社会效用的对立统一，则有所不同，必须在新的生活循环中才能体现出来，并且只能在新的生活循环中实现直接个人效用的进化。但是，无论个人产品效用的社会二重性与社会产品效用的社会二重性具有什么样的特点，它们都是对立统一、不可分离的，特别是在人类生活的循环过程中就更是如此，缺少哪一个矛盾方面，人类生活都将停顿而消亡。

值得特别指出的是，体现在社会产品之上的直接社会效用和间接个人效用，能在同一个循环过程中构成对立统一关系，是人类社会关系所以能够存在和发展的基础形式。其经济意义在于，使社会产品生产者得以从交换而来的产品物质身上，通过对其所包含的间接个人效用的评价，去间接地认识其所生产的社会产品的直接社会效用，并据此指导自己的社会产品生产。这就使得社会产品生产者，得以打破无法直接评价自身社会产品效用的限制，也就是生产者自身不能是自己生产之社会产品效用的直接承受者和评价者的限制，从而获得了一种通过社会产品的间接个人效用，去衡量社会产品的直接社会效用的分析工具。事实上，失去了这一分析工具，人类就不可能在互利互惠、互相促进、互相依存的社会环境中生存，将不可能知道要为社会生产些什么东西及为什么要生产这些东西。这一分析工具，使我们得以按照这样一个基本逻辑去指导自己的社会生产，即间接个人效用越高的社会产品，其直接社会效用就越高，而生产直接社会效用越高的产品物质，就能在产品交换中获得具有越高间接个人效用的产品物质。这就在根本上提出了这样一个要求：社会产品必须以直接社会效用与间接个人效用的良好统一为基础，损害任何一方，都会打破两者的平衡，而使社会产品的生产陷于瘫痪。

但是，社会产品效用的这种良好统一并非轻而易举，由于在社会产品的生产和使用过程中所存在的泛效应，不仅可以对其直接使用者形成直接效用关系，而且可以对其非直接使用者构成间接效用关系；特别是在整个社会生活相互叠加交错的循环过程中，这种泛效用关系就更加复杂，往往可以使一种物质产品的社会效用在这个人或这个集团身上表现为正效用，而在那个人或那个集团身上表现为负效用。因此，要使一种社会产品的间接个人效用与直接社会效用良好地、高度地统一起来，不仅要考虑它对直接使用者本人的社会效用如何，还要考虑它对其他人、对整个社会所构成的泛效用如何。实际上，个人产品的生产与使用同样存在着泛效应的问题，亦存在着直接个人效用与间接社会效用如何统一起来的问题，特别是面对全社会的间接社会效用的高度统一问题时就更是如此。无论是社会产品和个人产品，要达到个人效用和社会效用的高度统一，特别是要达到面对整个社会的广泛的高度统一，绝不是一个简单轻易的事情；相反，则可能是一个经历艰辛痛苦甚至流血牺牲的过程。

下面，将进一步讨论个人效用与社会效用之间相互制约、相互促进的对立统一关系。

三　个人效用和社会效用相互制约、相互促进的辩证关系

个人效用和社会效用，不仅表现为产品效用关系内部的两个互相依存、互相转换的矛盾方面，而且表现为两个互相限制、互相促进的矛盾方面。体现在个人产品之上的直接个人效用和间接社会效用，以及体现在社会产品之上的直接社会效用和间接个人效用，都会在一个互相限制、互相促进的矛盾过程中，从较低水

平的统一向较高水平的统一发展。这就是个人效用和社会效用相互制约、相互促进的对立统一关系及其辩证发展的规律。

个人产品是生产者直接为自己的生活需要而生产、消费的产品物质。对个人产品的生产和使用，以及对个人产品效用的评价，由于无须直接地参与社会产品的交换过程，从而表现为与社会生活的脱离，似乎纯粹以个人的生活意志来规定。但在实际上，却深受社会生活多方面的制约，这种制约主要表现在以下几个方面：

第一，社会产品往往是个人产品得以形成的物质基础，特别是在物质资料日益丰富、社会化生产日益发达的条件下就更是如此。从某种意义上说，没有一定的社会关系和社会产品，任何个人产品的生产和使用都是不可能存在的。例如，没有从市场上交换回来的大米，就做不成供自己享用的米饭；没有购买回来的电视机，就不能获得供自己享用的电视信息，等等。事实上，在现代社会的几乎每一个人的个人生活行为之中，无不包含着社会产品物质的影子，无不建立在一定社会产品物质的基础之上；脱离了社会产品，一切个人产品也就不复存在。这就是说，社会产品的生产和使用，可以从根本上限制和决定着个人产品的生产和使用，因此，社会产品的社会效用，规定和限制着个人产品的个人效用。社会产品效用的评价，直接影响到个人产品的效用评价。

第二，个人产品的生产和使用所形成的泛效应或间接的社会作用，受社会生活的严格制约。对于个人产品的生产和使用，其泛效应和间接的社会作用必须符合一定的社会利益，否则就会被社会生活所限制、所制裁。例如，看电视或听收音机时把音量调得太大而影响他人休息，因在森林中生火做饭而引致森林大火，因随意丢弃生活垃圾而污染环境等。个人产品的生产和使用所形成的泛效应一旦损害社会生活利益时，社会就会以一定的道德形式或法律形式加以限制和制裁，阻碍或制止相关个人产品的生产和使用。例如，吸食毒品看起来是个人的事情，对某些个人具有不小的个人效用，但吸食毒品对吸毒者本人相应的社会行为所具有的极为负面的影响，却能对社会生活构成某种不利和威胁——可能使吸毒者损害身体而丧失社会劳动能力，可能使吸毒者浪费大量金钱和时间而失去其他有益于社会的良好发展机会，还可能使吸毒者走上直接危害他人的犯罪之路而自毁前程等，这些都极不利于社会生活的进步和发展。因而，吸食毒品的个人行为也就不可避免地受到社会严格禁止，并且由于这种禁止而限制人们对毒品个人效用的评价。

第三，个人产品的生产和使用，在本质上具有符合社会生活利益的内在要求。个人和社会在本质上是对立统一的，个人生活的存在和发展不仅依赖于社会生活的存在和发展，而且从这种依赖之中，形成了个人生活必须适应社会生活需要、符合社会生活利益的内在倾向和要求。只有在最大限度地符合社会生活利益的条件下，才可能最大限度地得到社会生活的承认，并从社会生活中获得最大限度的个人利益。就普遍而言，这种内在的要求，在总体上约束着人们对于个人产品的生产和使用，约束着人们对个人产品效用的评价，经常地调整而使之朝着符合或者不损害社会生活利益的方向发展。当然，就特殊而言，由于这种内在要求的社会生活对象的具体范畴的不同，亦可以表现出各种各样的区别和偏差。这就是说，同样一种或一个个人产品的生产和使用，对于一个家庭、一个社区、一个集团、一个国家而言，所构成的泛效用关系可以是极不相同的，往往可能出现这一社会范畴的利益和另一社会范畴的利益互相冲突、互相对抗的情况。这就需要一定的道德规范和法律加以制约，使之在更大社会范畴的利益要求之中合理地活动。但从本质上说，人们的个人生活行为必须符合社会生活利益这个内在规律，总是在一定的社会范畴内限制和引导着人们的个人生活行为，并发挥着根本性的制约作用。

基于上述三方面的原因，任何生产者个人在关于个人产品效用的衡量比较、分析评价的过程中，乃至在个人产品的实际生产使用的过程中，都必然地考虑一定社会范畴内的社会生活利益，考虑其个人产品生产和使用所可能产生的间接社会效用。也就是说，体现在个人产品之上的间接社会效用关系，在本质上限制着、规定着直接个人效用关系，这种限制称为“个人产品效用的社会规定性”。事实上，个人产品效用的社会规定性，不仅仅强制性地影响人们对个人产品直接个人效用的评价，而且还能通过这种限制，引导和促进体现在个人产品之上的直接个人效用和间接社会效用，从低级统一过程朝着高级统一过程的方向发展。人们对个人产品直接个人效用的评价，随着人类社会关系的进步发展，可以在一个越来越广泛、越来越深刻的社会联系中，通过对更大社会范畴的间接社会效用的认识，而得以纠正和调整，并使之在更为广泛的基础上与间接社会效用相一致，进而与更为长远的社会发展利益相一致。这种关于个人产品效用的评价，在实际的个人产品生产和消费的过程之中，就能表现为最经济、最科学地选择和实施个人生活用品的生产和消费，从而最大限度地发展符合社会根本利益的个人深化精神，并以此焕发出对社会生活利益的更大的劳动创造力。

那么，体现在社会产品身上的直接社会效用和间接个人效用，其相互制约、相互促进的对立统一关系又是怎样的呢？

社会产品是生产者直接为他人的生活需要（或者说社会生活需要）而生产的产品物质。从形式上看，对于社会产品效用的评价，由于必须直接地参与社会产品的交换过程，从而表现为与其生产者自身个人生活需要的脱离，似乎纯粹由社会生活需要的意志来规定，即社会产品的产品效用只能由社会生活需要来决定，用一句更加通俗的话说，就是社会产品的产品效用只能由交换对方或者购买者的生活需要来决定。但在实际的操作过程中，体现在社会产品身上的社会效用，并非能够摆脱生产者本身的个人生活的需要；相反，只是采取了一种变换了的形式，突出地体现着个人生活的需要，并深受个人生活需要的制约。这种制约主要表现在以下几个方面：

第一，社会产品的生产者和使用者的脱离，使得体现在社会产品身上的社会效用和个人效用的对立统一更为直接，不是像个人产品那样，其间接社会效用仅仅只能通过下一个生活循环表现出来，而是通过交换关系在同一个循环中，实现直接社会效用和间接个人效用的统一。事实上，要实现社会产品（特别是商品）的交换，起码要符合两个基本条件：一方面，社会产品的直接社会效用必须适合社会生活的需要，也就是适合交换对方或者购买者一方的生活需要，才可能为社会生活所接受，从而实现其直接社会效用；另一方面，体现在社会产品之上的间接个人效用，又必须适合生产者个人的生活需要，即生产者必须通过出售自己的社会产品，而从交换对方手中换取适合自身生活需要的社会产品，实现其社会产品的间接个人效用。缺少任何一方，产品交换就不能成功，尤其在接踵而来的生产循环中，社会产品的生产势必停顿。这就使得体现在社会产品身上的社会效用和个人效用对立统一、互相制约的关系更加突出和明显。

第二，与社会产品作为个人产品得以形成的物质基础相对应，个人产品实际上也具有同样的功能，这就是说，没有一定的个人产品生产和消费，任何社会产品的生产和消费也是不可能存在的。正如前面的章节中讨论劳动过程三要素的时候已经知道的，无论在社会产品或个人产品的生产过程中，人的要素——劳动目的和劳动能力是绝对不可缺少的，没有了人的要素，任何劳动过程都无法构成，而个人产品的生产和消费，往往就是人的要素得以实现、得以再生产、得以发展扩大的必由之路。例如，只有把大米做成供自己享用的米饭并加以消费，才能维持肌体生存和恢复体力；只有通过使用学习用具去获得劳动知识，才能构筑起社会产品的生产目的，具备生产社会产品的生产知识。事实上，在现代社会中，几乎每一个人的社会生活行为的背后，无不包含着个人产品物质的影子，建立在个人产品物质的生产和消费的基础之上，脱离了个人产品，一切社会产品也就不复存在。从这种意义上说，个人产品的生产和使用，可以从根本上或者说在一个相关的生活循环过程中，限制和决定着社会产品的生产和使用。因此，个人产品的直接个人效用，间接地规定和限制着社会产品的社会效用，而有关个人产品的效用评价，必然间接地影响到社会产品的效用评价。

第三，社会产品的生产和使用，在本质上具有符合个人生活需要的内在要求。社会产品作为供给社会生活中其他社会主体或社会个体消费使用的物质资料，必须具备的一个起码条件，就是必须符合社会生活的需要。换句话说，就是必须符合其他个人生活的需要，否则社会产品就不能实现产品交换，失去其作为社会产品的本质特征而不能现实地成为社会产品。例如，一个鞋匠制作了一批鞋子拿到市场上出售，由于款式不好、质量较差、价格较高，不适合其他个人生活的需要，因而无法卖出去；相反，另一个鞋匠制作了一些鞋子拿到市场上出售，由于款式好、质量高、价格适宜，较为适合其他个人生活的需要，因而顺利销售一空。因此，社会产品的生产和消费，必然受到社会生活需要的严格制约，实际上也就是受到表现为社会生活的其他个人生活需要的严格制约，这完全是由其他个人生活对这些社会产品的效用评价决定的。

第四，由于社会产品的生产者和消费者之间的分离，使得体现在社会产品身上的直接社会效用与间接个人效用之间，往往比较容易产生危机和对抗。如果社会产品的生产者不能依据社会生活的需要去进行社会产品生产，那么他所生产出来的社会产品也就不为社会所接受，就不能通过社会产品的交换实现自己的间接个人效用。或者，尽管社会产品生产者的社会产品对于社会生活具有有用性，但不适合社会生活的购买力而无法实现产品交换，从而不能在社会产品的交换过程中实现预期的间接个人效用。在这种情况下，他的“社会产品”只能成为一种期望中的社会产品，而不能成为现实的社会产品。如果不能从提供直接社会效用的社会产品的生产交换中，获得预期中起码的间接个人效用的话，那么这种社会产品的生产和交换又有什么意义呢？其结果自然只能是这种社会产品生产的放弃。社会产品生产的这种危机的存在本身，就是社会产品之上的间接个人效用与直接社会效用对立统一、互相制约的具体表现。

第五，社会产品的生产和使用所形成的泛效应，在一定的条件下也会受个人生活的严格制约。在实际生活中存在这样一种现象，一种社会产品物质可能适应某些社会生活个体的需要，而具有较高的直接社会效用，但在它们的生产和使用过程中，往往可能对其他社会个体的社会生活，产生负面的泛效应，从而受到某种制约和限制。比如工业废水的排放所产生的水源污染，燃放鞭炮所形成的噪音污染等，可以在一定的范围内，间接地影响其他社会个体的个人利益，从而引致社会对相关社会产品生产和消费的限制。比如，政府颁布的禁止随意排放工业污水废气、禁止在城市燃放烟花炮仗等条例。

基于上述原因，任何社会产品生产者在关于社会产品效用的衡量比较、分析评价的过程中，乃至在社会产品实际的生产使用过程中，都必然考虑自己本身的个人生活利益，考虑其社会产品生产和交换所可能带来的间接个人效用。这就是说，体现在社会产品之上的间接个人效用关系，在本质上限制和规定着直接社会效用关系，这种限制称为“社会产品效用的个人规定性”。事实上，社会产品效用的个人规定性，不仅仅强制性地影响人们对社会产品直接社会效用的评价，而且还能通过这种限制，引导和促进体现在社会产品之上的直接社会效用和间接个人效用，使之从一个低级统一过程朝着高级统一过程的方向发展。这就是说，人们对社会产品直接社会效用的评价，随着人类社会关系的进步发达，可以在一个越来越广泛、越来越深刻的社会联系中，通过对更大社会范畴的直接社会效用的认识，而得以纠正和调整，并使之在更为广泛的基础上与间接个人效用相一致，与人类更为长远的社会发展利益相一致。这种关于社会产品效用的评价，在实际的社会产品生产和消费的过程之中，就能表现为最经济、最科学地选择和实施社会产品的生产和消费，从而通过最大限度地满足社会精神发展需要的同时，最大限度地满足个人深化精神发展的需要，并以此焕发出符合社会生活利益的更大的劳动创造力。

总之，无论是体现在个人产品之上的直接个人效用和间接社会效用，或者体现在社会产品之上的直接社会效用和间接个人效用，都会在一个互相制约的对立统一过程中，从一种较低的统一朝着高度统一的方向发展。个人产品的直接个人效用，不断地受其间接社会效用的制约和调整，而向符合两者共同利益的方向发展，走向一个越来越高的统一过程；社会产品的直接社会效用，也会不断地受其间接个人效用的制约和调整，而向符合双方共同利益的方向发展，走向一个越来越高的统一过程。关于这一点，本书将会在后面讨论价值规律的章节中进行深入分析。

四　研究效用社会性质的经济学意义

产品效用的社会性质，在形式上表现为个人产品效用和社会产品效用的划分，而在本质上表现为个人效用和社会效用对立统一的矛盾关系。作为两个互为存在前提的矛盾方面，不是直接个人效用和间接社会效用的对立统一，就是直接社会效用与间接个人效用的对立统一。那么，为什么不厌其烦地研究效用关系的社会性质呢？研究效用关系的社会性质，对于从本质上认识效用关系，从而揭示劳动价值的秘密，都有着极为重要的经济学意义。

在以往的理论中，往往把对效用关系的分析局限于社会产品（商品）效用的分析之上，而忽略对个人产品效用的分析，这是十分不足取的。人类社会是由无数个人结合而成的群体，个人与社会的关系是人类社会的最基本的关系之一，整个人类社会本身就是个人与社会的对立统一，整个人类社会的经济关系就是个人经济关系和社会经济关系的对立统一。这种关系必然地反映到人类社会经济关系中来，并从根本上制约和决定着人类社会的经济运动。因此，必须把对人类社会的经济分析，放置于个人与社会之间对立统一的现实环境之中，否则，对于政治经济学许多基本范畴的认识，就会陷于片面性而引申出错误结论。事实上，正是对效用关系认识的这种局限性，使得难以正确地把握效用关系本身，从而放弃对效用问题的分析研究，并由此失去充分运用效用概念，科学地分析劳动价值的机会；相反，在理论上陷入单纯依赖抽象劳动分析，而难以科学解释劳动价值运动规律的困境。

社会产品效用最终都必然地以个人产品效用的形式加以体现，这是必须同时考察个人生活、个人劳动、个人产品乃至个人产品效用的根本原因所在。由于两者之间的对立统一关系，在逻辑上不能够抛弃对个人产品效用关系的研究，而正确地认识理解社会产品的效用关系。事实上，如果不是从对立统一的意义上去认识理解个人效用与社会效用之间密不可分的关系，那么就不可能正确地认识社会产品效用关系本身，特别是在对社会产品的特有形式——商品，进行价值分析的时候就更是如此。显然，商品生产者为进行交换而生产某些商品，他可以比较清楚地了解生产这些商品所耗费的抽象劳动或者说成本，却不能直截了当地知道这些商品对于交换对方的效用大小，因而只能通过换入商品对自身生活需要的效用大小，间接地认识自己换出商品的社会效用，从而指导自己的商品生产并从中获得最大的经济效益。在后面深入讨论劳动价值概念的时候将会知道：体现在产品身上的劳动价值的量的规定性，是由产品对人们生活的效用和生产过程所耗费的抽象劳动对立统一地决定的；而在商品生产者的具体生产活动中，指导其进行商品生产活动的价值分析，则表现为其商品的间接个人效用与所耗费的抽象劳动的对立统一关系。从这种意义上说，不懂得个人效用与社会效用的划分，不懂得个人效用与社会效用之间的对立统一的辩证关系，实际上也就不懂得劳动价值本身。因此，个人效用和社会效用的划分，以及个人效用和社会效用对立统一的原理，是政治经济学上的一个新发现。

从理论体系上看，个人效用和社会效用的划分，也是个人生活和社会生活、个人劳动和社会劳动、个人产品和社会产品等范畴，在划分上的一种必然引申。当我们在理论上不能不把人类生活划分为个人生活和社会生活、不能不把劳动划分为个人劳动和社会劳动、不能不把产品划分为个人产品和社会产品之后，科学地把效用划分为个人效用和社会效用，对于建立完整的理论体系就显得十分必要。人类生活、劳动、产品、效用，乃至我们后面章节中将要讨论的价值，这些最基本经济范畴，好像无一例外地获得同样的天性，都可以从个人和社会对立统一关系的意义上进行规定和分析，而且每一个范畴之间又是如此承上启下、紧密连接、互相规定。从这种意义上说，政治经济学作为研究人与人之间经济关系的科学，更直接地表现为一种研究个人与社会之间经济关系的科学。

总之，研究效用社会性质的经济学意义可以归纳为如下几点：

第一，理解个人效用评价和社会效用评价的相互制约和促进，是认识劳动价值原理及其对劳动价值定量分析的基础理论。对于产品效用的定量分析而言，特别是对于社会产品（商品）的效用定量而言，脱离社会效用的评价而对个人效用进行评价，或者相反，脱离个人效用的评价而对社会效用进行评价，都是绝对不可能的。

第二，更加直截了当地说明了效用关系的伦理意义，即任何产品效用的评价，都是受个人效用和社会效用这两个矛盾方面共同制约的，而不是像西方经济学中所说的那样，是由个人意志随意评定的。效用关系的社会性要求社会效用指导个人效用，使之朝着最有利于社会进步的方向发展；同时，要求社会效用适应个人效用的需要，更好地满足每一个人生活的发展需要。国家亦可以在一定的范围内支配产品的生产、交换和消费，用以引导和控制产品物质的个人效用和社会效用的统一。的确，不同的产品物质对于不同的消费者具有不同的效用评价，这往往是依据各自不同的生活需要而出现的偏差，甚至可以截然相反。这看起来好像效用是一种纯粹个人的东西，完全是由个人的主观意志决定的。实际上效用的评价受人类社会的发展条件限制和规定，具有极为深刻的社会性质。因为，从本质上说，任何个人的精神发展，都是受人类社会发展的客观条件规定的，逐渐消灭没落精神，不断地发展深化精神和发扬时代精神，是人类社会发展的必然规律。因而，任何产品物质的个人效用，无不受体现其中的社会效用的规定和限制。西方经济学中认为"效用"概念不具伦理学意义，从而不包含社会性质的说法，是不科学的。

第三，通过对效用社会性质内在矛盾运动的分析，认识个人产品生产和社会产品生产的发展趋势和规律，即体现在个人产品身上的直接个人效用和间接社会效用，以及体现在社会产品身上的直接社会效用和间接个人效用，都存在着一个从较低统一向高度统一发展的趋势，从而体现着人类社会发展的本质要求。这一本质要求在总的方向上，规定了整个人类社会的经济发展方向，引导社会生产朝着有利于人类精神无限深化发展的总方向不断前进；而个人产品和社会产品的生产和消费，必然地由这种内在矛盾所引导。

第四，道德规范、经济制度、法制管理等，是使个人效用和社会效用实现统一的必要条件。社会产品的直接社会效用和个人产品的间接社会效用，在总的方面都应由集体意志和国家意志来引导和规定，这种集体意志和国家意志所体现出来的东西，正是人类深化精神共同发展的本质要求。

第二十七章
产品效用量的规定性

从前面的讨论可以知道，产品效用作为产品效应对于人类生活的有用性或有用程度，使得产品效用这个概念，可以把千奇百怪的产品效应与千差万别的生活需要之间的关系，归结为一种本质上完全相同的要素，从而使之成为可以进行定量分析的工具。的确，作为一种分析工具，效用的可计量性是至关重要的，否则，它将失去在经济分析中的地位。实际上，仅就效用概念本身而言，就已经明显地包含了计量分析的内在要求；不仅必须强调产品物质效应对人类生活需要的有用性，而且还特别强调产品物质效应对人类生活需要的有用性程度的大小。显然，只有通过对产品效用的计量分析，才可能在最大限度地获取劳动效益的经济规律中，有效地选择、取舍、生产、交换、消费适合自身生活需要的产品物质，合理地分配和耗费自己有限的劳动时间和劳动资源。这是必须对产品效用进行定量分析的原因所在。在本章中，所要讨论的就是“产品效用的量的规定性”。

一　选择次序和分配次序

产品效用作为产品物质效应对于人们生活需要的一种有用性，或者说人们生活需要对于产品物质有用性及其这种有用性程度大小的评价，其本身就是产品物质与人类生活之间所特有的一种客观关系。因而，同任何其他物质关系一样，效用关系也有其自身质与量的规定性，是产品效用的质同产品效用的量的对立统一。其中的所谓“有用性”就是产品效用的质，描述的是一种产品物质对于人们生活的特定需要是否有用的性质，通常以肯定或否定的形式加以规定。而所谓“有用性程度”就是产品效用的量，描述的是一种产品物质对于个人生活的特定需要所具有的有用性程度的大小。如果一种产品物质有用，那么它对人们生活究竟有多么大的好处；如果一种产品物质没有用，那么它对人们生活究竟有多么大的坏处。只有在定性分析的基础上进一步进行定量分析，从质与量两个方面对立统一地认识效用关系本身，才能使产品效用这个概念成为真正意义上的经济分析工具。

产品效用的质在本质上表现为产品物质实现人类生活目的的效应性，或者说对于实现人类生活目的的有用性。那么，产品效用的量又是怎样表现自身的呢？这的确是一个看似简单却又复杂的问题。比方说，一种具体产品效用的大小，对于同一时期不同的人，或者对于不同时期同一个人而言，都可能是有所区别甚至截然不同的，好像你想说它有多大就有多大，说它有多小就有多小，这使得产品效用在数量上似乎表现为一种完全虚无缥缈、不可捉摸、主观随意的东西。但是，如果效用失去了量的规定性，人们又是如何评价效用的大小，并依据这种评价决定自己对产品物质的取舍态度和指导自己的生产活动呢？事实上，千百年来，人们就已经长期使用效用这个概念（或者类似于效用的某种概念）进行各种经济分析，并没有因为这种主观随意而变得不可捉摸，人类社会经济的正常运行亦不会因此而停滞。显然，效用本身的量的规定性无疑是存在的，并且是有其背后严格的客观规定性的。只要进行深入研究，效用量的问题也将迎刃而解。

产品效用作为人们对产品物质有用性的评价，是人们对产品物质有用性大小的一种认识方式，这种认识方式有其自身特有的两种基本表现形式——“选择次序”和“分配次序”。弄清楚这两个概念，是能够层层深入地探索产品效用量的规定性的一个理论途径。

所谓“选择次序”，表现为人们在一定时期内依据自己的生活需要，并依据生活需要对产品物质进行使用或消费的先后排列顺序，对不同产品物质进行选择的次序。一般而言，越是被放置于优先生产、优先交换和优先消费的产品，也就表明人们对它的效用评价越高，反之越低。因为，人们在一定的生活时期和生活空间内，总是要求首先满足那些相对比较迫切的生活需求，总是要求首先实现那些相对比较迫切的生活目的。例如，假定有 A、B、C 三种产品，如果某个人对这三种产品进行生产和消费的先后次序，表现为 C、B、A，那么，其中 C 产品的效用量就大于 A 产品和 B 产品的效用量。这种按照人们生活需要的先后序列（或者说实现生活目的的先后序列），在一定的范围内对产品物质进行选择性消费，而在时间上形成的先后次序，称为对产品物质需求的选择次序，简称“选择次序”。

所谓“分配次序”，表现为人们在一定时期内依据自己的生活需要，并依据自己所拥有的劳动资源（其中包括劳动能力、劳动资料或者支付能力等要素），综合地对不同产品物质的生产、交换和消费，进行资源配置的分配次序。通常，越是占用较大比例劳动资源的产品，说明人们对它的效用评价也就越高，反之越低。例如，假定有 A、B、C 三种产品，如果某个人所拥有的劳动资源为 100%，对这三种产品进行资源投入的比重分别是 A = 50%，B = 30%，C = 20%，那么其中 A 产品的效用量就大于 B 产品和 C 产品的效用量，而 B 产品的效用量又大于

C 产品。如果为了研究上的方便，把劳动资源局限为“抽象劳动”或者“货币”的话，那么投入或耗费的抽象劳动或者货币越多的产品，或者占有总资源份额或比重越大的产品，其效用量往往也就越大。这种按照人们生活需要的综合序列，对产品物质的获取进行劳动资源分配而形成的次序，称为对产品物质资源的分配次序，简称“分配次序”。

无论是选择次序或者分配次序，所表现的都是人类生活对于产品物质有用性大小的一种认定状态，它们的共同点在于，以不同的方式表达了人们对于不同产品效用主次性的认识。人类的这种认识，完全来源于每一个人的具体生活需要，对于具体产品物质需求的主次性，都是这种需求主次性的一种客观反映。从本质上说，选择次序和分配次序的形式，完全来源于人们为实现具体生活目的而对于不同产品物质需求的主次性，是由这种实现生活目的的主次性决定的。但在另一方面，选择次序与分配次序又有着它们各自不同的表现特征。

选择次序的主次性是以人们具体生活需要的时间逻辑次序，或者说是以实现人类生活目的的时间逻辑次序为依据的。这就很难凭借选择次序的先后，综合地表现出一个整体的时间和空间范围中，不同产品物质之间效用的大小。比如，一个农夫吃饱饭的目的是为了下地种粮食；种粮食的目的是为了到市场上出售而换取货币；换取货币的目的是为了购买砖瓦；购买砖瓦的目的是为了盖房子等。其中，盖房子的目的作为他某一阶段的一个最终心愿（最终目的），房子的效用显然比米饭的效用大得多。如果仅仅按照选择次序，米饭的效用就表现为大于房子，这似乎与实际情况并不相符。当然，就某一时刻而言，被选择生产或使用的产品，应该是这一时刻最具效用的产品。用微积分的数学原理来说，只不过是把分析的对象压缩到了过程中的一个极小的微分范围而已。又如，当一群身负黄金的人在沙漠上严重缺水而奄奄一息的时刻，水贵如金也就不难理解，因为在这一刻，喝水的愿望（实现喝水救命的目的），远比拥有黄金的愿望强烈。

当然，人们认识效用大小的方式并非如此狭窄，为了全面、综合、有效地使用自己的劳动创造能力，往往是以一种前瞻性的、总括性的、计划性的方式，对某一个时期内各个方面的生活需要进行综合分析，并依据自己的劳动能力及劳动资料的状况，相应地确定每一种产品物质的效用大小，使之成为指导自己进行经济活动的有用工具。由此可以看到，最能科学、直观地表现产品效用量的方式应该是分配次序。

就选择次序与分配次序的关系而言，在实际的生产和消费活动中，分配次序最终必然地表现为选择次序，两者是对立统一的。在人类有限的劳动创造能力与日益扩大的生活需要的矛盾中，只有合理地使用和配置各种有限的劳动要素，才能最大限度地满足人们的生活需要。在这种情况下，分配次序总是占据主导地位，因而分配次序规定选择次序。但是，理论上的分配次序在进入实际的生产、消费活动时，必然表现为现实的选择次序。选择次序是分配次序的现实表现形式，分配次序表现为对现有劳动条件（劳动能力和劳动资料）的综合使用，充分发挥其功效，尽可能以最小的劳动耗费获取最大的劳动效益；而选择次序则表现为具体生产和消费产品物质的步骤，依照外部世界的客观规律，分先后、分层次地加以实施，从而有次序地实现各个生活目的，并最终实现整个系统目的。由此可见，分配次序又是由生活目的的实现次序规定的。可以通过考察已经现实进行的分配次序，去了解和认识人们对不同产品物质需要的主次性，及其这些产品物质效用的大小。

在对分配次序进行分析的时候，首先要解决的一个问题是：什么东西可以分配？在实际的生产活动中，可供分配的对象范围非常广泛，总的看来可以划分为两大类：第一，对劳动能力的分配，其中包括了对具体劳动力和抽象劳动力的分配，这是关于人的要素的分配；第二，对劳动资料的分配，其中包括了对劳动工具、劳动对象、劳动环境的分配，这是关于物的要素的分配。在实际的分配过程中，对这些要素的分配是错综复杂的，只能依据生活目的的主次序列，对各方面可被分配的要素进行整合搭配，才能最后确立适用而经济的分配次序。例如，盖一栋楼房，对劳动能力的分配就包括对每一个劳动者所具有的具体劳动力和抽象劳动力的分配，什么样的工程师可以做什么样的工程设计，什么样的工人可以做什么样的工程施工，以及根据工程进度需要多少各类工程师和工人等；而对于劳动资料的分配，大至各类机器、小到各类建材，需要的各个种量多少，何时进场出场等，无不需要合理恰当地进行分配。当然，如此具体的分配分析，应该是部门经济学或者说实用经济学的研究对象，而在纯粹的经济学基础理论研究中，这种分析就显得束手束脚。然而，人类特有的抽象思维方式打开了研究的方便之门，就是把一切复杂的分配对象，都归结为对“抽象劳动”的分配，甚至可以把以往已经耗费的劳动视作一种“凝结在产品物质身上的死劳动”来进行计量。在货币经济条件下，这种抽象的分配方式达到了顶峰，人们取得了一种更加便利而且万分实用的分析工具，即把几乎所有可供分配的生产资源和劳动要素，全部归结为货币乃至货币资本的分配。

如果生活需要的产品种类及产品种量，恰恰是劳动能力范围所能容纳或包含的话，自然也就不存在合理分配劳动力的问题。在这种情况下，选择次序起主导作用，即人们只需根据自己对产品物质的需要次序进行生产，而无需考虑合理使用劳动力的问题。但是，如果生活需要的产品种类和产品种量，超出了劳动能力的容纳范围，那么，对于具体产品物质的取舍，乃至对于具体劳动的取舍，也就构成了资源分配的绝对必要性。在这种条件下，分配次序起主导作用。由于人类劳动能力特别是抽象劳动能力的相对有限性，在人们的实际生活中，后一种情况通常更加普遍一些。事实上，正是由于这种分配次序的存在，才使得产品效用在量的规定性上，找到了表现自己的天然形式，即通过对劳动能力以及劳动资料的分配状况来体现自己效用大小的状况。

二　产品效用是抽象劳动的函数

就两种形式的表现能力而言，对生产产品物质所要耗费的劳动量的分配次序，最能方便地表达人们对某种具体产品物质效用的评价。人们对产品物质进行生产和消费的选择次序，必然毫不例外地转化为对劳动能力的分配次序，特别是转化为对抽象劳动的分配次序。从纯粹抽象分析的意义上说，把各种劳动能力和劳动资源的分配，全部归结为抽象劳动的分配，进而归结为货币资金的分配，对于进行经济分析就再方便不过了。

那么，产品效用的量究竟如何通过抽象劳动加以表达呢？

首先进行假定：劳动者甲在某一时期内，可供支配的抽象劳动量总数为 100 小时。在这段时期内，他根据自己实现生活目的的主次关系和实际需要，以及根据自己抽象劳动能力的可能（这里暂时忽略了具体劳动力的可能），从一组生活需要 A、B、C、D、E、F、G、H……中，选择出最为需要的四种产品物质 A、B、C、D。为了获取这四种产品物质，他根据生产这些产品物质在技术上对于抽象劳动的需求量，制定了相应的抽象劳动分配次序如下：A = 40，B = 30，C = 20，D = 10。从这个假定中，可以看到劳动者甲关于产品物质 A、B、C、D 的取舍态度，这实际上也就蕴含了对这四种产品物质效用大小的评价态度。从而可以发现并认识产品效用量的规定性。

从形式上看，产品效用量表现为直观的数字：A = 40，B = 30，C = 20，D = 10。但从实质上看，产品效用量可以更确切地表现为一种比值关系，即每一种产品物质所占用的抽象劳动量，在总抽象劳动量中所占的比例：A = 40/100，B = 30/100，C = 20/100，D = 10/100。其中，每一种产品物质所占的抽象劳动的比重越大，所表现出来的效用量也就越大。因此，产品效用的大小也就自然地表现为抽象劳动量的函数，直截了当地说，就是“产品效用是抽象劳动的函数”。看一个人对某一产品物质效用量的评价，只需要看他究竟愿意在该产品身上，花费多大比重的抽象劳动量。

可以用函数式表示如下：

$$效用 = F（抽象劳动）$$

根据汉语拼音的声母的英文字母，用“X”代表效用，用“C”代表抽象劳动。那么产品效用的函数式可以表达为：

$$X = F(C)$$

其中，抽象劳动“C”是一个变量，效用量“X”则是对应于变量“C”的函数。如果将某一时期的抽象劳动总量用“ΔC”代表，那么产品效用的计量函数式也就可以表达为：

$$X = F\left(\frac{C}{\Delta C}\right)$$

从分配次序的意义上说，产品效用实际上是通过“产品效用比”来表现的。所谓“产品效用比”，就是某一产品效用在总效用中所占的比重，而总效用就是某一时期内全部产品效用的总和。由于抽象劳动的分配是产品效用评价的表现形式，因此，产品效用比也就表现为“抽象劳动比”。所谓“抽象劳动比”，就是生产某一产品物质所耗费的抽象劳动量，在抽象劳动总量中所占的比重，而抽象劳动总量就是某一时期内全部抽象劳动耗费的总和。[①] 产品效用比和抽象劳动比的公式如下：

$$\text{产品效用比} = \frac{\text{某一产品效用量}}{\text{产品效用总量}}$$

$$\text{抽象劳动比} = \frac{\text{某一产品抽象劳动量}}{\text{抽象劳动总量}}$$

虽然产品效用比与抽象劳动比是不同的概念，但是从这两个函数式中，却可以看到产品效用比与抽象劳动比之间在数值上的某种必然联系：①抽象劳动总量规定了产品效用总量；②某一产品所占用的抽象劳动量规定了该产品的效用量；③产品效用比等于产品抽象劳动比。

从某种意义上说，产品效用和抽象劳动是对立统一、互相决定的。效用量较大的产品物质，可以引导抽象劳动的较大投入；抽象劳动投入的降低，可以引导产品效用的下降。当然，产品效用和抽象劳动之间的这种对立统一关系，是在生产实践的运动过程中实现的，而不是在静止状态下实现的。在静止状态下，一个

---

① 参见本书第二篇“劳动与产品”有关抽象劳动比的论述。

产品物质的效用比另一个产品物质大，但其抽象劳动量却完全可能比这一产品物质小，因为人们完全能够在下一循环的生产实践中调整劳动投入，从而依据变化了的抽象劳动耗费，去改变原有的效用评价。也就是说，在运动状态下，即在生产循环过程中，相对劳动价值较大的产品物质引导抽象劳动投入量的增加，该种产品物质的数量随之增加，供求矛盾得以缓和，从而对其效用评价相应降低。另外，相对劳动价值较小的产品，相应地会减少和排斥抽象劳动量的投入，从而导致该种产品物质的数量随之减少，供求矛盾加剧，从而对其效用评价也就相应提高。通过这种相互渗透、相互修正、相互调整的运动过程，各类产品物质的效用比和抽象劳动比，会朝着趋于一致的方向发展，两者之间在互相作用下达到某种均衡。

人们在衡量或考虑产品物质有用性与否的时候，往往可以暂时撇开生产产品所耗费的劳动量，而单独考察产品对自身生活需要（实现生活目的的需要）的有用性。但是，人们每现实地获得一份产品物质，都不可避免地付出抽象劳动，从而使得人们在衡量或考虑产品物质有用性大小的时候，必然把抽象劳动耗费的因素作为一种限制条件而加入其中。抽象劳动耗费对于最终满足生活需要、实现生活目的的这种强制性，正是劳动耗费限定产品效用大小的根本原因所在。由此得出的结论是，抽象劳动不仅是效用得以实现的物质基础，而且是制约产品效用大小的客观条件。

一种在观念上或需求上认定有用，并期望通过生产或交换去获取的产品物质，人们要是不能用一定的劳动去现实地获得并使用它，那么，这种产品的效用就是主观的而不是实际的东西。因此，观念上的产品效用本身并不能代替人类劳动与产品物质之间，乃至产品物质与人们生活需要之间现实存在的作用关系。在这里，抽象劳动作为劳动对产品效用的制约因素，严格控制着人们关于产品效用的认定，并在人们的生产活动和消费活动的过程中，依据抽象劳动实际耗费情况的变化，不断地调整、修正这一认定。特别是在这种调节过程之中，使得抽象劳动和产品效用逐渐统一起来，朝着抽象劳动比和产品效用比一致的方向发展。由此，可以更加清楚地看到产品效用比与抽象劳动比之间的关系，即产品效用比可以一般地看作为抽象劳动比的函数，产品效用比的大小随着抽象劳动比这个变量的大小变化而发生变化。

其公式如下：

$$\text{产品效用比} = F\text{（抽象劳动比）} = F\left(\frac{\text{某一产品抽象劳动量}}{\text{抽象劳动总量}}\right)$$

在理论上深刻理解产品效用比与抽象劳动比之间的这种关系，是认识和理解产品效用量的规定性及其变化规律，从而揭开劳动价值之谜的一个关键所在。实际上，产品效用以及与之直接相关的劳动价值规律，不仅表现在人们根据自己的生活需要，对产品物质进行选择的有机性上，还表现在人们生产或交换产品物质的时候，受人们劳动能力严格制约的有机性上，是人们对产品物质需求的选择性与人们劳动能力的可能性的对立统一。这种统一，可以表现为一种上下波动并趋于一致的过程，通过这种统一，反过来表现出产品效用量与抽象劳动量——产品效用比与抽象劳动比背后的不可分离的关系。关于这一点，将会在本书后面有关劳动价值的专门章节中进行深入讨论。

三　产品效用现实地表现为货币量的函数

了解了产品效用比与抽象劳动比之间的关系之后，如果冷静地思考其中存在的问题，特别是把产品效用量与统一的劳动过程联系起来进行分析的时候，很容易就会发现，产品效用表现为抽象劳动的函数，或者说产品效用比表现为抽象劳动比这种概括，实际上纯粹只是一种理论的抽象分析方式而已，其本身是十分片面的，并不能完整地表达产品效用与人类劳动之间的客观关系。在前面的章节关于"劳动二重性"的分析中已经知道，任何劳动都是具体劳动和抽象劳动的统一，换句话说就是，任何劳动都是劳动的质与劳动的量的统一。因此，任何劳动过程的结果，都是具体劳动和抽象劳动的共同结果；任何产品物质及产品效用的劳动规定，都是具体劳动和抽象劳动的共同规定。如果只是把视线盯着抽象劳动对产品效用的规定性之上，就难免会犯片面性的甚至根本性的错误。

实际上，产品效用比作为抽象劳动比的函数，只反映了全部劳动要素中的一个内容。在一个完整的劳动过程中，总是包含着三个基本要素——劳动目的、劳动能力和劳动资料。其中的劳动目的是劳动过程之中最重要的精神要素，是决定具体劳动的活的灵魂，是引发抽象劳动的本质依归，也是人的生活行为所以成为劳动的根本规定；而劳动能力本身，除包含了按照劳动目的实施劳动过程所需要的劳动知识的精神要素之外，还包含了人本身的非精神的体力要素，是劳动知识与劳动体力的对立统一。没有劳动目的，也就没有劳动过程和抽象劳动。

除了上述这两个人的要素之外，劳动过程还存在着一个至关重要的物的要素——劳动资料（劳动工具、劳动对象、劳动环境）。它是人类劳动得以现实存在并体现作用的外部决定条件，人类劳动得以发挥作用并成功创造财富，与作为外物要素的劳动资料具有不可分割的关系。没有适当的劳动资料，任何劳动目的和劳动能力都将化作乌有。因此，任何产品物质必然只能是一个完整劳动过程之中的、由劳动过程三要素共同规定的产物。由于产品效用是对作为劳动成果的产品物质的一种评价，从而也就不可避免地加入了关于全部劳动要素与这种劳动成果之间关系的分析，不能仅仅分析抽象劳动对产品效用的量的规定性。实际上，在前面所说的产品效用比是抽象劳动比的函数的公式之中，抽象劳动仅仅只是反映了劳动过程三要素之一的劳动能力这个要素，并且只是其中所包含的体力要素对产品效用的规定而已。要全面地认识产品效用的量的规定性，就必须跳出纯粹抽象劳动分析的怪圈，综合地分析全部劳动要素对于产品效用的量的规定性。

不过，当进行这种分析的时候，会遇到曾经遇到的一个在数量比较上不可逾越的鸿沟，而似乎无法进行下去。显然，作为人类劳动的量的规定性，或者说作为一种撇开了具体劳动的纯粹体力，抽象劳动在计量上获得了自身片面的同质可比性，这也是对人类劳动进行抽象分析的原因之一。但是，具体劳动、决定具体劳动的劳动目的和劳动知识，以及具体劳动得以实现的外部条件劳动资料等要素，就好像难以获得它们同质可比的性质，从而失去了对产品效用的量的规定性。纯粹的抽象劳动分析过于片面而毫无用处，而全面劳动要素的分配，又不能逾越同质可比计量分析的鸿沟，这就使得产品效用量的分析进退维谷。但是在人类商品生产活动的发展史上，诞生了货币这样一种充满灵性的工具。① 在实际的生产活动之中，货币不仅成为人们进行商品交换的媒介，而且成为人们进行全面效用分析的工具。

货币之所以能够成为人们进行效用分析的有效工具，主要具备了如下两个基本条件：第一，货币本身在计量上具有与抽象劳动类似的共性，即抽象劳动的同质可比性和可通约性，在同一种货币之间，甚至在不同种的货币之间都可以进行量的比较分析，这个特点是货币之所以可以作为产品效用量分析工具的必备条件；第二，货币本身在概括劳动要素的问题上，具有抽象劳动无法比拟的完整性和全面性。由于现实的产品物质是与之相关的全部劳动要素发挥作用的综合结果，而产品物质（商品）在现实社会的交换过程中，完全可以转化自己的具体物质形式，体现为一种同质可比的货币。因而货币也就代替了产品物质本身对于全部劳动要素作用的反映功能，成为表现这些功能的一个绝妙的计量工具。正因为如此，在产品效用是抽象劳动的函数的基础上，得出一个进一步的结论：“产品效用是货币量的函数”。这种效用函数称为“货币效用函数”。其公式如下：

$$\text{产品效用} = F\text{（货币量）}$$

同样，用比例形式表示，产品效用比是货币分配比的函数。其公式如下：

---

① 对劳动能力和劳动资料的分配，统统体现为对货币投入的分配。在这里，劳动能力和劳动资料得以通过货币获得了相互之间统一的价值形式。

$$\text{产品效用比} = F\ (\text{货币分配比})$$

其中，

$$\text{产品效用比} = \frac{\text{某一产品效用量}}{\text{产品效用总量}}$$

$$\text{货币分配比} = \frac{\text{某一产品货币量}}{\text{货币总量}}$$

显然，在商品经济发达的货币交换时代，无论何种产品物质采取何种特殊的存在形式，都可以通过一定量的货币加以表示，而在不同产品物质之间各自所具有的货币分配比，必然地反映为人们对它们不同的价值取向或者效用评价。同时，由于对劳动资料（劳动工具、劳动对象、劳动环境）的分配，同样可以取得货币分配的形式，并且对于劳动资料的分配使用，又可以视同一种对劳动积累的分配，即对所谓“凝结在产品物质之上的死劳动”的分配。这也就是说，在商品货币经济的条件下，任何劳动要素的分配或劳动资源的配置，都可以综合地表现为货币资金或者货币资本的分配和配置，并因为此种分配和配置，任何产品效用都可以一般地表现为货币量的函数。货币效用函数本身，实际上已经涵盖了包括抽象劳动、具体劳动以及劳动资料在内的全部劳动要素的内容。从这种意义上说，货币效用函数比起抽象劳动效用函数，对于经济的分析意义更加科学可靠。在后面讨论劳动价值及劳动价值规律时，将会深入研究并科学采用货币效用函数这个分析工具。

提出效用量与货币量之间的关系，并用以取代效用量与抽象劳动量之间的关系，这并不是否定抽象劳动耗费量在规定产品效用量上的作用，相反，是在肯定这种作用的前提下，更加全面地分析其他一切共同发生规定作用的要素，所不同的是，这些要素在规定产品效用大小的问题上，具有不同的历史侧重。这种认识本身是以人类劳动发展的历史密不可分的。

在人类社会劳动发展的历史过程中，实际上存在着这样一种形式上完全相反的情形，其突出地表现为：全社会具体劳动形式的简单贫乏，而令抽象劳动资源表现得相对不足；反之，全社会具体劳动形式的复杂丰富而令抽象劳动资源表现得相对过剩。前者使得抽象劳动更加珍贵，而成为衡量经济效益的主要尺度；后者则使得具体劳动更加突出，而成为衡量经济效益的主要尺度。例如，在封建社会甚或在早期的资本主义社会，由于人们的社会劳动主要表现为手工劳动，生产劳动在内容和形式上都比较简单，农业和工业技术水平较低，社会劳动者比较容易取得一般性的社会劳动知识和社会劳动能力，再加上手工劳动形式，为纯体力的抽象劳动耗费提供了广泛的空间，从而使得运用劳动时间（抽象劳动的一种表达形式）计算劳动成果成为一种自然而被普遍接受的方式，乃至因此可以完全忽略具体劳动形式与劳动成果之间的关系。[①] 这种现象表现为对社会具体劳动能力充分或过剩的一种假定，而几乎可以不去计较对其进行具有经济约束力的分配。相反，社会抽象劳动能力的明显不足，就使得对于抽象劳动的分配，占据了更为突出的经济地位。也正因为如此，才可以一般地通过抽象劳动分配，去表达或认识产品效用量的问题。但是，这并不等于可以彻底否定具体劳动的分配次序对产品效用量的反映能力，在现代工业化尤其是信息化生产中，具体劳动决定产品效用的地位更为突出。例如，以现代机器工业特别是现代电子工业为基础的社会劳动方式，极大地节约了人们的抽象劳动能力，而人们的具体劳动方式的多样性和复杂性，及其爆炸式的扩大和深化，都使得社会生产力的发展，呈现出一种超脱人类抽象劳动能力限制，以人类具体劳动能力为核心的总趋势。在此基础上，从更加深刻的层面，提出了对于具体劳动选择、分配、应用的经济分析要求。特别是在当今知识经济大爆炸而导致的人口过剩的社会环境中就更是如此，这就是为什么在当今社会中，"科学技术成为第一生产力"并成为"分配要素"的根本原因所在。当知识分子集结程度较高的劳动行业出现的时候，这种行业所表现出来的财富创造能量及其产品物质的效用，都已绝非一般劳动可以比拟。

当今社会，由于人口的过量发展、自动化机器的广泛使用、劳动资料的相对限制（劳动工具、劳动对象、劳动环境的供给不足），抽象劳动资源已经不像以往那样贫乏，相反越来越表现为一种过剩，特别是简单劳动力的过剩就更加明显；相反，高级的、复杂的和代表先进生产力的具体劳动则表现为日益缺乏。这正是改变陈旧的抽象劳动价值观念，树立全新的具体劳动价值观念的必要所在。

在谈到产品效用量的货币规定时，很容易联想到的一个问题就是"劳动分配的问题"。在马克思理论中，所谓按劳分配实质上就是按抽象劳动进行分配，其中省略了人们具体劳动上的差别，以及省略了由于具体劳动的差别而导致的财富创造上的差别。这显然只能是一种理论抽象，并不能反映现实生活中的实际情况。为了从理论上解释社会主义初级阶段的社会分配问题，邓小平首创性地提出了社会主义社会也要按生产要素进行分配的理论，超越了马克思的局限，使现实社会的分配方式更为合理化。

事实上，仅仅按抽象劳动进行分配的思维模式是不足取的，并且是片面的。劳动的分配次序不仅可以表现为抽象劳动的分配次序，同时也可以表现为具体劳

① 亚当·斯密直截了当地把劳动时间作为价值尺度的原因就在于此。

动的分配次序，甚至还可以表现为劳动资料乃至货币资金的分配次序。实际上，具体劳动在形式上也可以进行某种同质可比的量化。显然，具体劳动可以划分为简单劳动和复杂劳动、普通劳动和特殊劳动等。例如，做饭是简单劳动，研究是复杂劳动；一般加工是简单劳动，精密加工是复杂劳动等。完全可以依据不同具体劳动的复杂性、难度性、尖端性，较为详尽地划分为不同的具体劳动等级系数，例如，1 级、2 级、3 级、4 级、5 级……在通常的条件下，使用劳动等级系数越高的具体劳动所创造的产品物质，其产品效用也就相应越大。如果同时考虑抽象劳动分配对于产品效用的规定性，用一个简单的算式就能够比较合理地解决全面按劳分配的计量问题。算式如下：

$$产品效用=抽象劳动\times具体劳动等级系数$$

其中，

$$抽象劳动=劳动时间\times劳动强度等级系数$$

本书将会在后面讨论劳动价值概念的时候，充分分析产品效用与劳动价值之间的秘密，我们将更加清晰地认识产品效用与劳动价值之间的关系，乃至劳动价值与按劳分配之间的关系。的确，货币资本的取得，是具体劳动和抽象劳动的共同结果，而货币资本的分配使用，引导的也是具体劳动和抽象劳动使用的分配次序。用抽象劳动比来表现产品效用，只是一种基于近代历史的基本假定。事实上，决定产品效用大小的分配次序，并不仅仅取决于抽象劳动的分配次序，而且在更深的层次上，包含并取决于具体劳动的分配次序。从这种意义上说，按劳分配必须是按具体劳动和按抽象劳动的对立统一的分配，并且同时按生产要素耗费的分配。其中，不仅包含了按劳分配的意义，同时包含了按劳动资料进行分配的意义。劳动资料耗费如同抽象劳动耗费一样，对于劳动产品的最终形成是至关重要的，同样都是衡量效用的关键要素。这种“按具体劳动和抽象劳动进行分配，同时按劳动资料（劳动要素）进行分配”的分配概念，就是需要深入讨论的“三位一体”① 的分配概念。这是正确理解社会主义按劳分配原则，特别是社会主义初级阶段分配原则的理论基础。全面地按照劳动过程三要素（劳动目的、劳动能力、劳动资料）进行分配，应该成为社会主义分配制度的一个精髓。人的要素（劳动目的和劳动能力）和物的要素（劳动资料）的统一，是构成一切劳动

① 这里存在一个生产资料所有制乃至凭借生产资料占有别人剩余劳动的问题。本书将会在第二卷“财富的分配与使用”关于“公共财富社会二重性”的原理中，具体剖析其中的奥秘。

过程的不可逾越的过程。事实上，具体劳动之中包含了劳动目的和劳动知识的内容，抽象劳动中包含了劳动能力的内容，而抽象劳动和具体劳动之所以能够成为自己本身，又毫不例外地依赖于作为人的外部条件劳动资料——劳动工具、劳动对象、劳动环境。因此，按照具体劳动、抽象劳动以及劳动资料这三个要素进行分配，实际上也就是按照劳动过程三要素进行分配。

四 产品效用量的可变性及其本质原因

货币效用函数对于描述产品效用量的规定性，具有更为全面的分析意义。但是，在进行基本理论研究的时候，特别是要从复杂的变量关系中，较为容易地把握产品效用运动变化的基本规律，仍然有必要从这些复杂的变量关系中，抽象出某些容易令人理解的元素，而把其他一些元素暂时放置一边。正如前面所描述的，产品效用量实际上是与劳动过程三要素的分配使用密切相关的，甚至在根本上是由这种分配使用所规定、所限制、所体现的，这种分配使用表现为对劳动和劳动资料的分配使用。其中，劳动的分配使用又包括了对具体劳动和抽象劳动的分配使用；同时，劳动资料的分配使用，则包括了对劳动工具、劳动对象、劳动环境的分配使用。它们之间相互关系的复杂性绝非一般。因此，从抽象思维的方法上说，仍然有必要依据研究对象的具体情况，由浅入深地展开分析。关于产品效用量可变性的讨论，依然会采用关于抽象劳动的分析方法，尽管这在某种情况下是片面的。

所谓产品效用量的可变性，就是具体种类和种量的产品物质的效用大小，对于不同使用者在量上的可变性，及其这种可变性的数量表达。例如，同样一种产品物质的效用量，对于这个人可以大一些，对于那个人可以小一些；对于同一人的这个时期可以大一些，而对于同一人的另一个时期可以小一些，等等。这种关于具体产品效用对于不同的具体使用者或者对于同一具体使用者的不同历史时期在量上所具有的不一致性，就是产品效用量的可变性。研究产品效用量的这种不一致性，目的在于深刻认识规定产品效用运动变化的客观因素，从中挖掘产品效用运动变化的规律性。

产品效用量的可变性具有两个非常明显的特征。第一，“产品效用的横向可变性”。在同一时期内，同一产品物质①对于每一个具有不同生活需要的具体消费个人或者消费团体而言，其效用大小的评价可以有所不同。例如，一斤大米，对于一个饥民和一个饱汉而言，其效用评价必然大相径庭；一本圣经对于无神论者而言是一堆废纸，对于一个天主教徒而言则如同至宝；一本中学课本，对于中学生和大学生这两个消费层次而言，其效用评价也会具有巨大差距。产品效用的这种变化现象，称为“产品效用的横向可变性”。第二，“产品效用的纵向可变性”。在不同时期内，同一产品物质对于同一个具体消费个人或者消费团体而言，其效用大小的评价可以有所不同。例如，一本中学课本，对于一个正在上中学的学生而言效用较大，对于正在上大学的同一个学生而言效用较小；一批军火物资，对于处于战争时期的国家而言效用较大，而对于处于和平时期的同一个国家而言效用较小。产品效用的这种变化现象称为“产品效用的纵向可变性”。在本质上，产品效用的横向可变性和纵向可变性，表现为人们对产品效用评价的具体性和历史性，是产品效用具体性和历史性的统一。也就是说，任何产品效用的大小，都是具体的和历史的，都是就具体产品对于具体消费者的具体历史时期的具体生活需要而言的。脱离了这种具体性和历史性，就不能认识产品效用变化的客观性和规律性。

那么，构成产品效用的这种横向可变性和纵向可变性的本质原因，究竟是什么呢？这可以说是万变不离其宗，归根到底是由人们的生活需要和劳动能力这两大要素决定的。下面讨论一下这个问题。

第一，生活目的实现过程的客观对应性，决定着产品效用的可变性。产品效用是人类生活需要，对于产品物质有用性的评价；而产品物质的有用性，必然首先表现为实现生活目的的效应性。具体的历史的生活目的，只能由具体的历史的产品物质与之实现内外对应②，正是这种客观规定性，决定着人们对于具体产品物质的效用评价，从而决定着人们对于具体产品物质的选择性。同样一个具体产品物质，如果具有实现一个人某一具体生活目的的效应性，即与之实现内外对应的效应性，那么这个产品物质对这个人而言，也就具有了效用性。而其效用性的大小，则由这一被实现的生活目的在主次地位上的排列次序所决定。越是主要的生活目的，与之实现内外对应的产品物质的效用越大，反之越小。

在实际生活中的情况也是如此，一种不能满足自己生活需要（实现自己生活

---

① 在进行同样一种产品物质的效用比较的时候，必须注意，这里所说的同一产品物质指的是质与量（种类和种量）完全一致的产品物质。同质不同量（例如，五斤大米和十斤大米）或者同量不同质（例如，五斤盐和五斤大米）是绝对不能相提并论或者混为一谈的。在经济学上，由于它们所具有的综合效应性的不同，乃至综合效用性的不同，从而使之成为两种具有质的区别的衡量对象。事实上，产品物质的量的区别是与产品效用密切相关的，量的变化在这里相对效用而言取得了质的变化。

② 参见本书第一篇关于内外对应的论述。

目的）的东西，不可能花费有限的人力、物力、财力去创造它、交换它、购买它；一种产品物质，如果在生活实践中没有任何需要，即使白送也是不会要的。任何一种产品物质的效用大小，完全取决于它们各自在人们生活需要中的排列次序或主次地位，不同的排列次序和主次地位决定人们对它的取舍态度。一个典型的例子是，饮用水本来是一种极为普通而效用一般的物质，通常不会构成人们生活中的主要目的，但是，当在沙漠中因为缺水而致命时，就愿意用所有的金子换取饮用水，水的效用性在这里被空前地扩大了。显然，通过饮水保存生命的目的，已经成为远远高于拥有黄金而富有的目的之上的首要的生活目的。生命如不存在，再多的黄金又有何用呢？正是由于水具有了这种实现主要生活目的的客观效应性，才使得它拥有了超出寻常的效用性，并获得了非同一般的效用量。

生活目的一旦形成，也就立即成为一种物化了的“客观精神”①，即所谓精神实体，它客观地存在于我们的大脑中。而客观存在的精神实体，只能用客观存在的外物与之相对应，才能实现其自身的意志和目的。并且具体的和历史的生活目的，必然地只能由具体的和历史的产品物质来对应、来实现，这些就是精神本身的物质性所具有的不可逾越、不可回避的客观规定性。正是这种客观规定性，从根本上决定着人们对于不同产品物质或者同一产品物质的效用评价，反过来也可从理论上证明，人们对于不同产品物质或者同一产品物质的不同效用评价的背后，具有一种超乎寻常的、极为严格的客观规定性，而这种客观规定性，恰恰来源于人类精神本身的物质性②。从这种意义上说，作为精神要素的生活目的及其对产品物质的选择性，是产品效用可变性的决定因素。

第二，劳动能力耗费过程的经济选择性，限制着产品效用的可变性。尽管生活目的实现的客观过程，在根本上决定着目标产品的效用性，可以依据生活目的的主次性，去规定目标产品的效用大小。但是，这种决定或规定并不是无边无际的、任由人们的主观意志随意发挥的，而是受人们所具有的现实劳动能力的严格限制的。也就是说，具体生活目的的实现，对于具体产品物质的需要所具有的客观必然性，从根本上决定了具体产品物质是否具有有用性的性质。但是，如何获取相应的产品物质，却受到人们劳动能力的严格制约，因而人们在认识产品效用量的问题上，把劳动能力看成为一种限制条件。

在一个时期内，可能有多种多样的物质需求，但是如果超出了该时期劳动创造能力的物质需求，超出的部分实际上是不能实现的，只能放弃或者留待以后再做考虑。这并不是人们不想要这些产品物质，而是人们劳动的创造能力限制了人们的产品需求。正是由于人们劳动能力的相对有限性，使得劳动能力作为实现人

---

① 这里特指现实存在于人们头脑中的、不以人们意志为转移的精神物，亦称精神实体。

② 参见本书第一篇有关精神本身的物质性的论述。

们产品需求的要素，成为人们衡量产品效用的客观限制条件。劳动能力作为产品效用的限制条件，可以从具体劳动能力和抽象劳动能力两个方面去认识。人们的生活需要可以是多种多样的，那么所需要的产品物质是否在具体劳动能力的范围之内？同时，有没有足够的抽象劳动能力，即所要生产的产品物质是否在抽象劳动能力的范围之内？只有在具体劳动能力和抽象劳动能力两方面都可被生产的产品物质，才可能具有实际的效用性。

事实上，相对于人们不断扩大的生活需要而言，人们的劳动能力总是处于一种有限的状态之中，无论具体劳动能力和抽象劳动能力都是如此。这使得人们必须小心、合理地选择合适而又相对较为重要的生活目的去加以实现，从而在有限的劳动能力条件下，最大限度地满足自己的生活需要。这一切表现为人类活动特有的经济要求，从而表现为人类生活对于产品物质极具经济意味的选择性，乃至表现为人们对产品效用的经济性评价。这种经济的评价性，最直接的表现方式，就是看生产一种产品物质所耗费的抽象劳动的多少；① 这也就是所谓“产品效用表现为抽象劳动的函数”。在合理、经济的选择之后，占用抽象劳动越多的产品物质，体现其上的效用相对较大，反之较小。这就说明了劳动能力对于产品效用评价的限制作用。

由于每一个人的劳动能力是不尽相同的，因而对于同一个产品物质的效用评价，也可以是有差别的、甚至完全不同的。假定同样一种产品物质（一双鞋）为甲乙两人所需要，生产者甲耗费了 10 个小时生产，而生产者乙耗费了 20 小时生产，那么，纯粹从抽象劳动的绝对值看，生产者乙对其产品物质的效用评价就比生产者甲要大些。但是，由于产品效用可以用抽象劳动比的方式表现出来，因此从相对值看，假定在某一时期内，可供生产者甲支配的抽象劳动总量为 100 小时，而可供生产者乙支配的抽象劳动总量为 400 小时，那么生产者甲的鞋所具有的抽象劳动比值为 10/100，生产者乙的鞋所具有的抽象劳动比值为 20/400，即 0. 1∶0. 05。因此，生产者乙对其产品物质的效用评价则比生产者甲相对要小。当然，这只是一种横向的比较，如果考虑到甲乙双方在一个纵向的发展过程中，随

---

① 这里忽略了具体劳动的因素。在过去生产力发展水平极为缓慢的年代里，由于人们具体劳动形式非常有限而且长期处于一种技术稳定、变化不大的状态，使得人们似乎觉察不到具体劳动对于价值分析意义，即经济分析意义，而把全部注意力放到了抽象劳动的分配之上。这在当时的条件下是合乎逻辑的。但是，历史发展到知识爆炸、技术膨胀的当今社会，如果仍然忽略具体劳动能力对于经济分析的意义，也就等于只看到了半个经济。事实上，一方面人口的过剩，以致由此而来的社会抽象劳动能力相对过剩，不是缺乏抽象劳动，而是抽象劳动太多而不知道如何耗费；另一方面，社会需求仍在不断扩大，而满足需求的供给却总是相对不足。原因何在？就是因为具体劳动能力范围相对狭窄，不能开拓出更为广泛的劳动空间，以吸收和充分发挥剩余的抽象劳动。现实社会经济中，代表具体劳动能力的新知识、新技术在社会经济中的作用广泛被重视、被承认，而高科技产业经济效益的迅猛扩大等，说明人们已经把具体劳动能力的经济作用，放到了经济分析的极为重要的地位上来。

着技术能力的不同变化，各自生产同样一种产品物质所耗费的抽象劳动量，或者所能支配的抽象劳动时间发生了变化，他们对于同样一种产品物质的效用评价也会随之发生变化。如果再把甲乙双方各自对同样一种产品物质的需求上的不同变化考虑进来，那么，他们各自对同样一种产品物质的效用评价，也就会呈现出更加复杂多变的情况。

总之，由于人们劳动创造能力的相对有限性，以及由于人们在具体劳动能力和抽象劳动能力上的差异性（即生产技术上的差异性和可供支配的劳动时间的差异性），使得人们在对具体产品物质进行生产和消费的过程中，首先必须考虑的就是自己劳动能力的可能性、合理性问题，并通过这种考虑，决定自己对于具体产品物质的经济的选择性。而在这一过程中，由于人们之间各自生活需要的不同、技术能力的不同，以及可供支配的抽象劳动的不同等因素，使得人们各自对于不同的产品物质、甚至同一的产品物质的效用评价，可以呈现出千差万别甚至完全不同的认定。

第三，货币支付过程的经济选择性，限制着产品效用的可变性。在商品经济条件下，劳动能力耗费的经济选择性取得了自己的货币形式，从而使得人们关于产品物质（包括商品）的效用量的认识，也就取得了自己的货币形式，劳动能力亦因此可以用货币支付能力来表达。从某种意义上说，在当今发达的商品经济环境中，几乎所有一切社会劳动能力的耗费或者社会劳动资源的配置，都可以表现为一种对于可支配的货币支付能力的分配和配置。用货币支付能力的分配形式去认识产品效用的问题，可以不需要考虑具体劳动能力和抽象劳动能力的问题。因为，由于货币所具有的普遍的交换性，从而使得货币拥有者的具体劳动能力得到了一种无限性的扩大，只要拥有足够的货币，任何产品物质都可以从市场交换中获得，而抽象劳动能力或者说它的简单形式劳动时间，则可以更为方便地表现为可供支配的货币的数量，其中还包括了所有一切被货币化的劳动资料（劳动工具、劳动对象、劳动环境），甚至包括以生产费用形式存在的货币工资。因此，在货币经济条件下，劳动能力对产品效用的限制作用，也就顺理成章地表现为一种货币支付能力的限制作用。

应用货币支付能力分析产品物质的效用量，的确是人类的一大发明创造，它使得一切经济分析看起来是那样的简单明了，几乎连目不识丁的人，也能够十分方便地使用货币进行简单的经济分析。如果一个人的生活需要多种多样，只要能够拥有足够多的货币，就用不着为自己是否具有各种具体劳动能力而烦恼，因为货币的交换性在商品市场中，取得了一种魔术般的效应性，并因此取得了一种魔术般的效用性，简单地说就是，货币可以购买市场上的任何东西，从而最大限度地满足购买者的生活需要。特别重要的是，取得货币的过程本身，就已经包含着所有一切与之相关的经济要素的使用和耗费——具体劳动和抽象劳动的耗费、劳动资料（即劳动工具、劳动对象、劳动环境）的耗费等。这使得在分配货币支付能力的时候，既省去了关于一系列具体劳动耗费和劳动资料耗费的复杂经济思考，又全面地把所有一切相关经济要素的耗费，简单明了地统一于货币支付能力的分配之中。

在货币经济条件下，商品生产者的生产目的看起来简直就是为了获取更加多的货币，好像成为货币的奴隶，然而，这在本质上却体现为一种社会生产的分工，以及由这种分工所带来的无限广泛的产品效用。人们在商品生产中，通过专业化的生产为社会提供物美价廉的生活物质，并从交换中获得尽可能多的货币，从而大大地超越了自己具体劳动限制的界线，通过应用货币的购买能力，去获取远远超出自己具体劳动创造能力的物质财富，使自己的生活更加丰富多彩。

在实际生活中，由于社会劳动能力的分配（包括死劳动①的分配）完全可以转化为货币支付能力的分配，因而使得人们在商品交换的过程中，直接地用货币和货币量来衡量每一种商品的效用大小成为可能。有关劳动分配的一切原则，都可以用一定的方式表现为有关货币分配的一切原则。例如，“产品效用是抽象劳动的函数”，在货币经济条件下，可以表现为“产品效用是货币量的函数”；以及“产品效用比是抽象劳动比的函数”，在货币经济条件下，可以表现为“产品效用比是货币分配比的函数”等，实际上就是这种经济思维方式的转变形式。

用于交换的产品或者说社会产品，也就是今天经常说的商品，社会产品的效用也就可以表达为商品的效用。那么，商品效用又是如何由货币支付能力的分配来加以限制的呢？正如决定生产某种产品物质必须首先依据自己实现某种生活目的的需要而加以规定一样，决定用货币购买某种商品物质也必须首先依据自己实现某种生活目的的需要去加以取舍。无助于实现特定生活目的的商品物质，当然不会浪费有限的货币支付能力去随意购买；对于任何商品消费者而言，只有有用的商品才是具有效用的商品。人们所以对于同样一种商品物质的效用认定，可以有所区别、甚至完全不同，在本质上完全是由人们所要实现的生活目的的不同，及其主次排列次序不同决定的。越是符合人们生活需要的商品，其效用相对越大；而效用越大的商品，人们就愿意支付更多的货币。当然，随着人们生活目的、特别是整个目的系统发生变化和调整，人们关于具体商品物质的效用评价，也就同时发生变化和调整，这就是生活需要对于商品效用的质的规定性。事实上，每一个人对于不同商品或者同一商品的效用评价，所以具有如此相同的一致

① 所谓“死劳动”，指的是物化为劳动资料乃至货币资本的劳动。诚然，这只是一种形象化的说法；劳动就是劳动，其实并无“死”与“活”之分。因此，所谓“死劳动”无非就是劳动创造的物质财富或者其货币形式而已。

性或者如此不同的差异性，完全是由人们之间对于具体商品满足自己生活需要的认定，所具有的一致性或者差异性决定的。

另一方面，人们之间不同的货币支付能力，也从相反的方向限制着人们关于商品效用的认定。一种商品的效用大小，会在实际的货币支付过程中加以调整。原来认定效用较大的商品，如果在实际的购买过程中需要支付的货币量较小，那么对其效用的认定也就会相应下降；原来认定效用较小的商品，如果在实际的购买过程中需要支付的货币量较大，而购买者又不愿放弃对这种商品的使用，就会调高对它的效用认定，并为此追加货币支出。由此可见，尽管需要决定商品是否具有效用的本质规定，但是，货币支付能力则限制着人们关于商品效用大小的认定，把人们关于商品效用的评价拉回到经济的轨道上来。

一个值得特别指出的现象是，即使不同的购买者以相同的价格购买到同样一种商品，对于他们各自而言，这种商品在他们的实际生活中所具有的效用大小，完全可以有所不同，甚至大相径庭。因为，根据“效用比”的概念，一种商品对于具体购买者而言，其效用的大小实际上并不是由这种商品的绝对价格①来体现，而是由这种商品的绝对价格在他们的货币支付能力中所占的比重来体现。对于同一个商品而言，不同的生产者或者不同的购买者对它的效用评价完全可以不一样甚至大相径庭。对于同样价格的一种商品而言，货币支付能力较大的购买者，其货币占用比较小，因而效用比较小；货币支付能力较小的购买者，其货币占用比较大，因而效用比较大。例如，价格 10 元的 10 斤大米，对于月收入 100 元的普通工人和对于月收入 1 000 元的高级管理人员来说，尽管大米的市场价格相同，但体现在它身上的相对效用比是完全不同的，前者是 0.1，后者是 0.01，因而前者对于大米的效用评价远远大于后者。从这种意义上说，对于同一产品物质的效用而言，具有不同支付能力的使用者，效用比的大小与支付能力的货币含量并非一致。这种货币支付能力上的本质区别，正是富有的人认为便宜而效用较小，贫穷的人认为昂贵而效用较大的原因所在。这就是商品效用的相对性和可变性。

由于商品效用的大小可以通过效用比的形式来体现，也就使得体现在具有不同货币支付能力的人们之间，那种对于同一商品效用评价的差异性，得到了合理而充分的理论论证，从而揭示了商品效用人格化的秘密。所谓“效用人格化”，是产品效用评价与人们社会经济地位直接相关的一种内在联系，是人们不同社会经济关系的客观反映。由于每一个人在社会中的政治地位、经济地位、风俗习惯、从事行业、生活环境、研究领域、宗教信仰、特别是货币收入等方面的不同，使得人们各自的生活意志、生活目的形成了差异性，从而形成了人们对于不

① “绝对价格”指的是商品价格的绝对值，或者说就是商品现实的市场价格本身。

同产品或同类产品的极为复杂乃至千差万别的选择性，最终形成了人们对于各种产品物质的不同效用评价。

第四，产品需求的扩大化和产品供给的扩大化，可以影响产品效用的可变性。在一个历史过程中，人类生活的具体内容并不是一成不变的，而是随着人类精神的发展不断延伸、不断扩大的。随着人类生活内容的日益丰富，人们需要实现的生活目的将会越来越广泛，从而人们的物质需要也将会越来越广泛，并由此表现为对产品物质需求的扩大化。另一方面，人类的劳动创造能力也不是一成不变的，同样可以随着人类精神的发展不断延伸、不断扩大。随着人类劳动能力的日益扩大，创造出来的财富种类和种量将会越来越丰富，从而满足人们生活需要的能力也将越来越广泛，并由此表现为产品物质供给的扩大化。这两方面可变因素的交错互动，使得体现在每一个产品物质身上的效用量呈现出更加显著的可变性。

一方面，假定一定时期内的抽象劳动总量或者货币支付能力不变，如果需求的内容扩大了，而且供给的内容同时扩大，那么体现在每一个产品物质身上的效用量也就随之相应变小。例如，假定一个人在某一时期内有 A、B、C 三个生活目的，同时具有 240 小时的有效劳动时间，并且能够创造出满足这三个生活需要的产品物质 A’、B’、C’，那么，体现在 A’、B’、C’ 身上的平均效用量可以表现为 80 小时。而在这个人的另一个时期内，生活目的扩大为 A、B、C、D 四个，同样具有的 240 小时劳动时间不变，但具体劳动创造能力有所扩大，能够耗费同样的抽象劳动时间而创造出满足这四个生活需要的产品物质 A’、B’、C’、D’，那么体现在 A’、B’、C’、D’ 身上的平均效用量可以表现为 60 小时。如果两个时期中的 A’、B’、C’ 三个产品在质量上和数量上相同，那么后面所表现出来的情况就是 A’、B’、C’ 三个产品效用量的下降。

同样，假定一个人在某一时期内有 A、B、C 三个生活目的，同时具有 240 元的货币支付能力，并且能够购买到满足这三个生活需要的产品物质 A’、B’、C’，那么，体现在 A’、B’、C’ 身上的平均效用量，可以表现为 80 元。而这个人的在另一个时期内，生活目的扩大为 A、B、C、D 四个，所具有的 240 元货币支付能力不变，但由于商品价格下降扩大了货币的购买能力，能够购买到满足这四个生活需要的产品物质 A’、B’、C’、D’；那么体现在 A’、B’、C’、D’ 身上的平均效用量，可以表现为 60 元。如果两个时期中的 A’、B’、C’ 三个产品在质量上和数量上相同，那么后者所表现出来的情况就是 A’、B’、C’ 三个产品效用量的下降。

另一方面，假定一定时期内的抽象劳动总量或者货币支付能力扩大，同时需求的内容也扩大了，而且供给的内容同时扩大，那么体现在每一个产品物质身上的效用量也就随之相应变小。例如，假定一个人在某一时期内有 A、B、C 三个生活目的，同时具有240小时的有效劳动时间，并且能够创造出满足这三个生活需要的产品物质A'、B'、C'，那么，体现在A'、B'、C'身上的平均效用量，可以表现为80小时。而这个人的在另一个时期内，生活目的扩大为A、B、C、D四个，但劳动时间扩大到320小时。由于抽象劳动创造能力有所扩大，能够在不影响原来三个产品抽象劳动耗费的情况下，创造出满足这四个生活需要的产品物质A'、B'、C'、D'，那么，体现在A'、B'、C'、D'身上的平均效用量，可以表现为80小时。如果两个时期中的A'、B'、C'三个产品在质量上和数量上相同，那么，后者所表现出来的情况就是A'、B'、C'三个产品效用量的相对下降。显然，尽管两个不同时期的产品物质所耗费的抽象劳动都是80小时，但是，前一个时期的A'、B'、C'分别所占用的抽象劳动比是80/240，而后一个时期的A'、B'、C'、D'，分别所占用的抽象劳动比则是80/320，因而，后者的效用量小于前者。

又如，假定一个人在某一时期内有A、B、C三个生活目的，同时具有240元的货币支付能力，并且能够购买到满足这三个生活需要的产品物质A'、B'、C'，那么，体现在A'、B'、C'身上的平均效用量可以表现为80元。而在这个人的另一个时期内，生活目的扩大为A、B、C、D四个，并且收入增加，具有320元的货币支付能力，由于购买力扩大，能够购买到满足这四个生活需要的产品物质A'、B'、C'、D'，那么，体现在A'、B'、C'、D'身上的平均效用量，可以仍然表现为80元。如果两个时期中的A'、B'、C'三个产品在质量上和数量上相同，那么后者所表现出来的情况就是A'、B'、C'三个产品效用量的相对下降。同理，尽管两个不同时期的产品物质所耗费的货币支付能力都是80元，但是，前一个时期的A'、B'、C'分别所占用的货币支付能力比是80/240，而后一个时期的A'、B'、C'、D'分别所占用的货币支付能力比是80/320，因而，后者的效用量小于前者。

这也就是说，就一种产品物质对于满足人们某种生活需要而言，如果它所耗费的抽象劳动比或者货币支付能力比下降，那么体现其上的效用量也随之下降，反之上升。引起这种变化的因素是多方面的，而当这些因素各自发生变化并且叠加交织在一起的时候，其所具有的互动变化更是万般复杂。但万变不离其宗，在本质上表现为抽象劳动分配比或者货币分配比的相对扩大或缩小，扩大则效用评价提高，缩小则效用评价下降。

总结产品效用的可变性因素，它们都不是孤立的，无不在本质上表现为人类精神发展的可变性。人们的精神发展对于人们的效用评价，起着决定性的规定作用，是产品效用可变性的本质原因。人们关于产品效用评价的可变性，本质上在于人们之间精神发展状况所具有的不平衡性、历史具体的特殊性和适应各自环境需要的不一致性。其中，需求的变化和生产能力的变化，都是与人类精神的发展变化密不可分的，都是人类精神发展变化的表现形式。人类精神发展在内容上具有的可变性，表现为精神发展内容随着人们生活的发展，无论是在精神发展内容的深度和广度上，内容的层次上，还是社会性质上，都是可变的。精神发展内容新的深度和广度可以取代旧的深度和广度；精神发展内容新的主要方面可以取代旧的主要方面；精神发展内容新的社会适应性可以取代旧的社会适应性。

由于每一个人所处的生活环境的不同，因而具有不同的精神发展状况，以及不同的生活目的，因此在生活内容的主次排列上都是不尽相同的。更何况每个人的生活内容在主次性上的排列，又是可以随着各自具体精神发展和具体生活目的的变化而发生变化的。人们对一种产品物质效用大小评价的变化，正是由于人们精神发展的生活内容、生活目的所具有的层次变化引起、限制和规定的。

事实上，生活内容的主次性从根本上规定了人们对产品效用的评价，人们只能依据自身生活内容在主次上的顺序，相应地选择所需要的产品物质，而且都必然首先选择那些最能满足主要生活目的实现需要的产品物质。这样，不同的产品物质在人们的生活中就形成了各自的效用评价。能够最好地满足主要生活内容的产品物质，体现其上的效用量就相应大些；只能满足次要生活内容的产品物质，体现其上的效用量就相应小些。人们正是依据不同产品物质在人们生活中所具有的不同效用评价，在各种产品物质生产、交换和消费的过程中进行选择的。同时，由于每一个人的精神发展状况不同，因而各自之间的具体劳动能力也不尽相同；由于体质上的区别，因此各自之间的抽象劳动能力也不尽相同，特别是由于每一个人面对的劳动资料的不同，因而各自之间劳动能力发挥的状况也不尽相同。这种可变性的存在，同样强有力的限制、规定着人们的效用评价。

由此可见，关于产品效用评价，对于不同的人而言，完全都是依据自身具体的历史的特殊情况来衡量、认定的，其变化的有机性在根本上表现为每一个人的生活目的、生活内容变化的有机性，以及表现为劳动创造能力变化的有机性，是这两种有机性的对立统一。

总之，精神发展的可变性，决定着人们对产品物质资料的取舍态度。随着精神发展具体内容的变化，原来效用评价较低的产品物质，可以在一定的条件下变成效用评价较高的产品物质，也可以在一定的条件下变成效用评价更低的产品物质。每一个人精神发展需要的不同，恰恰说明人类精神生活的丰富性及个性化。任何人对于任何产品物质的效用评价，都是具体的和历史的。因此，任何一种具体产品物质的效用量都是可变的。由于人类精神内容的广泛性和无限变化的可能性，人们对于具体产品物质的效用评价，不变是暂时的、短暂的，变是经常的、永久的。

值得指出的是，在讨论产品效用的可变性问题时必须注意一个要点：同一产品尽管能在不同人的生活中，或者在同一人的不同生活阶段中，具有不同的效用量，但这并不是说某一个具体产品对于某一个具体的使用者而言，也可以同时具有多个效用量。产品效用评价的有机可变性，只表现为某一具体产品物质对于不同人可以具有不同的效用量，并不表现为某一具体产品物质对于某一具体消费者同时具有多种效用评价。只有当某一具体产品物质改变它的具体使用者或者改变它的历史使用者，[①] 它的效用量才可能随之发生变化。而当它与某一具体的、历史的使用者相结合的时候，一般只能获得一个相对稳定的效用量。这是我们认识产品效用可变性的要点之一，否则，就无法对产品效用进行科学考察。

一个耐人寻味的问题是，在以往批判西方效用学说的理论中，倒是有一个非常正确的判断，就是效用所具有的多变性和不可捉摸性。所不同的只是，简单地把效用的多变性看成为一种主观臆断的、反科学的东西，并以此完全否定效用学说的经济分析意义。事实上，效用评价的确与人们的主观意志（生活目的）直接相关。但是，这并不等于说，效用评价就是一种主观唯心的臆断，恰恰相反，在任何效用评价的背后，无不有其精神物质[②]的铁一般的客观规定性。因此，没理由因为产品效用的可变性和难以捉摸，而回避对它的研究和认识，相反要正确地面对它，去深入挖掘隐藏其后的秘密，彻底解开人类社会经济运动及其规律之谜。本书在后面讨论劳动价值规律的时候将会看到，产品效用的可变性与产品物质的劳动价值的可变性之间，天然存在着内在的必然联系，两者之间是对立统一、互为前提、互相制约的。

五　个人效用和社会效用的量的规定性

劳动可以划分为个人劳动和社会劳动，劳动产品可以划分为个人产品和社会产品，这使得产品效用也就同时拥有了自己的社会划分——“个人产品效用”和“社会产品效用”。然而，正是这种社会区别，使得个人产品效用和社会产品效用，在计量上表现出各自特殊的规定性。正确地认识和理解个人产品效用和社会产品效用之间计量上的区别，及其相互之间的关系，对于全面地掌握效用原理是十分必要的。在这一节中，专门就这个问题进行讨论。

从量的意义上说，个人产品效用和社会产品效用，可以更为确切地表达为

---

① 由于效用评价的纵向变化的存在，因而，对于产品效用评价而言，同一个人在不同的历史时期内，可以被视为不同的评价者。效用评价必须有一个具体的、历史的限制范围，没有这样一个范围，一切限制要素都将失去经济的分析意义。

② 参见本书第一篇有关精神本身的物质性的原理。

"个人产品效用量"和"社会产品效用量"。其中，所谓个人产品效用量，就是个人产品对于个人生活有用性大小的量的规定性，是个人生活对于个人产品有用性大小进行评价的量化过程，简称为"个人效用量"；所谓社会产品效用量，就是社会产品对于社会生活有用性大小的量的规定性，是社会生活对于社会产品有用性大小进行评价的量化过程，简称为"社会效用量"。个人产品效用量和社会产品效用量在计量上的区别，本质上表现为劳动产品服务对象以及劳动产品消费对象的社会区别，而这种区别的本质特征是与个人劳动和社会劳动的划分完全一致的。这也就是说，个人产品是生产者为了直接满足自己的个人生活需要，而以个人劳动生产的产品物质，对于个人产品的消费使用也就构成了个人效用；社会产品则是生产者为直接满足他人的社会生活需要，而以社会劳动生产的产品物质，对于社会产品的消费使用也就构成了社会效用。正因为如此，对于个人产品效用量和社会产品效用量的评价，也就呈现出了它们各自的特有形式。

这里需要注意的是，在对个人效用量和社会效用量进行分析的过程之中，必须非常明确产品、劳动、消费者的社会划分，及其所规定的界限范围。一定的个人产品效用量，只能由相应的个人劳动、个人产品、个人生产者和个人消费者的界限范围去规定；一定的社会产品效用量，只能由相应的社会劳动、社会产品、社会生产者和社会消费者的界限范围去规定。超出了固有的界限范围，或者混淆了各自的界限范围，个人效用量和社会效用量的规定，也就失去了起码的科学基础。由于效用表现为抽象劳动的函数，因而关于个人产品效用量和社会产品效用量的分析，关键就在于对不同性质的劳动范围的划分，即关于个人劳动和社会劳动的范围划分，这实际上也就是关于个人产品效用评价和社会产品效用评价的界限划分。其中，个人产品效用以个人劳动时间的分配为体现，表现为个人抽象劳动的函数；社会产品效用以社会劳动时间的分配为体现，表现为社会抽象劳动的函数。公式表示如下：

$$\text{个人产品效用} = F\text{（个人抽象劳动）}$$
$$\text{社会产品效用} = F\text{（社会抽象劳动）}$$

同时，个人产品效用比和社会产品效用比的公式分别表示如下：

$$\text{个人产品效用比} = \frac{\text{某一个人产品抽象劳动量}}{\text{个人抽象劳动总量}}$$

$$\text{社会产品效用比} = \frac{\text{某一社会产品抽象劳动量}}{\text{社会抽象劳动总量}}$$

正如已经知道的，抽象劳动只是分析劳动价值关系所进行的一种理论抽象，它仅仅代表人类劳动的量，不能包含人类劳动的质。因此，仅仅由抽象劳动的耗费来规定产品效用量是不全面①的。由于可以把人类创造的全部财富（包括产品物质、货币资金、劳动资料，以及所有一切与劳动耗费相关的自然资源等）视同为一种可被分配的固化劳动或者“死劳动”，这就使得对于产品效用量的分析更为客观和科学化，因为这些财富的获取本身，就同时包含了人类劳动的质与量的两个方面——具体劳动和抽象劳动。所以，在上述的公式中，有关“抽象劳动”的计量要素，都可以相应地换用其他可被通约的要素进行分析。例如，用可以普遍通约的“货币”来换算就显得更加方便而准确，尤其使用货币来分析产品效用，对于社会产品效用的分析就更为直截了当。当然，这并不等于说对于个人产品效用的分析就没有意义，如果一个人把通过社会产品交换获得的货币，作为一种可被分配的个人劳动的话，那么，在个人产品效用量的分析中，货币分析将起到非常积极有用的作用，而且表现得同样方便和出色。

在个人产品效用量和社会产品效用量的分析上，除了在产品、劳动、生产者、消费者的社会划分的界限范围上存在基本区别外，另一个非常显著的区别特征，则在于产品效用计量的直接方式和间接方式。对于个人产品生产者自己而言，由于自己既是个人产品的生产者，同时又是个人产品的消费者。因此，完全可以依据个人产品对自身生活需要的有用性大小，直接地对其个人效用量进行评价。特别重要的是，由于生产者对自己耗费在个人产品生产上的个人劳动时间或者个人劳动资源也非常清楚，更是可以对个人产品效用的劳动价值进行直接的比较分析。这显然比较简单，因为对于个人生产者自己而言，个人产品生产所耗费的抽象劳动或货币资金的多少，及其对自身生活的有用程度（有用性排列次序）如何，生产者自己是一目了然的，完全可以把握。这两个要素统一于同一个生产者身上，因而使得对于个人产品效用的评价比较方便、直接和确切。

① 在古代和近代生产技术普遍低下的条件下，对于绝大多数成年劳动者而言，一般性的农牧业和手工业技能普遍比较容易掌握，且掌握后的差异极小。因而，在社会普遍的、主流的生产劳动过程中，具体劳动的限制几乎可以被忽略，而有限的抽象劳动则成为主要矛盾，并由此成为人们经济计量的直接对象。

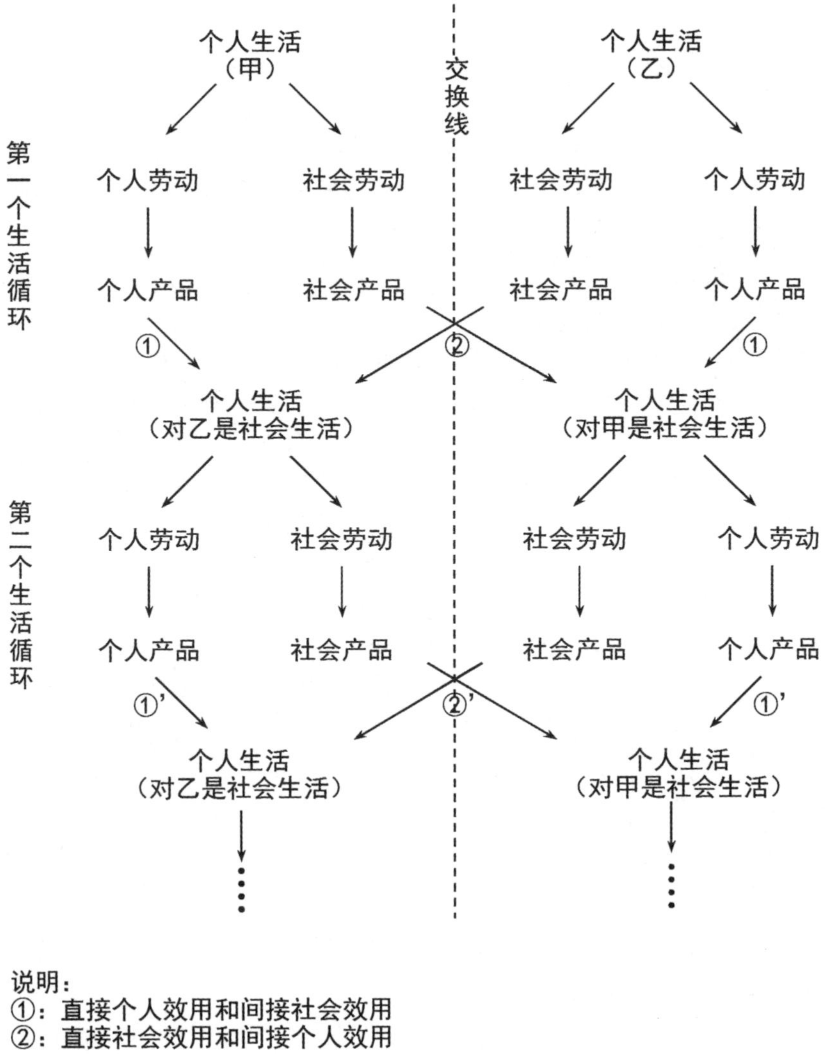

图 27－1

相反，社会产品效用量的评价则不具有这种直接进行比较分析的条件。对于社会产品生产者而言，由于他只是社会产品的生产者，而不是社会产品的消费者，因而，他难以依据社会产品对自身生活需要的有用性大小，直接地对其社会效用量进行评价。对于社会产品生产者来说，生产社会产品所耗费的抽象劳动或者货币资金，同他对社会产品的效用评价这两个要素是完全分离的。事实上，具体社会产品的有用性大小的效用评价，只能由社会生活的具体需要去认定，而不可能由社会产品生产者自己去认定，这样，也就给社会产品效用量的规定性带来了困难。社会产品生产者现实地发现或者自觉不自觉地感受到，只要能在交换中取得较大间接个人效用的社会产品，其社会效用量相应较大，反之较小。这也就是说，社会产品生产者只要通过对交换回来的产品物质或者货币收入，及其对于自身生活需要的有用性大小进行认定，是完全可以间接地认定其所生产的社会产品的社会效用量的。在这里，社会劳动耗费与社会产品效用评价这两个要素，就通过交换物间接地实现了统一。社会产品生产者正是依据这种评价，间接地认识其社会产品的社会效用量的。如果其所生产的社会产品的间接个人效用越大，就表明其社会产品的社会效用越大，他就会加大该社会产品的生产投入而扩大生产规模；反之，则会减少该社会产品的生产投入而缩小生产规模。从而可以得到社会产品效用量的一种间接地计量公式：

$$\text{直接社会产品效用} = F\text{（间接个人产品效用）}$$

对于社会产品效用评价的这种间接方式，如果要有一个更为直观的认识，可以参见第二十六章中的图 26－1，引至本章为图 27－1，从中可以看到，社会产品通过交换线换位到交换对方的个人生活需要中，成为社会生产者个人生活需要服务的物质对象，并因此失去直接的社会性而获得间接的个人性。因此，对于社会产品的间接个人效用评价，也就代替了社会产品生产者本人根本不可能进行的直接社会效用的评价，并由此找到了引导社会生产的价值机制。社会效用量的规定性是与个人效用量的规定性对立统一而不可分离的，否则，将无法真正理解社会产品效用量本身。

第二十八章
主观效用和客观效用

仅仅从认识论的意义上说，效用评价与效用关系及效应关系有着本质上的区别：效用评价是一个主观上的认识范畴，效用关系和效应关系则是一个客观上的物质范畴。当然，从人类精神本身的物质性的意义上说，任何主观上的认识范畴，毫无例外地都是客观上的物质范畴的某种特定存在形式，都包含于物质范畴之中。因而，即使是作为主观的效用评价本身，也是一种具有实际意义的物质关系，是人类认识关于产品物质对于实现人类生活目的所具有的有用性、主次性、序列性的物质反映。就一般概念而言，主观作为认识性的东西，需要符合客观事实或者需要被客观事实所验证；产品效用作为一种认识性的东西，同样需要符合人类生活的实际需要及被这种实际需要的实现、满足所证实。这也就是说，关于产品效用的评价，也有一个从主观到客观的认识过程，进而会有一个从客观到主观的认识过程。事实上，脱离了这种认识过程，任何关于产品效用的理论，都只能是片面的和毫无经济分析意义的。本章将对产品效用评价的过程进行分析，其中最重要的两个概念就是“主观效用”和“客观效用”。

一　主观效用和客观效用的概念

在讨论之前，首先给“主观效用”和“客观效用”的概念作一个基本规定，然后再就其有关问题进行讨论。那么，如何给“主观效用”和“客观效用”下定义呢？

所谓“主观效用”，就是人们对于所要生产、交换或消费的产品物质，可能或应该具有的有用性的一种期望或预期评价，这种期望和预期评价，表现为目标产品对象对于实现人们生活目的所可能具有的效应性和效用性。主观效用往往表现为生活目的对于产品效用的一种主观期望，即估计或希望目标产品具有某种实现既定生活目的的效应性和效用性。主观效用必然产生于实际的生产、交换和消费结果之前，仅仅表现的是人们以实现自身生活目的为依据，而对于产品物质可能的效应或效用的一种主观愿望或主观评价。例如，一个原来步行上班的职员想解决步行耗时太多的问题（或者说想实现节约上班时间的目的），于是凭借自己的经验或常识，认定自行车可以帮助解决这个问题，因而预期自行车对于实现他节约上班时间的目的具有物理上的效应性和使用上的效用性，甚至可以根据自己支付能力的大小，对自行车的效用大小进行可行性的经济分析。这种对于目标产品物质效用的预期评价，就是主观效用评价，评价的结果就是关于目标产品物质的主观效用。因此，主观效用就是在使用产品物质之前，关于其实现自身生活目的之效用大小的主观评价。

“客观效用”与“主观效用”不同，指的是人们对于已经生产、交换或消费的产品物质所具有的效应性和效用性的一种现实体验和现实评价，这种体验和评价表现为目标产品对象对实现自身生活目的所具有的现实的效应性和效用性。客观效用往往表现为对产品效用的一种实际考察，即通过对产品物质的使用和消费，验证其实现某种既定生活目的所具有的现实效应和现实效用，并以此为依据对产品物质做出符合实际的效用评价。客观效用必然产生于实际的生产、交换和消费结果之后，它所表现的是人们以实现自身生活目的为依据，而对于产品物质的现实效应和现实效用的一种客观评价。例如，同样引用上面的例子，这个职员只是凭借自己的经验或常识，认定自行车可以帮助实现自己节约上班时间的目的，并把对它的主观效用评价放置在一个较高的层次之上，进而据此用自己积攒多月的工资购买了一辆自行车；但是，自行车的使用效果究竟如何，其实现既定生活目的的效应性和效用性能否与自己的预期相一致，只有通过对自行车的实际使用和消费才能得到验证。假定这个工人使用自行车后，很好地实现了节约上班时间的目的，其原来的主观效用评价就为现实的客观效用评价所证实，并因此具有了自己的客观依据而成为对客观效用的正确反映。相反，假定这个工人使用自行车后，由于道路堵塞较为严重，没有达到原来预期的效果，所节约的上班时间不多甚至比步行还要慢，这样，其原来的主观效用评价就为现实的客观效用评价所否定，并因此失去自己的客观依据而成为对客观效用的错误反映。由此可以简单地说，“客观效用”就是在使用产品物质之后，关于其实现生活目的之效用大小的客观评价。这也就是说，客观效用往往表现为通过生产、交换和消费的实践，对主观效用评价正确性与否或者正确性程度的一种认定，即对产品物质所具有的实现特定生活目的的客观效应性，进行实际使用之后的再次评价，看它是否与原来的主观评价相一致。

值得特别注意的是，“主观效用”和“客观效用”的概念与“效用”的概念虽然密不可分，但又是两种完全不同的东西。“效用”作为产品物质与人类生活之间的客观关系，本身是一个纯粹的客观范畴，它是一种不以人的意志为转移的客观实在。“效用”所表达的是这样一种客观物质关系，产品物质对于人类生活的有用性及其实现人类生活目的所具有的特殊内外对应[①]作用，即具体的产品物质及其在特定环境条件下的具体产品效应，对于人类实现相应的具体生活目的所具有的客观物质作用关系。“主观效用”和“客观效用”则纯粹是一个关于效用关系的认识范畴，它表达的是人们对于产品效用状况或者说对于产品效用背后铁一般的物质规定性的认识过程，它在生产、交换和消费的实践过程中，通过对于产品效用的认识和再认识，不断地使主观期望与客观实际相符合、相统一，从而作为人类的一种特有的精神力量，实施对人类自身生产活动、交换活动和消费活动的指导，并从中获取最大的经济效益。

总之，主观效用是一种关于预期效用的认识，客观效用则是一种关于现实效用的认识；主观效用和客观效用只是人们关于产品效用的一个认识范畴，完全是就人们对效用关系的认识而言的，这一点绝对不能简单地同“产品效用”混为一谈。从经济学的意义上说，主观效用和客观效用这一对概念的意义所在，主要还是针对人们关于效用关系以及产品效用量的一种认识过程，是这种认识过程的表现形式，并非要在理论上把实际的、客观实在的效用关系本身划分为两种不同的存在形式。事实上，效用关系是产品与人类生活之间的客观物质关系，其本身并不存在什么主观形式，而存在的只是可以为人们的反映去认识的经济关系而已。

二　主观效用和客观效用对经济行为的指导意义

主观效用和客观效用这两个概念的提出，并不是一种矫揉造作或不切实际的理论堆砌，而是有其指导人类社会生产行为的至关重要的经济学意义的，甚至是分析劳动价值和进行经济决策不可逾越的思维过程。无疑，人类是一种具有明确目的性和主观能动性的生物物种，其经济行为无不以一定的生活目的为依据；因此，主观效用是人类一切经济活动的前提条件，没有依据生活需要对产品物质对象做起码的主观效用评价，人们也就失去了对于产品生产、产品交换和产品消费的任何选择性和能动性，以及一切基于经济原则的社会行为。正是因为有了主观效用的评价，才有了人们的生产实践、交换实践和消费实践，而只有通过这些实践，才能形成对客观效用的全新认识，修正、调整，否定不符实际的主观效用，进而推动下一循环的实践。从这种意义上说，主观效用和客观效用的概念，对于指导人类的经济行为是绝对不可缺少的。

---

① 参见本书第一篇第四章“生活目的的实现”。

作为对产品效用关系的认识过程，人们对于产品效用的评价可以划分为两种最基本的形式：一种是对产品效用的主观评价，另一种是对产品效用的客观评价。过去有一句名言：理论是行动的指南。主观效用评价就是关于经济行为的理论，没有主观效用评价这个理论，也就没有实际的生产行为、交换行为和消费行为。但是，主观效用评价是否正确、是否能够达到预期的经济目的，只能通过客观效用评价去加以检验、考察和修正，在此基础之上，形成与客观事实更为贴近而更新了的主观效用评价，并以此指导新一轮的经济行为。由此可以得出一个关于主观效用和客观效用，在指导人们生产实践关系上的一个形象表达式："主观评价—生产实践—客观评价—更新的主观评价—新一轮的生产实践"。在这个表达式中，"评价"是主观的东西，"实践"是客观的东西；主观的评价支配和指导客观的实践，客观的实践反过来检验、考察和修正主观的评价，使主观评价达到一个与客观事实更为一致的水平。

在实际的生产活动中，人们总是依据对于不同产品物质效用的主观评价来进行资源配置的。在具体劳动能力的规定范围内，如何分配自己有限的体力（抽象劳动能力）；在可供支配的货币支付能力范围内，如何分配自己有限的财力；在可供支配的劳动资料范围内，如何分配自己有限的物力等等，这些无不依据主观效用的评价来进行。只有这样，对于人力、财力、物力的最佳资源配置，才能在经济的原则上，最大限度地为实现既定的生活目的服务。在这个过程中，客观效用评价作为一种对于主观效用评价的检验和修正机能，对于整个生产和再生产过程所体现出来的指导意义，更是明显和突出。

在实际的生产、交换和消费行为之前，对于不同产品对象抽象劳动（亦可由货币资金来表达）的分配比，完全是按照经济人对于各种产品对象的主观效用评价的比重进行分配的。例如，假定某经济人有 100 小时劳动时间，对 A、B、C 三个产品的主观效用评价分别为 50%、30%、20%，那么它的抽象劳动分配比也就相应地表现为 50 小时、30 小时、20 小时。这就是所谓产品效用比是抽象劳动比的函数。通过抽象劳动比，可以客观地反映人们对于产品效用大小的主观评价，同时也反映了主观效用对于劳动资源分配的能动地支配作用。但是，在实际的生产、交换和消费行为之后，经济人对于各种产品对象的主观效用究竟符不符合客观事实，就会在对产品对象的实际使用中得到证实。假定 A、B、C 三个产品，都能如同事前预料的那样，完整的实现经济人的生活目的①，并且所耗费的抽象劳动比也与事前的分配相一致，那么，先前的主观效用评价也就得到了客观实际的证实，成为对客观实际的正确反映，并因此转化为实实在在的客观效用评

① 与经济人的生活目的实现充分内外对应。

价。假定 A、B、C 三个产品，与事前预料的有所出入，不能准确地实现经济人的生活目的，或者实际耗费的抽象劳动比也与事前的分配不尽相同，那么，先前的主观效用评价，也就得到客观实际的检验和修正。其中，对于生活目的实现能力较差或者实际耗费抽象劳动比高于事前分配的产品物质，相关的主观效用评价也就相应降低；而对于生活目的实现能力较强或者实际耗费的抽象劳动比低于事前分配的产品物质，相关的主观效用评价也就相应提高。在这一过程中，人们关于产品效用的评价，更加接近对客观实际的反映，并因此转化为实实在在的一种客观效用评价。这种经过修正的客观效用评价，尽管仍然是人们的主观认识过程，但由于在实践中得到检验和升华，也就获得了正确指导下一步经济活动的依据。从这种意义上说，主观效用和客观效用对于人们经济活动的指导意义是不容置疑的。在对主观效用进行经济活动的实践检验过程中，如果某一产品物质的客观效用低于主观效用，就会引导经济人在再生产的过程中减少抽象劳动投入；而抽象劳动比的减少，反过来又迫使产品效用相应降低。如果在客观效用因为抽象劳动的超额耗费而低于主观效用的情况下，而又因生活需要不能放弃再生产，就得相应提高主观效用的认定，并在再生产中增加劳动投入；抽象劳动比的增加，自然就使产品效用比相应提高。当然，如果客观效用与主观效用相一致，那么，在生产过程中的劳动投入不变，则产品效用不变。

上面的讨论实际上已经更为简单明了地展示了“产品效用是抽象劳动的函数”的内在机制。这种内部机制不仅使得抽象劳动分配比成为反映产品效用评价的一面镜子，而且同时使得产品的效用评价，深深地刻上了抽象劳动的烙印，即实际的抽象劳动分配比反过来严格地限制、规定人们关于产品效用的评价和认定。产品效用由精神支配的劳动创造，同时又由精神支配的劳动限制，这实际上正是劳动效用价值原理的精髓所在。了解了这一点，产品效用与人类劳动之间的关系也就迎刃而解，价值理论的大门也就随之敞开。如果能够深刻理解和灵活掌握抽象劳动与效用评价之间的这种关系，对于主观效用和客观效用的经济指导作用的认识，也就可以更加深入和细致一些，可以列出以下几种具体现象进行分析，以加深印象。

第一，在设定的生产过程之后，如果所生产的产品物质的数量超出生产前的预期，将会导致单个产品抽象劳动耗费的降低。由于抽象劳动耗费的降低，单个产品的客观效用评价也就相对原来的主观效用评价相应降低。如果生产者维持原先设定的产品生产数量不变，该类产品种类的整体抽象劳动耗费也会随之降低，因而种类产品的客观效用评价也会相对原来的主观效用评价相应降低。其结果是，在下一个生产循环中指导生产者减少抽象劳动投入量。例如：

目标产品 A（6 件）（抽象劳动比 10%） 实际生产出 10 件 { 超出目标 4 件（4%）
实际需要 6 件（6%）

在这个例子中，生产者对于目标产品 A 的预期效用比为 10%，因而预期投入的抽象劳动比相应为 10%；但在实际生产之后发现，投入 10% 的抽象劳动耗费之后，生产出来的产品数量比原来需要的 6 件多出 4 件。假定多出来的 4 件是一种浪费，那么，生产者在生产实践之后对于目标产品 A 的客观效用评价就会修正原来的主观效用评价，预期在下一个生产循环中把投入目标产品 A 的抽象劳动比降至 6%，并因此对它的效用评价调整为 6%。多出来的 4% 的抽象劳动比，将会作为剩余的效用评价份额追加到其他产品种类或数量的生产之上。

第二，在设定的生产过程之后，如果所生产的产品物质并不能实现生产前的预期效用，甚至根本无法生产出预期的产品物质，致使所耗费的抽象劳动全部被浪费掉。在这种情况下，如果生产者对这种产品物质的客观效用评价为零，并放弃下一轮生产的抽象劳动投入，那将会导致该种产品生产的停顿和退出。这样，无论原来主观效用评价多么大的产品物质，如果通过生产消费实践被证实并不能实现，那么对于这种产品物质的客观效用评价，就会修正原来的主观效用评价，从而指导生产者下一步的生产活动，减少甚至放弃相应的抽象劳动投入，并把剩余出来的抽象劳动作为剩余的效用评价份额，追加到其他产品种类或种量的生产之上。这也就是说，由于生产者的劳动能力或劳动资料，在客观上并不具备按照预期生产该种产品物质的技术条件和社会条件，因而只能导致生产失败，而被迫放弃生产，从而使得既定的目标产品在下一个生产循环中失去全部效用。这就是客观效用对于主观效用所具有的检验和修正功能的具体体现。

第三，在设定的交换过程之后，如果所获得的交换利益实现了交换前的预期目标，甚至超出这个预期目标，而获得了较大的交换产品效用，那么情况就会同上面的相反，不是减少或转移抽象劳动的投入，而是扩大和追加抽象劳动的投入。例如，假定一家工厂同时生产 A、B 两种商品各 100 件，所占用的抽象劳动比分别为 70% 和 30%，在市场上实际交换之前的预期售价分别为 7 元和 3 元，这样就构成了该商品生产者的主观效用评价。然而，通过自由竞争、讨价还价的实际交换之后，A、B 两种商品却以恰恰相反的价格实现交换，即 A 商品以 3 元、B 商品以 7 元的价格实现交换。这时，商品生产者通过交换实践所取得的客观效用评价，检验和修正了先前的主观效用评价，引导其在下一轮的商品生产实践中调整抽象劳动的投入，减少 A 商品的生产投入，并把节约出来的劳动资源转移并追加到 B 商品的扩大再生产之中。

当然，这里所举的只是一些非常浅显的例子，并不能涵盖所有一切形形色色、复杂多变的产品物质的主观效用和客观效用的分析研究，目的只是要说明主观效用和客观效用对于人们经济行为的指导意义，以及说明主观效用和客观效用的理论在经济分析中绝对不可忽视的现实作用。

三　主观效用和客观效用的辩证统一关系

如果不是表面化而是深入其中地分析主观效用和客观效用的问题，将会发现，主观效用和客观效用实际上也是一对辩证统一的矛盾关系。

从前面的讨论中可以看到，主观效用和客观效用对于产品效用评价是互为存在前提的；没有主观效用评价，就没有实际的生产过程；而没有实际生产过程所创造出来的劳动产品，自然也就没有客观效用的评价。反过来，没有客观效用的评价，就没有关于现实劳动产品有用性的认定，就没有进一步进入生产过程的依据，从而就没有主观效用评价本身。也就是说，主观效用和客观效用是人们对于效用关系认识的两个对立统一的方面，没有主观效用的认识，就不会有实际的生产实践；没有实际的生产实践，也就不会形成客观效用的认识。而没有客观效用的认识，更新了的主观效用认识，也就失去了得以循环发展的基础。

主观效用和客观效用是我们关于效用概念的一种非同以往的全新认识，它与以往任何效用概念的根本不同之处在于：它把人类关于产品效用的主观评价与对产品物质的客观需求（实现人们特定生活目的的精神效应）相结合，实际上是辩证唯物主义认识论在经济学效用问题上的一种具体反映，即表现为一种“实践—认识—再实践—再认识”的过程。在这种认识过程中，主观效用评价的偏差不断地为客观效用评价所修正，并成为人们根据实际生活目的和实际生活需要的变化，科学合理地调整劳动分配和资源配置，最大限度地提高经济效益的认识工具。从本质上说，主观效用和客观效用的辩证统一关系，就是对效用关系认识过程中主观与客观趋于统一的关系，就是在认识上对于实际产品效用进行评价的调整机制；而这种关于产品效用评价的调整，最终必然反映为生产实践中劳动资源分配和再分配的调整。

总之，主观效用是人们对特定产品物质满足特定生活需要的可能状况的预期评价；客观效用是人们对特定产品物质满足特定生活需要的现实状况的现实评价。两者互相联系、互相促进，没有主观效用就不可能支配现实的生产活动，也就没有客观效用。主观效用来自于客观存在的效用关系，来自于实际的经济活动实践；客观效用的实现状况，则是构成进一步的主观效用的依据。正是从这种意义上说，即使是主观效用，背后也有其铁一般的客观规定性。主观效用评价绝对不是主观随意、虚无缥缈的，而是受人类生活存在和发展的具体物质需要及其创造这些产品物质的劳动能力的严格限制的。显然，人们在对于产品效应和产品效用进行主观评价的过程中，往往都是凭借以往实际生活中的一定经验去作出评价、认定和选择的，同时是依据自己所具有的劳动创造能力或者货币支付能力去衡量、去定夺的；而这一切在本质上无不以人们生产、交换、消费的实践经验为客观基础。

第二十九章
泛效应和泛效用

本书前面讨论“个人效用和社会效用”的时候，曾经提到过“泛效应”和“泛效用”这两个术语，但并没有对这两个术语作概念式的解释。由于泛效应和泛效用的现实存在，使之成为一种由人类劳动行为的副产品乃至目标产品本身，所衍生出来的一种能够对人类社会生活乃至人类经济活动构成某种影响，有时甚至构成重大影响的制约因素。如果忽视了对泛效应和泛效用的研究和认识，那么关于人类的经济活动以及由这些经济活动构成的经济关系的认识，就会是不全面的，有时还可能带来灾难性的后果。例如，制冷工业的发展，无疑给人类生活带来了更加舒适的生活环境，但是氟利昂（一种制冷济）的广泛使用，却在不知不觉中造成地球大气臭氧层的巨大空洞，从而把人类的生存和发展暴露在超量的宇宙射线的威胁之下。这就迫使我们不得不回过头来反思，制冷工业在为眼前的经济利益带来正面效用的同时，又会为长远经济利益带来什么样的负面效用，并迫使我们把直接产品效用与间接产品效用（泛效用）综合地进行分析，从中寻找出最为符合长远经济利益的经济活动方式。例如，寻找氟利昂替代物质的努力，就是其中一个具有实际意义的尝试。正是从这种意义上说，在研究讨论产品效用问题的时候，把泛效用问题放到一个特殊的位置上进行思考，对于经济学效用学说的完整性而言，无疑是必要的和顺理成章的。本章将就这个问题进行讨论。

一　泛效应和泛效用的概念

产品效应是产品效用的外在物质基础。由此引申出来的一个事实是，产品物质所具有的泛效应，也就自然而然地成为产品物质泛效用的外在物质基础。因此，关于泛效用的讨论，也就自然地从对泛效应的讨论开始。

那么，什么是泛效应呢？所谓泛效应，就是体现在目标产品[①]之上的主要产品效应所附带的次要产品效应；或者说，就是体现在目标产品之上的主要产品效应所同时具有的次要的、间接的、潜在的产品效应。泛效应可以通过对目标产品的使用而直接构成，也可以由生产目标产品过程中所形成的副产品间接构成。例如，吸烟者使用香烟，使得被使用的香烟具有了满足烟瘾或者提神的直接效应。但是，通过对香烟的这种直接效应的使用，却能同时间接的影响吸烟者的身体健康，成为导致癌症甚至致人死命的潜在效应。这就是在对目标产品本身主要效应进行使用的过程中，所形成的泛效应现象。又如，黄金和化肥的生产过程，虽然它们作为一种直接的目标产品可以给人们带来正面主效应；但是，生产黄金所使用的化学济对于土地、水源的污染和植被的破坏，又反过来间接地破坏着人类的生存环境，从而给人类生活带来一定的负面泛效应。这就是对目标产品本身的生产过程所形成的泛效应现象。

如果仔细分析，泛效应至少包含着以下几方面的特性：

第一，泛效应的广泛性。由于物质之间所具有的广泛联系性，使得人类劳动的作用范围乃至产品空间，可以在理论上无限的扩大化和广泛化，[②] 因此，产品物质可能产生的泛效应及其影响范围和层次，在理论上也是可以无限扩大的，具有某种无限性。例如，某个伟人曾经在贫困饥饿将死之时，因善人施舍一碗饭而得以活命，那么这一碗饭对于此人后来成为伟人，就有着久远而实质性的效应意义——否则他都饿死了，哪里还能成为伟人呢？这就是中国人常常讲的所谓“一饭之恩”的道理，其中就包含了对很久以前那“一饭”的泛效应及其伟大的历史效用的肯定。当然，在现实的经济活动中，并不可能对所有一切产品物质的泛效应进行漫无边际的分析，而只能从经济原则的角度出发，把注意力集中到产品泛效应所能涉及的经济范围和经济层次，从中对其进行分析、研究并很好地把握它。之所以强调泛效应的广泛性，其中的重要意义在于，提醒我们尽可能全面地考察产品物质泛效应，对于人类生活乃至经济活动产生的各种影响，从而扩大我们关于产品效应分析的视野。

第二，泛效应的条件性。无论就具体的产品本身或者生产这一具体产品的生产过程而言，它所包含的一切泛效应的存在和扩散，都是在一定的条件下形成的。没有特定的条件和环境，产品泛效应就不能产生；相反，有了特定的条件和环境，不但可以促成一定泛效应的产生，亦可以限制一定泛效应的形成。例如，在城市中心建设化工厂，其废气、废水的污染对于城市居民所产生的负面泛效应

---

① 所谓“目标产品”指的是生产过程中有目的地进行生产的产品，用以区别生产过程中形成的其他附带产品（例如次生有害物质）。

② 参见本书第二篇有关“产品内涵和外延”的章节。

是显然的；但是，如果改变条件，将这个化工厂迁到远离城市的偏远山区，那么其废气、废水的污染对于人类生活的负面泛效应将会大大缓解。又如，吗啡作为一种药品用于为手术中的病人止痛，那么它对人类生活就具有正面效应；但是，使用吗啡的同时又会形成负面泛效应（即所谓负作用），就是会使病人对吗啡产生某种有害的依赖性，而使得吗啡更像是一种毒品。当然，如果限制它的使用条件，即限制它的使用济量，吗啡的这种负面泛效应就能得到避免。研究泛效应的条件性，其意义在于全面地把握泛效应的形成原因，以便有的放矢地限制或引导产品泛效应的形成及其发展方向。

第三，泛效应的正反性。通常会用负面泛效应的例子来印证产品泛效应的存在形式，但是，对于人类生活的有用性而言，泛效应并不特指产品物质所能带来的负面的、不良的泛化影响，而是有其正反两方面的物质效应的，即所谓“正面泛效应”和“负面泛效应”。例如，看电影可以作为一种消遣，如果电影的思想内容是积极正面的，那么消遣的同时也就潜移默化地促进了人们思想意识的正面发展；为市场提供充足的粮食和日用品，看起来像是简单地满足人们吃穿用的需要，但对于国家而言，则同时带来了稳定市场、稳定政局的正面泛效应，政局的稳定对于整个国家政治经济的发展所带来的正面泛效应将更为广泛。因此，在研究泛效应问题时，不仅要善于限制负面泛效应的产生，同时要善于促进正面泛效应的形成。

第四，泛效应的社会性。由于个人劳动和社会劳动的划分，乃至由于个人产品和社会产品的划分，使得体现在产品生产和消费之中的泛效应，同时表现出其自身固有的社会性，即所谓“个人泛效应”和“社会泛效应”。其中，个人泛效应就是人们作为个人劳动者，在生产和消费个人产品的过程中所形成的泛效应，它主要表现为直接为个人生活服务的个人产品所具有的泛效应；而社会泛效应就是人们作为社会劳动者，在生产和消费社会产品的过程中所形成的泛效应，它主要表现为直接为社会生活服务的社会产品所具有的泛效应。例如，家庭日常生活（做饭、洗衣等）所产生的垃圾废水，如果处置不当，就会对个人和社会的生活环境构成负面泛效应；个人吸食毒品不仅会损害自身健康，而且会祸害社会。另一方面，建造核电站的潜在安全隐患乃至发生核泄漏，使用汽车带来的日趋严重的空气污染，都会给社会中每一个人带来负面的泛效应。

第五，泛效应的层次性。产品泛效应在对社会生活或者个人生活发生作用的时候，其实际的效应影响，存在一个波及过程和波及范围，并由此构成泛效应的层次性。例如，一种产品物质的泛效应可以针对某一个人、某一社区、某一社会团体，亦可以针对整个国家甚至整个人类等。这种层次性的存在，使得我们可以具体和历史地、局部和整体地去考察产品泛效应对于实际经济生活的影响。由于泛效应的广泛性和条件性的存在，这就从两个方面提出了分析研究泛效应的限制：其一，既要尽可能全面地、广泛地估量、考察产品泛效用所波及的各个层次或范围，以及这些泛效应对于人类生活所能形成的有利或有害作用的可能性，从而能动地限制或引导它，又要依据我们的实际情况，遵循基本的政治经济原则和规律，把我们关于泛效应的认识限制在一定的范围界限之内，有选择地进行泛效应可能性的具体分析，而不能使之成为一种漫无边际的、毫无经济意义的无限引申；其二，关于泛效应的分析，必须要以产品本身的物质性质及其发生泛效应的具体外部条件为依据，因而对于产品泛效应的分析，除了要对产品本身的物质属性具有深入的了解外，对于与之相关的外部物质条件的广泛认识和把握，也是必不可少的。如果没有一定的外部条件，具体产品物质的相应泛效应实际上并不可能发生。因而，有必要将分析泛效应的视线，集中在现实的外部条件或者可能产生的外部条件的范围之内。

那么，什么是泛效用呢？泛效用就是产品物质的泛效应对于人类生活的效用性，也是人们关于产品泛效应有用性的评价。如同效用分析一样，泛效用同样必须首先解决的一个基本问题，就是关于泛效用性质的划分问题，即具体产品的具体泛效应对于人们生活是有利的还是有害的问题，并由此形成了关于“正面泛效用”和“负面泛效用”的概念。所谓“正面泛效用”，就是对人类生活（人类精神的存在和发展）具有积极作用的产品泛效应的有用性评价；所谓“负面泛效用”，就是对人类生活（人类精神的存在和发展）具有破坏作用的产品泛效应的有用性评价。相对而言，泛效用往往表现为产品主要效用的附带的、次要的、潜在的、间接的或者被忽视的产品效用，但是，泛效用的存在却能影响人们关于主要产品效用（或者说直接产品效用）的评价，在某种条件下，甚至还会对这种评价起关键性的制约作用。

由于产品泛效应的上述特性所具有的复杂性和多样性，从而使得产品泛效用的分析对象，也呈现出复杂而又丰富多彩的状况。在生产和消费产品物质的过程中，任何存在泛效应的地方，只要与实际经济生活联系起来并为人们所关注，都能从中形成关于产品物质泛效用的认识和评价，从而影响和引导对产品效用的整体评价，进而影响和约束人们的全部经济活动。

二　泛效用概念的经济分析意义

研究讨论产品泛效用的概念，目的并非仅仅在于丰富我们关于效用学说的理论体系，而是要深刻地挖掘产品泛效用与人类经济生活的客观关系，及其对人类经济生活的现实影响，从而为更加全面系统地认识产品效用问题寻找适用的理论工具。产品泛效用的存在，绝对不是一种漫无边际的虚构或演绎，尤其从宏观经济的意义上说，更是一种必须纳入现实生活而进行经济思考的事实。这也就是说，泛效用概念在现实的社会经济分析中，有着绝对不可忽视的经济意义。显然，产品泛效应的存在，必然以其实际的物质作用，对于人类的生活需要和生产、交换、消费活动，产生正面影响和负面影响，并以此从直接产品效用的侧面或者背后，限制和规定着人们的经济生活。

泛效用概念所具有的经济分析意义，主要表现为负面泛效用对于直接产品效用的“差”，以及正面泛效用对于直接产品效用的“和”。因此，关于产品负面泛效用的评价，可以相应地减少或降低关于直接产品效用的评价；并且，关于产品正面泛效用的评价，可以相应地增加或提高关于直接产品效用的评价，并在这一过程中使得关于产品效用的评价，表现为一种综合了各种泛效用因素的“综合产品效用”。由于这种关于产品效用的综合评价，使得我们对于产品效用量的认识，可以在一定的范围内达到一个更为精确的水平，从而得以更加准确、更加经济地指导我们的经济活动。特别重要的是，如果所关注的产品泛效用的范围越是广泛和深远，对于产品效用评价的认识也就越是精准。

下面将从三个方面举例说明泛效用对于产品效用的影响作用。

第一，负面泛效用是直接产品效用的差，即直接产品效用减去负面泛效用后，表现为直接产品效用的减少。例如，假定制造并销售一辆小轿车的直接产品效用，如果以货币价格表现为20万元人民币。[①] 但在实际的使用过程中，其行驶道路对交通设施的损耗、尾气污染导致的公众疾病，以及存在车祸引起财产损失和人员伤亡的概率等等，综合这些因素可能引起的公共交通投入、公众医疗开支、整治污染费用等，假定在10年使用期内要耗费8万元人民币。那么，这辆汽车的实际产品效用就表现为20万减去8万，即减少到12万元人民币。

第二，正面泛效用是直接产品效用的和，即直接产品效用加上正面泛效用后，表现为直接产品效用的增加。假定制造并销售一台冷暖空调机的直接产品效用，表现为3 000元人民币。在实际使用中，它给使用者带来了清凉或温暖的舒适感觉；但从正面泛效用的意义上，舒适的气温能够显著降低由酷热或严寒引起的疾病和死亡，进而产生节约公众医疗开支等一系列好处，假定在5年使用期内节约公共医疗开支为2 000人民币。那么，这台空调机的实际产品效用就表现为3 000元加上2 000元，即增加到5 000元人民币。

第三，综合产品效用是直接产品效用与正面泛效用的和，并与负面泛效用的差。实际上，在几乎所有一切产品物质的生产和使用中，都会因为具体生产条件

---

① 在以货币为交换媒介的商品经济条件下，产品效用的评价取得了以货币价格表现自己的变态形式。有关这个问题将在本书后面章节中深入讨论。

或具体使用条件的不同，而同时存在正反两个方面的泛效用因素，并因此从两个方面综合地影响着实际的产品效用。假定制造并销售一台电脑的直接产品效用，表现为 10 000 元人民币。在实际使用中，电脑能给使用者提供文化娱乐、新闻资讯、资讯检索、文字处理、电邮通讯、信息存储、理论研究、程序控制等实用功能外，更能通过对电脑的使用促进人们精神生活的健康发展及知识水平的迅速提高，从而极大推动人类精神的发展和劳动创造能力的提高，其正面泛效用之大是可以充分想象的。假定一台电脑在 5 年使用期内带来的正面泛效用表现为 20 000 元人民币。在另一方面，电脑报废后的拆解处理过程所造成的重金属污染损害，或者为防止和治理这种重金属污染所产生的开支，假定为 1000 元人民币。那么，这台电脑的综合产品效用就表现为 10 000 元 + 20 000 元 − 1 000 元，即综合为 29 000 元人民币。在这里，综合产品效用 = 直接产品效用 + 正面泛效用 − 负面泛效用。

从上述分析可见，任何产品的生产过程或消费过程的最终效用评价，除了可以直接表现为目标产品生产价格或销售价格外，同时可以间接表现为正面泛效用或负面泛效用的泛化价格①，是这两个方面价格的总和。实际上，在现实的经济活动中，关于产品泛效用的分析已经广泛存在，只是没有明确地把它纳入效用分析的范畴。这里只是提出了泛效用的概念和泛效用计量的简单原则，至于具体的计量分析模式，还有待经济数学专家进行深入探讨。

明确揭示产品泛效应乃至泛效用的客观存在，为深入研究讨论产品效用理论打开了一扇大门。其中至关重要的经济学意义在于，最终使关于产品效用或者产品价值的分析，不是局限于产品（商品）的生产过程和购买过程，而是追踪拓展到产品的整个消费过程，尤其是各种产品在消费过程中的融合、叠加、碰撞所形成的形式多样的泛化作用。借助泛效应和泛效用这个工具，我们得以多角度、多层次、多领域地分析研究产品生产和消费的全部效用关系，尤其对宏观经济的研究而言，就更加离不开这个工具。因此，泛效用原理亦是全面认识劳动价值原理的一个不可忽视的理论范畴。

三 限制和引导泛效用的发展方向

之所以强调泛效用原理对于宏观经济的研究意义，不仅在于企业生产的微观经济过程中，往往只是注重自身的成本和利润核算，而忽视产品实际生产和使用中的泛效应和泛效用。而且还在于，国家必须从宏观经济管理的角度，全面掌握

---

① 这里的“泛化价格”特指由产品生产和消费形成的泛效应所引起的泛效用的价格表现形式。

微观经济运行的内在关系和相互影响，尤其要全面掌握微观消费的泛化作用对整个国家宏观经济的纵深影响，并且不仅仅是主观判断，而是要用泛效用的原理，把这种判断归结到劳动价值分析的理论范畴之中。其实，宏观经济管理的基本要义就是，尽可能地限制微观经济领域带来的负面泛效用，最大限度地引导微观经济领域带来的正面泛效用，使两者从不同的角度朝着有利于宏观经济健康发展的方向前进。

在现实生活中，泛效用所引起的这种思考具有直接的经济意义。就微观经济的私人经济或者独立企业而言，往往更加善于发现生产过程或消费过程中有利于实现自身经济效益的泛效用方面，而容易忽视甚至掩盖生产过程或消费过程中不利于实现社会经济效益的效用方面。例如，一些私营甚至是国家企业，出于自身利益的考虑，为了减少处理废水废气的成本，违规违法向河流和大气排放污染物，给社会和国家经济的整体利益带来严重损害，其行为的负面泛效用十分显然。又如，近年出现的所谓转基因大豆等农产品，的确明显增加了农产品的产量，降低了农产品的生产成本和价格，但是，使用或大规模地使用这类转基因食品，对于人类健康的现实及长远影响，究竟是有利的还是有害的，仍然值得谨慎研究和判断。因此，作为深谋远虑的经营者、经济专家，尤其是政府责任机构，更要关注这些被直观效应掩盖着的泛效应现象，研究这些泛效应所具有的泛效用，充分发挥利用好正面泛效应，限制防止负面泛效应及其所能带来的损失和灾难。

泛效应和泛效用的问题，看起来更像是一个与环境保护密切相关的问题。的确，在人们追逐眼前利益的时候，看到的只是某种劳动过程所带来的直接的正面效用，而忽视其背后可能带来的间接的负面效用，甚至明明知道也不与理睬，这种现象即使在今天如此发达的文明社会也十分多见。但是，泛效应和泛效用绝对不仅仅是环境保护的问题，它不仅涉及负面泛效应和负面泛效用，同时也必然涉及正面泛效应和正面泛效用，这是非常值得去着重理解的。例如，“文化大革命”对于知识分子的迫害，乃至限制和否定文化产品的生产和消费，其后果是令中国经济和科技发展远远落后于西方发达的资本主义国家。这种否定和破坏文化进步的行为，实际上也就否定和破坏了文化教育事业对于推动社会进步所具有的巨大潜能，其负面泛效用之大简直令人瞠目结舌。从这种意义上说，政府作为统揽全局的社会管理机构，其中一个极为重要的任务就是，根据整个社会政治经济良性循环和健康发展的需要，从各种社会事物的客观联系中，尽最大可能地把握隐藏在全部社会产品乃至个人产品生产过程背后的泛效应和泛效用，充分利用各种行政的、经济的、法律的乃至军事的手段，最大限度地限制和消灭那些有害的、负面的泛效应和泛效用，同时最大限度地鼓励和促进那些有益的、正面的泛效应和泛效用。改革开放以来，国家全面引领和推动高考教育事业和科技事业发展，不仅强有力地促进了文化教育产品生产的大规模投资，而且引导全社会掀起消费文化教育产品的极大热情和需求。其中可以看到，教育文化产业的正面泛效用是多么巨大，今天能够取得举世瞩目的伟大成就，是与政府的远见卓识密切相关的。在这个过程中，成百上千万的人们，不仅走进了高等学府的殿堂，在实现掌握高深知识的目的同时获得了巨大的生活乐趣，而且把掌握的知识广泛深刻地应用于社会政治经济领域，推动了整个社会经济的蓬勃发展。

从宏观上限制和引导泛效用发展方向上来说，国家应针对泛效用问题制定相应的经济政策：一是鼓励具有正面泛效用的产品物质的发展，依据其正面泛效用的大小，给予层级不等的政策优惠，对于关系国家经济大计的产业，甚至可以采取计划性、指令性的强力措施加以引导；二是限制具有负面泛效用的产品物质的发展，依据其负面泛效用的大小，给予层级不等的政策限制，通过税收、处罚甚至取缔等手段加以限制；三是深入宣传和推动有利社会整体发展利益的精神发展需求，全面引导社会健康的消费倾向，把人们有限的支付能力引导到能够具有更大正面泛效用的产品消费中去，尤其是引导到最有利于深化精神发展的知识性消费中去。

有关政策性的问题，这里只是略作叙述而已，还是留待于第二卷“财富的分配与使用”中再详加讨论。

第三十章
关于效用问题的辨析

在传统理论中，效用问题历来是一个引人注目的论题，有时甚至把对效用问题的认识或者所持立场，当作在经济学领域内划分唯物主义和唯心主义的一个标准或分界线。似乎坚持效用学说或者承认效用是社会经济分析的价值尺度的，就是主观唯心的价值理论，只有反对效用学说、坚持抽象劳动价值论的，才是客观唯物的价值理论。然而，当理解效用背后的客观规定性之后，特别是已经懂得主观效用和客观效用的辩证统一关系之后，以往的这种认识也就值得重新认识和推敲。事实上，无论是简单地照搬西方经济学中的效用价值理论，或者简单地丢弃我们以往的劳动价值理论，都是不科学的，因为在它们身上都同时包涵着合理的或者是不合理的成份，有时甚至是互相叠加和杂糅一体的。因此，有必要在这里对效用问题做进一步的讨论。

一　关于使用价值概念的辨析

事实上，当对“效用关系”的概念有了一个基本的认识之后，十分必要在此对“使用价值”这个古老的经济学概念进行分析，以避免这一概念与关于效用关系的概念发生混淆。从某种意义上说，这也有利于在思辨中更深刻地认识效用关系的原理本身。

“使用价值”这个词，早在亚当·斯密的著作中就已出现。亚当·斯密说：“价值一词有两个不同的意义，它有时表示特定物品的效用，有时又表示由于占有某物而取得对他种货物的购买力。前者可以叫作使用价值，后者可以叫作交换价值。”① 在这里，亚当·斯密是把效用与使用价值等同看待的，即效用就是使用价值。如果对他的著作进行分析，他的“效用”概念，实际上指的就是产品物质对于人们生活需要的有用性。仅仅就此点而言，在本书中所讨论、所主张的

① ［美］亚当·斯密著，郭大力、王亚楠译：《国民财富的性质和原因的研究》（上），北京：商务印书馆1972年版，第25页。

效用概念，与亚当·斯密的“使用价值”有相似之处。但是，亚当·斯密的效用概念在量的分析上，并没找到一个合乎逻辑的科学基础，特别是没有直接建立起一种与劳动相关的，从而具有经济分析意义的定量分析机制，往往只是从产品物质所具有的低级生理效应去看待产品效用的大小。在他看来，许多效用巨大的东西却没有任何交换价值。例如，他认为空气的效用是巨大的，没有空气人就不能生存，但是空气又是没有交换价值的。这就使得亚当·斯密的“效用”（即使用价值）理论彻底失去了经济的分析意义，成为虚无缥缈的东西。因为，这种过于简单化的效用论，由于不能与人们以实现目的为依据的生活需要结合起来，特别是不能与人类的劳动能力和劳动过程的劳动资料结合起来，更不能在此基础之上实现合理的量化（定量分析），因而是难以科学地揭示劳动价值规律及指导人们的经济行为的。

与亚当·斯密的效用概念相区别，本书中所规定的“效用”概念，把产品物质的效应性与人们实现具体生活目的的要求联系在一起，也就是把产品效应与人们的生活需要联系在一起，并以生活目的的主次性来规定能够相应实现不同层次生活目的的产品物质的效用大小。人们必须依据自己的劳动能力范围（其中包括所有一切相关的劳动资源），去综合的、经济的分配自己的劳动能力和劳动资源，从而使得产品效用在计量上可以一般地表现为抽象劳动的函数或者货币支出量的函数，这就使得“效用”作为一个科学的概念，得以同人类的经济行为直接地联系起来，并成为我们分析和解决经济问题的有用工具。

事实上，现代西方经济学的“效用”概念比起亚当·斯密的效用概念已经进了一大步，其中最为关键的就是，它把产品物质的效用或者说有用程度的大小与人们的欲望或需要联系了起来，即由产品物质满足人们欲望、实现人们需要的能力来决定产品物质的有用程度。例如，在现代西方经济学中，所谓“效用”就是商品或劳务满足人们需要的能力，它所表示的是产品物质与一个人的愉快或痛苦程度之间的关系。这种把效用同人的需要、特别是同人的精神感受联系起来的认识方法，无疑比亚当·斯密的理论进了一大步。但是，这种效用概念的不足之处在于：它没能从根本上把产品效用与人类精神的存在和发展联系起来；没能认识体现在产品物质之上的人类精神的高级生理效应；没能认识人类精神通过目的主次性的形式所表现出来的对产品物质需求的主次性；没能认识产品效用的程度决定于它在与特定生活目的实现内外对应上所具有的有用性的程度；没能认识人类精神发展总趋势以及这种总趋势所规定的产品需求上的总趋势等。从哲学的意义上说，西方经济学的效用学说在本质上的最大不足就是，不能从理论上确定精神本身的物质性，以及这种物质性对于产品效用评价的严格限制，从而不能科学地论证以主观形式所掩盖着的效用背后的铁一般的客观规定性，而只是简单地或狭隘地把效用概念，建立在产品物质与人们愉快或痛苦的感受之上。这就容易给人们一种被迫性的错觉，似乎效用的大小完全是依赖人们的好恶来主观认定的，是一种无法进行比较的、虚无缥缈的主观评价，而对于痛苦、愉快及其程度大小的原因所在，则没有一个科学并符合经济逻辑的合理解释。

诚然，愉快和痛苦的情感作为一种心理现象，是与人们生活目的所具有的具体实现状况密切相关的。一般而言，人们的生活目的一旦得到实现，并在生活目的实现的过程中，感受到与之对应的产品物质对于自身生存和发展的正面作用，就会产生愉快的心理；反之，人们的生活目的一旦不能实现，并在生活目的无法实现的过程中，感受到与之对应的产品物质对于自身存在和发展的负面作用，就会产生痛苦的心理。这实际上是高等动物趋利避害的一种天然的本能心理反应方式。但是，这种心理状况尽管具有某种以“强度”来表达的量的意味，却不能像生活目的那样具有明确的主次性，更不能像生活目的那样具有要求具体外物与自身实现内外对应的客观能动性，以及因此而形成的生产、交换和使用具体产品物质的明确选择性。本书前面的讨论已经科学地揭示了效用本身的客观规定性，因而，把效用归结为产品物质对人们愉快或痛苦的感受是不全面、不具体和令人费解的，只有把效用归结为产品物质与人们生活目的的实现内外对应的有用性，才是科学的和有因可循的。

实际上，现代西方经济学中的所谓“边际效用”理论，就是由于不能揭示人们生活目的所具有的主次性，以及人们生活目的的主次性发展变化的规律，才形成了所谓买主从多购买一个单位的商品或劳务所得到的追加的满足为形式的边际效用概念，并以此作为商品价值的衡量工具。从某种意义上说，“边际效用递减规律”在本质上并不是追加消费一种产品的效用，对人们愉快心理满足程度的不断减少的表现，而是人们在追加消费一种产品物质的过程中，关于该种产品物质使用目的的层次性，由较高层次向较低层次变化的表现。边际效用理论是对商品价格形成及变化的客观现象的非本质的表现方式，即边际效用只不过描述了商品价格变化的一种客观现象，而不是这种客观现象背后的物质本质。

对于一种产品物质的使用而言，每增加一个使用量就会使表现其中的效用相应地减少一个量，这只不过是西方效用学说的一种似乎合乎逻辑的推理而已。然而在实际的生活中，人们并不会经常的出现此类情况或问题。因为，任何稍有经济头脑的消费者，都不可能毫无目的地追加对某种产品物质的使用；相反，在合理使用有限资源和有限购买力等经济逻辑的指导下，当一个生活目的实现之后，对具体产品物质的使用就会朝着实现其他生活目的的方面过渡或转移；而对同一产品使用的不同目的主次性的排序变化所表达的效用评价的变化，恰恰是所谓边际效用递减背后的本质规定。这也就是说，当使用某种产品物质的生活目的的主次性排序降低到一定程度，以至别种生活目的的主次性排位超过其地位的时候，就会减少甚至放弃对该种产品物质的使用。例如，当一个人非常饥饿的时候，吃第一碗饭所能实现的生活目的——生存的目的层次最高，从而其效用最大；吃第二碗饭所能实现的生活目的——积累营养以便延长生命的目的层次相对降低，从而其效用相对较小；吃第三碗饭所能实现的生活目的——纯粹为了过馋嘴之瘾的目的层次就更为降低，从而其效用相对更小；如果吃第四碗饭会把肚子撑得难受，也就失去了实现使用者生活目的的作用，从而使米饭的效用表现为负效用。体现在每一碗饭之上的所谓边际效用的递减，实际上是与相关的并且是相对独立的生活目的的主次性的递减相一致的，是这种生活目的主次性的递减，对于同一产品物质需要上的递减的客观表现。

如果“使用价值”对于亚当·斯密来说是作为“效用”（或者说产品物质对人类生活的有用性）的同义词，那么，亚当·斯密的所谓“使用价值”也就与现代西方经济学的“效用”构成了某种相似的含义。从这种意义上说，“使用价值”作为效用概念的最古老的术语之一，我们还是乐于在今后的经济分析中加以使用。不过，如果把“使用价值”作为产品物质自身的物质属性，或者作为产品物质属性在一定的条件下所具有的物质效应性，那么，这种关于产品物质本身物质性的“使用价值”概念，是绝对不能与关于产品物质适用性的“效用”概念相提并论的。

在以往的理论中，“使用价值”概念可以说是一种杂糅的、混淆了多种因素而令人费解的概念。一方面，它认为“物的有用性使物具有使用价值”，这实际上也就强调了物的适用性；但在另一方面，又把物对人们生活的适用性规定为物本身所具有的自然属性，而否定人们依据自身具体的生活需要，对不同具体物质属性所具有的能动选择性，从而撇开了产品物质适用性对于效用评价的本质规定。实际上，产品效用的本质规定，并不在于产品物质的具体物质属性是什么，而在于产品物质的具体物质属性能否满足人们的具体生活需要、能否实现人们的具体生活目的的效应性和功能性。例如，棉衣有保暖的物质属性（物质效应），在寒冷的冬天对人们实现避寒的目的具有正效用。但在炎热的夏天，棉衣的这种物质属性并不适用于人们的生活需要，相反是与人们避热就凉的生活目的相背离的。在这种情况下，棉衣并不因为具有保暖的物质属性而具有有用性。两种情况下的效应性是一致的，而效用性恰恰相反。

以往理论中的“使用价值”概念，把产品物质自身的固有本质，把产品物质的固有本质在一定的条件下所具有的自然属性，把产品物质的自然属性对于人类生活所构成的物质效应，以及把人们依据自己的生活需要对产品物质效应的适用性及其程度大小的效用评价等，可以说全都杂糅叠加在一起了。特别突出的是，这种“使用价值”概念，把在内容形式上多样化的、在数量分析上不可比的产品属性、产品效应与同质可比的产品效用混为一谈，却以这种如此明显的杂糅去，否定产品效用的同质可比性。其实，“产品物质的固有本质”是由产品物质不同的分子结构及其不同排列方式所规定的，它表现为不同产品物质之间在物质存在形式或具体内容上的质的区别；“产品属性”是产品物质固有本质在一定的物质条件下所能产生的物质效果，是产品物质固有本质在一定条件下的特殊表现形式；“产品效应”是产品属性对人们生活发生作用的物质效果，而产品效用则是人类关于这种物质效果对自身生活需要，是否具有有用性及其有用性大小程度的评价。无疑，一定的效用评价必须以一定的产品效应为基础，但同时必须以一定的生活需要或生活目的为对照物。没有一定的产品物质、产品属性、产品效应，也就没有一定的产品效用；而没有一定的生活目的和生活需要作为对照物和选择者，产品物质、产品属性、产品效应也就只能是它们自己本身，而绝对不可能成为现实的产品效用。其中，产品物质、产品属性、产品效应所描述的纯粹是产品物质本身的物理化学现象，是一个纯粹自然性的概念和过程；而产品效用则描述的是人类生活与自然界相结合的社会现象，是一个纯粹社会性的概念和过程。

有时感到奇怪和惊讶，关于“使用价值”概念的这种杂糅和混淆是如此的明显，以致觉得在如此严谨的经济理论分析中，仍然出现这种杂糅和混淆，简直令人难以置信和不可思议。之所以会出现这种情况，本质上仍要归结到“精神物质本质”这个哲学问题之上。以往的理论，由于没能揭示精神本身的客观物质性及精神作一种特殊物质的存在形式，以及没能揭示人类精神所具有的高级生理效应得以实现的基本形式；相反，却把精神看作一种与物质对立的东西，看作为一种没有客观实体的纯粹主观的东西，从而否定了效用评价的客观规定性，否定了效用评价对人类经济生活具有巨大影响的这一客观事实，也就自然地否定了效用本身作为一种经济分析工具的存在意义，并由此主动放弃对效用关系的研究分析，主动放弃利用“效用”这个不可逾越的价值分析工具。在这样的理论基础之上，只能把社会生活中人们依据具体生活需要对具体产品物质进行选择的极其普遍、极其简单的经济现象，把人们依据效用概念对具体产品物质进行选择的认识方式，以及把产品物质本身的自然属性统统混为一谈，即把产品物质对人们生活的有用性与产品物质本身的自然属性混为一谈，这不能不说是令人遗憾的。

基于以往理论关于“使用价值”的上述混淆，如果不能在理论上切实认识这种混淆，正本清源地恢复其本来所具有的“效用”的含义，那么就十分容易在关于劳动价值理论的分析中，造成各种各样的麻烦和困扰。因此，在后面关于劳动价值原理的研究讨论中，将不再一般地采用“使用价值”这个术语，而直截了当地采用“效用”“产品效用”或“效用关系”等术语。如果在本书中还采用“使用价值”这个词的话，那么它的含义则完全与“效用”的概念等同，而与产品物质的物质属性或物质效应毫不相干。这一点请读者务必注意。

二 关于西方效用概念的辨析

在西方经济学中，对于产品效用的描述可以说是同样含混不清而耐人寻味的，诸如：“效用指的是商品或劳务满足人们需要的能力”；“效用所表示的是商品和一个人的愉快或痛苦之间的关系”；“所谓效用，是某一商品或劳务所拥有的这种性质可以一个人在消费它的时候或者预期要消费它的时间内感到愉快或防止痛苦。例如，一个人在吃牛排的时候，这块牛排对这个人便具有效用。同样，当这块牛排在焙烤以前放在冰箱里的时候对他也具有效用。商品效用被认为是随着它所带来的愉快程度而变化的。然而，商品效用的程度是经常变化的。例如，第一块和第二块牛排可能具有同量的效用，但第三块牛排的效用可能就小一些甚或带来痛苦。所以，效用同所消费的商品或劳务的数量及种类是不成比例的”① 等。

用“满足人们需要的能力”来规定商品和劳务的效用，只能说明某一具体产品物质对于某一具体生活目的的效应性或者有用性，而不能反过来说明人们对于这种产品物质的能动的、极具个性的选择性，以及对这种产品物质效用进行大小评价的本质特征。因而，西方经济学中的这种效用观点十分类似于我们以往通常所说的“使用价值”的观点。而另一方面，又把效用规定为“商品与人的愉快或痛苦之间的关系”，从而只能说明人的需要对于商品的选择性，即由人的需要本身来限制和规定商品效用的大小。这样，两种互相对立或者说本质完全不同的概念的结合，就使得西方效用学说表现为一种含混不清的东西。不过，耐人寻味的是，西方经济学的效用学说，却是一种把人类精神与商品价值联系在一起的学说，可以说是经济学精神分析的一种最初的尝试，尽管这只是一种非常表面化的尝试。例如，“效用所表示的是商品和一个人的愉快或痛苦之间的关系，是某一商品或劳务所拥有的这种性质可以一个人在消费它的时候或者预期要消费它的时间内感到愉快或防止痛苦”，其中的“愉快”或“痛苦”就是与人类精神感受直接相关的东西。但是，这种关于愉快和痛苦的效用分析，显然是非常简单化和表面化的。因为，它没有从目的论的意义上，即从商品物质的使用对于实现生活目的的作用上，去解释使用商品物质的过程中，所以形成愉快和痛苦这些心理感

① ［美］D·格林沃尔德编，现代经济词典翻译组译：《现代经济词典》，北京：商务印书馆 1981 年版，第 465 页。

受的精神过程，特别是不能从精神本身的物质性的意义上，揭示具体商品物质对于实现人们具体的生活目的所具有的不同作用背后的严格的客观规定性；更加不能从劳动能力、劳动资料的分配次序和分配比例中，揭示人类精神生活内容的主次性，从而不可能科学说明商品效用程度何以变化多端、难以捉摸的原因所在，以及不能科学地定义商品效用的大小，更是难以说明所谓愉快和痛苦的程度，自然也就不可能揭示商品效用主观评价背后的严格的客观规定性。

特别是在关于效用量的分析上，西方效用学说的分析就更加显得苍白无力。在描述商品边际效用量变化规律的时候，西方效用学说只是反映了商品效用量变化的一种客观现象，而没能从精神物质性（具体的生活目的只能由具体的产品物质来实现的铁一般的物质规定性）对于效用量的本质规定上解释这种客观现象。同时，虽然把商品效用量的大小与商品的交换价格联系起来分析，但是却不能从劳动创造价值的基本原理出发，揭示“商品效用量（商品的价值量）表现为抽象劳动的函数”这种根本上由劳动决定的量的规定性。这样，西方效用学说只能从现象到现象地通过边际效用学说，解释经济效益的变化现象的规律，而不能从人类精神不断深化发展的总趋势中，认识商品效用变化发展的基本规律。这也就是说，西方效用学说作为一种价值论，难以能动地引导人类社会的生产消费，朝着符合人类社会发展大趋势的方向前进，相反只是被动地适应这种社会发展趋势，成为某种纯粹市场经济观念的奴隶。实际上，同一产品对于不同的使用者所以具有不同的效用评价，不是由人们最低层次的需求来决定，而是由每一个人所要实现的生活目的（特别是深化精神的发展要求）对于不同产品物质选择上的差异性决定的。

在西方经济学的效用理论中，只把目光集中到商品身上，从表面现象上考察商品的价格，而没有关于个人产品效用和社会产品效用的划分，更没有研究两者之间互相决定、互相转换的对立统一关系，也就不能从根本上解决产品效用量的规定性问题。实际上，社会产品的交换，对于社会产品生产者而言，只是一种社会劳动和个人劳动的转换方式，归根到底还是要与生产者自身的生活需要联系在一起。社会产品对于社会生活所具有的社会效用，必然在交换中转换为间接的个人产品及其所具有的间接的个人效用，这种转换才是限制和规定社会产品效用（商品效用）状况的现实和客观的依据。对于社会产品生产者而言，其生产的社会产品的社会效用的大小与否，完全是根据或凭借社会产品交换所获得的交换利益来衡量的；所获得的交换利益越大，所获得的间接个人效用、相应的社会产品效用也就越大，并因此促进和推动此种社会产品的生产和竞争。

此外，在西方经济学的效用理论中，同样没有出现关于主观效用和客观效用的划分，更没有任何关于主观效用和客观效用对立统一关系的论述。这就使得西方效用学说，只突出了产品效用的主观性，而不能在本质上说明产品效用背后的客观性。实际上，作为效用预期结果的主观效用，是与人们的生活目的直接相关的。主观效用评价的存在，是指导和支配人们劳动行为的一个基本的经济分析工具，没有这个经济分析过程，任何生产行为都不会存在，而客观效用是生产消费后对于主观效用的实现状况的再认识，它起到修正主观效用的作用，从而使得人们的生产活动、交换活动和消费活动，总是在一个不断修正的过程中，最为符合经济原则地实现既定的生活目的和物质需求。

三 关于对西方效用学说批判的思考

由于西方效用学说所存有的天然缺陷，再加上以往理论关于“使用价值”的固有观念，也就不可避免地形成了以往对于西方效用学说的批判。由于已经对“使用价值”的概念作了新的规定，特别是从哲学原理上解释了精神本身的物质性，以及效用主观评价背后的严格的客观规定性之后，形成了关于对西方效用学说批判的思考，用以深化对于效用概念的理解，并扬弃以往那些不尽科学的认识和看法。

对西方效用学说进行批判分析的比较典型的例子如下：“效用是满足人们欲望的能力。在现代西方经济学中，效用是主观的而不是客观的范畴，它是指消费者在心理上感觉到的满足”；“效用原理把效用看作是主观的范畴，把效用分析基于心理分析之上，这使它陷入难以摆脱的困境。首先，既然效用是一种心理现象，它必然因人、环境、时间和情绪等许多因素而异，所以它是不确定的。如果效用原理分析的是在这许许多多因素不变时的效用，那么它本身也就失去了经济意义。其次，既然效用是一种心理现象，它肯定不可计量。基数效用论从来没有能够令人信服地说明用什么数量来衡量效用，效用单位又是根据什么确定的。再次，既然效用是一种心理现象，那么同一个商品组合的效用对于一个人来说是不确定的，商品的边际替代率也是不确定的。因此，很难推断出一条确定的无差异曲线。……还有，由于效用论是主观的，它的应用就无法避免设想。这样，把效用分析作为决策的手段，常常如不是多余的，就是难以进行”；“特别要指出的是，效用原理用主观效用去解释消费需求，掩盖了需求的本质。……在阶级社会中，消费行为是要受到阶级地位制约的”①。

在以往的理论中，通常把西方经济学称作为庸俗经济学，其中一个主要的原因就在于西方经济学通过对“效用原理”的分析，否定了劳动价值概念的基本

---

① 李翀编著：《现代西方经济学原理》，广州：中山大学出版社 1998 年版，第 57 页。

原理，从而否定了资产阶级对无产阶级的剥削，并从根本上否定了无产阶级革命。事实上，西方经济学的效用原理恰恰从某种意义上抹杀了阶级和阶级斗争的理念，因而成为一种为资产阶级涂脂抹粉的庸俗经济学原理。毫无疑问，在无产阶级革命的火红年代，对于揭露西方效用学说为资本主义剥削制度进行辩护的庸俗性，是绝对必要的，这本身就是无产阶级革命的客观需要。

但是，并不能因为西方效用学说的这种庸俗性，就全盘否定效用原理在经济分析中的特殊地位。实际上，西方经济学并没有穷尽效用理论的科学发展，恰恰相反，却在一定程度上歪曲了效用原理的精髓，从根本上割裂了产品效用与劳动之间的必然联系，否定或掩盖了效用评价背后严格的客观规定性，并用极为抽象的所谓“愉快和痛苦程度”去表达效用量的规定性，从而使得效用评价成为一种看起来纯粹主观臆断、虚无缥缈的东西。似乎人们关于效用的主观评价与人们的劳动耗费并无关系，完全由人们的好恶来决定，从而给人们一种效用学说主观唯心的假象。事实上恰恰相反，效用评价的量的变化，完全不能脱离劳动耗费（资金、资源等死劳动的耗费）的本质制约和规定，而是从根本上体现为抽象劳动耗费的函数。因此，西方经济学的效用原理，并不能因为它自己的片面解释，就能单方面地否定劳动价值原理，抹杀掉阶级对抗关系的客观事实；相反，正确地认识和理解效用学说的合理成分，并使之与劳动价值理论科学地联系在一起的同时，实际上也就将劳动价值理论在一个更高的层次上合理化、科学化和全面化了，这实际上是深刻认识人类社会阶级关系的一个不可逾越的思维过程。这也就是说，阶级和阶级斗争的存在、阶级和阶级意识的存在，并不因为采用了效用概念而被抹杀，相反，却可以在一种更为科学的“劳动效用价值论”，即劳动创造效用的价值理论的基础之上，更深刻、更全面地认识人类社会阶级存在和阶级斗争的事实本身。

诚然，在尚没有认识到“精神本身的物质性同精神与外物的对应性是两个根本不同的哲学命题”的原理，没有理解精神物质的存在形式和生理效应，没有明了人类精神对于人类行为的铁一般的规定作用，以及没有把握效用主观评价背后的严格的客观规定性的时候，对于西方效用学说的主观唯心特征进行批判是无可非议的，也是完全可以理解的。但是，如果已经有了这些新的认识，仍然把效用学说看成为一种主观唯心的价值理论，简单否定其经济分析乃至政治分析的科学性，那就令人难以理解了。应该明白，效用既是一个主观范畴，同时也是一个客观范畴，只有把效用分析基于彻底唯物主义的精神本身物质性的分析之上，才能真正理解效用主观评价背后严格的客观规定性，使效用概念走出以往令人费解的困境，并充分展示“劳动效用价值理论”的科学性和实用性。由于人类精神发展的社会化、个性化和受各种社会政治经济环境因素的影响，使得体现在同一种产品物质身上的效用评价，呈现出纷繁复杂、变化莫测的不确定性，但是，这种不确定性背后是有其规律性可寻的。事实上，效用不仅作为一种同质可比的经济要素，而且在与抽象劳动或者货币资金联系起来之后，也就具有了自身明确的量的规定性，从而成为经济分析不可缺少的计量工具。相反，如果效用在这样许许多多因素的制约下而不发生任何变化，那么它本身才真正失去经济的分析意义。从这种意义上说，把效用分析作为经济分析的手段，绝非多余或是难以进行。全部问题的关键在于，必须在精神本身物质性及精神支配人类行为的哲学基础上，吸收效用学说和劳动价值学说的合理成份，并把它们结合统一为一个整体。这样，效用学说的经济学意义也就毫无疑问了。

从某种意义上说，作为一种认识过程，人们依据精神发展目标的层次高低，对实现生活目的而相对应的物质对象进行效用评价本身，的确具有一定的主观性。但是，产品效用的主观评价又绝对不是随意假设、虚无缥缈、不可捉摸的，而是有其背后严格的客观规定性的。产品效用的主观评价背后的客观规定性在于：第一，精神发展目的所具有的主次性或层次性，是由人们精神生活的存在和发展，及其生理效应的客观实在性所决定的；第二，具体生活目的必须要以特定的产品物质来实现内外对应，即只有具体的和历史的产品物质才能实现具体的和历史的生活目的；第三，不同人生活目的具体的和历史的多样性、差异性、偶然性，都是社会存在客观规定的必然反映。这三个客观要素从根本上规定和限制了人们关于具体产品物质有用性与否，以及有用性大小的效用评价。显然，人们之间精神发展目的或者说生活目的主次性的排列，尽管具有一定的个性和特殊性，但无不是一定社会存在的客观反映，正所谓“一定的社会存在决定一定的社会意识”，而特定的生活目的只能由特定的产品物质来实现，则是精神生理学上不可辩驳的客观事实。

以往的效用概念，把效用与产品属性混为一谈，这就否定了效用在质上的一致性，进而也就否定了效用在量上可通约的可比性。效用只能是一个同质可比的经济概念，而不是一个描述具体物质属性的物理、化学概念。在劳动产品与人类生活之间，尽管特定的劳动产品只能满足人们生活的特定需要这一客观规定，使得不同质的劳动产品乃至同质不同量的劳动产品，对于人类生活产生着形形色色、千差万别的作用，但是，却能从一切劳动产品与人类生活的客观关系中，抽象出一个具有可通约性的同质可比的概念——效用。效用关系在本质上反映具体产品对人类生活物质需要的有用性及其有用性程度，越是符合人类生活需要的产品物质，其效用量就越大，反之越小。效用量的大小，从理论上说是由产品物质对于人类精神生活需要所具有的主次地位的高低所规定的。在一定的条件下，不同产品物质对具体的精神发展需要可以具有相同或不同的效用量，同一产品物质对于具体的精神发展需要也可以具有相同或不同的效用量。从后面的分析中可以知道，效用量的大小是可以通过抽象劳动（或者生产资金、货币购买力）分配比来表现出来的，而劳动价值的大小则可以通过每一抽象劳动（或者生产资金、货币购买力）耗费所创造的出来的效用的大小来表达，这也就从量的意义上描述了效用与劳动、效用与劳动价值之间的关系问题。

在日常生活中，效用这个概念有时可以混同于有用。但是在经济学中，效用则是一个关于产品物质对于实现人们生活目的的有用性，以及这种有用性与劳动能力密切相关的一个社会经济概念，而不是一个纯粹的自然概念。效用绝对不是一种简单的“有用”，具有效用的东西必然有用，而有用的东西并不等于必然具有效用。比如，空气、水源、地球、太阳、宇宙等等，对于人类物种的生存具有绝对必要的有用性，没有它们也就没有人类生活本身。然而，在现实生活中，如果它们不与人们的劳动创造能力或者不与人们的货币支付能力发生关系，不受这些能力的限制，换句话说就是，作为一种不值得进行价值计量的劳动耗费或货币支出，就能获得的“物的有用性”，人们也就毫无必要把它放置在自己经济性生活目的的实现序列中，从而也就毫无必要对其进行任何效用评价。由于此类自然物质的有用性游离于人类的经济关系之外，从而成为一种天然的而且是无限的有用性，被人类生活随意取用，并因此失去任何的经济计量意义。正是从这种意义上说，“效用”并不等于“有用”。

无疑，人类生活作为一种生物物种所需求的任何物质资料（包括所有一切必不可少的自然条件和自然环境），都是有其特定的自然效应的。例如，人类生存不可脱离的空气、阳光、水源、大地、海洋、太阳等，这些都是人类生存不可缺少的物质资料或物质条件，它们各自都能以自己特殊的自然效应为人类的生存和发展提供物质支持。但是，对这一类自然生成的物质资料是不可能进行任何效用评价的，因为事实上不可能指出空气、水源、阳光哪一个对人类的生存更具有用性。在人类生活所需的所有物质资料之中，只有一类物质资料可以进行有用性的评价，它就是劳动产品。生活资料的有用性，是依据人们实现生活目的而需要解决的物质要求提出来的，如果一种生活需要与供给毫无矛盾，即可以天然、无限地加以获取，这种生活资料的有用性程度就会大为降低，甚至完全失去经济意义的效用性。例如，普通意义的阳光、空气、水源就只有效应性而没效用性。只有与劳动相关的、由劳动创造的生活资料，才可能在经济的意义上具有效用性，并使产品效用表现为抽象劳动的函数。如果一种生活资料看起来很有用，但却不包含抽象劳动，实际上不可能评价它的有用性大小，而只能考察它的效应性。例如，自然空气作为一种人类生存必不可少的物质资料，并不能因为人类失去空气就会死亡而认为空气是万物中最具效用性的物质；相反，由于自然空气非常充足，以至我们不用付出任何劳动代价就能随处获取，那么，这种空气物质也就失去了经济意义上的效用性，这就像太阳、月亮、太阳系乃至整个宇宙，在实际生活中并没有经济意义上的效用性一样，当然，攀登高山、潜入海底所使用的人造氧气则另当别论。它在效应性上虽然与天然氧气没有什么不同，但是，由于它破天荒地凝结了人类的劳动，从而才获得了自身的效用性。这也就是说，只有凝结了人类劳动的产品物质，才可能具有效用性，才可能具有纯经济的意义。把天然水源进行加工处理并输送到各家各户的自来水、经过专用器材把太阳光转化为工业或家用电能、把自然空气经过加工处理而净化的人造空气等，正是由于凝结了人类的劳动，从而才具有了自己的效用性。

因此，“效用”仅仅指的是产品物质对于人类生活需要所具有的特殊的、纯经济的适用性，它不但要求产品物质有用，而且还必须符合获取它的经济原则，即以尽可能小的劳动耗费获取尽可能大的效用（或者说经济效益）。“有用”则指的是物质（包括产品物质）对于人类生活需要所具有的物理、化学乃至生物的适用性。例如，没有水，人类物种就不可能生存繁衍，因而水对于人类生存而言具有绝对必要的有用性。但是，在特定的环境之中，如果水是自然而又无尽的，并且不用耗费劳动即可任意取用，那么，水只能具有有用性而不具有效用性。相反，在某种条件下，如果水成为有限的资源，人们需要耗费劳动能力或者耗费支付能力去维护、拥有和使用它，那么，由劳动生产加工出来的水对于人们的生活，也就不仅具备了有用性，而且同时具有了效用性，并且这种效用性的大小还会随着人们对其需求的迫切性，以及所耗费的劳动能力和劳动资源在数量上的变化而有所变化。例如，中国北方城乡由于缺水，在开源节流上的资金投入年年增加，再加上人口增长过速，令水资源日益稀缺化，进而使得自来水的价格不断上升，这就是水的效用性的一种提高过程。从这种意义上说，具有效用性的物质资料必然首先具有有用性，但是，具有有用性的物质资料并不因此必然具有效用性，效用性只能是产品物质的有用性与创造产品物质所耗费的抽象劳动相结合的产物，是关于这种有用性与抽象劳动耗费之间的经济关系。

总之，效用关系作为人们对财富（产品物质）有用性的评价，并因此成为支配人们生产、交换和消费行为的价值尺度，已经是一种不可争辩的事实。如果由于不懂得产品效用本身所具有的客观规定性，而轻易地否定它、遗弃它，那么，我们将失去对效用关系进行深刻分析理解的机会，以及从根本上正确理解人类社会运动发展内在规律及其全部政治经济关系的机会。绝不能因为一时还找不到或尚未认识到效用关系本身所具有的量的规定性，就否定效用分析本身的客观合理性及其对人类社会经济活动的指导地位。相反，必须在确立效用关系本身所具有的客观性的基础上，去寻找、挖掘隐藏在效用关系内部的量的规定形式，而且也是完全可以寻找到这种量的规定形式的。起码，现在已经发现了关于产品效用量规定性的一些基本形式，即“效用量表现为抽象劳动的函数”，或者说“产品效用比表现为抽象劳动比的函数”。当然，这种形式只是一种理论抽象，而由这种理论抽象扩大开来的具体认识，使得我们自然而然地就能得出这样一个结论：“在货币经济条件下，产品效用比表现为货币支出比的函数”，由此使得我们关于产品效用的理论，完全可以成为分析现实商品经济的有效工具。人类总会有办法去科学地描述“效用”和“效用量”的表达形式，特别是科学地描述效用和效用量背后所具有的物质规定性，这是依据辩证逻辑所不言而喻的。

后　记

本书《财富与精神》第一版已于2001年出版，何以事隔15年后再版此书，我想就此简单做些说明：此书经过漫长时间的沉淀和浸透，逐渐得到不少专家学者和院校师生的关注，但凡潜心研读过这本书的人们，只要具有起码的哲学和经济学素养，大多不难洞悉其中独到的理论视角和演绎逻辑。例如，为本书作序的南开大学经济学博士研究生导师陶江先生，就提出了很有见地的评述，并给予作者极大的鼓励和期盼。此外，国内著名文库网站“百度文库”的高等教育栏目，亦将《财富与精神》作为11部经济学参考用书①之一，推荐给各大院校学生阅读，可见其经济学理论具有十分重要的学术参考价值。因经时久远且印数有限，首版《财富与精神》早已脱销，常有读者来函来电求购不果。为满足读者需求，故而决定再版。此次再版增补了两个章节：一是第八章增补了“精神本身的物质性同精神与外物的对应性”，二是第二十九章增补了“泛效应和泛效用”。尤其需要说明的是，此书采用了陶江先生为《财富与精神》再版所作的序言，对于引导读者了解本书的理论价值和阅读兴趣是很有帮助的；暨南大学出版社亦对全书文字、语句、版式和封面做了极其严谨而美观的编修。我在此对陶江先生和暨南大学出版社的辛勤劳动和帮助，一并深表诚挚感谢！

借此，我想就《财富与精神》一书的理论价值略作陈述。纵观经济学的整个发展史，西方经济学自15世纪中叶“重商主义”的萌芽开始，发展至今已有五百余年，整个过程中各种学说纷繁交错、叠加碰撞、交融整合。按照邓春玲②教授的分析概括，期间西方经济学发生过三次大的折中与综合：第一次折中为约

---

① 中国大型网站“百度”的“百度文库”曾推荐给在校大学生阅读的百部参考书目，其中经济学著作11部，包括《资本论》《就业、利息和货币通论》《经济学原理》《有闲阶级论》《未来之路》《新人口论》《股票操作学》《财富与精神》《货币银行学》《国际金融学》《金融学》等。

② 邓春玲，女，1983年毕业于北京师范大学经济系，1999年获东北财经大学产业经济学硕士学位，2005年获东北财经大学劳动经济学博士学位。曾任国家社会科学基金项目成果通讯鉴定专家、中国《资本论》研究会理事、全国高等财经院校《资本论》研究会常务理事。校跨世纪学科带头人，连续两年获东北财经大学优秀教学一等奖。著有《经济学说史》《西方经济学》等。

翰·穆勒综合，第二次折中为马歇尔综合，第三次折中为萨缪尔森综合[①]，并且寓言："西方经济学将面临着第四次综合，下一次综合是谁，不得而知，但可以肯定的是，经济学将随着新的综合的到来进入一个新的历史时期。"[②] 其实，就我个人的观察而言，西方经济学由于在哲学理论上存在着如此明显的基因缺陷，就算不断花样翻新亦已走到了科学的尽头，无论在基本经济范畴或整个经济学体系的科学性上皆是如此，很难看到预期出现的"第四次综合"会在当今世界发展的大格局中破壳而出。

众所周知，自马克思创立科学社会主义学说以来，不到两百年的历史发展过程中，社会主义经济学日益走上世界社会科学的前沿，尤其是社会主义中国历经三十余年艰苦卓绝的改革浪潮，其所创造的伟大经济成就，使得社会主义经济学生机勃勃，绽露出引领世界潮流的气质和能耐。例如"华盛顿共识"[③] 的彻底失败和"北京共识"[④] 的普遍认同，就是这种现象的极好写照。因此，问题的归结点在于，绝对不是什么资本主义经济学能否或者何时出现"第四次综合"，而是社会主义经济学能否或者何时对资本主义经济学进行折中，并达至跨阵营、超领域的宏大综合。这就是说，社会主义经济学不仅能在推动经济繁荣的过程中能动地完善自身，而且能在马克思主义哲学的基础上，扬弃偏见、容纳百川，把资本主义经济学中的科学成分吸收、涵盖于自身的宏大系统之内，最终成为一种高度折中、高度综合、高度科学，并引领全人类发展方向的经济理论或意识形态。这种折中和综合的重大政治意义在于，社会主义意识形态与资本主义意识形态的百年缠斗，究竟谁胜谁负，归根到底不是以"武器的批判"来毁灭，而是以"批判的武器"来统合。中国共产党人唯有构筑起独善其身且极具包容的经济学体系，才能从意识形态的意义上弥合阵营争拗、统合人类意志。尤其在当今世界大国博弈的历史格局中，综合国力和军事实力激烈竞争的背后，其本质宿命从来就

---

① 参见邓春玲：《经济学说史》，大连：东北财经大学出版社2006年版，导言。

② 邓春玲：《经济学说史》，大连：东北财经大学出版社2006年版，第7页。

③ 华盛顿共识（Washington Consensus），1989年所出现的一整套针对拉美国家和东欧转轨国家的新自由主义的政治经济理论。当时陷于债务危机的拉美国家急需进行国内经济改革。美国国际经济研究所邀请国际货币基金组织、世界银行、美洲开发银行和美国财政部的研究人员，以及拉美国家代表在华盛顿召开了一个研讨会，旨在为拉美国家经济改革提供方案和对策。美国国际经济研究所的约翰·威廉姆森（John Williamson）对拉美国家的国内经济改革提出了与上述各机构达成共识的10条政策措施，称作"华盛顿共识"。时至今日相关国家的经济改革几乎彻底失败。

④ 美国《时代》周刊高级编辑、美国著名投资银行高盛公司资深顾问乔舒亚·库珀，2004年在英国伦敦外交政策中心发表了一篇调查论文，指出中国通过艰苦努力、主动创新和大胆实践，摸索出一个适合本国国情的发展模式，他把这一模式称之为"北京共识"。在乔舒亚·库珀看来，建立在"北京共识"基础上的中国经验具有普世价值，不少可供其他发展中国家参考，可算是一些落后国家如何寻求经济增长和改善人民生活的模式。

是意识形态乃至构建意识形态的经济学理论的竞争和博弈。有鉴于此，中国经济学人的历史责任尤为重大，切不可盲目膜拜资本主义经济学①，切不可妄自菲薄社会主义经济学，而是要在辩证唯物主义和历史唯物主义的原则下，承上启下，推陈出新，吐故纳新，脱胎换骨，把社会主义经济学的基本范畴和逻辑体系推上科学的顶峰。某种意义上说，《财富与精神》一书就是要探寻实现这种大折中、大综合的必由之路。书中对许多常见的基本经济范畴甚至基本哲学范畴，做了全新乃至终极化的推论和概括，并且以大规模的系统分析架构创立了自己独到的经济学逻辑体系。尤其是在辩证唯物主义和历史唯物主义的哲学意义上，提出人类社会的基本规律在本质上表现为人类社会固有的精神发展规律，并科学地论证了人类精神的物质本质，在此基础上对西方经济学贯用的“效用”概念进行了深刻的哲学剖析和批判，最终揭示了产品效用背后的客观规定性及其与劳动价值学说的内在联系，从而为实现两种对抗性经济学说的折中和综合，建立了科学的理论前提。或许，这就是《财富与精神》一书的理论价值所在。

此外，我还想就《财富与精神》的整体结构做些说明。

我们前面看到的《财富与精神》，只是《财富与精神》第一卷的前四篇内容，另外的五个篇章，只有等待下卷出版后才能与读者见面了。其实，在我的整个写作计划中，“财富与精神”这个书名并不是作为本书独有的标题提出来的，而是作为一个由多卷著作集合而成的完整著作的总标题提出来的。总的说来，就《财富与精神》的整体结构而言，我在构思上大致把它划分为相对独立而又承上启下的三个分卷，其中包括“劳动价值原理”“财富的分配与使用”和“共产主义社会形态”。我们前面看到的理论分析内容，就是作为其中第一卷“劳动价值原理”的上半部分或者说上卷。如果我能在未来的日子里顺利出版“财富与精神”一书的下卷，即当我完成整部“劳动价值原理”的写作，特别是能够相继出版其后接踵而来的“财富的分配与使用”或“共产主义社会形态”，我将会把现在看到的“财富与精神”一书，正式更名为“财富与精神”的第一卷“劳动价值原理”。

正如在前面所论述的那样，作为《财富与精神》第一卷的上半部分，我们从“人类生活循环体概念”的分析开始，对人类生活、劳动、产品这三个基本范畴进行了讨论，进而对支配关系、创造关系和应用关系这三个基本关系进行了讨论。这样，我们对于“人类生活循环体”的基本结构及其所涉及的基本经济范畴，也就有了一个较为全面的了解和认识，从而为下一步剖析人类生活循环体的内部运动机制，揭开劳动价值的神秘面纱，揭示劳动价值的运动规律，特别是

① 这里指的是当代广为流传的现代西方经济学，其本质是资本主义性质的。

揭示人类精神发展规律支配人类社会经济发展的规律等等，奠定了哲学的和经济学的理论基础。至于本书下卷的内容，就是在对本书上卷中一系列基本范畴进行静态分析的基础之上，全面展开对人类生活循环体内部运动的动态分析，从中揭示一系列相关的基本经济规律。其中的主要内容简述如下：

一　关于供求矛盾的问题

在过去的经济学理论中，对于供求矛盾的基本原理，特别是供求矛盾的本质特征的分析，也许可以说是不够深、也不够透彻的。本书下卷中将进一步深化对供求矛盾的分析讨论。实际上，存在于人类社会之中的供求矛盾，是引起人类社会全部经济学问题的一个关键所在；全面深刻地认识理解供求矛盾，是我们正确认识理解劳动价值原理的起始点。我将会在本书下卷中，通过对“自然供求矛盾”与“社会供求矛盾”基本原理的分析，揭示供求矛盾的本质特征——“人类精神发展对于物质财富的需要，与人类精神创造物质财富的能力之间的矛盾”，并由对人类精神创造能力所固有的具体的和历史的有限性，引伸出关于合理分配劳动能力、劳动资源以及对劳动创造过程进行劳动价值分析的必要性。我将会深刻阐明，社会供求矛盾实际上是全部经济分析的出发点和归结点；社会供求矛盾，由人类精神发展对于产品物质不断更新的“需求”，与人类精神创造能力满足这些需求的“供给”，两者之间的矛盾所构成；它的存在引起一切社会经济问题以及相关的社会政治问题，人类的一切政治经济活动，实际上最终都归结为解决和消灭社会供求矛盾的努力。

西方经济学对于市场供求矛盾的现象，做了比较广泛细致的分析。其运用供给与需求、均衡价格、边际效用等理论，为解释资源分配和市场活动提供了重要的理论支持，也为资本主义社会中具体的生产经营分析，提供了有效的理论工具。但是，西方经济学关于供求矛盾的解释，没有联系到人类社会的根本矛盾——人类精神的物质创造能力与人类精神发展的物质需求之间的矛盾，因而不能从理论上深刻解释供求矛盾，更不能从这种深层分析中阐明劳动创造价值的原理，认识劳动价值运动的规律，以及把握人类社会运动发展的总趋势。也正因为如此，西方经济学实际上难以从本质上透彻地解释供给与需求、均衡价格、边际效用等经济现象，往往只能就事论事地解释一些面上的或者说形式上的具体经济问题。

二　关于劳动价值概念的问题

什么是劳动价值？我们以往的一个非常明确的概念就是，“凝结在商品身上的一般人类劳动——抽象劳动”。在本书下卷中，我将会通过系统深入的研究阐明，劳动价值并非单纯由抽象劳动所构成，更不局限于抽象劳动本身；劳动价值在客观实际上只是一种经济关系，确切地说，就是人类劳动通过劳动产品与人类生活需要所构成的经济关系。其在本质上，是一个关于人类精神的创造能力，如何满足自身发展对于物质财富需求的经济关系问题。我将会提出有关“劳动价值链”的概念。这个劳动价值链，可以表达为由“劳动—产品—生活需要”三个要素构成的链性关系；劳动价值链作为劳动价值关系的实体形式，就如同生物细胞的染色体包涵着所有生命基因那样，包涵了人类社会经济关系的几乎所有一切基因信息，其中最主要的关系之一就是“创造关系”与“效用关系”之间所构成的对立统一关系。

在劳动价值量的分析上，通过对“劳动价值的形成形式”和“劳动价值的比较形式”的分析研究，我将会阐明，体现在产品身上的劳动价值，并非单纯地由生产产品物质所耗费的作为一般人类劳动的抽象劳动来决定，而是由作为劳动的量的抽象劳动和作为劳动的质的具体劳动共同决定、共同创造的；并且，就劳动价值量的存在形式而言，它在实际生活中不仅可用整数形式存在，而且更多的是以分数或者比值形式存在。我们有关“抽象劳动比”和“产品效用比”的概念，将会对这些问题做出科学解释。

对于产品劳动价值这个基本问题进行分析所揭示出来的另一个根本结论是：在实际的产品交换中，劳动价值的不等价交换存在着普遍意义；等价交换并不像我们以往熟知的那样是商品交换的基本原则。事实上，以往的“等价交换”只是某种形式的“等货币价格交换”，其中掩盖了劳动价值不等价交换的实质。我将会在后面的讨论中阐明，交换双方无论在本质上还是在形式上，都不以各自交换物的劳动价值的等比交换为前提，而是通过“劳动价值的比较形式”进行利益的分析比较，各自以获得最大的经济利益、经济效益为前提。在这里，劳动价值分析只是这种经济效益分析所需要的一种理论表达和手段。

此外，我们还会看到，本书这里所说的劳动价值概念，在很大程度上冲破了以往那种关于劳动价值的商品经济限制。实际上，劳动价值不仅仅是商品经济的一个范畴，而且是人类社会经济的一个具有普遍性的永恒的经济范畴；劳动价值不仅可以用来分析商品生产、交换和消费的经济问题，而且可以用来分析人类社会所有产品物质生产、交换和消费的经济问题，其中还包括对个人产品生产和消费的经济问题。我们将会看到，即使到了共产主义社会，人类仍然需要在宏观上甚至微观上遵循劳动价值规律，运用劳动价值这个概念和工具，指导和规定自己的生产、交换和消费。

三　关于劳动价值规律的问题

从理论分析的意义上说，我们可以把对劳动价值的研究，局限在抽象劳动和具体劳动这些人的要素之上；但在实际生活中，这些基本的劳动要素对于劳动价值分析所具有的功能，在一定的商品货币经济条件下，可以用货币价格的形式转换为其他一切与实际生产过程相关的外部物质要素，其中包括各式各样的劳动工具、劳动对象和劳动环境。从“人类生活循环体”的内部运动分析可以清晰地看到，劳动价值规律实际上就是合理地应用有限的劳动要素和劳动资源，按照人们实现既定生活目的所特定的物质需要，最大限度地创造出满足这种需要的产品物质的规律，简单地说就是提高劳动生产力的规律。在本书下卷中，我将赋予生产力新的含义，生产力不再死板地表现为人们创造具体产品物质的能力，而是有机地与劳动价值概念相结合，在本质上表现为“人们的劳动创造能力满足人们的生活需要的能力”。这也就是说，如果我们创造某种产品物质的能力很大，而这种产品物质并不能满足人们生活的具体需要，那么对于这种产品物质的生产能力的巨大而言，其生产力则是极其低下的。

我将会在层层深入的研究过程中阐明，劳动价值规律实际上只是人类精神发展规律的价值表现形式，归根结底是受人类精神发展规律的规定和制约的。把劳动价值规律归结为精神发展规律，这是本书所阐述的价值理论的一个核心结论，是我们从本质上揭示价值规律内部秘密的一个关键所在。此外，我还会在分析中阐明，等价交换并非商品交换的基本原则和条件，在实际的交换活动中，最大经济效益原则才是商品交换的普遍原则；等价格交换一般来说并不等于等价值交换；严格意义上的等价交换只是饱和商品的社会一般劳动价值趋于一致的特殊表现形式。而在价格波动问题上，并不是价格围绕价值上下波动。人类产品生产的无限生命力、以及人们生产条件变化的多样性所能告诉我们的是，商品价格的差异性、多变性，正是整个社会经济活的灵魂的体现，而在竞争中或在快速的社会发展中，价格或价值趋于一致所表现出来的一般性的社会劳动价值，只能是商品生产需求均衡饱和或者即将退出经济舞台的先兆；任何新生的富有生命力的商品，必然随着社会生活需要和生产能力的有机变化而不断地改变自己的价格本身。

四　关于人类社会基本规律的问题

在以往的政治经济学理论中，把人类社会的基本规律规定为“生产力决定生产关系、经济基础决定上层建筑的规律”。通过对人类生活循环体内部矛盾运动的分析研究，完全可以得出另外一种关于社会基本规律的结论。实际上，人类社会的基本规律应该在本质上表现为人类社会所固有的“精神发展规律”——人类社会的一切政治经济行为都受人类精神支配，并为人类精神发展服务的规律。精神发展规律中，包涵了人类社会的所有一切政治经济规律，而其他一切具体的历史的政治经济规律，在本质上无非都是精神发展规律的具体表现形式。

在政治经济问题上，精神发展规律可以表现为人类社会生产力发展的规律——人类精神创造能力的发展不断满足人类精神发展的物质需要，从而推动人类精神不断向前发展的规律。正如我们前面说过的那样，生产力就是人类精神支配劳动创造物质财富，并满足人类精神发展需要的能力。实际上，这个过程是一个循环的运动过程；其中，人类精神决定人类劳动，人类劳动决定产品物质，产品物质满足生活需要，生活需要的满足（或者说生活目的的实现）推动人类精神发展。我将会提出明确的科学论证，在社会生产力关系中，不是经济基础决定上层建筑，而是人类精神的现状和发展要求，决定和规定整个生产过程；而在实际的生产过程中，不是生产力决定生产关系，而是社会关系和技术关系的对立统一，构成了产品物质的创造关系；并且，具体的社会关系和技术关系的对立统一，总是受人类精神发展要求的制约和规定的，总是为人类精神发展的需要服务的。这也就是说，无论作为人类精神或者政治法律制度的“上层建筑”，作为社会生产关系的“经济基础”，还是作为社会政治经济制度的“生产关系”，都不是可以脱离生产力关系或与之对立的独立要素，而只能是生产力关系所包涵的诸个内部要素本身；它们的矛盾运动，从内部构成和推动着生产力的运动和发展。其中最重要的两个矛盾关系是：社会关系和技术关系的对立统一，构成了生产力关系内部的创造关系，它要解决的是财富创造过程的手段问题；人类精神的创造能力与人类精神发展物质需求的对立统一，构成了生产力关系内部的效用关系，它要解决的是财富创造过程的目的问题。这些关系的理论展开，将使我们涉猎几乎所有重要的经济学领域和范畴。

总之，在《财富与精神》下卷的研究讨论中，我对于“人类生活循环体”内部规律的分析研究，将使本书阐述的经济学理论，得以构成一个承上启下、自圆其说的整体；并使得财富与精神的关系，明确而又深刻地体现为一种实实在在的经济学关系。我们将最终明白一个极为深刻的道理：人类社会的一切政治经济规律，归根到底都是由人类精神发展规律支配和规定的，都是精神发展规律的具体表现，都包含于精神发展规律之中；而精神发展规律本身，则为我们揭示了一个永恒的真理——人类只有不断地发展提高自身的精神素质，才能不断地扩大自己的财富创造能力，从而才能不断地发展和解放自己的精神和物种本身。

在这里，我也想顺带简要地提一下作为《财富与精神》全书的整体结构。《财富与精神》的第一卷“劳动价值原理”，是全书的基础，主要是通过对政治经济学基本原理的哲学分析和研究，提出一种有别于以往经济学的分析途径和方式，重新分析并规定了一系列经济学的基本范畴及与之相关的哲学范畴。它在哲学上提出“精神本身的物质性同精神与外物的对应性是两个根本不同的哲学命题”的概念，进而从哲学原理上论证了人类精神本身的物质性，并由此为揭示产品效用背后的客观规定性奠定了极其重要的哲学基础。特别是在此基础之上，确立了具体劳动和抽象劳动共同创造产品价值的“全面劳动价值原理”，从而把“抽象劳动价值论”与“产品效用价值论”的科学成分有机地结合了起来，最终形成了包含两者的“劳动效用价值论”。在理论的框架结构上，本卷提出“人类生活循环体”的概念，并以人类社会的精神发展规律作为整个理论延伸的主线，层层深入地展开分析研究，乃至在学术上建立起一种独具特色、概念全新的经济学体系。从这种意义上说，本卷是全书的灵魂。

《财富与精神》的第二卷“财富的分配与使用”，是在第一卷的基础上，应用第一卷所阐述的经济学基本原理，进一步研究人类社会政治经济的运动规律，并在提出一系列新的理论思考的同时，对我国社会主义经济体制改革和政治体制改革的一系列具体政策，加以论证或提出建议。其中将会涉及到的理论范畴主要有：“公共财富的概念”及“公共财富的社会二重性原理”，“生产劳动和非生产劳动的概念”及“相对剥削原理”，“社会主义公有劳动资料的分级所有制原理”，“社会主义国有资产使用的平等利税分收原理”，“计划经济与市场经济辩证统一的原理”等。从而进一步解释了人类社会发展变革的政治经济过程，并为我们党提出的社会主义初级阶段理论提供了具体而科学的理论论证。

《财富与精神》的第三卷“共产主义社会形态”，可以说是前面全部政治经济学研究过程的最终结论。就这一卷而言，我除了应用新的理论思考，去论证人类社会必然向共产主义社会发展的普遍规律之外，主要也是针对所谓“共产主义信仰危机”而专门撰写的。它在前两卷的理论分析基础上，更加深入具体地阐述了共产主义的社会形态及其政治经济规律，从哲学的和经济学的理论逻辑上，充分论证共产主义原理的科学性和可实践性，从而论证了人类社会必然过渡到共产主义社会的基本原理。其中的重要原理包括：“共产主义社会个人劳动和社会劳动高度统一的原理”“共产主义产品个人劳动价值和社会劳动价值高度统一的原理”“共产主义社会个人精神发展和社会精神发展高度统一的原理”“共产主义社会产品劳动价值趋于无限小的原理”“共产主义劳动资料个人所有和社会所有高度统一的原理”，以及“共产主义大机器生产的基本形式”“共产主义社会产品物质的分配形式”“共产主义社会的人口规律”等。本卷还将对当今世界高度发达的资本主义社会形态，及其未来的走向和发展趋势，在重新确立的经济理论体系的基础上，进行深层次地哲学分析和探讨。

上述有关写作内容，在没有正式出版之前，如应读者要求，我想可以通过"《财富与精神》个人主页"，分别就某个专题，某个具体问题，甚至某个具体概念，逐渐登载出来，与大家共同研究讨论，并以此向大家学习请教。我的个人主页和电子信箱是：

http://www.cfyjs.com

cfyjs@qq.com

博　伦

2016 年 3 月 10 日